Erratum

Weiss/Maeß/Nebendahl, Haus- und Versuchstierpflege, 2. Auflage 2003
ISBN 3-8304-1009-3

Bedauerlicherweise sind die Balkendiagramme in den Abb. 5.3 und 5.4 auf den Seiten 200 und 201 nur sehr schwach wiedergegeben.
Hier die verbesserte Version:

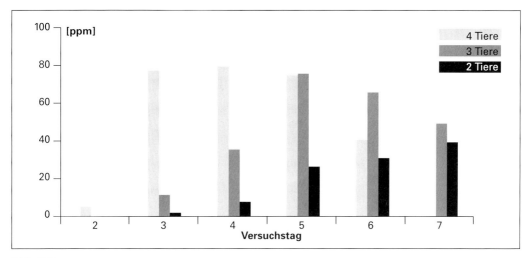

Abb. 5.3

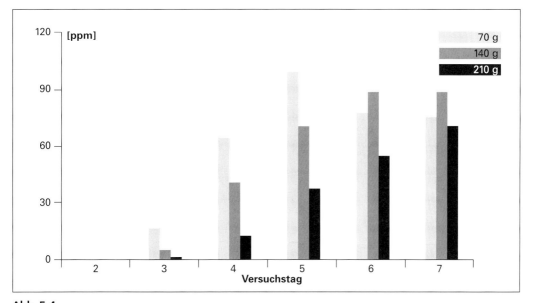

Abb. 5.4

Haus- und Versuchstierpflege

Herausgegeben von
Jürgen Weiss, Jürgen Maeß
und Klaus Nebendahl

2. Auflage

200 Einzeldarstellungen, 80 Tabellen

Enke Verlag · Stuttgart

Bibliografische Information
Der Deutschen Bibilothek

Die Deutsche Bibliothek verzeichnet diese Publikation in der Deutschen Nationalbibliographie; detaillierte bibliografische Daten sind im Internet über http://dnb.ddb.de abrufbar.

Anschrift der Herausgeber:

Dr. Jürgen Weiss
Zentrales Tierlabor der Universität Heidelberg
Im Neuenheimer Feld 347
69120 Heidelberg

Dr. Jürgen Maeß
An der Schafbahn 25
30559 Hannover

Dr. Klaus Nebendahl
Zentrale Tierexperimentelle Einrichtung
Robert-Koch-Str. 40
37075 Göttingen

Die 1. Auflage erschien 1996 im
Gustav Fischer Verlag

© 2003 Enke Verlag in
MVS Medizinverlage Stuttgart GmbH & Co. KG
Oswald-Hesse-Str. 48-50, D-70469 Stuttgart

Unsere Homepage: www.enke.de

Printed in Germany

Umschlaggestaltung: Thieme Verlagsgruppe
Satz: Schröders Agentur, 14169 Berlin
Druck: Chr. Scheufele, 70597 Stuttgart

ISBN 3-8304-1009-3   1 2 3 4 5 6

Wichtiger Hinweis:
Wie jede Wissenschaft ist die Veterinärmedizin ständigen Entwicklungen unterworfen. Forschung und klinische Erfahrung erweitern unsere Kenntnisse, insbesondere was Behandlung und medikamentöse Therapie anbelangen. Soweit in diesem Werk eine Dosierung oder eine Applikation erwähnt wird, darf der Leser zwar darauf vertrauen, dass Autoren, Herausgeber und Verlag große Sorgfalt darauf verwandt haben, dass diese Angabe dem **Wissensstand bei Fertigstellung des Werkes entspricht.**

Für Angaben über Dosierungsanweisungen und Applikationsformen kann vom Verlag jedoch keine Gewähr übernommen werden. **Jeder Benutzer ist angehalten,** durch sorgfältige Prüfung der Beipackzettel der verwendeten Präparate – gegebenenfalls nach Konsultation eines Spezialisten – festzustellen, ob die dort gegebene Empfehlung für Dosierungen oder die Beachtung von Kontraindikationen gegenüber der Angabe in diesem Buch abweicht. Eine solche Prüfung ist besonders wichtig bei selten verwendeten Präparaten oder solchen, die neu auf den Markt gebracht worden sind. Vor der Anwendung bei Tieren, die der Lebensmittelgewinnung dienen, ist auf die in den einzelnen deutschsprachigen Ländern unterschiedlichen Zulassungen und Anwendungsbeschränkungen zu achten. **Jede Dosierung oder Applikation erfolgt auf eigene Gefahr des Benutzers.** Autoren und Verlag appellieren an jeden Benutzer, ihm etwa auffallende Ungenauigkeiten dem Verlag mitzuteilen.

Geschützte Warennamen (Warenzeichen ®) werden **nicht immer** besonders kenntlich gemacht. Aus dem Fehlen eines solchen Hinweises kann also nicht geschlossen werden, dass es sich um einen freien Warennamen handelt.

Das Werk, einschließlich aller seiner Teile, ist urheberrechtlich geschützt. Jede Verwendung ist ohne Zustimmung des Verlages außerhalb der engen Grenzen des Urheberrechtsgesetzes unzulässig und strafbar. Das gilt insbesondere für Vervielfältigungen, Übersetzungen, Mikroverfilmungen oder die Einspeicherung und Verarbeitung in elektronischen Systemen.

Vorwort zur zweiten Auflage

Sechs Jahre nach der Ersterscheinung des Lehrbuches „Haus- und Versuchstierpflege" ist der gedruckte Bestand weitestgehend vergriffen. Die Notwendigkeit des Neudruckes wurde von den Herausgebern zum Anlass genommen, das Buch zu überarbeiten und zu ergänzen. So wurde die Novellierung des deutschen Tierschutzgesetzes im Jahre 1998 berücksichtigt. Die Mongolische Wüstenrennmaus (Gerbil), die in der Erstauflage verhältnismäßig kurz abgehandelt wurde, steht nun gleichberechtigt neben den anderen Versuchstierarten; das Gleiche gilt für das Haushuhn. Der zunehmenden Bedeutung des Krallenfrosches (*Xenopus laevis*) für die Zellbiologie wurde durch die Aufnahme in das Lehrbuch Rechnung getragen.

Es ist zu hoffen, dass auch die zweite Auflage von „Haus- und Versuchstierpflege" dazu beitragen wird, die Ausbildung des Nachwuchses und damit den praktischen Tierschutz an der Basis zu verbessern.

Die Herausgeber

Vorwort zur ersten Auflage

Das vorliegende Lehrbuch für „Haus- und Versuchstierpflege" ist entstanden im Auftrag der Gesellschaft für Versuchstierkunde (GV-SOLAS) und wurde realisiert von deren „Ausschuss für Ausbildung und tiergerechte Haltung", der die Mehrzahl der Autoren stellte. Für die Ausbildung des Personals für die Haus- und Versuchstierpflege stand schon seit geraumer Zeit kein geeignetes Lehrbuch mehr zur Verfügung.

Das Lehrbuch wurde verfasst für die deutschsprachigen Länder Deutschland, Österreich und Schweiz, in den Kapiteln *1 Berufsbild* und *2 Tierschutzrechtliche Regelungen* wurden die jeweiligen nationalen Besonderheiten ausdrücklich berücksichtigt.

Seinem Titel gemäß ist das Lehrbuch in erster Linie für Auszubildende der Haus- und Versuchstierpflege geschrieben, mit deutlichem Schwerpunkt bei der Versuchstierpflege. Es eignet sich aber in gleicher Weise auch für Biologielaboranten/innen, BTA/MTAs sowie Angehörige anderer Berufsgruppen, die im Bereich Tierzucht, -haltung und -experiment tätig sind.

Die Versuchstierkunde ist eine Wissenschaftsdisziplin, die Kenntnisse in Biologie, Medizin und Veterinärmedizin voraussetzt, die Beurteilung von und der Umgang mit den verschiedensten Haltungstechnologien erfordert aber auch entsprechendes Wissen in technischen Bereichen. Bei der Vielzahl der abzudeckenden Fachgebiete liegt es daher auf der Hand, dass mit dem vorliegenden Lehrbuch zunächst nur die Vermittlung des notwendigen Basiswissens sichergestellt werden konnte, zur Beantwortung spezieller Fragen sei immer der Griff zum Fachbuch empfohlen.

Dies betrifft in besonderer Weise die im Lehrbuch besprochenen Versuchstierarten. Es gibt heute eine Vielzahl von Tierarten, die in irgendeiner Form als Versuchstiere eingesetzt werden. Allein von einer einzigen Tierart, der Maus nämlich, existieren derzeit mehrere hundert Stämme und Linien, deren besondere Merkmale sie für jeweils bestimmte experimentelle Fragestellungen geeignet machen. Es liegt daher auf der Hand, dass im vorliegenden Lehrbuch von der Vielzahl der vorhandenen Versuchstierarten, -stämme und -linien nur die wichtigsten berücksichtigt werden konnten. Bei speziellen Fragestellungen muss auch hier auf die Fachliteratur verwiesen werden.

Die Wiederholungsfragen, die bei kurzen Kapiteln an deren Ende, bei längeren Kapiteln an mehreren Stellen in das Lehrbuch aufgenommen wurden, sollen den Lernenden die Möglichkeit bieten, ihr Wissen unabhängig von Prüfungssituationen zu kontrollieren. Die Fragen sind zur besseren Kenntlichmachung im Lehrbuch grau unterlegt.

Die Zahl der für tierexperimentelle Zwecke eingesetzten Tiere ist seit Jahren rückläufig. Dies ist nicht zuletzt eine Folge besserer Haltungsbedingungen, für die wiederum gut ausgebildetes Pflegepersonal eine Hauptvoraussetzung ist. Das vorliegende Lehrbuch soll dazu dienen, im Dienste einer guten Ausbildung des Nachwuchses den praktischen Tierschutz an der Basis weiter zu verbessern.

Die Herausgeber

Inhalt

1	**Das Berufsbild Tierpfleger/in**	1
1.1	Einleitung	1
1.2	Die Ausbildung in Deutschland	2
1.2.1	Fachrichtung Haus- und Versuchstierpflege	2
1.2.2	Prüfungen	3
1.2.3	Fortbildung zum/zur Tierpflegemeister/in	3
1.3	Die Ausbildung in der Schweiz	4
1.3.1	Gesetzliche Regelungen zur Ausbildung und Prüfung	4
1.4	Die Ausbildung in Österreich	5
1.4.1	Lehre	5
1.4.2	Externisten	5
1.4.3	Privatschule	5
1.4.4	Facharbeiter-Aufstiegsprüfung	6

2	**Tierschutzrechtliche Regelungen zum Tierversuch**	7
2.1	Deutschland	7
2.1.1	Einführung	7
2.1.2	Haltung und Betreuung von Tieren	8
2.1.3	Töten von Tieren	12
2.1.4	Definition des Tierversuches	13
2.1.5	Zulässigkeit von Tierversuchen	13
2.1.6	Anzeige- und Genehmigungsverfahren bei Tierversuchen	14
2.1.7	Voraussetzungen zur Erteilung der Genehmigung	15
2.1.8	Anzeigepflichtige Tierversuche	15
2.1.9	Durchführung von Tierversuchen	15
2.1.10	Tierschutzbeauftragte	16
2.1.11	Genehmigungsbescheid und Aufsicht durch die zuständigen Behörden	17
2.1.12	Melden statistischer Daten zum Tierversuch	19
2.1.13	Straf- und Bußgeldvorschriften bzw. behördliche Maßnahmen	19
2.1.14	Rechtsgrundlagen	19
2.2	Schweiz	20
2.2.1	Einführung	20
2.2.2	Definition des Tierversuches	21
2.2.3	Zulässigkeit von Tierversuchen	21
2.2.4	Melde- und Bewilligungspflicht für Tierversuche	22
2.2.5	Voraussetzungen zur Erteilung einer Bewilligung	22
2.2.6	Bewilligungsverfahren und Aufsicht	23
2.2.7	Eidgenössische Kommission für Tierversuche	24
2.2.8	Dokumentationsstelle und Statistik	24
2.2.9	Strafbestimmungen	24
2.2.10	Rechtsgrundlagen	24
2.3	Republik Österreich	25
2.3.1	Grundsätzliches zur Tierschutz-Gesetzgebung	25
2.3.2	Gesetzgebung zu Tierversuchen	26
2.3.3	Definition von Tierversuchen	27
2.3.4	Zulässigkeit von Tierversuchen	27
2.3.5	Genehmigungen	28
2.3.6	Meldepflichtige Tierversuche	29
2.3.7	Durchführung von Tierversuchen	30
2.3.8	Behördliche Überwachung von Tierversuchen	30
2.3.9	Statistische Erfassung von Tierversuchen	30
2.4	Internationale Tierschutzregelungen	31
2.4.1	Organisation für wirtschaftliche Zusammenarbeit und Entwicklung (OECD)	31
2.4.2	Europarat	31
2.4.3	Europäische Union	31

3 Biologische Grundlagen 33

- 3.1 Allgemeine Eigenschaften und Einteilung von Organismen 33
- 3.2 Anatomie und Physiologie der Säugetiere 34
  - 3.2.1 Körperregionen und Lagebezeichnungen 34
  - 3.2.2 Gewebe 36
  - 3.2.3 Bewegungs- und Stützapparat 36
  - 3.2.4 Haut 42
  - 3.2.5 Nervensystem 44
  - 3.2.6 Sinnesorgane 44
  - 3.2.7 Atmung und Kreislauf 47
  - 3.2.8 Blut 51
  - 3.2.9 Lymphsystem 53
  - 3.2.10 Verdauung 53
  - 3.2.11 Harnorgane 56
  - 3.2.12 Geschlechtsorgane 58
  - 3.2.13 Milchdrüsen 62
  - 3.2.14 Hormone 63
- 3.3 Eigenschaften und Besonderheiten wichtiger Versuchstierarten 66
  - 3.3.1 Maus 66
  - 3.3.2 Ratte 69
  - 3.3.3 Mongolische Wüstenrennmaus (Gerbil) 75
  - 3.3.4 Hamster 80
  - 3.3.5 Meerschweinchen 86
  - 3.3.6 Kaninchen 90
  - 3.3.7 Frettchen 95
  - 3.3.8 Katze 99
  - 3.3.9 Hund 103
  - 3.3.10 Schwein und Minischwein 106
  - 3.3.11 Spitzhörnchen *(Tupaia sp.)* 111
  - 3.3.12 Primaten 113
  - 3.3.13 Haushuhn 121
  - 3.3.14 Der glatte Krallenfrosch *(Xenopus laevis)* 123

4 Zucht von Versuchstieren 127

- 4.1 Allgemeine Vererbungslehre 127
  - 4.1.1 Einleitung 127
  - 4.1.2 Die Erbanlagen 128
  - 4.1.3 Fortpflanzung 128
  - 4.1.4 Die Gesetzmäßigkeiten der Vererbung 132
- 4.2 Zuchtverfahren 137
  - 4.2.1 Allgemeines 137
  - 4.2.2 Auszucht 138
  - 4.2.3 Inzucht 139
  - 4.2.4 Nomenklatur 140
  - 4.2.5 Verpaarungsmethoden 142
- 4.3 Zuchtsynchronisation – Brunstsynchronisation 142
- 4.4 Genetische Überwachung der Zucht 143
- 4.5 Zuchtplanung 143
  - 4.5.1 Kernzucht – Basiszucht 143
  - 4.5.2 Vermehrungszuchten, Produktionszuchten 144
  - 4.5.3 Zuchtbuchführung 144
  - 4.5.4 Erneuerung von Zuchtansätzen ... 145
- 4.6 Spezielle Biotechniken 147
  - 4.6.1 Handaufzucht 147
  - 4.6.2 Ammenaufzucht 147
  - 4.6.3 Gnotobioten 150
  - 4.6.4 Transgene Tiere 153
  - 4.6.5 Maus-Chimären 154
  - 4.6.6 Embryotransfer 156
  - 4.6.7 In-vitro-Fertilisation (IVF) 156
  - 4.6.8 Intracytoplasmatische Spermieninjektion (ICSI) 156
  - 4.6.9 Ovartransfer 157
  - 4.6.10 Kryokonservierung 157
- 4.7 Zucht der wichtigsten Versuchstierarten 158
  - 4.7.1 Maus 158
  - 4.7.2 Ratte 161
  - 4.7.3 Mongolische Wüstenrennmaus (Gerbil) 164
  - 4.7.4 Hamster 167
  - 4.7.5 Meerschweinchen *(Cavia aperea porcellus)* 171
  - 4.7.6 Kaninchen 173
  - 4.7.7 Frettchen 178
  - 4.7.8 Katze 180
  - 4.7.9 Hund 182
  - 4.7.10 Schwein und Minischwein 184
  - 4.7.11 Tupaias 185
  - 4.7.12 Primaten 187
  - 4.7.13 Huhn 189
  - 4.7.14 Krallenfrosch *(Xenopus laevis)* 191

5 Haltung von Haus- und Versuchstieren 193

- 5.1 Einfluss von Umweltfaktoren 193
  - 5.1.1 Grundsätzliches 193
  - 5.1.2 Faktor Mensch 194

5.1.3	Klima	194	6.5.1	Alleinfuttermittel	274
5.1.4	Beleuchtung	202	6.5.2	Ergänzungsfuttermittel	275
5.1.5	Geräuschpegel	204	6.5.3	Futtermitteltypen	275
5.2	**Formen der Tierhaltung**	**206**	**6.6**	**Fütterungstechniken**	**277**
5.2.1	Grundstruktur eines Tierheimes	206	6.6.1	Fütterung ad libitum	277
5.2.2	Grundstruktur einer Versuchstierhaltung (Tierlaboratorium)	206	6.6.2	Restriktive Fütterung	277
5.2.3	Spezielle Haltungssysteme für Versuchstiere	217	6.6.3	Rationierte Fütterung („meal fed")	277
			6.6.4	Paarfütterung („pair fed")	277
5.3	**Haltung der verschiedenen Tierarten**	**223**	**6.7**	**Fütterung ausgewählter Tierarten**	**277**
5.3.1	Einführung	223	6.7.1	Ratte, Maus	277
5.3.2	Maus	224	6.7.2	Mongolische Wüstenrennmaus (Gerbil)	279
5.3.3	Ratte	226	6.7.3	Hamster	280
5.3.4	Mongolische Wüstenrennmaus (Gerbil)	227	6.7.4	Meerschweinchen	280
5.3.5	Hamster	228	6.7.5	Kaninchen	281
5.3.6	Meerschweinchen	229	6.7.6	Frettchen	281
5.3.7	Kaninchen	231	6.7.7	Katze	282
5.3.8	Frettchen	234	6.7.8	Hund	282
5.3.9	Katze	236	6.7.9	Schwein (Minipig)	284
5.3.10	Hunde	239	6.7.10	Spitzhörnchen (*Tupaia sp.*)	285
5.3.11	Schwein	241	6.7.11	Huhn	285
5.3.12	Tupaia	243	6.7.12	Krallenfrosch (*Xenopus laevis*)	287
5.3.13	Primaten	244			
5.3.14	Haushuhn	248	**7**	**Hygiene und Infektionskrankheiten**	**289**
5.3.15	Krallenfrosch (*Xenopus laevis*)	250	**7.1**	**Hygiene**	**289**
			7.1.1	Grundlagen der Reinigung, Desinfektion, Sterilisation und Entwesung	289
6	**Ernährung**	**253**	7.1.2	Praxis der Reinigung, Desinfektion und Sterilisation	296
6.1	**Einführung**	**253**	7.1.3	Wirksamkeitsprüfungen von Desinfektions- bzw. Sterilisationsmaßnahmen	300
6.2	**Inhaltsstoffe des Futters**	**253**	7.1.4	Hygienemaßnahmen in Infektionsbereichen	301
6.2.1	Kohlenhydrate	253	7.1.5	Hygieneüberwachung	303
6.2.2	Eiweiße (Proteine) und stickstoffhaltige Verbindungen nicht eiweißartiger Natur	255	7.1.6	Gesundheitsüberwachung im Versuchstierbestand	305
6.2.3	Fette (Lipide)	257	**7.2**	**Infektionskrankheiten**	**308**
6.2.4	Mineralstoffe	259	7.2.1	Einführung	308
6.2.5	Vitamine	264	7.2.2	Viren	309
6.2.6	Wasser	267	7.2.3	Bakterien	310
6.2.7	Schadstoffe	268	7.2.4	Mykoplasmen	312
6.3	**Futtermittelanalyse (Nährstoffanalytik)**	**269**	7.2.5	Pilze	313
6.4	**Energie**	**271**	7.2.6	Protozoen	313
6.4.1	Energetische Bewertung der Futtermittel	271	7.2.7	Würmer	314
6.4.2	Energiebedarf	272			
6.5	**Futtermittel**	**274**			

7.2.8	Ektoparasiten	315	8.6.4	Kennzeichnung durch Marken oder Halsbänder ... 341
7.2.9	Anzeigepflichtige Tierseuchen (Tierseuchengesetz)	317	8.6.5	Markierung mit elektronisch kodierten Datenträgern ... 341
7.2.10	Meldepflicht bei menschlichen Erkrankungen (Infektionsschutzgesetz)	317	8.6.6	Kennzeichnung der einzelnen Tierarten ... 342

7.2.11 Entnahme und Lagerung von Proben für Laboruntersuchungen ... 317
7.2.12 Gefahren für die Gesundheit des Tierpflegepersonals ... 318

8 Versuchsplanung und -durchführung ... 323

8.1 Bedeutung des Tierversuches und Entwicklung der Versuchstierkunde ... 323
8.1.1 Wesen und Begriff des Tierversuches ... 323
8.1.2 Entwicklung der Versuchstierkunde ... 325
8.1.3 Aufgaben der Versuchstierkunde ... 325
8.1.4 Bedeutung des Tiermodells ... 326
8.1.5 Heutige Bedeutung des Tierversuches ... 326

8.2 Erfassung von Versuchsdaten ... 327
8.2.1 Zu erfassende Parameter ... 327
8.2.2 Datenerfassung durch den Tierpfleger ... 327

8.3 Protokollführung ... 329
8.3.1 Grundsätzliches ... 329
8.3.2 Protokollelemente ... 329

8.4 GLP und SOP: Vorschriften für gute Laboratoriumspraxis ... 330
8.4.1 Hintergrund ... 330
8.4.2 GLP ... 330
8.4.3 SOP ... 332

8.5 Auswahl von Versuchstieren ... 332
8.5.1 Versuchstierart ... 332
8.5.2 Stamm ... 335
8.5.3 Genetischer Status ... 335
8.5.4 Gesundheitlicher Status ... 335
8.5.5 Versuchsgruppen ... 336

8.6 Kennzeichnung von Tieren ... 338
8.6.1 Angeborene Kennzeichen ... 338
8.6.2 Kennzeichnung von Käfigen, Zwingern und Standplätzen ... 339
8.6.3 Kennzeichnung von Fell und Haut ... 340

8.7 Verabreichung (Applikation) von Substanzen und Probenentnahme ... 346
8.7.1 Allgemeines ... 346
8.7.2 Verabreichung über den Magen-Darm-Kanal (enterale Applikation) ... 347
8.7.3 Verabreichung über das Futter oder Tränkwasser ... 347
8.7.4 Verabreichung mit der Schlundsonde ... 347
8.7.5 Verabreichung über den Enddarm (anale oder rektale Applikation) ... 348
8.7.6 Parenterale Applikation ... 349
8.7.7 Immunisierung von Versuchstieren ... 354
8.7.8 Gewinnung von Probenmaterial ... 356

8.8 Anästhesie und postoperative Betreuung ... 364
8.8.1 Einführung ... 364
8.8.2 Vorbereitung zur Anästhesie ... 364
8.8.3 Anästhesieformen ... 364
8.8.4 Allgemeinanästhesie (Narkose) ... 364
8.8.5 Lokalanästhesie ... 368
8.8.6 Postoperative Versorgung und Schmerzbehandlung ... 368

8.9 Tierschutzgerechtes Töten von Versuchstieren ... 370
8.9.1 Grundsätze ... 370
8.9.2 Geeignete Tötungsverfahren für die verschiedenen Tierarten ... 370
8.9.3 Abzulehnende Tötungsmethoden ... 372

9 Technische und organisatorische Aufgaben ... 375

9.1 Arbeitssicherheit ... 375
9.1.1 Risiken in der Tierhaltung ... 375
9.1.2 Arbeitssicherheitsmaßnahmen ... 375
9.1.3 Sicherheitsbeauftragte ... 375
9.1.4 Medizinische Betreuung – Erste Hilfe ... 376

9.2	**Abfallentsorgung**	376	9.4.7	Anlieferung zum Transportunternehmer	384
9.2.1	Abfallwirtschaftliche Grundsätze	377	9.4.8	Transportarten	385
9.2.2	Entsorgungswege	377	9.4.9	Annahme und Überprüfung am Bestimmungsort	385
9.2.3	Abfälle aus Versuchstierhaltungen	378	9.4.10	Wiederverwendung von Versandbehältern	386
9.3	**Wartung der technischen Einrichtungen**	379	9.4.11	Vorschriften	386
9.3.1	Raumlufttechnik	379			
9.3.2	Sanitäre Installationen	379			
9.3.3	Beleuchtung	379	**10**	**Anhang**	387
9.3.4	Sonstige Bauteile	380	10.1	Biologische Daten der wichtigsten Versuchstierarten	387
9.4	**Transport und Einfuhr von Versuchstieren**	381	10.2	Begriffsbestimmungen zu GLP und SOP	409
9.4.1	Transportbehälter	381			
9.4.2	Kontaminationsgefahr	382			
9.4.3	Verpackung und Desinfektion der Filtertransportbehälter	382		**Sachregister**	410
9.4.4	Besatzdichte	383			
9.4.5	Einstreu, Futter, Wasser	383			
9.4.6	Versandweg und Versandempfehlungen	384			

Danksagung

Folgende KollegInnen haben uns wertvolle fachliche Unterstützung bei Texten und Abbildungen des Lehrbuches zuteil werden lassen:

U. Bartecki, Göttingen
K. Becker, Heidelberg
C. Bötel, Garbsen
W. Bohnet, Hannover
C. Dasenbrok, Hannover
H. Dietrich, Innsbruck
J. Dimigen, Hamburg
P. Glodek, Göttingen
W. Heine, Isernhagen
H. Heinecke, Jena
G. Kuhn, Stuttgart
K.U. Meier, Ludwigshafen
W. Rossbach, Rheinfelden
K. Schwarz, Berlin
E. Sickel, Barsinghausen
I. Stürmer, Göttingen
G.T. Taylor, St. Louis (USA)
D. Wolff, Berlin
F. Zimmermann, Heidelberg

Die nachstehend aufgeführten Firmen bzw. Einrichtungen haben Fotos und Graphiken für das Lehrbuch zur Verfügung gestellt, für die wir hiermit Dank sagen:

Charles River, Sulzfeld
Deutsches Primatenzentrum, Göttingen
Ebeco, Castrop-Rauxel
Ehret, Emmendingen
Froxfield Farms, Froxfield (UK)
Haereus, Hanau
Meico, Villingen-Schwenningen
F. Hoffmann-La Roche AG, Basel (CH)
Schwarz, Göttingen
Thomae, Biberach a.d.R.
Trovan-Euro I.D., Euskirchen
Wenzel, Detmold

Für die tatkräftige Mithilfe bei den Arbeiten zum Lehrbuch danken wir:

Frau H. Bagh-Al-Dujaili, Hannover
Frau C. Weiss-Niedenthal, Heidelberg

Die Herausgeber

1 Das Berufsbild Tierpfleger/in

1.1 Einleitung

Tiere, die unter menschlicher Obhut gehalten werden, bedürfen der Betreuung und Pflege. Diese muss umso ausgeprägter und vielgestaltiger sein, je weniger das Tier aktiv seinen Lebensbereich wählen oder gestalten kann. Tiere im Zoologischen Garten, im Tierheim, in der Heimtier- und auch der Versuchstierhaltung sind zur Befriedigung ihrer Nahrungsbedürfnisse ausschließlich auf den betreuenden Menschen angewiesen.

In den genannten Tierhaltungen, aber auch beim Versuchsablauf ist es vor allem der Tierpfleger oder die Tierpflegerin, die bei den ihnen anvertrauten Tieren Wohlergehen beobachten oder mangelnde Bedarfsdeckung im Tagesverlauf feststellen können. Sie sind es, die die erforderlichen Korrekturen vorzunehmen oder Veränderungen im Gesundheitszustand der ihnen anvertrauten Tiere unverzüglich dem Verantwortlichen mitzuteilen haben. Darum müssen die mit der Pflege betrauten Personen ausreichende Grundkenntnisse der Biologie und des Verhaltens ihrer Schützlinge haben und die verschiedensten Umweltfaktoren, die für das Wohlbefinden oder für den Gesundheitsstatus der Tiere bedeutsam sind, in ihren Grundwirkungen kennen.

Über das tierpflegerische Basiswissen, in gegebener Situation zur rechten Zeit das Richtige zu tun, verfügt aber nur ein gut ausgebildeter Tierpfleger oder eine gute Tierpflegerin.

Zum anderen sind die Produktivität einer Zucht, die verlustfreie Haltung, die gelungene Adaptation an bestimmte Haltungsbedingungen und nicht zuletzt auch der Erfolg eines Versuches Ergebnisse, die insbesondere auch vom Ausbildungsstand des Tierpflegepersonals abhängen.

Im Bereich der Versuchstierhaltung ist es vor allem die gewissenhafte, auf solider Ausbildung beruhende Mitarbeit des Tierpflegepersonals, die neben der umsichtigen Versuchsplanung des Versuchsleiters/der -leiterin die Forderung nach Reduktion der Tierzahlen und nach der Entlastung der eingesetzten Tiere bzw. nach Verfeinerung der Methoden zu verwirklichen hilft. Wenngleich die Ausbildungskonzepte in den deutschsprachigen Ländern Verschiedenheiten aufweisen, sind doch die Lehr- und Ausbildungsinhalte im Wesentlichen miteinander vergleichbar.

Folgende Kenntnisse und/oder Fertigkeiten werden in den aufgeführten Fächern verlangt:

Tierkunde
- Kenntnisse des Körperbaues, der Lebensvorgänge und Lebensweise von Tieren verschiedener Ordnungen (wichtigste Haus-, Versuchs- und Zootiere)
- Allgemeine Vererbung, Grundlagen der Zucht und Besonderheiten hinsichtlich der Fortpflanzungszyklen, der Paarungsmethoden, der Trächtigkeit und des Geburtsgeschehens
- Grundzüge der zoologischen Systematik

Tierhaltung
- Handhaben und Instandhalten der zu verwendenden Einrichtungen, Geräte und Arbeitsmittel
- Einrichten und Beurteilen von Käfigen, Gehegen und Ausläufen
- Verhalten gegenüber Tieren und der Umgang mit ihnen
- Kenntnisse zum Ernährungsbedarf. Beschaffen, Lagern, Zubereiten und Verabreichen von Futter
- Vorbereitung und Durchführung von Tiertransporten

Hygiene
- Maßnahmen für die Personal-, Tier-, Raum- und Materialhygiene kennen und durchführen

2 Das Berufsbild Tierpfleger/in

- Pflege der Tiere und Maßnahmen zur Erhaltung der Tiergesundheit durchführen können
- Kenntnis der wichtigen Tierkrankheiten und der Maßnahmen zur Vermeidung ihrer Übertragung
- Fach- und tierartgerechtes Töten (Kenntnis der Methoden)

Rechtskunde
- Kenntnis der Tierschutz-, Artenschutz- und Tierseuchengesetzgebung
- Kenntnisse hinsichtlich Arbeitsschutz, Sicherheitsbestimmungen, Unfallverhütung, Umweltschutz und Entsorgung

Betriebsführung
- Organisation und Betrieb der Ausbildungseinrichtung kennen
- Anforderungen an Bau und Funktion der Haltungsbereiche für unterschiedliche Tierhaltungsbedürfnisse beschreiben können
- Abfassen von Protokollen z.B. über Fütterung, Tierbeobachtungen, Krankheiten, Wachstum, Fortpflanzung etc.
- Führen der Tierbestandskontrolle entsprechend den gesetzlichen Erfordernissen

Der angeführte Stoffplan bzw. die genannten Anforderungen sollen nur den Rahmen des Berufsbildes abstecken. Die detaillierten Ausbildungsprofile in den deutschsprachigen Ländern weichen in Einzelheiten voneinander ab. Darum sollten Interessierte die jeweils nationalen Ausbildungsverordnungen heranziehen.

1.2 Die Ausbildung in Deutschland

Im Jahre 1984 wurde für die Bundesrepublik Deutschland durch die **„Verordnung über die Berufsausbildung zum Tierpfleger/zur Tierpflegerin"**[1] diesem Ausbildungsberuf die staatliche Anerkennung verliehen. Die Ausbildungsdauer beträgt 3 Jahre (unter bestimmten Voraussetzungen sind Verkürzungen um maximal 1 Jahr möglich). Die Verordnung zur Änderung der Tierpfleger-Ausbildungsverordnung vom 17.6.1999[2] nennt die **3 Fachrichtungen:**
- Haus- und Versuchstierpflege,
- Zootierpflege und
- Tierheim- und Pensionstierpflege.

Das bedeutet, dass im 3. Jahr der Ausbildung die gewünschte Fachrichtung gewählt werden kann. Diese Bestimmung ist mehr theoretischer Natur, da ein Wechsel zwischen den Ausbildungsbetrieben während der Lehre in der Regel kaum möglich ist.

Die Ausbildung für die Fachrichtung Zootierpflege[3] kann eben nur in einem Zoo erfolgen und die für die Haltung von Versuchstieren notwendigen Einrichtungen und Erfordernisse sind nur in speziellen Forschungseinrichtungen oder gewerblichen Zuchtbetrieben zu finden. Bei der Betreuung von Tieren in Tierheimen und Tierpensionen werden ein sehr persönlicher Kontakt zum Einzeltier und spezielle Kenntnisse in der Einzeltierpflege erwartet.

1.2.1 Fachrichtung Haus- und Versuchstierpflege

In der **Fachrichtung Haus- und Versuchstierpflege** sind z.T. sehr unterschiedliche Tierhaltungsbedingungen zusammengefasst. Das gemeinsame Ziel der Pflege und Betreuung von Tieren rechtfertigt aber diese Kombination und ermöglicht dem späteren Facharbeiter ein umfassenderes Berufsfeld. **Haustiere** im Sinne dieser Verordnung sind Tiere, die im Haus und dort im direkten Kontakt mit den Menschen gehalten werden. Die Bezeichnung Heimtiere wäre korrekter. Es sind damit überwiegend Hunde und Katzen, aber auch eine Vielzahl anderer Tiere, z.B. Kanarienvögel, Meerschweinchen, Kaninchen und Hörnchen, gemeint.

Versuchstiere sind Tiere, die für notwendige medizinische und biologische Forschungszwecke benötigt werden. Es sind dies in erster Linie Mäuse und Ratten, Meerschweinchen, Goldhamster und Kaninchen, aber auch Hunde, Katzen, Schafe, Schweine, Hühner und Wach-

---
1 „Verordnung über die Berufsausbildung zum Tierpfleger/zur Tierpflegerin (Tierpfleger-Ausbildungsverordnung – TierpflAusbV) vom 14. Mai 1984 (Bundesgesetzblatt Teil I, S. 673 vom 18. Mai 1984). W. Bertelsmann Verlag KG, Bielefeld. Bestell-Nr. 61 02 243 82.

2 Bundesgesetzblatt Teil 1. S. 1420 vom 28.6.1999.
3 R. Pies-Schulz-Hofen „Die Tierpflegerausbildung (im Zoo), 2. Auflage, Parey Berlin, 1999

teln. Für spezielle Versuchszwecke können weitere Tierarten benötigt werden, z.B. Krallenfrösche (*Xenopus laevis*) oder Fruchtfliegen (*Drosophila sp.*). Besondere Erfordernisse müssen für die Haltung und Betreuung von Versuchstieren berücksichtigt werden. Die Tiere sind krankheitsfrei unter strikt einheitlicher Umwelt (Standardisierung) zu halten, damit Versuche immer unter gleichen Bedingungen durchgeführt werden können. Ausbildungsbetriebe sind Forschungsinstitute, z.B. in der pharmazeutischen Industrie oder an Universitäten, sowie kommerzielle Versuchstierzuchten.

Durch die Vielzahl der zu versorgenden Tierarten müssen die Haus- und Versuchstierpfleger/innen ein umfangreiches biologisches Wissen erwerben und Freude am und Geschick im Umgang mit sehr verschiedenen Tieren haben. Einstellungsvoraussetzung (für die Berufsausbildung) ist der Hauptschulabschluss, das Einstellungsalter sollte nicht unter 16 Jahren liegen.

Die Ausbildung erfolgt im „Dualen-System", d.h. in enger Verbindung von Berufsschule und Ausbildungsbetrieb. In der Regel wird an einem Tag der Woche die Berufsschule in speziellen Tierpflegerklassen besucht und an den übrigen Tagen der Woche die betriebliche Ausbildung wahrgenommen. Die Lehrinhalte des Berufsschulunterrichtes sind mit dem Ausbildungsrahmenplan der Verordnung abgestimmt. Der Betrieb muss einen **Rahmenplan** für die praktische Ausbildung nach den Vorgaben der Verordnung aufstellen, der Bestandteil des Ausbildungsvertrages wird. Zusätzlich wird häufig theoretischer Unterricht auch im Betrieb angeboten.

1.2.2 Prüfungen

Vor dem Ende des 2. Ausbildungsjahres muss eine Zwischenprüfung abgelegt werden. Die Prüfung findet vor den Prüfungsausschüssen der örtlichen Industrie- und Handelskammern statt. Ehrenamtliche Prüfer sind Ausbilder der Betriebe und Berufsschullehrer. Anhand zweier Arbeitsproben und in einer schriftlichen Prüfung werden Fertigkeiten und Kenntnisse nach den Vorschriften der Ausbildungsverordnung überprüft.

In der Abschlussprüfung (regelrecht nach drei Jahren) werden in sechs z.T. sehr speziellen Arbeitsproben von insgesamt höchstens fünf Stunden Dauer die erworbenen Fertigkeiten im Umgang mit den Tieren ermittelt. Die theoretischen Kenntnisse werden durch eine umfangreiche schriftliche Arbeit in maximal 4½ Stunden geprüft. Die bestandene Abschlussprüfung wird durch den Facharbeiterbrief dokumentiert. Tierpfleger finden ein weites Arbeitsfeld in allen Tierhaltungsbetrieben.

1.2.3 Fortbildung zum/zur Tierpflegemeister/in

Der Umgang mit Tieren fordert eine ständige Fort- und Weiterbildung, da während der Ausbildung nur ein Bruchteil der biologischen und betriebsspezifischen Kenntnisse und Fertigkeiten vermittelt werden kann. Im Jahre 1990 wurde daher die „Verordnung über die Prüfung zum anerkannten Abschluss **„Geprüfter Tierpflegemeister/Tierpflegemeisterin"**[4] als staatlich anerkannte Fortbildung verabschiedet. Die **„Meisterordnung"** kennt keine Fachrichtungen. Die Zulassungsvoraussetzungen sind: bestandene Abschlussprüfung als Tierpfleger und eine mindestens dreijährige, einschlägige Berufspraxis. Hierfür gibt es auch einige Ausnahmeregelungen. Der Meister muss neben vertieften Kenntnissen und Fertigkeiten in seinem Fach volks- und betriebswirtschaftliche Kenntnisse, Grundlagen des Sozialverhaltens, der Arbeitspädagogik und der einschlägigen Rechtskunde besitzen. Diese theoretischen und fachpraktischen Fähigkeiten müssen in umfangreichen Prüfungen nachgewiesen werden. Informationen über entsprechende Fortbildungsmaßnahmen und Prüfungsbedingungen sind über die zuständigen Industrie und Handelskammern zu erhalten.

Meister übernehmen i.d.R. Leitungsfunktionen in den Betrieben und Instituten im Bereich der Tierhaltung und Tierpflege. Insbesondere widmen sie sich auch der Aus- und Fortbildung des Berufsnachwuchses, sie tragen und organisieren das Prüfungswesen.

---

[4] Verordnung über die Prüfung zum anerkannten Abschluss „Geprüfter Tierpflegemeister/Geprüfte Tierpflegemeisterin" vom 11. Juli 1990 (Bundesgesetzblatt Teil I S. 1404 vom 21 Juli 1990). W. Bertelsmann Verlag KG, Postfach 1020, Bielefeld. Bestell-Nr. 61 02 539 16.

1.3 Die Ausbildung in der Schweiz

1.3.1 Gesetzliche Regelungen zur Ausbildung und Prüfung

Im schweizerischen Bundesgesetz vom 9.3.1978 ist festgeschrieben:

Artikel 7

„Der Bundesrat kann für die Ausübung des Tierpflegerberufes einen Fähigkeitsausweis verlangen und die Bedingungen der Erteilung festsetzen, wenn dies zum Schutz des Lebens und Wohlbefindens der Tiere angezeigt ist. Dies gilt nicht für die Landwirtschaft."

Dieser erteilten Kompetenz ist der Bundesrat in seiner Tierschutzverordnung vom 27.5.1981 nachgekommen. Die entsprechenden Artikel wurden aber schon am 12.8.1986 einer Revision unterzogen.

Artikel 8

1. Der Tierpfleger erwirbt in der Ausbildung Grundkenntnisse über die Haltung und Pflege von Tieren sowie vertiefte Kenntnisse in einer bestimmten Fachrichtung.
2. Die Ausbildung erfolgt in einem anerkannten Ausbildungsbetrieb.
3. Die Ausbildungsbetriebe organisieren Ausbildungskurse und fördern die individuelle Weiterbildung.

Artikel 9

1. Zur Prüfung zugelassen werden Personen, die mindestens 18 Jahre alt sind, sich über zwölf Monate Praktikum in einem Ausbildungsbetrieb ausweisen können und einen von den Kantonen durchgeführten Vorbereitungskurs besucht haben.
2. Die Kantone führen die Prüfungen zum Erwerb des Fähigkeitsausweises zusammen mit den Ausbildungsbetrieben und unter Aufsicht des Bundesamtes für Veterinärwesen (Bundesamt) durch.
3. Die kantonale Behörde, welche die Prüfung durchführt, stellt den Fähigkeitsausweis auf dem Formular des Bundesamtes aus. Der Ausweis ist für die ganze Schweiz gültig.
4. Die Kantone können eine Prüfungsgebühr erheben.

Artikel 10

„Das Eidgenössische Volkswirtschaftsdepartement regelt den Erwerb des Fähigkeitsausweises."

Der mit dem Artikel 10 an das Eidgenössische Volkswirtschaftsdepartement ergangene Auftrag wurde durch die „Verordnung über den Erwerb des Fähigkeitsausweises für Tierpfleger (VTpf)" vom 22.8.1986 erfüllt.

In dieser Verordnung werden nun die tierpflegerischen Fachgebiete angesprochen, desgleichen der Umfang der Ausbildung mit den Lehrinhalten, die Anforderungen an die Ausbildungsbetriebe und an die Ausbilder, die Zulassung und die Voraussetzungen zur Prüfung. Die Ausbildung kann in den folgenden **Fachrichtungen** erfolgen:

a) Haltung kleiner Haustiere (Tierheime, Tierkliniken)
b) Haltung von kleinen Tieren in Tierhaltungen (Zoofachgeschäft, Hundezucht u.a.)
c) Haltung von Wildtieren (Zoologische Gärten, Tierparks, Wildparks, Zirkusse usw.)
d) Haltung von Versuchstieren (Versuchstierhaltungen und -zuchten).

Die Organisation der Ausbildung ist in der Tierschutzverordnung den Ausbildungsbetrieben übertragen worden. Daher haben sich in den vergangenen Jahren so genannte **Trägervereinigungen für die Ausbildung** in den vier Fachbereichen gebildet:

a) der Verband der Hundesalons
b) der Verband Zoologischer Fachgeschäfte der Schweiz (VZFS)
c) die Gesellschaft der wissenschaftlich geleiteten Zoologischen Gärten der Schweiz, Basel, Bern und Zürich (GWZ)
d) der Verein für die Aus- und Weiterbildung in der Versuchstierpflege (VAWV).

Das detaillierte Ausbildungskonzept ist niedergelegt in den „Richtlinien für die Ausbildung von Tierpflegern" des Bundesamtes für Veterinärwesen vom 24.1.1991.

Danach ist begleitend zu einem Praktikum von 12 Monaten in einem anerkannten Ausbildungsbetrieb die theoretische Ausbildung in den Fachgebieten Tierkunde, Tierhaltung, Hygiene, Rechtskunde und Betriebsführung in einem von den Trägervereinen organisierten Kurs zu absolvieren.

Für die Abnahme der Prüfung sind die Kantone zuständig, in denen der jeweilige Kurs abgehalten wird. Das Bundesamt für Veterinärwesen beaufsichtigt die Prüfungen und genehmigt das Prüfungsprogramm. In der theoretischen Prüfung werden alle fünf Fächer schriftlich und mündlich geprüft. In der praktischen Prüfung müssen die Kandidaten/Kandidatinnen in den Fächern Tierkunde, Tierhaltung, Hygiene und Betriebsführung praktische Arbeiten erledigen.

Nach bestandener Prüfung wird der Eidgenössische Fähigkeitsausweis mit dem Eintrag der absolvierten Fachrichtung ausgestellt. Da es grundsätzlich möglich ist, zu einem späteren Zeitpunkt den tierpflegerischen Fachbereich zu wechseln, ist bei der Ausbildung in allen Fachbereichen verpflichtend festgelegt, dass in jedem Ausbildungsgang auch Grundkenntnisse der drei anderen Fachbereiche zu vermitteln sind.

Nach langjährigen Bemühungen der interessierten Kreise liegt nun ein „Reglement über die Ausbildung und die Lehrabschlussprüfung" nach einer dreijährigen Tierpflegelehre im dualen System vor. Dieses Reglement und der Lehrplan für den beruflichen Unterricht wurden nach den erforderlichen Vernehmlassungen der Kantone und interessierten Verbände und Institutionen zum 1.1.2001 in Kraft gesetzt.

1.4 Die Ausbildung in Österreich

Der Beruf des Tierpflegers ist in Österreich seit 1969 in der Lehrberufsliste enthalten. Trotz der Verschiedenartigkeit der Arbeitsstätten gibt es keine Spezialisierung in Fachrichtungen. Die Ausbildung erfolgt daher auf breiter Grundlage. Der Beruf kann auf vier Arten erlernt werden.

1.4.1 Lehre

In dreijähriger Lehrzeit in einem geeigneten Ausbildungsbetrieb kann nach dem dualen System der Lehrberuf Tierpfleger erlernt werden, der mit einer Lehrabschlussprüfung endet und dessen Absolventen Tiepflegergesellen sind, auch wenn diese Bezeichnung unüblich ist. Eine Meisterausbildung ist derzeit noch nicht vorgesehen. Die Lehrabschlussprüfung gliedert sich in einen praktischen und einen theoretischen Teil. Rechtsgrundlage für Umfang und Durchführung der Prüfung ist die „217. Verordnung des Bundesministers für Handel, Gewerbe und Industrie vom 29.4.1976, mit der die Prüfungsordnung für die Lehrabschlussprüfung im Lehrberuf Tierpflege erlassen wird".

Das duale System der österreichischen Lehrausbildung besteht zum einen in einer praktischen Tätigkeit im Ausbildungsbetrieb, die in der Regel durch zusätzliche Fachinformationen ergänzt wird. Zu dieser Tätigkeit kommt der tageweise Besuch der einschlägigen Berufsfachschule, wo allgemeine Fächer wie Politische Bildung, Wirtschaftsrechnen, Fachkunde und Ähnliches gelehrt werden; auch eine praktische Ausbildung in Betrieben anderer Art als dem Ausbildungsbetrieb selbst gehört zur Berufsschule.

1.4.2 Externisten

Personen, die das 21. Lebensjahr vollendet haben und glaubhaft nachweisen können, dass sie die im Lehrberuf Tiepfleger erforderlichen Fertigkeiten und Kenntnisse beispielsweise durch eine entsprechend lange und einschlägige praktische Tätigkeit oder durch den Besuch entsprechender Kursveranstaltungen erworben haben, können ausnahmsweise zur Lehrabschlussprüfung als Externisten zugelassen werden. Die bestandene Lehrabschlussprüfung (2. Bildungsweg) ist der regulären Lehrabschlussprüfung völlig gleichgestellt.

1.4.3 Privatschule

An der Veterinärmedizinischen Universität Wien existiert eine entgeltliche private, teilweise vom Tierschutz finanzierte Tierpflegerschule, wo theoretische und allgemeinbildende Fächer unterrichtet, aber auch praktische Kenntnisse vermittelt werden. Die Schule ist mit Öffentlichkeitsrecht ausgestattet und ihr positiver Abschluss ist der Lehrabschlussprüfung im Lehrberuf gleichwertig.

1.4.4 Facharbeiter-Aufstiegsprüfung

Im österreichischen Staatsdienst (Universitäten und Bundesanstalten) gibt es ebenfalls eine Qualifizierungsmöglichkeit für tierpflegerisch tätige Personen, und zwar die Facharbeiter-Aufstiegsprüfung. Voraussetzung ist eine mehrjährige – in der Regel mindestens dreijährige – einschlägige Tätigkeit, die durch Kursbesuche, Erlernen von Unterrichtsmaterial und Ähnlichem ergänzt werden sollte. Die Facharbeiter-Aufstiegsprüfung gilt nur für den Staatsdienst und bewirkt eine finanzielle Besserstellung als geprüfter Facharbeiter.

Wiederholungsfragen

1. Welche Kenntnisse und Fertigkeiten muss der/die Tierpfleger/in besitzen?
2. Zwischen welchen Fachrichtungen kann in der Tierpflegeausbildung in Deutschland gewählt werden?
3. Welche Tierarten werden in der Fachrichtung „Haus- und Versuchstierpflege" betreut?
4. Vergleichen Sie die Ausbildung zum Tierpfleger/zur Tierpflegerin in der Schweiz mit der in Österreich und Deutschland.

2 Tierschutzrechtliche Regelungen zum Tierversuch

2.1 Deutschland

2.1.1 Einführung

Neuere Erkenntnisse der Verhaltensforschung und der Tierpsychologie machen deutlich, dass das Tier ein empfindendes Lebewesen ist, über das der Mensch nicht nach Belieben verfügen kann. Das Tier hat einen eigenen Stellenwert, den es zu beachten und zu berücksichtigen gilt. Im Umgang mit Tieren – von den Protozoen bis zu den Primaten – muss daher vermehrt ethischen Gesichtspunkten Rechnung getragen werden. Dies bedeutet, den Tieren gegenüber im täglichen Umgang Verantwortung zu tragen. Durch das Gesetz zur Verbesserung der Rechtsstellung des Tieres im bürgerlichen Recht vom 2. Januar 2002 (BGBl. I S. 42) wurde die formale Gleichstellung des Tieres mit Sachen im Bürgerlichen Gesetzbuch (BGB) beseitigt. Danach sind Tiere keine Sachen und werden durch besondere Gesetze geschützt. Das Tierschutzgesetz (TierSchG) in der Fassung vom 25. Mai 1998 (BGBl. I S. 1105, ber. S. 1818), zuletzt geändert am 25. Juni 2001 (BGBl. I. S. 1215), schützt Tiere um ihrer selbst willen. Das Tier hat einen eigenen Stellenwert und eine eigene Daseinsberechtigung. Dies wird auch durch die zwischenzeitlich erfolgte Aufnahme des Tierschutzes ins Grundgesetz (Art. 20a) der Bundesrepublik Deutschland unterstrichen. § 1 des Tierschutzgesetzes bringt dies zum Ausdruck. Danach hat der Mensch aus der Verantwortung gegenüber Tieren als Mitgeschöpfen die Verpflichtung, deren Leben und Wohlbefinden zu schützen. Zudem darf niemand einem Tier ohne vernünftigen Grund Schmerzen, Leiden oder Schäden zufügen.

Die Begriffe „Wohlbefinden", „Schmerzen", „Leiden", „Schäden" und „ohne vernünftigen Grund" können wie folgt beschrieben werden:

Unter **Wohlbefinden** ist ein Zustand psychischer und physischer Harmonie des Tieres mit sich und der Umwelt zu verstehen, entsprechend seinen angeborenen Lebensbedürfnissen, wie dem Bedürfnis nach Bewegung, Nahrung und Pflege. Dabei kommt es nicht nur auf das Freisein von Schmerzen und Leiden an. Hinweise auf Wohlbefinden sind Gesundheit und normales, d.h. artgemäßes Verhalten des Tieres.

Schmerz ist eine unangenehme sensorische und gefühlsmäßige Erfahrung. Menschen können Charakter, Intensität und Dauer dieser subjektiven Sinnesempfindung durch Beschreibung mit Worten vermitteln. Bei Tieren kann er als subjektive Empfindung selbst bei den höchsten Wirbeltieren mit naturwissenschaftlichen Methoden nicht eindeutig erfasst werden. Zum Teil ist es auch schwierig, bei Tieren Schmerzen festzustellen, unterscheiden sich doch ihre artgemäßen Ausdrucksmittel erheblich von den menschlichen Schmerzäußerungen. Das darf jedoch nicht dazu führen, Tieren dieses Empfinden abzusprechen. Tiere können ebenfalls Schmerzäußerungen zeigen. Akute Schmerzen veranlassen Tiere häufig zu aggressiven Reaktionen, Fluchtbewegungen oder sonstigen charakteristischen Verhaltensweisen. Chronischer Schmerz kann bei Tieren beispielsweise zur Schonung von Gliedmaßen führen. Je näher ein Tier mit dem Menschen verwandt ist, umso eher kann davon ausgegangen werden, dass Eingriffe oder Behandlungen, die für den Menschen schmerzhaft sind, bei Tieren eine ähnliche Wirkung haben. Schmerz muss bei Tieren jedoch nicht zu erkennbaren Abwehrreaktionen führen.

Unter **Leiden** ist ein psychisches Unbehagen zu verstehen. Verursacht werden Leiden insbesondere durch Einwirkungen, die der Wesensart, dem Instinkt und dem Selbsterhaltungstrieb der Tiere zuwiderlaufen, etwa durch unzureichende Haltungs- und Ernährungsbedingungen, soziale Isolation sowie unzureichende Betreuung und Pflege. Der Begriff Leiden darf keineswegs nur medizinisch gesehen werden. Es handelt sich vielmehr um einen eigenständigen Begriff des Tierschutzrechts, der auch alle von dem Begriff des Schmerzes nicht erfassten länger andauernden Unlustgefühle einschließt. Im wissenschaftlichen Sprachgebrauch findet hierfür auch der Begriff Distress Verwendung.

Unter **Schaden** wird die Beeinträchtigung der körperlichen und seelischen Integrität des Tieres verstanden, wie zum Beispiel Gesundheitsstörungen aller Art, Verletzungen und Verhaltensstörungen.

Das deutsche Tierschutzrecht ist im Sinne der Verantwortung des Menschen für das Tier auf einen ethischen Tierschutz ausgerichtet. Das Tierschutzgesetz zielt jedoch nicht darauf ab, Tieren jegliche Beeinträchtigung ihres Lebens und Wohlbefindens zu ersparen. Solange der Mensch Tiere nutzen oder bekämpfen muss, wird das Tierschutzrecht Einschränkungen des Schutzanliegens der Tiere gestatten müssen. Den Tieren sollen nur solche Schmerzen, Leiden oder Schäden erspart werden, die **ohne vernünftigen Grund** zugefügt werden und die vermeidbar sind. Müssen Tieren Schmerzen, Leiden oder Schäden zugefügt werden, ist ein strenger Maßstab anzulegen. Leben und Wohlbefinden der Tiere dürfen nur nach sorgfältiger Güterabwägung und bei Vorliegen gewichtiger Gründe in vertretbarem Umfang eingeschränkt werden. So dürfen Tiere beispielsweise nicht mutwillig oder auf tierquälerische Weise getötet werden. Zunächst muss geklärt werden, ob die Handlung überhaupt zulässig ist. Ist sie zulässig, muss die Vorgehensweise gewählt werden, die für das Tier am wenigsten belastend und mit den geringsten Schmerzen, Leiden und Schäden verbunden ist. Das Verständnis für den schonenden Umgang mit Tieren kann nicht allein durch gesetzliche Bestimmungen geweckt werden. Es kommt vor allem auf das verantwortungsvolle Handeln des Einzelnen an. Dazu müssen jedoch die rechtlichen Bestimmungen bekannt sein und ihr Inhalt verstanden werden. Bei der Verwendung von Tieren zu wissenschaftlichen Zwecken sowie zur Aus-, Fort- und Weiterbildung sind die tierschutzrechtlichen Bestimmungen sowohl bei der Haltung und Betreuung der Tiere als auch bei den Eingriffen und Behandlungen an den Tieren zu beachten. Das Pflegepersonal kann somit entscheidend zum Wohlbefinden der Tiere beitragen. Nimmt es seine Aufgabe sorgfältig wahr, können rechtzeitig Störungen des Wohlbefindens erkannt und dadurch den Tieren unnötige Schmerzen, Leiden und Schäden erspart werden.

2.1.2 Haltung und Betreuung von Tieren

Bei der Haltung von Tieren ist nach § 2 TierSchG Folgendes zu beachten:
Wer ein Tier hält, betreut oder zu betreuen hat,
- muss das Tier seiner Art und seinen Bedürfnissen entsprechend angemessen ernähren, pflegen und verhaltensgerecht unterbringen,
- darf die Möglichkeit des Tieres zu artgemäßer Bewegung nicht so einschränken, dass ihm dadurch Schmerzen oder vermeidbare Leiden oder Schäden zugefügt werden und
- muss über die für eine angemessene Ernährung, Pflege und verhaltensgerechte Unterbringung des Tieres erforderlichen Kenntnisse und Fähigkeiten verfügen.

Mit dieser Regelung werden die Anforderungen sowohl an die Haltung und Betreuung der Tiere in menschlicher Obhut als auch an die Qualifikation der Tierhalter und Betreuer festgelegt. Sie gelten – unabhängig vom Nutzungszweck der Tiere – für jede Art der Tierhaltung und -betreuung. Halter ist diejenige Person, welche die tatsächliche Verfügungsgewalt über die Tiere hat. Betreuer ist diejenige Person, die für das Tier sorgt, beispielsweise ein/e Tierpfleger/in. Beide sind verpflichtet, im Umgang mit Tieren die nötige Sorgfalt walten zu lassen und für das Wohlbefinden der Tiere zu sorgen. „Angemessen" bedeutet, dass sich Ernährung, Pflege und verhaltensgerechte Unterbringung nach den Bedürfnissen der Tiere zu richten haben und nicht nach den Möglichkeiten des Tierhalters. Die Bedürfnisse der Tiere können unter anderem in Nahrungs-, Bewegungs-, Komfort-, Ruhe- und Beschäftigungsbedürfnis sowie in Bedürfnis nach Sozialkontakt unterteilt werden. Nahrung muss nach Menge, Zusammensetzung und sonstiger Beschaffenheit den Bedürfnissen der Tiere entsprechen. Die Pflege umfasst die gesamte Fürsorge für ein Tier, wie beispielsweise Reinigungsmaßnahmen, Huf-, Klauen- und Fellpflege, Gesundheitsvorsorge einschließlich Impfungen und medizinische Betreuung. Darunter ist auch die Gesamtheit aller Mittel, einschließlich des Kontaktes mit den Tieren, zu verstehen, um sie in einem Zustand zu erhalten, in dem sie möglichst wenig beeinträchtigt sind.

Das Tierschutzgesetz erlaubt in gewissem Umfang die Einschränkung der Bewegungsfreiheit von Tieren. Sonst wäre eine Tierhaltung kaum möglich. Unzulässig ist die Bewegungseinschränkung jedoch, wenn sie zu Schmerzen, Leiden oder Schäden bei den Tieren führt. Die Anpassungsfähigkeit der Tiere darf durch die Haltungsbedingungen nicht überfordert und ihre Körperfunktionen und ihr Verhalten dürfen nicht gestört werden. Bei der Bewegungseinschränkung der Tiere ergeben sich gegensätzliche Interessen: Zum einen die des Tieres, dessen Bewegungsfreiheit, soziale Beziehungen und andere Lebensäußerungen eingeschränkt werden, zum anderen die der Halter und Betreuer, die nur begrenzte Haltungsbedingungen bereitstellen können und die die Tiere überwachen müssen. In den Tierschutzverordnungen zur Tierhaltung ist für bestimmte Tierarten detailliert festgelegt, unter welchen Bedingungen die Bewegungseinschränkung nicht mehr toleriert werden kann.

Jede Person, die Tiere hält, betreut oder zu betreuen hat, muss Kenntnisse über deren Lebensgewohnheiten und Bedürfnisse haben. Zudem muss sie in der Lage sein, das Wohlbefinden jedes einzelnen Tieres in ihrer Obhut zu erkennen. Sie muss sich auch ihrer Verantwortung gegenüber dem Tier bewusst sein. Diese Bestimmungen können selbstverständlich nur erfüllt werden, wenn die notwendige Zuverlässigkeit im Umgang mit Tieren vorhanden ist. Die geforderten Kenntnisse und Fähigkeiten für eine angemessene Ernährung, Pflege und verhaltensgerechte Unterbringung von Tieren können von der zuständigen Überwachungsbehörde überprüft werden, sofern es Hinweise gibt, dass sie nicht vorhanden sind (siehe hierzu auch Nr. 1 der Allgemeinen Verwaltungsvorschrift zur Durchführung des Tierschutzgesetzes [AVV] vom 9. Februar 2000). Die Sachkunde von Tierhaltern und -betreuern ist eine wesentliche Verpflichtung, die sich wie ein roter Faden durch das nationale und internationale Tierschutzrecht zieht. Entsprechende Bestimmungen finden sich in den Europäischen Übereinkommen und den Europaratsempfehlungen, in den Richtlinien der Europäischen Union und im deutschen Tierschutzgesetz (§ 2 a Abs. 1 Nr. 5 und Abs. 2 Nr. 6, § § 4, 4 b und 9 Abs. 1 sowie § 11 Abs. 2 Nr. 1 TierSchG) und in den auf das Tierschutzgesetz gestützten Verordnungen (§ § 6 und 13 der Tierschutztransportverordnung vom 11. Juni 1999 [BGBl. I S. 1337], § 4 der Tierschutz-Schlachtverordnung vom 3. März 1997 (BGBl. I S. 405) und in der Tierschutz-Nutztierhaltungsverordnung vom 25. Oktober 2001 (BGBl. I S. 2758). Eine weitere Konkretisierung der Anforderungen an die Sachkunde im Umgang mit Tieren findet sich in den Nummern 3, 9 und 12 der AVV.

Die in § 2 des Tierschutzgesetzes festgelegten Anforderungen und Verpflichtungen sind sehr allgemein gehalten. Das Bundesministerium für Verbraucherschutz, Ernährung und Landwirtschaft (Bundesministerium) wird daher in § 2a des Tierschutzgesetzes ermächtigt, diese durch Rechtsverordnungen unter Beachtung der wissenschaftlichen Erkenntnisse und unter Berücksichtigung der Vorgaben des Europarates und der Europäischen Union näher zu bestimmen. Derartige Verordnungen bedürfen der Zustimmung des Bundesrates. Bei der letzten Änderung des Tierschutzgesetzes wurde in § 21b des Tierschutzgesetzes eine Ermächtigungsgrundlage aufgenommen, nach der das Bundesministerium auch sog. Eilverordnungen ohne Zustimmung des Bundesrates erlassen kann. Bisher wurden die tierschutzrechtlichen Anforderungen an die Haltung von Kälbern, Schweinen, Legehennen und Hunden in Verordnungen näher geregelt. In der Tierschutztransportverordnung vom 11. Juni 1999 (BGBl. I. S. 1337) ist dies für den Transport von Tieren erfolgt. Als Ermächtigungsgrundlage für den Erlass der Tierschutzverordnungen zur Regelung der Tierhaltung dient § 2a Abs. 1 sowie für den Erlass der Tierschutztransportverordnung § 2a Abs. 2 des Tierschutzgesetzes. Spezielle Anforderungen an die Haltung landwirtschaftlicher Nutztiere sind in der Verordnung zum Schutz landwirtschaftlicher Nutztiere und anderer zur Erzeugung tierischer Produkte gehaltener Tiere bei ihrer Haltung (Tierschutz-Nutztierhaltungsverordnung) festgelegt. Die Tierschutz-Hundeverordnung vom 2. Mai 2001 (BGBl. I S. 838) legt konkrete Anforderungen an die

Hundehaltung und -zucht sowie an die notwendigen Pflegemaßnahmen fest.

Die Tierschutztransportverordnung enthält die näheren tierschutzrechtlichen Bestimmungen zum Transport von Tieren. Diese Verordnung wird durch die Verordnung (EG) Nr. 1255/97 des Rates vom 25. Juni 1997 zur Festlegung gemeinschaftlicher Kriterien für Aufenthaltsorte und zur Anpassung des im Anhang der Richtlinie 91/628/EWG vorgesehenen Transportplans (ABl. EG Nr. L 174 S. 1) und durch die Verordnung (EG) Nr. 411/98 des Rates vom 16. Februar 1998 mit zusätzlichen Tierschutzvorschriften für Straßenfahrzeuge zur Beförderung von Tieren während mehr als acht Stunden (ABl. EG Nr. L 52 S. 8) ergänzt. Nach dieser Verordnung ist es insbesondere – abgesehen von bestimmten Ausnahmen – verboten, kranke oder verletzte Wirbeltiere zu befördern oder befördern zu lassen. Zudem darf ein Wirbeltier nur befördert werden, sofern sein körperlicher Zustand den geplanten Transport erlaubt und für den Transport sowie die Übernahme des Tieres am Bestimmungsort die erforderlichen Vorkehrungen getroffen wurden. Zum Schutz der Tiere bestimmter Arten sind Höchsttransportzeiten festgelegt, nach deren Ablauf die Tiere zum Füttern, Tränken und Ruhen für mindestens 24 Stunden entladen werden müssen, bevor der Transport fortgesetzt werden kann. Diese obligatorischen Unterbrechungen der Langzeittransporte finden an geeigneten Aufenthaltsorten statt, die den Bestimmungen der Verordnung (EG) Nr. 1255/97 entsprechen müssen. Als Haustiere gehaltene Einhufer, Rinder, Schafe, Ziegen und Schweine, die in Straßentransportfahrzeugen länger als acht Stunden befördert werden sollen, dürfen nur in speziellen Fahrzeugen befördert werden, deren Anforderungen in der Verordnung (EG) Nr. 411/98 geregelt sind. Nationale Schlachttiertransporte in so genannten einfachen Transportfahrzeugen dürfen höchstens acht Stunden dauern.

Mit der Änderung des Tierschutzgesetzes im Jahr 1998 wurde eine Ermächtigungsgrundlage geschaffen, Rechtsverordnungen in Bezug auf die Anforderungen, Ziele, Mittel und Methoden bei der Ausbildung, bei der Erziehung oder bei dem Training von Tieren festzulegen. Entsprechende Verordnungen wurden bisher noch nicht erlassen. Es gibt jedoch Überlegungen, die Anforderungen an die Ausbildung von Hunden, einschließlich des Einsatzes von Elektroreizgeräten, zu einem späteren Zeitpunkt in der Tierschutz-Hundeverordnung detailliert zu regeln. Sofern die Anforderungen an die Haltung der Tiere nicht näher in Verordnungen zur Regelung der Tierhaltung festgelegt sind, sind die allgemeinen Bestimmungen des § 1 sowie des § 2 TierSchG in Verbindung mit den Anforderungen gemäß der einschlägigen Europaratsempfehlungen zu beachten (siehe auch Urteil des Bundesverfassungsgerichts vom 6. Juli 1999 zur Verordnung zum Schutz von Legehennen bei Käfighaltung und Nr. 1.1 der AVV). Gestützt auf das Europäische Übereinkommen vom 10. März 1976 zum Schutz von Tieren in landwirtschaftlichen Tierhaltungen wurden bisher Empfehlungen für das Halten von Schweinen, Rindern, Ziegen, Schafen, Haushühnern der Art *Gallus gallus*, Straußenvögeln, Pelztieren, Pekingenten *(Anas platyrhynchos)*, Moschusenten *(Cairina moschata)* und Hybriden von Moschusenten und Pekingenten *(Anas platyrhynchos)* sowie Hausgänsen *(Anser anser f. domesticus, Anser cygnoides f. domesticus)* und deren Kreuzungen erarbeitet.

Nach Nummer 1.2.3 des Anhangs A des Europäischen Übereinkommens vom 18. März 1986 zum Schutz der für Versuche und andere wissenschaftliche Zwecke verwendeten Wirbeltiere sollen Räume, die für die Haltung landwirtschaftlicher Nutztiere (Rinder, Schafe, Ziegen, Schweine, Pferde, Hühner usw.) bestimmt sind, zumindest den Richtwerten entsprechen, die im Europäischen Übereinkommen zum Schutz von Tieren in landwirtschaftlichen Tierhaltungen und den auf diese gestützten Empfehlungen sowie den einzelstaatlichen Vorschriften entsprechen.

Bei der Haltung von Versuchstieren sind die Anforderungen der nationalen Verordnungen zu beachten, sofern nicht im Einzelfall andere Haltungsbedingungen unerlässlich sind. Zudem sollen bei Tieren von Arten, für die keine konkreten Haltungsanforderungen in einer Verordnung festgelegt wurden, die Leitlinien für die Unterbringung und Pflege von Tieren in Anhang A des Europäischen Übereinkommens vom 18. März 1986 zum Schutz der für Versuche und andere wissenschaftliche Zwecke verwendeten Wirbeltiere bzw. die Leitlinien in Anhang II der Richtlinie 86/609/EWG des Rates zur Annäherung der Rechts- und Verwaltungsvorschriften der Mitgliedstaaten zum Schutz der für Versuche und andere wissenschaftliche Zwecke verwendeten Tiere beachtet werden. Auf Einzelheiten wird in den speziellen Kapiteln zur Tierhaltung (**Kap. 5.3**) ausführlich eingegangen.

Das Tierpflegepersonal trägt eine besondere Verantwortung für die von ihm zu versorgenden Tiere. Durch die Festlegung von Mindestanforderungen, die im nationalen und internationalen Tierschutzrecht gefordert werden, soll verhindert werden, dass den Tieren vermeidbare Leiden oder Schäden zugefügt werden. Diese Mindestanforderungen sollten im täglich Umgang mit den Tieren möglichst überschritten werden. Zudem ist ständig zu überprüfen, ob den Tieren durch die Haltungsbedingungen Schmerzen, Leiden oder Schäden zugefügt werden, die nach den neuesten Erkenntnissen vermeidbar wären. Diese Forderung führt auch zu einer ständigen Weiterentwicklung des nationalen und internationalen Tierschutzrechts. Halter und Betreuer von Tieren müssen sich dieser Tatsache bewusst sein und durch ständige Fortbildung und rege Beobachtung an der Fortentwicklung einer tiergerechten Haltung und Betreuung ihrer Schützlinge mitarbeiten.

Bei der Haltung und Betreuung von Tieren sind nach dem Tierschutzgesetz nicht nur entsprechende Kenntnisse und Fähigkeiten erforderlich. Bestimmte Tätigkeiten dürfen zudem nur durchgeführt werden, wenn die zuständige Behörde hierfür eine Erlaubnis erteilt hat.

Nach § 11 des Tierschutzgesetzes bedarf der behördlichen Erlaubnis, wer

- Wirbeltiere zu Versuchszwecken oder anderen wissenschaftlichen Zwecken wie Eingriffe zur Organentnahme bzw. Ausbildung oder für die Tötung zu wissenschaftlichen Zwecken züchten oder halten
- Tiere für andere in einem Tierheim oder einer ähnlichen Einrichtung halten
- Tiere in einem Zoologischen Garten oder einer anderen Einrichtung, in der Tiere gehalten oder zur Schau gestellt werden, halten,
- für Dritte Hunde zu Schutzzwecken ausbilden und/oder hierfür Einrichtungen unterhalten oder
- Tierbörsen zum Zweck des Tausches oder Verkaufes durch Dritte durchführen will.

Dies gilt auch für Personen, die gewerbsmäßig
- Wirbeltiere, außer landwirtschaftliche Nutztiere, züchten oder halten
- mit Wirbeltieren handeln
- einen Reit- oder Fahrbetrieb unterhalten
- Tiere zur Schau oder für solche Zwecke zur Verfügung stellen oder
- Wirbeltiere als Schädlinge bekämpfen wollen.

Die behördliche Erlaubnis wird nur erteilt, wenn
- die erforderliche Sachkunde und
- Zuverlässigkeit der für die Tätigkeit verantwortlichen Person sowie
- die für eine tiergerechte Ernährung, Pflege und Unterbringung erforderlichen Räume und Einrichtungen vorhanden sind.

Die behördliche Erlaubnis kann unter Befristungen, Bedingungen und Auflagen erteilt werden. Die Erlaubnis darf zudem nur erteilt werden, wenn die verantwortliche Person aufgrund ihrer Ausbildung oder ihres bisherigen beruflichen oder sonstigen Umgangs mit Tieren, die für diese Tätigkeit erforderlichen fachlichen Kenntnisse und Fähigkeiten hat. Sie sind gegenüber der Behörde nachzuweisen. Auf Verlangen sind sie in einem Fachgespräch bei der zuständigen Behörde zu erbringen.

Die AVV enthält hierzu unter Nummer 12 detaillierte Ausführungshinweise.

Das Tierschutzgesetz enthält darüber hinaus Bestimmungen über die Herkunft und den Verbleib von Tieren. Zudem sind über Tierversuche Aufzeichnungen zu machen. Bei Verwendung von Wirbeltieren sind bei den Aufzeichnungen deren Herkunft einschließlich des Namens und der Anschrift des Vorbesitzers anzugeben; bei Hunden und Katzen sind zusätzlich Geschlecht und Rasse sowie Art und Zeichnung des Fells und eine an den Tieren vorgenommene Kennzeichnung anzugeben. Dazu ist in den Betriebs- oder Geschäftsräumen ein Kontrollbuch zu führen, in das jede Bestandsveränderung unverzüglich nach einem vorgegebenen Muster dauerhaft einzutragen ist. Die Aufzeichnungen sind mindestens 3 Jahre aufzubewahren und müssen auf Verlangen der zuständigen Behörde vorgelegt werden (§ 9a TierSchG; Verordnung über Aufzeichnungen über Versuchstiere und deren Kennzeichnung vom 20. Mai 1988).

Nach Abschluss eines Tierversuchs ist jeder

verwendete und überlebende Affe, Halbaffe, Einhufer, Paarhufer, Hund und Hamster sowie jede verwendete und überlebende Katze und jedes verwendete und überlebende Kaninchen und Meerschweinchen unverzüglich einem Tierarzt zur Untersuchung vorzustellen. Kann das Tier nach dem Urteil des Tierarztes nur unter Schmerzen oder Leiden weiterleben, muss es unverzüglich schmerzlos getötet werden. Die Verpflichtung zur Tötung der Tiere gilt erforderlichenfalls auch für andere Tiere (§ 9 Abs. 2 Satz 3 Nr. 8 TierSchG).

Wer Wirbeltiere zur Verwendung für wissenschaftliche Zwecke sowie zur Aus-, Fort- und Weiterbildung aus Drittländern einführen will, benötigt hierfür eine Genehmigung der nach Landesrecht zuständigen Behörde (§ 11a Abs. 4 TierSchG).

Gemäß § 11c des Tierschutzgesetzes dürfen Wirbeltiere ohne Einwilligung der Erziehungsberechtigten nicht an Kinder oder Jugendliche bis zum vollendeten 16. Lebensjahr abgegeben werden.

Nach § 3 Nr. 2 des Tierschutzgesetzes ist es verboten, ein gebrechliches, krankes, abgetriebenes oder altes, im Haus, Betrieb oder sonst in Obhut des Menschen gehaltenes Tier, für das ein Weiterleben mit nicht behebbaren Schmerzen oder Leiden verbunden ist, zu einem anderen Zweck als zur unverzüglichen schmerzlosen Tötung zu veräußern oder zu erwerben; dies gilt nicht für die Abgabe eines kranken Tieres an eine Person oder Einrichtung, die eine entsprechende Tierversuchsgenehmigung hat.

Verbote gibt es auch hinsichtlich des Aussetzens von Tieren (§ 3 TierSchG). Beispielsweise ist es gemäß § 3 Nr. 3 des Tierschutzgesetzes verboten, ein im Haus, Betrieb oder sonst in Obhut des Menschen gehaltenes Tier auszusetzen oder zurückzulassen, um sich seiner zu entledigen oder sich der Halter- oder Betreuerpflicht zu entziehen.

Bei der Zucht von Wirbeltieren ist § 11b des Tierschutzgesetzes von Bedeutung. Danach ist es verboten, Wirbeltiere zu züchten oder durch bio- oder gentechnische Maßnahmen zu verändern, wenn damit gerechnet werden muss, dass bei der Nachzucht, den bio- oder gentechnisch veränderten Tieren selbst oder deren Nachkommen erblich bedingt Körperteile oder Organe für den artgemäßen Gebrauch fehlen oder untauglich oder umgestaltet sind und hierdurch Schmerzen, Leiden oder Schäden auftreten. Es ist zudem verboten, Wirbeltiere zu züchten oder durch bio- oder gentechnische Maßnahmen zu verändern, wenn damit gerechnet werden muss, dass bei den Nachkommen

a) mit Leiden verbundene erblich bedingte Verhaltensstörungen oder mit Leiden verbundene erblich bedingte Aggressionssteigerungen auftreten oder
b) jeder artgemäße Kontakt mit Artgenossen bei ihnen selbst oder einem Artgenossen zu Schmerzen oder vermeidbaren Leiden oder Schäden führt oder
c) deren Haltung nur unter Bedingungen möglich ist, die bei ihnen zu Schmerzen oder vermeidbaren Leiden oder Schäden führen.

Diese Verbote gelten nicht für Wirbeltiere, die für wissenschaftliche Zwecke benötigt werden. Zur Beurteilung, ob eine Defekt- oder Qualzucht vorliegt, kann das im Auftrag des Bundesministeriums erstellte Gutachten zur Auslegung von § 11b des Tierschutzgesetzes (Verbot von Qualzüchtungen) vom 2. Juni 1999 herangezogen werden.

2.1.3 Töten von Tieren

Vor der Tötung eines Tieres müssen immer zwei Fragen gestellt werden. Ist die Tötung des Tieres zulässig und werden dabei zulässige und die für das Tier schonendsten Betäubungs- und Tötungsverfahren eingesetzt? Nach § 1 in Verbindung mit § 17 Nr. 1 (Wirbeltiere) bzw. § 18 Abs. 2 (wirbellose Tiere) des Tierschutzgesetzes darf ein Tier nur bei Vorliegen eines vernünftigen Grundes getötet werden. Ein Wirbeltier darf nur unter Betäubung oder nur unter Vermeidung von Schmerzen getötet werden (§ 4 TierSchG). Für die Durchführung müssen die notwendigen Kenntnisse und Fähigkeiten vorhanden sein. Darüber hinaus haben Personen, die berufs- oder gewerbsmäßig regelmäßig Wirbeltiere betäuben oder töten, gegenüber der zuständigen Behörde einen Sachkundenachweis zu erbringen. Als Sachkundenachweis kann beispielsweise bei Haus- und Versuchstierpflegern die Berufsausbildung angesehen werden, wenn während der Ausbildung die erforderlichen Kenntnisse und Fähigkeiten vermittelt wurden und keine Bedenken gegen die Zuverlässigkeit bestehen.

Die AVV enthält unter Nummer 3 Ausführungshinweise zu diesen Bestimmungen. Auf Einzelheiten wird in **Kapitel 8.9** eingegangen.

Beim Töten von Wirbeltieren zu wissenschaftlichen Zwecken ist zudem zu beachten, dass ein Tierschutzbeauftragter eingebunden ist, bei der Durchführung der Stand der wissenschaftlichen Kenntnisse zu berücksichtigen ist und bei der Tötung von Hunden, Katzen, Affen und Halbaffen die Tiere nur verwendet werden dürfen, wenn sie für diesen Zweck gezüchtet worden sind. Die zuständige Behörde kann, soweit es mit dem Schutz der Tiere vereinbar ist, Ausnahmen von dem Züchtungsgebot zulassen.

Für die Jagd und Schädlingsbekämpfung gibt es Ausnahmeregelungen von der Verpflichtung zur vorhergehenden Betäubung. Es dürfen den Tieren hierbei jedoch „nicht mehr als unvermeidbare Schmerzen zugefügt werden". Ein warmblütiges Tier darf nur geschlachtet werden, wenn es vor Beginn des Blutentzugs betäubt worden ist. Ausnahmen vom Betäubungsgebot sind in bestimmten Fällen möglich, beispielsweise bei Notschlachtungen, wenn eine Betäubung nicht möglich ist und beim betäubungslosen Schlachten (Schächten) durch Angehörige bestimmter Religionsgemeinschaften.

Die Anforderungen an den Sachkundenachweis von Personen, die im Rahmen ihrer beruflichen Tätigkeit Einhufer, Wiederkäuer, Schweine, Kaninchen oder Geflügel schlachten oder im Zusammenhang hiermit ruhigstellen oder betäuben, sind in der Verordnung zum Schutz von Tieren im Zusammenhang mit der Schlachtung oder Tötung (Tierschutz-Schlachtverordnung) vom 3. März 1997 (BGBl. I S. 405), geändert am 25. November 1999 (BGBl. I S. 2392), geregelt. Eine Sachkundebescheinigung nach der Tierschutz-Schlachtverordnung gilt unmittelbar für die betreffenden Tiere als Sachkundenachweis im Sinne des § 4 Abs. 1a des Tierschutzgesetzes.

2.1.4 Definition des Tierversuches

Tierversuche im Sinne des Tierschutzgesetzes sind nach § 7 Abs. 1 des Tierschutzgesetzes Eingriffe oder Behandlungen zu **Versuchszwecken**
- *an Tieren, wenn sie mit Schmerzen, Leiden oder Schäden für diese Tiere oder*
- *am Erbgut von Tieren, wenn sie mit Schmerzen, Leiden oder Schäden für die erbgutveränderten Tiere oder deren Trägertiere verbunden sein können.*

Diese Definition des Tierversuches gilt für Eingriffe und Behandlungen bei Tieren aller Arten, einschließlich der wirbellosen Tiere.

2.1.5 Zulässigkeit von Tierversuchen

Tierversuche dürfen nur durchgeführt werden, soweit sie zu einem der folgenden Zwecke **unerlässlich** sind:
- *Vorbeugen, Erkennen oder Behandeln von Krankheiten, Leiden, Körperschäden oder körperlichen Beschwerden oder Erkennen oder Beeinflussen physiologischer Zustände oder Funktionen bei Mensch oder Tier,*
- *Erkennen von Umweltgefährdungen,*
- *Prüfung von Stoffen oder Produkten auf ihre Unbedenklichkeit für die Gesundheit von Mensch oder Tier oder auf ihre Wirksamkeit gegenüber tierischen Schädlingen und/oder*
- *Grundlagenforschung.*

Bei der Entscheidung, ob Tierversuche unerlässlich sind, ist insbesondere der jeweilige Stand der wissenschaftlichen Erkenntnisse zugrunde zu legen und zu prüfen, ob der verfolgte Zweck nicht durch andere Methoden oder Verfahren erreicht werden kann (§ 7 Abs. 2 TierSchG).

Diese Bestimmung gilt unabhängig davon, ob die Versuche von der zuständigen Behörde genehmigt oder bei ihr angezeigt werden müssen, d.h. sie ist auch auf Versuche mit wirbellosen Tieren anzuwenden.

Versuche an Wirbeltieren dürfen nur durchgeführt werden, wenn die zu erwartenden Schmerzen, Leiden oder Schäden der Versuchstiere im Hinblick auf den Versuchszweck ethisch vertretbar sind. Versuche an Wirbeltieren, die zu länger anhaltenden oder sich wiederholenden erheblichen Schmerzen oder Leiden führen, dürfen nur durchgeführt werden, wenn die angestrebten Ergebnisse vermuten lassen, dass sie für wesentliche Bedürfnisse von Mensch oder Tier einschließlich der Lösung wissenschaftlicher Probleme von hervorragender Bedeutung sein werden (§ 7 Abs. 3 TierSchG).

Bestimmte Tierversuche sind verboten. Tierversuche zur Entwicklung oder Erprobung von Waffen, Munition oder dazugehörigem Gerät sind generell verboten, während von dem Verbot, Tierversuche zur Entwicklung von Tabakerzeugnissen, Waschmitteln oder dekorativer Kosmetik durchzuführen, Ausnahmen möglich sind (§ 7 Abs. 4 und 5 TierSchG). Ausnahmen von dem grundsätzlichen Verbot zur Entwicklung von Tabakerzeugnissen, Waschmitteln und Kosmetika können in einer Rechtsverordnung bestimmt werden. Auf der Ebene der Europäischen Union gibt es derzeit konkrete Pläne, derartige Tierversuche generell zu verbieten.

2.1.6 Anzeige- und Genehmigungsverfahren bei Tierversuchen

Wer Versuche an **Wirbeltieren** durchführen will, bedarf – abgesehen von bestimmten Ausnahmen – der Genehmigung des Versuchsvorhabens durch die nach Landesrecht zuständige Behörde (§ 8 Abs. 1 TierSchG). Hierzu ist ein vollständig ausgefüllter Genehmigungsantrag, der die Angaben nach § 8 Abs. 2 des Tierschutzgesetzes enthalten muss, zunächst dem Tierschutzbeauftragten zur Stellungnahme zuzuleiten. Aus dem Antrag müssen nach Nummer 6.1.1 der AVV die in Anlage 1 der AVV aufgeführten Angaben ersichtlich sein. Der Antrag auf Genehmigung des Versuchsvorhabens ist anschließend gemeinsam mit der Stellungnahme des Tierschutzbeauftragten schriftlich bei der zuständigen Behörde einzureichen.

In dem Genehmigungsantrag ist das Versuchsvorhaben genau zu bezeichnen. Es sind folgende Angaben zu machen:
- Zweck des Versuchsvorhabens,
- wissenschaftlich begründete Darlegung, dass das Versuchsvorhaben für einen der in Kapitel **2.1.5** genannten Zwecke unerlässlich und ethisch vertretbar ist (§ 7 Abs. 2 und 3 TierSchG) und das Versuchsvorhaben unerlässlich ist,
- Nachweis, dass der Leiter des Versuchsvorhabens und sein Stellvertreter die erforderliche fachliche Eignung und Zuverlässigkeit besitzen, die erforderliche Ausstattung vorhanden ist und die Anforderungen des § 2 des Tierschutzgesetzes erfüllt sind und
- die Anforderungen des § 9 des Tierschutzgesetzes an die Durchführung von Tierversuchen erfüllt sind (**Kapitel 2.1.9**).

Es müssen zudem
- die Tierart und Anzahl der vorgesehenen Tiere (einschließlich einer biometrischen Planung) angegeben und begründet werden; hierzu gehören auch Angaben darüber, ob es sich um eigens für Tierversuche gezüchtete Tiere handelt; falls dies nicht der Fall ist, muss eine Ausnahmegenehmigung beantragt werden (§ 9 Abs. 2 Satz 3 Nrn. 1, 2 und 7 TierSchG),
- der Ort, an dem die Tierversuche durchgeführt werden, der vorgesehene Beginn und die voraussichtliche Dauer des Versuchsvorhabens angegeben werden (§ 8 Abs. 2 Satz 3 in Verbindung mit § 8a Abs. 2 Nr. 4 TierSchG),
- die Durchführung der vorgesehenen Tierversuche genau beschrieben werden; insbesondere die Art der Durchführung einschließlich Betäubung (Verzicht ist zu begründen), Maßnahmen zur Schmerzlinderung und die Dauer der Eingriffe oder Behandlungen sind anzugeben; ferner muss angegeben werden, welcher Belastung die Tiere voraussichtlich ausgesetzt sein werden und wo die Tiere nach Abschluss des Versuches verbleiben (§ 9 Abs. 2 des TierSchG in Verbindung mit Nummer 1.6.1–1.6.7 und Nummer 3 der Anlage 1 der AVV),
- dargelegt werden, dass die Einhaltung der Anforderung an die Durchführung der Tierversuche und die Erfüllung der Aufzeichnungspflicht erwartet werden kann (§ 9 Abs. 1 und § 9a Abs. 1 TierSchG),
- angegeben werden, ob der Tierschutzbeauftragte eine Stellungnahme abgegeben hat (§ 8 b Abs. 3 Nr. 3 TierSchG in Verbindung mit Nummer 5 der Anlage 1 der AVV) und
- nachgewiesen werden, dass die Personen zur Benutzung der Einrichtung, in der die Tierversuche durchgeführt werden, berechtigt sind (§ 8 Abs. 6 TierSchG).

Der Versuchsleiter und sein Stellvertreter müssen namentlich benannt und ihre fachliche Eignung nachgewiesen werden. Gleiches gilt auch für alle Versuchsdurchführenden (§ 9 Abs. 1 TierSchG). Zudem müssen die Personen, die für die Pflege, Betreuung und die medizinische Versorgung der Versuchstiere verantwortlich sind, benannt werden (§ 8 Abs. 3 Nr. 4 und § 9 Abs. 2 Nr. 8 TierSchG).

2.1.7 Voraussetzungen zur Erteilung der Genehmigung

Die Genehmigung darf nach § 8 Abs. 3 des Tierschutzgesetzes nur erteilt werden, wenn
- wissenschaftlich begründet dargelegt ist, dass die Voraussetzungen des § 7 Abs. 2 und 3 des Tierschutzgesetzes vorliegen (für einen der dort genannten Zwecke unerlässlich und ethisch vertretbar) und die angestrebten Versuchsergebnisse trotz Ausschöpfung der zugänglichen Informationsmöglichkeit nicht hinreichend bekannt sind oder die Überprüfung eines hinreichend bekannten Ergebnisses durch einen Doppel- oder Wiederholungsversuch unerlässlich ist (§ 8 Abs. 3 Nr. 1 TierSchG),
- der verantwortliche Leiter des Versuchsvorhabens und sein Stellvertreter die erforderliche fachliche Eignung insbesondere hinsichtlich der Überwachung der Tierversuche haben und keine Tatsachen vorliegen, aus denen sich Bedenken gegen ihre Zuverlässigkeit ergeben (§ 8 Abs. 3 Nr. 2 TierSchG),
- die erforderlichen Anlagen, Geräte und anderen sachlichen Mittel vorhanden sowie die personellen und organisatorischen Voraussetzungen für die Durchführung der Tierversuche einschließlich der Tätigkeit des Tierschutzbeauftragten gegeben sind (§ 8 Abs. 3 Nr. 3 TierSchG),
- eine den Anforderungen des § 2 entsprechende Unterbringung und Pflege einschließlich der Betreuung der Tiere sowie ihre medizinische Versorgung sichergestellt ist (§ 8 Abs. 3 Nr. 4 TierSchG) und
- die Einhaltung der Vorschriften des § 9 Abs. 1 und 2 und des § 9 a Abs. 1 des Tierschutzgesetzes erwartet werden kann (siehe auch Nr. 4 der Anlage 1 der AVV).

Zudem muss eine Erlaubnis für die Zucht oder Haltung von Wirbeltieren zu Versuchszwecken vorliegen (§ 11 TierSchG).

Die Genehmigung ist auf maximal drei Jahre zu befristen und kann zweimal um jeweils ein Jahr verlängert werden (§ 8 Abs. 2 TierSchG).

2.1.8 Anzeigepflichtige Tierversuche

Tierversuche an Wirbeltieren, die nicht der Genehmigung bedürfen, sowie an Cephalopoden (Kopffüßler) oder Dekapoden (Zehnfußkrebse), Eingriffe und Behandlungen zur Aus-, Fort- und Weiterbildung sowie zur Herstellung, Gewinnung, Aufbewahrung oder Vermehrung von Stoffen, Produkten oder Organismen, die mit Schmerzen, Leiden oder Schäden verbunden sind und das vollständige oder teilweise Entnehmen von Organen oder Geweben zum Zwecke der Organtransplantation oder des Anlegens von Kulturen oder der Untersuchung isolierter Organe, Gewebe oder Zellen sind der nach Landesrecht zuständigen Behörde anzuzeigen (§ 6 Abs. 1, § 8 a Abs. 1, § 10 Abs. 2 und § 10 a TierSchG). Dies gilt auch für bestimmte Änderungen genehmigter Tierversuche (§ 8 Abs. 7 Satz 2 TierSchG).

2.1.9 Durchführung von Tierversuchen

Nach § 9 des Tierschutzgesetzes dürfen Tierversuche nur durchgeführt werden, wenn die tierexperimentell tätigen Personen, die **erforderlichen Fachkenntnisse** haben. In Abhängigkeit vom Schweregrad der Eingriffe und Behandlungen sowie der verwendeten Tiere werden unterschiedliche Anforderungen an die Kenntnisse und Ausbildung dieser Personen gestellt. Beispielsweise dürfen operative Eingriffe an Wirbeltieren nur von Personen mit einem **abgeschlossenen Hochschulstudium** der Veterinärmedizin, Medizin oder Biologie – Fachrichtung Zoologie – und darüber hinaus von Personen, welche die erforderlichen Fachkenntnisse auf andere Weise erbracht haben, durchgeführt werden (§ 9 Abs. 1 TierSchG).

Tierversuche sind – unter Berücksichtigung des Standes der wissenschaftlichen Erkenntnisse – auf das unerlässliche Maß zu beschränken (so genannte 3-R-Grundsätze nach dem Konzept von Russell und Burch: Replacement [Ersatz], Reduction [Reduktion] und Refinement [Verringerung der Belastung der Versuchstiere]).

Versuche an sinnesphysiologisch höher entwickelten Tieren, insbesondere warmblütigen Tieren, dürfen nur durchgeführt werden, soweit Versuche an sinnesphysiologisch niedriger entwickelten Tieren für den verfolgten Zweck nicht möglich sind (§ 9 Abs. 2 TierSchG).

Für die Durchführung gilt im Einzelnen:
- sinnesphysiologisch höher entwickelte bzw. aus der Natur entnommene Tiere dürfen nur

eingesetzt werden, wenn sinnesphysiologisch niedriger entwickelte bzw. andere Tiere für den verfolgten Zweck nicht geeignet sind,
- es dürfen nicht mehr Tiere eingesetzt werden, als für den verfolgten Zweck erforderlich sind und
- Schmerzen oder Leiden dürfen den Tieren nur in dem Maße zugefügt werden, wie sie für den Versuchszweck unerlässlich sind; auf keinen Fall jedoch aus Arbeits-, Zeit- oder Kostenersparnis (§ 9 Abs. 2 Satz 3 Nr. 3 TierSchG).

Zusätzlich sind folgende Bestimmungen zu beachten:
- Wirbeltiere sind zu betäuben; Ausnahmen sind im Einzelfall möglich, wenn der mit dem Eingriff verbundene Schmerz geringfügiger ist als die mit der Betäubung verbundene Beeinträchtigung des Befindens der Versuchstiere; Eingriffe mit schwerwiegenden Verletzungen sind generell unter Betäubung durchzuführen,
- bei Wirbeltieren sind schmerzlindernde Mittel anzuwenden, sofern mit Abklingen der Betäubung erhebliche Schmerzen auftreten,
- die Tiere sind schmerzlos zu töten, sobald bei Tierversuchen zur Ermittlung der tödlichen Dosis oder tödlichen Konzentration eines Stoffes erkennbar ist, dass sie an den Folgen sterben werden,
- es dürfen – mit Ausnahme der Pferde, Rinder, Schweine, Schafe, Ziegen, Hühner, Tauben, Puten, Enten, Gänse und Fische – nur speziell für Versuchszwecke gezüchtete Tiere verwendet werden; Ausnahmen sind mit behördlicher Zulassung möglich; nach Artikel 21 Abs. 3 des Europäischen Übereinkommens vom 18. März 1986 zum Schutz der für Versuche und andere wissenschaftliche Zwecke verwendeten Wirbeltiere dürfen beispielsweise streunende Haustiere nicht in Tierversuchen verwendet werden; eine Ausnahmegenehmigung nach Absatz 1 dieses Artikels darf sich nicht auf streunende Hunde und Katzen erstrecken,
- Tiere bestimmter Tierarten müssen nach Abschluss des Tierversuches von einem Tierarzt untersucht werden,
- die Anwendung von Mitteln, die verhindern oder auch nur einschränken, dass nicht betäubte Wirbeltiere Schmerzen äußern, ist verboten und
- es ist verboten, Tiere nach schweren operativen Eingriffen bzw. nach erheblichen oder länger anhaltenden Schmerzen oder Leiden bzw. erheblichen Schäden für weitere Versuchsvorhaben einzusetzen, es sei denn, ihr allgemeiner Gesundheitszustand und ihr Wohlbefinden sind vollständig wiederhergestellt und der weitere Tierversuch
  a) ist nicht mit Leiden oder Schäden und erheblichen Schmerzen verbunden oder
  b) wird unter Betäubung vorgenommen und die Tiere werden unter dieser Betäubung getötet (§ 9 Abs. 2 TierSchG).

Für die Einhaltung dieser Vorschriften und für die Erfüllung von Auflagen, die mit der Genehmigung verbunden sind, ist ausschließlich der Leiter des Versuchsvorhabens oder sein Stellvertreter verantwortlich (§ 9 Abs. 3 TierSchG).

2.1.10 Tierschutzbeauftragte

Einrichtungen, in denen Tierversuche an Wirbeltieren durchgeführt werden, müssen einen oder mehrere Tierschutzbeauftragte bestellen und die Bestellung der zuständigen Behörde anzeigen. Ein Tierschutzbeauftragter ist auch für die Tötung von Tieren zu wissenschaftlichen Zwecken (§ 4 Abs. 3 TierSchG), für Eingriffe, bei denen zum Zwecke der Transplantation, des Anlegens von Kulturen oder der Untersuchung isolierter Organe, Gewebe oder Zellen, die Entnahme von Organen oder Gewebe an lebenden Wirbeltieren erforderlich ist (§ 6 Abs. 1 Satz 2 Nr. 4 TierSchG), für Eingriffe und Behandlungen zur Aus-, Fort- und Weiterbildung (§ 10 Abs. 2 Satz 1 TierSchG) und zur Herstellung, Gewinnung, Aufbewahrung oder Vermehrung von Stoffen, Produkten oder Organen (§ 10 a TierSchG) zu bestellen.

Der Tierschutzbeauftragte muss neben seinen gesetzlich festgeschriebenen Qualifikationen die für die Durchführung seiner Aufgaben erforderlichen – d.h. insbesondere biomedizinischen und versuchstierkundlichen – Fachkenntnisse und die für seine Aufgabe erforderliche Zuverlässigkeit haben.

Der Tierschutzbeauftragte ist bei der Erfüllung seiner Aufgaben sowohl gegenüber seiner Einrichtung als auch gegenüber der Behörde weisungsfrei. Nur so kann er seine Aufgaben - Tierschutz, Verbesserung der Tierhaltung, der Versuchsbedingungen usw. - optimal wahrnehmen. Dies bedeutet jedoch nicht, dass er der verlängerte Arm der Behörde oder der Einrichtung ist. Im Gegenteil, er ist primär „Mittler" zwischen der Behörde und den Versuchsdurchführenden sowie den mit der Pflege, Versorgung und Behandlung der Versuchstiere betrauten Personen (§ 8 b TierSchG). Der Tierschutzbeauftragte ist verpflichtet,

- auf die Einhaltung von Vorschriften, Bedingungen und Auflagen im Interesse des Tierschutzes zu achten,
- die Einrichtung sowie die mit den Tierversuchen und mit der Haltung der Versuchstiere befassten Personen zu beraten,
- zu jedem Antrag auf Genehmigung eines Tierversuchs Stellung zu nehmen und
- innerbetrieblich auf die Entwicklung und Einführung von Verfahren und Mitteln zur Vermeidung oder Beschränkung von Tierversuchen hinzuwirken (§ 8 b Abs. 3 TierSchG).

Damit er seinen Aufgaben gerecht werden kann, muss er sich im Einzelnen über die Versuchsvorhaben und die Abläufe vor Ort unterrichten. Dazu ist es in der Regel notwendig, dass er mindestens wöchentlich alle Tierhaltungen und Zuchtbereiche besichtigt. Dabei hat er insbesondere auf die tiergerechte Unterbringung und Betreuung der Tiere sowie deren Gesundheitszustand zu achten. Durch Laborbesuche, die in nicht zu großen zeitlichen Abständen durchgeführt werden sollen, hat er sich zudem über die Versuchsabläufe zu informieren. Dabei hat er darauf zu achten, dass Fehler vermieden und festgestellte Mängel abgestellt werden. Falls notwendig und möglich, soll er auch die Anwendung „besserer" Techniken, weniger belastender Eingriffe usw. vorschlagen.
Eine weitere wichtige Aufgabe des Tierschutzbeauftragten ist es, bei der Beantragung von Genehmigungsanträgen bzw. Anzeigen von Tierversuchen tätig zu werden. Er sollte zu diesem Zeitpunkt mit dem Antragsteller klären, ob für die geplanten Versuchsansätze Tierversuche unerlässlich sind und diese schlüssig begründet werden können. Zudem sollte er prüfen, ob die geplanten Versuche unter den örtlichen Bedingungen durchführbar sind und geeignete Versuchstiere zur Verfügung stehen. Der Tierschutzbeauftragte ist verpflichtet, zu jedem Antrag auf Genehmigung eines Tierversuchsvorhabens eine Stellungnahme abzugeben und diese der für die Genehmigung zuständigen Behörde auf Verlangen vorzulegen. Die Stellungnahme soll sich insbesondere auf die Planung des Versuchsvorhabens, die Versuchsanordnung einschließlich der erforderlichen Anlagen, Geräte und anderen sachlichen Mittel, die ordnungsgemäße Durchführung des Versuchsvorhabens, die Fachkenntnisse der an den Tierversuchen beteiligten Personen sowie auf Unterbringung, Pflege, Betreuung und medizinische Versorgung der Versuchstiere beziehen. Die Stellungnahme soll innerhalb von 14 Tagen nach Eingang des Antrags beim Tierschutzbeauftragten abgegeben werden (Nr. 8.5 der AVV).

2.1.11 Genehmigungsbescheid und Aufsicht durch die zuständigen Behörden

Die zuständige Behörde erteilt die Genehmigung (**Abb. 2.1**). Je nach Bundesland sind unterschiedliche Behörden zuständig. Die nach Landesrecht zuständigen Behörden berufen jeweils eine oder mehrere Ethikkommissionen zur Unterstützung bei der Entscheidung über die Genehmigung von Tierversuchen. Die Mehrheit der Kommissionsmitglieder muss die für die Beurteilung von Tierversuchen erforderlichen Fachkenntnisse der Veterinärmedizin, der Medizin oder einer naturwissenschaftlichen Fachrichtung haben. In diese Kommission werden auch Mitglieder berufen, die aus Vorschlagslisten der Tierschutzorganisationen ausgewählt wurden und die aufgrund ihrer Erfahrungen zur Beurteilung von Tierschutzfragen geeignet sind (§ 15 Abs. 1 TierSchG). Aufgrund der Stellungnahme der Tierschutzkommission, des Tierschutzbeauftragten und ggf. der für die Überwachung zuständigen Behörde erteilt die zuständige Behörde die Genehmigung. Beabsichtigt sie, einen Antrag abzulehnen, so soll sie dem Antragsteller Gelegenheit geben, sich zu äußern, bevor eine endgültige Ablehnung des Antrages erfolgt. Gemäß § 16 TierSchG unterliegen beispielsweise Einrichtungen, in denen Tierversuche durchgeführt werden, Eingriffe oder Behandlungen an Wirbeltieren zur Herstellung, Gewinnung, Aufbewahrung oder Vermehrung von Stoffen, Produkten oder Organismen vorgenommen werden, lebende Wirbeltiere zur Organ- oder Gewebeentnahme verwendet

18 Tierschutzrechtliche Regelungen zum Tierversuch

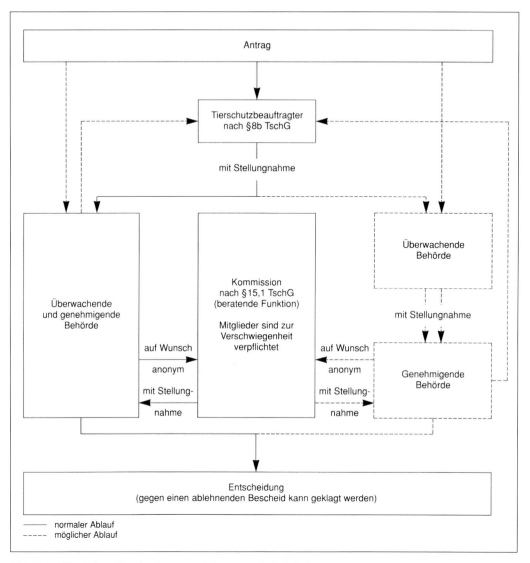

Abb. 2.1: Ablauf eines Genehmigungsverfahrens (nach G. Kuhn).

werden und Wirbeltiere zu wissenschaftlichen Zwecken oder zur Aus-, Fort- oder Weiterbildung getötet werden sowie Einrichtungen, in denen derartige Tiere gehalten oder gezüchtet werden, der Aufsicht durch die nach Landesrecht zuständige Behörde. Die zuständige Behörde kann mit der genehmigenden Behörde identisch sein. Gemäß dem jeweiligen Landesrecht können aber auch unterschiedliche Behörden mit diesen Aufgaben betraut sein.

Die zuständige Behörde trifft die zur Beseitigung festgestellter Verstöße und die zur Verhütung künftiger Verstöße notwendigen Anordnungen (§ 16 a Satz 1 TierSchG). Sie hat Tierversuche zu untersagen, wenn Tatsachen die Annahme rechtfertigen, dass die Einhaltung bestimmter Vorschriften nicht sichergestellt ist, und diesem Mangel nicht innerhalb einer von der zuständigen Behörde gesetzten Frist abgeholfen werden kann (§ 8 a Abs. 5 TierSchG). Sie kann die Einstellung von Tierversuchen anordnen, die ohne die erforderliche Genehmigung oder entgegen einem tierschutzrechtlichen Verbot durchgeführt werden (§ 16 a Satz

2 Nr. 4 TierSchG). Sie kann beispielsweise auch im Einzelfall die zur Erfüllung der Anforderungen des § 2 erforderlichen Maßnahmen anordnen (§ 16 a Satz 2 Nr. 1 TierSchG). Sie soll nach § 11 Abs. 3 des Tierschutzgesetzes die Zucht und Haltung von Wirbeltieren als Versuchstiere untersagen, wenn die erforderliche Erlaubnis nach § 11 Abs. 1 des Tierschutzgesetzes nicht vorliegt. Die Ausübung der untersagten Tätigkeit kann auch durch Schließung der Betriebs- oder Geschäftsräume verhindert werden (§ 11 Abs. 3 TierSchG).

2.1.12 Melden statistischer Daten zum Tierversuch

Wer Tierversuche nach § 7 Abs. 1 des Tierschutzgesetzes an Wirbeltieren durchführt oder Wirbeltiere zu wissenschaftlichen Zwecken tötet (§ 4 Abs. 3 TierSchG), zur Organ- oder Gewebeentnahme verwendet (§ 6 Abs. 1 Satz 2 Nr. 4 TierSchG), an Wirbeltieren Eingriffe und Behandlungen mit Schmerzen, Leiden oder Schäden zur Aus-, Fort- oder Weiterbildung (§ 10 TierSchG) oder Eingriffe und Behandlungen im Rahmen der Produktion vornimmt (§ 10 a TierSchG), muss aufgrund der Versuchstiermeldeverordnung vom 4. November 1999 (BGBl. I S. 2156) der nach Landesrecht zuständigen Behörde Angaben über Art, Herkunft und Zahl der verwendeten Wirbeltiere sowie über den Zweck und die Art der Versuche oder der sonstigen wissenschaftlichen Verwendungen machen. Die erhobenen Daten sind von den EU-Mitgliedstaaten bzw. den Vertragsparteien des Europäischen Übereinkommens an die EU-Kommission bzw. an den Generalsekretär des Europarates weiterzuleiten. Die statistischen Informationen werden regelmäßig veröffentlicht, wie beispielsweise im Tierschutzbericht der Bundesregierung, zu dessen Erstattung die Bundesregierung gegenüber dem Deutschen Bundestag alle zwei Jahre verpflichtet ist (§ 16 c TierSchG).

2.1.13 Straf- und Bußgeldvorschriften bzw. behördliche Maßnahmen

Die §§ 17 und 18 des Tierschutzgesetzes regeln das Strafmaß bei Verstößen gegen Bestimmungen des Tierschutzgesetzes:

Mit Freiheitsstrafe bis zu drei Jahren oder mit Geldstrafe wird bestraft, wer
1. *ein Wirbeltier ohne vernünftigen Grund tötet oder*
2. *einem Wirbeltier*
   a) *aus Roheit erhebliche Schmerzen oder Leiden oder*
   b) *länger anhaltende oder sich wiederholende erhebliche Schmerzen oder Leiden zufügt.*

Bei weniger schweren Verstößen gegen die Vorschriften des Tierschutzgesetzes kann es sich um Ordnungswidrigkeiten handeln, die mit einer Geldbuße bis zu 50.000 DM geahndet werden können (§ 18 TierSchG).
Tiere, auf die sich eine Straftat oder bestimmte Ordnungswidrigkeiten beziehen, können eingezogen werden (§ 19 TierSchG).
Besteht die Gefahr, dass weiterhin Zuwiderhandlungen erfolgen werden, kann bei Vorliegen bestimmter Verstöße das Halten oder Betreuen bzw. der Handel oder sonstige berufsmäßige Umgang mit Tieren einer bestimmten oder jeder Art vorübergehend oder auf Dauer untersagt oder von einem Sachkundenachweis abhängig gemacht werden (§ 16 a Satz 2 Nr. 3, § 20 und § 20 a TierSchG).

2.1.14 Rechtsgrundlagen

- Tierschutzgesetz (TierSchG) in der Fassung vom 25. Mai 1998 (BGBl. I S. 1105, ber. S. 1818), zuletzt geändert am 25. Juni 2001 (BGBl. I S. 1215)
- Gesetz zur Verbesserung der Rechtsstellung des Tieres im bürgerlichen Recht (BGB) in der Fassung vom 2. Januar 2002 (BGBl. I S. 42)
- Gesetz zu dem Europäischen Übereinkommen vom 18. März 1986 zum Schutz der für Versuche und andere wissenschaftliche Zwecke verwendeten Wirbeltiere vom 11. Dezember 1990 (BGBl. II S. 1486)
- Verordnung über die Tierschutzkommission beim Bundesminister für Ernährung, Landwirtschaft und Forsten (Tierschutzkommissions-Verordnung) vom 23. Juni 1987 (BGBl. I. S. 1557)
- Verordnung über Aufzeichnungen über Versuchstiere und deren Kennzeichnung vom 20. Mai 1988 (BGBl. I S. 639)
- Verordnung über die Meldung von zu Versuchszwecken oder zu bestimmten anderen

Zwecken verwendeter Wirbeltiere (Versuchstiermeldeverordnung) vom 4. November 1999 (BGBl. I S. 2156)
- Verordnung zum Schutz von Tieren beim Transport (Tierschutztransportverordnung – TierSchTV) vom 11. Juni 1999 (BGBl. I S. 1337)
- Verordnung zum Schutz von Tieren im Zusammenhang mit der Schlachtung oder Tötung (Tierschutz-Schlachtverordnung – TierSchlV) vom 3. März 1997 (BGBl. I S. 405), geändert am 25. November 1999 (BGBl. I S. 2392)
- Tierschutz-Hundeverordnung vom 2. Mai 2001 (BGBl. I S. 838)
- Verordnung zum Schutz landwirtschaftlicher Nutztiere und anderer zur Erzeugung tierischer Produkte gehaltener Tiere bei ihrer Haltung (Tierschutz-Nutztierhaltungsverordnung) vom 25. Oktober 2001 (BGBl. I S. 2758)
- Erste Bekanntmachung der deutschen Übersetzung von Empfehlungen des Ständigen Ausschusses des Europäischen Übereinkommens zum Schutz von Tieren in landwirtschaftlichen Tierhaltungen vom 7. Februar 2000 (BAnz. Nr. 89 a vom 11. Mai 2000 S. 1)
- Allgemeine Verwaltungsvorschrift zur Durchführung des Tierschutzgesetzes (AVV) vom 9. Februar 2000 (BAnz. Nr. 36 a vom 22. Februar 2000 S. 1)

Weitere Informationen zum deutschen Tierschutzrecht können beispielsweise unter der Internetadresse „http://www.verbraucherministerium.de" abgerufen werden und den alle zwei Jahre zu erstattenden Tierschutzberichten der Bundesregierung an den Deutschen Bundestag entnommen werden.

Wiederholungsfragen

1. Erläutern Sie die Aussage des § 1 des Tierschutzgesetzes.
2. Was schreibt das Tierschutzgesetz für die Haltung und Betreuung von Tieren vor?
3. Was ist ein Tierversuch?
4. Für welche Zwecke sind Tierversuche erlaubt?
5. Welche Aufgaben hat der Tierschutzbeauftragte?
6. Welche Anforderungen müssen Einrichtungen zur Zucht und Haltung von Versuchstieren erfüllen, um die behördliche Erlaubnis zu erlangen?
7. Wer darf ein Tier töten und wie muss dies geschehen?

2.2 Schweiz

2.2.1 Einführung

Die Bundesverfassung (BV) sowie das **Tierschutzgesetz** (TSchG) vom 9. März 1978 (SR 455), zuletzt geändert am 9. Oktober 1992, gehen von einer Grundeinstellung des Menschen zum Tier aus, die von Mitverantwortung gegenüber dem Tier geprägt ist und das Tier als lebendes und fühlendes Wesen, als Mitgeschöpf, anerkennt. Der Tierschutzartikel 25 der Bundesverfassung (angenommen in der Volksabstimmung vom 2. Dezember 1973; in der heutigen BV Art. 80) erhebt den Tierschutz zu einem mit Verfassungsrang ausgestatteten Rechtsgut.

Das Tierschutzgesetz schützt Tiere vor ungerechtfertigten Verhaltensweisen des Menschen, durch die den Tieren Schmerzen, Leiden oder körperliche Schäden zugefügt werden oder durch die sie Angstzuständen ausgesetzt sind. Dieser Schutz ist jedoch nicht umfassend. Solange Tierversuche nicht generell durch andere Untersuchungsmethoden abgelöst werden können und solange der Mensch Nahrungsmittel und andere tierische Erzeugnisse benötigt, muss das Tierschutzgesetz Einschränkungen des Schutzanliegens der Tiere gestatten. Aus diesem Grund ergibt sich, dass nach sorgfältiger Abwägung und bei Vorliegen entsprechender Gründe das Wohlbefinden von Tieren in gewissem Umfang eingeschränkt werden darf. Das Tierschutzgesetz beruht auf der Überzeugung, dass Tiere um ihrer selbst willen zu schützen sind. Tiere gelten danach weder als Sachen noch als Menschen. Das Tierschutzgesetz ist als Rahmengesetz konzipiert und regelt im Wesentlichen nur die Grundzüge des Tierschutzrechts. Es formuliert vor allem Zielvorgaben qualitativer Art, nach denen die Praxis auszurichten ist. Dazu gehören das Wohlbefinden der Tiere, die Ausrichtung der Tierhaltung auf deren Bedürfnisse, das Vermeiden ungerechtfertigter Schmerzen, Leiden oder Schäden sowie von Angstzuständen. Daneben schafft das Gesetz gewisse Bewilligungspflichten, beispielsweise für den Verkauf serienmäßig hergestellter Stalleinrichtungen und Aufstallungssysteme zum Halten von Nutztieren, für den Handel und die Werbung mit Tieren, für die Haltung von Wildtieren und für Tierversuche.

Neben dem ersten Abschnitt: Allgemeines (Art. 1 und 2) enthält das Tierschutzgesetz folgende Abschnitte: Tierhaltung (Art. 3–7), Handel und Werbung mit Tieren (Art. 8 und 9), Tiertransporte (Art. 10), Eingriffe an Tieren (Art. 11), Tierversuche (Art. 12–19), Schlachten von Tieren (Art. 20, 21), Verbotene Handlungen an Tieren (Art. 22), Forschungsbeiträge und Förderung von Tierschutzprojekten (Art. 23), Verwaltungsmaßnahmen und Rechtsschutz (Art. 24–26 a), Strafbestimmungen (Art. 27–32), Durchführungsbestimmungen (Art. 33–35) und Schlussbestimmungen (Art. 36–38).

Gemäß Artikel 1 ordnet das Tierschutzgesetz das Verhalten gegenüber dem Tier. Es dient dem Schutz und Wohlbefinden der Tiere. Es delegiert die Kompetenz an den Bundesrat, Vorschriften über das Halten von Tieren zu erlassen. Es gilt zunächst nur für Wirbeltiere, kann aber durch Bundesratsbeschluss auf wirbellose Tiere ausgedehnt werden (Art. 1). Der Bundesrat hat bereits in der **Tierschutzverordnung** (TSchV) vom 27. Mai 1981 (SR 455.1), zuletzt geändert am 27. Juni 2001, von diesem Recht Gebrauch gemacht und den Schutz der Tiere in Bezug auf Tierversuche auf Zehnfußkrebse (Decapoda) und Kopffüßler (Cephalopoda) ausgeweitet.

Tiere sind so zu behandeln, dass ihren Bedürfnissen in bestmöglicher Weise Rechnung getragen wird. Wer mit Tieren umgeht, hat, soweit es der Verwendungszweck zulässt, für deren Wohlbefinden zu sorgen. Niemand darf ungerechtfertigt einem Tier Schmerzen, Leiden oder Schäden zufügen oder es in Angst versetzen (Art. 2). Der zweite Abschnitt: Tierhaltung enthält die allgemeinen Grundsätze zur Tierhaltung: *Wer ein Tier hält oder betreut, muss es angemessen nähren, pflegen und ihm soweit nötig Unterkunft gewähren. Die für ein Tier notwendige Bewegungsfreiheit darf nicht dauernd oder unnötig eingeschränkt werden, wenn damit für das Tier Schmerzen, Leiden oder Schäden verbunden sind.* Zudem enthält Artikel 3 eine Ermächtigungsgrundlage für den Bundesrat zum Erlass von Vorschriften über das Halten von Tieren. Der Bundesrat hat von diesem Recht mit der Tierschutzverordnung Gebrauch gemacht. In der Tierschutzverordnung sind die wichtigen Gesichtspunkte der Tierhaltung detailliert geregelt. Eine „tiergerechte Haltung" liegt unter folgenden Voraussetzungen vor: *Tiere sind so zu halten, dass ihre Körperfunktionen und ihr Verhalten nicht gestört werden und ihre Anpassungsfähigkeit nicht überfordert wird. Fütterung, Pflege und Unterkunft sind angemessen, wenn sie nach dem Stand der Erfahrung und den Erkenntnissen der Physiologie, Verhaltenskunde und Hygiene den Bedürfnissen der Tiere entsprechen. Tiere dürfen nicht ständig angebunden gehalten werden. Abweichungen sind in zwingenden Einzelfällen ausnahmsweise zulässig.* Im 2. Kapitel: Tierpfleger (Art. 8–11) dieser Verordnung sind die Anforderungen an die Ausbildung und Prüfung von Tierpflegern geregelt. Gemäß Art. 11 TSchV müssen die Tiere in gewerbsmäßigen Wildtierhaltungen, in Betrieben, die gewerbsmäßig mit Tieren handeln, in Versuchstierhaltungen, -zuchten und -handlungen sowie in Tierheimen, Tierkliniken und Betrieben, die gewerbsmäßig Heimtiere züchten und halten, grundsätzlich nur durch Tierpfleger mit Befähigungsausweis oder unter deren unmittelbaren Aufsicht betreut werden. Die Landwirtschaft ist davon ausgenommen. Die Anzahl der Tierpfleger richtet sich dabei nach Art und Zahl der Tiere. In der Verordnung vom 22. August 1986 über für Tierpfleger (VTpf) des Eidgenössischen Volkswirtschaftsdepartements sind die Anforderungen an die Ausbildung detailliert geregelt (SR 455.12). Einzelheiten siehe auch **Kapitel 1.3**.

2.2.2 Definition des Tierversuches

Als Tierversuch gilt jede Maßnahme, bei der lebende Tiere mit dem Ziel verwendet werden, eine wissenschaftliche Annahme zu prüfen, Informationen zu erlangen, einen Stoff zu gewinnen oder zu prüfen oder die Wirkung einer bestimmten Maßnahme am Tier festzustellen sowie das Verwenden von Tieren zur experimentellen Verhaltensforschung (Art. 12 TSchG).

2.2.3 Zulässigkeit von Tierversuchen

Tierversuche, die dem Tier Schmerzen, Leiden oder Schäden zufügen, es in schwere Angst versetzen oder sein Allgemeinbefinden erheblich beeinträchtigen können, sind auf das unerlässliche Maß zu beschränken. Der Bundesrat bestimmt die Kriterien zur Beurteilung des unerlässlichen Maßes. Er kann bestimmte

Versuchszwecke als unzulässig erklären (Art. 13 TSchG). Art. 61 TSchV konkretisiert die Bewilligungsvoraussetzungen und lässt Tierversuche unter folgenden Bedingungen zu:
- Der Tierversuch ist zum Erreichen des Versuchsziels unerlässlich und kann nicht durch andere Verfahren ersetzt werden,
- der Versuch ist methodisch tauglich konzipiert,
- der Versuch kann nicht mit niedrigeren Tierarten durchgeführt werden und
- die vorgesehene Anzahl an Versuchstieren ist nötig.

Tierversuche, die unnötiges Leiden verursachen oder unnötige Wiederholungsversuche sind danach unzulässig. Zur Beschränkung der Tierversuche sind die 3-R-Grundsätze anzuwenden. Die Versuche müssen zudem nach Art. 14 des Tierschutzgesetzes einem der folgenden Zwecke dienen:
- der wissenschaftlichen Forschung,
- dem Herstellen oder Prüfen von Stoffen, namentlich von Seren, Vakzinen, diagnostischen Reagenzien und Medikamenten,
- dem Feststellen von physiologischen und pathologischen Vorgängen und Zuständen,
- der Lehre an Hochschulen und der Ausbildung von Fachkräften, soweit die Versuche zur Erreichung des Lernziels unbedingt erforderlich sind und
- dem Erhalten oder Vermehren von lebendem Material für medizinische oder andere wissenschaftliche Zwecke, wenn dies auf andere Weise nicht möglich ist (Art. 14 TSchG).

2.2.4 Melde- und Bewilligungspflicht für Tierversuche

Wer Tierversuche durchführen will, muss dies der kantonalen Behörde melden. Tierversuche nach Art. 13 Abs. 1 des Tierschutzgesetzes dürfen nur mit einer Bewilligung durchgeführt werden. Die Bewilligung ist befristet (Art. 13 a TSchG). Die Bewilligung ist nach Art. 61 a Abs. 2 der Tierschutzverordnung auf höchstens drei Jahre zu befristen.

Bewilligungen werden durch die zuständige kantonale Stelle erteilt. Die Kantone regeln das Bewilligungsverfahren. Sie haben eine aus Fachleuten bestehende Kommission einzusetzen, welche die Gesuche für Tierversuche unabhängig von der kantonalen Bewilligungsstelle beurteilt. Das Tier nicht belastende Tierversuche, wie beispielsweise Verhaltensstudien und bestimmte Fütterungsversuche, sind nicht bewilligungspflichtig, müssen jedoch der kantonalen Behörde gemeldet werden.

Im Bewilligungsgesuch sind anzugeben:
- Ausführliche Beschreibung des Versuchsziels,
- Zuordnung zu Fach- oder Anwendungsbereichen mit Angaben zu gesetzlich vorgesehenen Verfahren,
- detaillierte Versuchsanordnung mit Angaben zu der Konditionierung, den Applikationsarten, einer eventuellen Anästhesie, der Art der Eingriffe und Manipulationen, den Verhaltensbeeinträchtigungen, der genauen Anzahl der Tiere pro Dosis etc., der Art und Häufigkeit von Verlaufskontrollen, den erwarteten Auswirkungen auf das Befinden der Tiere, den Details bezüglich Haltung und Überwachung der Tiere und der Verwendung der Tiere nach Versuchsabschluss bzw. der Tötungsart und der Anschrift des Lieferanten oder der Herkunft der Tiere,
- die grundsätzliche Erkenntnis, die angestrebt wird,
- die Begründung für die Wahl der Methode, die vorgesehene Tierart und -zahl, für eventuell notwendig werdende Abweichungen von den Haltungsbedingungen, für den Verzicht auf Anästhesie oder andere belastungsmindernde Maßnahmen,
- eine Beurteilung der Bedeutung des zu erwartenden Erkenntnisgewinns im Vergleich zu den Schmerzen und Belastungen, die den Tieren entstehen,
- die Dauer des Versuchsvorhabens,
- der Name und die Qualifikation des Versuchsleiters und
- die schriftliche Bestätigung des wissenschaftlichen Instituts- oder Laborleiters, dass ihm die auf Tierversuche anwendbaren Vorschriften der Tierschutzgesetzgebung bekannt sind.

2.2.5 Voraussetzungen zur Erteilung einer Bewilligung

Eine Bewilligung wird nur bei Vorliegen folgender Voraussetzungen erteilt (Art. 61 TSchV):
- Mit dem Tierversuch wird ein Zweck nach Art. 14 des Tierschutzgesetzes angestrebt,

- die Methode steht in Einklang mit Art. 16 des Tierschutzgesetzes,
- der Institution müssen geeignete Versuchsleiter und Personen, die Tierversuche durchführen, angehören, die über eine abgeschlossene Hochschulbildung, in der Regel der Fachrichtung Biologie, Veterinär- oder Humanmedizin, oder eine gleichwertige Ausbildung sowie eine mindestens dreijährige praktische Erfahrung auf dem Gebiet der Tierversuche verfügen und die mit den Eigenschaften, Bedürfnissen und Krankheiten der Versuchstiere vertraut sind sowie die fachgerechte Betreuung der Versuchstiere sicherstellen können (siehe auch Art. 15 Abs. 1 und 2 des Tierschutzgesetzes; Art. 59 d und e der Tierschutzverordnung; Verordnung des Bundesamtes für Veterinärwesen vom 12. Oktober 1998 über die Aus- und Weiterbildung des Fachpersonals für Tierversuche; Wegleitung der Vereinigung der Schweizer Kantonstierärztinnen und Kantonstierärzte betreffend Anerkennung von Veranstaltungen für Fachpersonal für Tierversuche),
- die Institution muss über geeignete Einrichtungen für die Haltung der betreffenden Tierarten verfügen (siehe auch Art. 15 Abs. 3 TSchG; Art. 58 a–59 c TSchV),
- die Methode zur Erreichung des Versuchszieles muss dem neuesten Stand der Erkenntnisse entsprechen; die Anzahl der verwendeten Tiere ist auf das unerlässliche Maß zu beschränken; die vorgesehene Tierart darf nicht durch eine auf niedrigerer Entwicklungsstufe stehende Tierart ersetzt werden können; die Anforderungen an die Herkunft der Tiere müssen erfüllt sein (siehe auch Art. 13 Abs. 1 und Art. 16 Abs. 3 TSchG) und
- Tierversuche für die Lehre und Ausbildung dürfen nur durchgeführt werden, sofern keine geeigneten Alternativmethoden zur Verfügung stehen; Tierversuche für die Registrierung von Stoffen und Erzeugnissen in einem anderen Staat sind ebenfalls an besondere Voraussetzungen gebunden (Art. 61 Abs. 2 TSchV).

Ein Tierversuch darf nicht bewilligt werden, wenn er nicht zur Gewinnung bestimmter Erkenntnisse dient, das Versuchsziel durch Alternativmethoden oder durch Studium und Auswertung vorhandener Daten erreicht werden kann bzw. ein Gefährdungspotenzial ausreichend bekannt ist und der erwartete Kenntnisgewinn nur durch unverhältnismäßige Schmerzen oder Leiden des Tieres erkauft werden kann (Art. 61 Abs. 3 TSchV).

Über jeden bewilligungspflichtigen Tierversuch ist ein Protokoll zu führen, das den Zweck, die Art der Durchführung, die allfällige Betäubung sowie die Art und Anzahl der verwendeten Versuchstiere festhält. Die Protokolle sind während drei Jahren aufzubewahren und den Aufsichtsorganen zur Verfügung zu halten (Art 17 TSchG).

2.2.6 Bewilligungsverfahren und Aufsicht

Beim Bewilligungsverfahren und der Aufsicht sind nach Art. 18 des Tierschutzgesetzes folgende Regelungen zu beachten:
- *Die Kantone erteilen die Bewilligungen und überwachen die Versuchstierhaltung und die Durchführung der Tierversuche.*
- *Die Kantone bestellen eine von der Bewilligungsbehörde unabhängige Tierversuchskommission von Fachleuten. Ihr müssen Vertreter von Tierschutzorganisationen angehören. Mehrere Kantone können eine gemeinsame Kommission einsetzen.*
- *Die Tierversuchskommission prüft die Gesuche und stellt Antrag an die Bewilligungsbehörde. Sie wird für die Kontrolle der Versuchstierhaltung und der Durchführung der Tierversuche beigezogen. Die Kantone können ihr weitere Aufgaben übertragen.*
- *Institute und Laboratorien, die Tierversuche durchführen sowie Versuchstierhaltungen müssen eine genaue Kontrolle über den Tierbestand führen.*

Die kantonale Behörde hat nach Art. 62 der Tierschutzverordnung die Bewilligungsgesuche zur Prüfung an die Tierversuchskommission zu überweisen und entscheidet aufgrund des Antrags der Kommission. Entscheidet sie gegen diesen Antrag, hat sie dies gegenüber der Kommission zu begründen.

Der Abschluss von Versuchen oder Versuchsreihen ist spätestens drei Monate nach Beendigung mitzuteilen. Bei mehrjährigen Versuchen ist bis Ende März ein Zwischenbericht für das abgelaufene Jahr abzugeben (Art. 63 a Abs. 1 TschV).

2.2.7 Eidgenössische Kommission für Tierversuche

Gemäß Art. 19 des Tierschutzgesetzes bestellt der Bundesrat eine Kommission von Fachleuten, die das Bundesamt für Veterinärwesen berät. Sie steht auch Kantonen für Grundsatzfragen und in umstrittenen Fällen zur Verfügung.
Die eidgenössische Kommission für Tierversuche ist nicht mit den kantonalen Tierversuchskommissionen zu verwechseln. Sie besteht nach Art. 64 der Tierschutzverordnung aus höchstens neun Mitgliedern und setzt sich aus mindestens einem Vertreter der Kantone sowie aus Fachleuten für Tierversuche, Versuchstierhaltung und Tierschutzfragen zusammen.

2.2.8 Dokumentationsstelle und Statistik

Gemäß Art. 19 a des Tierschutzgesetzes betreibt das Bundesamt für Veterinärwesen eine Dokumentationsstelle für Tierversuche und Alternativmethoden. Diese sammelt und bearbeitet Informationen, um die Anwendung von Methoden zum Ersatz, zur Verminderung und zur Verfeinerung von Tierversuchen zu unterstützen und die Beurteilung der Unerlässlichkeit von Tierversuchen zu erleichtern. Das Bundesamt für Veterinärwesen veröffentlicht jährlich eine Statistik, die sämtliche Tierversuche erfasst. Sie enthält die notwendigen Angaben, um eine Beurteilung der Anwendung der Tierschutzgesetzgebung zu ermöglichen (siehe auch Art. 64 a und 64 b TSchV).

2.2.9 Strafbestimmungen

Der 11. Abschnitt des Tierschutzgesetzes (Art. 27–32) regelt die Strafbestimmungen:
Wer vorsätzlich
a) ein Tier misshandelt, stark vernachlässigt oder unnötig überanstrengt (Art. 22 Abs. 1);
b) Tiere auf qualvolle Art tötet (Art. 22 Abs. 2 Bst. a);
c) Tiere aus Mutwillen tötet, insbesondere durch Abhalten von Schießen auf zahme oder gefangen gehaltene Tiere (Art. 22 Abs. 2 Bst. b);
d) Kämpfe zwischen oder mit Tieren veranstaltet, bei denen Tiere gequält oder getötet werden (Art. 22 Abs. 2 Bst. c);
e) bei der Durchführung von Versuchen einem Tier Schmerzen, Leiden oder Schäden zufügt, soweit dies nicht für den verfolgten Zweck unvermeidlich ist (Art. 16 Abs. 1) wird mit Gefängnis oder mit Buße bestraft.
Handelt der Täter fahrlässig, so ist die Strafe Haft oder Busse bis zu 20000 Franken
Sonstige Zuwiderhandlungen nach dem Tierschutzgesetz werden mit Haft oder mit Buße bis 20000 Franken bestraft (Art. 28 und 29 TSchG).

2.2.10 Rechtsgrundlagen

SR 455 Tierschutzgesetz (TSchG) vom 9. März 1978 (AS **1981** 562), zuletzt geändert am 9. Oktober 1992 (AS **1995** 1469)
SR 455.1 Tierschutzverordnung (TSchV) vom 27. Mai 1981 (AS **1981** 572), zuletzt geändert am 27. Juni 2001 (AS **2001** 2063)
SR 455.12 Verordnung vom 22. August 1986 über den Erwerb des Fähigkeitsausweises für Tierpfleger (VTpf) (AS **1986** 1511)
SR 455.171.2 Verordnung vom 12. Oktober 1998 über die Aus- und Weiterbildung des Fachpersonals für Tierversuche (AS **1998** 2716)
SR 0.452 Europäisches Übereinkommen über den Schutz von Tieren auf internationalen Transporten vom 13. Dezember 1968
SR 0.454 Europäische Übereinkommen zum Schutz von Tieren in landwirtschaftlichen Tierhaltungen vom 10. März 1976 sowie darauf gestützte Haltungsempfehlungen
SR 0.458 Europäisches Übereinkommen über den Schutz von Schlachttieren vom 10. Mai 1979
SR 0.457 Europäisches Übereinkommen zum Schutz der für Versuche und andere wissenschaftliche Zwecke verwendeten Wirbeltiere vom 18. März 1986
SR 0.456 Europäisches Übereinkommen zum Schutz von Heimtieren vom 13. November 1987
Gestützt auf Art. 71 TSchV kann das Bundesamt für Veterinärwesen technische Ausführungsvorschriften erlassen und Formulare bzw. Formularvorlagen erstellen. Zu zahlreichen tierschutzrechtlichen Details wurden inzwischen „Informationen und Richtlinien des Bundesamtes für Veterinärwesen" publiziert. Sie sind erhältlich beim Bundesamt für Veterinärwesen, Postfach, CH–3003 Bern, oder können unter der Internetadresse „http://www.bvet.ch" abgerufen werden.

Informationen und Richtlinien der Sektion Tierversuche und Alternativmethoden:

1. Verfahren:
Tierversuchs-Formulare:
- Formular A: Gesuch für die Durchführung von Tierversuchen
- Formular C: Bericht über durchgeführte Tierversuche
- Datenblatt zur Erfassung und Charakterisierung gentechnisch veränderter Tierlinien
1.01 Eidgenössische Kommission für Tierversuche
1.02 Bewilligungsgesuche und Meldungen für Tierversuche: Erläuterungen zum Formular A
1.03 Zwischen- und Abschlussberichte über Tierversuche: Erläuterungen zum Formular C
1.04 Einteilung von Tierversuchen nach Schweregraden vor Versuchsbeginn (Belastungskategorien)
1.05 Retrospektive Einteilung von Tierversuchen nach Schweregraden (Belastungskategorien)
1.06 Anerkennung von Versuchstierzuchten und Versuchstierhandlungen
1.07 Einsatz von Tierschutzbeauftragten in Firmen und Institutionen, die Tierversuche durchführen
1.08 Beurteilung von Bewilligungsgesuchen für Tierversuche in Forschungsprojekten des Schweizerischen Nationalfonds

2. Tierhaltung:
2.01 Richtlinien über die Mindestabmessungen für das Halten von Labornagetieren zu Versuchszwecken
2.02 Richtlinien für die Haltung von Affen zu Versuchszwecken
2.03 Richtlinien für die Zucht und Haltung von Hunden zu Versuchszwecken
2.04 Richtlinien betreffend Käfigabmessungen und -einrichtungen für die Haltung von Haushühnern zu Versuchszwecken
2.05 Richtlinien für die Haltung von Frettchen zu Versuchszwecken
2.06 Richtlinien über das Halten von Versuchstieren in Stoffwechselkäfigen und Stoffwechselboxen
2.07 Haltung von Kaninchen zu Versuchszwecken

3. Eingriffe/Maßnahmen:
3.01 Richtlinien über das fachgerechte und tierschutzkonforme Töten von Versuchstieren
3.02 Blutentnahme bei Labornagetieren und Kaninchen zu Versuchszwecken
3.03 Tierschutzkonforme Anästhesie und Analgesie bei Labornagetieren und Kaninchen/Anhang
3.04 Fachgerechte und tierschutzkonforme Antikörperproduktion in Kaninchen, Hühnern und Labornagetieren

4. Einzelne Themenbereiche:
4.01 Richtlinien für die Gesuchsstellung und Bewilligung von Tierversuchen für Unbedenklichkeitsprüfungen von Stoffen und Erzeugnissen/Toxizitätsrichtlinie
4.02 Tierversuche in der Ausbildung von Fachkräften
4.03 Richtlinie: Fang, Immobilisation und Markierung freilebender Wildtiere für wissenschaftliche Untersuchungen und Bestandserhebungen
4.04 Tierversuche im Rahmen der Ausbildung an Mittelschulen
4.05 Gentechnisch veränderte Wirbeltiere: Anwendung der Tierschutzgesetzgebung auf Herstellung, Zucht, Haltung und Verwendung zu Versuchszwecken/Datenblatt zur Erfassung und Charakterisierung gentechnisch veränderter Tierlinien

5. Alternativmethoden:
5.01 Richtlinie zur Herstellung von monoklonalen Antikörpern

2.3 Republik Österreich

2.3.1 Grundsätzliches zur Tierschutz-Gesetzgebung

Insbesondere sind jene Personen aufgerufen, Tierschutz zu praktizieren, die sich als Tierpfleger besonders gut mit Tieren auskennen und regelmäßig mit ihnen umgehen. Damit dieser Verpflichtung nachgekommen werden kann, sind umfassende Kenntnisse der einschlägigen Tierschutzgesetze erforderlich.
In Österreich liegen Gesetzgebung und Vollzug des Tierschutzes im Zuständigkeitsbereich der Bundesländer (insgesamt 9 Ländergesetze in

Wien, Niederösterreich, Burgenland, Steiermark, Kärnten, Oberösterreich, Salzburg, Tirol und Vorarlberg). Seit einiger Zeit gibt es jedoch Bestrebungen, in Österreich ein einheitliches Tierschutzgesetz zu schaffen, welches dann im gesamten Bundesgebiet Gültigkeit haben wird. Die tierschutzrechtlichen Bestimmungen im Zusammenhang mit Tierversuchen sind dagegen bereits in einem Bundesgesetz geregelt. Die Landestierschutzgesetze haben zum Ziel, Tiere vor mutwilliger Tötung sowie vor unnötigen Schmerzen und Qualen zu bewahren. Dieser Schutz ist aber nicht umfassend. Er bezieht sich nur auf den Schutz vor Schmerzen, Leiden oder Schäden, die dem Tier aus dem Verhalten des Menschen erwachsen können.

Mit den Tierschutzgesetzen wurden Regeln für das Verhalten des Menschen dem Tier gegenüber aufgestellt, die dem Schutz und dem Wohlbefinden der Tiere dienen. Die Tiere sollen vor Schmerzen, Leiden und Schäden geschützt werden, die ihnen vom Menschen durch Handlungen oder Unterlassungen zugefügt werden können.

Die Anwendbarkeit der Tierschutzgesetze ist im Grundsatz auf die Tierklassen der Wirbeltiere (Säugetiere, Vögel, Kriechtiere, Lurche und Fische) beschränkt, da nach derzeitigem Wissensstand nur diese mit an Sicherheit grenzender Wahrscheinlichkeit Schmerzen oder Leiden auf ihre Weise bewusst empfinden und erleben. Diese gesetzlichen Vorschriften können genauere Bestimmungen enthalten und bestimmte Eingriffe an Tieren oder Haltungsbedingungen regeln. Es sind dies zum Beispiel
- das Schlachten und Töten von Tieren,
- das Halten von Hunden für Wachzwecke,
- das Halten von Vögeln,
- das Kürzen der Ohren und des Schweifes bei Hunden,
- das Verbot des Schoppens von Geflügel,
- das Verbot der Verwendung von Stachelhalsbändern,
- Mindestanforderungen für das Halten von Tieren (Raumbedarf, Käfigabmessungen, Futtertroglängen, Tränkeplätze, usw.) und
- Maßnahmen, die beim Transport von Tieren zu beachten sind.

Die Tierschutzgesetze enthalten demzufolge Rahmenbestimmungen zum Schutz der Tiere vor unsachgemäßer Verwendung sowie vor belastenden und schmerzhaften Eingriffen durch den Menschen. Diese Gesetze geben auch Richtlinien dafür an, was unter Tierquälerei zu verstehen ist.

Wer
- einem Tier, soweit es nicht durch einen vernünftigen Zweck gerechtfertigt erscheint, Schmerzen oder Leiden zufügt,
- ein Tier zur Arbeit verwendet oder von einem Tier Leistungen verlangt, die seine Kräfte offensichtlich überschreiten,
- ein Tier derart hält, oder wer die ihm obliegende Wartung in solchem Maße vernachlässigt, dass das Tier dadurch in einen qualvollen Zustand versetzt wird,
- ein Haustier oder gefangen gehaltenes Tier, das zum Leben in der Freiheit offenbar unfähig ist, aussetzt oder
- ein Tier aus bloßem Mutwillen tötet,

begeht Tierquälerei.

Nicht als Tierquälerei werden gewertet:
- die weidgerechte Ausübung der Jagd und Fischerei,
- Maßnahmen zur Vertilgung schädlicher Tiere oder bei sonst notwendiger Vertilgung von Tieren (z.B. beim Auftreten und zur Tilgung von Tierseuchen) und
- Tierversuche.

Verstöße gegen die Landestierschutzgesetze stellen Verwaltungsübertretungen dar. Diese werden vom Amtstierarzt als dem zuständigen Vertreter der Bezirksverwaltungsbehörden (Magistratsverwaltung, Bezirkshauptmannschaften) verfolgt und geahndet (Geldstrafen und/oder Arreststrafen, Beschlagnahme von Tieren usw.). Eine bundeseinheitliche, gerichtliche Strafdrohung gegen Tierquälerei gibt es im Strafgesetzbuch (§ 222 StGB). Wer ein Tier misshandelt oder ihm unnötige Qualen zufügt oder auch nur fahrlässig bei der Beförderung von Tieren Fütterung und Tränke unterlässt oder diese auf andere Weise längere Zeit einem qualvollen Zustand aussetzt, begeht eine in die Zuständigkeit der Gerichte fallende strafbare Handlung.

2.3.2 Gesetzgebung zu Tierversuchen

Die tierschutzrechtlichen Bestimmungen zu Tierversuchen sind im Bundesgesetz über

Versuche an lebenden Tieren (Tierversuchsgesetz – TVG) vom 27. September 1989 (Bundesgesetzblatt für die Republik Österreich, Jahrgang 1989, ausgegeben am 20. Oktober 1989, 207. Stück, BGBl. Nr. 501/1989) verankert, das für die gesamte Republik Österreich gilt. Dieses Bundesgesetz wurde vom Österreichischen Nationalrat am 27. September 1989 als Bundesgesetz Nr. 501 beschlossen und 1999 geändert (ausgegeben am 19. August 1999, Teil I, BGBl. Nr. 167/1999). Gegenstand dieses Bundesgesetzes ist gemäß § 1 die Regelung von Versuchen an lebenden Tieren. Das Tierversuchsgesetz strebt zwei Ziele an:
- die Zahl der Tierversuche zu reduzieren und
- Ersatzmethoden zu Tierversuchen zu fördern.

2.3.3 Definition von Tierversuchen

Tierversuche im Sinne des § 2 des Tierversuchsgesetzes sind alle für das Tier belastenden experimentellen Eingriffe an oder Behandlungen von lebenden Wirbeltieren, die über die landwirtschaftliche Nutzung und veterinärmedizinische Betreuung hinausgehen und das Ziel haben, eine wissenschaftliche Annahme zu prüfen, Informationen zu erlangen, einen Stoff zu gewinnen oder zu prüfen oder die Wirkung einer bestimmten Maßnahme am Tier festzustellen.

Dies bedeutet, dass nur solche experimentellen Maßnahmen unter den Begriff „Tierversuch" fallen, die an lebenden Wirbeltieren durchgeführt werden. Die Entnahme von Organen, Geweben oder Zellen aus einem toten Tier oder experimentelle Tätigkeiten an Tieren, die zur Tierklasse der „Wirbellosen" zählen (z.B. Insekten, Schnecken, Spinnen, Tintenfische, usw.) stellen im Sinne dieser Definition keinen Tierversuch dar. Werden hingegen Organe, Gewebe oder Zellen aus einem narkotisierten bzw. nicht narkotisierten lebenden Wirbeltier entnommen (z.B. Blut) oder bestimmte Behandlungen an einem lebenden Wirbeltier durchgeführt, handelt es sich um Tierversuche. In diesen Fällen kommen die Vorschriften des Tierversuchsgesetzes zum Tragen und müssen entsprechend beachtet werden.

2.3.4 Zulässigkeit von Tierversuchen

In § 3 des Tierversuchsgesetzes sind die Zwecke genannt, zu denen Tierversuche durchgeführt werden dürfen. Es sind dies Wissenschaftsbereiche der Grundlagen- und angewandten Forschung, der beruflichen Aus- und Weiterbildung, der Diagnostik, der Sicherheits- und Qualitätskontrolle von biologisch wirksamen Verbindungen und der Prüfung von Materialien oder Geräten.

Tierversuche dürfen nur durchgeführt werden, soweit sie zu einem der folgenden Zwecke unerlässlich sind:
- Forschung und Entwicklung,
- berufliche Ausbildung,
- medizinische Diagnose und Therapie,
- Erprobung und Prüfung natürlicher oder künstlich hergestellter Stoffe, Zubereitung oder Produkte,
- Erkennung von Umweltgefährdungen und Gewinnung von Stoffen; hier sind vor allem biologisch wirksame chemische Stoffverbindungen gemeint.

Mit der Novellierung des Tierversuchsgesetzes im Jahr 1999 wurden Tierversuche zur Entwicklung oder Erprobung von Kosmetika (kosmetische Mittel sowie Bestandteile oder Kombinationen von Bestandteilen kosmetischer Mittel) grundsätzlich verboten. Die für die Vollziehung dieses Bundesgesetzes zuständigen Bundesminister können durch Verordnung Ausnahmen hiervon bestimmen, soweit dies zur Abwehr von Gesundheitsgefährdungen oder zum Nachweis der gesundheitlichen Unbedenklichkeit erforderlich ist und sofern nach dem anerkannten Stand der Wissenschaft keine gleichwertigen, aussagekräftigen und behördlich anerkannten Ersatzmethoden zur Verfügung stehen.

Tierversuche sind gemäß § 3 Abs. 3 TVG nicht zulässig, wenn
- bereits bekannte Versuchsergebnisse zugänglich sind und daran keine Zweifel bestehen,
- keine neuen Erkenntnisse zu erwarten sind,
- der Versuch auch zu Kontrollzwecken nicht erforderlich ist und
- Doppel- bzw. Wiederholungsversuche durchgeführt werden sollen, die in Österreich aufgrund der maßgeblichen Rechtsvorschriften behördlich anerkannt werden.

Der Bundesminister für Wissenschaft und Forschung kann durch Verordnung nach § 13 TVG feststellen, welche Methoden bei der Durchführung von Tierversuchen nach dem anerkannten Stand der Wissenschaften als überholt und daher unzulässig anzusehen sind (§ 3 Abs. 4 TVG). Nach § 2 Abs. 1 der Verordnung über die Unzulässigkeit des „LD–50-Tests" nach dem Tierversuchsgesetz (ausgegeben am 17. Dezember 1992, 271. Stück, BGBl. Nr. 792/1992) ist der LD–50-Test unzulässig. Ausnahmen sind im Einzelfall möglich. „LD–50" ist jene Dosis einer Chemikalie oder eines Mikroorganismus, nach deren einmaliger Verabreichung 50 vH der so behandelten Versuchstiere innerhalb eines für einen derartigen Versuch festgelegten Zeitraumes (in der Regel zwei Wochen) sterben. Diese Dosis wird als mediane letale Dosis statistisch ermittelt und in der Regel in Abhängigkeit vom Körpergewicht des Versuchstieres ausgedrückt.

2.3.5 Genehmigungen

Zur Durchführung von Tierversuchen werden insgesamt drei behördliche Genehmigungen für
- die Tierversuchseinrichtung,
- den Leiter des geplanten Tierversuchs und
- das Tierversuchsprojekt selbst

benötigt (§ 5 TVG).

Genehmigung von Tierversuchseinrichtungen

Tierversuchseinrichtungen sind auf Antrag zu genehmigen, wenn die Genehmigungsvoraussetzungen vorliegen (§ 6 TVG). Tierversuche dürfen nur in dazu geeigneten Tierversuchseinrichtungen durchgeführt werden. Die zuständigen Behörden überprüfen jede Tierversuchseinrichtung und genehmigen sie auf Antrag, wenn
- die erforderlichen Anlagen, Geräte und Räumlichkeiten für eine der Gesundheit und dem Wohlbefinden förderliche Haltung und Pflege der jeweiligen Versuchstiere und für eine fachgerechte Durchführung der beabsichtigten Tierversuche zur Verfügung stehen,
- das erforderliche sachkundige Tierpflegepersonal insbesondere auch zur Betreuung der Versuchstiere vor, während und nach dem Versuch vorhanden ist und eine tägliche Kontrolle der Tiere ermöglicht,
- die ordnungsgemäße Unterbringung und Pflege der jeweiligen Versuchstiere sowie ihre medizinische Versorgung gewährleistet sind, um Belastungen möglichst zu vermeiden, und
- sichergestellt ist, dass auch unvorhergesehen auftretende Belastungen der Versuchstiere so rasch wie möglich gelindert oder beseitigt werden.

Diese Bestimmungen bedeuten, dass in baulicher und technischer Hinsicht hohe Ansprüche an die Tierräume gestellt werden und die notwendigen speziellen Einrichtungen zur Unterbringung der Versuchstiere vorhanden sein müssen, um Versuchstiere artgerecht halten zu können. Eine besonders wichtige Rolle spielt das Tierpflegepersonal, das die Versuchstiere vor, während und nach den Versuchen zu betreuen hat. Auf eine gute fachliche Ausbildung der Tierpfleger zur richtigen Betreuung der ihnen anvertrauten Tiere wird dabei großer Wert gelegt. Des Weiteren müssen durch das Vorhandensein von Fachleuten eine tägliche Kontrolle der Versuchstiere, die Durchführung notwendiger Maßnahmen zur medizinischen Versorgung und die Linderung oder Beseitigung von Belastungen der Versuchstiere sichergestellt sein.

Genehmigung für den Leiter von Tierversuchen

Tierversuche dürfen nur von Personen oder unter der Verantwortung oder Aufsicht von Personen vorgenommen werden, denen dafür eine Genehmigung erteilt worden ist (§ 7 TVG). Um als Leiter von Tierversuchen tätig sein zu können, müssen folgende Voraussetzungen erfüllt sein, die bei der Antragstellung an die Behörde zu belegen sind:
- Eine abgeschlossene Universitätsausbildung der Veterinärmedizin, Humanmedizin, Pharmazie, Biologie, einer sonstigen naturwissenschaftlichen Studienrichtung oder einer Studienrichtung der Bodenkultur und
- ausreichende Spezialkenntnisse für tierexperimentelle Tätigkeiten.

Diese Bestimmungen bedeuten, dass neben einem abgeschlossenen Universitätsstudium auch fachspezifische Kenntnisse und Fertigkeiten beherrscht werden müssen, um als Leiter von Tierversuchen tätig sein zu können. Es ist in Österreich jedem Wissenschaftler freigestellt, ob er sich diese im Gesetz geforderten Spezialkenntnisse durch den Besuch von besonderen Lehrveranstaltungen oder Fachkursen oder durch Mitarbeit in einer Forschungsgruppe im In- oder Ausland aneignet. In Österreich werden versuchstierkundliche Aus- und Weiterbildungsmöglichkeiten bereits seit Jahren angeboten und von vielen Wissenschaftlern auch gerne angenommen. Es sind in Zukunft jedoch weitere Anstrengungen erforderlich, um Aus- und Weiterbildungsmaßnahmen in Versuchstierkunde zu fördern und zu intensivieren.

Genehmigung von Tierversuchen

Zur Beantwortung von bestimmten wissenschaftlichen Fragestellungen kann die Durchführung eines Tierversuchs unerlässlich sein. Bevor jedoch ein Tierversuchsvorhaben durchgeführt werden darf, muss es bei der zuständigen Behörde genehmigt werden (§ 8 TVG). Die Anträge zur Genehmigung von Tierversuchen haben folgende Angaben zu enthalten:
- die genaue Beschreibung des Tierversuchsprojekts mit Zweck, Aufgabenstellung, Versuchsplan und vorgesehenen statistischen Auswertungsverfahren,
- den geplanten Umfang (Tierarten und Anzahl),
- die Herkunft der Versuchstiere,
- Beschreibung der experimentellen Methode, Dauer des Eingriffes bzw. der Behandlung sowie
- insbesondere eine Erklärung, dass die angestrebte Zielsetzung nicht durch wissenschaftlich aussagekräftige verfügbare und behördlich anerkannte Ersatzmethoden erreicht werden kann.

Die Anträge zur Genehmigung eines bestimmten Tierversuchsprojekts müssen sorgfältig abgefasst werden. Jeder Versuchsleiter muss begründen, warum das geplante Tierversuchsvorhaben notwendig ist, welches Ziel damit angestrebt wird, welche und wie viele Tiere benötigt werden, woher die Tiere stammen und welche Eingriffe und Behandlungen durchgeführt werden. Es erfordert dies ein intensives Befassen mit der Materie (Studium einschlägiger wissenschaftlicher Fachliteratur) und umfangreiche Vorbereitungen und Planungen (Terminplanung, Finanzierung, Geräte, Wirksubstanzen, Methoden, Personal, usw.).
Versuchstiere sollten nur von bekannten und laufend kontrollierten kommerziellen oder universitären Zuchtinstitutionen gekauft werden. Dabei handelt es sich um Versuchstiere hoher gesundheitlicher und genetischer Definiertheit, wodurch weniger Tiere erforderlich sind und somit viele Versuchstiere eingespart werden können. Zucht- und Liefereinrichtungen sind mit Bescheid des zuständigen Bundesministers zuzulassen und zu registrieren (§ 15 a Abs. 2 TVG). Liefereinrichtungen dürfen Versuchstiere nur von einer Zuchteinrichtung oder anderen Liefereinrichtung beziehen, es sei denn, das Versuchstier wurde rechtmäßig in das Hoheitsgebiet eingeführt und ist kein verwildertes oder streunendes Tier (§ 15 a Abs. 4 TVG).
Der Leiter eines Tierversuchs muss auch bestätigen, dass die von ihm angestrebte Zielsetzung nicht durch andere Methoden als den Tierversuch erreicht werden kann. Daher muss sich der Leiter des Tierversuchsvorhabens auch mit jenen Möglichkeiten vertraut machen, die einen Tierversuch ersetzen können. Diese Ersatzmethoden können beispielsweise sein: isolierte Organe, Organkulturen, Gewebekulturen, Zellkulturen, Computerprogramme, chemische, biochemische und immunologische Labormethoden oder Roboter. Im Falle, dass es eine geeignete Ersatzmethode gibt, mit deren Hilfe man das Untersuchungsziel ohne die Durchführung eines Tierversuchs erreichen kann, ist der Tierversuch nicht zulässig.

2.3.6 Meldepflichtige Tierversuche

Es gibt Tierversuche, für die keine Genehmigung erforderlich ist. Dies sind Tierversuche, die durch Gesetze oder Verordnungen angeordnet sind oder aufgrund richterlicher Anordnung durchzuführen sind. Dies können auch Impfungen, Blutentnahmen oder sonstige Maßnahmen diagnostischer Art sein, die nach bereits erprobten Verfahren durchgeführt werden und der Erkennung von Krankheiten, Leiden, Körperschäden oder körperlichen Beschwerden bei Menschen oder Tieren oder der

Prüfung und Herstellung von Seren oder Impfstoffen dienen (§ 9 TVG).

Diese Tierversuche sind, bevor sie begonnen werden, der Behörde zu melden. Dabei sind der Zweck der Untersuchung anzugeben und die verwendeten Methoden sowie Art und Anzahl der Versuchstiere zu beschreiben.

2.3.7 Durchführung von Tierversuchen

Gemäß § 11 des Tierversuchsgesetzes sind Tierversuche stets auf das unerlässliche Maß zu beschränken. Die Durchführung von Tierversuchen hat dem anerkannten Stand der Wissenschaft zu entsprechen.

Im Einzelnen werden spezifische Punkte angeführt, die bei der Durchführung von Tierversuchen ebenfalls zu beachten sind:

- alle mit dem Versuchszweck nicht notwendig verbundenen Belastungen der Tiere sind zu vermeiden,
- die Versuchstiere sind an die Versuchsbedingungen sorgfältig zu gewöhnen,
- es ist auf eine möglichst geringe Belastung der Tiere und auf die kleinstmögliche Anzahl der benötigten Tiere zu achten,
- geschützte und wildlebende Tiere dürfen nur ausnahmsweise für Tierversuche verwendet werden,
- als Versuchstiere dürfen nur Tiere verwendet werden, wenn sie aus einer genehmigten Liefereinrichtung oder aus einer Eigenzucht stammen und bereits als Versuchstiere oder als Nutztiere gezüchtet oder zum Zeitpunkt ihrer Geburt als Versuchstiere bestimmt worden sind; die Verwendung von verwilderten oder streunenden Tieren ist verboten; die erneute Verwendung von Versuchstieren mit operativen Eingriffen unterliegt Beschränkungen,
- Tierversuche müssen unter Betäubung vorgenommen werden; Ausnahmen sind zulässig, wenn der mit dem Eingriff verbundene Schmerz geringfügiger ist (z.B. Blutabnahme aus einer Vene) als die mit einer Betäubung verbundene Beeinträchtigung der Versuchstiere oder der angestrebte Versuchszweck eine Betäubung ausschließt (z.B. Schmerzforschung, Entwicklung von Schmerzmitteln); der Einsatz muskellähmender Mittel ist nur unter Betäubung zulässig,
- es dürfen nur Versuchstiere verwendet werden, die von Fachleuten als für Tierversuche geeignet festgestellt wurden und
- nach Beendigung des Versuchs sind Tiere, die unter Schmerzen leiden, veterinärmedizinisch zu behandeln oder unverzüglich schmerzlos und in fachgerechter Weise zu töten.

Die Durchführung von Tierversuchen erfordert also genaue Kenntnisse über die verwendeten Versuchstiere und die eingesetzten wissenschaftlichen Methoden. Diese gesetzlichen Vorschriften über die Durchführung von Tierversuchen zielen im Wesentlichen darauf, die Belastungen und die Anzahl der Tiere so gering wie möglich zu halten.

2.3.8 Behördliche Überwachung von Tierversuchen

Tierversuchseinrichtungen sind von fachlich qualifizierten öffentlichen Bediensteten mindestens einmal jährlich unangemeldet zu kontrollieren (§ 12 TVG). In Österreich wird die Überwachung von verschiedenen behördlichen Stellen durchgeführt. Von welcher Stelle dies erfolgt, ist davon abhängig, in welcher Einrichtung Tierversuche durchgeführt werden.

2.3.9 Statistische Erfassung von Tierversuchen

Seit Inkrafttreten des Tierversuchsgesetzes am 1. Januar 1990 werden Tierversuche in Österreich statistisch erfasst. Jeder Leiter von Tierversuchen hat die gesetzliche Verpflichtung, über die von ihm durchgeführten Tierversuche Aufzeichnungen zu führen, die drei Jahre ab Ende des Versuches aufzubewahren sind (§ 15 TVG). Gemäß § 16 des Tierversuchsgesetzes hat der Träger der Tierversuchseinrichtung dem jeweils zuständigen Bundesminister bis zum 1. März eines jeden Jahres die im vorangegangenen Kalenderjahr verwendeten Versuchstiere nach einer vorgegebenen Aufgliederung bekanntzugeben. Die jeweiligen Bundesminister erfassen diese Angaben und veröffentlichen sie in Form einer gemeinsamen Jahresstatistik im Amtsblatt zur Wiener Zeitung.

Weitere Informationen, insbesondere zur österreichischen Tierversuchsstatistik, finden sich im Internet unter „http://www.zet.bartl.net".

2.4 Internationale Tierschutzregelungen

Der Tierschutz hat während der letzten Jahre in Europa eine größere politische Bedeutung erlangt. Der Europarat ergriff schon früh Initiativen zur Verbesserung des Tierschutzes. Im Vertrag zur Gründung der Europäischen Gemeinschaft ist der Tierschutz nicht ausdrücklich erwähnt. Durch das „Protokoll über den Tierschutz und das Wohlergehen der Tiere" anlässlich der Regierungskonferenz zur Reform der Verträge in Amsterdam 1997 haben die Gemeinschaft und die Mitgliedstaaten bei der Festlegung und Durchführung der Politik der Gemeinschaft in den Bereichen Landwirtschaft, Binnenmarkt und Forschung den Erfordernissen des Wohlergehens der Tiere in vollem Umfang Rechnung zu tragen.

2.4.1 Organisation für wirtschaftliche Zusammenarbeit und Entwicklung (OECD)

Die OECD-Richtlinien, die in unregelmäßigen Abständen aktualisiert und ergänzt werden, finden inzwischen über den Bereich der Industriechemikalien hinaus Anwendung bei der Prüfung von Pflanzenschutzmitteln, Lebensmitteln und Bedarfsgegenständen. Sie haben daher zu einer weitreichenden Harmonisierung toxikologischer Prüfmethoden geführt. Ausführliche Informationen zum Chemikalienprogramm der OECD finden sich im Internet unter „http://www.oecd.org/ehs/".

2.4.2 Europarat

Das im Rahmen des Europarates in Straßburg erarbeitete und am 18. März 1986 veröffentlichte Europäische Übereinkommen zum Schutz der für Versuche und andere wissenschaftliche Zwecke verwendeten Wirbeltiere (European Convention for the protection of vertebrate animals used for experimental and other scientific purposes) hat zum Ziel, eine größere Vereinheitlichung zwischen den Vertragsparteien des Europarates hinsichtlich des Schutzes von Versuchstieren zu erreichen. Die in dieser Konvention enthaltenen Forderungen sind als verbindliche Minimalforderungen zu verstehen. Jeder Staat, der dieses Übereinkommen ratifiziert, hat seine nationale Gesetzgebung so anzugleichen, dass diese Anforderungen realisiert werden. Er kann jedoch bei der Umsetzung in nationales Recht weitergehende Schutzvorschriften für Versuchstiere erlassen.

2.4.3 Europäische Union

Durch die Europäische Union (EU) wurde am 24. November 1986 die Richtlinie 86/609/EWG des Rates zur Annäherung der Rechts- und Verwaltungsvorschriften der Mitgliedsstaaten zum Schutz der für Versuche und andere wissenschaftliche Zwecke verwendeten Tiere (ABl. EG Nr. L 358 S. 1) erlassen. Inhaltlich orientiert sich diese Richtlinie am Europäischen Übereinkommen zum Schutz der für Versuche und andere wissenschaftliche Zwecke verwendeten Wirbeltiere. Für die Mitglieder der EU ist die Richtlinie als verbindlich erklärt worden. Ziel dieser Richtlinie ist es, zu verhindern, dass sich Tierschutzvorschriften einzelner Mitgliedstaaten der EU durch Wettbewerbsverzerrungen und Handelshemmnisse nachteilig auf die Schaffung und das Funktionieren des Gemeinsamen Marktes auswirken können. Anliegen der EU ist es zudem, die Anzahl der benötigten Versuchstiere in den kommenden Jahren deutlich zu reduzieren. Durch die gegenseitige Anerkennung der Versuchsergebnisse der Mitgliedstaaten soll insbesondere erreicht werden, dass beispielsweise bei der Arzneimitteltestung nicht unnötige Wiederholungsversuche durchgeführt werden müssen, wenn die Arzneimittel in mehreren Mitgliedstaaten vermarktet werden sollen.

In der Bundesrepublik Deutschland, in der Schweiz und in der Republik Österreich erfüllen die nationalen Tierschutz- bzw. Tierversuchsgesetze die Vorgaben des Europarates bzw. der EU ausnahmslos, wobei die Bestimmungen der nationalen Gesetzgebungen teilweise darüber hinausgehen.

3 Biologische Grundlagen

3.1 Allgemeine Eigenschaften und Einteilung von Organismen

Die lebenden Organismen: Menschen, Tiere, Pflanzen, Pilze und Einzeller besitzen folgende Eigenschaften und sind zu den genannten Leistungen fähig:
- Wachstum und Vermehrung
- Vererbung und Erbänderungen (Mutation)
- Stoffwechsel (Stoffaufnahme, Verwertung, Ausscheidung)
- Reizaufnahme und Reizbeantwortung (Erkennen von „selbst" und „fremd")
- Bewegungen

Nur wenn alle fünf Eigenschaften zu beobachten sind, kann von „Leben" gesprochen werden. Betrachtet man so die lebenden Organismen, so ist festzustellen, dass diese entweder Einzeller sind oder aus einer Vielzahl von Zellen bestehen. Daraus folgt: „Die Zelle ist die kleinste Einheit des Lebens" oder „Die Zelle ist die universelle Grundform der biologischen Organisation". Wir unterscheiden drei verschiedene Zelltypen, die sich deutlich im Aufbau und in der Stoffwechselleistung unterscheiden:
- Urbakterien (Archäzyten z.B. Methanbakterien)
- Bakterien (z.B. Fäulniserreger, Darmbakterien, Krankheitskeime)
- Zellen der höheren Lebewesen. Wir finden sie bei Tieren, Pflanzen, Pilzen, Algen und einigen Einzellern (z.B. den Protozoen). Diese Zellen besitzen als auffälliges Merkmal einen Zellkern (**Abb. 3.1**).

Die ursprüngliche Lebensform sind die Bakterien, einschließlich der Archäzyten. Sie sind überall auf der Erde anzutreffen und besitzen außerordentliche biochemische Fähigkeiten beim Auf- und Abbau von organischen Substanzen. Algen und höhere Pflanzen können mit Hilfe des Chlorophylls die Sonnenenergie zum Aufbau von Nährstoffen (z.B. Zucker) nutzen. Die Tiere verwerten letztlich die organischen Stoffe, verändern sie zum Aufbau ihrer Körpersubstanz und gewinnen daraus die Energie für alle Lebensvorgänge. Zwischen Bakterien, Pflanzen und Tieren haben sich vielfältige Beziehungen und Abhängigkeiten entwickelt. Sie reichen von der Symbiose (= Zusammenleben zum beiderseitigen Nutzen) bis zum Parasitismus („der Parasit lebt in oder auf dem Wirt und fügt ihm Schaden zu") mit der speziellen Bedeutung von Krankheitserregern. Das Zusammenwirken dieser unterschiedlich entwickelten Lebewesen wird auch in so genannten „Nahrungsketten" sichtbar: Die Bodenbakterien in Zusammenarbeit mit Pilzen ermöglichen durch den Stoffabbau (Mineralisierung) das Pflanzenwachstum; pflanzenfressende Tiere ernähren sich von den Erträgen aus Feld und Flur und sind Beute und Nahrung für die Fleischfresser. Die vielfältigen Lebensbeziehungen und Abhängigkeiten aller Lebewesen untereinander werden durch den Wissenschaftszweig Ökologie beschrieben und erforscht.

Der Stamm der Wirbeltiere umfasst fünf Klassen:
- Fische: Knorpelfische, z.B. Hai; Knochenfische, z.B. Karpfen
- Lurche (Amphibien[5]), z.B. Frösche.
- Kriechtiere: (Reptilien), z.B. Schlangen, Schildkröten
- Vögel
- Säugetiere

Die Klasse der Säugetiere (Mammalia, von Mamma = Brustdrüse) wird in Ordnungen mit einer unterschiedlichen Anzahl von Familien

---
[5] Griech.: „amphi" = beides, „bios" = Leben (Die Amphibien sind als Larven Kiemenatmer im Wasser, während sie als Erwachsene auf dem Land leben und durch die Haut und über die Lunge atmen.)

34 Biologische Grundlagen

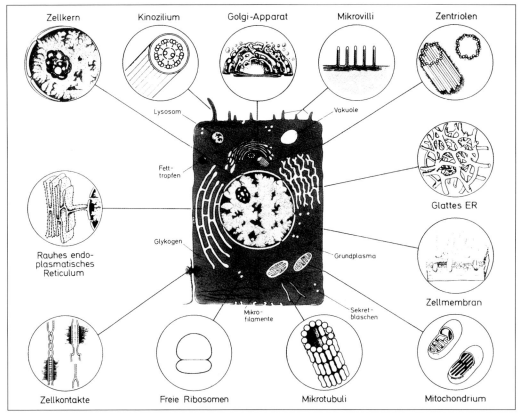

Abb. 3.1: Feinbau einer Zelle in schematischer Darstellung (aus: Hees: Anatomie, Physiologie und Pathologie für Zahnmediziner, Gustav Fischer, Stuttgart, 1992).

nach den verwandtschaftlichen Ähnlichkeiten unterteilt (**Tab. 3.1**). Die Endstufe dieser wissenschaftlichen Gruppierung (Systematik) ist die Art (Spezies). Nur Angehörige einer Art sind untereinander uneingeschränkt fortpflanzungsfähig. Wie immer in der Biologie, gibt es hier aber Ausnahmen von der Regel, so kommen z.B. Artbastarde wie Maultier oder Maulesel vor. Jede Art kann in Rassen, Schläge, Stämme oder Linien weiter unterteilt werden.

Wiederholungsfragen

1. Woran erkennt man einen lebenden Organismus?
2. Nennen Sie ein Beispiel für Symbiose und Parasitismus.
3. Was bedeutet der Begriff „Nahrungskette"?
4. Nennen Sie die fünf Klassen der Wirbeltiere.
5. Der Stammbaum (taxonomische Einordnung) von Hund, Schaf und Maus.

3.2 Anatomie und Physiologie der Säugetiere

Die Anatomie ist die Lehre vom Aufbau des Tierkörpers, der Organe und Gewebe, während die Physiologie die Lebensvorgänge an sich, wie Stoffwechsel, Sinnesleistungen, Körperreaktionen u.a., beschreibt und zu erklären sucht.

3.2.1 Körperregionen und Lagebezeichnungen

Der Tierkörper wird unterteilt in Kopf, Hals, Rumpf, Schwanz, Vorder- und Hintergliedmaßen. Für die räumliche Lagebezeichnung und damit örtliche Zuordnung am Tier (**Abb. 3.2**) verwendet man die Begriffe „dorsal" (zum Rücken hin), „ventral" (bauchwärts), „kranial" bzw. „kaudal" (zum Kopf bzw. Schwanz hin).

Tab. 3.1a: Taxonomische Einordnung Fleischfresser, Paarhufer, Nagetier, Meerschweinchen- und Hasenartige (vereinfacht).

Ordnung	Familie	Art	dt. Name	engl. Name	Rassen (Stämme)
Carnivora (Fleischfresser)	Canidae Felidae	Canis familiaris Felis lybica f. catus	Hund Katze	Dog Cat	Beagle, Dobermann Perser, Kartäuser
Paarhufer	Suidae Bovidae	Sus scrofa domestica Bos taurus	Schwein Rind	Pig Cattle	Minipig, Dt. Landrasse Höhenfleckvieh, Charolais
		Ovis ammen aries	Schaf	Sheep	Merinofleischschaf, Leineschaf
		Capra argarcus hircus	Ziege	Goat	weiße Dt. Edelziege, Burenziege
Rodentia Nagetiere	Muridae „Mäuse"	Mus musculus Rattus norvegicus	Maus Wanderratte	Mouse, Mice Rat	BALB/C, C57BL, NMRI DA, LEW, SPRD
		Meriones unguiculatus	Mongolische Wüstenrennmaus	Mongolian Gerbil	Laborgerbil Tumblebrook (Tum:MON) Wildgerbil Göttingen (Ugoe:MU95)
		Mesocricetus auratus	Syrischer Goldhamster	Golden Hamster	
		Cricetulus griseus	Chinesischer Zwerghamster	Rat like Hamster	
		Cricetus cricetus	Europäischer Feldhamster	Common Hamster	
Caviomorpha Meerschweinchenartige	Caviidae	Cavia aperea f. porcellus	Meerschweinchen	Guinea-pig	Pirbright, strain 2 + 13
	Chinchillidae	Chinchilla chinchilla	Chinchilla	Chinchilla	
Lagomorpha Hasenartige	Leporidae	Oryctolagus cuniculus	Kaninchen	Rabbit	Widder, Neuseeländer

Tab. 3.1b: Taxonomische Einordnung der Spitzhörnchen *(Scandentia)*, (vereinfacht).

Ordnung	Familie	Tierart	dt. Name	engl. Name
Scandentia Spitzhörnchen	Tupaiidae Spitzhörnchen	Tupaia glis	Spitzhörnchen	Tree Shrews

Tab. 3.1c: Taxonomische Einordnung einiger Primaten (beispielhaft vereinfacht).

Teilordnung	Familie	Tierart	dt. Name	engl. Name
Altweltaffen (*Catarrhini* = Schmalnasen)	Meerkatzenartige (Cercopithecidae)	Macaca mulatta Macaca fascicularis	Rhesusaffe Javaneraffe (Langschwanzmakak)	Rhesus monkey Grab-eating monkey, Long-tailed macaque, Java monkey
		Cercopithecus aethiops	Grüne Meerkatze	Grivet, Savannah monkey
Neuweltaffen (*Platyrrhini* = Breitnasen)	Kapuzinerartige (Cebidae)	Saimiri sciureus	Totenkopfaffe	Squirrel monkey
	Krallenaffen (Callitrichidae)	Callithrix jacchus	Krallenäffchen Weißbüschelaffe	Common Marmoset

Tab. 3.1d: Taxonomische Einordnung des Haushuhnes (vereinfacht).

Ordnung	Familie	Tierart	dt. Name	engl. Name	Rassen (Stämme)
Hühnervögel (*Galliformes*)	Eigentliche Hühner (Galli)	Gallus gallus (Bankiva) = Urform: Bankivahuhn Gallus domesticus	Haushuhn	Fowl	Leghorn Rodeländer

36 Biologische Grundlagen

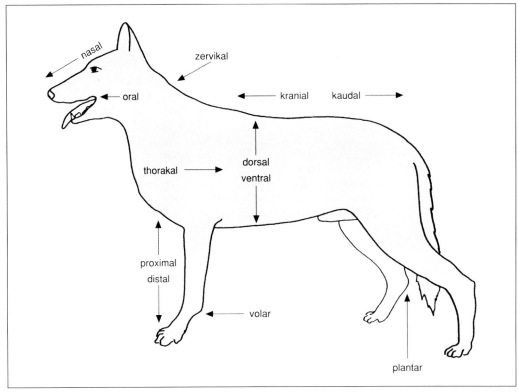

Abb. 3.2: Lage- und Richtungsbezeichnungen am Tierkörper (laterale Ansicht) (nach: Geyer u. Grabner: Die Tierarzthelferin; Schlütersche Verlagsanstalt, Hannover, 1991).

Diese Begriffe sind relative Lagebezeichnungen, die auch als Kombinationen (z.B. „dorsokranial") verwendet werden. Bei den Gliedmaßen spricht man von „proximal" (= Körpernähe) und „distal" (= dem Ende der Gliedmaßenspitze näher). Für den Rumpf werden in ähnlicher Weise die Bezeichnung „medial" (= in Nähe der Körper-Mittellinie) und „lateral" (= von dieser Mittelebene entfernt) gebraucht. Häufig werden die lateinischen Bezeichnungen „dexter" und „sinister" für rechts und links verwendet.

3.2.2 Gewebe

Die mehrzelligen Lebewesen sind aus einer Vielzahl von im Prinzip gleichartigen Zellen aufgebaut (Mensch: ca. 6×10^{13} Zellen). Für die unterschiedlichen Aufgaben hat aber eine Spezialisierung d.h. eine Zelldifferenzierung stattgefunden (Mensch: ca 200 verschiedene Zelltypen). Ein durch seine besondere Leistungen gekennzeichneter Zellverband, der aus gleichartigen, differenzierten Zellen besteht, wird als Gewebe bezeichnet. Genauso wichtig wie die Zellen selbst ist die zwischen den Zellen des Gewebes liegende Interzellulärsubstanz. Wir unterscheiden Epithelgewebe (u.a. Zellen der Haut, Schleimhaut und Drüsengewebe), Bindegewebe (u.a. Bänder, Sehnen, Fettgewebe), Stützgewebe (Knorpel und Knochen), Muskelgewebe (glatte, quergestreifte und Herzmuskulatur) und Nervengewebe (Nerven, Rückenmark, Gehirn) aber auch das Blut mit seinen vielen Zellen kann durchaus als ein Gewebe aufgefasst werden. Körperorgane erfüllen bestimmte Aufgaben im Organismus. Sie sind als funktionelle Einheiten aus z.T. sehr verschiedenen Zellen und Geweben zusammengesetzt (z.B. Niere, Leber, Geschlechtsorgane).

3.2.3 Bewegungs- und Stützapparat

Knorpel, Knochen und Gelenke bilden zusammen mit den Sehnen, den Bändern und der

Anatomie und Physiologie der Säugetiere **37**

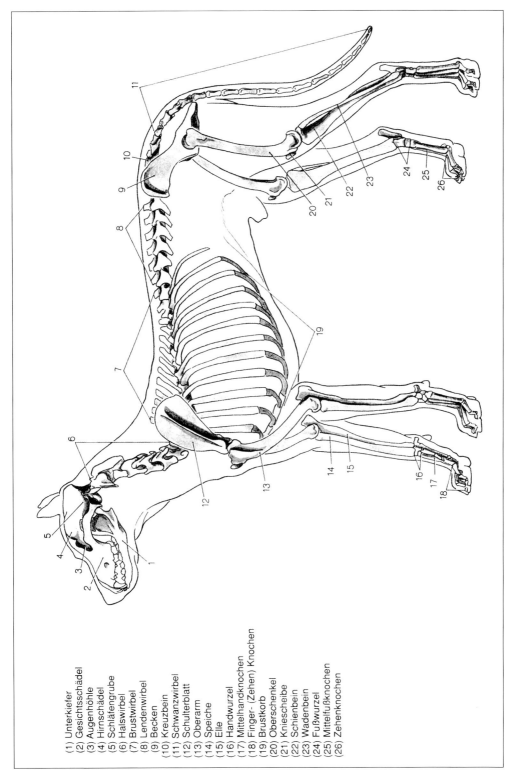

(1) Unterkiefer
(2) Gesichtsschädel
(3) Augenhöhle
(4) Hirnschädel
(5) Schläfengrube
(6) Halswirbel
(7) Brustwirbel
(8) Lendenwirbel
(9) Becken
(10) Kreuzbein
(11) Schwanzwirbel
(12) Schulterblatt
(13) Oberarm
(14) Speiche
(15) Elle
(16) Handwurzel
(17) Mittelhandknochen
(18) Finger- (Zehen) Knochen
(19) Brustkorb
(20) Oberschenkel
(21) Kniescheibe
(22) Schienbein
(23) Wadenbein
(24) Fußwurzel
(25) Mittelfußknochen
(26) Zehenknochen

Abb. 3.3: Skelett des Hundes (aus: Koch (Hrsg.): Lehrbuch der Veterinär-Anatomie, Band I, Bewegungsapparat, VEB Gustav Fischer, Jena 1992).

38 Biologische Grundlagen

Skelettmuskulatur den Stütz- und Bewegungsapparat.

Skelett

Die Gesamtzahl der Knochen bildet das Skelett (**Abb. 3.3**). Neben der bekannten stützenden und der Bewegung dienenden Funktion sind die Knochen auch Schutzraum für empfindliche Gewebe und Organe (Knochenmark, Gehirn und Rückenmark). Die Knochen bestehen aus anorganischen Substanzen (Kalzium, Magnesium, Phosphate) und organischen Leim- und Faserstoffen, die durch ihre geordnete Struktur den Knochen außerordentlich widerstandsfähige und stabile Eigenschaften verleihen. Die Knochen sind lebende Organe, die sich am Stoffwechsel beteiligen (Mineralstoffwechsel!) und durch ständigen Auf- und Abbau der Knochensubstanz sich neuen Belastungen anpassen.

Schädelknochen

Der Gehirnteil der Schädelknochen besteht aus Plattenknochen, die die Schädelhöhle bilden und das Gehirn schützen. Am Gesichtsteil finden wir den Ober- und den beweglichen Unterkiefer mit den Zähnen. Die Zähne werden

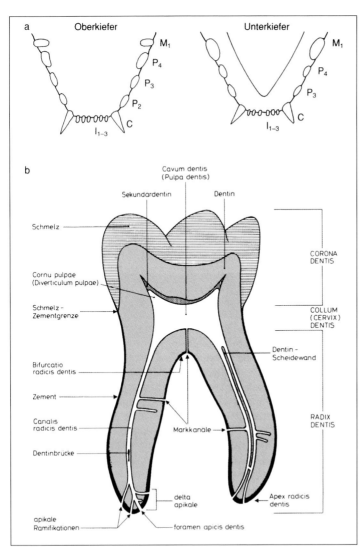

Abb. 3.4: a Schematische Darstellung des Katzengebisses.
(I) Incisivi = Schneidezähne;
(C) Canini = Eckzähne;
(P) Praemolaren = Backenzähne;
(M) Molaren = Backenzähne.
b Aufbau eines Zahns in schematischer Darstellung
(aus: Hees: Anatomie, Physiologie und Pathologie für Zahnmediziner, Gustav Fischer, Stuttgart, 1992).

Tab. 3.2: Zahnformeln einiger Säugetierarten

Spezies	Anzahl der Zähne	Zahnformel	Besonderheiten
Mensch	32	$\frac{2\ 1\ 2\ 3}{2\ 1\ 2\ 3}$	Weisheitszahn: M_3 (18–25 J)
Hund	42	$\frac{3\ 1\ 4\ 2}{3\ 1\ 4\ 3}$	Reißzahn: $\frac{P_4}{M_1}$
Katze	30	$\frac{3\ 1\ 3\ 1}{3\ 1\ 2\ 1}$	Fangzähne: $\frac{C}{C}$
Schaf	32	$\frac{0\ 0\ 3\ 3}{3\ 1\ 3\ 3}$	„oben vorn" keine Zähne (Kauplatte)
Kaninchen	28	$\frac{2\ 0\ 3\ 3}{1\ 0\ 2\ 3}$	„Nagezähne": $\frac{I_1}{I_1}$ „Stiftzahn": I_2
Meerschweinchen	20	$\frac{1\ 0\ 1\ 3}{1\ 0\ 1\ 3}$	Nagezähne: $\frac{I}{I}$ Backenzähne ständig nachwachsend
Hamster	16	$\frac{1\ 0\ 0\ 3}{1\ 0\ 0\ 3}$	Nagezähne: $\frac{I}{I}$
Gerbil	16	$\frac{1\ 0\ 0\ 3}{1\ 0\ 0\ 3}$	Vorderseits der oberen Nagezähne mit Längsrille
Ratte, Maus	16	$\frac{1\ 0\ 0\ 3}{1\ 0\ 0\ 3}$	Nagezähne: $\frac{I}{I}$
Schwein	44	$\frac{3\ 1\ 4\ 3}{3\ 1\ 4\ 3}$	$\frac{C}{C}$ permanent wachsend besonders auffallend beim Eber (Hauer, Gewehre)

nach ihrer Funktion als Schneidezähne (= Dentes incisivi = Incisivi = I), Eckzähne (= Canini = C) und Backenzähne (Prämolaren = P und Molaren = M) beschrieben. Zunächst werden die Milchzähne gebildet, die während der Jugendentwicklung ausfallen und durch das bleibende Gebiss (**Abb. 3.4 a u. b**) ersetzt werden. Die Anzahl der Zähne wird in der für die Tierarten typischen Zahnformel (**Tab. 3.2**) aufgezeichnet. Aus dieser ist die Anzahl der verschiedenen Zahntypen einer Gesichtshälfte jeweils von Ober- und Unterkiefer zu ersehen.

Knochen des Rumpfes
Die Knochen des Rumpfes bilden die Wirbelsäule und den Brustkorb. Die Wirbelsäule baut sich aus den Wirbeln auf (**Abb. 3.5**).

Die zentrale Aussparung, das Wirbelloch, wird durch die Aneinanderreihung der Wirbel zum Wirbelkanal und schützt das Rückenmark. Die Wirbelkörper sind durch die Zwischenwirbelscheiben („Bandscheiben") federnd mit geringer Bewegungsmöglichkeit verbunden. Die Wirbelfortsätze sind in den einzelnen Wirbelsäulenabschnitten (Hals-, Brust-, Lenden-, Kreuz- und Schwanzwirbel) unterschiedlich ausgeprägt. Die Halswirbelsäule besteht bei allen Säugetieren mit wenigen Ausnahmen (z.B. Rundschwanz-Seekuh: 6; Dreifingerfaultiere: 9) aus 7 Wirbeln. Die beiden ersten Halswirbel, Atlas und Dreher, erlauben durch ihre besondere Form die Bewegung des Kopfes. Die übrigen Wirbelsäulenabschnitte bestehen aus einer – tierartabhängig – unterschiedlichen

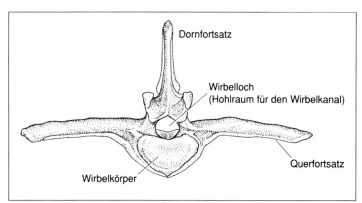

Abb. 3.5: Schema eines Lendenwirbels (Skizze: J. Maeß).

Anzahl von Wirbeln. Die Brustwirbel, die Rippen und das Brustbein (Sternum) formen zusammen den Brustkorb. Die Lendenwirbel sind kräftige Knochen mit geringer Beweglichkeit untereinander. Durch Verknöcherung der Kreuzwirbel untereinander ist das Kreuzbein entstanden. Die Anzahl der Schwanzwirbel ist bei den Tierarten sehr unterschiedlich. Zur Schwanzspitze hin ist der Wirbelaufbau stark vereinfacht, die Wirbel sind schließlich nur noch zylindrische Körper.

Knochen der Vordergliedmaßen
Die Vordergliedmaßen sind über die Knochen des Schultergürtels mit dem Rumpf verbunden (**Abb. 3.6a**). Viele Säugetiere besitzen nur das Schulterblatt, während das Schlüsselbein bei greifenden Tieren (Katze, Maus, Hamster) noch mehr oder minder deutlich vorhanden ist. Die Vögel haben mit Schulterblatt, Schlüsselbein und Rabenschnabelbein ein vollständiges Schultergürtelskelett. Die Gliedmaßenknochen bestehen aus dem Oberarmbein (Humerus) und den beiden Unterarm- bzw. Vorderbeinknochen Elle und Speiche (Ulna u. Radius), von denen erstere häufig teilweise rückgebildet ist. Die Knochen des Vorderfußwurzelgelenkes (Karpalgelenk) bilden die Verbindung zu den Mittelfußknochen mit den anschließenden Zehenknochen. Die letzten Zehenknochen werden je nach Funktion „Nagelbein" (Mensch), „Krallenbein" (Hund, Katze), Klauenbein (Rind, Schaf, Schwein) oder „Hufbein" (Pferd) genannt.

Bei den großen Tieren, insbesondere beim Pferd, werden die Hauptmittelfußknochen „Röhrbein" und die Zehenknochen „Fessel"-, „Kron"- und „Hufbein" genannt. An den Vor-

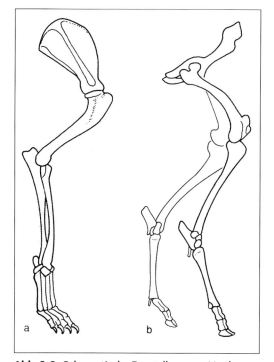

Abb. 3.6: Schematische Darstellung von Vorder- und Hintergliedmaßen. **a** Vordergliedmaßen des Hundes; **b** Hintergliedmaßen der Ziege (Knochen und Gelenke) (Skizze: J. Maeß).

dergliedmaßen gibt es von proximal nach distal folgende Gelenke:
- Schultergelenk (beim Großtier auch Buggelenk),
- Ellenbogengelenk,
- Vorderfußwurzelgelenk (Karpalgelenk)
- 1. bis 3. Zehengelenk (Fessel-, Kron-, Hufgelenk beim Pferd).

Anatomie und Physiologie der Säugetiere 41

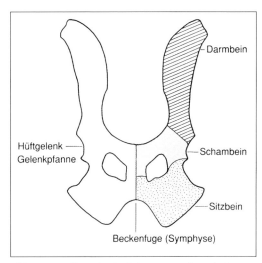

Abb. 3.7: Aufbau des knöchernen Beckens beim Hund (Skizze: J. Maeß).

Knochen der Hintergliedmaßen
Die Hintergliedmaßen sind durch das Becken mit dem Kreuzbein und dadurch mit der Wirbelsäule verbunden. Das Becken wird aus den knöchern verwachsenen, paarig angelegten Darmbein, Sitzbein und Schambein gebildet (**Abb. 3.7**). Die Gelenkpfanne für das Oberschenkelbein (Femur) wird von diesen 3 Beckenknochen geformt. Das Oberschenkelbein ist mit den Unterschenkelknochen – Schien- und Wadenbein (Tibia und Fibula) – durch das Kniegelenk verbunden. Nach distal folgen die Knochen des Hinterfußwurzelgelenkes (Tarsalgelenk = Sprunggelenk) mit dem Fersenbein und nachfolgend die Mittelfuß- und Zehenknochen. Die Gelenke der Hintergliedmaßen (**Abb. 3.6b**) sind das Hüftgelenk (zwischen Becken und dem Oberschenkelbein), das Kniegelenk und das Sprunggelenk (Tarsalgelenk). Die Zehengelenke entsprechen denen der Vordergliedmaßen.

Übrige Knochengebilde
Außer den eigentlichen Skelettknochen gibt es besonders in den Gelenkbereichen noch zahlreiche kleine Sehnen- oder Sesambeine, deren bekanntestes die Kniescheibe ist. Aber auch das Strahlbein im Huf des Pferdes ist ein Sesambein. Nicht zu den Skelettknochen gehören Einlagerungen in Organen wie z.B. die Penisknochen bei Ratte, Gerbil und Hund, die Herzknochen der Rinder oder die Rüsselknochen des Schweines. An Druckstellen oder Narben können auch im Bindegewebe Verknöcherungen entstehen.

Gelenke

Die Knochen sind über Gelenke beweglich miteinander verbunden. Ein Gelenk besteht im Prinzip aus Gelenkkopf und Gelenkpfanne, die mit Gelenkknorpel überzogen sind, der Gelenkkapsel und einer unterschiedlichen Anordnung von Gelenkbändern (**Abb. 3.8**). So vielfältig die Funktion und Wirkung der Gelenke ist, so unterschiedlich können Gelenke aufgebaut sein: z.B. gebildet aus mehr als 2 Knochen wie beim Sprungelenk oder ausgestattet mit besonders geformten Knorpeln wie die Menisken im Kniegelenk.

Die Knorpel bestehen aus in Knorpelgrundsubstanz eingebetteten Fasern. Zwischen den Fasern befinden sich in Höhlen die Knorpelzellen (Chondrozyten). Der Knorpel ist von der bindegewebigen Knorpelhaut (Perichondrium), die Blutgefäße und Nerven enthält,

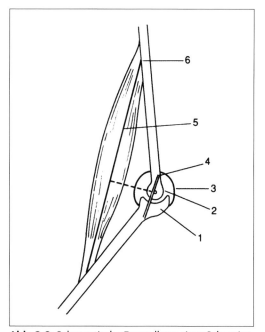

Abb. 3.8: Schematische Darstellung eines Scharniergelenkes (nach Hees: Anatomie, Physiologie und Pathologie für Zahnmediziner, Gustav Fischer, Stuttgart 1992). (1) Gelenkpfanne, (2) Gelenkkopf, (3) Gelenkkapsel, (4) Gelenkband, (5) Muskel, (6) Sehne.

umgeben. Die Knorpelsubstanz selbst besitzt keine Blutgefäße. Die im Inneren liegenden Knorpelzellen können nur von außen durch Diffusion ernährt werden. Wir finden Knorpel auf den Gelenkflächen, in den Wachstumsfugen der Knochen (Epiphysenfugen), als Rippenknorpel, Nasenknorpel, Ohrenknorpel, Kehlkopfknorpel und als Knorpelspangen in Luftröhre und Bronchien. Während der Embryonalentwicklung werden die Knochen zunächst als Knorpel gebildet. In der Wachstumphase verknöchern schließlich auch die Wachstumsfugen. Die Menisken (Kniegelenk) und Bandscheiben (Wirbelsäule) bestehen aus besonders festen Knorpeln (Bindegewebsknorpel).

Wiederholungsfragen

1. Fertigen Sie eine Strichzeichnung eines Tieres mit den wichtigsten Lagebezeichnungen an.
2. Woraus bestehen Knochen?
3. Was ist eine „Zahnformel"? (Beispiele von 3 Tierarten).
4. Nennen und erläutern Sie die Abschnitte der Wirbelsäule.
5. Fertigen Sie eine Schemazeichnung der Vorder- und Hintergliedmaßen des Hundes (mit Bezeichnung der Knochen und Gelenke) an.

Muskulatur

Muskelzellen besitzen kontraktile Fasern. Das sind Eiweißstrukturen, die sich auf Reize verkürzen und sich danach wieder auf die Ausgangslänge ausdehnen. Durch diesen Mechanismus werden Bewegungen möglich. Nach der Leistungsfähigkeit und dem Aufbau werden Skelett-, Herz-, und glatte Muskulatur unterschieden.

Skelettmuskulatur
Die Skelettmuskulatur, wegen ihres streifenförmigen Aussehens (mikroskopisches Bild) auch quergestreifte Muskulatur genannt, führt die willkürlichen Bewegungen der Gliedmaßen aus. Die Muskeln sind über Sehnen mit den Knochen verbunden und bewegen die Gliedmaßen über die Gelenke. Durch die Nerven geleitete Erregungen verkürzen die kontraktilen Fasern in den Muskelzellen. Das führt dann zu einer Verkürzung des gesamten Muskels, wobei sich dieser gleichzeitig verdickt. Die entwickelte Kraft ist proportional dem Querschnitt des Muskels. Zahlreiche Muskeln haben auch „haltende" (= statische) Aufgaben, durch sie wird die Körperhaltung stabilisiert und aufrecht gehalten. Im Schlaf oder während der Narkose erschlaffen diese Muskeln. Bei der Skelettmuskulatur werden zwei Fasertypen unterschieden; die dunklen oder roten Muskelfasern können lange und ausdauernd arbeiten, während die hellen Muskelzellen bevorzugt beim Kraft- und Schnelligkeitseinsatz reagieren.

Herzmuskulatur
Das Herz schlägt ein ganzes Leben lang. Die Herzmuskulatur ist für diese ausdauernde, sich den wechselnden Anforderungen anpassende Leistung ausgerüstet. Die Herzmuskelzellen enthalten daher in großer Anzahl die für die Energiebereitstellung notwendigen Zellorganellen, die Mitochondrien.

Glatte Muskulatur
Die Muskulatur der Eingeweide, der inneren Organe und Blutgefäße arbeitet langsam und ausdauernd. Im mikroskopischen Bild sind keine kontraktilen Fasern zu sehen. Daraus leitet sich der Name „glatte Muskulatur" ab. Diese Muskulatur wird durch das autonome Nervensystem gesteuert und unterliegt weitgehend nicht der willentlichen Beeinflussung. Zusammen mit den Herzmuskeln wird sie als unwillkürliche Muskulatur im Gegensatz zur willkürlichen Skelettmuskulatur bezeichnet. Natürlich sind diese Begriffe relativ, da die Skelettmuskeln auch nicht als Ganzes unserem Willen unterliegen, wie durch spezielles Training die glatte Muskulatur willentlich beeinflusst werden kann.

3.2.4 Haut

Die Haut bildet die äußere Körperoberfläche. Sie besteht aus der dünneren, mehrschichtigen, nach außen verhornenden Oberhaut (Epidermis) und der dickeren Lederhaut. Die Hautanhangsgebilde wie Haare, Krallen, Hörner und Drüsen sind aus der Oberhaut entstanden. Das Unterhautgewebe, mit dem reichlich eingela-

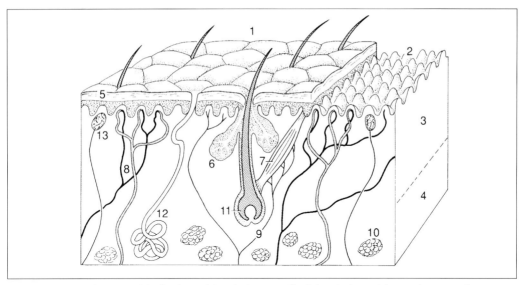

Abb. 3.9: Aufbau der Haut. (1) Oberhaut, (2) Lederhautpapille, (3) Lederhaut, (4) Unterhautgewebe, (5) Hornschicht, (6) Talgdrüse, (7) Haarbalgmuskel, (8) Blutgefäße (Arterien, Venen), (9) Nerv, (10) Fettzellen, (11) Haarpapille, (12) Schweißdrüse, (13) Tastkörperchen (nach Hees: Anatomie, Physiologie und Pathologie für Zahnmediziner, Gustav Fischer, Stuttgart 1992).

gerten Fettgewebe verbindet die Haut mit dem übrigen Körper.

An Mund, Nase und After geht die äußere Haut in Schleimhaut über. Die Haut ist von lebenswichtiger Bedeutung für den Organismus (**Tab. 3.3**), dies wird auch durch die reiche Ausstattung an verschiedenen anatomischen Strukturen sichtbar (**Abb. 3.9**). Zunächst schützt die Haut gegen mechanische Beanspruchungen, chemische Reize, Temperatur, Bestrahlung und verhindert auch das Eindringen von Infektionserregern. Die Haut ist beteiligt an der Regulierung des Wasserhaushaltes. Sie schützt den Körper einerseits gegen Austrocknung, erlaubt aber auch eine ständige Wasserverdunstung. Sie dient der Temperaturregulierung des Körpers durch Verengung bzw. Erweiterung der Blutgefäße. Durch die Erweiterung der Blutgefäße und durch die Verdunstung des abgesonderten Schweißes wird eine Abkühlung erreicht. Die Fähigkeit zum Schwitzen ist natürlicherweise bei den Tierarten sehr unterschiedlich ausgebildet. Durch die Schweißsekretion werden auch in geringem Maße Aufgaben der Niere (u.a. Kochsalz-, Harnstoffausscheidung) ergänzend geleistet. Der Talg aus den Talgdrüsen hält die Haut geschmeidig und präpariert Haare oder Federn wasserabweisend, hat aber auch eine gewisse bakterizide Wirkung.

Tab. 3.3: Die Haut *(nach Rautmann 1956)*

Die lebenswichtige Bedeutung der Haut

$1\ cm^2$ Stirnhaut des Menschen enthält:

600 000	Zellen
100	Schweißdrüsen
15	Talgdrüsen
5	Haare
ca. 1 m	Adern (Kapillaren)
ca. 4 m	Nervenfasern
5000	Tastkörper
200	Schmerzpunkte
25	Druckpunkte
12	Kältepunkte
2	Wärmepunkte

Spezielle Hautdrüsen produzieren Duftstoffe (Pheromone), die u.a. der Erkennung, Partnerwahl oder der Territorialmarkierung dienen. Sowohl in der Lokalisation (besondere Hautbezirke) als auch in der Qualität gibt es hier sehr große Unterschiede bei den verschiedenen Tierarten.

Einzelne Medikamente – überwiegend fettlösliche Stoffe – können die unverletzte Haut passieren („Pour-on"-Applikation von Antiparasitika, „per- bzw. transkutane" Verabreichung von Medikamenten). Unter der Einwirkung von ultravioletten Strahlen (Sonnenlicht) wird aus einer in der Haut befindlichen Vorstufe, dem 7-Dehydrocholesterin, das Vitamin D_3 gebildet. Das in der Unterhaut eingelagerte Depotfett ist als Energievorratsspeicher und – da schlecht Wärme leitend – auch als Auskühlungsschutz wirksam.

Zahlreiche Empfindungsnerven in der Haut vermitteln den Kontakt zur Umwelt. Druck-, Schmerz- und Temperaturpunkte empfangen die verschiedenen Reize und vermitteln die entsprechenden Abwehrreaktionen. Die Tastkörperchen und besondere Tasthaare dienen dem Erkennen der Umwelt.

3.2.5 Nervensystem

Das Nervensystem nimmt die Reize der Umwelt auf, leitet sie weiter, verarbeitet sie und gibt die Antwort an die Reaktionsorgane. Zahlreiche Körpersignale werden in diesen Regelkreis einbezogen, der häufig auch ohne bewusste Wahrnehmung abläuft. Das Nervensystem besteht aus dem Zentralnervensystem (ZNS = Gehirn und Rückenmark), den peripheren Nerven sowie den Sinneszellen. Nach der Wirkung wird zwischen dem willkürlichen und dem vegetativen oder autonomen Nervensystem unterschieden. Zwischen beiden bestehen aber viele Berührungspunkte und gegenseitige Beeinflussungsmöglichkeiten. Das Herz besitzt zusätzlich ein eigenständiges Reizleitungssystem mit autonomer Steuerung. Vielfältige Verbindungen bestehen zwischen dem Nervensystem und den Regelkreisen der Hormondrüsen (z.B. Hypophyse, Nebennierenmark). Der Einfluss auf andere Körperreaktionen, z.B. auf das Abwehr- und Immunsystem, wird zur Zeit intensiv erforscht.

3.2.6 Sinnesorgane

Mit den Sinnesorganen nehmen die Tiere die Reize der Umwelt wahr und finden sich dadurch in ihrer Umgebung zurecht. Dies schließt sowohl wichtige Kontakte wie Brunst, Vermehrung oder Aufzucht der Jungen innerhalb der Art ein, wie auch Flucht- und Beuteverhalten zwischen den Arten.

Spezialisierte Zellen, die Sinneszellen, erfassen Reize der Umwelt (z.B. Schallwellen, Licht, Duftstoffe, Geschmacksstoffe, Wärme). Über Nervenbahnen wird die in den Sinneszellen ausgelöste Erregung zum Zentralen Nervensystem (ZNS = Gehirn und Rückmark) geleitet. Im ZNS werden die eintreffenden Informationen verarbeitet und entsprechende Reaktionsbefehle über die rückführenden Nervenbahnen zu den Erfolgsorganen geschickt. Das Tier reagiert nun auf den Umweltreiz (**Abb. 3.10**).

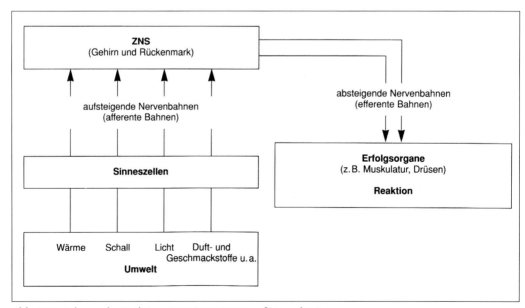

Abb. 3.10: Schema der Reaktion eines Organismus auf Umweltreize.

Abb. 3.11: Aufbau des Ohres. (1) Ohrmuschel, (2) Gehörgang, (3) Trommelfell, (4) Amboß, (5) Hammer, (6) Steigbügel, (7) Schnecke, (8) Basilarmembran mit Sinneszellen und feinen Sinneshaaren, (9) durch den Schall bewegte Lymphe, (10) Hörnerv, (11) Ohrtrompete (Skizze: J. Maeß).

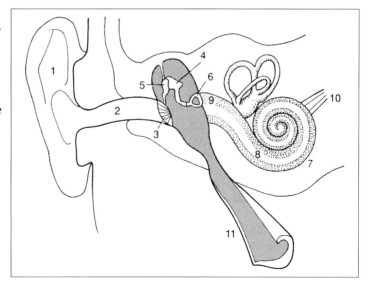

In der Haut befinden sich die Sinneszellen für Schmerz- und Temperaturwahrnehmungen und die Reaktionszellen für den Tastsinn. Die Tastempfindung wird durch besondere Tasthaare (Vibrissen) erheblich verfeinert und verstärkt. Bei niederen Tieren sind die Reizwahrnehmungen durch die Haut zum Teil noch erheblich ausgeweitet (z.B. Lichtempfindung, Empfindlichkeit für elektrische Felder, chemische Stoffe, Schallwellen und Wasserströmungen). Für die hauptsächlichen Sinneseindrücke – Licht, Schall, Geruch und Geschmack – entstanden bei den Säugetieren komplexe Organsysteme. Die einzelnen Tierarten entwickelten z.T. besondere Sinnesleistungen, über die der Mensch in dieser Weise nicht verfügt.

Gehör

Das äußere Ohr – die Ohrmuschel – ist artabhängig sehr unterschiedlich aufgebaut. Es empfängt die Schallwellen und ermöglicht die Richtungsortung. Durch den Gehörgang gelangen die Schallwellen zum Trommelfell. Das Trommelfell bildet die Grenze zum Mittelohr. Das membranöse Trommelfell gibt die Schwingungen über die Gehörknöchelchen (Hammer, Amboss, Steigbügel und Linsenbein) auf die mit lymphatischer Flüssigkeit gefüllte Schnecke weiter (Innenohr). Hier bewegen die erzeugten Flüssigkeitswellen feine Sinneshaare; dies führt zur Erregung der Sinneszellen, welche die Signale über den Hörnerv zum Gehirn leiten. Dort werden die Töne bzw. Geräusche dann wahrgenommen. Eng mit dem inneren Ohr ist der Gleichgewichtssinn verbunden. Im Labyrinth ermöglichen Sinneshärchen in den drei Bogengängen die Steuerung der Körperposition und die Aufrechterhaltung des Gleichgewichts.

Auge

Der Augapfel, dessen Inneres durch den Glaskörper ausgefüllt ist, liegt in der vom Schädelknochen begrenzten Orbita-Höhle. In der Orbita-Höhle ist der Augapfel durch einen Fettkörper und blutgefüllte Venengeflechte (retrobulbärer Venenplexus[6]) fest abgepolstert (**Abb. 3.12**).

Das Auge wird durch Lid und Wimpern sowie durch den ständig fließenden Tränenfluss geschützt. Die Tränenflüssigkeit fließt durch den Nasentränenkanal in die Nasenhöhle ab. Der optische Aufbau des Auges gleicht in Annäherung dem eines Fotoapparates (in Wirklichkeit war das Auge natürlich zuerst da!): Ein

---

[6] Bei der retrobulbären Blutentnahme von Ratten und Mäusen wird dieses Venengeflecht mit einer feinen Glaskapillare angestochen. Bei sachgerechter, vorsichtiger Ausführung kann der Augapfel nicht verletzt werden. Ein mögliches Risiko entsteht aber durch Nachblutungen und eventuell Verletzungen des Sehnervs.

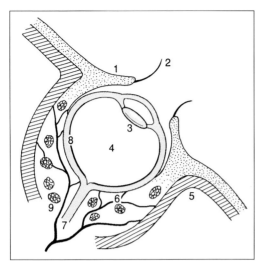

Abb. 3.12: Schnitt durch den Augapfel eines Säugetieres. (1) Lid, (2) Wimper, (3) Linse, (4) Glaskörper, (5) Schädelknochen (knöcherne Orbita), (6) Blutgefäß, (7) Sehnerv, (8) Netzhaut, (9) Fettzellen (Skizze: J. Maeß).

Bild wird durch die Linse mit der Pupille als „Irisblende" auf der Netzhaut im Augenhintergrund abgebildet. Die Linse kann sich verschiedenen Entfernungen anpassen (Akkommodation, „Zoomwirkung"). In der Netzhaut liegen Stäbchen für das Schwarz-Weiß-Sehen (hell-dunkel) und Zäpfchen für das Farbsehen. Die Stäbchen befinden sich in großer Anzahl in der Netzhaut (z.B. bei der Katze ca 350000 pro mm^2 oder bei Eulenvögeln bis 700000 pro mm^2), die Anzahl der Zäpfchen ist geringer (z.B. beim Menschen nur ein Zwanzigstel). Das Farbensehen ist bei den Tierarten sehr unterschiedlich ausgeprägt: Es kann dem des Menschen vergleichbar sein, vollständig fehlen oder weit darüber hinausreichen. Besonders Vögel besitzen verblüffende Sehleistungen.

Die Lichtimpulse werden in der Netzhaut in Nervenerregungen umgewandelt – dabei spielen auch lichtchemische Reaktionen (Sehpurpur!) ein Rolle – und über den Sehnerv ins Gehirn zur Wahrnehmung geleitet.

Geruchssinn

Der Geruchssinn ist für alle Tierarten außerordentlich wichtig. Die „Witterung" informiert das Tier über Nahrung, Feinde oder Geschlechtspartner und ist damit für das Über- und Weiterleben notwendig. Charakteristisch ist der enge Zusammenhang zwischen Geruchssinn und der Atmung, die Nase dient beiden Funktionen. Die eingeatmete Luft wird durch die Nasenschleimhaut mit der starken Oberflächenvergrößerung auf den Nasenmuscheln entstaubt, befeuchtet und erwärmt. Die eigentliche Riechzone der Nasenschleimhaut (Zona olfactoria) unterscheidet sich deutlich von der Atemzone (Regio respiratoria); sie besitzt z.B. keine Flimmerhärchen, dafür aber die charakteristischen Riechzellen. Die Fähigkeit, Gerüche wahrzunehmen, ist bei den einzelnen Tierarten sehr unterschiedlich ausgeprägt. Dies gilt sowohl für die Empfindlichkeit als auch für das Erkennen ganz bestimmter Stoffe. Die **Makrosmaten**[7] – wie Hunde, Katzen, Schweine, Schafe und Nagetiere – haben wesentlich größere Riechzonen als die **Mikrosmaten**[8] wie Primaten oder der Mensch. Beim eigentlichen Riechvorgang werden die Geruchsstoffe im dünnen Sekretfilm der Riechschleimhaut gelöst und dann den feinen Riechhärchen der speziellen Riechzellen zugeführt. Die Riechzellen enden in feinen Aufzweigungen, die direkt in die Geruchsnerven übergehen.

Das Geruchsorgan ist sehr empfindlich, so können nur wenige Moleküle in einem Kubikmeter Luft festgestellt werden. Nach kurzer Zeit „stumpft" offensichtlich die Empfindung ab, so dass zuerst starke Gerüche kaum noch oder gar nicht mehr wahrgenommen werden.

Einige Säugetierarten besitzen zusätzlich und in unterschiedlicher Ausprägung im Rachenraum ein besonderes Geruchsorgan zur Wahrnehmung artspezifischer Signalstoffe (= Pheromone). Dieses Jacobsonsche Organ (= Vomeronasalorgan) ist ein blindsackartiges Geruchssinnesorgan im Mundhöhlendach von Amphibien, Reptilien und einigen Säugern. So prüfen z.B. bei Wiederkäuern die männlichen Tiere durch das sog. Flehmen die Paarungsbereitschaft der Weibchen. Beim Menschen lassen sich entsprechende Organanlagen während der Embryonalentwicklung noch nachweisen.

---

7 Makrosmatiker: Individuen mit gut entwickeltem Geruchssinn, so u.a. Hunde: Riechvermögen 1000–1000000-mal so groß wie beim Menschen.
8 Mikrosmatiker: Individuen mit nur mäßig entwickeltem Geruchssinn

Anatomie und Physiologie der Säugetiere

Geschmackssinn

Durch die Verbindung zwischen Nasen- und Mundhöhle (Nasopharynx) besteht eine enge Beziehung von Geschmacksempfindungen zu der Riechzone der Nasenschleimhaut. Die meisten geschmacklichen Empfindungen werden in Wirklichkeit als Geruch wahrgenommen. Die Geschmackswahrnehmung des Menschen und wohl auch der übrigen Säugetiere unterscheidet lediglich zwischen süß, salzig, sauer und bitter. Die Geschmacksknospen der Zungenschleimhaut empfangen die Reize. Hierbei gibt es erstaunlich genaue Unterschiede, denn die Geschmacksknospen für die Empfindung „süß" und „salzig" befinden sich auf der Zungenspitze (etwas Süßes lecken!), die für Saures befinden sich an den Zungenseiten und die für den „bitteren Nachgeschmack" am Zungengrund. Die Zellen der Geschmacksknospen haben nur eine Lebensdauer von ca. 10 Tagen (Mensch) und werden ständig durch nachwachsende Zellen ersetzt. Beim Erwachsenen sind die Geschmacksknospen längst nicht mehr so zahlreich wie beim Kleinkind und bei verschiedenen Säugetierarten.

Bei den Tieren hat der Geschmackssinn wahrscheinlich eine wesentlich größere Bedeutung bei der Nahrungswahl als beim Menschen. So wählten Ratten in Fütterungsexperimenten gezielt zusätzlich die Stoffe (z.B. bestimmte Vitamine), die in der Prüfdiät fehlten.

Wie für alle Sinnesorgane gilt auch für den Geschmackssinn, dass die Sinnesempfindung erst im Gehirn entstehen kann. Es kann aber auch direkt (als Reflex) die Abgabe von Speichel und Magensaft beeinflusst werden.

3.2.7 Atmung und Kreislauf

Atmungsorgane

Über die Atmungsorgane wird durch rhythmische Ein- (Inspiration) und Ausatmung (Exspiration) Luft und damit Sauerstoff aufgenommen und Kohlenstoffdioxid ausgeatmet. Dieser Prozess wird als äußere Atmung bezeichnet. Die Atemwege bestehen aus Mund und Nase, Kehlkopf und Luftröhre (Trachea) und dem Organ des Gasaustausches, der Lunge. Die Lunge besteht aus dem rechten und dem linken Lungenflügel, die in unterschiedliche Weise bei den Tierarten in einzelne Lappen unterteilt sind. Die Lungenoberfläche wird von einer serösen Haut, dem Brustfell (Pleura) bedeckt. Das Brustfell liegt dicht gleitend auf dem Wandteil der Pleura, dem Rippenfell, das die Innenflächen des Brustkorbes und des Zwerchfells überzieht. Bei der Einatmung muss die Lunge der Brusthöhlenvergrößerung folgen, wodurch Luft eingezogen wird. Die Einatmung wird hauptsächlich durch die Arbeit (Kontraktion) der Zwerchfellmuskulatur bewirkt. Zusätzlich sind daran die Zwischenrippenmuskeln und weitere Brustmuskeln beteiligt.

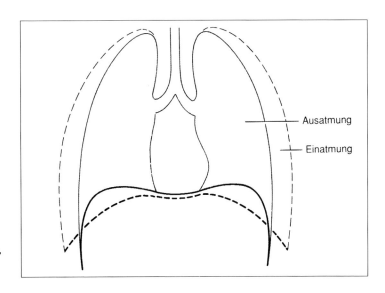

Abb. 3.13: Veränderung von Brustkorb und Zwerchfell bei Ein- bzw. Ausatmung (nach Bartels u. Bartels: Physiologie, Urban u. Schwarzenberg, 1980).

Die Ausatmung erfolgt passiv, wobei sich die Lunge elastisch zusammenzieht. Unterstützt wird die Ausatmung durch die Bauchmuskulatur („Bauchpresse") (**Abb. 3.13**).
In den Atemwegen (Mund – bzw. Nase – Rachen – Kehlkopf – Luftröhre – Bronchien) bis zu den feinsten Verästelungen der Bronchien (Bronchioli) wird die Luft erwärmt, befeuchtet und gereinigt. Die Schleimhaut der Atemwege trägt ein Flimmerepithel und besitzt zahlreiche Schleimzellen. Staubpartikel werden durch den Schleim abgefangen und durch die feinen Flimmerhärchen wieder nach außen gestrudelt. Die Luftröhre wird durch die knorpeligen Trachealringe offen gehalten. Die Bronchien verästeln sich stufenweise 20–23-mal, so dass schließlich etwa 1 Million Endästchen (Bronchioli) entstehen. Von den Bronchioli wird die Einatmungsluft in die Lungenbläschen (Lungenalveolen) geleitet. Die Gesamtzahl der Lungenalveolen wird auf etwa 300 Millionen geschätzt, sie bilden eine riesige Fläche von 70–100 m² für den Gasaustausch (Mensch). Die Innenflächen der Alveolen sind von einem dünnen Flüssigkeitsfilm (Surfactant) überzogen. Diese Flüssigkeit setzt die Oberflächenspannung herab und dadurch entfalten sich die Alveolen. Die Alveolen werden von feinsten Blutgefäßen, den Lungenkapillaren, umhüllt. Der eingeatmete Sauerstoff muss nur eine 1 µm[9] lange Gewebestrecke (Alveolenwand und Wand der Kapillaren) zu den roten Blutkörperchen überwinden. In gleicher Weise, nur in umgekehrter Richtung, tritt das Kohlenstoffdioxid in die Ausatmungsluft über (**Abb. 3.14 a-c**).
Der Körper erzeugt die für die Lebensvorgänge notwendige Energie durch Verbrennung (Oxidation) von Nahrungsstoffen (**Tab. 3.4**). Für diese Stoffwechselleistungen müssen die Zellen mit verwertbaren Nährstoffen (Zucker, Fettsäuren) und mit Sauerstoff versorgt werden. Gleichzeitig müssen die Stoffwechselreste und das Kohlenstoffdioxid abtransportiert werden. Über das Kreislaufsystem erfüllt das Blut diese Transportaufgaben. Dieser Vorgang wird als „innere Atmung" bezeichnet.
Bei der **äußeren Atmung** erfolgt die Sauerstoffaufnahme (O_2) und die Abgabe des Kohlenstoffdioxids (CO_2) über die Lunge aus bzw. in

---
[9] 1 µm = 1/1000 mm

Tab. 3.4: Schematische Darstellung der Verbrennung (Oxidation) von Traubenzucker (Glukose).

$C_6H_{12}O_6 + 6\,O_2 \rightarrow 6\,CO_2 + 6\,H_2O$ + Energie
Glukose + Sauerstoff → Kohlendioxid + Wasser

Tab. 3.5: Wassergehalt der Körpermasse

erwachsenes Tier	55–60 %
neugeborenes Tier	60–70 %
Fetus	70–85 %

Tab. 3.6: Flüssigkeitsverteilung im Organismus

Blutplasma	7 %
Körperflüssigkeit (interstitielle Fl.)	29 %
Zellflüssigkeit (intrazelluläre Fl.)	64 %

die Einatmungsluft. Das Hämoglobin (= roter Blutfarbstoff) der roten Blutkörperchen bindet und transportiert sowohl Sauerstoff als auch Kohlenstoffdioxid.
Das Blut hat darüber hinaus weitere Aufgaben: u.a. Wärmefortleitung und Verteilung im Körper, Nährstofftransport, Nachrichtenübermittlung (Hormone!) und Abwehr von Krankheitserregern und Fremdzellen. Die Blutflüssigkeit steht im engen Kontakt und Austausch mit der übrigen Körper- und Zellflüssigkeit (**Tab. 3.5 u. 3.6**).

Kreislauf

Die Säugetiere besitzen ein geschlossenes Kreislaufsystem. Das Blut fließt in den Adern bzw. Blutgefäßen. Die Gefäße in der Flussrichtung vom Herzen fort zum Körper werden **Arterien** genannt. Das zum Herzen zurückgeführte Blut fließt in den **Venen**. Beim Übergang zwischen Arterien und Venen verzweigen sich die Gefäße zu feinen Kapillarnetzen, die alle Muskeln und Organe durchziehen und die Versorgung der einzelnen Zellen ermöglichen. Die feinsten Kapillaren haben einen so kleinen Innendurchmesser (ca. 6 µm), dass z.B. roten Blutkörperchen nur deformiert durch sie hindurchgleiten. Im Bereich der Körperkapillaren findet der Stoffaustausch statt. Der an das Hämoglobin der roten Blutkörperchen gebun-

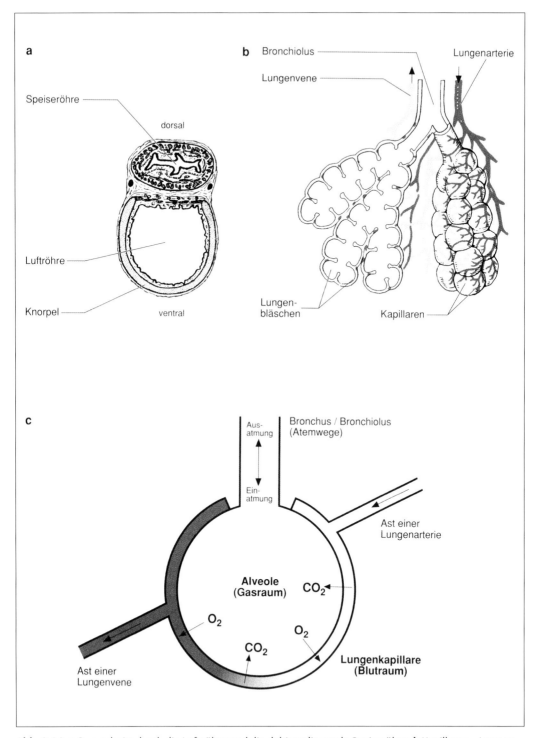

Abb. 3.14: a Querschnitt durch die Luftröhre und die dahinterliegende Speiseröhre; **b** Kapillaren – Lungenalveolen; **c** Schema des Gasaustausches in der Lungenalveole (aus: Hees: Anatomie, Physiologie und Pathologie für Zahntechniker, Gustav Fischer, Stuttgart 1992).

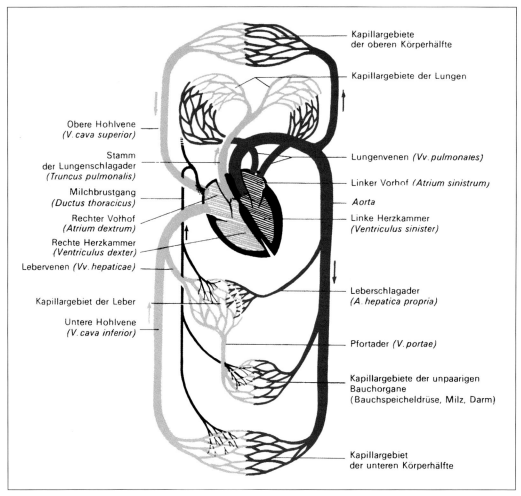

Abb. 3.15: Der Blutkreislauf mit schematischer Darstellung der Lungen und des Körperkreislaufes unter Einbeziehung des Lymphgefäßsystems (dunkelgrau: Arterien, Arteriolen und arterieller Kapillarschenkel; hellgrau: Venolen, Venen; schwarz: Lymphgefäße; schraffiert: Herzräume). (aus Hees: Anatomie, Physiologie und Pathologie für Zahntechniker, Gustav Fischer, Stuttgart 1992).

dene Sauerstoff wird in der Gewebsflüssigkeit gelöst und an die Zellen abgegeben. Im Gegenzug wird Kohlenstoffdioxid von den roten Blutkörperchen zurücktransportiert. Zahlreiche Stoffe, Blutflüssigkeit und weiße Blutkörperchen (Lymphozyten) können die Blutgefäße, besonders im Kapillarbezirk, verlassen. Der Begriff des geschlossenen Kreislaufsystems ist also nur relativ zu verstehen. Die Blutgefäße besitzen eine glattflächige Innenauskleidung, die im gesunden und intakten Zustand die Blutgerinnung verhindert. Die Wand der Arterien enthält Muskeln und elastische Fasern, welche die durch den Herzschlag erzeugten Druckwellen (Puls) aufnehmen und aktiv weiterleiten. Beim Anschnitt im Sektionspräparat sind die Arterien ringförmig geöffnet (vergleichbar mit einem dickwandigen Wasserschlauch mit Gewebeverstärkung). Die Venen führen das Blut zum Herzen zurück, sie besitzen eine dünnere Wand (vergleichbar mit den Feuerwehrschläuchen aus Fasermaterial). Viele Venen besitzen schwalbennestartige Venenklappen, die ventilartig den Rückstrom des Blutes verhindern.

Die Blutbewegung geht vom Herzen aus. Das Herz besteht aus einer muskulären, dickwandigen linken und einer dünnwandigen rechten

Hauptkammer sowie den entsprechenden dünnwandigen Vorkammern. Zwischen Vor- und Hauptkammer gestatten die ventilartig wirkenden Herzklappen den Blutfluss nur in Richtung der Hauptkammer. Das sauerstoffreiche Blut der linken Hauptkammer wird beim Zusammenziehen (Kontraktion) der Herzmuskulatur über die Schlagader (Aorta) durch das Arteriensystem zu den Kapillaren befördert. Hier findet der Stoffaustausch statt; insbesondere wird von den Erythrozyten Sauerstoff (O_2) abgegeben und im Gegenzug Kohlenstoffdioxid (CO_2) aufgenommen. Die Kapillaren vereinigen sich zu den Venen, und das Blut gelangt über die Hohlvene in die rechte Vorkammer. In der Pause zwischen zwei Herzschlägen weitet sich die rechte Herzkammer und füllt sich mit Blut. Mit dem Einsetzen der Kontraktion versperren die Herzklappen den Rückfluss in die Vorkammer. Das Blut wird über die Lungenarterie zur Lunge geleitet. In der Lunge verzweigen sich die Gefäße zu den Lungenkapillaren. Die Lungenkapillaren umfließen die Lungenbläschen (Alveolen) in einem feinen Netz. Hier erfolgt der Gasaustausch in umgekehrter Richtung wie bei den Körperkapillaren: Kohlenstoffdioxid (CO_2) wird zur Ausatmung abgegeben, während sich die roten Blutkörperchen mit dem Sauerstoff (O_2) der Einatmungsluft beladen. Über die Lungenvenen wird das Blut zur linken Vorkammer zurückgeführt. Der Funktionsabschnitt: rechte Herzkammer – Lungenarterie – Lungenkapillaren – Lungenvenen – linke Vorkammer wird Lungenkreislauf genannt. Im Lungenkreislauf führen die Arterien (vom Herzen zur Lunge) CO_2-reiches Blut und die Lungenvenen (von der Lunge zum Herzen) O_2-reiches Blut (**Abb. 3.15**).

Aus der linken Vorkammer fließt das Blut durch die Herzklappen in die geweitete linke Herzkammer. Die Kontraktion der linken Herzkammer geleitet das Blut über die Schlagader zum Körper. Der Funktionsabschnitt: linke Herzkammer – Schlagader – Arterien – Körperkapillaren – Venen – Hohlvene – rechte Vorkammer ist der Körperkreislauf. Im Körperkreislauf führen die Arterien O_2-reiches Blut, und das über Venen zum Herzen zurückgeleitete Blut transportiert das CO_2 zur Ausatmung. Die Muskelkontraktion der rechten und linken Hauptkammer erfolgt gleichzeitig, das Blut wird also durch den (gemeinsamen) Herzschlag sowohl in die Lunge als auch in den Körper geschickt (**Tab. 3.7**).

Dem Hauptstoffwechselorgan, der Leber, wird Blut zur Nährstoffverarbeitung und für Entgiftungsvorgänge von dem Darm über das Pfortadersystem zugeleitet. Diese Verzweigung der Gefäße um die Leberzellen (Leberkapillaren) ist ein zweites (nachgeschaltetes) Kapillarsystem. Von der Leber gelangt dann das Blut in die Hohlvene, und damit zurück in den Körperkreislauf.

Tab. 3.7: Verteilung des Blutstroms auf die verschiedenen Organsysteme

Gehirn	13 %
Herz	4 %
Nieren	9 %
Verdauungsorgane (einschl. Leber)	34 %
Haut, Muskeln, Bindegewebe	40 %

3.2.8 Blut

Das Blut ist das wichtigste Transportmittel im Körper. Neben den schon beschriebenen Aufgaben beim Sauerstoff- und Kohlenstoffdioxidaustausch werden Nähr- und Wirkstoffe, ausscheidungspflichtige Substanzen, die Zellen der immunologischen Abwehr sowie die von ihnen produzierten Antikörper durch den Körper transportiert und verteilt. Der Blutfluss führt zum Temperaturausgleich im Körper. Die bei den Stoffwechselvorgängen entstehende Wärme (z.B. in der Leber oder in der arbeitenden Muskulatur) wird so zur Körperoberfläche geleitet. Es wird eine möglichst gleich bleibende, für jede Tierart typische Körpertemperatur einreguliert.

Das Blut besteht aus der Flüssigkeit, dem Plasma, und den Blutzellen: den roten Blutkörperchen (Erythrozyten), den weißen Blutkörperchen (Leukozyten) und den Blutplättchen (Thrombozyten). Alle Blutzellen werden im Knochenmark und in den Lymphorganen gebildet (**Abb. 3.16**).

Nur ca. 3 % der Leukozyten befinden sich ständig in der Blutbahn, die Mehrzahl der Zellen wandert im Körper oder verweilt in den Lymphorganen (Lymphknoten, Thymus, Milz). Die weißen Blutkörperchen können zwischen fremden und körpereigenen Strukturen unterscheiden. Hauptsächlich gegen Infektionserre-

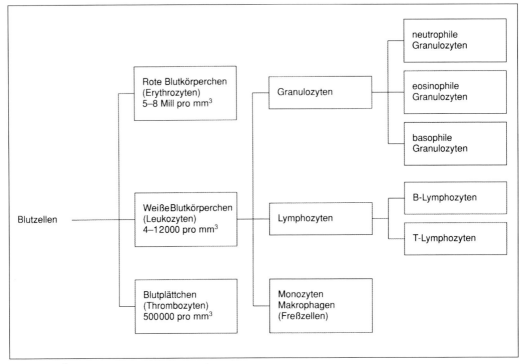

Abb. 3.16: Übersicht über die Zellen des Blutes.

ger, aber auch gegen injiziertes Fremdeiweiß oder gegen transplantierte Organe organisieren die verschiedenen Leukozytentypen in enger Zusammenarbeit die immunologische Abwehr. Die B-Lymphozyten produzieren zur Abwehr befähigte Eiweißkörper – die Antikörper – und geben sie in das Blutplasma, aber auch an die Schleimhäute u.a. (Mund, Nase, Verdauungskanal) ab. Zusätzlich entstehen immunologisch aktive Zellen (z.B. T-Zellen), die eingedrungene Fremdzellen zerstören können. Die immunologische Abwehr setzt eine komplizierte, regulierte und aufeinander abgestimmte Zusammenarbeit der verschiedenen Zelltypen des weißen Blutbildes voraus. Die Zellen treten dabei in Berührungskontakt und senden Botensubstanzen (z.B. Lymphokine) aus, welche die Vermehrung der Zellen und die Antikörperproduktion steuern (**Tab. 3.8**).

Die aufeinander abgestimmte Zusammenarbeit von Zellen und Blutflüssigkeit wird besonders deutlich bei der Blutgerinnung. Geraten die Blutplättchen (Thrombozyten) an raue Oberflächen oder kommen sie (z.B. bei der

Tab. 3.8: Die Antikörper-Klassen

Immunglobulin G = IgG (im Blutplasma)
Immunglobulin M = IgM (im Blutplasma)
Immunglobulin A = IgA (im Blutplasma und auf den Schleimhäuten)
Immunglobulin E = IgE (im Blutplasma, allergische Reaktion!)

Verletzung von Arterien oder Venen) mit Gewebsflüssigkeit in Berührung, so zerfallen sie und starten dadurch eine Reaktionskette, welche flüssige Eiweißstoffe des Blutplasmas (Fibrinogen) in das fädige Fibrin verwandelt. Die Fibrinfäden und die Blutzellen verkleben miteinander und bilden den „Schorf", der zuerst eine Wunde verschließt. Bei der Blutentnahme kann die Gerinnung vermieden werden, wenn das Blut vorsichtig in Kunststoffgefäßen mit nicht benetzbarer Oberfläche aufgefangen wird oder wenn gerinnungshemmende Substanzen (z.B. Zitratlösung, oder „Stabilisator") zugesetzt werden. Lässt man hingegen das

Abb. 3.17: Schematische und stark vereinfachte Darstellung der Blutgerinnung.

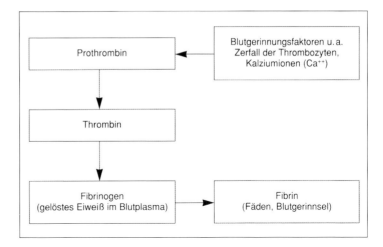

Blut in Glasgefäßen gerinnen, so nennt man die sich über dem Blutkuchen bildende Flüssigkeit Serum. Ist die Innenauskleidung der Blutgefäße krankhaft verändert, so kann sich an ihnen ein Gerinnungspfropf bilden, der die Ader verstopft und die Blutversorgung des Organs stört bzw. unterbricht (Thrombose). Besonders gefürchtet ist in diesem Zusammenhang der Herzinfarkt, bei dem es infolge verstopfter Herzkranzgefäße zum Absterben der nicht mehr durchbluteten Herzmuskelbereiche kommt (**Abb. 3.17**).

3.2.9 Lymphsystem

Hauptsächlich in Bereiche der Haargefäße, der Kapillaren, tritt Blutflüssigkeit aus den Blutgefäßen aus. Die Flüssigkeit umspült in feinen Spalten die Körperzellen für die Stoff- und Sauerstoffversorgung. Diese Gewebsflüssigkeit wird, beladen mit Stoffwechselrückständen, in Lymphbahnen gesammelt und über die Hauptlymphgänge in die großen Venen zurückgeleitet. Die zurückfließende Gewebsflüssigkeit enthält zahlreiche weiße Blutzellen, sie wird Lymphe genannt. Im Verlauf der Lymphbahnen befinden sich die Lymphknoten, in denen die immunologische Überwachung und Abwehr konzentriert ist. Die vom Darm kommende Lymphe ist besonders nährstoffreich. Sie ist deshalb während der Verdauung durch eine Unzahl feiner Fetttröpfchen milchig trüb (**Tab. 3.9**).

3.2.10 Verdauung

Durch die Verdauung werden die Nährstoffe (Eiweiß, Kohlenhydrate und Fette) sowie die Mineralien aus der Nahrung freigesetzt und für die Aufnahme (Resorption) vorbereitet und aufgespalten.

In der **Mundhöhle** werden die Futterbestandteile durch Kauen zerkleinert und mit dem Speichel vermischt. Pflanzenfresser müssen in der Regel gründlicher kauen, während Fleischfresser ihre Nahrung stückweise verschlingen. Im Speichel befinden sich insbesondere bei Maus, Ratte und Hamstern, aber auch beim Menschen und beim Schwein, Fermente (Amylasen), die Stärke in Zucker zerlegen. Der eingespeichelte Futterbrei gelangt nach dem Schluckvorgang durch die Speiseröhre (Ösophagus) in den **Magen**. Hier wirken zunächst die Stärke spaltenden Speichelenzyme weiter, bis sie allmählich durch die Vermischung mit den sauren Verdauungssekreten (Salzsäure der Magenschleimhaut) unwirksam werden. Im Zusammenspiel mit der Salzsäure übernehmen

Tab. 3.9: Das Blut (häufig gebrauchte Begriffe)

Blutplasma:	Blutflüssigkeit
Serum:	Blutplasma ohne Fibrin
Physiologische Kochsalzlösung:	(0,85% NaCl in Wasser), erhält Blutzellen in lebensfähiger Struktur, keine Hämolyse
Hämolyse:	Hinweis auf zerstörte Blutzellen; hauptsächlich wird der rote Blutfarbstoff (Hämoglobin) frei

jetzt die eiweißverdauenden Fermente der Magenschleimhaut (z.B. das Pepsin) ihre Aufgabe. Auffällig ist bei den Mäuseartigen die Unterteilung des Magens in den Vormagen und den Magenabschnitt mit der Drüsenschleimhaut. Bei der Sektion sind die auffälligen Farbunterschiede – der Vormagen ist deutlich hellgrau abgesetzt – zu sehen, zudem ist die Vormagenregion mehr oder minder deutlich abgeteilt, dies ist besonders gut erkennbar beim Hamster. Der Vormagenteil umfasst 2/3 des gesamten Magens. In diesem Abschnitt wird die zerkaute Nahrung bei fortgesetzter enzymatischer Stärkeverdauung bevorratet. Dieser Futtervorrat bildet die Grundlage für die notwendige gleichmäßig fließende Energieversorgung der kleinen Tiere.

In den mehrhöhligen Vormägen der Wiederkäuer erfolgt im großen Umfang die mikrobielle Verdauung. Im **Dünndarm**, hier speziell im Zwölffingerdarm (Duodenum), wird die enzymatische Verdauung der Nährstoffe vollzogen. Die Enzyme der Darmschleimhaut werden ergänzt durch den Verdauungssaft der **Bauchspeicheldrüse** (Pankreas). Die Stärke und die Mehrfachzucker werden in Einfachzucker, hauptsächlich Glukose (Traubenzucker), durch spezifische Fermente (Amylasen) gespalten. Die Eiweißverdauung wird fortgeführt, bis die Eiweißkörper durch spezifische Fermente (Peptidase) in ihre Bausteine (Aminosäuren) zerlegt sind. Eine besondere Bedeutung hierfür hat das Trypsin der Bauchspeicheldrüse. Da alle Körperzellen auch aus Eiweiß bestehen, wird zur Vermeidung von Selbstverdauung eine Fermentvorstufe (Trypsinogen) erst direkt vor der Abgabe in die aktiv wirkende Form (Trypsin) verwandelt. Im Darm, wie auch im Magen, schützt der reichlich produzierte Schleim der Magen- bzw. Darmschleimhaut diese vor der Selbstverdauung (**Abb. 3.18**). Der energiereichste Nährstoff (Fett) ist für die im Wasser gelösten fettverdauenden Fermente (Lipasen) schwer angreifbar. Die Fette werden durch die in der Leber produzierte Gallenflüssigkeit emulgiert, d.h. in feinste Tröpfchen zerteilt, die dann eine große Angriffsfläche für die Lipasen bilden. Die Galle wird auch bei Tieren wie der Ratte, die keine Gallenblase besitzen, produziert. Die Gallenblase ist nur ein Vorratsspeicher.

In den folgenden Dünndarmabschnitten – Leerdarm (Jejunum) und Hüftdarm (Ileum) – werden die freigelegten Nahrungsstoffe aufgenommen (resorbiert). Die Resorption wird durch die große Darminnenfläche, die aus zahlreichen fingerförmigen Ausstülpungen, den Darmzotten, besteht, begünstigt. Zucker und Aminosäuren gelangen in das Blut und werden direkt über das Pfortadersystem zu den Leberzellen transportiert. In der Leber – dem Stoffwechselzentrum im Körper – werden körpereigene Stoffe aufgebaut, aber auch mit aufgenommene Giftstoffe zu unschädlichen Verbindungen verarbeitet (Entgiftung). Die Gallensäuren werden zum Teil zur erneuten Verwendung zurückgewonnen. Die Fette werden überwiegend auf dem Lymphweg abtransportiert. In den **Dickdarmabschnitten** – Grimmdarm (Kolon) und Mastdarm (Rektum) – werden Wasser und Salze aus dem Darminhalt zurückgewonnen (**Abb. 3.19a-d**).

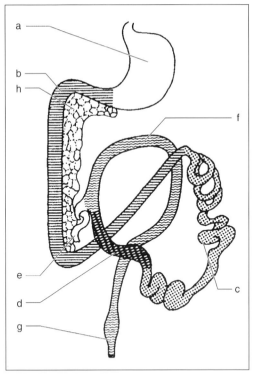

Abb. 3.18: Schematische Darstellung des Darmkanals des Hundes (nach Martin). (a) Magen, (b) Zwölffingerdarm (Duodenum), (c) Leerdarm (Jejunum), (d) Hüftdarm (Ileum), (e) Blinddarm (Zäkum), (f) Grimmdarm (Kolon), (g) Mastdarm (Rektum), (h) Bauchspeicheldrüse (Pankreas). (nach: Dobberstein, 1947).

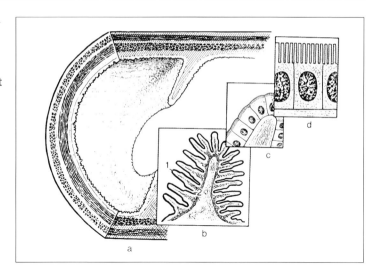

Abb. 3.19: Bau der Dünndarmwand beim Säugetier.
a Darmwand (aufgeschnitten) mit Darstellung einer Falte (Kerckring-Falte, Plica circularis); **b** Plica circularis mit Zotten (1) und Krypten (2); **c** Zottenspitze; einschichtiges hochprismatisches Epithel; **d** Darmepithel mit Mikrovillibesatz (Bürstensaum). In den Teilzeichnungen ist die mehrstufige Oberflächenvergrößerung der Darminnenwand dargestellt (aus Hees: Anatomie, Physiologie und Pathologie für Zahntechniker, Gustav Fischer, Stuttgart 1992).

Mikrobielle Verdauung

Von besonderer Bedeutung für die schwer oder nicht verdaubaren Nahrungsbestandteile (Rohfaser) ist die **mikrobielle Verdauung** in den Vormägen der Wiederkäuer, aber auch im Blinddarm (Zäkum) und im Grimmdarm (Kolon) der übrigen Tiere. Die Zellulose als wichtigster Bestandteil der Rohfaser kann von den Verdauungsfermenten der Wirbeltiere nicht angegriffen werden. Bakterien, Pilze und Protozoen können aber Zellulose verwerten, indem sie diese zu Zucker und weiter zu energieliefernden, kurzkettigen „Fettsäuren" (u.a. Essigsäure, Propionsäure) abbauen. Die Vormägen der Wiederkäuer sind große Gärkammern, in denen die Mikrobenflora das rohfaserreiche Futter dieser Tiere verwertet und sich massenhaft vermehrt. Die Abbauprodukte (kurzkettige Fettsäuren) werden durch die Pansenwand zur Energiegewinnung in den Körper geleitet. Die zahllosen Bakterien und Protozoen werden schließlich als verwertbare Eiweißquelle im Labmagen und Dünndarm verdaut.

Die mikrobielle Verdauung im Dickdarm – überwiegend im Blinddarm – läuft im Prinzip nach ähnlichen Bedingungen ab. Bakterien zersetzen Zellulose; es werden kurzkettige Fettsäuren frei. Die Darmbakterien selbst sind verdauliches Eiweiß. Für die Verwertung dieser „Vorräte" haben die einzelnen Tierarten aber unterschiedliche Strategien entwickelt. Die Pferdeartigen mit ihren riesigen Gärkammern in Zäkum und Kolon verwerten nur die durch die Darmwand resorbierbaren kurzkettigen Fettsäuren. Die Hasenartigen können neben den kurzkettigen Fettsäuren auch das Bakterieneiweiß nutzen, indem sie, mit einem komplizierten Trennmechanismus im Grimmdarm verwertbare Bestandteile des Darminhaltes in den Blinddarm zurückbefördern. Der Blinddarmkot wird in periodischen Abschnitten (meist vormittags) als schleimumhüllter Nährkot (= Zäkotrophe) beschleunigt durch Grimm- und Mastdarm geleitet und vom Tier direkt vom After abgenommen und verzehrt. Auch Meerschweinchen bilden einen nährstoffreichen Kot, den sie zu bestimmten Tagesabschnitten verstärkt verzehren. Hamster, Ratten und Mäuse verwerten ihre Produkte der mikrobiellen Verdauung, indem sie einen wechselnden Anteil ihres noch recht nährstoffreichen Kotes fressen (Koprophagie). Auch Hunde sind häufig Kotfresser. Dies ist bei Wildtieren ein physiologisches Verhalten. Hier werden aber eher die unverdauten Nahrungsbestandteile erneut verwertet, und nicht die Produkte einer mikrobiellen Verdauung, deren Anteil im Übrigen beim Hund sehr gering ist. Der wesentlich längere Darmkanal bei Pflanzenfressern (**Tab. 3.10**) ermöglicht eine langdauernde Darmpassage zur besseren Verwertung der schwer verdaulichen Pflanzenstoffe.

Die mikrobielle Darm- bzw. Pansenflora ist bei allen Tieren eine wichtige Vitaminquelle. B-Vitamine und Vitamin K werden von den Bakterien als „Wuchsstoffe" gebildet und von den tierischen „Wirten" resorbiert und genutzt. Dies

Tab. 3.10: Die Darmlängen verschiedener Tierarten und des Menschen

Spezies	Länge des Darms (m)	relative Darmlänge (Verhältnis von Darmlänge zu Körperlänge)
Mensch	6,0–8,0	7,5
Hund	5,0	5–6
Katze	2,1	3–4
Schaf	31,0	27
Kaninchen	5,6	10
Meerschweinchen	2,3	18
Syr. Goldhamster	0,7	4–5
Gerbil	0,5–0,6	4–5
Ratte	1,3	9–11
Maus	0,5	8
Huhn	1,8	1,8
Schwein	22	14–15

Tab. 3.11a: Schematische Darstellung der Verdauung der Säugetiere

Mundhöhle	Futterauswahl, Geschmack, Zerkleinerung Einspeichelung (Stärkeverdauung)
Vormagen	Wiederkäuer – mikrobielle Verdauung Nager – enzymatische Verdauung
Magen	Salzsäure, Eiweißspaltung (Pepsin)
Dünndarm (Bauchspeicheldrüse und Galle)	Eiweiß-, Kohlenhydrat- und Fettverdauung, Resorption von Nährstoffen, Wasser und Salzen
Blinddarm (Zäkum)	Mikrobielle Verdauung (Vitamin B!)
Dickdarm	Resorption, mikrobielle Verdauung, Kotformierung

Tab. 3.11b: Schematische Darstellung der Verdauung des Haushuhns

Schnabel	Futterauswahl und -aufnahme
Kropf	Einweichen der Nahrung
Drüsenmagen	beginnende Verdauung
Muskelmagen	Zerkleinerung, Durchmischung
Dünndarm	Verdauung, Resorption
Dickdarm (2 Blinddärme)	Resorption, mikrobielle Verdauung, Vitaminsynthese
Enddarm, Kloake	Kot und Urinausscheidung

ist ein Beispiel für die Symbiose, ein Zusammenleben zum gegenseitigen Nutzen. Wird das Bakterienleben im Darm oder Pansen gestört, z.B. durch antibiotische Behandlungen, so können Verdauungsstörungen (Durchfälle, Kolik beim Pferd!) aber auch Vitaminmangelerscheinungen auftreten.

Die nicht verdauten und unverdaulichen Nahrungsbestandteile werden im Mastdarm weiter eingedickt und als für jede Tierart typisch geformter Kot ausgeschieden. Der Kotabsatz hat bei einigen Tierarten Bedeutung im Verhaltensrepertoire (Markierung über die Afterdrüsen). Plötzlich auftretender Kotabsatz ist ein Zeichen für Angst- oder Schmerzreaktionen, bei Maus und Ratte meist Reaktion auf milden Stress.

Vögel weisen im Vergleich zu den Säugern gewisse Unterschiede hinsichtlich ihres Verdauungstraktes auf (**Tab. 3.11**). Die Nahrung wird unzerkaut im Kropf eingeweicht, im Drüsenmagen mit Verdauungsfermenten versetzt und im Muskelmagen mit Hilfe von aufgenommenen Steinchen zerkleinert. Einige Vogelarten (z.B. Hühnervögel) besitzen zwei Blinddärme, in denen ebenfalls durch mikrobielle Verdauung eine Zelluloseverwertung möglich ist. Produkte dieser Verdauung werden durch die Darmwand resorbiert. In geringeren Maßen ist auch eine Koprophagie möglich. Bei den zahlreichen Vogelarten gibt es ausgesprochene Spezialisten (u.a. Fischreiher oder Kolibris) mit sehr unterschiedlichem Aufbau des Verdauungskanals und abweichenden Verdauungsvorgängen (**Abb. 3.20**).

3.2.11 Harnorgane

Die Nieren befinden sich im Rückenbereich der Bauchhöhle rechts und links der Wirbelsäule. Sie liegen aber außerhalb des Bauchfells (retroperitoneal) und sind im Fett eingelagert. Bei den meisten Tieren finden wir die typische „Nierenform", abweichend davon ist die Form der Niere vom Pferd und Rind. Im Nierenbecken (an der ventralen Seite der Niere, **Abb. 3.21**) wird der ständig gebildete Harn aufgefangen und über die Harnleiter zur Harnblase geleitet. Die Harnblase liegt in der Beckenhöhle und ist außerordentlich entfaltungsfähig und kann so erhebliche Mengen Urin speichern. Die stark gefüllte Blase reicht besonders bei Mäusen bis fast in die Nabelregion. Die Blase und die abführende Harnröhre, die gemeinsam mit den

Anatomie und Physiologie der Säugetiere **57**

Abb. 3.20: Schematische Darstellung des Darmkanals beim Geflügel (nach Dobberstein, 1947). (a) Speiseröhre (Ösophagus), (b) Kropf, (c) Drüsenmagen, (d) Muskelmagen, (e) Zwölffingerdarm (Duodenum), (f) Leerdarm (Jejunum), (g) Hüftdarm (Ileum), (h) Blinddarm (Zäkum), (i) Grimmdarm (Kolon) und Mastdarm (Rektum), (k) Kloake, (l) Eileiter (Ovidukt), (m) Bauchspeicheldrüse (Pankreas).

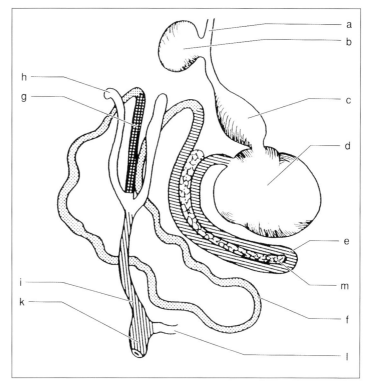

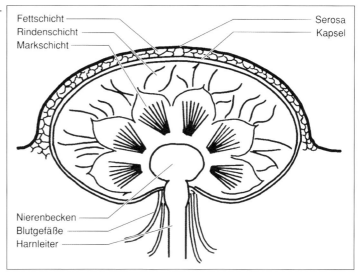

Abb. 3.21: Schematische Darstellung der Niere (Skizze: J. Maeß).

Geschlechtsorganen nach außen treten, sind nicht paarig angelegt.
Den Nieren obliegt die Aufgabe, die harnpflichtigen Stoffe aus dem Blut zu filtern und zur Ausscheidung aufzuarbeiten. Sie sind hierfür aus zahlreichen Nierenkörperchen (Nephronen) aufgebaut, die als Funktionseinheit die Stoffwechsel-Endprodukte (u.a. Harnstoff, Salze, Wasser) abfiltrieren und zusätzlich ausscheiden. Der zunächst entstehende Primärharn wird dann durch Wasserrückgewinnung auf ca. 1 % des Ausgangsvolumens eingeengt (**Abb. 3.22**).

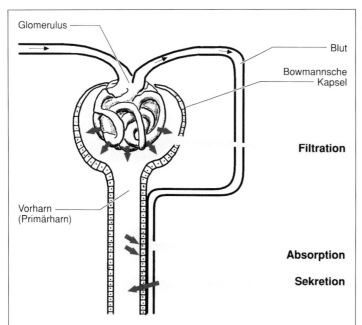

Abb. 3.22: Schematische Darstellung eines Nierenkörperchens (Skizze: J. Maeß).

Die Harnmenge und die Konzentration der ausgeschiedenen Stoffe ist jeweils unterschiedlich und typisch für die einzelnen Tierarten (z.B. stark konzentrierter Urin der Katze). Auch besteht ein enger Zusammenhang mit der aufgenommenen Nahrung bzw. der Ernährungsweise. Die Nierendurchblutung ist außerordentlich hoch (9 % des Gesamtblutes). Der Urin enthält häufig Duftstoffe (Pheromone), die innerhalb der Tierart den Sexualzustand (z.B. Brunst des Weibchens, Geschlechtreife des Männchens) signalisieren. Der Urinabsatz dient damit auch zur Duftmarkierung und Revierabgrenzung.

Vögel besitzen keine kompakten Nieren. Ihre Nieren sind flächig, netzartig rechts und links der Wirbelsäule im Inneren der Leibeshöhle angeordnet. Der sehr stark konzentrierte Urin wird direkt durch die Kloake ausgeschieden. Eine Harnblase besitzen Vögel nicht.

3.2.12 Geschlechtsorgane

Die Geschlechtsorgane sind bis auf die Endabschnitte – Penis und Vagina – paarige Organe. Während der Embryonalentwicklung werden in jedem Individuum die weiblichen und männlichen Organe angelegt. Durch die Geschlechtschromosomen gesteuert, entwickelt sich nur ein Geschlecht, während die Organe des anderen Geschlechts sich zurückbilden. Bei Entwicklungsstörungen sind doppelgeschlechtliche Ausprägungen bis hin zur echten Zwitterbildung (Hermaphrodit) möglich.

Männliche Geschlechtsorgane

Die **männlichen Geschlechtsorgane** bestehen aus Hoden (der Hoden = Testis, die Hoden = Testes; auch Testikel oder Orchis), Nebenhoden, Samenleiter und Penis.

Die Hoden wandern während der Entwicklung – z.T. auch erst nach der Geburt – aus der Bauchhöhle durch den Leistenkanal in den Hodensack (Skrotum). Bei vielen Wildtieren befinden sich die Hoden nur zur Zeit der Brunst im Skrotum, während der geschlechtlichen Ruhezeit hingegen sind sie in der Bauchhöhle. Bei Ratten, Mäusen, Gerbils und Hamstern ist der Leistenring zeitlebens so weit, dass die Tiere ihre Hoden in die Bauchhöhle verlagern können. Erbliche Entwicklungsstörungen können den Hodenabstieg einseitig, beidseitig, teilweise oder gänzlich behindern. Man spricht von Kryptorchismus (krypt = verborgen, orchis = Hoden). Derartige Tiere sind unfruchtbar, aber sexuell aktiv. Es besteht ein erhöhtes Risiko, dass sich „kryptorche" Hoden zu Tumoren entwickeln.

Tab. 3.12: Ejakulatmenge und Spermiendichte von einigen Versuchstierarten

Tierart	Ejakulat (ml)	Spermiendichte Spermien/ml x 10^9
Kaninchen	1	0,2
Katze	0,01–0,3	1,4
Hund	2–15	0,3
Schaf	1–2	3
Schwein	150–400	0,1
Hahn	0,8	3,5

Im Hoden befindet sich das Keimgewebe. Hier werden die Spermien gebildet, die dann im Nebenhoden endgültig ausreifen. Zusammen mit dem Sekret der akzessorischen Geschlechtsdrüsen (Prostata, Samenblasendrüse, Koagulationsdrüse, Harnröhrenzwiebeldrüse) gelangen die Spermien als Ejakulat (**Tab. 3.12**) durch die gemeinsame Harn- und Geschlechtsröhre des Penis bei der Paarung in den weiblichen Genitaltrakt.

Bei Nagetieren kommt es nach der Verpaarung zur Bildung eines Vaginalpropfes („plug"). Das Sekret der akzessorischen Geschlechtsdrüsen gerinnt und verschließt zeitweise den Muttermund (Zervix) und manchmal die Vagina. Bei Mäusen lässt sich der „Pfropf" noch am nächsten Morgen feststellen. Durch die „Plug-Kontrolle" kann so der Beginn einer eventuellen Trächtigkeit zeitlich festgelegt werden. Ein vorhandener Vaginalpropf ist jedoch keine Garantie für eine erfolgte Befruchtung!

Im Hoden befinden sich zwischen den Samenbläschen die Zwischenzellen (Leydig-Zellen), welche die männlichen Geschlechtshormone (Androgene, z.B. Testosteron) produzieren. Die Androgene bestimmen das männliche Verhalten und Aussehen.

Bei den Vögeln befinden sich die Hoden zeitlebens in der Bauchhöhle, in der Nähe der Nieren. Nur einige Arten (z.B. Gans und Ente) besitzen ein penisartiges Begattungsorgan, während bei den meisten Vögeln der Samenleiter direkt in die Kloake mündet.

Weibliche Geschlechtsorgane

Die **weiblichen Geschlechtsorgane** bestehen aus den paarigen Eierstöcken (Ovarien), Eileitern und der z.T. zweihörnigen Gebärmutter (Uterus). Der Geschlechtskanal endet mit der Vagina. In den Scheidenvorhof mündet die beim weiblichen Geschlecht kurze Harnröhre. Bei den Nagern und den Meerschweinchen endet die Harnröhre aber mit einer eigenen Öffnung ventral der Scheide. Die U-förmige Scheidenöffnung der Meerschweinchen ist gewöhnlich mit einer sich wieder bildenden Membran verschlossen und nur zur Brunstzeit geöffnet. In den Follikeln der Eierstöcke reifen die Eizellen. Die Eireifung verläuft bei den einzelnen Arten in Zyklen von unterschiedlicher Dauer (**Tab. 3.13 u. Abb. 3.23**). Bei vielen Tierarten sind saisonale Brunst- und Ruheperioden zu beobachten.

Nur um die Zeit des Eisprunges in der Brunst (Prooestrus-Oestrus) duldet das Weibchen die Annäherung des anderen Geschlechtes und schließlich die Begattung. Bei Kaninchen und Katzen besonders ausgeprägt, kommt es erst durch die Begattung zum Eisprung (Ovulation). Die aus den geplatzten Follikeln geschwemmten Eizellen werden vom Trichter des Eileiters aufgefangen und in die Gebärmutter geleitet. Die Befruchtung geschieht durch die aufwärts wandernden Spermien im Eileiter. Die befruchtete Eizelle nistet sich schließlich in der Uterusschleimhaut ein. Es entstehen die Versorgungsstrukturen wie z.B. der Mutterkuchen (Plazenta), die eine tierartlich unterschiedlich enge Blutverbindung zwischen der Mutter und dem sich entwickelnden Embryo herstellen. Die Ge-

Tab. 3.13: Sexualzyklus einiger Versuchstierarten

Tierart	Zyklusdauer	besondere Hinweise
Maus	4–5 Tage	polyöstrisch[1]
Ratte	4–5 Tage	"
Gerbil	4–6 Tage	"
Goldhamster	4 Tage	"
Meerschw.	16 Tage	"
Kaninchen	15–16 Tage	Reflexovulation[2]
Hund	3–5 Monate	1–3 x jährlich, „Läufigkeit"
Katze	14–18 Tage	2–3 x jährlich (Jul./Aug.–Dez./Jan.) „Rolligkeit"
Schwein	16–24 Tage	polyöstrisch
Schaf	14–21 Tage	2 x jährlich (saisonal)

[1] Zylusablauf ganzjährig
[2] Ovulation wird durch den Paarungsvorgang ausgelöst

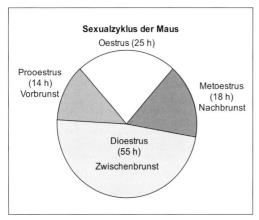

Abb. 3.23: Sexualzyklus der Maus.

bärmutter wird durch den Muttermund (Zervix) abgeschlossen. Auch dieser Bereich ist bei einigen Tieren, z.B. den Kaninchen, noch paarig angelegt.

Auch die Eierstöcke (Ovarien) sind Orte der Hormonproduktion. Im Verlauf des Zyklus werden zunächst überwiegend weibliche Geschlechtshormone (Östrogene) gebildet. Nach dem Follikelsprung entsteht an der Stelle des Follikels der Gelbkörper. Die Gelbkörperhormone (Progesteron) bereiten die Gebärmutterschleimhaut für die Einnistung des Keimes vor. Während der Trächtigkeit verhindert der Gelbkörper die weitere Entwicklung der Follikel. Erfolgte keine Befruchtung nach dem Eisprung, so bildet sich der Gelbkörper zyklusgerecht zurück und die erneute Östrogenproduktion führt zur Brunst und zum Eisprung. Die wechselnde Hormonwirkung bestimmt entscheidend das Verhalten des Tieres (Brunst, Paarungswilligkeit, Nestbauaktivität u.a.). Bei den Vögeln finden wir meist nur eine einseitige Entwicklung des Geschlechtstraktes. Eierstock, Eileiter und Uterus bilden beim Huhn den so genannten „Legedarm", in dem die Eizelle mit Dotter, Eiklar, Schale und Schalenhäuten versehen wird. Das Ei gelangt durch die Kloake nach außen (Legevorgang).

Wohl seit Beginn der Domestikation werden Haustiere kastriert. Eine Kastration bedeutet die – meist operative – Entfernung der Keimdrüsen, der Hoden oder- seltener beim weiblichen Tier – der Ovarien. Da mit den Keimdrüsen auch die hormonliefernden Zellen entfernt werden, verlieren die Tiere ihre Vermehrungsfähigkeit und das geschlechtsspezifische Verhalten. Die kastrierten Weibchen werden azyklisch, die Brunst (z.B. Läufigkeit) fällt fort. Kastrierte Männchen sind weniger aggressiv (Großtiere!). Der Umgang mit ihnen ist daher weniger gefährlich. Durch die Unterbindung und die Entfernung eines Teils des Samen- bzw. Eileiters (Vasektomie) wird lediglich die Fähigkeit zur Vermehrung verhindert, während die Hormonwirkung der Geschlechtsorgane erhalten bleibt. Dieses Verfahren wird Sterilisation genannt.

Trächtigkeit und Geburt

Die normale Trächtigkeit (Gravidität) wird mit der Befruchtung der Eizelle eingeleitet und findet mit der Ausstoßung der geburtsreifen Frucht ihren Abschluss. Während der Trächtigkeit vollziehen sich im Körper des Muttertieres weitgehende Veränderungen: Es bildet sich der Mutterkuchen (die Plazenta) als Versorgungsorgan zwischen Mutter und Frucht. Der Hormonhaushalt wird grundlegend verändert, und das Gesäuge wird funktionsfähig. Im Verlauf der Trächtigkeit sind typische Verhaltensweisen („mütterliches Verhalten", z.B. Nestbau) zu beobachten.

Die Trächtigkeitsdauer ist für jede Tierart erblich (genetisch) festgelegt (**Tab. 3.14**). Die Jungtiere der einzelnen Tierarten sind bei der Geburt nicht gleichermaßen entwickelt, sie zeigen einen unterschiedlichen Reifegrad. Die Nestflüchter (z.B. Ein- und Paarhufer) können kurz nach der Geburt laufen, während die Nesthocker nackt, blind und noch nicht fähig zur Aufrechterhaltung der eigenen Körpertempera-

Tab. 3.14: Tragzeiten verschiedener Tierarten

Spezies	Tage
Maus	18–21
Ratte	20–23
Gerbil	25–28
Goldhamster	16
Meerschweinchen	62–68
Kaninchen	31 (23–43)
Hund	60–65
Katze	57–71
Schwein	114
Schaf	147–154

tur (z.B. Hund und Katze) geboren werden. Bei den Nagetieren finden wir häufig Nesthocker (Ratte, Maus, Hamster), aber auch Nestflüchter (z.B. Stachelmaus – Acomys). Meerschweinchen sind ebenfalls gut entwickelte Nestflüchter, die schon in den ersten Tagen festes Futter aufnehmen.

Besonders interessant sind die Unterschiede bei den Hasenartigen: die Kaninchen sind blinde Nesthocker, während die nahe verwandten Hasen fertig entwickelte Jungtiere (Augen, Ohren und Fell) zur Welt bringen.

Bei den kleinen Tieren wird die Geburt selten beobachtet, sie beginnt in den Abendstunden. Geburtshilfe ist nicht notwendig und bei Fehlgeburten auch selten möglich. Mäuse, Ratten, Meerschweinchen und Hamster „nabeln" die Neugeborenen ab, fressen die Nachgeburt auf und versorgen die Jungen in einem Nest. Bei Hunden, Schafen und Schweinen, seltener bei Katzen, ist die Geburt zu beobachten, und der Erfahrene kann auch eventuell notwendige Hilfe leisten. In der Regel läuft die Geburt ohne Probleme ab. Eingriffe und Neugierde stören nur.

Die Geburt läuft bei allen Tierarten nach gleichen Gesetzmäßigkeiten ab. Es gibt aber, wie immer in der Biologie, tierartliche Besonderheiten. Die Frucht bis zur deutlichen Ausbildung der Organe, z.B. der Geschlechtsorgane, wird Embryo genannt, darauf folgend spricht man vom Fetus (auch Fötus).

Zum Ende der Trächtigkeit sind die Jungtiere (unipar = Einzeltiere bzw. multipar = Mehrlinge) deutlich herangewachsen und am Bauchumfang der Mutter sicht- und tastbar. Durch die Hormonumstellung wird der Geburtsweg, insbesondere der Gebärmuttermund (Zervix) und die Beckenfuge (Symphyse) geweitet. Die Tiere zeigen für das gut beobachtende Tierpflegepersonal ein auffälliges Verhalten (Unruhe, Futterverweigerung, Aufsuchen des Nestes); die Körpertemperatur sinkt um 1–1,5 °C kurz vor der Geburt. Das Eröffnungsstadium beginnt mit der Öffnung des inneren Muttermundes. Wehen drücken die Fruchtblasen in den sich ständig weiter öffnenden Zervikalkanal. Dieses Stadium ist mit dem Blasensprung und dem Austritt von Fruchtwasser beendet. Es werden die Allantois (Wasserblase) und Amnionblase unterschieden. Die zuerst genannte ist dünnwandig, mit fetalem Urin gefüllt und platzt in der Regel zuerst. Die Amnionblase umgibt die Frucht direkt und enthält eine trübe und schleimige Flüssigkeit. Mit dem Blasensprung beginnt das Aufweitungsstadium, das mit dem Durchtritt der Stirn des Jungtieres durch die Vulva beendet ist.

Durch den Dehnungsdruck der Frucht werden reflektorisch über das Rückenmark Kontraktionen der Bauchmuskulatur (Bauchpresse) ausgelöst. Dieser Vorgang wird als „Entleerungsreflex" bezeichnet und ist für den Tierpfleger am Tier sichtbar. Das Austreibungsstadium ist mit der vollständigen Geburt der Jungtiere abgeschlossen. Mit der Ausstoßung der Nachgeburt (Mutterkuchen, Reste der Eihäute) ist der Geburtsvorgang beendet. Die Nachgeburt wird von vielen Muttertieren gefressen.

Die Mutter versorgt das Baby durch Abnabeln und Lecken. Dieser enge „Mutter-Kind-Kontakt" ist sehr wichtig für eine ungestörte Aufzucht. Mutter und Kind lernen sich über den Geruch und über Laute unverwechselbar kennen. Totgeburten oder lebensschwache Junge geben keinen „Laut" (z.B. feines Fiepen der Ratten) und werden häufig aufgefressen. Bei notwendiger oder gewünschter Ammenaufzucht müssen die Babys durch Nestgeruch oder durch Ausscheidungen der Ammen getarnt werden. Fremdgerüche, auch das Anfassen durch den Menschen, können zur Ablehnung des Jungtieres führen. Darum sollte eine Geburt als ein natürlicher Vorgang nicht gestört und Eingriffe nur bei unbedingter Notwendigkeit vorgenommen werden. Anders ist die Situation für den erfahrenen Geburtshelfer, besonders wenn wie bei Hund und Katze häufig, ein besonderes Vertrauensverhältnis zwischen Mensch und Tier besteht. Von diesen Tieren kann eine „Geburtshilfe" geradezu gewünscht werden.

Für die weitere Entwicklung der Jungtiere ist der frühzeitige Beginn des Säugens wichtig. Die Babys erhalten so die für ihre Entwicklung notwendige Kolostralmilch. Insbesondere die mütterlichen Milchantikörper, die in den ersten Lebenswochen vor Infektionen schützen, können nur kurze Zeit nach der Geburt unverdaut durch die Darmwand aufgenommen werden. Am nächsten Tag werden die Jungtiere oder der Wurf vorsichtig inspiziert (Geburtsfehler, Missbildungen?) und registriert (z.B. Geschlechtsbestimmung, Anzahl, Gewicht, Geburtsdatum). Es muss insbesondere beobachtet werden, ob das Muttertier die Jungen „annimmt", d.h. säugt und versorgt. Treten hier Probleme auf, muss schnell eine „Amme" beschafft oder die meist schwierige Handaufzucht versucht werden.

3.2.13 Milchdrüsen

Die Milchdrüsen – Mamma, Mehrzahl Mammae – sind paarig in tierartspezifischer Anzahl und Lage bei beiden Geschlechtern angelegt. Sie entwickeln sich unter dem Einfluss der weiblichen Sexualhormone. Der Milchdrüsenkomplex besteht aus dem Drüsengewebe mit den Milchbläschen (Alveolen), der Milchzisterne und dem Strichkanal, der auf der Zitze (Mammille) endet. Tierartlich unterschiedlich können in einem Drüsenkomplex mehrere Zisternen und zahlreiche Ausführungsgänge in der Mamille vorkommen (**Abb. 3.24** u. **Tab. 3.15**).

Entwicklungsgeschichtlich ist die Milchdrüse eine spezielle Hautdrüse, sie kommt nur bei den Säugetieren (Name!) vor. In den Drüsenalveolen wird die Milch gebildet, die bei den einzelnen Tierarten recht unterschiedlich zusammengesetzt ist; man spricht daher besser z.B. von Hundemilch oder Mäusemilch (**Tab. 3.16**). Auch während der Säugeperiode ändert sich,

Tab. 3.15: Anzahl der Milchdrüsen bei einigen Versuchstierarten

Tierart	Milchdrüsenpaare
Maus	5
Ratte	6
Gerbil	4
Syrischer Goldhamster	6–7
Meerschweinchen	1
Kaninchen	4–5 (6)
Hund	4–6
Katze	4
Schwein	6–9
Schaf	1

den Ernährungsbedürfnissen des Jungtieres angepasst, die Zusammensetzung der Milch. Besonders auffällig unterschiedlich ist die Milch der ersten Stunden. Diese Kolostralmilch ist durch die abführende Wirkung auf das Darmpech und den Gehalt an Nähr- und Abwehrstoffen von großer Bedeutung für das Überleben und Gedeihen des Säuglings. Dem Muttertier verabreichte Medikamente werden – z.T. auch konzentriert – mit der Milch ausgeschieden. Dies gilt z.B. auch für Nikotin und Alkohol.

Die so genannte „Kropfmilch" der Tauben ist

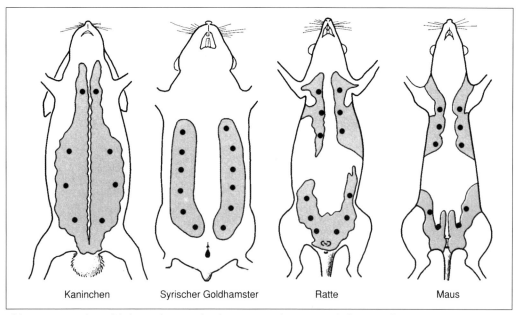

Abb. 3.24: Lage der Milchdrüsen bei verschiedenen Versuchstierarten (schematische Darstellung).

Anatomie und Physiologie der Säugetiere

Tab. 3.16: Zusammensetzung der Milch bei verschiedenen Säugetierarten

Tierart	Eiweiß %	Fett %	Milchzucker %
Maus	12–13	21–23	2
Ratte	12	15	3
Syr. Goldhamster	9	13	3
Meerschwein.	7	7	3
Kaninchen	10	16	2
Hund	7	9	4
Katze	9	3	5
Schwein	6	9	5
Schaf	4–6	2–12	4–6
Rind	4	4–6	5

kein Produkt einer Milchdrüse, sondern besteht aus Sekreten und abgelösten Epithelzellen der Kropfschleimhaut. Mit der Kropfmilch werden von Taube und Täuber (!) die Nestjungen gefüttert. Kastrierte Tiere bilden keine Kropfmilch.

3.2.14 Hormone

Die mehrzelligen Organismen sind darauf angewiesen, dass zwischen den Organen und Zellen ein Informationsaustausch zur Steuerung der vielfältigen Lebensvorgänge stattfindet. Diese Aufgabe hat zunächst das Nervensystem. Zusätzlich werden von den Zellen und besonderen Drüsen Stoffe – die Hormone – abgesondert. Mit dem Blut durch den Körper befördert,

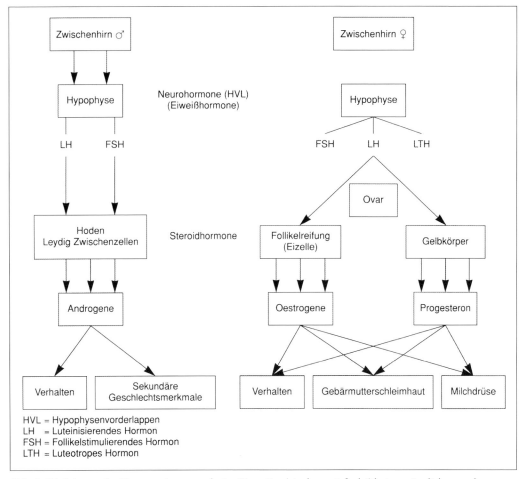

HVL = Hypophysenvorderlappen
LH = Luteinisierendes Hormon
FSH = Follikelstimulierendes Hormon
LTH = Luteotropes Hormon

Abb. 3.25: Schema der Hormonsteuerung beim Säugetier (stark vereinfacht) beim männlichen und weiblichen Tier.

Tab. 3.17: Hormone und ihre Wirkungen

Hormondrüse	Hormon	Wirkung
Zwischenhirn (Hypothalamus)	Releasing Hormone	Anregung des Hypophysenvorderlappens
Hypophysen-vorderlappen	Thyreotropes Hormon	Anregung der Schilddrüse
	Adrenokortikotropes Hormon (ACTH)	Anregung der Nebennierenrinde
	Follikelstimulierendes Hormon (FSH)	Anregung der Keimdrüsen
	Luteinisierendes Hormon (LH)	Anregung der Keimdrüsen
	Wachstumshormon (Somatotropin)	Entwicklung und Wachstum aller Organe (u.a. auch Einfluss auf die Milchproduktion)
Hypophysen-hinterlappen	Vasopressin Antidiuretisches Hormon (ADH)	Blutdrucksteigerung, Gefäßverengung, Verstärkte Wasserrückgewinnung in den Nieren
	Oxytocin	Milchausschüttung
Zwischenzellen der Hoden	Androgene (z.B. Testosteron)	männliches Verhalten und Aussehen, Spermienproduktion
Ovar, Plazenta	Östrogene	weibliches Verhalten, und Aussehen (Brunst)
Ovar (Gelbkörper) Plazenta	Progesteron	Vorbereiten des Uterus auf die Trächtigkeit, Aufrechterhaltung der Trächtigkeit, Entwicklung der Milchdrüse
Nebennierenrinde	(Androgene) Kortison	Stoffwechsel („Stresshormon")
Nebennierenmark (Nervengewebe)	Adrenalin/Noradrenalin	Stoffwechsel (Stresshormon)
Schilddrüse	Thyroxin	Stoffwechselaktivität der Zellen
Inselzellen der Bauchspeicheldrüse	Insulin	Blutzuckerregulierung, beim Fehlen: Zuckerkrankheit (Diabetes); Förderung von Wachstum und Entwicklung
	Glukagon	z.Z. Antagonist des Insulins bei der Blut-zuckerregulierung
„Nebenschilddrüse" (Epithelkörperchen)	Parathormon	Kalziumstoffwechsel
Epiphyse	Melatonin	Tagesrhythmik

können sie auch von entfernten „Zielzellen" empfangen werden. Dies setzt voraus, dass die „Zielzellen" geeignete spezifische „Empfänger" besitzen, die mit den Botensubstanzen, den Hormonen reagieren können. Derartige „Empfänger" werden Rezeptoren genannt. Das Zusammenspiel von Hormon und Rezeptor ist sehr vielfältig und es werden immer neue Zusammenhänge entdeckt und erforscht. Die mehr örtlich (lokal), direkt von Zelle zu Zelle oder entlang den Nervenbahnen wirksamen Stoffe werden Zytokine oder Mediatoren bzw. Neurokine genannt. Hormone werden von Hormondrüsen gebildet und überwiegend in die Blutbahn abgegeben.

Die Kenntnisse über die Rolle der Hormondrüsen und die Wirkungen der Hormone ließen sich experimentell durch Entfernen der Drüsen (Ausfall) und durch Transplantation von Drüsengewebe oder Injektionen von Gewebeextrakten (Wiederherstellung!) untersuchen. Dies waren sehr bedeutsame Tierversuche um die Jahrhundertwende. Sehr charakteristisch ist die enge Verbindung zwischen Hormondrüsen und dem zentralen Nervensystem. Zentren im Gehirn veranlassen und steuern die Hormonproduktion. Der Hormonspiegel wirkt anschließend auf das Gehirn zurück. So wird u.a. das Verhalten (Brunst, Stresssituation) beeinflusst. Hohe Hormonspiegel bremsen die weitere Anregung der Hormondrüse durch das Zwischenhirn („negative Rückkoppelung").

Das Zentrum der Hormonsteuerung befindet sich im Zwischenhirn. Von hier ausgesandte

Neurohormone (releasing = freisetzende Hormone) regen die Zellen des Hypophysenvorderlappens zur Produktion von Hormonen an, die über die Blutbahnen die eigentlichen Hormondrüsen zur Ausschüttung veranlassen. Die mehrstufige Aktion hat einen Verstärkungseffekt (**Abb. 3.25**). Andere Hormondrüsen wie die Inselzellen der Bauchspeicheldrüse geben ihre Hormone direkt ab, wobei aber auch ein komplizierter Regelungsmechanismus mit anderen Hormonsystemen abläuft.

Die Hormone sind chemisch sehr unterschiedliche Stoffe. Es werden Peptide (die Releasing-Hormone), Eiweißhormone (z.B. Hypophysenvorderlappenhormone oder Insulin) und Steroidhormone (Sexualhormone, Kortison) unterschieden. Um wirksam zu werden, müssen die Hormone sich mit einem passenden Rezeptor der Zellmembran verbinden. Von hier aus wird dann die Information zum Zellkern weitergeleitet, damit eine Reaktion (z.B. eine eigene Hormonproduktion, Anregung zur Zellteilung u.a.) erfolgen kann. Einige Hormondrüsen und Hormonwirkungen sind als Auswahl in **Tab. 3.17** zusammengefasst.

Wiederholungsfragen

1. Welches sind die Unterschiede zwischen Skelett-, Herz- und glatter Muskulatur?
2. Was sind Venen bzw. Arterien?
3. Fertigen Sie eine Schemazeichnung des Blutkreislaufs.
4. Was sind die Aufgaben des Blutes?
5. Benennen Sie die Darmabschnitte.
6. Wie geschieht die Verdauung von Eiweißstoffen?
7. Wie geschieht die mikrobielle Verdauung des Kaninchens?
8. Was sind die Besonderheiten des Verdauungstraktes der Vögel?
9. Welches sind die Aufgaben der Nieren?
10. Benennen Sie die männlichen Geschlechtsorgane.
11. Wie funktioniert der Sexualzyklus der weiblichen Maus?
12. Erläutern Sie die Begriffe „Kastration" und „Sterilisation".
13. Was sind Hormone? Nennen Sie Hormondrüsen und deren Funktion.
14. Wie ist die Milchdrüse aufgebaut?
15. Wo liegen die Milchdrüsen des Kaninchens? Zusammensetzung der Kaninchenmilch?
16. Was ist „Kropfmilch"?
17. Ablauf der normalen Geburt?
18. Nennen Sie Beispiele für „Nesthocker" und „Nestflüchter".
19. Nennen Sie unipare und multipare Tiere.

Literatur

Bartels, H. u. R.: Physiologie (Lehrbuch und Atlas). Urban & Schwarzenberg, München, Wien, Baltimore 1980.

Dyce, K.M., W.O. Sack u. C.J.G. Wensing: Anatomie der Haustiere. Enke, Stuttgart 1991.

Flindt, R.,: Biologie in Zahlen. Eine Datenzusammenstellung in Tabellen mit über 9000 Einzelwerten. G. Fischer, Stuttgart 1986.

Geyer, S.: Die Tierarzthelferin. 6. Auflage. Schlütersche Verlagsanstalt, Hannover 2001.

Grzimek, H.: Enzyklopädie. Band II, Primaten, Kindler Verlag, München 1988.

Löffler, K.: Anatomie und Physiologie der Haustiere. 7. Auflage. Verlag Eugen Ulmer, Stuttgart 1987.

Schoon, D., J. Seeger und F.V. Salomon: Veterinärmedizin für Tierarzthelfer und -innen. Verlag Wissenschaftliche Skripten. Zwickau 1998.

3.3 Eigenschaften und Besonderheiten wichtiger Versuchstierarten

3.3.1 Maus

Ursprung und Domestikation[10]

Die heute gebräuchlichen Labormäuse sind Abkömmlinge der zur Familie der echten Mäuse gehörenden Hausmaus (*Mus musculus*). Wahrscheinlich mit solchen Tieren hat der Engländer William Harvey bereits Anfang des 17. Jahrhunderts erste experimentelle Untersuchungen zur Fortpflanzungsbiologie und zum Blutkreislauf der Maus durchgeführt. Zu dieser Zeit war die Hausmaus in Europa zunehmend zum Objekt von Hobbyzüchtern geworden, die v.a. an Tieren mit ungewöhnlichen Fellfarben interessiert waren. Aus solchen Quellen stammten auch die Mäuse, die bis zur Etablierung echter Versuchstierzuchten für tierexperimentelle Zwecke verwendet wurden. Die dabei zur Verfügung stehende Typenvielfalt wurde zusätzlich durch solche Tiere gesteigert, die englische Händler aus China und Japan mitbrachten, wo Mäuse schon seit vorchristlicher Zeit eine bedeutende Rolle in Mythologie und Religion spielten. Es waren schließlich gemeinsame Bemühungen von Genetikern und den erwähnten Mäusezüchtern, die den Grundstein legten für alle heute bekannten Mäusestämme.

Allgemeine Biologie

Die Hausmaus ist eine kosmopolitisch[11] und mit dem Menschen kommensal[12] lebende Tierart. Sie kann sich an vielfältige Umweltbedingungen anpassen, ihr Lebensraum reicht von der Arktis bis zu den tropischen Inseln. Grundsätzlich bevorzugen Mäuse trockenes Biotop und meiden feuchte Lebensräume. Dies liegt v.a. darin begründet, dass das ursprüngliche Verbreitungsgebiet der Hausmaus die Steppen und Halbwüsten in Asien südlich des 45. Breitengrades und der Mittelmeerraum sind. Auch heute kommen Hausmäuse in feuchten Tropenregionen vergleichsweise selten vor.

---

10 Haustierwerdung
11 Weltweit verbreitet
12 Hinsichtlich Lebensraum und Ernährung eng an den Menschen gebunden

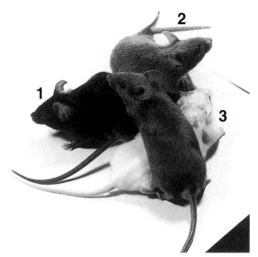

Abb. 3.26: Vertreter verschiedener Mäusestämme. 1. C57BL/6 (Inzucht); 2. DBA/2 (Inzucht); 3. NMRI (Auszucht) (Aufnahme: W. Rossbach).

Hausmäuse verdanken ihren Erfolg ihrer Ernährungsweise als Allesfresser, großer Fruchtbarkeit und kurzen Zwischenwurfzeiten. Sie sind scheue Tiere mit nächtlicher Lebensweise, die auch auf engstem Raum ihre Nester bauen können. Mäuse weisen eine beachtliche genetische Vielfalt auf, und diese Eigenschaft haben sich Labortierzüchter zunutze gemacht, indem sie eine große Anzahl von In- und Auszucht- sowie Mutantenstämmen herangezogen haben (**Abb. 3.26**).

Erwachsene Mäuse messen von der Nase bis zur Schwanzspitze 13–20 cm, die Schwanzlänge entspricht in etwa der Rumpflänge. Neugeborene wiegen zwischen 1 und 2 g und nehmen während der Säugeperiode sehr schnell zu. Die unterschiedlichen Körpergrößen der erwachsenen Tiere sind jedoch sehr abhängig von vorgegebenen Größen wie Erbanlagen, Geschlecht, Stamm und Alter der Maus sowie von äußeren Faktoren wie z.B. Futter, Käfiggröße und -besatz sowie der Umgebungstemperatur. Wegen ihrer geringen Körpergröße sind Mäuse extrem empfindlich gegenüber Veränderungen ihrer Lebensbedingungen. Schon relativ geringe Temperaturschwankungen um 2–3 °C wirken sich auf die Körpertemperatur eines Tieres aus und beeinflussen seinen Stoffwechsel.

Der Geruchssinn ist bei Mäusen sehr ausgeprägt. Er dient nicht nur dazu, Futter und natürliche Feinde zu erkennen, sondern v.a. auch zur Identifikation der zahlreichen innerartlichen Duftsignale (Pheromone).

Neben dem Geruchssinn ist vor allem das bis 40 000 Hertz reichende Gehör der Maus sehr gut entwickelt. Eine Vielzahl innerartlicher Lautäußerungen liegt in diesen hohen Frequenzbereichen: So stoßen aus dem Nest gefallene Mäusejunge Schreie im Ultraschallbereich aus, die die Mutter dazu veranlassen, die Jungen zurückzuholen. In einer Versuchstierhaltung sind Mäuse daher meist weniger durch Geräuschentwicklungen im Niederfrequenzbereich gefährdet als durch hohe Frequenzen und Töne im Ultraschallbereich, wie sie von einigen technischen Geräten erzeugt werden können. Dies kann bei Mäusen u.U. Gehörschäden hervorrufen.

Die Sehfähigkeit ist bei Mäusen schwach entwickelt. Ihre Netzhaut weist nur wenige der für das Farbensehen notwendigen Zapfen auf. Mäuse sind extrem unempfindlich gegenüber Farbtönen im roten Bereich des Farbspektrums. Ihre Farbenwahrnehmung unterscheidet sich somit erheblich von der des Menschen. Verhaltensbeobachtungen an Mäusen können daher auch während der Dunkelphase durchgeführt werden, wenn man mit einer für den Menschen sichtbaren, für die Mäuse jedoch unsichtbaren Rotlichtquelle arbeitet.

Die Lebensdauer der Maus wird durch ihre Erbanlagen wie auch durch Umweltfaktoren beeinflusst. Dazu zählen Stammzugehörigkeit, Geschlecht sowie eine mögliche Anfälligkeit für Tumorbildungen oder für bestimmte Mutationen. Weitere mögliche Wirkgrößen sind Ernährung (Futtertyp), Käfiggröße und -besatzdichte, Hygienestatus und Tierbetreuung. Hybridmäuse als Kreuzungsergebnis zweier verschiedener Inzuchtstämme leben meist länger als ihre ingezüchteten Eltern. Mäuse aus Stämmen mit geringer Lebenserwartung sterben u.U. schon im Alter von 5 Monaten. Tiere eines Stammes mit hoher Lebenserwartung können sogar bis 36 Monate und älter werden.

Verhalten

Labormäuse sind u.a. gezielt auf Zahmheit und Zutraulichkeit gezüchtet worden, allerdings weisen Auszuchtstämme häufig noch viele Merkmale ihrer wildlebenden Vorfahren auf. Labormäuse sind sozial lebende Tiere und sollten – wie Ratten – nur in besonders begründeten Fällen einzeln gehalten werden. Für die Gruppenhaltung sollten die Tiere möglichst bald nach dem Absetzen in der späteren Formation zusammengesetzt werden. Die Männchen einiger Stämme (z.B. BALB/cJ) zeigen untereinander häufig aggressives Verhalten und tragen erbitterte und mitunter tödlich endende Kämpfe aus, auch wenn sie nach dem Absetzen in stabilen Gruppen gehalten wurden. Die Gruppenhaltung erwachsener Männchen ist somit stets sorgfältig zu beobachten. Zuchtmännchen sollten nach der Trennung von den Weibchen aus den gleichen Gründen keinesfalls mehr mit anderen Männchen zusammengesetzt werden. Bei Weibchen sind solche Verhaltensweisen nur selten zu beobachten.

Mäuse teilen ihre Käfige häufig in verschiedene Bereiche auf, d.h. sie haben einen speziellen Schlafplatz, einen Fressplatz sowie einen Platz zum Absetzen von Kot und Harn. Vereinzelt entnehmen Labormäuse mehr Futter, als sie im Augenblick fressen können und horten es in einer Käfigecke. Die Futteraufnahme erfolgt zu bestimmten Zeiten, in der Regel mit Schwerpunkt während der Dunkelphase. Mäuse haben eine besondere Vorliebe für Körnerfutter wie z.B. Hafer, Weizen und Reis und ziehen dies Fett, Fleisch, Zucker oder getrockneten Früchten vor, wenn sie die Wahl haben. Auch die Wasseraufnahme erfolgt hauptsächlich während der Dunkelphase. Der Wasserverbrauch variiert zwischen den verschiedenen Inzuchtstämmen teilweise erheblich. Die Weibchen einiger Inzuchtstämme wie z.B. MA/MyJ, STR und SWR/J können sog. Polydipsie entwickeln, d.h. sie werden zu gewohnheitsmäßigen Vieltrinkern.

Hochtragende Weibchen bauen sich zum Werfen ein muldenartiges Nest in der Einstreu und verbringen dann die meiste Zeit im Nestbereich über ihren Jungen und säugen diese. Neugeborene Mäuse haben ein Gewicht von 1–2 g und sind nackt und blind, ihre Ohren sind noch verschlossen. Männchen wie auch Weibchen putzen die Neugeborenen und tragen Junge, die aus dem Nest gekrochen sind, wieder in dieses zurück. Bei einigen Inzuchtstämmen kann Kannibalismus an Neugeborenen zum ernsthaften Problem werden. Unnötige Störungen der Mutter mit ihrem Wurf können hierfür ein auslösender Faktor sein. Mütter mit frischem Wurf sollten ruhig und vorsichtig behandelt werden und die Jungen sollten sorgfältig wieder ins Nest zurückgelegt werden, wenn eine Untersuchung der Jungen unerlässlich ist.

Handling

Zum Aufnehmen nähert man die Hand mit ruhiger, zielstrebiger Bewegung dem Tier und fasst es mit Daumen und Zeigefinger am Schwanz. Hat man es verfehlt, so wird die Bewegung in gleicher Weise wiederholt, aufkommende Nervosität oder Verkrampftheit überträgt sich unmittelbar auf das Tier. Mit dem Schwanzgriff kann die Maus z.B. zum Umsetzen in einen neuen Käfig gesetzt werden: man lässt das Tier aber erst los, sobald seine Vorderfüße die Einstreu berührt haben. Einfaches Fallenlassen oder Werfen von Tieren kann zu Verletzungen führen. Hebt man tragende oder schwergewichtige Tiere am Schwanz auf, sollten ihre Füße mit der flachen Hand unterstützt werden. Sollte es notwendig sein, Neugeborene und Jungmäuse (jünger als 2 Wochen) zu untersuchen, fasst man sie mit Daumen und Zeigefinger an der Hautfalte im Genick. Da Muttertiere sehr empfindlich auf Fremdgeruch reagieren, kann eine solche Maßnahme Vernachlässigung der Jungen oder gar Kannibalismus zur Folge haben (s.o.)!

Zum Fixieren hebt man ein Tier am Schwanz auf eine geeignete Unterlage wie z.B. den Käfigdeckel, an dem es sich meist festklammert. Anschließend umfasst man mit Daumen und Zeigefinger der anderen Hand die Hautfalte im Genick. Der Schwanz wird nur zwischen kleinem und Ringfinger fixiert und mit den übrigen Fingern das Rückenfell gefasst. So kommt die Maus in Rückenlage sicher in der einen Hand zu liegen, während die andere frei ist, um Untersuchungen oder Injektionen durchzuführen. Wenn die Genickfalte nicht fest genug gehalten wird, kann die Maus den Kopf hin- und herdrehen, es besteht dann die Gefahr, gebissen zu werden; andererseits ist sicherzustellen, dass das Tier ungehindert weiteratmen kann (**Abb. 3.27**).

Anzeichen von Schmerzen, Leiden und Schäden[13]

Labormäuse sind über viele Generationen nach unterschiedlichen Merkmalen selektiv gezüchtet. Daher treten bei den verschiedenen Stämmen unterschiedliche Verhaltensweisen und Reaktionen auf, so z.B. nach Verabreichung von Arzneimitteln. Das Sträuben der Haare oder eine gekrümmte Haltung können Anzeichen für Körpertemperatursenkung sein; kranke Mäuse werden oft isoliert von der übrigen Gruppe vorgefunden. Solche Tiere haben meist ein struppiges Fell, da sie sich nicht mehr regelmäßig putzen.

Nach schmerzhaften Eingriffen können bei Mäusen verlängerte Schlafzeiten festgestellt werden, die von Narkosefolgen sorgfältig abzugrenzen sind. Häufig tritt Gewichtsverlust ein, der in der folgenden Erholungsphase schnell wieder ausgeglichen werden sollte.

Allgemeine Merkmale:
Gesteigerte Abwehrreaktionen, Beißen, gesträubtes Fell, gekrümmter Rücken, Augen bei

Abb. 3.27: Festhalten einer Maus mit Daumen und Zeigefinger (Aufnahme: J. Weiss).

13 Gärtner, K., Militzer, K., (Hrsg.): „Zur Bewertung von Schmerzen, Leiden und Schäden bei Versuchstieren", Verlag Paul Parey Berlin-Hamburg 1993

Flüssigkeitsverlust eingesunken, Bauchdecke schlaff oder „aufgezogen", Austrocknung (Dehydratation), Gewichtsverluste.

Spezifische Merkmale:

▪ *Augen*
Augenlider weit offen, halb oder ganz geschlossen. Augen erscheinen eingesunken; bei Verschlechterung des Zustandes ist häufig Tränenfluss zu beobachten.

▪ *Atmung*
Erhöhte Atemfrequenz, angestrengtes Atmen, schnarrende Atemgeräusche, Nasenausfluss.

▪ *Aussehen*
Gesträubtes Fell, Gewichtsverlust, Austrocknung, Rückbildung (Atrophie) der Rückenmuskulatur. Eingesunkene Flanken als Zeichen für leeren Darm, Kotflecken. Tier fühlt sich kalt an.

▪ *Kot- und Harnabsatz*
Beides erfolgt bei der Maus als unmittelbare Reaktion auf Handling[14] und Umgebungsveränderungen (z.B. „open field") o.ä.; das Verhalten kann stammesabhängig unterschiedlich ausgeprägt und durch Wiederholungen der Situation erhöht oder vermindert sein.

▪ *Vibrissen*
(Schnurrbarthaare) Stärkere Bewegungen der Vibrissen bei Neureizen; sozialer Stress oder Furcht können die Bewegungsfrequenz der Barthaare reduzieren.

▪ *Verhalten*
Die Maus reagiert zunehmend mit Rückzugsverhalten, stärkere Schmerzen oder Leiden können Aggressivität und Neigung zum Beißen auslösen; bei Verschlechterung des Zustandes wird das Tier teilnahmslos und sondert sich von der Gruppe ab, es reagiert u.U. nicht mehr auf Umgebungsreize.
Abwehrverhalten gesteigert, die Maus beißt Mensch und Käfigpartner; sie kann versuchen, die Schmerzquelle oder den betroffenen Körperteil zu beißen, Selbstbeschädigung, oft erhöhte Aktivität. Verändertes Verhalten bei Futter- und/oder Wasseraufnahme, des Schlafrhythmus; putzt sich nicht, kratzt sich verstärkt. Wälzt sich bei starken Bauchschmerzen.

▪ *Körperhaltung*
Nimmt gekrümmte, schlafende, häufig von der Lichtquelle abgewandte Haltung ein.

▪ *Fortbewegung*
Vorsichtiger, unvollständiger Bewegungsablauf, wenn von Gliedmaßen oder Pfoten Schmerzempfindung ausgeht. Schwierigkeiten, die Körperhaltung beizubehalten, geradeaus zu laufen. Eventuell unsicherer Gang, kreisende Bewegungen, wenn das Gleichgewicht beeinträchtigt ist. Wiegender, „rollender" Gang bei Verdrängungsprozessen im Bauchraum.

▪ *Lautäußerung*
Hochfrequente Quieklaute beim Handling, werden bei zunehmender Körperschwäche seltener.

▪ *Körpertemperatur*
Abkühlung der Körperdecke bei zunehmender Verschlechterung des Zustandes.

Wiederholungsfragen

1. Von welcher Wildform stammt die Labormaus ab?
2. Sind Mäuse im Wesentlichen tag- oder nachtaktiv?
3. Wie viel wiegt eine neugeborene Maus?
4. Wie alt werden Labormäuse?
5. An welchen äußeren Anzeichen lassen sich kranke Mäuse meist erkennen?

3.3.2 Ratte

Ursprung und Domestikation

Die heute in der biomedizinischen Forschung verwendeten Laborratten sind fast ausschließlich Nachfahren der Wanderratte *Rattus norvegicus* (Berkenhout, 1769). Hausratten (*Rattus rattus*, Linnaeus, 1758), auch in ihrer albinotischen Variante, haben dagegen als Versuchstiere bislang nur vereinzelt eine Rolle gespielt. Die ursprüngliche Heimat der Wanderratte ist das gemäßigte Ostasien und Sibirien sowie China. Von dort, weit entfernt von menschlichen Siedlungen in Erdbauten lebend, wurde die Wanderratte in der Neuzeit mit den Verkehrsmitteln des Menschen weltweit verbreitet.
Ab Mitte des 19. Jahrhunderts gelangten Wanderratten auf dem Umweg über private Zuchten

---

14 Handling: Umgang mit den Versuchstieren (siehe engl. to handle = umgehen mit, handhaben).

von Schaustellern („Rat baiting"[15]) oder gewerbsmäßigen Naturalienhändlern in die Laboratorien; meist waren es gescheckte oder albinotische Exemplare der Wanderratte, die im krassen Gegensatz zu ihren wildfarbenen Artgenossen durchaus positiv eingeschätzt und z.B. von dem bekannten Naturforscher A. E. Brehm als „Zierratten" bezeichnet wurden.
Bereits Anfang des 19. Jahrhunderts empfahl der französische Physiologe Magendie (1783–1855) Ratten für physiologische Experimente. Philipeaux führte 1886 eine erste Untersuchung über die Wirkung der operativen Entfernung der Nebennieren (Adrenalektomie) bei Albinoratten durch. Es folgten bis zum Ende des Jahrhunderts weitere Experimente, zumeist in Europa und vor allem zu Zucht und Vererbung bei Ratten. Erste systematische Rattenzuchten für wissenschaftliche Zwecke wurden ab Anfang des 20. Jahrhunderts am Wistar-Institut in Philadelphia/USA durchgeführt, wobei der damalige Leiter des Institutes, H. Donaldson, wissenschaftliche Pionierarbeit geleistet hat. In Deutschland wurden nach dem Zweiten Weltkrieg erst ab Ende der 50er Jahre systematische versuchstierkundliche Arbeiten begonnen, dies geschah vor allem an biomedizinisch forschenden universitären Einrichtungen; im Jahre 1957 nahm schließlich das Zentralinstitut für Versuchstierzucht in Hannover seine Arbeit auf, dessen wichtigste Aufgabe die Zucht von Ratte und Maus sowie die wissenschaftliche Bearbeitung der daraus resultierenden Fragestellungen war.

Laborratten (**Abb. 3.28**) weisen eine Reihe von z.T. erheblichen Unterschieden zu ihren wildlebenden Artgenossen auf, die als Folgen ihrer Domestikation anzusehen sind: Laborratten haben ein niedrigeres Gesamtkörpergewicht, die meisten ihrer inneren Organe sind leichter als die der Wildform; nur Hypophyse und Thymus von Laborratten sind schwerer als die von Wildratten. Die Gonaden der Laborform entwickeln sich früher, die Weibchen sind früher fortpflanzungsfähig und in jeder Alters-

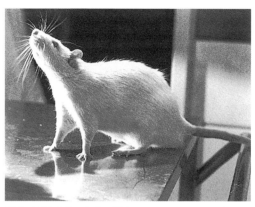

Abb. 3.28: Männliche Albinoratte vom Auszuchtstamm Sprague Dawley (SPRD) (Aufnahme: J. Weiss).

stufe fruchtbarer als ihre wildlebenden Artgenossen. Der Bewegungsdrang der Laborratte ist verringert, entsprechend sind die dafür zuständigen Hirnteile, Corpus striatum und Zerebellum, gegenüber der Wildform vergleichsweise stark verkleinert, während z.B. das Riechzentrum nur wenig an Größe verloren hat.

Ratten zeichnen sich – ähnlich wie Mäuse – durch eine bemerkenswerte Anpassungsfähigkeit aus. Sie leben und vermehren sich in sehr unterschiedlichen Klimazonen und Lebensräumen. Ratten wurden neben den Mäusen zum wichtigsten Versuchstier nicht nur wegen ihrer relativ leichten Verfügbarkeit und der weitgehend unproblematischen Zucht und Haltung unter Laborbedingungen, sondern vor allem auch wegen einer Reihe von Ähnlichkeiten in der Physiologie dieser Tierart mit der des Menschen. Zudem sind Ratten hinreichend groß, um an ihnen die verschiedensten operativen Eingriffe durchführen zu können. Sie verfügen außerdem über eine beachtliche Widerstandsfähigkeit und ein gut funktionierendes Immunsystem. Neben der Laborform der Norwegerratte (*Rattus norvegicus*) werden heute auch andere rattenartige Nager für Versuchszwecke verwendet (**Abb. 3.29 a-d**).

Allgemeine Biologie

Erwachsene Laborratten messen von der Nase bis zur Schwanzspitze 40–46 cm, wobei der Schwanz geringfügig kürzer ist als der Körper. Ein Rattenbock kann ein maximales Körper-

---

15 Rat baiting: Im 19. Jahrhundert in England und Frankreich durchgeführte Wettveranstaltungen, bei denen 100–200 Wildratten in eine Arena gesetzt wurden, und auf die speziell abgerichtete Hunde gehetzt wurden. Ein Kampfrichter stoppte die Zeit, die ein Hund bis zur Tötung der letzten Ratte benötigte.

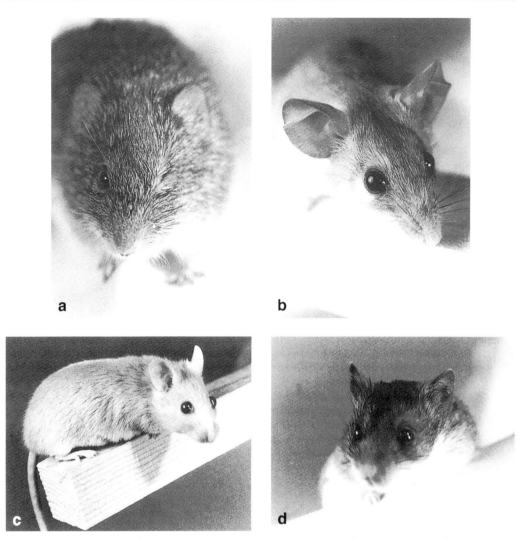

Abb. 3.29: Verschiedene, seltener verwendete Labornagerarten. **a** Stachelmaus *(Acomys sp.)*; **b** Baumwollratte *(Sigmodon hispidus)*; **c** Vielzitzenratte *(Mastomys natalensis)*; **d** Kurzschwanzhamsterratte *(Saccostomys campestris)*. Biologische Daten zu diesen Arten siehe Tierlexikon im Anhang (Aufnahmen: W. Rossbach).

gewicht von 800 g erreichen, während ein Weibchen selten schwerer als 400 g wird. Mit zunehmendem Lebensalter werden beide Geschlechter wieder etwas leichter. Die Lebenserwartung von Ratten liegt, je nach Stammzugehörigkeit und den sonstigen Lebensbedingungen, zwischen 2 und maximal 4 Jahren, wobei Weibchen tendenziell länger leben als ihre männlichen Artgenossen. Tiere mit eingeschränkter Fütterung haben in der Regel eine höhere Lebenserwartung als solche mit Ad-libitum-Fütterung[16] oder gar Tieren mit gezielter Überfütterung (Luxuskonsum).

Ratten haben einen ausgeprägten Geschmackssinn und die erstaunliche Fähigkeit, ihren Futterverbrauch zu kontrollieren, wobei sie bei Ad-libitum-Fütterung nur so viel zu sich nehmen, wie für Wachstum und Erhaltung

---

16 Ad-libitum-Fütterung: Es steht beliebig viel Futter zur Verfügung

notwendig ist. Übermäßig fett werden Ratten in der Regel nur dann, wenn sie in zu kleinen Käfigen gehalten oder aber in anderer Weise an der Ausübung der notwendigen Bewegungsaktivität gehindert werden.

Ratten haben ein sehr gut funktionierendes Gehör, so können sie sogar Frequenzen im Ultraschallbereich bis zu 80 kHz hören. Die größte Empfindlichkeit weist ihr Gehör im Frequenzbereich zwischen 15 und 25 kHz auf.

Die Sehfähigkeit der Ratte ist nicht sehr ausgeprägt. Langwelliges Licht kann sie überhaupt nicht sehen. Deshalb können z.B. Verhaltensbeobachtungen während der Dunkelphase – wie bei der Maus – bei Rotlicht durchgeführt werden, da dieses von den Tieren nicht wahrgenommen wird. Farbensehen ist bei Ratten wegen der in der Netzhaut fehlenden Zapfen nicht möglich. Dagegen ist das für diese Tierart wichtige Dämmerungssehen besonders gut entwickelt. Albinotische Ratten zeichnen sich durch einen Pigmentmangel der Iris und der mit Stäbchen besetzten Netzhaut aus, was eine extrem hohe Lichtempfindlichkeit bedingt. Bei Langzeithaltung von Albinos – einschließlich der Zucht – sollte daher die Lichtintensität in den Käfigen 60 Lux nicht überschreiten; bei Werten deutlich darüber ist mit pathologischen Netzhautveränderungen, aber auch mit erhöhter Aktivität endokriner Organe zu rechnen.

Die für Orientierungs- und Suchbewegungen wichtigen Tastrezeptoren sind besonders ausgeprägt am Kopf, im Bereich der Gesichtshaare, an Pfoten und Schwanz. Ratten setzen ihren kräftigen Schwanz zur Stabilisierung von Bewegungen am Boden ein, bei Sprüngen übernimmt der Schwanz Balance-Funktionen; zudem spielt er eine wichtige Rolle bei der Thermoregulation des Körpers.

Verhalten

Wie ihre wildlebenden Artgenossen verfügen auch Laborratten über ein Spektrum erblich bestimmter Verhaltensmuster (**Abb. 3.30 a-d**). Das individuelle Verhalten ist jedoch auch beeinflusst von unmittelbaren Lebensumständen, so z.B. Besatzdichte, Käfigtyp und -größe sowie den übrigen Haltungsbedingungen. Eine besonders hervorstechende Eigenschaft ist die große Anpassungsfähigkeit der Ratte. Dieses Merkmal kann man sich bei bestimmten Fragestellungen zunutze machen, indem man die Tiere rechtzeitig an bestimmte experimentelle Prozeduren (z.B. Injektionen, Blutentnahmen) gewöhnt. Die im eigentlichen Experiment anfallende Stressbelastung der Tiere lässt sich durch ein solches Training u.U. erheblich reduzieren.

Sind die Haltungsbedingungen den Erfordernissen der Laborratte angemessen, verhalten sich diese Tiere normalerweise sowohl gegenüber ihren Artgenossen als auch dem Menschen gegenüber weniger aggressiv, als Mäuse dies häufig tun. Männchen beißen häufiger als Weibchen, und zwar mitunter sehr überraschend. Rattenböcke sind fast immer paarungsbereit, wenn sie mit einem Weibchen zusammengesetzt werden, vorausgesetzt, das Weibchen wird in den Käfig des Bocks gesetzt und nicht umgekehrt. Weibchen akzeptieren allerdings die Paarungsversuche eines Bockes nur, wenn sie sich in der Pro- bzw. Östrusphase befinden. Sie zeigen dabei das typische Lordosisverhalten, indem sie z.B. in einer Käfigecke mit dem charakteristisch durchgedrückten Rücken kurzfristig verharren und dabei „einladend" mit den Ohren wackeln (**Abb. 3.30 e**). Das Männchen besteigt das Weibchen von hinten und führt die wenige Sekunden dauernde Paarung mit zahlreichen Intromissionen[17] aus; diese kann ggf. durch einen Putzvorgang unterbrochen werden und wird i.d.R. durch den Samenerguss (Ejakulation) abgeschlossen. Unmittelbar nach der Ejakulation zeigt das Männchen Penislecken.

Rattenpaare können in den meisten Fällen ohne Probleme für längere Zeit in Zuchtkäfigen gehalten werden. Zwar entspricht es der natür-

---

Abb. 3.30: Typische Verhaltensweisen, die bei Gruppenhaltung von Ratten häufig beobachtet werden können. **a** Aufliegen/Unterliegen. **b** Aufrichten **c** Boxen **d** Nachgebeverhalten/Beiseiteschieben (a–d nach Harbauer, 1993). **e** Paarungsbereites Wistar-Weibchen wird von einem Männchen beschnuppert. Das Weibchen hält für einen Augenblick mit durchgedrücktem Rücken (Lordosis-Stellung) still und wackelt dabei auf typische Weise schnell mit den Ohren (Aufnahme: J. Weiss).

---

[17] Intromission: Das Männchen führt seinen Penis in die Vagina des Weibchens ein.

Eigenschaften und Besonderheiten wichtiger Versuchstierarten

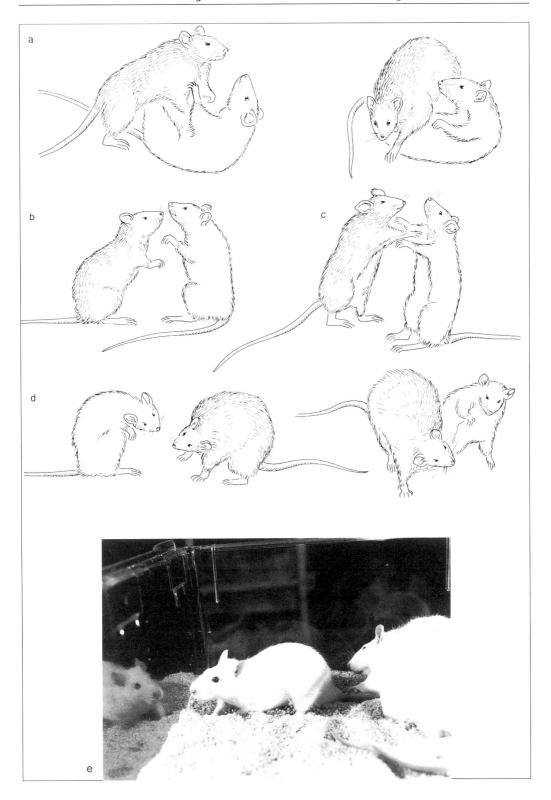

lichen Situation, den Bock auch während Wurf und Säugeperiode im Käfig zu belassen, in Einzelfällen kann es jedoch ratsam sein, das Männchen abzusondern, bevor das Weibchen zum Wurf kommt, und die Tiere bis zum Ende der Säugeperiode getrennt zu lassen. Insbesondere bei kühlerer Umgebungstemperatur zeigt das hochtragende Weibchen die bevorstehende Geburt durch Nestbauaktivität an. Dabei häuft es größere Einstreumengen in einer Käfigecke zu einer Art Nest auf, in das die Jungen nach der Geburt gelegt werden. Ratten haben einen ausgeprägten 24-Stunden-Rhythmus. Während der Hellphase sind sie meist weitgehend inaktiv. Vor allem zu Beginn der Hellphase ruhen und schlafen sie. Unmittelbar mit Beginn der Dunkelphase werden sie aktiv, laufen im Käfig umher, spielen, holen sich Futter und fressen in 3–5 über die Dunkelphase verteilten, zeitlich voneinander abgegrenzten Fressperioden (Mahlzeiten).

Abb. 3.31: Festhalten einer männlichen Wistar-Ratte. Das Tier wird mit Daumen und Zeige- und Mittelfinger in einer großen Hautfalte im Genick gefasst. Voraussetzung für diese Art der Fixierung ist, daß die Tiere an intensives Handling durch den Menschen gewöhnt sind. Das Fixieren im Genick schematisiert das Fassen der Jungen durch die Mutter und löst auch bei erwachsenen Tieren noch eine Art Tragstarre aus (Aufnahme: J. Weiss).

Handling

Ratten sollte man sich mit ruhigen Bewegungen von hinten oben nähern; dabei sollte das Tier frühzeitig bemerken, dass es angefasst werden soll. Im Gegensatz zur Maus sollte man eine Ratte nicht ausschließlich und nicht für längere Zeit am Schwanz hochheben. Dieser ist sehr empfindlich und – besonders bei schweren Tieren – nicht geeignet, das gesamte Körpergewicht zu tragen. Kleinere, besonders zahme Tiere kann man wie in **Abb. 3.31** mit Daumen und Zeigefinger von hinten in der Genickfalte fassen. Meist wird jedoch mit Daumen und Zeigefinger das Genick von hinten umfasst, wobei ein Vorderbein zwischen Zeige- und Mittelfinger fixiert wird, die übrigen Finger umschließen den Körper des Tieres; dabei wird ein Hinterbein zwischen kleinem und Ringfinger gehalten. Größere Tiere werden auf die gleiche Weise im Genick gepackt, mit der anderen Hand wird das Hinterteil des Tieres gehalten, die Hinterbeine werden mit Daumen und Zeigefinger fixiert. Besonders große und aggressive Tiere kann man zunächst an der Schwanzwurzel festhalten, um sie dann durch einen festen Genickgriff zu fixieren.

Anzeichen von Schmerzen, Leiden und Schäden

Sofern Ratten an fachgerechten Umgang („Handling") gewöhnt sind, verhalten sie sich im Allgemeinen zutraulich und gegenüber ihren Artgenossen – wie auch dem Menschen – nur selten aggressiv. Bei wiederholten schmerzhaften oder belastenden Verfahren können sich Tiere allerdings der Berührung widersetzen oder sogar aggressiv reagieren. Schlechter Zustand des Fells und Gewichtsverlust können bei verschiedenen Belastungsformen auftreten. Bei akuten Schmerzen geben Ratten häufig hohe Quietschlaute von sich, bei sehr starken Schmerzen kann es vorkommen, dass sie sich am Boden wälzen. Ratten lecken oder betrachten eine schmerzende Stelle ihres Körpers. Verstärktes Kratzen kann auf Juckreiz oder chronische Schmerzen hindeuten. Wenn Ratten Schmerzen verspüren, sitzen sie oft zusammengekauert (Kopf in der Bauchgegend), ihre Aktivitätsrhythmen können dann gestört, die Schlafzeiten verlängert sein.

Allgemeine Merkmale:
Lautäußerungen, aggressives oder Rückzugsverhalten, Selbstbeschädigung, Lecken/Untersuchen, Gewichtsverlust, gesträubtes Haarkleid, gekrümmte Haltung, herabgesetzte Körpertemperatur

Spezifische Merkmale:
- *Augen*
Augenlider sind halb oder fast ganz geschlossen, Augen können eingesunken wirken, Tränenfluss. Achtung: das durch Hämatoporphyrin (Abbauprodukt des roten Blutfarbstoffes Hämoglobin) rot gefärbte „Brillenauge" tritt bei bestimmten Rattenstämmen – insbesondere im Alter – unter Normalbedingungen auf!
- *Atmung*
Erhöhte Atemfrequenz mit Niesen, auffällige Rasselgeräusche; u.U. eitrig-schleimiger oder blutiger Nasenausfluss.
- *Aussehen*
Gesträubtes Fell; Deckhaare struppig, eventuell Haarausfall. Bleiche oder gelbe Hautfarbe, besonders an Ohren, Nase und Füßen bei Albinoratten je nach Grunderkrankung (Blutarmut, Gelbsucht). Muskelatrophie des Rückens, Dehydratation und Gewichtsverlust.
- *Kot- und Harnabsatz*
Stehen in direkter Beziehung zur Futter- und Wasseraufnahme. Sowohl Verstopfung als auch Durchfall kommen vor. Beides als unmittelbare Reaktionen auf Handling oder ungewohnte Reize. Wird als Symptomatik der Angst gedeutet, ist weniger ausgeprägt bei anhaltenden Schmerzen oder Leiden.
Urinieren kann bei Harnwegs- und Niereninfektionen oder hormonellen Störungen zunehmen.
- *Verhalten*
Tiere zeigen anfänglich erhöhte Aufmerksamkeit/ aggressive Reaktionen und Tendenz zum Beißen bei Berührung, werden aber schließlich teilnahmslos und ziehen sich zurück.
Gewohnter Verhaltensrhythmus einschließlich des Schlafverhaltens zunehmend gestört. Nahrungs- und Wasseraufnahme vermindert. Reduziertes Erkundungsverhalten. Rückzug oder Aggressivität gegenüber Artgenossen und Mensch.

- *Körperhaltung*
Liegedauer zunehmend verlängert, oft gekrümmte Körperhaltung mit dem Kopf in der Bauchgegend; Kontraktion der Bauchdecken bei Schmerzen im Bauchraum.
- *Fortbewegung*
Bei Lahmheit eines Beins vorsichtiger Gang. „Gestelzte" Bewegungen bei Bauchschmerzen. „Watschelnder" Gang bei verdrängenden Prozessen im Bauchraum (Tumorbildungen, Bauchwassersucht). Schwankender Gang bei Störung des Gleichgewichts und Erkrankungen des Zentralnervensystems.
- *Lautäußerung*
Bei akuten Schmerzen, insbesondere bei Berührung, hochfrequente Laute. Bei anhaltenden Schmerzen werden Schmerzlaute allmählich seltener; Ausnahme: plötzlicher schmerzhafter Reiz.
- *Körpertemperatur*
Abkühlung deutet auf wesentliche Zustandsverschlechterung hin.

Wiederholungsfragen

1. Von welcher Wildform stammt die Laborratte ab?
2. Welches Körpergewicht kann ein Laborrattenbock erreichen?
3. Wie alt werden Laborratten?
4. Für welche Lichtverhältnisse ist das Auge albinotischer Laborratten besonders geeignet?
5. Wird zum Verpaaren der Bock in den Käfig des Weibchens gesetzt, oder umgekehrt?

3.3.3 Mongolische Wüstenrennmaus (Gerbil)

Ursprung und Domestikation

Rennmäuse (Gerbillinae) besiedeln weite Teile Afrikas und Asiens und gehören wie die Hamster zur Familie der Wühler (Cricetidae). Rennmäuse sind meist von gedrungener Gestalt, der Schwanz ist etwa körperlang, behaart und bei einigen Arten mit einer Quaste versehen. Die 14 Arten der Gattung *Meriones* (Wüstenrennmäuse) zeigen eine charakteristische Längsrille auf der Vorderseite der oberen Nagezähne. Sie sind vornehmlich in Trocken-

Abb. 3.32: Mongolische Wüstenrennmaus oder Gerbil *(Meriones unguiculatus)*. Adultes Männchen (Wildstamm) beim aufmerksamen Aufrichten. Die schwarzen Krallen sind Kennzeichen der Spezies (Aufnahme: I. Stürmer).

gebieten der gemäßigten und heißen Breiten anzutreffen, ihr Verbreitungsgebiet reicht von der Türkei und Nordafrika bis in den Nordosten Chinas. Einige Arten waren bis in jüngster Zeit an der Übertragung der Pest beteiligt.

Mit dem Kurznamen „Gerbil" ist im vorliegenden Lehrbuch die Mongolische Wüstenrennmaus (*Meriones unguiculatus*) gemeint (**Abb. 3.32**). Ihr Verbreitungsgebiet umfasst den Nordosten Russlands, die Äußere Mongolei, den nördlichen Rand der Inneren Mongolei sowie die Mandschurei. Neben den Halbwüsten- und Steppengürteln der mongolischen Hochebene besiedeln Gerbils auch die Wüste Gobi sowie Gebirgshänge bis in 2800 m Höhe. Ähnlich wie Mäuse siedeln Gerbils gerne in der Nähe menschlicher Behausungen, sie bauen ihre verzweigten Höhlensysteme bevorzugt auf landwirtschaftlich genutzten Flächen, in Gärten oder in der Nähe von Nomadenlagern. Bedingt durch ihr Verhalten, große Getreidevorräte für den Winter anzulegen, können Gerbils die Landwirtschaft schädigen.

Fast alle Mongolischen Wüstenrennmäuse, die heute in Laboratorien gezüchtet werden, sind die Nachkommen von Tieren, die 1935 von japanischen Wissenschaftlern auf einer Expedition durch die Mandschurei gefangen wurden. Zwanzig Paare aus dem Einzugsbereich des chinesischen Grenzflusses Amur wurden in das Kitasato Institut nach Japan gebracht und dort zum Aufbau eines Zuchtstammes verwendet. Nachkommen dieser Gründerpopulation wurden 1949 an das Japanische Zentrallabor für Versuchstierkunde überführt, wo sie bei der Erforschung von Tuberkulose und Rachitis eingesetzt wurden.

Aus Japan bezog 1954 die nordamerikanische West Foundation, eine Stiftung zur Förderung neuer Versuchstierarten in der Medizin, 11 Zuchtpaare Mongolischer Wüstenrennmäuse. Von den in die USA importierten Gerbils bildeten fünf Weibchen und vier Männchen den Grundstock einer kommerziellen Tierzucht (Tumblebrook Farm Inc). Die Haltung und Züchtung von Gerbils erwies sich als preiswert und unkompliziert, zusätzlich sorgte die Tumblebrook Farm mit Berichten über besondere Eigenschaften der Gerbils wie Hitzetoleranz, ein tieffrequentes Hörvermögen oder ihre Anfälligkeit für Schlaganfälle und epilepsieähnliche Krämpfe für eine rasche Verbreitung der Tiere, die von Forschern und Zoogeschäften auf dem Versandweg bezogen werden konnten. Fast jede Heimtierhandlung verkauft heute Gerbils, die inzwischen in vielen Farbschlägen erhältlich sind. Es ist anzunehmen, dass alle diese Tiere und auch alle Zuchten von Gerbils, die von Versuchstierzüchtern angeboten werden, auf die 1935 gefangenen Tiere zurückgehen. Gerbils der Tumblebrook Farm waren bis 1996 unter dem Kürzel Tum:MON erhältlich, nach der Auflösung des Unternehmens wurden die Tiere in die Zuchtlinien der Firma Charles River integriert.

Domestikation der Laborgerbils

Es ist anzunehmen, dass die Vermehrung von Gerbils in menschlicher Obhut seit 1935 zu mehr als hundert aufeinanderfolgenden Generationen geführt hat, die einem gezielten züchterischen Einfluss unterlagen. In Verbindung mit der genetischen Verarmung, wie sie 1954 mit 9 Gerbils gegeben war („Flaschenhalseffekt"), können mittlerweile in der Laborzuchtlinie von Gerbils, die auf die Tumblebrook Farm zurückgeht, Veränderungen beobachtet werden, wie sie aus der Haustierwerdung (Domestikation) von anderen Säugetieren her bekannt sind. Der domestizierte „Laborgerbil" bildet zoologisch gesehen keine eigene Art oder

Unterart, unterscheidet sich aber deutlich von seinen wildlebenden Artgenossen.

Seit einigen Jahren sind in Deutschland auch Nachkommen so genannter „Wildgerbils" erhältlich, die 1995 bei einer wissenschaftlichen Expedition in der zentralen Mongolei gefangen wurden. Von den Wildfängen konnten 60 Gerbils in eine Auszucht (Zuchtlinie Ugoe:MU95) überführt werden. Im Vergleich zu gleich schweren Nachkommen wildlebender Gerbils besitzen „Laborgerbils" kleinere Kreislauforgane und ein um 17–18 % kleineres Gehirn. Tiere der Laborzuchtlinie sind ruhiger, die Weibchen werfen eine größere Anzahl von Jungtieren, die Männchen bilden geringere Mengen von Testosteron.

Allgemeine Biologie

Rein äußerlich können Wild- und Laborgerbil nicht unterschieden werden. Das bei gesunden Tieren glatt und glänzend anliegende Fell ist tonfarben bis bräunlich und mit dunklen Deckhaaren durchsetzt (agouti), die hellen Haare der Bauchseite sind in ihrem Ansatz dunkel gefärbt, an der Flanke ist im Übergang von der Bauch- zur Rückenfarbe manchmal ein rötlicher Farbtonstreifen zu sehen. Der Schwanz ist behaart und trägt an seiner Spitze einige längere Haare mit schwarzen Spitzen, die bei zu hoher Besatzdichte in den Käfigen häufig fehlen. Über den Augen und hinter dem Ohr ist das Fell aufgehellt. Die Krallen sind schwarz und die hinteren Fußsohlen teilweise behaart, was wildlebenden Tieren den Aufenthalt auf aufgeheiztem Sand und Steinen erleichtert.

Adulte Gerbils wiegen durchschnittlich 60–80 g, die Männchen sind etwas schwerer als die Weibchen (**Abb. 3.33**). Eine Gewichtszunahme ist auch im 2. Lebensjahr noch möglich, bei adulten Tieren aus dem Wildstamm können auch in der Laborhaltung individuelle Gewichtsschwankungen von 20–30 % auftreten.

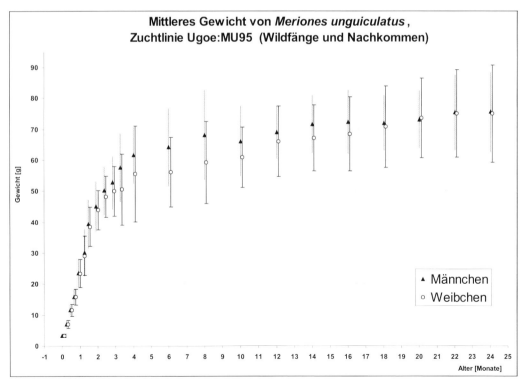

Abb. 3.33: Körpergewichtsentwicklung bei der Mongolischen Wüstenrennmaus (Gerbil). Dargestellt sind die Mittelwerte und Standardabweichungen der männlichen (geschlossene Dreiecke) und weiblichen (offene Kreise) Tiere der Zuchtlinie Ugoe:MU95; ermittelt für Wildfänge und ihre Nachkommen in Laborhaltung.

Vereinzelt neigen ältere Tiere in Einzelhaltung zur Verfettung und erreichen dann ein Körpergewicht von 100–120 g.

Die Rumpflänge von der Nasenspitze bis zur Schwanzwurzel beträgt 115–135 mm beim Männchen und 110–130 mm beim Weibchen, wobei die Schwanzlänge ca. 75 % der Rumpflänge beträgt. Der Hinterfuß ist 26–30 mm lang, die Ohrmuschel 12–15 mm. Die Glandula umbilicalis oder Ventraldrüse ist ein weitgehend unbehaarter, leicht erhabener, rhombenförmiger Hautbereich von gelblicher Farbe in der Mitte des Abdomens, dessen Größe bei Weibchen ca. 4 x 15 mm und bei Männchen ca. 5 x 25 mm beträgt. Die Ventraldrüse besteht aus 200–300 Talgdrüsen, die in eine mehrschichtige Lage vergrößerter Haarfollikel sezernieren, aus denen das Drüsensekret beim Vorbeistreifen der Bauchseite auf einen festen Untergrund abgegeben wird. Am Geruch des Drüsensekretes können sich Gerbils individuell unterscheiden und ihren jeweiligen Fortpflanzungsstatus erkennen. Auch bei der innerartlichen Verständigung spielen Duftstoffe, die von Drüsen im Augenwinkel oder der Ventraldrüse ausgeschieden werden, eine wichtige Rolle. Während der Aufzucht kommen Jungtiere beim Säugen und der Körperpflege immer wieder mit dem Drüsensekret der Eltern in Kontakt und werden dadurch geruchlich „markiert". Eltern erkennen ihre Nachkommen am Geruch, und auch erwachsene Gerbils können sich bis zu 4 Wochen individuell an den Geruch eines anderen Tieres erinnern. Bei der Eingewöhnung in eine neue Umgebung bevorzugen Gerbils andere Gerbils, welche nach dem gleichen Futter riechen.

Im Vergleich zu Mäusen und Ratten besitzen Gerbils stark vergrößerte Mittelohrkapseln (Bullae), können verhältnismäßig gut sehen und besitzen eine gute visuelle Tiefenwahrnehmung. Das Sehfeld von rechtem und linkem Auge überschneidet sich um knapp 50°. Für die häufigen Sprünge der Tiere ist es wichtig, dass sie horizontale Entfernungen akkurat einschätzen. Vor einem längeren Sprung lässt sich deshalb bei Gerbils oft eine nickende Kopfbewegung beobachten, welche der Entfernungseinschätzung dient. Das Hörvermögen von Gerbils ist sehr gut und – wie bei vielen Wüstentieren – auch für die Wahrnehmung tiefer Töne (z.B. in der Tonlage der menschlichen Sprache) geeignet. Dadurch können Gerbils in der weitläufigen Grassteppe das Warntrommeln von Artgenossen oder Geräusche sich annähernder Fressfeinde wahrnehmen. Die Hörkurve des Gerbils reicht von 100 Hz (Schwingungen pro Sekunde) bis etwa 45 kHz (Mensch: 20 Hz–16 kHz), die höchste Empfindlichkeit liegt bei ca. 3–5 kHz. Die Richtung eines Geräusches kann ein Gerbil allerdings nur auf 27° genau orten.

Verhalten

Bei Haltung unter natürlichem Licht (oder unter Kunstlicht L:D 16:8) zeigen Gerbils eine Tendenz zur Nachtaktivität. Bereits beim Einsetzen der Dämmerung (bzw. 1 Stunde vor Beginn der Dunkelphase) steigt die Bewegungsaktivität an und ist in den ersten 2–3 Nachtstunden besonders hoch. Am Ende der Nachtphase ist meist eine zweite Aktivitätsphase zu verzeichnen. Tagsüber werden die Schlafphasen immer wieder von der Futteraufnahme, gegenseitiger Fellpflege oder Scharren im Streu unterbrochen. Einige Tiere können auch eine ausgesprochene Tagaktivität ausbilden.

Gerbils sind gesellige Tiere mit einem differenzierten Sozialverhalten, das sich besonders gut in durchsichtigen Käfigen beobachten lässt. Tagsüber ziehen sich die Tiere gerne in eine nicht einsehbare Ecke ihres Käfigs zurück, um in engem Körperkontakt zu schlafen oder zu dösen. Einmal erwacht, widmen sich die Tiere nach ausgiebiger Fellpflege meist der Durchgrabung der Einstreu im Käfig. Immer wieder richten sich Gerbils dabei auf den verlängerten Hinterpfoten auf (engl. „rearing") und „sichern" mit erhobenem Kopf, was in der freien Wildbahn wahrscheinlich dem Schutz vor Feinden dient. Die Häufigkeit des „Sicherns" steigt in unbekannter Umgebung, z.B. nach dem Umsetzen in einen anderen Käfigtyp an.

Bei der gemeinsamen Haltung vieler Gerbils in einem Käfigständer werden bestimmte Verhaltensweisen häufig gleichzeitig ausgeführt, z.B. das „Durchgraben" von Streu mit den Vorderpfoten in einer der Käfigecken, wobei das Einstreumaterial mit den Hinterfüßen nach hinten geworfen wird. Auch wenn diese Grabaktivität in den Käfigecken häufig als „stereotype Verhaltensweise" bezeichnet wird, nehmen die

Tiere daran keinen Schaden. Fühlen sich die Gerbils bedroht, so zeigt sich ihre Erregung in einem charakteristischen „Trommeln" mit den Hinterläufen. Dabei werden beide Hinterpfoten ruckartig an den Körper gezogen und dann mit starkem Impuls mehrmals nacheinander gegen den Käfigboden geschlagen. Das dumpfe, mehrmalige Aufschlagen der Hinterpfoten wird auch in der freien Wildbahn von Gerbils ausgeführt, wenn diese in ihren Bau geflüchtet sind. Das „Warntrommeln" eines Tieres kann in der Steppe von der gesamten Kolonie gehört werden und dient wahrscheinlich der Warnung vor Fressfeinden. Andere Gerbils können sich diesem Verhalten anschließen, es ist auch Teil des männlichen Paarungsverhaltens.

Gerbils zeigen ein stärkeres Explorationsverhalten als Ratten oder Goldhamster. Anders als Ratten, die sich in neuartigen Umgebungen bevorzugt entlang von Wänden bewegen („Thigmotaxis"), laufen Gerbils ohne Scheu auch über offene Flächen. Der angestammte Käfig, aber auch ein neues Terrain wird mit Hilfe des Sekretes aus der Glandula umbilicalis geruchlich markiert. Das Bauchdrüsenfeld wird dabei während des Überkletterns gezielt über hervorstehende Gegenstände (Steine, Behausung) oder den Boden gewischt. Eine weitere wichtige Duftdrüse, die Hardersche Drüse, liegt in der Nähe der Tränendrüse. Bei dem charakteristischen „Putzen" der vorderen Gesichtshälfte werden die Vorderpfoten mehrmals von hinten über den Augenbereich bis über die Nase gewischt. Dabei werden individuelle Duftstoffe aus der Harderschen Drüse auf die Innenseite der Vorderpfoten und von dort auf den Boden übertragen.

Handling

Die Inspektion und das Handling von Gerbils ist einfach. Meist kommen die neugierigen Tiere an den Vorderrand des Käfigs, sobald der Gitterdeckel des Makrolonkäfigs angehoben wird, und lassen sich ohne Scheu aufnehmen. Einzelne Tiere gewöhnen sich sogar daran, die menschliche Hand als „Lift" (z.B. zum Umsetzen in eine Wiegeschale) zu benutzen.

Zum Umsetzen und für andere Routinearbeiten sollte das Tier stets an der Schwanzwurzel gepackt und daran aus dem Käfig gehoben werden. Hierbei muss unbedingt beachtet werden, dass die Schwanzhaut nur nahe des Rumpfes fest mit den Sehnen und Muskeln des Schwanzes verbunden ist.

Auf den äußeren drei Vierteln des Schwanzes liegt die Schwanzhaut wie ein loser Handschuh um Wirbel und Muskeln. Gerbils dürfen deshalb nie im mittleren oder äußeren Teil des Schwanzes festgehalten oder hochgehoben werden, da sonst die Schwanzhaut abreißen kann. Der Griff um die Schwanzwurzel muss kräftig und gezielt erfolgen und sollte bei schreckhaften Tieren, die im letzten Moment noch eine Bewegung machen könnten, vermieden werden. Hier empfiehlt sich das Umsetzen in einer Schachtel oder in dem ihnen vertrauten Häuschen.

Zur Adspektion können Gerbils auf den Unterarm des Untersuchers gesetzt werden. Schreckhafte oder kranke Tiere können gut am Nackenfell und Rückenfell aufgenommen werden. Fliehen Gerbils im Käfig vor dem Untersucher, kann man ein kleines Tuch in den Käfig werfen, unter dem die Tiere häufig Schutz suchen. Drückt man nun vorsichtig das Tuch gegen die Einstreu, lässt sich das lose Fell von Nacken und Rückenfell gut ertasten und fassen. Ist das Nacken- und Rückenfell des Gerbils durch den Griff einer Hand gut fixiert, kann das Tier mitsamt dem Tuch herausgehoben und umgedreht werden, um z.B. den Bauch zu palpieren oder eine intraperitoneale Injektion vorzunehmen.

Gelegentlich kommt es vor, dass Gerbils ab dem 2. Lebensmonat beim Umsetzen oder Handling seltsam ruhig werden, erstarren oder manchmal auch in krampfartige Zuckungen verfallen. Ein solcher epilepsieähnlicher Anfall tritt vor allem auf, wenn Gerbils in einen neuen Käfig umgesetzt werden oder anderem Stress ausgesetzt sind. Die Anfälle sind besonders häufig, wenn Tiere in Einzelhaltung sitzen, selten angefasst werden oder plötzlich lauten Geräuschen ausgesetzt sind. Diese spontanen Anfälle dauern meist nur wenige Minuten. Einige Zuchtstämme sind anfälliger als andere, bei sehr heftigen Anfällen können sich die Tiere auch unkontrolliert durch den Käfig wälzen und dabei verletzen. Die Anzahl der Anfälle sinkt drastisch, wenn Gerbils möglichst häufig (täglich) in Kontakt mit Menschen kommen (z.B. durch kurzes Herausnehmen aus dem Käfig), und laute Geräusche beim Umsetzen vermieden werden. Die regelmäßige Gabe von Sonnenblumenkernen scheint ebenfalls die Häufigkeit der Anfälle zu senken.

Anzeichen von Schmerzen, Leiden und Schäden

Eine unvollkommene Pflege, Krankheiten oder Leiden sind beim Gerbil am deutlichsten am Zustand des Fells oder am Verhalten zu erkennen. Gesunde Tiere sind neugierig, bewegen sich sicher und haben auch im Alter ein glänzendes, wohlgeordnetes Fell. Da Gerbils normalerweise nur über einen geringen Eigengeruch verfügen, geben auch starke Gerüche Hinweise auf Erkrankungen. Monatliche Gewichtsschwankungen bei adulten Tieren von 10 % sind nicht ungewöhnlich und – sofern keine anderen Krankheitszeichen auftreten – kein Grund zur Besorgnis.

Allgemeine Merkmale:
Gekrümmte Haltung, starker Gewichtsverlust, unsicherer Bewegungsablauf, Krampfneigung, Aktivitätseinschränkung, stumpfes oder verklebtes Fell.

Spezifische Merkmale:

■ *Augen*
Tränenfluss möglich. Unter schweren Belastungen können Augenlider halb geschlossen bleiben.

■ *Atmung*
Erhöhte Atemfrequenz, insbesondere wenn Lunge betroffen, aber schwierige Beurteilung.

■ *Aussehen*
Verschmutzes, verklebtes Fell. Läsionen und wunde Stellen im Gesicht bei übermäßigem Graben in Käfigecken. Unzureichende Ernährung und störende Umweltreize können zu Gewichtsverlust führen. Fehlen von Schwanzhaaren, wenn Tiere in überbelegten Käfigen gehalten werden. Der gelegentlich sichtbare kielförmige „Strich" im Rückenfell zeigt einen normalen Fellwechsel an.

■ *Kot- und Harnabsatz*
Normalerweise werden nur geringe Urinmengen ausgeschieden. Kot normalerweise als feste, trockene Pellets. Verstopfung selten. Wenn Durchfall auftritt, kann dies schnell zum Tod durch Flüssigkeitsverlust führen.

■ *Verhalten*
Wüstenrennmäuse sind normalerweise außerordentlich aktiv. Manche Gerbils neigen zu typischen (tonisch-klonischen) Krämpfen in Seitenlage, durch äußere Einflüsse, z.B. Lärm, ausgelöst. Die Tiere erholen sich mit der Zeit.

■ *Abnormale Aktivität*
Stereotypes Graben auf festen Käfigböden. Eventuell Veränderungen des Explorationsverhaltens und aggressive Reaktionen.

■ *Körperhaltung*
Gekrümmte Haltung und seltenes Aufrichten; Wölbung des Rückens, wenn Bauchorgane betroffen sind. Schiefe Kopf- und Körperhaltung bei Schädigungen des Labyrinthorgans, besonders bei älteren Tieren.

■ *Fortbewegung*
Anormaler Gang bei Erkrankungen des Bewegungssystems oder in der Bauchregion.

■ *Lautäußerungen*
Kaum von Bedeutung

■ *Alterungserscheinungen*
Ab dem 4. Lebensjahr gelegentlich Fehlwuchs der Schneidezähne (Nachschneiden notwendig) und Tumoren, z.B. an den Ovarien oder im Bauchraum, erkennbar anhand starker Gewichtszunahme.

Wiederholungsfragen

1. Wie viel wiegen adulte Gerbils (Männchen), und wie alt können sie werden?
2. Welche typischen Anpassungen der Gerbils an das Leben in der Wüstensteppe und charakteristische Verhaltensweisen der Art gibt es?
3. Wie gut können Gerbils sehen, hören und riechen?
4. Welche Möglichkeiten gibt es, Gerbils aus dem Käfig zu heben? Was sollte dabei auf jeden Fall vermieden werden?

3.3.4 Hamster

Ursprung und Domestikation

Zu den Hamstern im engeren Sinne gehören maus- bis rattengroße Nagetiere, deren Backenzähne mit zwei Längsreihen von Höckern besetzt sind und die von der Mundschleimhaut gebildete Backentaschen besitzen.

Vom östlichen Frankreich über Eurasien bis zum Pazifik kommen vier Gattungen mit zwölf Arten vor. Für Forschungszwecke verwendet werden vorwiegend Gold- oder Syrische Hamster (*Mesocricetus auratus*), Chinesische Hamster (*Cricetulus griseus*), Europäische Hamster (*Cricetus cricetus*) und Dschungarische Hamster (*Phodopus sungaris*).

Der Syrische Hamster ist unter den Versuchstierarten insofern einzigartig, als sein erster Einsatz für wissenschaftliche Zwecke zeitlich exakt festgelegt werden kann: Bei einer Forschungsreise nach Nordsyrien gelang es 1930 dem Zoologen I. Aharoni von der Hebräischen Universität in Jerusalem, in der Nähe der syrischen Stadt Aleppo ein Goldhamsterweibchen mit acht Jungen auszugraben, von denen er drei am Leben erhalten konnte. Die Tiere wurden weiter vermehrt, und Dr. S. Adler von der Parasitologischen Abteilung der Hebräischen Universität verwendete die Nachkommen dieser Hamster für seine Untersuchungen über die Kala-Azar-Seuche des Mittelmeerraumes. Aus dieser Zucht stammen die meisten heute als Versuchstiere verwendeten, wie auch als private Spieltiere gehaltenen Syrischen Goldhamster ab. Für Forschungszwecke stehen zahlreiche Auszuchtkolonien, Inzuchtstämme und Mutantenlinien zur Verfügung.

Der Chinesische oder Graue Hamster stammt aus Peking (China), wo er auf den Straßen gefangen und als Schoßtier verkauft wurde. Der erste schriftliche Bericht von der Verwendung eines Chinesischen Hamsters als Labortier erschien im Jahre 1919, als der chinesische Arzt Hsieh versuchte, verschiedene Pneumokokken-Typen zu identifizieren, von denen seine Patienten befallen waren. Später wurde der Chinesische Hamster häufig verwendet für Untersuchungen zu tropischen Infektionskrankheiten wie z.B. der Kala-Azar-Seuche und Malaria. Außerhalb Chinas ist die erste erfolgreiche Zucht des Chinesischen Hamsters im Jahre 1957 an der Harvard Medical School in Boston, Massachusetts, belegt.

Der Europäische oder Feldhamster gehört zur Familie der Cricetiden und ist gleichzeitig der einzige Vertreter der Gattung *Cricetus*. Sein natürliches Vorkommen in Europa und Westasien reicht von Frankreich bis zum sibirischen Fluss Jenissei, wo er in Städten und im offenen Kulturland lebt und sich bevorzugt warme, trockene Biotope mit tiefgründigen Löß- und Lehmböden sucht.

Der Dschungarische Hamster wurde als Labortier von N. M. Meier vom Zoologischen Institut der Akademie der Wissenschaften der früheren Sowjetunion im heutigen St. Petersburg (Leningrad) eingeführt; die ersten Tiere waren im sibirischen Tuva gefangen und der Unterart *P. sungorus campelli* zugeordnet worden. Eine weitere Kolonie entstand am Max-Planck-Institut für vergleichende Physiologie (Deutschland). Die Basis dieser Zucht bildeten vier Tiere, die in der Nähe des westsibirischen Omsk gefangen worden waren und als Mitglieder der Unterart *P. sungorus sungorus* identifiziert wurden. Nachkommen dieser Zucht gelangten in zahlreiche andere Laboratorien.

Allgemeine Biologie

Syrischer Goldhamster (*Mesocricetus auratus*)

Der Syrische Goldhamster (**Abb. 3.34**) ist eine von vier Arten einer Gattung, die über Südosteuropa und Vorderasien verbreitet ist. Bei ihm handelt es sich um die als Haustier weithin bekannte und vertraute Hamsterart, die als einzige unter den gängigen Versuchstierspezies bei niedrigen Umgebungstemperaturen sogar in eine Art Winterschlaf übergehen kann. Syrische Hamster sind gedrungene Tiere mit kurzen Beinen und sehr kurzem Schwanz; die Gesamtkörperlänge von der Nasenspitze bis zum Schwanzende beträgt bei erwachsenen Tieren zwischen 150 und 170 mm, der Schwanz selbst wird etwa 12 mm lang. Junge erwachsene Männchen wiegen zwischen 85 und 110 g, erwachsene Weibchen entsprechend 95–120 g, mit zunehmendem Alter geht das Körpergewicht etwas zurück. Syrische Goldhamster werden 2–3, in Einzelfällen auch bis zu 4 Jahre alt. Ihr Fell ist kurz, weich und glatt, seine rötlich-braune Rückenfärbung hat zu der Bezeichnung „Gold"-Hamster geführt. Das Bauchfell ist gewöhnlich einheitlich grau. Die Ohren des Syrischen Hamsters sind von mittlerer Länge, grau und im Wesentlichen nackt, die Augen sind groß und dunkel. Die Vorderfüße haben vier Zehen mit Krallen, die Hinterfüße jeweils fünf Zehen. Hamster haben große, gut entwickelte Backentaschen, in denen sie Futter aufbewahren und transportieren können.

Abb. 3.34: Syrischer Goldhamster *(Mesocricetus auratus)* (Aufnahme: W. Rossbach).

Die Weibchen des Syrischen Goldhamsters werden mit 4–6 Wochen geschlechtsreif, Männchen erst mit 6–7 Wochen. Zuchtreif sind Weibchen aber erst im Alter von etwa 2 Monaten. Nach einer Tragzeit von 15 bis über 16 Tagen wirft das Weibchen bis zu 16 Junge, die mit 18 bis 21 Tagen selbstständig und damit absetzfähig werden.

Chinesischer Hamster *(Cricetulus griseus)*

Chinesische Hamster (**Abb. 3.35**) sind kleine Nagetiere mit gräulich-schwarz gefärbtem, sehr weichem Fell. Wegen ihrer für ein Säugetier geringen Chromosomenzahl (22) werden sie bevorzugt für zytogenetische Fragestellungen verwendet. Aber auch für die Mutagenitätsforschung, Embryologie und die Diabetesforschung sind sie von Bedeutung; Zellkulturen von Chinesischen Hamstern werden häufig benutzt. An Inzuchtlinien gibt es, mit Ausnahme der spontandiabetischen, relativ wenige.

Erwachsene Männchen wiegen 30–35 g, die Weibchen sind etwa 10 % leichter. Ihre tägliche Trockenfutteraufnahme beläuft sich auf 3–5 g, die Wasseraufnahme auf 3–6 ml. Futter- und Wasseraufnahmen erfolgen hauptsächlich zwischen 20 und 8 Uhr. Chinesische Hamster, vor allem die Weibchen, sind von Natur aus kampflustig und kämpfen schon bei der ersten Begegnung mit anderen Artgenossen.

Es ist daher besonders wichtig, dass sie einzeln gehalten werden. Zu Auseinandersetzungen kommt es besonders häufig bei Begegnungen zwischen Weibchen, weniger häufig bei solchen zwischen Männchen. Tatsächlich scheint die Anwesenheit von Weibchen die Kampfbereitschaft von Männchen herabzusetzen, während die Anwesenheit von Männchen offenbar keinen Einfluss auf die Aggressivität von Weibchen hat. Sind die häufig bis zu 20 Minuten dauernden Kämpfe beendet, trennen sich die Tiere und zeigen in der Folge meist keinerlei Kontaktaufnahmeverhalten mehr wie z.B. Beschnüffeln des Artgenossen oder gegenseitige Fellpflege. Der Gewinner des Kampfes wird damit in der Regel zum Inhaber des jeweiligen Nest- bzw. Käfigbereiches. Das Fehlen von Warnsignalen und das intensive Futtersammelverhalten belegen, dass der Chinesische Hamster in seiner natürlichen Umgebung ein völliger Einzelgänger ist, in großer Abgeschiedenheit von anderen Artgenossen lebt und diesen nur verhältnismäßig selten begegnet.

Tragende junge Weibchen verhalten sich aggressiv gegenüber allen erwachsenen Jungtieren und vertreiben diese aus den von ihnen beanspruchten Nestbereichen, bevor sie ihre Jungen zur Welt bringen. Auch bei späteren Trächtigkeiten suchen sich die Weibchen immer wieder neue Nestbereiche aus und dulden auch dann keine älteren Jungtiere und keinesfalls fremde Jungtiere in ihrer Nähe. Das am häufigsten verwendete Markierungsver-

Abb. 3.35: Chinesischer Hamster *(Cricetulus griseus)* (Aufnahme: W. Rossbach).

halten des Chinesischen Hamsters wird ausgeführt, indem das Tier mit einem Hinterbein kräftig an seiner Flankendrüse streicht und anschließend sein Hinterteil auf die Unterlage presst. Diese Bewegungen sorgen dafür, dass die Duftstoffe aus der Flankendrüse auf die Unterlage gelangen. Bei Begegnungen zwischen zwei Weibchen scheint die Markierungshäufigkeit von der Rangposition des jeweiligen Tieres abhängig zu sein. Begegnen sich dagegen Tiere unterschiedlichen Geschlechts, markieren grundsätzlich die Männchen häufiger. Bei Kämpfen und Verfolgungsjagden sind fast immer die Weibchen überlegen. Das Sexualverhalten ist charakterisiert durch kurze Lordosis[18], schnelle Verfolgungsjagden zwischen den einzelnen Paarungsvorgängen, 1–3 Intromissionen je Paarungsvorgang sowie kurzes Innehalten nach der Ejakulation.

Europäischer Hamster oder Feldhamster (Cricetus cricetus)

Die überwiegend dämmerungs- und nachtaktiven Feldhamster sind bedeutend größer als Syrische oder Chinesische Hamster, im Mittel erreicht das erwachsene Männchen 27–32 cm Körperlänge (ohne Schwanz), das Weibchen 22–25 cm. Bei Laborhaltung liegt das durchschnittliche Körpergewicht von Männchen bei 450 g, das von Weibchen bei 350 g, in freier Wildbahn kann der Feldhamster jedoch mehr als 500 g erreichen. Feldhamster haben einen gedrungenen Körper und einen kurzen Schwanz. Der Feldhamster sieht mit seinem schwarzen Bauch, dem gelbbraunen Rücken und weißen Füßen sowie weißlichen Abzeichen an verschiedenen Stellen der Körperseiten auffällig bunt aus. Neben dieser „normalen" Fellfärbung treten jedoch vom albinotischen Typus bis zum ganz schwarzen Tier zahlreiche Farbvarianten auf.

Feldhamsterweibchen können schon mit 2,5 Monaten geschlechtsreif werden und werfen nach meist 17 (mitunter bis 19) Tagen Tragzeit 3–15 (im Mittel 8) Junge. Folgen Zweit- und Drittwürfe in kurzer Folge auf den ersten, kann die Tragzeit u.U. deutlich auf bis zu 37 Tage verlängert sein. Neugeborene haben nach der ersten Milchmahlzeit ein Gewicht von ca. 5 (4,3–6,1) g. Augen und Ohren öffnen sich mit 14–15 Tagen. Die Zehen der Vorderfüße trennen sich mit 3 Tagen, die der Hinterfüße etwa 12 Stunden später. Bereits am ersten Lebenstag tritt unpigmentiertes Haar an Kopf und Rücken auf. Mit 2 Tagen sind die künftigen weißen Flecken sichtbar, mit 3 Tagen werden auch die roten Flecken am Kopf erkennbar. Am 6. Tag ist der Rücken dunkel behaart, später hellt er allmählich auf. Die künftigen Flankendrüsen sind bereits ab dem ersten Lebenstag als glänzend rote Flecken sichtbar, die erst am Tag 9 allmählich im Fell verschwinden. Mit 12 Tagen ist das Jugendhaar voll entwickelt und unterscheidet sich von dem erwachsener Hamster nur durch den höheren Anteil schwarzer Haare auf dem Rücken.

Neugeborene Feldhamster kriechen zunächst mit Hilfe der Vorderextremitäten. Spätestens am 4. Tag sind auch die Hinterbeine am Kriechvorgang beteiligt. Ab Tag 8 können sich die Jungen rückwärts bewegen, ab 12 Tagen sind die Beine beim Laufen unter den Körper gestellt und nicht mehr seitlich abgespreizt. Mit 16 Tagen wird erstmals richtiges Kopfputzen beobachtet.

Feldhamster sind in freier Wildbahn wehrhafte Einzelgänger, die sich gegenüber Artgenossen wie auch natürlichen Feinden gut zu verteidigen wissen. Fühlt sich etwa ein Hamster durch einen Menschen in die Enge getrieben, wirft er sich auf den Rücken und bläst die Backentaschen auf, wodurch der Kopf größer und damit bedrohlicher erscheint. Dazu erzeugt ein aggressiver Hamster mit den Zähnen ein ratterndes Geräusch; er springt im Ernstfall sogar den vermeintlichen Angreifer kreischend an und kann ihn mit seinen scharfen Schneidezähnen unangenehme Verletzungen zufügen. Auch bei Haltung unter Laborbedingungen sind diese Eigenschaften noch weitgehend erhalten, was Zucht und Haltung dieser Tiere und ihre Verwendung für Versuche mitunter schwierig gestaltet. Feldhamster, die als Wildtiere von Oktober bis März Winterschlaf halten, legen dieses Verhalten in Gefangenschaft bereits in der zweiten Generation ab. Allerdings lässt sich der Winterschlaf bei solchen Tieren durch Anwendung geeigneter Licht- und Temperaturprogramme gezielt wieder herbeiführen.

---

18 Lordosis: typische Hohlrückenstellung der Weibchen, physiologische Kopulationsstellung. Wird durch genaue Abfolge einer Östrogen- und Progesteronwirkung auf das Zentralnervensystem vervorgerufen

Dschungarischer Hamster (Phodopus sungorus)

Der Dschungarische Hamster ist ein kleiner nachtaktiver Hamster: erwachsene Männchen werden 11 cm lang und wiegen im Durchschnitt 40–50 g, Weibchen erreichen etwa 9 cm Körperlänge und ein Körpergewicht von 30 g. Der nur etwa 1 cm lange Schwanz ist gewöhnlich im Fell verborgen. Das Rückenfell ist grau mit einem dunkelbraunen bis schwarzen Aalstreifen, der sich auf der Medianlinie vom Nacken bis zur Schwanzwurzel erstreckt, das Bauchfell ist weiß. Wie die meisten anderen Hamster hat auch der Dschungarische Hamster Backentaschen, in denen er Futter aufbewahren und transportieren kann. Dschungarische Hamster haben seitliche Duftmarkierungsdrüsen: Sie bringen die Duftstoffe auf die Unterlage, indem sie sich auf charakteristische Weise zur Seite rollen oder ihre Flankendrüsen auf der Unterlage entlangreiben.

Dschungarische Hamsterweibchen haben einen 4 Tage dauernden Brunstzyklus und werfen nach 18–19 Tagen Tragzeit 1–9 Junge, die im Alter von 16–18 Tagen abgesetzt werden. Neugeborene sind bis auf die Vibrissen (Schnurrbarthaare) haarlos und wiegen ca. 1,8 g. Augen und Ohren sind noch verschlossen, aber auch hier sind die Schneidezähne bereits bei der Geburt durchgebrochen. Schon am dritten Tag hat die Rückenhaut eine dunklere Färbung angenommen, und der Aalstreifen wird bereits erkennbar. Etwa ab dem 2.–4. Tag können sich Junge selbstständig aufrichten. Die Augen öffnen sich am 3.–4. Tag, das Fellwachstum wird ab dem 6.–9. Tag deutlich sichtbar. Ungefähr am 10. Tag öffnen sich die Augen, und die Jungen beginnen vereinzelt, das Nest zu verlassen und auch feste Nahrung zu kauen. Mit 20 Tagen wiegen die Tiere im Durchschnitt 17,4 g (11,7–21,5 g), etwa in diesem Alter beginnen sie auch Duftmarkierungsverhalten zu zeigen.

Die Geschlechtsreife tritt beim weiblichen Dschungarischen Hamster mit etwa 45–60 Tagen ein, der genaue Zeitpunkt dürfte jedoch stark von jahreszeitlichen Bedingungen abhängen. Die Weibchen werfen nach einer Tragzeit von meist 18 Tagen durchschnittlich 3 Junge mit einem Geburtsgewicht von 1,5–2,0 g. Auch bei Männchen ist der Eintritt der Pubertät stark jahreszeitlich abhängig, er reicht von 35–150 Tagen. Die Mehrzahl der Weibchen ist nur etwa ein Jahr lang zuchtfähig, die durchschnittliche Lebenserwartung der Dschungarischen Hamsters wird zwischen 1 und 2 Jahren angegeben.

Verhalten

Im Gegensatz zu den anderen Labornagern bilden die nachtaktiven und Ruhe liebenden Hamster keine Kolonien; ihr Sozialverhalten ist von im Alter zunehmender Ungeselligkeit geprägt. Besonders Weibchen wehren Reviereindringlinge und unerwünschte Männchen mit heftigen Attacken ab, was bei Käfighaltung zu Problemen führen kann. Der Umgang mit Hamstern verlangt dem Tierpfleger daher besonderes Einfühlungsvermögen ab. Tiergerechte Haltung von Hamstern bedeutet in vielen Fällen Einzelhaltung aller adulten Tiere in Zucht und Experiment sowie Toleranz gegenüber der bei solitärer Lebensweise zunehmenden Verteidigungsbereitschaft. Die heute angewendeten Methoden bei Zucht und Haltung der noch gering domestizierten Hamsterarten stellen einen Kompromiss zwischen Artgemäßem und Machbarem dar. Dabei wird versucht, die bei Jungtieren natürliche Gruppenbildung möglichst lange aufrechtzuerhalten, selbst permanent monogame Verpaarung ist bei frühzeitiger Gewöhnung möglich. Futtervorräte in den Backentaschen zu „hamstern" und in Nestnähe zu horten ist eine bei manchen Hamsterarten stark ausgeprägte Verhaltensform, die, ebenso wie ihr (Un-)Sozialverhalten, bei der artgemäßen Haltung nicht außer acht gelassen werden darf. Auf plötzliche Veränderung von Umweltfaktoren (Geräusche, Pfleger, Haltungsbedingungen) und Stress können Hamster mit Erregung oder Depression und veränderten Zuchtleistungen reagieren. Ungewohnter Fütterungs- und Tränktechnik stehen sie mitunter unbeholfen und wenig erkundungsbereit gegenüber.

Auch in „klimastandardisierten" Bereichen zeigen Hamster saisonale Schwankungen in Temperament, Brutpflegeverhalten und Körperfunktionen wie Reproduktion und Wachstum. Eine „Sommer" simulierende tägliche Lichtperiode von 14 Stunden ist in Hamsterzuchten sinnvoll und üblich, weil bei kürzerer Beleuchtungsdauer die Reproduktionsrate zurückgeht. Durch Verschiebung der Lichtphase werden in manchen Zuchten zwecks leichterer Kontrolle Nachtaktivität und Kopulation der Tiere auf den Arbeitstag verlegt, vor Verwendung unter Experimentalbedingungen benötigen derart gezüchtete Tiere jedoch eine längere Adaptationszeit.

Hamster sind, eine tiergerechte Pflege vorausgesetzt, nicht notwendigerweise aggressiv gegenüber dem Pflegepersonal. Dazu gehört, dass die Tiere mit der Hand angefasst werden und nicht – aus übertriebenem Respekt – Pinzetten oder anderes Werkzeug dazu verwendet werden. Bei guter Pflege sind diese Tiere gegenüber den eigenen Artgenossen beiderlei Geschlechts im Wesentlichen verträglich. Soweit sie von Jugend an zusammen – jedoch nach Geschlechtern getrennt – aufgezogen wurden, gestaltet sich ihre Haltung ähnlich unproblematisch wie die von Ratten und Mäusen.

Lediglich der Europäische Hamster kann u.U. ab einem gewissen Alter (ca. 3 Monate) Unverträglichkeit an den Tag legen. Dieser Tendenz kann meist durch Verringerung der Käfigbesatzdichte erfolgreich begegnet werden. Erwachsene Hamstermännchen aller oben erwähnten Arten verhalten sich gegenüber unbekannten Weibchen, die nicht im Östrus (also paarungsbereit) sind, meist aggressiv. Die Männchen erkennen den Zykluszustand am Verhalten der Weibchen (z.B. Lordosis), aber auch an spezifischen Sexualduftstoffen, die von den Weibchen aus den Flankendrüsen auf die Unterlage abgesetzt werden. Abgesehen von Weibchen im Östrus zeigen beide Geschlechter sowohl untereinander als auch gegenüber dem Pflegepersonal grundsätzlich aggressives Verhalten. Im Umgang mit den Tieren sollte dann größtmögliche Vorsicht an den Tag gelegt werden (**Abb. 3.36a u. b**).

Abb. 3.36: Handling beim Goldhamster; **a** Fassen **b** Festhalten (Aufnahme: W. Rossbach).

Handling

Wegen ihrer nächtlichen Lebensweise schlafen Hamster häufig während des normalen Arbeitstages. Es sollte vermieden werden, solche Tiere abrupt aufzuwecken, da sie darauf aggressiv reagieren können. In den meisten Fällen lassen sich die Tiere im Nackengriff verhältnismäßig ruhig fixieren, nur bei besonders schwierigen Exemplaren sollte dies vermieden werden. Ihre artbedingte Erregbarkeit wird durch Aufnahme in die hohle Hand und ebensolches Halten gedämpft, insbesondere, wenn die Aufnahme öfter erfolgt. Man kann Hamster auch aufnehmen, indem man die geöffnete Handfläche über sie legt und sie mit den Fingern um Hinterleib und Brustkorb fasst, wobei der Kopf in der Handwurzel liegt. Man kann sie aber auch in die „offene Hand" laufen lassen.

Anzeichen von Schmerzen, Leiden und Schäden

Allgemeine Merkmale:
Gewichtsverlust, gesteigerte Aggressivität, Depression, stark veränderte Schlafzeiten

Spezifische Merkmale:

- *Augen*
Schwellung, Bindehautentzündung, durch Ausfluss verklebt, Tränenfluss schon bei Reizung ohne Beteiligung von Bakterien

- *Atmung*
Erhöhte Frequenz, wenn Lunge betroffen ist, auch extreme Atembewegungen möglich

- *Aussehen/Haut*
Haut mit reichlich verschiebbarer Unterhaut, daher extreme Faltenbildung möglich, Schwellungen daher nicht leicht zu diagnostizieren. Bei Wasserverlust des Körpers bleiben aufgehobene Hautfalten länger bestehen.

- *Kot- und Harnabsatz*
Kotbefleckte Region um die Afteröffnung ist Hinweis auf Durchfall, Kot dann reichlich und flüssig („wet tail").

- *Verhalten*
Zunehmend aggressive Reaktion beim Berühren. Reduziertes Verhalten trotz deutlicher Außenreize.
Schlafzeiten während des Tages können nach Dauer und Rhythmus verändert sein. Zunehmende Trägheit gerade bei Berührung. Erkundungsverhalten eingeschränkt, verstärkt „streitsüchtiges" Verhalten gegen Käfiggenossen.

- *Körperhaltung*
Zusammengerollte Körperhaltung, zögernde und eingeschränkte Bewegungen bei Erkrankung der Bauchorgane.

- *Fortbewegung*
Parallele Fußbewegungen zur Körperachse beeinträchtigt, wenn Schmerzen im Bewegungsapparat vorliegen. Wenn Bauchraum betroffen ist, z.B. Bauchwassersucht infolge Leberzirrhose, mitunter gestelzte Bewegungen.

- *Lautäußerung*
Kranke Hamster können hohe Quieklaute oder ein Geräusch wie beim „Zähnewetzen" von sich geben, wenn man sich ihnen nähert. Dies ist jedoch auch bei gesunden Tieren eine häufig gezeigte Reaktion.

- *Sonstiges*
Auskühlung, Gewichtsverlust, nasser Schwanz, Durchfall, Schwellungen oder Geschwüre an Lippen und Pfoten.

Wiederholungsfragen

1. Woher stammen die heute als Versuchstiere verwendeten Goldhamster?
2. Was wiegen junge erwachsene Goldhamstermännchen und -weibchen?
3. Wann werden Goldhamster geschlechtsreif?
4. Wie ist die Wurfgröße beim Goldhamsterweibchen?
5. Wie lange lebt ein Goldhamster?
6. Wie viel Wasser trinkt ein Chinesischer Hamster?
7. Was ist die Lordosis?
8. Wie viel wiegt ein erwachsenes Feldhamstermännchen, wie viel das Weibchen?
9. In welchem Alter wird das Feldhamsterweibchen geschlechtsreif?
10. Wie lange ist die Tragzeit beim Feldhamsterweibchen?
11. Wie viel wiegt ein ausgewachsenes Männchen des Dschungarischen Hamsters?
12. Wie lange ist der Brunstzyklus beim Dschungarischen Hamster?
13. Wie hoch ist die durchschnittliche Lebenserwartung des Dschungarischen Hamsters?

3.3.5 Meerschweinchen

Ursprung und Domestikation

Die Vorfahren der in Europa als Versuchstiere verwendeten Meerschweinchen[19] (**Abb. 3.37**) stammen ursprünglich aus Südamerika; dort sind sie heute mit vier Gattungen vertreten, die mit Ausnahme des Amazonas-Waldgebietes fast überall vorkommen. Das Hausmeerschweinchen (*Cavia aperea* f. *porcellus*) wurde vor mindestens 3000, möglicherweise sogar schon vor 6000 Jahren im Gebiet des heutigen

---

19 Der deutsche Name Meerschwein(chen) kommt wahrscheinlich von dem holländischen Wort „Meerzwijn", d.h., das Schwein, das über das Meer gekommen ist.

Peru domestiziert; schon damals waren diese Tiere wichtige Fleischlieferanten des Menschen. Auch heute noch sind sie beliebte Haustiere, die wie Haushühner frei im Haus und in seiner Umgebung herumlaufen. Im 16. Jahrhundert wurden Meerschweinchen von den Spaniern aus Südamerika nach Europa gebracht, wo sie, z.B. in England[20], bald als Schoßtiere Beliebtheit erlangten.

Bereits 1870 wurden Meerschweinchen von Robert Koch als Versuchstiere genutzt. Mit dem Nachweis des Tuberkelbazillus und der Verwendung des Meerschweinchens in der Tuberkulosediagnostik begann die Aufklärung und Erforschung zahlreicher krankheitserregender Mikroorganismen. Meerschweinchen wurden in der Folge zur Bearbeitung ganz unterschiedlicher tierexperimenteller Fragestellungen eingesetzt, gegenwärtig finden sie v.a. bei der Entwicklung und Prüfung von Impfstoffen gegen bakterielle und virale Infektionskrankheiten Verwendung.

Die heute als Versuchstiere eingesetzten Meerschweinchen stammen von Tieren ab, die von Dunkin und Hartley gezüchtet wurden. Es gibt weltweit bislang kein Zentrum, das sich mit der Charakterisierung und Erhaltung von Meerschweinchenstämmen beschäftigt; deshalb sind manche Stämme inzwischen ausgestorben oder in die verschiedensten Laboratorien über die Welt verstreut. Bekannt sind die Auszuchtstämme „Dunkin-Hartley" und „Pirbright White" sowie die Inzuchten „2" und „13".

Allgemeine Biologie

Meerschweinchen sind laufaktive Nagetiere mit gedrungenem Körper, einem sehr großen Kopf und verhältnismäßig kurzen Beinen. Die Vorderfüße tragen je vier mit Krallen versehene Zehen, die Hinterfüße sind dreizehig. Die Gesamtkörperlänge des erwachsenen Meerschweinchens beträgt 23–34 cm. Das Körpergewicht eines erwachsenen Tieres liegt beim Weibchen zwischen 600 und 800 g, beim

Abb. 3.37: Meerschweinchen mit Ohrlochung (Auszuchtstamm Dunkin-Hartley)(Aufnahme: W. Rossbach).

Männchen kann es 1000g erreichen. Die Lebenserwartung eines Meeschweinchens beträgt durchschnittlich 4–5 (maximal 8) Jahre, bei Zuchtweibchen mitunter nur 3 Jahre.

Die Körpertemperatur der Meerschweinchen von 38,5 °C (37,9–39,7 °C) wird bei niedrigen Umgebungstemperaturen einmal durch ein besonderes Kältezittern, zum anderen durch zitterfreie Wärmebildung (sog. zitterfreie Thermogenese) aufrechterhalten. Wie bei allen kleinen, warmblütigen Tieren mit verhältnismäßig großer Körperoberfläche sind die wärmebildenden Mechanismen deutlich besser entwickelt als diejenigen, die die Wärmeabgabe steuern.

Meerschweinchen haben ein gut entwickeltes Sehvermögen und einen verhältnismäßig großen Gesichtskreis. Sie können die Spektralfarben unterscheiden, was das Verhältnis Stäbchen[21] zu Zapfen auf ihrer Netzhaut von 4–5:3 belegt.

Das Hörvermögen der Meerschweinchen ist hervorragend entwickelt. Sie können Schwingungen im weiten Bereich zwischen 16 und 30000 Hz wahrnehmen, das menschliche Gehör im Vergleich dazu nur maximal 20000 Hz. Ihr ausgezeichneter Geruchssinn dient vor allem der vielfältigen innerartlichen Verständigung, d.h. dem Erkennen von Duftsignalen

---

20 Die englische Bezeichnung „guinea pig" (= Guinea-Schwein) für Meerschweinchen rührt daher, dass das als Spieltier beliebte Meerschweinchen damals zum stolzen Preis von 1 Guinea (altenglische Goldmünze) verkauft wurde.

21 Spezielle Zelltypen der Netzhaut: die Zapfen vermitteln das Farbensehen, Stäbchen das Dämmerungssehen (schwarz/weiß).

ihrer Artgenossen. Bestimmte Duftstoffe können sie noch in einer Konzentration wahrnehmen, die um den Faktor 1000 niedriger liegt, als sie von Menschen registriert werden kann.

Verhalten

Junge Meerschweinchen können bereits kurz nach der Geburt laufen, sich putzen und schon am ersten Lebenstag etwas feste Nahrung zu sich nehmen. Während der ersten Tage sitzen sie aber meist zusammengekauert und dösend in „ihrer Ecke". Obwohl sie grundsätzlich Nestflüchter sind, nimmt das Erkundungs- und Spielverhalten erst allmählich zu. Junge Meerschweinchen bewegen sich beim Spielen übermütig, z.B. bei ihren Rennspielen und dem Springen mit Kopf- und Beinausschlagen. Dies sind Bewegungen, die beim Erkundungsverhalten und bei Sozialkontakten der Jungtiere sehr häufig eingesetzt werden. Auch erwachsene Meerschweinchen spielen gelegentlich, vor allem wenn sie von Jungtieren dazu animiert werden. Dies gilt insbesondere für Männchen, während sich weibliche Tiere meist wenig um fremde Jungtiere kümmern.

Wilde Meerschweinchen markieren häufig mit ihren Analdrüsen und mit gezielt abgesetztem Urin. Auch Harnspritzen gegen Artgenossen kommt häufig vor. Dabei springen die Männchen das andere Tier – meist ein Weibchen – mit leicht angehobener Flanke und Hinterbein mit einer schnellen Bewegung seitlich an und markieren so die Seite oder den Rücken des Weibchens. Bei domestizierten Formen kommen diese Verhaltensweisen allerdings seltener vor.

Obwohl Meerschweinchen seit Jahrhunderten domestiziert sind, verhalten sie sich gegenüber dem Menschen meist dennoch scheu und zeigen vielfach nur geringe Anhänglichkeit. Zwar lassen sich Meerschweinchen normalerweise ohne Schwierigkeit einzeln halten; dies sollte jedoch nach Möglichkeit vermieden werden, da sie ausgesprochen soziale Tiere sind. Bei Gruppenhaltung werden komplizierte Beziehungen aufgebaut. Besonders in Gegenwart eines im Östrus befindlichen Weibchens tragen geschlechtsreife Männchen erbitterte Kämpfe aus. Auch bei gleichgeschlechtlicher Gruppenhaltung entsteht sehr bald eine deutliche Rangordnung: In kleinen Männchengruppen gibt es in der Regel ein Alpha-Männchen, das ranghöchste Tier, das deutlich an seinem Verhalten erkennbar ist: Es wandert am meisten herum und wird von den anderen Tieren am meisten beachtet. Es „purrt", d.h. gibt tiefe, vibrierende, langgezogene Laute von sich und

 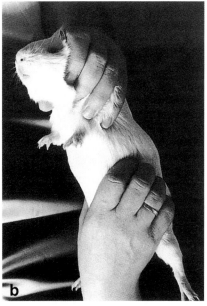

Abb. 3.38: Handling beim Meerschweinchen (Pirbright White) **a** Aufnehmen, **b** Halten (Aufnahmen: W. Rossbach).

geht dabei in einem auffälligen Imponiergang. Je eindeutiger ein Männchen in der Gruppe die Alpha-Stellung einnimmt, umso stabiler ist die Sozialstruktur und desto weniger Angriffe und Auseinandersetzungen treten innerhalb dieser Gruppe auf.

Überhaupt spielen Lautäußerungen bei Meerschweinchen eine besondere Rolle. Sie werden sehr abwechslungsreich verwendet und häufig eingesetzt. Bei wachen, aktiven Tieren ist daher fast beständig ein gewisser Lautpegel vorhanden, insbesondere dann, wenn Jungtiere vorhanden sind. So z.B. das charakteristische Quieken, ein hochgezogener Laut, mit dem die Tiere Kontakt aufnehmen: Jungtiere rufen hiermit die Mutter herbei, bei der Fütterung gilt dieses Signal dem Tierpfleger. Bei Beunruhigung und äußeren Störungen, in konfliktreichen Situationen und bei hoher Erregung, wie sie bei Auseinandersetzungen vorkommen kann, tritt eine auffällige Lautäußerung auf, das sog. Tschirpen. Eine andere Lautäußerung ist das voll und melodisch klingende „Singen", das an den Ruf einer warnenden Amsel erinnert. Andere Meerschweinchen reagieren auf diesen Laut mit nachhaltiger Aufmerksamkeit und Erschrecken. Auch das Singen kommt bei wilden Meerschweinchen häufiger vor als bei domestizierten Formen. Erwachsene, fremde Tiere, die man zusammensetzt, vertragen sich oft nicht. Dabei können anhaltende Auseinandersetzungen mit u.U. tödlichem Ausgang auftreten: Im Kampf unterlegene Tiere werden mitunter immer wieder so heftig gebissen, dass sie eingehen können, wenn sie nicht rechtzeitig aus dem Käfig genommen werden. Es kann auch vorkommen, dass ein Tier auf das Zusetzen eines fremden Artgenossen mit Rückzug oder Apathie reagiert und in der Folge sogar stirbt, ohne dass zwischen beiden jemals eine körperliche Auseinandersetzung stattgefunden hat.

Handling

Meerschweinchen werden aufgenommen, indem man sie mit der einen Hand von hinten um den Brustkorb fasst (**Abb. 3.38a**); beim Aufnehmen eines tragenden Weibchens sollte zusätzlich mit der anderen Hand das Hinterteil des Tieres abgestützt werden. zum Halten eines Tieres greift man mit einer Hand von hinten fest um den Brustkorb, mit der anderen Hand umfasst man das Tier von der Bauchseite (**Abb. 3.38b**).

Anzeichen von Schmerzen, Leiden und Schäden

Meerschweinchen sind aufmerksame und fluchtbereite Tiere, die sich der zugreifenden Hand meist durch Flucht zu entziehen suchen. Nach dem Erfassen deutet Widerstandslosigkeit bei Tieren, die wenig an den Menschen gewöhnt sind, auf eine Schreckstarre hin. Meerschweinchen reagieren selbst auf geringfügige und vorübergehende Schmerzen mit vielfältigen Lautäußerungen. Bei Erkrankungen wirken sie oft schläfrig.

Allgemeine Merkmale:
Lautäußerungen, widerstandsloses Stillhalten nach dem Erfassen, gesträubtes Fell, Teilnahmslosigkeit

Spezifische Merkmale:
- *Augen*
Eingesunken und matt, Tränenfluss

- *Atmung*
Erhöhte Atemfrequenz trotz langanhaltender Bewegungslosigkeit bei schmerzhaften oder anderweitig belastenden Reizen. Wenn das Atemsystem betroffen ist, kann die Atmung angestrengt und mühsam werden, Rasselgeräusche, Nasenausfluss.

- *Aussehen*
Gewichtsverlust, unregelmäßiger, nicht auf bestimmte Stellen begrenzter Haarausfall, schuppige Haut, Austrocknung.

- *Kot- und Harnabsatz*
Durchfall. Häufiges Harnlassen bei Blasen- oder Niereninfektionen.

- *Verhalten*
Das typische Ausweichverhalten der Meerschweinchen ist bei Schmerzen und Leiden anfangs gesteigert und kann später bis zur Teilnahmslosigkeit verringert sein.
Speichelabsonderung bei überlangen Backen- und/oder Schneidezähnen, die das Fressen erschweren. Benagen des eigenen oder fremden Felles bei Schmerzen im Magen-Darm-Trakt, Haarsteinbildung im Magen.

■ *Körperhaltung*
Bei Schmerzen in der Bauchhöhle aufgezogener Bauch und/oder gewölbter Rücken. Kein Stellreflex[22] bei schwerkranken Tieren.

■ *Fortbewegung*
Bei Schmerz und gestörtem Bewegungsablauf Lahmheit, „vorsichtiger Gang" bei wunden Pfoten, besonders bei älteren Tieren. Nachschleifen des Hinterkörpers bei Schwäche.

■ *Lautäußerung*
Gesunde Meerschweinchen geben oft Laute von sich, besonders wenn sie erfasst werden. Bei Schmerzen und Leiden sind diese Lautäußerungen häufig verringert.

■ *Sonstiges*
Abkühlung, Gewichtsverlust, reduzierter Muskeltonus[23]

Wiederholungsfragen

1. Woher stammen die als Labortiere verwendeten Meerschweinchen?
2. Wie schwer wird ein erwachsenes Meerschweinchen?
3. Wie lange lebt ein Meerschweinchen im Durchschnitt?
4. An welchen allgemeinen Merkmalen kann man ein krankes Meerschweinchen erkennen?

3.3.6 Kaninchen

Ursprung und Domestikation

Die ursprüngliche Heimat des europäischen Kaninchens (*Oryctolagus cuniculus*) ist die Iberische Halbinsel, d.h. das heutige Spanien und Portugal, von wo es sich in andere Mittelmeerregionen und schließlich in ganz Westeuropa ausgebreitet hat. Kaninchen wurden bereits im ersten Jahrhundert vor Christus domestiziert, schon die Römer hielten Kaninchen in „kaninchensicher" eingezäunten Gärten, den so genannten Leporarien, und nutzten die Tiere als Fleischlieferanten. Die eigentliche Domestikation dürfte jedoch erst im Mittelalter stattgefunden haben. Erste Verwendungen von Kaninchen für wissenschaftliche Zwecke durch De Graaf sind für das Jahr 1672 belegt.

Heute werden zahlreiche Kaninchenrassen (**Abb. 3.39a-e**) für die verschiedensten tierexperimentellen Fragestellungen verwendet, so v.a. für die Antikörperproduktion, aber auch u.a. für die Arzneimittelprüfung (Pyrogentest[24]), Impfstoffproduktion und teratologische Prüfungen[25].

Allgemeine Biologie

Das Kaninchen gehört zu der zahlenmäßig kleinen zoologischen Ordnung der *Lagomorpha*, die sich von Nagetieren durch ein zweites Paar Schneidezähne im Oberkiefer unterscheidet. Kaninchen machen keinen Zahnwechsel durch. Die Zahnformel ist: I[26] 2/1, C 0/0, PM 3/2, M 3/3. Wie aus der Zahnformel zu ersehen ist, haben Kaninchen keine Eckzähne; die Schneidezähne sind von den Prämolaren durch einen Zwischenraum, das so genannte Diastema, getrennt. Die Hauptschneidezähne, die über eine regelrechte Schnittkante verfügen, wachsen während der gesamten Lebenszeit ständig nach. Im Inneren des Maules liegt beidseitig je eine große Hautfalte, die den ungehinderten Blick in das Maul erschwert.

Kaninchen haben hervorstehende Augen, die durch ihre seitliche Anordnung am Kopf den Tieren ein außerordentlich großes Gesichtsfeld verleihen. Für wildlebende Kaninchen als potenzielle Beutetiere bringt dies den Vorteil, den größten Teil ihrer Umgebung auf möglicherweise herannahende Feinde kontrollieren und in einem solchen Falle frühzeitig die Flucht ergreifen zu können. Hör- und Geruchsinn sind bei Kaninchen sehr gut entwickelt. Kaninchen sind Pflanzenfresser, und ihr Verdauungssystem hat sich in mannigfaltiger

---

22 Reflexe, die der Aufrechterhaltung oder Wiederherstellung der normalen Kopfhaltung und Körperstellung dienen.
23 Durch Nerveneinfluss bedingter normaler Kontraktionszustand der Muskeln.
24 Test auf das Vorhandensein von fiebererzeugenden Stoffen (Pyrogene) in Infusionslösungen und Blutkonserven
25 Prüfung von Stoffen auf mögliche embryoschädigende, insbesondere Missbildungen verursachende Eigenschaften
26 I: Incisivus = Schneidezahn; C: Caninus = Eckzahn; PM: Prämolare = zwischen Eck- und Mahlzähnen gelegene Backenzähne; M: Molare = Backenzähne

Abb. 3.39: Als Versuchstiere häufig verwendete Kaninchenrassen; **a** Chinchilla-Bastard; **b** Weißer Russe; **c** Weißer Neuseeländer; **d** Hasenkaninchen; **e** Burgunderkaninchen (Aufnahmen: W. Rossbach).

Weise diesem Umstand angepasst: einschließlich der besonderen Zahnstruktur, der Art der Gallensaftproduktion sowie des voluminösen Darmtraktes mit dem großen Blinddarm, der in einen Wurmfortsatz mündet; hier findet eine wirkungsvolle mikrobielle Verdauung statt (**Kap. 3.2.10**, Verdauung). Eine besondere Eigenschaft des Kaninchens ist die so genannte Zäkotrophie[27]: nach einer Art Vorverdauung werden – in der Regel in den frühen Morgenstunden – weiche, von einer grauen Schleimschicht umgebene Kotbällchen ausgeschieden, die vom eigenen Afterausgang oder von dem anderer Tiere der Gruppe mit dem Maul aufgenommen werden. Im dann einsetzenden zweiten Verdauungsgang werden zusätzliche Inhaltsstoffe der Nahrung aufgeschlossen und resorbiert. Die weichen Kotbällchen bei der ersten Ausscheidung enthalten etwa doppelt soviel Protein und Vitamine und nur halb so viel Rohfasern wie die späteren harten Kotbälle. Zäkotrophie beginnt bei jungen Kaninchen etwa im Alter von 3–4 Wochen. Der Prozess ist abhängig vom Vorhandensein bestimmter Bakterien im Verdauungstrakt, folglich kommt das Verhalten bei keimfrei gehaltenen Tieren nicht vor. Bei Haltung auf offenen Böden wie z.B. Rostböden wird Zäkotrophie weiterhin ausgeführt, da die Kotbällchen mit der Ausscheidung direkt vom Afterausgang aufgenommen werden. Für Wildkaninchen bedeutet die Zäkotrophie z.B. während Trocken- und Winterperioden eine Verbesserung der Überlebenschance, da eine vollständige Magenentleerung und damit der Nüchternzustand verhindert wird. Die Übertragung von pathogenen Darmkeimen innerhalb einer Tiergruppe wird durch die Zäkotrophie begünstigt.

Die rektale Körpertemperatur des Kaninchens liegt im Mittel bei 39,5 °C (38,5–40 °C). Die Körpertemperatur kann jedoch durch den jeweiligen Erregungszustand, durch Handling oder durch Störungen aus der Umgebung beeinflusst werden. Die Trächtigkeit dauert im Mittel 31 Tage, wobei kleinere Würfe mitunter länger ausgetragen werden als große. Ein durchschnittlicher Wurf besteht aus 3–9 nackten, blinden und vollkommen hilflosen Jungtieren, deren Geburtsgewicht je nach Rassenzugehörigkeit und v.a. der Wurfgröße von 30 bis 70 g reichen kann. Die Wurfgröße hat einen deutlichen Einfluss auf das Geburtsgewicht. Die Jungen säugen an den meist 4 Zitzenpaaren (bis zu 6 Paar kommen vor) der Mutter und werden nach 42–56 Tagen abgesetzt.

Kaninchen zeigen eine für eine einzige Tierart sehr große Bandbreite beim Körpergewicht, das je nach Rasse von 1-7,5 kg betragen kann. Ungewöhnlich für Säugetiere: Weibchen sind schwerer als Männchen. Dies rührt meist daher, dass Weibchen bei Käfighaltung unter Laborbedingungen außerordentlich große Fettmengen in der Bauchhöhle anlegen, was auch einen ungünstigen Einfluss auf ihre Vermehrungsfähigkeit hat.

Die Lebensdauer eines Kaninchens beträgt durchschnittlich 5–7 Jahre, in Einzelfällen können Tiere – in der Regel Männchen – sogar älter als 15 Jahre werden. Da bei Kaninchen mit zunehmendem Alter, bei Böcken infolge stark zurückgehender Spermienzahlen die Fruchtbarkeit nachlässt, werden sie für die Zucht normalerweise nur bis zum Alter von etwa 4 Jahren verwendet.

Verhalten

Die Gruppenhaltung von Kaninchen gestaltet sich mitunter schwierig. Männchen kämpfen ab einem gewissen Alter miteinander; bei einigen Rassen beginnt dies schon vor dem Absetzen, bei anderen erst im Alter von 3 Monaten. Die Tiere verhalten sich dann zunehmend aggressiver, vor allem ranghohe Männchen attackieren gezielt die Hoden von Männchen mit niedriger Rangposition und verletzen diese nachhaltig. Bei Zuchtpärchen, die zu lange in einem gemeinsamen Käfig belassen werden, kann u.U das tragende Weibchen auf ähnliche Weise den Bock regelrecht kastrieren.

Einige Männchen entwickeln bei Haltung in offenen Käfigen die vor dem Hintergrund des Sexualverhaltens zu sehende Gewohnheit, durch die Gitter ihren Harn auf das Fell anderer Tiere zu spritzen.

Weibliche Kaninchen sollten, soweit es das Experiment erlaubt, in Gruppen (d.h. wenigstens zu zweit) in ausreichend großen Käfigen gehalten werden, um ihrem Bedürfnis nach Sozialkontakten Rechnung zu tragen. Zwar kann es auch zwischen ihnen vereinzelt zu Aus-

---

27 Zäkotrophie, auch Koprophagie genannt, ist die regelmäßige Aufnahme von Blinddarmkot (Zäkotrophe)

einandersetzungen kommen, jedoch verlaufen diese in der Regel ohne Verletzungen, für die Weibchen überwiegen damit die Vorteile der Gruppenhaltung.

Handling

Es ist sinnvoll, Kaninchen beiderlei Geschlechts durch regelmäßiges Handling an den Menschen zu gewöhnen. Das Pflegepersonal sollte – wie bei anderen Versuchstierarten auch – auf einen ruhigen, bestimmten Umgang mit Kaninchen Wert legen. Nervöses, hastiges Hantieren überträgt sich auf die Tiere, auch spüren diese eine mögliche Unsicherheit oder gar Angst des mit ihnen umgehenden Menschen und reagieren verstärkt mit Abwehr. Beim Umgang sollte man mit den Tieren sprechen, nicht zu laute Hintergrundmusik kann vorteilhaft sein, da die bei der Arbeit im Tierraum zwangsläufig entstehenden Geräusche, z.B. durch aufeinanderschlagende Metallteile, auf die Tiere weniger erschreckend wirken.

Soll ein Kaninchen aus dem Käfig genommen werden, ergreift man es von hinten an der großen Falte im Genick und fängt mit der anderen Hand das Körpergewicht ab, indem man das Hinterteil stützt (**Abb. 3.40a**). Kaninchen dürfen keinesfalls an den Ohren hochgehoben oder getragen werden! Soll das Kaninchen z.B. in einen anderen Raum gebracht werden, empfiehlt es sich, das Tier – wie be-

Abb. 3.40: Handling beim Chinchilla-Bastard-Kaninchen **a** Halten, **b** Tragen unterm Arm (Aufnahmen: K. Schwarz).

schrieben – mit der einen Hand im Genick zu fassen und es mit dem Kopf nach hinten zwischen den anderen Arm und Körper zu nehmen, um so auch die Hinterbeine kontrollieren zu können (**Abb. 3.40 b**). Hält oder trägt man ein Kaninchen mit beiden Händen um den Brustkorb gefasst, wird das Tier in der Regel heftig strampeln und kann dabei den Träger mit seinen Krallen empfindlich kratzen. Aus diesem Grund sollte ein Tier mit unfixierten Hinterbeinen niemals in Gesichtsnähe kommen.

Obwohl Kaninchen in der Regel beim normalen Umgang nicht beißen, gibt es doch gelegentlich Tiere, die beim Öffnen der Käfigtür attackieren, wobei sie mit offenem Maul drohende Knurrtöne von sich geben. Mit solchen Tieren sollte man in besonders ruhiger und bestimmter Weise umgehen, deutliche Ansprache noch vor dem Öffnen der Käfigtür und dem Fassen des Tieres wirken sich häufig günstig aus.

Nervöse oder aggressive Kaninchen treten oft gegen die Käfigwände und erzeugen damit entsprechende Schlaggeräusche. Nähert man sich solchen Tieren überraschend, können sie einen langgezogenen, durchdringenden Angstschrei ausstoßen; diese für den Menschen erschreckend wirkende Lautäußerung kann auch bei akuter Schmerzempfindung der Tiere auftreten. Werden Kaninchen – z.B. zur Durchführung einer Blutentnahme – auf eine glatte Oberfläche (Edelstahlwagen, Labortisch) gesetzt, so können sie mit unkontrollierten Lauf- und Sprungversuchen reagieren, wobei die Füße keinen Halt finden. Diesem Umstand ist grundsätzlich durch sorgfältiges Fixieren des Tieres zu begegnen. Häufiges Handling und damit Gewöhnung an das Verfahren und die Verwendung einer griffigen Unterlage wirken zudem hilfreich. Besonders ausgeprägt ist das beschriebene Verhalten bei geschlechtsreifen Männchen, wenn auf der gleichen Oberfläche zuvor ein entsprechendes Weibchen behandelt wurde und seine spezifischen Duftstoffe dort zurückgelassen hat.

Bei der Verwendung ungeeigneter Fixierkästen oder bei unsachgemäßer Fixierung mit der Hand können Abwehrbewegungen seitens der Tiere mit solcher Heftigkeit ausgeführt werden, dass ein Wirbelsäulenbruch mit nachfolgender Nachhandlähmung eintritt. Solcherart verletzte Tiere müssen unverzüglich auf tierschutzgerechte Art getötet werden.

Anzeichen von Schmerzen, Leiden und Schäden

Beim Kaninchen sind Belastungen schwer zu erkennen, da die Tiere offensichtlich schmerzhafte Zustände ohne auffällige Reaktionen hinnehmen. Das kann mit ihrem Verhalten im Freiland zusammenhängen, wo Unauffälligkeit überlebensnotwendig ist. Gesunde Kaninchen oder Kaninchen in Käfigen von ausreichender Größe zeigen meist nur kurze, tageszeitabhängige Bewegungs- und Erkundungsphasen; als Hinweise auf Schmerzen und Leiden sind diese daher kaum geeignet. Erstes Anzeichen von Stress ist bei Kaninchen meist das spontane Einstellen der Zäkotrophie. Wenn ein Kaninchen Schmerzen hat, kann zudem Lichtempfindlichkeit auftreten und die Futter- und Wasseraufnahme eingeschränkt sein.

Allgemeine Merkmale:
Teilnahmslos, Hockhaltung, frisst oder trinkt nicht, gibt bei Berührung durchdringende Schmerzensschreie von sich. Dieses Verhalten kann aber auch bei wenig an den Menschen gewöhnten Tieren als Schreck- und Angstreaktion auftreten.

Spezifische Merkmale:
▪ *Augen*
Tränenfluss mit Hervortreten der Nickhaut ist ein Hinweis auf Reizung der Augen. Bei anhaltenden Schmerzen oder Leiden können die Tiere schläfrig und lichtscheu wirken.

▪ *Atmung*
Erhöhte Atemfrequenz entweder bei Erregung oder Lungenerkrankung. Schleimig-eitriger Nasenausfluss bei Infektionen der Luftwege.

▪ *Aussehen*
Erkrankten Kaninchen ist eine Verschlechterung ihres Zustandes häufig nicht anzusehen. Sorgfältige Untersuchung lässt Rückbildung der Rückenmuskulatur und allgemeinen Gewichtsverlust erkennen. Austrocknung durch Wasserverlust ist häufig. Durch Kot und/oder Urin verschmiertes Fell im Analbereich.

▪ *Kot- und Harnabsatz*
Der normale Rhythmus der Weichkotproduktion kann schon frühzeitig beeinflusst sein. Verstopfung in Form der Koprostase und Durchfall als Reaktionen auf Schmerzen oder

Leiden kommen vor. Fehlender Harnabsatz als Hinweis auf Infektionen der Harnwege, Harnsedimente oder Nachhand- oder Querschnittslähmung.

▪ *Verhalten*
Zunehmender Rückgang aller umweltbezogenen Reaktionen. Kaninchen wendet sich vom Licht ab, der Kopf zeigt zur Käfigrückwand. Erkundungsverhalten ist gestört.
Die Tiere fressen und trinken nicht; häufiges Fellputzen kann zur Bildung von „Haarbällen" im Magen mit nachfolgender Verstopfung führen.

▪ *Körperhaltung*
Bei wunden Pfoten Körpergewicht nach vorne oder hinten verlagert, um den Druck zu vermindern; bei Bauchschmerzen ungewohntes Strecken des Körpers und flaches, seitliches Liegen. Kopfschiefhaltung, wenn Gehörgang oder Innenohr gereizt oder von Parasiten befallen ist.

▪ *Fortbewegung*
Schmerzen bei der Fortbewegung, insbesondere durch wunde Pfoten. Nach Verletzungen an der Wirbelsäule Lähmungen des Bewegungsapparates.

▪ *Lautäußerung*
Unter Normalbedingungen kaum Lautäußerungen. Plötzliche Schmerzen können für kurze Zeit schrille Lautäußerungen auslösen.

Wiederholungsfragen

1. Wann etwa wurden die ersten Kaninchen domestiziert?
2. Wodurch unterscheidet sich die Ordnung der Hasenartigen (Lagomorpha) von der der Nagetiere (Rodentia)?
3. Was versteht man unter Zäkotrophie?
4. Wie viele Jahre lebt ein Kaninchen?

3.3.7 Frettchen

Ursprung und Domestikation

Das Frettchen oder Iltisfrettchen (*Mustela putorius furo*) wird in zwei verschiedenen Varianten für Laborzwecke eingesetzt: Das Iltisfrettchen ist die beige, braune, schwarze (iltisfarbene) Haustierform des Iltis, das Frettchen die rotäugige Albino-Variante (**Abb. 3.41**). Nach neueren Erkenntnissen ist davon auszugehen, dass das Iltisfrettchen im Verlauf einer mehrere Jahrhunderte währenden Domestikation aus dem europäischen Iltis entstanden ist. In der Folge soll der Einfachheit halber nur von Frettchen gesprochen werden. Frettchen wurden vielfach für die Jagd auf Kaninchen und Ratten eingesetzt, heute geschieht dies gelegentlich noch in den Parkanlagen der Städte. Dazu dringt ein Tier z.B. in den Kaninchenbau ein und treibt die Kaninchen heraus, wo diese von bereitstehenden Jägern

Abb. 3.41: Frettchen. Iltisfrettchen (li) und Albinofrettchen (re) (Aufnahme: Froxfield Farms, UK).

gefangen oder erlegt werden. Wegen ihrer lustigen und weitgehend freundlichen Wesensart werden die Frettchen auch als Schoßtiere geschätzt. Problematisch ist hierbei allerdings der bei Männchen besonders stark ausgeprägte Duft der Analdrüsen, den die Tiere deutlich wahrnehmbar an sich haben.

Als Versuchstiere werden Frettchen für virologische Untersuchungen, insbesondere zur Erforschung der Hundestaupe und der menschlichen Influenza (Grippe), verwendet. Das Frettchen wurde zum Tiermodell für menschliche Erkältungskrankheiten, da das Influenzavirus bei ihm spezifische Symptome hervorruft. Auch zur Entwicklung von Chemotherapieverfahren in der Krebsbekämpfung und zur Erprobung neuer Materialien in der Zahnheilkunde werden sie eingesetzt.

Allgemeine Biologie

Frettchen haben – wie alle Mitglieder der Familie der Marderartigen – typische Merkmale, wie kleine runde Ohren, einen langgestreckten, schlanken und beweglichen Körper, verhältnismäßig kurze Beine und einen langen Schwanz. Sie tragen ein raues, sehr dichtes Fell. Unter natürlichen Lichtbedingungen machen Frettchen im Spätherbst und im Frühjahr einen Fellwechsel durch.

Die Männchen, wie bei den Hunden Rüden genannt, können zwischen 1300 und 2700 g wiegen, in Einzelfällen auch deutlich darüber. Dies ist auch auf erhebliche Fettablagerungen im Bereich des Verdauungstraktes zurückzuführen. Die Weibchen, Fähen genannt, sind wesentlich leichter als die Männchen und wiegen zwischen 450 und 900 g (**Abb. 3.42**). Erwachsene Frettchen nehmen unabhängig von Alter und Geschlecht täglich zwischen 60 und 90 g Futter auf. Das Körpergewicht ist bei beiden Geschlechtern in hohem Maße jahreszeitlichen Schwankungen unterworfen, die Tiere verlieren während der Brunstsaison an Gewicht und nehmen zum Herbst hin wieder zu. Die Körperlänge (von der Nase bis zur Schwanzspitze) des erwachsenen Frettchens liegt meist zwischen 40 und 60 cm, der Schwanz ist 10–15 cm lang. Die rektal gemessene Körpertemperatur beträgt im Mittel 38,8 °C und schwankt zwischen 37,8 und 40°C. Narkotisierte Tiere verlieren sehr schnell an Körpertemperatur und sollten deshalb bei länger dauernden Eingriffen entsprechend abgedeckt werden.

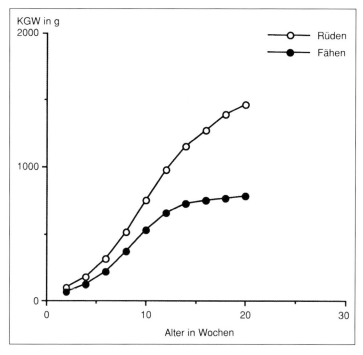

Abb. 3.42: Körpergewichtsentwicklung beim Iltisfrettchen. Das Gewicht erwachsener Tiere zeigt im Jahresverlauf Schwankungen um bis zu 40%, bedingt durch die erheblichen subkutanen Fettansammlungen, die zum Winter hin angelegt werden und im Frühjahr wieder verschwinden.

Die Lebenserwartung von Frettchen beträgt meist zwischen 5 und 8 Jahren, unter besonderen Umständen können sie aber bis zu 13 Jahre alt werden.
Wie es für Fleischfresser typisch ist, haben Frettchen einen kurzen Verdauungstrakt, der Blinddarm fehlt ihnen.
Wärmeabfuhr erfolgt bei Frettchen hauptsächlich über die Atemluft (Hecheln), die Tiere verfügen über keine Möglichkeit der Schweißabsonderung. Bei sehr hohen Außentemperaturen werden sie aus diesem Grund mitunter apathisch und bewegen sich nur sehr sparsam. Für den Transport der Beute, vor allem wenn es sich um Eier handelt, haben Frettchen ein Kiefergelenk, das eine Öffnung der Mundspalte bis zu 90 °C erlaubt.
Mit dem Fellwechsel im Frühsommer wird das alte Fell abgelegt, das Wachstum des neuen Winterfells beginnt im Herbst. Gleichzeitig wächst auch die unter der Haut gelegene Fettschicht, die im Frühjahr und Sommer weitgehend abgebaut worden war. Gewöhnlich laufen Frettchen mit kleinen Trippelschritten, jedoch können sie sich mit einem ganz typischen, fast an Schlangenbewegungen erinnernden Galopp fortbewegen.

Verhalten

Wildlebende Iltisse und Frettchen sind Fleischfresser und ernähren sich von kleinen Säugetieren, Vögeln, Amphibien, Fischen und Wirbellosen. Sie haben ein spezialisiertes Jagdverhalten und töten ihre Beute bis zur Rattengröße mit einem gezielten Nackenbiss und anschließendem kräftigen Schütteln, wobei den Beutetieren das Genick gebrochen wird. Größeren Tieren wird durch einen Biss in die Kehle die Halsschlagader geöffnet, Hühnern wird meistens der Kopf abgerissen.
Die bevorzugten Lebensräume der Iltisse und Frettchen sind deckungsreiche Reviere in Wäldern, Feldern, Wiesen, Park- und Heckenlandschaften. Sie dringen jedoch auch in die Randbezirke menschlicher Siedlungen vor. Iltisse und Frettchen sind dämmerungs- und nachtaktive Raubtiere. Die Größe ihres Reviers richtet sich nach dem Vorkommen ihrer Beutetiere und kann bis zu 40 ha erreichen. In Gefangenschaft verbringen Frettchen einen großen Teil des Tages schlafend, bei Dunkelheit werden sie dann sehr aktiv.

Zu beiden Seiten des Afters liegt je eine Anal- oder Stinkdrüse, deren aufdringlich riechendes Sekret zur Abgrenzung und Markierung des Reviers dient. Auch im Zustand hochgradiger Erregung, z.B. bei der Abwehr von Feinden, wird dieses stark anhaftende Sekret ausgeschieden, was dem Iltis im Volksmund den Beinamen „Stänker" eingetragen hat.
Obwohl wildlebende Frettchen Einzelgänger sind, gewöhnen sie sich in der Gefangenschaft leicht an das Zusammenleben mit Artgenossen, sie spielen ausgiebig miteinander und schlafen eng aneinander geschmiegt. Gruppenhaltung ist bei Frettchen sogar empfehlenswert, um durch die vielfältigen innerartlichen Kontakte den ausgeprägten Beschäftigungstrieb der Tiere zu befriedigen. Während der Ranzzeit – vom frühen Frühjahr bis zum Spätsommer – sollten die Gruppen jedoch besonders sorgfältig beobachtet und einige Grundsätze beachtet werden.
So sollten Rüden während der Frühjahrs- und Sommermonate nicht länger als 24 Stunden getrennt werden, da sie sich sonst nach dem neuerlichen Zusammensetzen feindselig begegnen und bekämpfen können. Fähen sollten von der Gruppe getrennt werden, sobald sie in ein fortgeschrittenes Trächtigkeitsstadium gekommen sind und isoliert bleiben, solange sie ihre Jungen säugen. In diesem Zustand kann es auch zwischen den Fähen zu Auseinandersetzungen kommen. Die Anwesenheit des Rüden während der Aufzucht der Jungen muss unbedingt vermieden werden, da diese sonst mit Regelmäßigkeit vom Vater aufgefressen werden.
Von den Sinnesorganen des Frettchens sind Geruch und Gehör am besten ausgebildet, während sein Sehvermögen nur durchschnittlich ist und es z.B. nur die Farben Rot und Blau unterscheiden kann.
Frettchen verfügen über eine erstaunliche Bandbreite von Lautäußerungen. Sie zischen, wenn sie sich belästigt fühlen und kreischen, wenn sie sich fürchten; im Umgang mit ihren Jungen kichern sie auf eine ganz charakteristische Weise, neugeborene Frettchen piepen.

Handling

Die Handhabung von Frettchen, die nicht ausreichend mit dem Menschen vertraut sind,

Abb. 3.43: Festhalten eines Iltisfrettchens. Zur besseren Fixierung werden auch die hinteren Extremitäten und der Schwanz festgehalten (Aufnahme: D. Wolff).

erfordert Mut und Geschicklichkeit. Am besten ergreift man sie schnell von hinten am Hals (unterhalb des Kopfes und vor dem Schulterblatt), nachdem man sie mit der anderen Hand, z.B. mit Hilfe eines Lederhandschuhes abgelenkt hat. Bei entsprechender Betreuung und häufigem Handling, möglichst von Jugend an, werden sie bald zutraulich und lassen sich ohne Abwehr aufnehmen (**Abb. 3.43**).

Anzeichen von Schmerzen, Leiden und Schäden

Frettchen, die an das Handling durch fachkundiges Personal gewöhnt sind, verhalten sich dem Menschen gegenüber zutraulich. Die Zutraulichkeit wird allerdings häufig in Form einer oft lästigen Aufdringlichkeit geäußert. Dabei fordern sie nachhaltig mit offenem Maul und mit gockernden Lautäußerungen am Menschen hochspringend dessen Aufmerksamkeit. Ungeübte Betreuer reagieren hierauf ängstlich. Man kann jedoch sicher sein, dass die Tiere in solchen Situationen, solange ihr Fell nicht gesträubt ist, mit dem Menschen spielen wollen.

Frettchen gehören nicht zu den stillen Duldern. Sie reagieren mit eindeutigen Verhaltensweisen auf unangenehme Situationen. Bei schmerzhaften oder belastenden Manipulationen können sich die Tiere durchaus wehrhaft widersetzen. Die Schwelle der vom Frettchen als belastend empfundenen Eingriffe ist niedrig. Selbst einer einfachen Fixierung stemmen sie sich mit all ihrer Kraft entgegen. Der schlanke muskulöse Körper dreht und windet sich in den Händen der Pflegeperson. Drohen bekanntermaßen unangenehme Ereignisse, reagieren Frettchen mutig aggressiv. Eine Weile versuchen sie fauchend und rückwärtslaufend zu entkommen, wobei sie das Fell hochaufgesträubt tragen. Dabei wedeln sie aufgeregt mit dem gesträubten Schwanz. Ist ein Entkommen nicht möglich, greifen sie an. Sie springen dabei bis zur Hüfthöhe und versuchen zu beißen. Werden Tiere in einer solchen Situation ergriffen, entleeren sie meist explosionsartig das Sekret der Analdrüsen, wobei sie lang anhaltend laut und durchdringend schreien.

Allgemeine Merkmale:
Teilnahmslosigkeit (oft kombiniert mit ungewohnter Zahmheit) oder Unruhe (häufig kombiniert mit ungewohnter Aggressivität), Zittern, Bewegungsstörungen und Schreie sind Anzeichen von Stress und Schmerzen beim Frettchen. Auch die Verweigerung von Nahrung und Trinkwasser, ein struppiges Haarkleid, Gewichtsverlust, Austrocknung sowie Durchfall bzw. Verstopfung sind typisch.

Spezifische Merkmale:

▪ *Augen*
Augenausfluss und Bindehautentzündung können beobachtet werden. Selten sind Linsentrübung (Vit.-A-Mangel) und Pupillenerweiterung (Vit.-B_1-Mangel).

▪ *Atmung*
Bei Erkrankungen der oberen Luftwege kommt es zu Nasenausfluss und Husten. Atemnot mit pumpender Atmung bei Lungenentzündungen.

▪ *Aussehen*
Abmagerung und Austrocknung bei vielen Krankheitszuständen (auch Infektionskrankheiten), bei denen Futter- und Wasserauf-

nahme reduziert ist. Entzündungszeichen, Kratzspuren, Falten- und Borkenbildung sowie Haarausfall bei parasitären und Pilzerkrankungen der Haut. Verhornungsstörungen der Haut kommen bei Mangelerscheinungen vor (Zink- bzw. Vitaminmangel). Sind sie auf Pfoten, Nasenspiegel, Kinnunterseite und Leistengegend begrenzt, könnte eine Staupeerkrankung die Ursache sein.

■ *Kot- und Harnabsatz*
Durchfall – meist blutig bzw. schleimig – wird bei Entzündungen von Magen und Darm oder auch bei einigen Viruserkrankungen (z.B. Frettchenwelpensterben) beobachtet.
Entzündungen des Grimmdarmes (Kolon) werden manchmal von Darmvorfällen begleitet. Schwarz und teerartig ist der Durchfall im Falle der Aleutenkrankheit (HGG). Bei Stress und schlechten Haltungsbedingungen sind Magengeschwüre mit Mundgeruch und blutigem Erbrechen nicht selten.
Vermehrte Urinausscheidung – mit und ohne Blutbeimengungen – können auf Nierenwürmer aber auch auf Stoffwechselkrankheiten (Zuckerkrankheit/Diabetes mellitus) hindeuten.

■ *Verhalten*
Der ausgeprägte Beschäftigungs- und Spieltrieb des Frettchens kann beim leidenden Tier in völlige Teilnahmslosigkeit (Apathie) umschlagen. Ursachen können sowohl Krankheiten (z.B. Influenza, Infektiöse Panleukopenie, Dauerbrunst), als auch Mangelerscheinungen (z.B. Vitaminmangel-A, -B_6, -E) sein.
Unruhe, Tobsucht und Aggressivität sind nicht nur Zeichen der Tollwut, auch Fremdkörper im Maul können verantwortlich sein. Dabei richtet sich die Aggressivität sowohl gegen Menschen als auch gegen Artgenossen.
Bei leidenden Frettchen sind die Rhythmen von Verhaltensweisen – z.B. Erkundung, Schlaf, usw. – zunehmend gestört. Futter- und Wasseraufnahme sind vermindert oder werden ganz eingestellt. Letzteres wird auch bei zahlreichen Erkrankungen (Infektionen, Herzkreislaufstörungen, Gebärmutterentzündung, Mangelerscheinungen usw.) beobachtet.

■ *Körperhaltung*
Bei der Ohrräude wird der Kopf auffällig schief gehalten und geschüttelt. Bauchlage bei gestrecktem Hals und hochgehaltenem Kopf wird bei Lungenentzündungen gesehen. Im Endstadium eines Vit.-B_1-Mangels wird der Kopf krampfartig nach hinten gestreckt (Opisthotonus).

■ *Fortbewegung*
Lähmungen der Muskulatur sind für einige Infektionskrankheiten typisch, z.B. Botulismus, Leptospirose und Tuberkulose.
Eine Schwäche der Nachhand wird bei Missbildungen der Wirbelsäule (Jungtiere), Herzmuskelerkrankungen, Milchfieber und Insulin bildenden Tumoren der Bauchspeicheldrüse beobachtet.
Bewegungsstörungen (sog. Ataxien) und ein unsicherer Gang können z.B.: als Folge vom Mangelerscheinungen (Vit.-E bzw. Vit.-B_1) auftreten oder auf eine akute Dickdarmentzündung (Kolitis) hinweisen. Kreisbewegungen (Manegebewegungen) deuten auf Ohrräude hin.

■ *Lautäußerungen*
Normalerweise stoßen Frettchen gackernde oder gockernde Laute aus, die bei Aufregung lauter werden, schneller aufeinander folgen und in Fauchen übergehen. Bei starkem Stress oder Schmerzen können die Tiere anhaltend laut und durchdringend schreien.

■ *Sonstiges*
Abmagerung, Austrocknung, Abkühlung, übermäßige Schmerzempfindung.

Wiederholungsfragen

1. Wie sieht ein Iltisfrettchen aus?
2. a. Wie werden männliche Frettchen genannt? Wie viel wiegen sie?
   b. Wie heißt das Weibchen und wie schwer wird es?
3. Was muss bei der Zusammensetzung von Frettchen-Gruppen beachtet werden?

3.3.8 Katze

Ursprung und Domestikation

Nach heutigem Kenntnisstand gilt die ägyptisch-palästinensische Unterart *Felix lybica lybica* der Falbkatze (*Felis lybica*) als Stammform unserer Hauskatzen (*Felis lybica f. catus*). Zwar ist davon auszugehen, dass im Laufe der Zeit auch andere Unterarten der Falbkatze wie auch Wald- und Steppenkatzen etwas zum Erbgut der Hauskatze beigetragen haben, doch sind deren Anteile eher als unbedeutend einzuschätzen. Die Hauskatze lebt seit mindestens 2500 Jahren in Hausgemeinschaft mit dem Menschen. Im alten Ägypten, woher sie ursprünglich stammt, galten Katzen als heilig, besondere Exemplare wurden nach ihrem Tode sogar mumifiziert.

Katzen wurden erstmals im 19. Jh. als Versuchstiere eingesetzt. Aus Untersuchungen an dieser Tierart wurden bedeutende wissenschaftliche Erkenntnisse gewonnen, so z.B. hinsichtlich der Herz- und Kreislauffunktionen, des Atmungssystems, der Sinnesorgane und der Drüsenfunktionen. In einigen dieser Bereiche, v.a. zur Bearbeitung neurologischer Fragestellungen, finden Katzen auch heute noch Verwendung.

Allgemeine Biologie

Wie alle anderen Mitglieder der Gattung *Felis* ist die Hauskatze (**Abb. 3.44**) Fleischfresser und Jäger. Katzen sind ausgezeichnete Kletterer und können schwimmen, auch wenn sie normalerweise das Wasser meiden, soweit dies möglich ist. Beim Jagen lassen sich Katzen hauptsächlich von ihrer Sehfähigkeit und dem Gehör leiten, die beide von hervorragender Leistungsfähigkeit sind. Der Geruchsinn ist dagegen wesentlich schlechter entwickelt als der von Hunden. Gewöhnlich schleichen Katzen ihre Beute zunächst an, springen sie dann an und töten sie, wenn es sich um kleine Beutetiere handelt, mit einem Biss ins Genick. Die Augen der Katze sind mit dem so genannten Tapetum lucidum[28] ausgestattet, das dem Tier eine ausgezeichnete Sehfähigkeit in der Dämmerung verleiht.

Die durchschnittliche, noch nicht in der Zucht befindliche Kätzin wiegt zwischen 3 und 4 kg, geschlechtsreife Kater zwischen 3 und 7 kg. Sterilisierte Tiere sind wegen der mitunter erheblichen Fettablagerungen meist schwerer. Die Lebenserwartung einer Katze liegt zwischen 9 und 14 Jahren; jedoch wird von Tieren berichtet, die älter als 20 Jahre wurden.

Katzen werden mit 6–7 Monaten geschlechtsreif, Kater etwas später, nämlich mit 8–9 Monaten. Die Weibchen haben dann meistens ein Gewicht von etwa 2–2,5 kg, die Männchen von 2,5–3,5 kg . Bei Katzen ist der eigentlichen Brunst (Rolligkeit) eine so genannte Vorbrunst vorangestellt, beide Phasen sind durch spezifische Verhaltensweisen charakterisiert. Während der Vorbrunst streicht die Kätzin schnurrend und mit sich ringelndem Schwanz mit Kopf und Flanke an Gegenständen ihrer Umgebung entlang; wenig später rollt sie sich dann vom Bauch auf den Rücken und umgekehrt; dabei schnurrt sie, streckt sich, fährt die Krallen aus und zieht sie wieder ein. In diesem Stadium ist sie noch nicht paarungsbereit, und ein in ihre Nähe kommender Kater wird in der Regel heftig abgewehrt.

Etwa 1–3 Tage später tritt dann die eigentliche Brunst ein, auch sie ist an typischen Verhaltensweisen zu erkennen. Die Kätzin ist nun paarungsbereit und lässt dies erkennen, in dem sie mit Brust und Bauch über den Boden streift und dabei den Hinterkörper hoch aufrichtet. Die Hinterbeine führen dabei rhythmische Bewegungen aus, und der Schwanz wird zur

Abb. 3.44: Kurzhaarhauskatze mit Halsmarke im Zwinger (Aufnahme: W. Rossbach).

---

28 Tapetum lucidum (Tl) wörtlich: leuchtender Teppich. Es handelt sich um ein blutgefäßloses, glänzendes, mit Pigmentzellen und Lichtreflexion ausgestattetes Feld der Aderhaut (Chorioidea). Durch die Reflexion werden die Lichtrezeptoren ein zweites Mal gereizt und damit die Schwelle der Lichtwahrnehmung herabgesetzt. Damit können Tiere mit einem Tl besser sehen als solche ohne. Das Aufleuchten des Auges, wenn bei Dunkelheit Licht in dieses einfällt, kommt durch die Guanin-Kristalle in den Zellen des Tl zustande.

Seite gebogen. Kommt es zur Begattung, gibt die Katze dabei hochtönende, gellende Schreie von sich. Die Kopulation selbst dauert etwa 5–15 Sekunden. Anschließend befreit sich das Weibchen in der Regel schnell vom Nackenbiss, mit dem sie der Kater während des Paarungsvorganges festhält. Sie leckt ihre Vulva ab und führt im Anschluss heftige, rollende Bewegungen aus, die nach und nach weniger werden und während derer sich die Kätzin nur ungern anfassen lässt. Sie ist nach etwa 20 Minuten zu einer neuen Paarung bereit.

Verhalten

Katzen verfügen über ein umfangreiches Repertoire an Lautäußerungen, das vom wohligen Schnurren bis zum wilden Schreien bei Auseinandersetzungen reicht. Mienenspiel und Körperhaltung dienen der innerartlichen Kommunikation: ihr Gesichtsausdruck wird durch unterschiedliche Ohrstellungen ebenso geprägt wie durch die Art, ihre entblößten Zähne zu zeigen. Ihre Körperhaltung signalisiert aggressives oder unterwürfiges Verhalten. Duftsignale aus Haut- und anderen, spezialisierten Drüsen sind wesentlicher Bestandteil ihrer innerartlichen Kommunikation. Sie verfügen über ein gut entwickeltes Vomeronasalorgan, das zusätzliche Geruchsorgan, und sie zeigen das so genannte Flehmen[29]. Katzen können sich Menschen oder Artgenossen gegenüber zärtlich bis aggressiv verhalten.

Unter räumlich beengten Verhältnissen verhalten sich Weibchen untereinander im Allgemeinen freundlich und können nach einigen Tagen Anpassungszeit ohne Schwierigkeit in Gruppen gehalten werden. Sie reiben ihre Körper aneinander, machen gegenseitige Fellpflege und schlafen eng aneinander geschmiegt. Wegen dieser Neigung zu Sozialkontakten ist z.B. eine Gruppe von 20 Kätzinnen meist ruhiger zu halten als eine von sechs Tieren auf dem gleichen Raum.

Normalerweise verbringen Katzen einen wesentlichen Teil ihrer Zeit ruhend oder schlafend. Unter Freilandbedingungen zeigen sowohl Kater als auch Kätzinnen territoriales Verhalten, markieren die Reviergrenzen mit dem Sekret ihrer Analdrüsen und halten so Eindringlinge fern. Kater haben große Territorien, die auch die Reviere einer Anzahl von Kätzinnen einschließen, mit denen sie polygame Verhältnisse unterhalten. Die hauptsächliche Aktivität der Tiere besteht darin, durch das Revier zu patrouillieren und die Grenzen zu markieren; alle ein bis zwei Tage jagen sie Beute. Harn- und Kotabsatz erfolgt immer an bestimmten Stellen, wobei der Kot in der Regel vergraben bzw. mit Substratmaterial zugedeckt wird. Wenn eine Kätzin rollig wird, werben ein oder mehrere Kater um sie und es wird sich in der Regel der dominante Kater mit ihr paaren, obwohl unter geeigneten Umständen auch die Kätzin sich mit dem Kater ihrer Wahl einlässt. Katzen reagieren außerordentlich empfindlich auf das Pflegepersonal, und ein Wechsel in diesem Bereich kann einschneidende Verhaltensänderungen der Tiere zur Folge und damit ggf. sogar Einfluss auf Versuchsergebnisse haben. Besonders bei der Katzenzucht ist ein ruhiger, freundlicher Umgang mit den Tieren Voraussetzung für einen reibungslosen und erfolgreichen Verlauf. Unruhe und hektische Betriebsamkeit kann bei Müttern sogar zum Kannibalismus führen.

Kater müssen im Alter von 4–6 Monaten getrennt werden, da sie dann häufig untereinander aggressiv werden; es sei denn, sie waren von klein auf in derselben Gruppenzusammensetzung und kein fremder Kater wurde hinzugesetzt. Junge Katzen sind unerhört verspielt und sie benötigen deshalb einen ausreichend großen Lebensraum, um dieses Verhalten entwickeln zu können.

Innerhalb der Katzengruppe eines Haltungsbereiches stellt sich sehr bald eine ausgeprägte Rangordnung ein. Wird in ein solch festes Sozialgefüge eine fremde Katze hinzugesetzt, reagieren die übrigen Tiere häufig für einige Tage mit deutlich verringerter Futteraufnahme. Wird das fremde Tier wieder herausgenommen, kehrt der Futterverbrauch unverzüglich wieder auf den ursprünglichen Normalwert zurück. Man sollte deshalb bei dem turnusmäßigen Auswechseln von Zuchtkätzinnen ein oder zwei neue Tiere mehr als unmittelbar

---

[29] Verhaltensäußerung bei Raub- und Huftieren insbesondere während der Fortpflanzungsperiode, nachdem Männchen den Harn von weiblichen Tieren geschmeckt bzw. aufgenommen haben: Anheben des Kopfes, Schließen der Nasenöffnungen, Vorstülpen/Aufwölben der Oberlippe.

Abb. 3.45: Festhalten einer schwierig zu behandelnden Katze in Seitenlage (aus: Anderson et al.: Handling bei Nutz- und Heimtieren, Gustav Fischer, Jena, 1994).

erforderlich hinzusetzen, um eine Rücknahmereserve zu haben, falls einzelne Tiere nachhaltig nicht von der Gruppe angenommen werden.

Handling

Im direkten Umgang mit den Katzen sollte das Pflegepersonal mindestens die sichtbaren und hörbaren Signale der Tiere gut kennen und richtig interpretieren können. So ist z.B. das Fauchen oder auch flach in den Nacken gelegte Ohren ein deutlicher Ausdruck von Angst und gleichzeitig der Verteidigungsbereitschaft. Ein Tier, das solche Verhaltensweisen zeigt, wird bei weiterer Annäherung möglicherweise angreifen und kann beim Pflegeperonal mit Krallen und Zähnen unangenehme Kratz- und Bisswunden verursachen.

Zum Aufnehmen fasst man Katzen fest am Nackenfell. Dieser Griff entspricht dem Transportgriff der Katzenmutter und ruft auch bei erwachsenen Tieren eine gewisse Versteifung des gesamten Körpers (Tragstarre) hervor. Nimmt man anschließend das Tier unter den Arm, ist darauf zu achten, dass die Vorderbeine mit den Fingern gut festgehalten werden. Zur Fixierung legt man die Katze in Seitenlage z.B. auf den Untersuchungstisch, greift Vorder- und Hinterbeine fest mit den Fingern der linken und der rechten Hand und drückt gleichzeitig den Kopf mit dem Handgelenk bzw. Arm auf die Tischplatte, um nicht gebissen oder gekratzt zu werden (**Abb. 3.45**).

Anzeichen von Schmerzen, Leiden und Schäden

Allgemeine Merkmale:
Das Wesen der Tiere kann sich in Richtung Rückzugsverhalten oder Aggressivität verändern, auch in Abhängigkeit von der betreuenden Person (Sozialisierungsgrad). Häufig werden schmerzhafte Zustände von Inappetenz begleitet.

Spezifische Merkmale:

- *Augen*
Augen halb geschlossen bei starken Schmerzen, Erweiterung der Pupillen Tränenfluss, Ansammlung von Eiter bei entzündlichen Veränderungen im Augenbereich

- *Atmung*
bei Schmerzen im Brust- und Bauchbereich eingeschränkte Atembewegungen, Hechelatmung (eher selten)

- *Aussehen*
Putzverhalten kann reduziert sein, dadurch dann struppiges, ungepflegtes äußeres Erscheinungsbild

- *Kot- und Harnabsatz*
wenig verändert, bei bestimmten Erkrankungen (Felines Urologisches Syndrom Kater) Harndrang, Lecken des Genitalbereiches, schmerzhaftes Abdomen

- *Verhalten*
gesteigerte Aggressivität oder Rückzugsverhalten bei starken Schmerzen Tendenz zum Verstecken, bevorzugt in höhlenähnlicher Umgebung selten exzessives Belecken schmerzhafter Körperstellen

- *Körperhaltung*
hundesitzige Stellung, Vermeiden von entspanntem, ausgestrecktem Liegen

- *Fortbewegung*
steifer Gang, Bewegungsunlust Auftreten von Lahmheiten nach entsprechender Schädigung der Gliedmaßen

- *Lautäußerung*
spontan eher selten, Fauchen und Knurren bei Annäherung oder Berührung

■ *Sonstiges*
Untertemperatur, Inappetenz, Gewichtsverlust
Erhöhung der Herzfrequenz

Wiederholungsfragen

1. Seit wie vielen Jahren etwa ist die Hauskatze domestiziert?
2. Für welche Lichtverhältnisse ist die Sehfähigkeit der Katze besonders gut geeignet?
3. In welchem Alter werden Katzen geschlechtsreif und wie schwer sind sie dann?
4. Wie wird bei Katzen die Brunst bezeichnet?
5. Durch welche Verhaltensweisen drückt eine Katze Angst und Verteidigungsbereitschaft aus?

3.3.9 Hund

Ursprung und Domestikation

Haushunde gehören mit Wölfen, Dingos, Schakalen und Kojoten einer gemeinsamen zoologischen Gattung (*Canis sp.*) an. Nach heutigem Wissensstand ist der Haushund die domestizierte Variante des Wolfes (*Canis lupus*), die bereits vor etwa 15000 Jahren, zur Zeit des Überganges des Menschen vom Jäger und Sammler zum sesshaften Bauern, zum Haustier des Menschen geworden ist. Haushund und Wolf können auch heute noch fruchtbare Nachkommen miteinander haben.
Heute gibt es weit über 300 unterschiedliche Rassen und Varietäten von Hunden, die sich in einer Reihe von Merkmalen wie z.B. Größe, Körperbau und Lebenserwartung zum Teil erheblich voneinander unterscheiden; dabei reicht die Bandbreite vom 1 kg leichten Chihuahua bis zum 90 kg schweren Bernhardiner.
Wegen ihrer günstigen Körpergröße und ihres in der Regel gut beherrschbaren Temperamentes sind Hunde besonders geeignet für Untersuchungen, bei denen über die gesamte Versuchsdauer hin sorgfältige Beobachtungen und die ständige Erfassung von Daten erforderlich sind. Hunde werden daher bevorzugt verwendet für Studien zu chronischen Gefäß- und Herzerkrankungen, Diabetes mellitus, lymphozytärer Leukämie, Glomerulonephritis sowie für zahlreiche weitere medizinische For-

Abb. 3.46: Junger Beagle (Aufnahme: W. Rossbach).

schungsbereiche. Aber auch für experimentell chirurgische, für orthopädische und zahnheilkundliche Fragestellungen werden Hunde eingesetzt.
Im Folgenden soll in aller Kürze auf die für die tierexperimentelle Forschung besonders wichtige Hunderasse, den Beagle, eingegangen werden (**Abb. 3.46**). Für eine intensivere Beschäftigung mit dem Thema Hund sei auf die reichlich vorhandene Literatur verwiesen.

Allgemeine Biologie

Beagles sind kurzhaarige Hunde. Meist ist ihr Fell dreifarbig mit schwarzen, gelbbraunen und weißen Flecken von unterschiedlicher Größe. Je nach Schlag beträgt die Schulterhöhe zwischen 30 und 40 cm, als ausgewachsene Tiere wiegen Beagles 10 bis 25 kg.
Beagle-Rüden werden ab dem Alter von 6 Monaten geschlechtsreif, Hündinnen bereits ab 5 Monaten. Meist zum Ende des ersten bis zum Beginn des zweiten Lebensjahres werden Hündinnen das erste Mal läufig (brünstig). Während dieser Zeit sind die Weibchen auf eine charakteristische Weise ruhelos und zeigen verminderte Fresslust. Während der etwa 3

Wochen dauernden Läufigkeit kommt es zu dem typischen wässrig-blutigen Scheidenausfluss, die Vulva ist in der Regel geschwollen. Normalerweise lässt sich das Weibchen in der ersten Läufigkeitswoche noch nicht decken. Erst am Ende der zweiten Woche, wenn auch die Blutungen aufhören, lässt die Hündin die Paarung zu. Die Kopulation zwischen der Hündin und dem Rüden kann bis 25 min und länger dauern, da sich der Rüde wegen eines besonderen Penisschwellkörpers nicht aus der Vagina lösen kann. Meist dreht sich die Hündin unter dem Rüden um, so dass die Tiere mit dem Hinterteil zueinander stehen. Wegen der damit verbundenen Verletzungsgefahr dürfen die Tiere in dieser Situation keinesfalls gewaltsam voneinander getrennt werden

Die Tragzeit dauert bei der Beagle-Hündin etwa 9 Wochen (60–67 Tage), dann wirft die Hündin im Mittel 6 Junge, deren Augen sich erst im Alter von 9 Tagen öffnen; die Hündin leckt die Fruchthäute ab, die die Neugeborenen umhüllen, und beißt den Nabelstrang durch; Nachgeburt und Fruchthäute werden aufgefressen. Die Geburt selbst verläuft beim Beagle meist komplikationslos, sie sollte aber 24 Stunden nach Beginn abgeschlossen sein; andernfalls ist tierärztliche Unterstützung angezeigt. Etwa mit 3 Wochen beginnen die Welpen aus dem Futternapf mitzufressen. Je nach Entwicklungsgeschwindigkeit können die Welpen mit 6–8 Wochen abgesetzt werden, sie können sich dann selbst versorgen. Bei den meisten Hündinnen ist je eine Läufigkeit im Frühjahr und im Herbst üblich, es gibt jedoch zahlreiche Abweichungen von dieser Regel. Zwischen zwei Läufigkeiten liegt im Mittel ein Zeitraum von 5–8 Monaten.

Die Lebenserwartung liegt für die meisten Hunderassen bei etwa 12 Jahren, in Einzelfällen auch durchaus darüber; Tiere aus größeren Würfen erreichen häufig dieses Alter nicht.

Verhalten

Hunde sind gesellige Säugetiere mit einem ausgeprägten Sozialverhalten, das dem höherer Primaten kaum nachsteht. Ihre wild lebenden Verwandten, z.B. die Wölfe, verfügen über sehr ausgeprägte Rangordnungen bei beiden Geschlechtern und zeigen streng monogames Paarungsverhalten. Innerhalb des Rudels gibt es einen sehr engen Zusammenhalt, was letztlich zur Entstehung geschlossener, ingezüchteter Gruppen führt. Die Mitglieder dieser Gruppen verhalten sich gegenüber gruppenfremden Individuen extrem feindselig.

Im Gegensatz dazu haben Haushunde eine wesentlich offenere Gruppenstruktur und akzeptieren sowohl fremde Artgenossen als auch den Menschen wesentlich leichter. Es ist daher zum einen wichtig, die Welpen in Gruppen aufzuziehen, um den Tieren Gelegenheit zu Interaktionen mit Artgenossen zu geben, damit sie so die „Spielregeln" des Sozialverhaltens erlernen können. Zum anderen müssen Hunde spätestens in der kritischen Entwicklungsphase von 6–8 Wochen mit dem Menschen vertraut gemacht werden, sollen sie nicht später zu wilden, kaum mehr zu zähmenden Individuen werden. Frühzeitig an den Menschen gewöhnte Hunde sind darüber hinaus weniger stressanfällig und widerstandsfähiger gegenüber Krankheiten.

Wichtig ist schließlich, dass das betreuende Tierpflegepersonal von allen Hunden als ranghöchstes Individuum anerkannt wird, das sich auf diese Weise frei im Käfig oder Zwinger bewegen kann. Hunde müssen damit gegenüber dem Menschen eine untergeordnete Rangposition einnehmen. Diese äußert sich häufig in gleichsam kindlichem Verhalten, darf aber keinesfalls dazu führen, dass die Tiere aus übergroßer Furcht vor dem Menschen Drohverhalten zeigen. Ein hinsichtlich der Rangordnung klares und unverkrampftes Verhältnis zwischen Hund und Mensch ist auch eine wichtige Voraussetzung für eine komplikationslose Verwendung dieser Tiere für tierexperimentelle Zwecke.

Bei bestimmten experimentellen Fragestellungen kann es von Bedeutung sein, die Rangposition eines bestimmten Tieres innerhalb seiner Gruppe zu kennen, da durch diese physiologische Messparameter wie z.B. Hormonkonzentrationen, Ruhepuls etc. beeinflusst werden können.

Hunde verfügen über eine Vielfalt an sichtbaren und akustischen Anzeichen ihrer jeweiligen Befindlichkeit: Ein Tierpfleger sollte daher die verschiedenen Verhaltensweisen z.B. des Begrüßens, der Erregung, der Unterwerfung und Aggressivität sowie der Sexualität

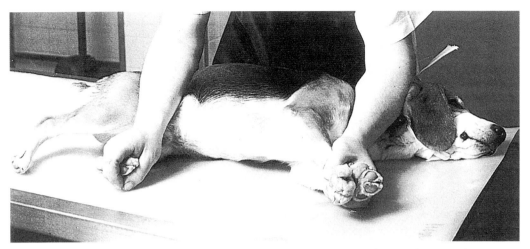

Abb. 3.47: Festhalten eines Beagles in Seitenlage auf dem Untersuchungstisch (Aufnahme: K. Schwarz).

kennen. Die dabei ausgesendeten Signale ähneln sich, seien sie nun an den Menschen oder an Artgenossen gerichtet, und ermöglichen eine zuverlässige Einschätzung des Weiteren Verhaltens der Tiere.

Der Geruchssinn spielt innerhalb des Sozialverhaltens von Hunden eine überaus bedeutende Rolle. Der Rüde setzt mit gehobenem Hinterbein Urinmarken ab und kennzeichnet so sein Territorium. Bei Gruppenhaltung von Hunden muss darauf geachtet werden, dass auch rangniedere Tiere in ausreichendem Maße Zugang zu Futter und Wasser sowie einem geeigneten Ruheplatz haben, ohne dass sie dabei von ranghohen Tieren gestört oder gar vollständig gehindert werden.

Handling

Für eine Untersuchung oder Behandlung soll ein Hund auf einen Tisch gesetzt werden: Dazu greift man mit der einen Hand unter den Brustkorb und mit der anderen unter den Bauch. Anschließend kann das Tier niedergelegt werden, indem man mit beiden Händen über den Rücken des Tieres hinweg je eine Vorder- und Hinterpfote fasst und wegzieht. Mit beiden Unterarmen und Ellenbogen kann man nun das Tier auf den Tisch drücken und gleichzeitig die auf dem Tisch liegenden Füße festhalten (**Abb. 3.47**).

Anzeichen von Schmerzen, Leiden und Schäden

Hunde äußern Schmerzen überwiegend durch Verhaltensänderungen. Diese sind am einfachsten in der angestammten Umgebung des Tieres mit dem gewohnten Tierpflegepersonal zu beurteilen.

Eine intensive Betreuung des Tieres durch die gewohnte Bezugsperson kann mit zur Reduzierung von Leiden und Schmerzen beitragen.

Allgemeine Merkmale:
Verhaltensänderungen wie Apathie oder Aggressivität, Absonderung von der Gruppe, vermehrtes Aufsuchen der Bezugsperson, erhöhter Kontaktbedarf („Schmusen"), Abwehrreaktionen (Knurren, selten Beißen bei Palpation schmerzhafter Körperstellen), Lautäußerungen.

Spezifische Merkmale:
- *Atmung*
bei Schmerzen im Brust- oder Bauchbereich flache Atmung, Hecheln
- *Aussehen*
stumpfes, gesträubtes Fell
- *Kot- und Harnabsatz*
sowohl Durchfall als auch Verstopfung möglich, Harnträufeln bei Hündinnen

■ *Verhalten*
Apathie, bei Rudelhaltung Rückzug von den Artgenossen, erhöhtes Ruhebedürfnis, Seitenlage, im Einzelfall auch vermehrte Unruhe oder Aggressivität, Belecken oder Benagen schmerzhafter Körperstellen bis hin zu Automutilation (Selbstverstümmelung)

■ *Körperhaltung*
schlaffe Körperhaltung, Zittern, aufgekrümmter Rücken, eingezogener, hängender Schwanz

■ *Fortbewegung*
steifer Gang, Bewegungsunlust, Lahmheit bei schmerzhaften Veränderungen an den Gliedmaßen

■ *Lautäußerung*
Wimmern, Winseln, Heulen bei starken Schmerzen, kann durch Kontakt mit der Bezugsperson oft abgemildert werden

■ *Sonstiges*
Untertemperatur, Inappetenz, Gewichtsverlust, Erhöhung der Herzfrequenz, Erhöhung der Leukozytenzahl (stressbedingt)

Wiederholungsfragen

1. In welchem Alter werden Beagles geschlechtsreif?
2. Wie lange ist die Tragzeit bei Beagle-Hündinnen?
3. In welchem Alter werden Beagle-Welpen abgesetzt?
4. Welches ist das bei Hunden am besten entwickelte Sinnesorgan?

3.3.10 Schwein und Minischwein

Ursprung und Domestikation

Schweine wurden vor 6000–7000 Jahren in Asien und im Mittelmeergebiet aus dem Wildschwein domestiziert und dienten seitdem als Hausschweine (*Sus scrofa forma domestica*) der Versorgung des Menschen mit Fett, Fleisch, Häuten und Borsten. Infolgedessen sind Schweine heute weltweit in zahlreichen morphologisch verschiedenen, aber untereinander leicht kreuzbaren Rassen verbreitet. Als Versuchstiere für medizinische und pharmakologische Forschungen werden sie dagegen erst eingesetzt, seitdem ihre große biologische Ähnlichkeit mit dem Menschen in Körperbau und wichtigen physiologischen Funktionen (Kreislauf, Stoffwechsel usw.) entdeckt wurde.

Allgemeine Biologie

Wildschwein
Wildschweine leben in Wäldern, insbesondere in Kiefernschonungen und suchen gerne Orte (Suhlen) auf, wo sie sich im Schlamm wälzen können. Sie sind Allesfresser, denn sie ernähren sich zwar vorwiegend von Baumfrüchten (Eicheln, Bucheckern) und Wurzeln, aber auch von Insekten und deren Larven. Wenn sie Aas finden, fressen sie auch dies gern. Insbesondere durch das Umwühlen des Bodens, aber auch durch das Abfressen der Bepflanzungen können sie auf Äckern, aber auch in Gärten großen Schaden anrichten.

Wildschweine sind schnelle und ausdauernde Läufer. Sie durchbrechen auch mit Gewalt Dickichte und Hecken. Sie hören, aber vor allem riechen sie sehr gut (Trüffelschweine), während ihr Sehvermögen eher schlecht ist. Werden sie in ihren Ruhepausen gestört, reagieren insbesondere ferkelführende Bachen leicht mit einer rasenden Wut.

Hausschweine
Bis zum 18. Jahrhundert unterschied sich das Leben eines Hausschweines nicht grundlegend von dem eines Wildschweines. Auch wurden sie erst im Alter von etwa 1,5 Jahren mit einem Gewicht von ca. 50 kg geschlachtet. Erst ab diesem Zeitpunkt begann man in England, Schweine gezielt zu züchten. Dies führte zu verschiedenen frühreifen, großwüchsigen und fruchtbaren Schweinerassen, die in der Lage waren, wirtschaftseigenes Futter – insbesondere Kartoffeln – zu verwerten. Aufgrund der veränderten Verbrauchererwartung – möglichst wenig Fett – werden Schweine heute so gezüchtet, dass sie einen möglichst großen Anteil an fleischreichen Teilstücken hervorbringen. Diese Entwicklung führte zu langen, mageren Schweinerassen mit stark ausgeprägten Schinken und Schultern. Einige dieser Rassen haben noch ein zusätzliches Rippenpaar. Da ein Zusammenhang zwischen Fleischbeschaffenheit und Stressanfälligkeit besteht, führte dieses Zuchtziel leider zu einer geringen Stressresistenz verschiedener Rassen.

Abb. 3.48: Göttinger Minipigs (Aufnahme: K. Nebendahl).

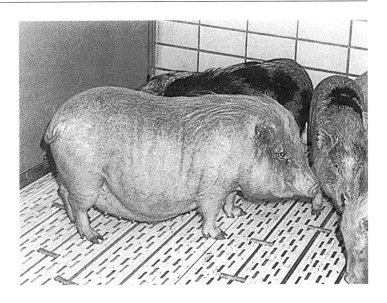

Weltweit gibt es eine Vielzahl von Schweinerassen. In Deutschland ist vor allem das Deutsche veredelte Landschwein weit verbreitet. Weitere Rassen sind z.B. das Deutsche weiße Edelschwein, das Deutsche Weideschwein, das Rotbunte Schwein. Einige dieser Rassen kommen nur in bestimmten Regionen vor. Als Beispiel hierfür sei das fast ausgestorbene Angler Sattelschwein genannt, welches ursprünglich vor allem in dem nördlichsten Teil von Schleswig-Holstein (Angeln) beheimatet war. Zur Erhaltung einer Rasse wird in anerkannten Herdbuchbetrieben eine Reinzucht mit wenigen reinrassigen Tieren betrieben (Basiszucht). In der Gebrauchszucht werden geeignete Tiere verschiedener – bis zu 4 – Rassen miteinander gekreuzt. Leistungsschwerpunkte in der Zucht von Hausschweinen sind die Fleischleistung (Mastleistung und Schlachtkörperwert) und die Zuchtleistung (Fruchtbarkeit und Aufzuchtleistung). Diese Zuchtziele haben u.a. dazu geführt, dass die Tiere insbesondere in der Haupt-Mastperiode sehr schnell an Körpergewicht zunehmen (bis zu 1 kg/Tag). Aus diesem Grund werden Hausschweine in der biomedizinischen Forschung in der Regel nur bis zu einem Alter von etwa 120 Tagen – das entspricht in etwa einem Körpergewicht von 60 kg – als Versuchstiere eingesetzt. Schwerere Tiere sind wegen ihrer Haltungsansprüche – Größe der Boxen etc. – in den meisten Tierlaboratorien kaum noch zu halten.

Minischwein
Mit dem vermehrten Einsatz als medizinisches Versuchstier begann in den 50er Jahren in Nordamerika die systematische Zucht von Minischweinen, die in den 60er Jahren mit der Begründung der Zucht des Göttinger Minischweines und des Mini-Lewe auch in Deutschland Fuß fasste. Ziel dieser Zuchten war die Bereitstellung eines möglichst kleinen, aber in allen Körperfunktionen unveränderten Schweines, das sich unter Laborbedingungen leichter handhaben lässt und wesentlich kostengünstiger ernährt und gehalten werden kann. Dieses Zuchtziel war nicht mit Hilfe defekter Zwergmutanten, sondern nur durch konsequente Selektion auf vermindertem Größenwuchs zu erreichen. Wesentliche Ausgangsrassen für die deutschen Minischweine waren vietnamesische Hängebauchschweine und das Minnesota Miniature Pig. Die weiße Farbe wurde durch Einkreuzung mit weißen Hausschweinen eingebracht (**Abb. 3.48**).

Göttinger Minipigs
Minischweine sind nicht auf Fleischreichtum, sondern auf besondere Widerstandsfähigkeit gegenüber Laborhaltungsverfahren und Versuchsbehandlungen (Narkose, Blutentnahme etc.) gezüchtet. Ihre Stressresistenz geht allerdings mit einer stärkeren Tendenz zum Fettansatz einher, weshalb Minischweine in Langzeitversuchen einer genau bemessenen

Erhaltungsdiät bedürfen (**Kap. 6**). Die Lebenserwartung von Mini- und Hausschweinen beträgt etwa 15 Jahre.

Verhalten

Einige typische Verhaltensmuster des Wildschweines kommen auch noch bei Mini- bzw. Hausschweinen vor. Aus diesem Grund ist z.B. die Einzelhaltung von Jungschweinen und Sauen zu vermeiden. Wenn diese – z.B. postoperativ – wirklich unumgänglich ist, sollte sie so kurz wie irgend möglich sein. Auch muss dann dafür gesorgt werden, dass dieses Tier mindestens einen Artgenossen riechen und hören, besser noch sehen kann.

Bei jeder Zusammenstellung einer Gruppe ist darauf zu achten, dass möglichst gleichgeschlechtliche Tiere zusammen gesetzt werden. Hinsichtlich der Körpergröße sollten die Gruppenmitglieder entweder einander vergleichbar oder aber sehr verschieden sein. Um Rangordnungskämpfe, die vor allem zu Bissverletzungen am Schwanz oder den Ohren führen, in einer neu zusammengestellten Gruppe zu vermeiden, sollten die Tiere in eine für alle unbekannte Haltungseinheit verbracht werden. Dies sollte entweder kurz vor der Fütterung oder unmittelbar vor Eintritt der Dunkelphase erfolgen. Bei bekannter Aggressivität einzelner Tiere kann zusätzlich noch versucht werden, den individuellen Geruch des Einzeltieres zu überdecken, in dem jedes Schwein mit einer stark riechenden Flüssigkeit (z.B. Kresol oder Parfüm) besprizt wird. Sollte keine dieser Maßnahmen ausreichen, so müssen die Tiere sediert werden. Die schlafenden Schweine werden dann so dicht aneinander gelegt, dass sie den Geruch des anderen aufnehmen. Auf diese Weise wird erreicht, dass der „Andere" beim Aufwachen nicht mehr fremd riecht und deshalb akzeptiert wird.

Um die Hierarchie einer etablierten Gruppe nicht zu zerstören, darf die Zusammensetzung einer Gruppe nicht mehr verändert werden. Dies bedeutet, dass weder fremde Tiere in der Gruppe neu hineingebracht, noch Tiere über längere Zeiträume aus dieser Gruppe entfernt werden dürfen. Wird dies nicht beachtet, so kommt es unweigerlich erneut zu Rangordnungskämpfen.

Handling

Nähert sich einem Schwein eine ihm unbekannte Person, so reagiert es in der Regel mit einem Fluchtversuch. Bemerkt es diese Annäherung erst, wenn die Fluchtdistanz überschritten ist, so erschrickt es häufig derart, dass es kopflos zu fliehen versucht. In seiner Panik kann es sich, andere Tiere, aber auch den Menschen verletzen. Es ist deshalb unumgänglich, dass jeder der eine Schweinehaltung betritt, auf sich aufmerksam macht. Dies kann durch Geräusche (z.B. Klappern mit Futterschüsseln oder Schlüsseln), am besten jedoch durch Zureden erfolgen. Dabei ist eine Stimmlage zu wählen, von der eine beruhigende Wirkung ausgeht. Schweine gewöhnen sich sehr rasch an Stimmen und können sie bestimmten Personen zuordnen. Durch ein solches Vorgehen wird letztendlich erreicht, dass die Tiere sich gar nicht erst erschrecken, sondern in Ruhe abwarten, was geschehen wird.

Mini- und Hausschweine sind von Natur aus gutartig und sehr lernfähig und werden bei entsprechendem Umgang schnell mit dem Pflegepersonal vertraut.

Im Gegensatz zu anderen Versuchstieren wachsen Hausschweine in der Regel in einem völlig anderen Umfeld auf. Die Haltungsbedingungen im Tierlabor unterscheiden sich deutlich von der Stallhaltung. Auch der Kontakt zum Menschen ist in den Zucht- oder Mastbetrieben häufig auf ein Mindestmaß beschränkt. Aufgrund dieser Tatsache, aber auch aus Tierschutzgründen, ist es unabdingbar, dass sich diese Tiere vor Versuchsbeginn an die neuen Haltungsbedingungen, an das betreuende Personal und, soweit wie möglich, auch an die geplanten Eingriffe bzw. Behandlungen gewöhnen. Dieses Eingewöhnen kann sehr zeitaufwändig sein. Letztendlich zahlt sich dieser Einsatz jedoch immer aus, denn nur auf diese Weise können ein möglichst stressarmer Versuchsablauf gewährleistet und die Forderungen des Tierschutzes erfüllt werden. Auch wird ein solches Vorgehen zu genaueren Versuchsergebnissen führen, so dass sich dieser Zeitaufwand in jedem Fall lohnt.

Um ein Vertrauensverhältnis zwischen dem hochintelligenten Schwein und dem Betreuer herzustellen, muss versucht werden, Berührungskontakt herzustellen. Dies erfolgt am effektivsten über das Anbieten von Futter, das das Tier kennt und besonders gerne frisst (z.B. Hundebiskuit, Dosenfutter für Hunde oder Katzen, Karotten, Zuckerstücke). Während des Fressens kann unter Zureden versucht werden, die Hand zielstrebig und ruhig an das Tier zu legen. Diese Form der Kontaktaufnahme muss mehrfach wiederholt werden und das Tier muss diese Maßnahme dulden, bevor man dazu übergeht, intensiveren Kontakt (z.B. durch kräftiges Schubbern) herzustellen.

Trainiert man dies lange genug mit einem Schwein, so kann erreicht werden, dass einfache Eingriffe oder Behandlungen wie das Messen der Körpertemperatur, eine Trächtigkeitsuntersuchung und sogar Injektionen durch eine dem Tier gut vertraute Person ohne Zwangsmaßnahmen durchgeführt werden können.

Um ein einmal hergestelltes Vertrauensverhältnis aufrecht zu erhalten, sollte das betreuende Personal nicht nur täglich den Tierraum, sondern auch die Box betreten und zu jedem einzelnen Tier Kontakt aufnehmen (reden, berühren oder kräftig schubbern). Aber auch dem von Natur aus neugierigen Schwein sollte die Gelegenheit gegeben werden, von sich aus Kontakt zu dem Menschen aufzunehmen, der sich dabei ruhig verhalten muss.

Schweine sollten die Möglichkeit erhalten, sich ausreichend bewegen zu können. Dies ist besonders wichtig bei Minipigs. Wenn es die Versuchsbedingungen erlauben, können die Tiere beispielsweise auf dem Versorgungsgang des Tierraumes laufen. Bei dieser Gelegenheit erkunden sie ihr Umfeld und erhalten Kontakt zu anderen Artgenossen, die im gleichen Raum aufgestallt sind.

Beim Treiben von Schweinen ist zu beachten, dass man ihnen Zeit lässt, sich mit der fremden Umgebung auseinander zu setzen. Auf die Anwendung von Zwangsmaßnahmen reagieren sie mit Fluchtversuchen, ohrenbetäubendem Abwehrschreien und unter Umständen heftigem Widerstand. In landwirtschaftlichen Betrieben wird eine Reihe von Zwangsmaßnahmen (z.B. Oberkieferschlingen, elektrische Treiber) durchgeführt, die im Tierversuch wegen der dadurch hervorgerufenen Stressbelastung keinesfalls angewandt werden sollten. Ein vernünftiger und artgerechter Umgang mit jedem Tier ist allein schon aus Tierschutzgründen geboten. Dies gilt auch für das Versuchsschwein. Darüber hinaus ist sicher zu stellen, dass die Versuchsergebnisse nicht durch vermeidbare Faktoren, wie Stress, beeinflusst werden. Für Mensch und Tier ist es in jedem Fall schonender, wenn es gelingt, das Schwein durch Belohnungen mit Futter davon zu überzeugen, die gewünschte Handlung freiwillig zu tun.

Das Trainieren von Tieren für bestimmte Maßnahmen ist leider nicht immer erfolgreich. Auch fehlt manchmal die Zeit dafür (z.B. bei Verletzungen). Um in solchen Fällen tiergerecht und unter Vermeidung von zusätzlicher Belastung mit den Tieren umgehen zu können, hat es sich bewährt, Schweine zu sedieren. Obgleich es theoretisch möglich ist, das Medikament auch per os zu geben, ist dies nicht üblich, denn bei dieser Applikationsform ist ohne die Anwendung von Zwangsmaßnahmen häufig nicht sicher zu stellen, dass das Mittel aufgenommen wird. Zusätzlich setzt die Wirkung erst nach einiger Zeit ein, so dass zwangsläufig längere Wartezeiten entstehen. Aus diesen Gründen wird das Medikament in der Regel injiziert. Für diese Maßnahme, die am besten in der Box durchgeführt wird, muss das Tier meistens fixiert werden. Dies geschieht, indem man es in eine Ecke treibt und dann mit einem Brett so einengt, dass es keinen Bewegungsspielraum hat und nicht fliehen kann. In einer solchen Situation ergeben sich die meisten Tiere in ihr Schicksal und verhalten sich so lange ruhig, wie der Fixationsdruck aufrecht erhalten bleibt. Als Alternative zum Brett bietet es sich an, die Tiere vorsichtig in einen mit Rampen versehenen Transportwagen zu treiben. Dieser muss allerdings so schmal sein, dass sich das Tier darin nicht mehr umdrehen kann. Sobald die Injektion durchgeführt ist, soll das Tier vorsichtig freigelassen und so lange in Ruhe gelassen werden, bis die Wirkung des Medikamentes vollständig eingesetzt hat. Das bedeutet, dass alle Personen zumindest die Haltungseinheit, besser sogar den Raum, verlassen. Das Tier wird dann seinen Ruheplatz aufsuchen und dort entspannt einschlafen. Erst wenn sich das Tier völlig beruhigt hat und ausreichend sediert ist, sollten die geplanten Eingriffe und Behandlungen vorgenommen werden.

Häufig allerdings werden diese Maßnahmen in

Tab. 3.18: Körpergewicht, Körpermaße und maximale Lebenserwartung von Hausschwein und Göttinger Minischwein

		Hausschweine (Deutsche Landrasse)		Göttinger Minischwein	
Körpergewicht bei sachgemäßer Ernährung (kg)	Geburt	1,5		0,4–0,6	
	2 Monate	12		4–6	
	6 Monate	100		12–18	
	12 Monate	150–180		20–30	
	ausgewachsene	250		30–60	
Körpermaße am 70. (links) u. 165. (rechts) Lebenstag (cm)	Rumpflänge	61	90	40	58
	Schulterhöhe	41	59	26	35
	Kreuzhöhe	45	68	28	40
	Brusttiefe	20	31	14	21
	Schulterbreite	15	23	12	18
	Beckenbreite	19	30	12	18
maximale Lebenserwartung (Jahre*)		8–10		6–8	

* Nur an Einzeltieren beobachtet, da normalerweise mit abnehmender Reproduktionsleistung aus der Zucht genommen

anderen Räumen (z.B. Labor oder Operationsraum) durchgeführt. In solchen Fällen ist es notwendig, die Tiere zu transportieren. Dies geschieht am besten mit Hilfe von Transportwannen oder -wagen, in die das sedierte Schwein gelegt wird. Auch sollte ein aus der Haltungseinheit verbrachtes Tier möglichst in der ihm vertrauten Umgebung seiner Box wieder aufwachen.

Eine andere Möglichkeit, Schweine zu fixieren, ist, das Tier in eine nach seiner Erfinderin benannte Panepinto-Schlinge zu setzen. Dabei ist es wichtig, dass das Tier durch Training an diese Situation gewöhnt wird. Auch sollte es mit seinen Füßen keinen Bodenkontakt mehr haben und durch Belohnung mit Futter abgelenkt werden, wenn es längere Zeit in dieser Schlinge verbleiben muss.

Abschließend soll noch darauf hingewiesen werden, dass Ferkel auch einfach auf dem Arm gehalten werden können. Solange sie jedoch nicht daran gewöhnt sind, werden sie zur Abwehr laut und anhaltend schreien.

Auch wenn alle vorgeschlagenen Maßnahmen zum Handling von Schweinen beachtet werden, kommt es dennoch gelegentlich vor, dass besonders ferkelführende Sauen aggressiv reagieren!

Einige wichtige biologische Parameter für Hausschweine und Göttinger Minischweine sind in **Tab. 3.18** zusammengestellt.

Anzeichen von Schmerzen, Leiden und Schäden

Schmerzen und Leiden sind beim Schwein sehr schwierig zu erkennen, insbesondere wenn die Tiere in einer Gruppe gehalten werden. Eine gute Kenntnis über die individuellen Verhaltensweisen des Schweines ist notwendig, um geringfügige Veränderungen feststellen zu können.

Ein sorgfältiges Handling der Tiere vor einem experimentellen Eingriff trägt wesentlich dazu bei, dass bestimmte Manipulationen (Injektionen, Blutentnahmen etc.) ohne größere Aufregung der Tiere durchgeführt und damit Stressreaktionen reduziert werden können.

Allgemeine Merkmale:
Reduzierung bzw. Einstellen der Futteraufnahme, ruhigeres Verhalten

Spezifische Merkmale:
- *Atmung*
angestrengt oder flach
- *Aussehen*
Haut erscheint blass, fahl (gut erkennbar an Ohren, Rüsselscheibe), Blauverfärbung der Haut bei Kreislaufproblemen
- *Kot- und Harnabsatz*
Durchfall (auch bei Aufregung möglich), Verstopfung

■ *Verhalten*
Apathie, Verstecken in der Einstreu, gesteigertes Ruhebedürfnis, bei Gruppenhaltung Absonderung von Artgenossen

■ *Körperhaltung*
aufgekrümmter Rücken, untergestellte Beine, hundesitzige Stellung

■ *Fortbewegung*
steifer Gang, Bewegungsunlust

■ *Lautäußerung*
Schreien eher als Ausdruck von Aufregung oder Angst

■ *Sonstiges*
kranke oder leidende Tiere werden häufiger von ihren Artgenossen attackiert als gesunde Tiere, Veränderungen in der sozialen Rangordnung
Reduzierung der Futteraufnahme, Gewichtsverlust, Hervortreten der Wirbelsäule, Rippen (früh zu erkennen bei heranwachsenden Tieren)

Literatur siehe **Kap. 4.7.10**

Wiederholungsfragen

1. Wann wurden Schweine domestiziert?
2. Schweine sind Allesfresser (Omnivoren). Was bedeutet das?
3. Warum wurde das Minischwein (Minipig) gezüchtet?

3.3.11 Spitzhörnchen (Tupaia sp.)

Ursprung

Die Tupaias oder Spitzhörnchen (*Tupaia sp.*) sind eine verhältnismäßig einheitlich aussehende Gruppe kleinerer olivgrauer bis rostbrauner Säugetiere. Ihre systematische Zuordnung war lange umstritten, da sie Merkmale besitzen, die sie sowohl mit den Insektenfressern als auch mit den Primaten gemeinsam haben. Aus heutiger Sicht bilden die Spitzhörnchen, gleichberechtigt neben Insektenfressern und Primaten, die systematische Ordnung der Scandentia mit nur einer Familie (*Tupaiidae*). Innerhalb dieser gibt es zwei Unterfamilien, die Federschwanztupaias (mit einer Art) und die Buschschwanztupaias (18 Arten). Verwendung als Versuchstiere finden v.a. *Tupaia glis*, *Tupaia belangeri* und *Tupaia minor*, die zu den Buschschwanztupaias gehören. Die folgenden Angaben beziehen sich weitgehend auf die Art *Tupaia belangeri*.

Das natürliche Verbreitungsgebiet der tagaktiven Tupaias reicht von Indien im Westen bis zu den Philippinen im Osten und von Südchina im Norden bis nach Sumatra im Süden. Sie leben in tropischen Regenwäldern ebenso wie in Obstplantagen und Parkanlagen und gehören in ihren Verbreitungsgebieten zu den am häufigsten vorkommenden Säugetieren.

Allgemeine Biologie

Erwachsene Spitzhörnchen (**Abb. 3.49**) haben eine Kopf-Rumpf-Länge von 12,5–18,5 cm und eine Schwanzlänge von 14,5–18,5 cm. Ihr Rückenfell ist dunkel-olivgrün bis graubraun mit beigen Schulterstreifen, das Bauchfell ist beige, der Schwanz buschig. Je nach Artzugehörigkeit besitzen Tupaias 1–3 Paar Zitzen (*T. glis* 2 Zitzenpaare, *T. belangeri* 3 Zitzenpaare). Die Weibchen von *T. belangeri* sind etwas kleiner als die Männchen, die ein durchschnittliches Körpergewicht von 210 g haben. In Menschenobhut erreicht *T. belangeri* ein Alter von 9–10 Jahren, *T. glis* ein Alter von über 12 Jahren.

Hinsichtlich der Geschlechterunterscheidung bei Tupaias muss man wissen, dass der Hodensack vor dem Penis sitzt und die Hoden bei Stresseinwirkung in die Bauchhöhle zurückgezogen werden können. Sehr junge, jugendliche und anöstrische (nicht in der Brunst

Abb. 3.49: Tupaia oder Spitzhörnchen *(Tupaia sp.)* (Aufnahme: J. Rosenbusch).

befindliche) Weibchen können leicht mit jungen Männchen verwechselt werden, da die Vaginalöffnung an der Basis des Kitzlers verschlossen ist. Bei genauer Untersuchung kann man jedoch den Penis an seiner röhrenförmigen Hülle erkennen, die dem Kitzler fehlt.

Tupaias haben ein größeres Repertoire an Lautäußerungen, das vom Schnattern und Keckern bis zum abwehrenden Fauchen reicht.

Die Vertreter der meisten Tupaia-Arten leben überwiegend am Boden und in der Strauchschicht. Sie ernähren sich vorwiegend von Insekten, Früchten und anderer Pflanzenkost; aber auch Mäuse und kleine Vögel töten und verzehren sie mühelos.

Verhalten

Männliche und weibliche Tupaias leben einzeln oder paarweise, eventuell auch mit den Jungen des letzten Wurfes, in festen Revieren. Diese Reviere werden u.a. mit einem öligen, stark moschusartig riechenden Sekret, das von einem Drüsenfeld der oberen Brustregion abgegeben wird, und mit Urin markiert und gegen Artgenossen heftig verteidigt. Höchstwahrscheinlich ist es gerade die „Versiegelung" der Urinmarke mit dem sehr fetthaltigen Halsdrüsensekret, die die Haltbarkeit der Duftmarke von wenigen Minuten auf Stunden oder Tage erhöht. Tupaias können offenbar aus den Duftmarken Artzugehörigkeit, Geschlecht, Zyklusphase und sogar die Identität des Tieres erkennen, von dem die Duftmarke abgesetzt wurde.

Die erwähnte Duftmarkierung und die aus „Grenzverletzungen" entstehenden erbitterten Kämpfe gehören zu den auffälligsten Verhaltensweisen der Tupaias. Wie in natürlicher Umgebung die territorialen Grenzen gegen Eindringlinge verteidigt werden, so werden auch in künstlichen Gehegen fremde Artgenossen augenblicklich angegriffen. Obwohl solche Kämpfe außerordentlich heftig verlaufen und der Eindringling meist innerhalb von Sekunden bis wenigen Minuten besiegt wird, trägt der Verlierer selten mehr als oberflächliche Kratz- und Bisswunden davon. Auch wenn – wie z.B. in einem Gehege der Fall – das unterlegene Tier nicht wirklich fliehen kann, verliert der Sieger sehr schnell das Interesse an ihm. Der Verlierer jedoch zeigt trotz ausreichender Futter- und Wasseraufnahme in den folgenden Tagen eine sehr starke Körpergewichtsabnahme und fällt im extremsten Fall in tiefe Bewusstlosigkeit. Wenn er dann nicht unverzüglich aus dem Gehege des Siegers entfernt wird, stirbt er an einer Art Herz-Kreislauf-Versagen, hervorgerufen allein durch die andauernde Angst vor dem bedrohlichen Artgenossen.

Handling

Wie aus dem zuvor Gesagten zu ersehen ist, sind Tupaias sehr empfindsame Tiere. Jede Art von Untersuchung bzw. Durchführung tierexperimenteller Maßnahmen muss diesem Umstand Rechnung tragen. Wegen ihrer besonderen Anfälligkeit für sozialen Stress werden Tupaias u.a. als Tiermodell in der Stressforschung, aber auch für Fragestellungen in der Virusforschung (Herpesviren) eingesetzt.

Um bei den empfindsamen Tupaias die Stressauswirkungen durch den Umgang mit dem Pfleger/Experimentator minimal zu halten und um zu guten Zuchterfolgen zu gelangen, sollten die Tiere daher langsam, aber intensiv, an den Menschen und besonders an das Handling gewöhnt werden. Tupaia-Haltungen, in denen die Tiere nur einmal am Tag für kurze Zeit Kontakt mit ihrem Pfleger haben (z.B. nur zum Füttern), werden durch jedes außerplanmäßige Betreten des Tierraumes massiv gestört. Besser ist es, wenn die Tiere den größten Teil des Tages über Sichtkontakt zum Pflegepersonal haben. Sie sind dann auch während der Jungenaufzucht weniger störanfällig. In kleinen Tupaia-Haltungen, in denen nicht den ganzen Tag über Arbeiten anfallen, kann das Einspielen eines Radioprogrammes helfen.

Vor dem Betreten des Tierraumes sollte man sich den Tieren bemerkbar machen, z.B. durch Klopfen an der Tierraumtür. Beim Betreten des Raumes flüchten die meisten Tupaias erst einmal in ihren Schlafkasten. Dieses Verhalten kann man sich zum Einfangen der Tiere nutzbar machen, indem man einen kleinen Kunststoffschieber zwischen Schlafkastenöffnung und Käfig schiebt. Um das betreffende Tier aus seinem Schlafkasten zu holen, nimmt man ein dickeres, weiches Tuch zu Hilfe. Man öffnet vorsichtig den Deckel des Schlafkastens (nicht durch das bedrohliche Fauchen des Tupaias einschüchtern lassen!) und fasst gleichzeitig mit der durch das Tuch geschützten Hand in das Innere des Kastens und greift das Tier. Hat man das Tupaia aus dem Schlafkasten entnommen, wickelt man das Tuch so um das Tier, dass seine Augen bedeckt sind. Das Tupaia bewegt sich dann fast nicht mehr. Nötige Manipulationen am Tier sollten dann von einer zweiten Person durchgeführt werden. Vor dem Fangen eines weiteren Tieres sollte man sich gründlich die Hände waschen und ein anderes Tuch benutzen, denn einige Tiere reagieren recht aggressiv, wenn sie die Duftmarke eines „Rivalen" riechen.

Anzeichen von Schmerzen, Leiden und Schäden

Allgemeine Merkmale:
Schmerzen sind schwierig zu erkennen, besonders bei Anwesenheit fremder Personen.

Spezifische Merkmale:

▪ *Verhalten*
Rückzug von Käfiggenossen, reduzierte soziale Interaktionen, reduziertes Fellpflegeverhalten, Zähneblecken, Herabsetzung der Aktivität oder erhöhte Unruhe

▪ *Körperhaltung*
zusammengekrümmte Haltung, Vorderpfoten über dem Bauch verschränkt

▪ *Fortbewegung*
Lahmheit, Schonung einer schmerzenden Gliedmaße

▪ *Sonstiges*
Futter- und Wasseraufnahme reduziert, Gewichtsverlust

Wiederholungsfragen

1. Nennen Sie natürliches Vorkommen und Lebensraum der Tupaias.
2. Wie alt werden Tupaias?
3. Wovon ernähren sich Tupaias in freier Wildbahn?
4. In welcher Hinsicht sind Tupaias besonders empfindlich?

3.3.12 Primaten

Grundsätzliches

Die Primaten (Herrentiere) nehmen in der zoologischen Ordnung – als dem Menschen am nächsten stehende Säugetiergruppe – eine besondere Stellung ein. Grundsätzlich handelt es sich bei ihnen um plazentale Säugetiere mit Zehennägeln (Plattnägeln), Schlüsselbein, ausstellbarem Daumen, Blinddarm, einem herabhängenden Penis, im Hodensack befindlichen Hoden sowie einem Zitzenpaar auf der Brust.
Die Primaten sind im Wesentlichen in zwei Gruppen unterteilt: Zum einen die Halbaffen mit Nasenspiegel *(Strepsirhini)*, die relativ klein und vergleichsweise primitiv sind, und zum andern die Affen ohne Nasenspiegel *(Haplorhini)*. Letztere schließen die Altweltaffen aus Afrika und Asien sowie die Neuweltaffen aus Zentral- und Südamerika ein. Die Neuweltaffen Südamerikas unterscheiden sich von den afrikanischen und asiatischen Altweltaffen durch die Lage der Nasenöffnungen bzw. durch die Breite der knorpeligen Nasenscheidewände (**Abb. 3.50**). Im Idealfall sind die Nasenlöcher

Abb. 3.50: Unterschied der Nasenscheidewand bei südamerikanischen Breitnasenaffen *(Platyrrhina)* links, altweltlichen Schmalnasenaffen *(Catarrhina)* rechts (aus: Ankel: Grundbegriffe der modernen Biologie: Einführung in die Primatenkunde, Gustav Fischer, 1970).

bei den Altweltaffen nach unten (Schmalnasenaffen oder *Catarrhini*), bei den Neuweltaffen zur Seite gerichtet (Breitnasenaffen oder *Platyrrhini*).

Als Versuchstiere spielen im Wesentlichen einige wenige Alt- und Neuweltaffen eine Rolle. Zucht und Haltung dieser Tiere gestalten sich weitaus schwieriger als bei den meisten anderen Versuchstierarten. Die daher immer noch vorkommenden Wildfänge stellen – zumindest bei einigen Arten – inzwischen ein Artenschutzproblem dar. Bei weiter wachsendem Kenntnisstand der Biologie und unter Einsatz weiter verbesserter Haltungstechniken sollten künftig die so genannten Primatenzentren die ausschließliche Versorgung mit Tieren für experimentelle Zwecke übernehmen.

Allgemeine Biologie und Verhalten

Neuweltaffen

Zu den Neuwelt- oder Breitnasenaffen (*Platyrrhini*) Südamerikas zählen die Familien der Kapuzinerartigen, der Springtamarine und der Krallenaffen. Sie reichen in Körpergröße und Gewicht von 100 g bei den Zwergmarmosetten bis zu 15 kg oder noch mehr beim Spinnenaffen. Einige von ihnen, wie z.B. die Klammeraffen und Wollaffen, haben Greifschwänze, die zur Bauchseite hin aufgerollt sind (sog. Rollschwänze). Auch die Totenkopfäffchen (*Saimiri sp.*) können ihren Schwanz bis zu einem gewissen Grad einrollen, aber sie können sich nicht mit dem Schwanz allein festhalten. Neuweltaffen haben keine nackten Gesäßschwielen oder Backentaschen. Ihre Zahnformel ist: I 2/2, C 1/1, PM 3/3, M 2/2. Besonders beim Männchen sind die Eckzähne sehr gut entwickelt. Weibliche Klammeraffen haben zu regelrechten Genitallappen verlängerte Kitzler (Klitoris) in der Form eines freihängenden Organs, was von manchem Beobachter als Penis missdeutet wird.

Totenkopfaffe (*Saimiri sciureus*)

Totenkopfaffen zählen zu den kapuzinerartigen Neuweltaffen und verdanken ihren deutschen Namen ihrer eigentümlichen Gesichtszeichnung, die entfernt an einen Totenschädel erinnert (**Abb. 3.51**). Ihr natürlicher Lebensraum ist vornehmlich die mittlere Waldschicht tropischer Regenwälder sowie Mangrovensümpfe, die Flusswälder wie auch die Trockenwälder Südamerikas. Totenkopfaffen sind tagaktiv und ernähren sich im Wesentlichen von Früchten und Insekten; ihre natürlichen Feinde sind Greifvögel und -natürlich – der Mensch.

Totenkopfaffen haben einen langen, nicht greiffähigen Schwanz, ihr Fell ist kurz und dicht. Gesicht, Kehle und Ohren sind weiß, Kopf, Rücken und Beine gelb bis graugrün, die Bauchseite heller gelb bis weiß. Mundgegend und Schwanzspitze sind schwarz, die Kopf-

Abb. 3.51: Totenkopfäffchen *(Saimiri sciureus)* (Aufnahme: J. Rosenbusch).

platte teilweise schwarz. Männliche Saimiris erreichen eine Kopf-Rumpf-Länge von 25–37 cm, Weibchen von 23–37 cm sowie eine Schwanzlänge bei beiden Geschlechtern zwischen 36 und 47 cm. Das Körpergewicht der Totenkopfaffen liegt meist zwischen 365 und 1135g; ihre Lebensdauer beträgt durchschnittlich 12 Jahre.

Im Freiland werden Saimiris stets in größeren Sozialgruppen angetroffen, die in der Regel aus zahlreichen Kleingruppen zusammengesetzt sind, in denen Männchen vor allem mit Männchen und Weibchen vor allem mit Weibchen engen Körperkontakt halten. Totenkopfaffen-Gruppen zerfallen also in gleichgeschlechtliche Untergruppen. Dabei stehen erwachsene Weibchen im Mittelpunkt der Gruppe, erwachsene Männchen dagegen leben am Rande und halten häufig auch untereinander nur geringen Kontakt. Nur während der Paarungszeit werden die erwachsenen Männchen sehr aktiv und erregbar und kämpfen auch miteinander. In dieser Phase erhöht sich auch ihr Körpergewicht, sie suchen nun die Nähe der Weibchen, werden aber häufig von mehreren erwachsenen Weibchen gemeinsam abgewehrt. Ein Weibchen hat meist eine enge Freundin, mit der es bevorzugt Kontakt hält. Diese Freundin ist für sein heranwachsendes Kind der nach der Mutter bevorzugte erwachsene Sozialpartner. Totenkopfaffen gehen also offensichtlich keine gemischtgeschlechtlichen Paarbindungen ein, vielmehr ist das enge Verhältnis der Weibchen untereinander die wichtigste Komponente des Sozialgefüges.

Eine auffallende Verhaltensweise der Totenkopfaffen ist das „genitale Imponieren", wobei sich ein Tier mit erigiertem Glied oder Kitzler und abgewinkeltem Bein einem oder mehreren anderen Gruppenmitgliedern zeigt. Dieses Verhalten, das zwischen zwei Männchen normalerweise nicht vorkommt, ist ein Ausdruck der Rangposition und zeigt den anderen Tieren unzweideutig, dass der imponierende Totenkopfaffe auch wirklich das überlegene Tier ist. Totenkopfaffen zeigen eine besondere und typische Ruhestellung: dabei legen sie den Kopf nach unten und den Schwanz von vorne über die Schulter. Nur bei hohen Temperaturen oder nach Zeiten hoher Bewegungsaktivität liegen sie auf dem Bauch mit nach den Seiten fortgestreckten Armen und Beinen, wohl um sich abzukühlen. Wahrscheinlich auch im Zusammenhang mit der Temperaturregulation steht ein weiteres Verhalten: Saimiris „waschen sich" mit Harn. Dabei urinieren sie auf die Hand und verteilen den Harn mit der Fußfläche, wodurch Hand- und Fußsohle, bisweilen auch der Schwanz angefeuchtet werden. Häufiger jedoch wird der Schwanz mit Futter eingerieben, wodurch möglicherweise Totenkopfaffen, die im selben Gebiet Nahrung suchen, einen „Gruppengeruch" erhalten.

Nachts schlafen alle Tiere gemeinsam. In der Morgendämmerung wachen sie auf und bewegen sich dann in kleinen Untergruppen zu früchtetragenden Futterbäumen und suchen auf dem Weg dorthin nach Insekten und Spinnen. Auf diese Weise legen sie täglich bis über 4 km Weg zurück, wobei Streitigkeiten nur selten zu beobachten sind.

Weißbüschelaffe (*Callithrix jacchus*)
Die Gruppe der Krallenaffen stellt die kleinsten echten Affen, deren Vertreter als erwachsene Tiere Körpergewichte von 100–120 g (Zwergseidenaffe) bis 700 g (Löwenaffe) aufweisen. Sie lassen sich in zwei Gruppen aufteilen: Vertreter der Gattungen *Cebuella* und *Callithrix* werden unter dem Namen Marmosetten[30] zusammengefasst. Beiden Gattungen ist gemeinsam, dass die Schneidezähne im Unterkiefer ähnlich lang ausgebildet sind wie die Eckzähne. Unter Tamarinen[31] versteht man die Vertreter der Gattungen *Sanguinis* und *Leontopithecus,* bei denen – wie bei den anderen echten Affen auch – die Eckzähne des Unterkiefers deutlich länger sind als die Schneidezähne.

Der Weißbüschelaffe (*Callithrix jacchus*), die bekannteste der sieben Callithrix-Arten, hatte ihr natürliches Vorkommen ursprünglich nur im äußersten Nordosten Brasiliens, inzwischen wurde er jedoch durch den Menschen auch im

---

30 Vom französischen Wort „marmouset" abgeleitet, was ursprünglich etwa „Knirps" oder „Zwerg" bedeutet
31 Die Bezeichnung basiert darauf, dass der französische Forscher A. Binet fälschlicherweise angenommen hatte, die Indianer in Cayenne (Nordost-Südamerika) würden den dort vorkommenden Rothandtamarin (*Sanguinis midas*) „Tamarin" nennen. Obwohl dies offensichtlich ein Missverständnis war, wurde die Bezeichnung „Tamarin" in der Folgezeit dennoch beibehalten.

Abb. 3.52: Weißbüscheläffchen *(Callithrix jacchus)* (Aufnahme: W. Rossbach).

Süden des ostbrasilianischen Küstenregenwaldes eingeführt. Die tagaktiven Weißbüschelaffen zeichnen sich durch auffällig abstehende, weiße Ohrbüschel aus, nach denen ihre Art benannt ist und die durch Aufrichten und Bewegen auch für die verschiedenen mimischen Äußerungen der Tiere eingesetzt werden (**Abb. 3.52**). Das Kopffell ist meist dunkelbraun mit einem weißen Stirnfleck. Das graubraune Rückenfell zeigt eine helle Querbänderung, die besonders auffällig am Schwanz auftritt. Erwachsene Weißbüschelaffen erreichen eine Kopf-Rumpf-Länge von 19–22 cm, eine Schwanzlänge von 30–35 cm und ein Gesamtkörpergewicht von 300–400g; ihre durchschnittliche Lebenserwartung liegt bei 10 Jahren.

Wie bei in Menschenobhut gehaltenen Weißbüschelaffen beobachtet wurde, bildet diese Art in ihren Gruppen zwei nach dem Geschlecht getrennte Rangordnungen, an deren Spitze jeweils der Vater bzw. die Mutter steht. Meist zeigt nur das ranghöchste Weibchen einen regelmäßigen Zyklus und ist an der Reproduktion beteiligt; bei rangniederen Weibchen ist der Zyklus in der Regel gestört. Der Vater bildet zusammen mit mehreren Söhnen eine durch besonders intensive Kontakte geprägte Untergruppe, deren Stabilität für den Zusammenhalt des gesamten Sozialverbandes wichtig ist.

Weißbüschelaffen verfügen, wie andere Krallenaffenarten auch, nicht nur im Genitalbereich, sondern auch am Unterbauch und im Bereich des Brustbeines über leistenartige Drüsenfelder. Zusätzlich ist eine Markierung mit den so genannten Sternaldrüsen im Brustbeinbereich zu beobachten, wobei der Oberkörper in Laufrichtung über einen Ast geschoben wird. Offenbar können Weißbüschelaffen an den so abgegebenen Duftstoffen ihrer Artgenossen nicht nur deren Geschlecht erkennen, sondern sogar Einzeltiere voneinander unterscheiden und Informationen über deren soziale Stellung erhalten.

Weißbüschelaffen haben eine Vorliebe für Baumsäfte. Dazu nagen sie sich regelrechte Zapfstellen in die Baumrinde, die sie anschließend mit dem Drüsensekret ihrer Genitalregion markieren. Dazu hocken sich die Tiere mit ihrem Hinterteil über das Nageloch und reiben die Geschlechtsgegend mehrfach seitlich über die Rinde. Dabei streifen sie das Sekret ab und versehen es zusätzlich noch mit einigen Tropfen Urin. Dieses Markierungsverhalten dient möglicherweise der Reviermarkierung;

eine ebenso wichtige Rolle spielt es aber bei der geruchlichen Verständigung innerhalb der eigenen Gruppe.

Eine eindrucksvolle Verhaltensweise der Weißbüschelaffen ist das so genannte Katzbuckellaufen. Dabei laufen die Tiere mit stark hochgewölbtem Rücken trippelnd über einen Ast und haben sämtliche Körperhaare aufgerichtet. Dieses typische Droh- und Imponiergehabe lässt die Tiere fast doppelt so groß erscheinen, als sie wirklich sind. Beim so genannten genitalen Präsentieren richtet sich ein Tier mit dem Hinterteil ruckartig gegen einen bestimmten Artgenossen aus und streckt den Schwanz fast senkrecht in die Höhe, wobei die Geschlechtsteile sichtbar werden.

Altweltaffen
Auch die meisten Altwelt- oder Schmalnasenaffen *(Catarhini)* Afrikas und Asiens haben Schwänze. Bei einigen von ihnen sind dies allerdings nur Stümpfe, in keinem Fall haben sie Greiffunktion, Menschenaffen und Gibbons haben überhaupt keine Schwänze. Gesäßschwielen sind ein typisches Merkmal dieser Gruppe. Einige Altweltaffen haben Backentaschen, die sie mit Futter füllen, ihre Zahnformel ist: I 2/2, C 1/1, PM 2/2, M 3/3. Die Eckzähne der Männchen einiger Arten sind beeindruckend. Die Weibchen zeigen während des Östrus auffallende Schwellungen und Rotfärbungen im Bereich der genitalen Haut. Einige, wie z.B die Rhesusaffen, besitzen eine Geschlechtshaut, die sich bis hinunter auf die Oberschenkel und um den Schwanz herum erstreckt. Wenn ein junges Weibchen brünstig wird, also in den Östrus kommt, erhält diese Geschlechtshaut ein rotes und schrunzeliges Aussehen. Altweltaffen werden in ihrer Mehrzahl mit 4 Jahren geschlechtsreif, kommen alle 28–35 Tage in die Brunst, haben eine Tragzeit von 145–185 Tagen (Menschenaffen deutlich länger!) und bekommen gewöhnlich nur 1 Junges. Viele dieser Tierarten zeigen Menstruation, jedoch sind Intensität und Dauer der Blutungen abhängig von Gattungs- und Artzugehörigkeit.

Javaneraffe (Macaca fascicularis)
Der Javaneraffe, häufig auch als Cynomolgus-Affe (kurz „Cyno") oder Langschwanzmakak bezeichnet (**Abb. 3.53**), stellt innerhalb der zahlreichen Makakenarten eine recht ursprüngliche Form dar und ist in seinen natürlichen Verbreitungsgebieten, beinahe der gesamten südostasiatischen Inselwelt, weit verbreitet und häufig anzutreffen. Mit seiner langgestreckten Gestalt (Kopf-Rumpf-Länge: Weibchen 38–50 cm, Männchen 40–55 cm) und seinem langen Schwanz (Weibchen: 40–55 cm, Männchen: 43–65 cm) ähnelt er den afrikanischen Meerkatzen. Weibliche Javaneraffen haben als erwachsene Tiere ein Körpergewicht von 2–6 kg, Männchen 4–9 kg; in Menschenobhut können sie ein Alter von 38 Jahren erreichen. Entsprechend der unterschiedlichen natürlichen Lebensräume zeichnen sie sich durch eine erhebliche innerartliche Mannigfaltigkeit aus. In zahlreichen Unterarten kommen Fellfarben von rotbraun bis zu grüngelb und grau, Gesichtsfarben von blaßbraun bis dunkel und Behaarungsvarianten von glatzköpfig bis zur Schopfbildung vor. Sein englischer Name „Crab-eating monkey" („krabbenessender Affe") zeigt an, dass man Javaneraffen bevorzugt in Küsten- und Flussnähe antrifft, sowohl in unberührter Wildnis als auch im Bereich menschlicher Siedlungen und sogar in Großstädten. Die Tiere schwimmen und tauchen gut.

Auf ihrer Suche nach Früchten, Knospen, Sprossen und Blättern, aber auch Krebstieren, Weichtieren und anderen Wirbellosen, ziehen Javaneraffen tagsüber durch das Geäst des Waldes und an die Wasserstellen. Dabei zeigt ihr Verhalten ein festes Muster: Nach einer Phase des Wanderns und der Nahrungssuche

Abb. 3.53: Javaneraffe *(Macaca fascicularis)* (Aufnahme: J. Rosenbusch).

wird zum Mittag eine etwa einstündige Ruhepause eingelegt, während derer die älteren Tiere dösen oder Körperpflege treiben und die Jüngeren spielen. Am frühen Nachmittag zieht die Gruppe noch eine gewisse Zeit nahrungsuchend umher. Nach der Rückkehr zum morgendlichen Ausgangspunkt und einer weiteren Spielphase ziehen sich die Tiere auf die Schlafbäume zurück, wo nach einigen Balgereien jedes Tier seinen Schlafplatz aufsucht und mit der hereinbrechenden Dunkelheit schließlich Ruhe einkehrt.

Die in Freiheit aus bis zu 60 Tieren bestehenden Gruppen der Javaneraffen sind „matriarchalisch" aufgebaut, wobei innerhalb der Gruppe verschiedene Familieneinheiten existieren, in deren Mittelpunkt die jeweilige Stammmutter steht. Während die Männchen fast ausnahmslos ihre Geburtsgruppe verlassen, wenn sie herangewachsen sind, bleiben die Weibchen ihr ganzes Leben lang in der Gruppe, in die sie hineingeboren wurden. Später erreichen sie dort eine Rangposition, die der ihrer eigenen Mutter entspricht.

Jungtiere verhalten sich zunächst auch gegenüber solchen Gruppenmitgliedern unterwürfig, die eine niedrigere Rangposition haben als ihre Mutter. Durch deren und auch die Unterstützung anderer Verwandter wird das Jungtier aber gleichsam aufgebaut und findet so allmählich in die Rangstellung, die der ihrer Mutter entspricht. Gehört das Jungtier zu einer mächtigen Familie, wird es im Konfliktfall häufig auch von Nichtfamilienmitgliedern unterstützt, die auf diese „opportunistische" Weise versuchen, im Verein mit dem mächtigen Familienverband ihre eigene Stellung gegenüber dem Kontrahenten des Jungtieres zu verbessern.

Männchen führen im Lauf ihres Erwachsenwerdens ein eher einzelgängerisches Leben und wechseln im Allgemeinen mehrfach die Gruppe, wobei jeder Gruppenwechsel in der Regel dazu benutzt wird, eine höhere Rangposition zu erreichen als zuvor. Einmal zu einem vergleichsweise ranghohen Männchen geworden, verbündet es sich mit den fruchtbaren Weibchen, ohne sich jedoch in dieser Phase um die Kleinkinder der Gruppe zu kümmern. Dies ändert sich nach weiteren ein bis zwei Jahren, wenn sich das Männchen nun Müttern anschließt und zum Beschützer von deren Kindern wird, von denen einige höchstwahrscheinlich seine eigenen sind.

Die natürlichen Feinde des Javanermakaken, wie die geschickt in den Bäumen kletternden Nebelparder, Leoparden aber auch Schlangen wie die Python, werden von größeren Gruppen möglicherweise früher bemerkt als von kleineren. Demgegenüber müssen größere Gruppen weiter wandern, um ihren (größeren) Nahrungsbedarf decken zu können, als dies bei kleineren Gruppen nötig ist. Somit leben Javaneraffen, die in Menschenobhut bis zu 38 Jahren alt werden, in kleineren Gruppen wohl bequemer, aber auch gefährlicher.

Rhesusaffe oder Rhesusmakak
(*Macaca mulatta*)

Rhesusaffen (**Abb. 3.54**) gehören zu den bekanntesten Affenarten überhaupt. Nicht zuletzt durch die Entdeckung des nach ihnen benannten Rhesus-Systems[32] durch Landsteiner und Wiener (1939/40) zählen sie zu den klassischen Versuchstieren, die nicht nur für die Bearbeitung biologischer und medizinischer, sondern auch tierpsychologischer Fragestellungen eingesetzt wurden, wobei die Erforschung des Wahrnehmungs-, Lern- und Erinnerungsvermögens besondere Bedeutung erlangt hat.

Ihr natürliches Verbreitungsgebiet erstreckte sich ursprünglich von Indien bis zum südlichen China und Tibet, vom heißen Flachland bis in Höhen von 3000 m mit Schnee und Temperaturen unter dem Gefrierpunkt. Wie die Javaneraffen leben auch die Rhesusaffen schon seit langem in der Nähe menschlicher Siedlungen, vor allem im Umkreis von Tempeln, Märkten und Bahnhöfen, wo sie auf ihrer Suche nach Essbarem durchaus zu einer Plage werden kön-

---

32 Nach i.v. Injektion von Rhesusaffen-Erythrozyten (rote Blutkörperchen) in Meerschweinchen und Kaninchen bilden diese spezifische Antikörper. Diese Entdeckung führte zur Untersuchung und Aufklärung des Rhesus-Systems am Menschen. Dabei ist der bekannte Rhesusfaktor eine erbliche Blutgruppeneigenschaft der Erythrozytenmembran: etwa 5 % aller weißen Menschen sind Rh(Rhesus)-negativ, d.h. z.B. eine Rh-negative Mutter bildet auf ihren Rh-positiven Fetus Antikörper (IgG), die durch die Plazenta in diesen gelangen und seine Erythrozyten zerstören mit entsprechenden schwerwiegenden Folgen für den Fetus. Mit Hilfe der sog. Anti-D-Prophylaxe gelingt es heute, die Bildung der für den Fetus gefährlichen mütterlichen Antikörper zu verhindern.

Abb. 3.54: Rhesusaffe *(Macaca mulatta)* (Aufnahme: J. Rosenbusch).

nen. Während frühere Schätzungen von einem Vorkommen von mehreren Millionen Tieren ausgingen, wird heute nur noch eine Zahl zwischen ½ und 1 Million angenommen, so dass die Tiere zwar noch relativ häufig sind, der Bestand aber offenbar zurückgeht.

Ausgewachsene männliche Rhesusaffen erreichen eine Kopf-Rumpf-Länge von 48–64 cm, weibliche Tiere von 45–55 cm, bei einer Schwanzlänge von 19–32 cm. Männchen erreichen ein Körpergewicht von 6,5–12 kg, Weibchen werden nur knapp halb so schwer (5,5 kg). Das Fell der Rhesusaffen ist durchgängig braun, oliv- und gelbbraun, ihre Gesichter sind wenig pigmentiert, blass bis rötlich. Am After tragen sie eine große rötliche, nackte Hautstelle, die sich v.a. bei jungerwachsenen Weibchen während der fruchtbaren Zeit – u.U. bis hin zu Schwanz und Oberschenkel – auffällig rot färbt, es gibt keine ausgeprägte Regelschwellung (Menstruationsschw.). Bemerkenswert ist, dass in Regionen, in denen regelrechte Paarungsperioden auftreten, nicht nur die Weibchen, sondern auch die Männchen Schwankungen in ihrer Fortpflanzungsphysiologie aufweisen. In dieser Phase wachsen die Hoden, die mit ca. 70–80 g fast das Hodengewicht menschlicher Männer erreichen, auf nahezu das Doppelte an. Gleichzeitig nimmt auch bei ihnen die nackte Haut des Hinterleibes eine deutlich intensivere Rotfärbung an.

Rhesusaffen, die eine durchschnittliche Lebenserwartung von häufig 10–20, in Einzelfällen sogar bis über 30 Jahren haben, leben in so genannten Mehrmännergemeinschaften, in denen die erwachsenen Männchen meist aus anderen Gruppen zugewandert sind und sich den von Weibchen dominierten Familieneinheiten angeschlossen haben, wie das in ähnlicher Weise für die Javaneraffen weiter oben beschrieben wurde. Obwohl Rhesusaffen grundsätzlich häufig den Geschlechtspartner wechseln und dabei in der Regel ranghöhere Vertreter des anderen Geschlechts bevorzugen, lassen sich doch zwischen bestimmten Partnern gewisse Vorzugsbeziehungen erkennen. Umgekehrt sind Paarungen z.B. zwischen Mutter und Sohn eher selten, obwohl die Tiere in anderer sozialer Hinsicht gute Beziehungen zueinander haben und sich bei Konflikten mit anderen Artgenossen gegenseitig unterstützen. Da sich diese Art Mangel an sexueller Anziehung meist auch auf die übrigen Mitglieder der mütterlichen Familieneinheit erstreckt, liegt es für die Männchen nahe, ihre Geburtsgruppe zu verlassen, um die Nähe attraktiver Weibchen in Nachbargruppen zu suchen und sich diesen anzuschließen.

Entsprechend der Unterschiedlichkeit der Verbreitungsgebiete der Rhesusaffen sind auch ihre Ernährungsgewohnheiten verschieden. So verzehren sie in einigen Gegenden vor allem Kräuter, Wurzeln und Knospen, während in anderen Regionen ein großer Teil ihrer Nahrung aus Früchten und kleinen Wirbellosen besteht. In den Gebirgswäldern im Norden Pakistans ernähren sie sich im Sommer vor allem von Klee, der an offenen Stellen reichlich wächst; wenn im monatelangen Winter Schnee die Erde bedeckt, sind sie auf einfacheres Futter wie z.B. Eichenblätter und Fichtennadeln angewiesen. Wie die Javaneraffen und andere Makakenarten beanspruchen und verteidigen Rhesusaffengruppen kein bestimmtes Gebiet, sind also nicht territorial. Zwar haben die Gruppen ein eigenes Wohngebiet, aber dies kann gleichzeitig auch von einer oder mehreren anderen Rhesusgruppen bewohnt werden. Wenn sich solche Gruppen begegnen, meidet die schwächere meist die stärkere.

Handling

Der Umgang mit Primaten gestaltet sich wesentlich schwieriger als mit fast allen anderen Tierarten vergleichbarer Größen und Körpergewichte. Beim Umgang mit einer der für tierexperimentelle Zwecke verwendeten Arten ist es besonders wichtig, sich an der Biologie und dem höchst komplexen Verhaltensrepertoire der Tiere zu orientieren. Diesbezüglich ungeeignete Haltungsbedingungen oder Handhabungen sind nicht nur hinsichtlich des Tierschutzes problematisch, vielmehr können sie auch in u.U. dramatischer Weise Versuchsergebnisse beeinflussen und damit ggf. unbrauchbar machen. Es ist daher unbedingt zu empfehlen, Haltung von und Umgang mit Primaten nur von erfahrenen Fachleuten und im praktischen Umgang mit den Tieren selbst zu erlernen. An dieser Stelle sollen deshalb nur einige wenige, sehr pauschale Empfehlungen gegeben werden.

Der Raum, in dem eine Untersuchung an einem Primaten durchgeführt werden soll, muss fluchtsicher sein und es dürfen keinerlei Gegenstände wie Flaschen, Geräte etc. für das Tier direkt erreichbar sein. Der Raum sollte keine abgehängte Lampe haben, auf die sich ein entkommenes Tier flüchten könnte, oder Rohre und ähnliche Strukturen enthalten, hinter denen es sich verschanzen könnte.

Die Person, die die Untersuchung vornehmen will, sollte einen langen Kittel tragen, da das Tier möglicherweise seinen Harn und Kot auf sie entleeren wird. Sie sollte schwere Lederhandschuhe gegen die Bisse des Tieres tragen. Schlips oder Brille, falls vorhanden, sollten unbedingt vorher abgelegt werden. Man sollte keine lang herabhängenden Haare haben, die das Tier ergreifen könnte.

Zum Einfangen greift man zunächst ein Bein und fixiert dann das Tier, indem man es im Beckenbereich flach gegen die Wand oder auf einen Tisch drückt. Mit der einen Hand werden die vorderen Extremitäten auf dem Rücken des Tieres in Höhe der Ellbogen zusammengehalten, mit der anderen Hand werden die hinteren Extremitäten gefasst. Bei Weißbüschelaffen, die von klein auf an bestimmte Personen und durch regelmäßiges Training an bestimmte Maßnahmen gewöhnt sind, ist es ohne weiteres möglich, Tiere auch mit bloßen Händen auf-

Abb. 3.55: Festhalten eines Weißbüscheläffchens *(Callithrix jacchus)* (Aufnahme: W. Rossbach).

zunehmen und z.B. für eine Injektion zu halten (**Abb. 3.55**).

Bei anderen Primatenarten, immer aber bei Tieren, die nicht an den Umgang mit Menschen gewöhnt sind, ist die Verwendung von Lederhandschuhen zum Fassen und ggf. entsprechende Gerätschaft zum Fixieren angezeigt, wenn bestimmte tierexperimentelle Maßnahmen durchgeführt werden sollen. Für solche Zwecke gibt es spezielle Käfige mit nach vorne verschiebbarer Rückwand. Diese wird vorsichtig so weit in Richtung Vorderwand geschoben, bis das Tier zwischen beiden Wänden gut fixiert ist. Nun lässt sich ohne große Schwierigkeit zwischen den Gitterstäben hindurch mittels Spritze ein Beruhigungs- oder Narkosemittel verabreichen.

Noch während der Injektion muss das Tier sorgfältig beobachtet werden, da es beim Zurückziehen der Rückwand unglücklich auf den Käfigboden stürzen und sich verletzen kann. Oder es gelangt dabei in eine Position, in der die Atemwege verlegt sind und der Erstickungstod droht.

Ist die Wirkung des Mittels vollständig eingetreten und das Tier in eine ungefährliche Position gebracht, kann die geplante Untersuchung durchgeführt werden. Anschließend wird das Tier in seinen Käfig zurückgebracht und bis zum endgültigen Aufwachen regelmäßig kontrolliert.

Anzeichen von Schmerzen, Leiden und Schäden

Die Reaktion auf schmerzhafte Reize, Leiden und Schäden ist bei den verschiedenen Primatenspezies sehr unterschiedlich ausgeprägt. Die genaue Kenntnis des Normalverhaltens der jeweiligen Spezies ist daher erforderlich, um Belastungen und Schmerzen differenziert und korrekt beurteilen zu können. In der folgenden Aufzählung sind daher Schmerzsymptome nur sehr allgemein dargestellt.

Allgemeine Merkmale:
Absonderung von der Gruppe, Teilnahmslosigkeit, Veränderung der Ruhe-/Aktivitätsphasen, Inappetenz

Spezifische Merkmale:

- *Augen*
erweiterte Pupillen

- *Atmung*
erhöhte Frequenz

- *Aussehen*
angespannter Gesichtsausdruck, gesträubtes Fell

- *Kot- und Harnabsatz*
häufiger Kot- und Urinabsatz

- *Verhalten*
Apathie, Desinteresse an der Umgebung, Rückzug von Artgenossen, verstärktes Flucht- und Abwehrverhalten, Lippenschmatzen, Lippenhochziehen, Gähnen, Stereotypien, Automutilation, reduzierte Ruhephasen, übertriebenes oder stark herabgesetztes Pflegeverhalten

- *Körperhaltung*
Kauerstellung, Seitenlage, Selbstumklammerung

- *Fortbewegung*
Lahmheit, Schonung einer schmerzenden Gliedmaße

- *Lautäußerung*
sehr speziesabhängig, meist eher zur Äußerung von Angst oder als Warnung eingesetzt

- *Sonstiges*
Reduzierung oder Verweigerung der Futter- und Wasseraufnahme, Gewichtsverlust

Wiederholungsfragen

1. Durch welche besonderen körperlichen Merkmale zeichnen sich die Primaten aus?
2. Wie alt wird ein Totenkopfaffe im Durchschnitt?
3. Wie schwer sind erwachsene Weißbüschelaffen?
4. Wovon ernähren sich Javaneraffen?
5. Wie groß ist ein erwachsener Rhesusaffe (Kopf-Rumpf- und Schwanzlänge)?
6. Wie sollte ein Raum beschaffen sein, in dem Untersuchungen an Primaten durchgeführt werden?

3.3.13 Haushuhn

Ursprung und Domestikation

Der Ursprung unseres heutigen Haushuhnes (*Gallus gallus domesticus*) ist das indische Bankivahuhn (*Gallus gallus gallus*) bzw. das burmesische rote Dschungelhuhn (*Gallus gallus spadiceus*), eine Unterart des Bankivahuhns. Hühner wurden wahrscheinlich schon vor 5000 Jahren zum Haustier.
Bereits im 14. oder 15. Jahrhundert v. Chr. wurden Haushühner von Indien nach China ausgeführt. Über Ägypten sind die Hühner nach Südeuropa gelangt. In Griechenland gab es schon im 5. und 4. vorchristlichen Jahrhundert Haushühner. Auch zu den Germanen und Kelten gelangten Hühner schon lange vor Christi Geburt.
In Europa waren es schließlich drei Gruppen von Hühnern, die am Beginn der Rassehühnerzucht standen, nämlich die dem Bankivahuhn ähnlichen Landhühner, die asiatischen Cochins und die muskulösen Kampfhühner. Heute werden für die Nahrungsmittelproduktion zwei Typen von Hühnern eingesetzt, nämlich die leichtgewichtigen Legehühnerrassen für die Eierproduktion und die schwergewichtigen Fleischhühner (Broiler).

In der biomedizinischen Forschung werden Hühner überwiegend in der Ernährungsforschung, der Immunologie und der Toxikologie verwendet. Von besonderem Interesse sind dabei Hühnerembryonen, die in der Virologie, Toxikologie und auch in der Embryologie eingesetzt werden. Eine gewisse Bedeutung haben Hühner wegen ihrer phylogenetischen Entfernung zu den Säugern inzwischen auch für die Antikörpergewinnung erlangt. Bei ihnen werden die Antikörper (IgY) aus dem Eidotter gewonnen, mithin entfällt die bei Säugetieren notwendige Blutentnahme.

Allgemeine Biologie

Das Körpergewicht von Haushühnern hängt sehr stark von ihrer Rassezugehörigkeit ab, dementsprechend groß ist die Streuung beim Körpergewicht: so wiegt ein erwachsenes Huhn in der Regel zwischen 1500 und 3000 g, das Körpergewicht von Hähnen liegt zwischen 2500 und 5000 g. Haushühner können 6–12 Jahre alt werden.

Hühner haben im Durchschnitt eine Körpertemperatur von etwa 41.5 °C (40–43). Wie bei vielen anderen Vogelarten sind die unteren, weniger befiederten Körperregionen und die Beine gut durchblutet und dienen auf diese Weise der Thermoregulation der Tiere.

Die Atemfrequenz eines erwachsenen Huhnes liegt bei 20–40 Atemzüge (Respirationen) je Minute. Die Herzschlagfrequenz eines erwachsenen Huhnes beträgt in Ruhe 230 Schläge pro Minute, bei körperlicher Aktivität kann sich diese auf 280–320 Schläge pro Minute erhöhen. Unter Stressbedingungen kann sich die Herzfrequenz sogar auf 380–460 Schläge pro Minute steigern.

Verhalten

Hühner sind sehr soziale Tiere, deshalb stellt die Haltung in Gruppen (Herden) die beste Variante dar. Dabei hängt die optimale zahlenmäßige Zusammensetzung der Herde, d.h. die Zahl der Hennen pro Hahn, stark von der Hühnerrasse ab. So kann der Hahn einer leichten, körperlich aktiven Rasse problemlos 15 Hennen führen, während dem Hahn einer schweren Rasse weniger als 10 Hennen zuträglich sind.

Unter geeigneten Haltungsbedingungen verbringen Hühner einen großen Teil des Tages mit der Futtersuche. Auch wenn das angebotene Futter den Tagesbedarf an Nährstoffen deckt, picken, suchen und kratzen sie doch viele Stunden täglich im Bodensubstrat.

Hühner zeigen mitunter ein typisches Sandbadeverhalten; es dient dazu, überschüssiges Fett aus den Federn zu entfernen. Möglich ist dies allerdings nur unter bestimmten Haltungsbedingungen, d.h., wenn z.B. ein Sandbad zur Verfügung steht.

Die Tiere der Herde synchronisieren ihre Aktivitäten gewissermaßen und führen die meisten Dinge gemeinsam aus. Alle diese sozialen Aktivitäten werden von einer Vielfalt optischer und akustischer Signale begleitet. Zur gegenseitigen Verständigung gebrauchen Hühner ganz bestimmte Laute. So gackert („kakelt") eine Henne auf ganz spezifische Weise, wenn sie ein Ei gelegt hat. Wünsche und Bedürfnisse dagegen werden durch ein eher singendes Gackern ausgedrückt, häufig zeigt dieser Laut aber auch einfach allgemeines Wohlbefinden an. In Schmerzsituationen ertönt dagegen weithin schallendes Schreien oder auch das typische kurze Aufschreien, wenn eine Henne von einem ranghöheren Tier gehackt wird.

Schwächere Herdenmitglieder werden von ranghöheren Tieren üblicherweise mit herrischen Lauten verdrängt. Wenn eine Henne von einer anderen „angedroht" wird, so setzt sie sich zur Wehr, indem sie rhythmische „o"-artige Laute ausstößt. Wenn ein Hahn droht, tut er dies nur durch seine Körperhaltung, i.d.R. ohne dabei Laute von sich zu geben. Der Hahn nimmt durch das sog. Kollern mit seinen Hennen Stimmfühlung auf, es klingt etwa wie „gogogogook".

Handling

Rein entwicklungsgeschichtlich stellt die Beziehung des Menschen zu Hühnern ein Räuber-Beute-Verhältnis dar. Dementsprechend haben die Hühner ihre ursprüngliche Furcht vor dem Menschen bewahrt. Das Handling von Hühnern muss diesem Umstand Rechnung tragen und vorsichtig, aber bestimmt erfolgen.

Hühner werden zweckmäßig mit beiden Hän-

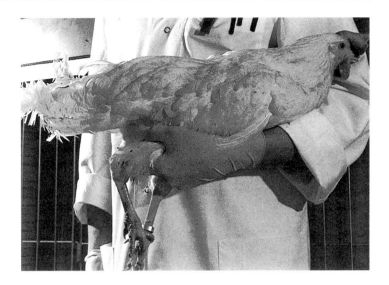

Abb. 3.56: Festhalten eines Huhns (Aufnahme: J. Weiss).

den seitlich am Körper festgehalten. Die Flügel werden so an den Körper gedrückt und das Tier wird am Flattern gehindert. Zum Einfangen sind lange Jagden unbedingt zu vermeiden. Man sucht sich das betreffende Huhn aus, dirigiert es behutsam in eine Ecke und fasst dann blitzartig zu. Das Tier wird zunächst auf den Boden gedrückt und dann mit beiden Händen wie oben beschrieben fixiert. Zum Tragen kann man ein Huhn mit einer Hand unter der Brust durchgreifen und beide Oberschenkel gleichzeitig fixieren (**Abb. 3.56**). Mit der anderen Hand kann bei Bedarf das Flattern unterbunden werden.

Es kann nützlich sein, durch ein handliches „Treibgitter" die Tiere in eine Ecke des Auslaufes zu treiben und dann die Hühner einzeln herauszufangen. Auch hier muss ruhig und gelassen vorgegangen werden. In der geübten Hand leistet auch ein Fanghaken gute Dienste. Die Hühner werden damit zunächst am Ständer gegriffen und dann mit den Händen fixiert. Besonders vorsichtig müssen Hühner aus Käfigen genommen werden. Nach langsamer, behutsamer Annäherung werden die Hühner sicher mit zwei Händen gefasst. Es muss vermieden werden, dass sie flattern und mit den Flügeln schlagen, weil die Verletzungsgefahr in den Käfigen groß ist.

Durch Anfüttern und häufiges Üben lassen sich Hühner an das Fangen gewöhnen und werden dann auch handzahm.

Wiederholungsfragen

1. Welche beiden Typen von Hühnern werden heute für die Nahrungsmittelproduktion verwendet?
2. Welche durchschnittliche Lebenserwartung hat ein Haushuhn?
3. Sind Hühner einzeln lebende oder soziale Tiere?
4. Wozu dient das Sandbadeverhalten bei Hühnern?

3.3.14 Der glatte Krallenfrosch (*Xenopus laevis*)

Ursprung

Krallenfrösche (*Xenopus sp.*) zählen mit drei weiteren Gattungen zur Familie der *Pipidae*, urtümlichen, stark an das Wasserleben angepassten zungenlosen Fröschen. Ihr Name bezieht sich auf die Krallen an den inneren drei Zehen der mit großen Schwimmhäuten ausgestatteten Füße. Als Versuchstier findet hauptsächlich der in Afrika südlich der Sahara vorkommende Glatte Krallenfrosch (*Xenopus laevis*) Verwendung. In ihren natürlichen Verbreitungsgebieten leben diese Tiere häufig in schlammigen, trüben Gewässern, wo sie im Falle der Austrocknung in der Schlammschicht überleben können. Südafrikanische Krallen-

Abb. 3.57: Krallenfrosch *(Xenopus laevis)* (Aufnahme: J. Weiss).

frösche kommen sogar in Höhlen und unter völligem Lichtabschluss vor.

Verwendung

Die Verwendung des Glatten Krallenfrosches in der Biomedizin geht auf die Entdeckung südafrikanischer Ärzte zurück. Diese stellten fest, dass ein Krallenfroschweibchen, dem die Urinprobe einer schwangeren Frau injiziert wird, innerhalb von 5–24 Stunden Eier legt und damit schon in den ersten Wochen eine Schwangerschaft zuverlässig anzeigen kann. Inzwischen stehen für diesen Zweck zahlreiche In-vitro-Tests[33] zur Verfügung. Dennoch spielt der Glatte Krallenfrosch in bestimmten Bereichen der biomedizinischen Forschung eine wichtige Rolle. Vor allem für zellbiologische Fragestellungen werden seine Oozyten entweder operativ gewonnen oder aber es wird die natürliche Eiablage (das Ablaichen) durch entsprechende Hormoninjektionen ausgelöst.

Allgemeine Biologie

Krallenfrösche haben einen kräftigen, dorsoventral abgeflachten Körper und sind hinsichtlich ihrer Morphologie und Physiologie stark an das ständige Leben im Wasser angepasst. Die kleinen Augen sind weit dorsal auf dem Kopf angeordnet (**Abb. 3.57**). Seitlich von ihnen befinden sich kleine Tentakel, die die Öffnungen der Tränendrüsen enthalten. Die Beine stehen, der schwimmenden Lebensweise entsprechend, seitlich vom Körper ab und können nicht unter diesen verlagert werden. Während die Hinterbeine kräftig entwickelt sind und großflächige Schwimmhäute aufweisen, sind die Vorderbeine vergleichsweise schwach entwickelt.

Die Vorderbeine dirigieren die Nahrung in die Mundöffnung, steuern beim Schwimmen und mit ihnen umklammern die Männchen bei der Paarung die Weibchen. Die kräftigen Hinterbeine dagegen liefern beim Schwimmen den Antrieb, mit den Krallen der drei inneren Zehen werden Nahrungsteile aus der Beute herausgerissen. Auch die ungeschickt erscheinende Fortbewegung an Land wird durch kräftige Sprungbewegungen der Hinterbeine bewerkstelligt.

Wenn Krallenfrösche mit Hilfe ihres ausgeprägten Geruchs- und Geschmackssinnes eine Nahrungsquelle entdeckt haben, dirigieren sie größere Nahrungsbrocken mit den Vorderbeinen zum Maul und verschlucken sie unzerkaut. Kleinere Nahrungsteile werden mit Hilfe einer speziellen Pumpbewegung des Mundbodens zusammen mit dem einströmenden Wasser aufgesogen (Saugschnappen); als äußeres Zeichen dieses Pumpvorganges werden dabei die Augen eingezogen.

Erwachsene Krallenfrösche besitzen ein sog. Seitenlinienorgan, das sonst nur bei Fischen,

---

[33] in vitro – lat. im Glase; meint, dass der Test ohne lebende Tiere funktioniert

Wassermolchen und Kaulquappen vorkommt. Es dient den Tieren als Ferntastsinn zur Ortung von Wasserbewegungen, die von einem Feind oder einem Beutetier verursacht werden bzw. zur Wahrnehmung des Staudrucks, der beim Heranschwimmen an einen festen Gegenstand entsteht.

Als permanent im Wasser lebende Amphibien besitzen Krallenfrösche eine sehr drüsenreiche, schleimige Haut, deren Färbung sich mit Hilfe spezieller Pigmentzellen, sog. Chromatophoren, innerhalb weniger Stunden dem jeweiligen Untergrund anpassen kann. Die oberste Hautschicht ist verhornt und wird, durch Hypophysenhormone ausgelöst, in unregelmäßigen Abständen (wenige Wochen bis einige Monate) abgestoßen und von den Tieren meist gefressen. In besonderen Hautdrüsen wird ein streng riechendes und schmeckendes Sekret gebildet, das z.B. bei Enten und Schlangen zu krampfartiger Maulstarre führen kann, wenn diese einen Krallenfrosch verschlingen wollen. Die Weibchen des Glatten Krallenfrosches erreichen ihre volle Körpergröße mit einer Kopf-Steißlänge von maximal 13 cm im Alter von 3–4 Jahren, während die Rumpflänge der auch im ausgewachsenen Zustand viel kleineren Männchen allenfalls 9 cm beträgt. Geschlechtsspezifische Merkmale sind außerdem die dreilappigen Kloakenpapillen der Weibchen und die schwärzlichen „Begattungsbürsten" an den Vorderbeinen der Männchen. Krallenfrösche haben unter Laborbedingungen eine durchschnittliche Lebenserwartung von etwa 15 Jahren, können jedoch in Einzelfällen fast doppelt so alt werden.

Verhalten

Krallenfrösche verbringen einen großen Teil des Tages in Ruhe im Becken, bei Dämmerlicht sind sie besonders aktiv. Bei geeigneter Wasserhöhe nehmen sie häufig eine schräge Aufwärtsstellung ein, wobei die Füße der Hinterbeine auf dem Beckenboden ruhen und nur die Nasenöffnungen über die Wasseroberfläche ragen. Grundsätzlich bevorzugen sie dunkle Areale und suchen den Körperkontakt mit Artgenossen.

Insbesondere scheue, noch nicht an den Menschen gewöhnte Tiere liegen häufig auf dem Beckengrund, bevorzugen jedenfalls eine Position unterhalb der Wasseroberfläche, solange sich Menschen im Raum aufhalten. In dieser Lage können sie länger als eine Viertelstunde ohne zu Atmen aushalten. Dabei passt sich ihre Hautfarbe farblich dem Untergrund an. Bei der Fütterung kommt schlagartig Bewegung in die Tiere, sie schwimmen erregt hin und her und schnappen nach den Futterstücken und versuchen, sich diese mit den Vorderbeinen ins Maul zu schaufeln. Futter, das bis auf den Beckengrund abgesunken ist, wird von den Tieren meist nicht mehr angenommen; es verrottet und belastet die Wasserqualität.

Paarungsbereite Männchen geben knackend-schnarrende Rufe von sich. Die Paarungsbereitschaft des Weibchens kann man an der Stellung der Hinterbeine erkennen: Während paarungsbereite Weibchen die Beine anziehen, strecken paarungsunwillige Weibchen die Beine lang aus.

Beim Laichen wird das Weibchen vom deutlich kleineren Männchen vor den Hinterbeinen gepackt; dabei verhindern die schwarzen „Begattungsbürsten" an den Innenseiten der Vorderbeine das Abrutschen von den Lenden des Weibchens. Sobald das Weibchen fest umklammert ist, wird es vom Männchen meist mehrmals um die Längsachse gedreht, wodurch es in eine Art Bewegungsstarre verfällt. Nun lässt das Weibchen die Eier einzeln aus der Kloake austreten, hält aber jedes Ei mit den Kloakenlippen einen kurzen Moment lang fest und schießt es dann so ab, dass es dem Bauch des Männchens entlang und an dessen Kloake vorbei wirbelt, wobei das Ei mit den Gameten des Männchens in Berührung kommt und befruchtet wird. Geschlechtsreife Weibchen (10–18 Monate alt) legen auf diese Weise ca. 10000 (max. 15000) Eier pro Jahr.

Handling

Das Fassen und Halten von Krallenfröschen erfordert wegen ihrer glatten, rutschigen Haut eine gewisse Umsicht. Das Fangen aus dem Becken wird üblicherweise mit einem Kescher[34]

---

34 Aus Hygienegründen, d.h. um die Übertragung von Infektionskrankheiten zu vermeiden, sollte je Becken ein eigener, deutlich markierter Kescher benutzt werden. Dieser sollte möglichst feinmaschig sein, um Verletzungen zu vermeiden.

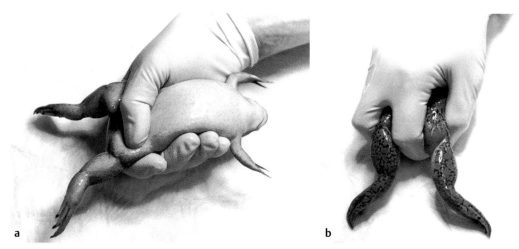

Abb. 3.58: Festhalten eines Krallenfrosches von **a** ventral und **b** dorsal (Aufnahmen: J. Weiss).

bewerkstelligt. Der Kescher sollte nach dem Fangen um 180° gedreht und auf diese Weise verschlossen werden, um das Herausspringen des Tieres zu verhindern. So kann der Frosch sehr schonend z.B. für Injektionen fixiert werden. Um das Tier in der erforderlichen Weise fassen zu können, sollte man es in einen kleinen Behälter (z.B. Eimer) mit etwas Wasser überführen. Nun kann der Frosch gefasst werden, indem man einen Zeigefinger vom Kopf her zwischen seinen Hinterbeinen hindurchstreckt und den Bauch mit Daumen und Mittelfinger umfasst (**Abb. 3.58**). Auf diese Weise sind die Hinterbeine fixiert, und der Kopf wird vom Handteller bedeckt. Da das Tier in dieser Haltung nichts sehen kann, wird es sich in der Regel ruhig verhalten. Bei Verwendung z.B. eines Handtuches zum Halten eines Frosches muss darauf geachtet werden, dass es dabei nicht zu Verletzungen der empfindlichen Haut kommen kann.

Wiederholungsfragen

1. Welches ist das natürliche Verbreitungsgebiet des Glatten Krallenfrosches?
2. Wie heißt das Organ, das dem Krallenfrosch als Ferntastsinn zur Ortung von Wasserbewegungen dient?
3. Wie alt können Krallenfrösche werden?
4. Wie viele Eier legt ein Krallenfroschweibchen pro Jahr?

4 Zucht von Versuchstieren

4.1 Allgemeine Vererbungslehre

4.1.1 Einleitung

Die Beobachtung von Pflanzen und Tieren zeigt, dass jede Art stets ihresgleichen hervorbringt. Die Nachkommen zeigen aber neben Merkmalen ihrer Eltern auch individuelle Eigenschaften. Ferner war schon den griechischen Philosophen einige Jahrhunderte vor Christus aufgefallen, dass die Nachkommen nicht nur ihren Eltern, sondern auch deren Vorfahren ähnlich sein konnten. Die Gründe hierfür blieben trotz vielfältiger Erklärungsversuche für viele Jahrhunderte ein Geheimnis. Erst Antony van Leuwenhoek (1632–1723), ein holländischer Forscher, der mit Hilfe seiner selbstkonstruierten Lupenmikroskope pflanzliche Bauelemente, Bakterien, rote Blutkörperchen, Muskelfasern und anderes beschrieb, entdeckte auch die Samenzellen von Mensch und Tier. Allerdings blieb ihm die wahre Bedeutung der Spermatozoen verschlossen. Seine Vorstellung, in jedem Spermium sei ein vorgeformter, ganzer Körper als Winzling enthalten, erwies sich als Irrweg. Ein etwas älterer Zeitgenosse von Leuwenhoek, der Arzt William Harvey (1578–1657) erkannte durch embryologische Studien vor allem am Hühnerei, dass das Ei der allgemeine Anfang aller Tiere ist. Er formulierte die Aussage: „Ex ovo omnia", zu deutsch „Alles kommt aus dem Ei". Nun begann Harvey auch bei den Säugetieren nach dem Ei zu suchen. Doch seine Bemühungen blieben erfolglos.

Die Suche nach den Eiern der Säugetiere blieb auch noch für weitere 200 Jahre erfolglos, obgleich die Wissenschaft von der Existenz der Säugereier überzeugt war.

Vom erstmaligen Auffinden eines Hundeeis im Jahre 1827 vergingen noch einmal 50 Jahre bis 1875 Oskar Hertwig (1849–1922), Anatom und Zoologe, das Rätsel des Befruchtungsvorganges löste. Er konnte am Seeigel den Befruchtungsprozess als Verschmelzung eines einzelnen Spermiums mit einem Ei nachweisen.

In der Zwischenzeit war durch Studium der Pflanzen weitgehend die Natur der pflanzlichen Geschlechtsorgane, nämlich die Staubblätter mit den Pollen, der Fruchtknoten und die Narbe, aufgedeckt worden. Eine Vielzahl von Forschern befasste sich nun mit Kreuzungsexperimenten an Pflanzen, um herauszufinden, ob und welche Gesetzmäßigkeiten den beobachtbaren Vererbungen zugrunde lagen. In vielen dieser Fälle wurden Individuen miteinander gekreuzt, die sich in zu vielen Einzelmerkmalen unterschieden. Die Nachkommen zeigten dann eine Fülle von unterschiedlichen Eigenschaften, die sich in keiner Weise gruppieren oder den Elternindividuen zuordnen ließen.

Es war schließlich der Augustinermönch Gregor Mendel (1811–1884), der den genialen Einfall hatte, Erbsentypen seines Klostergartens zu kreuzen, die sich jeweils nur in einem oder höchstens zwei Merkmalen wie Blütenfarbe, Wuchsform oder Gestalt und Farbe der Samen unterschieden. Die Verteilung dieser Merkmale in den beobachteten Generationen wurde von Mendel zahlenmäßig genau erfasst und statistisch ausgewertet. Dadurch wurden die grundlegenden Gesetze der Vererbung entdeckt und von Mendel in seiner berühmten Arbeit „Versuche über Pflanzenhybriden" 1865 der wissenschaftlichen Welt mitgeteilt. Diese wesentlichen Erkenntnisse wurden aber vorerst in der Wissenschaft nicht beachtet und gerieten sogar in Vergessenheit.

Nachdem dann drei Botaniker, der Holländer de Vries, der Österreicher Tschermak und der Deutsche Correns unabhängig voneinander die schon von Mendel erarbeiteten Befunde als

Vererbungsgesetze von neuem entdeckten, nahm die Lehre von der Vererbung, die Genetik, eine derart stürmische Entwicklung, dass sie schon bald zu einem eigenständigen – auch heute noch sich ausweitenden – Wissenschaftsgebiet heranwuchs, das auch die Erbänderungen und die Fragen nach den Ursachen für Ähnlichkeiten und Unterschiede zwischen den Organismen als Arbeitsgebiete in sich aufnahm.

4.1.2 Die Erbanlagen

Die Gesamtheit der Erbanlagen eines Individuums nennt man das Genom oder den Genotyp. Er repräsentiert den Bauplan eines Individuums. Untergebracht ist dieser Bauplan im Kern einer jeden Körperzelle in doppelter Ausführung und als einfacher Satz in den Keimzellen. Die Zellkerne enthalten winzige Teilchen, die untereinander ungleichartig sind und von denen jedes Einzelne in seiner Feinstruktur für die Gestaltung eines Körpermerkmales verantwortlich ist. Diese Teilchen sind in Gruppen aneinandergereiht zu den so genannten Chromosomen (griech. Chroma = Farbe; Soma = Körper). Mit spezifischen Farben lassen sich die im Allgemeinen nicht sichtbaren Chromosomen anfärben. Bei der Untersuchung von Zellkernen verschiedener Tierarten (oder auch Pflanzenarten) ist zu beobachten, dass jede Art eine charakteristische Anzahl von Chromosomen aufweist. Dazu sind die einzelnen Chromosomen in Größe, Form und bestimmten Details voneinander verschieden. Nicht zu übersehen ist, dass in allen Zellkernen von Körperzellen die Chromosomen als Paarlinge vorkommen. Jeweils einer dieser Paarlinge stammt von der Mutter, der andere vom Vater. Wenn man die charakteristische Anzahl von Chromosomen für den väterlichen oder den mütterlichen Satz mit „n" bezeichnet, dann verfügt jede Körperzelle über 2 n-Chromosomen. Eine solche Zelle ist diploid. Im Gegensatz dazu hat eine haploid genannte Zelle nur einen einfachen Chromosomensatz. Diese Situation ist bei den Keimzellen gegeben, deren Entwicklung und Verhalten im Zusammenhang mit der geschlechtlichen Vermehrung besprochen werden soll.

In **Tabelle 4.1** ist für eine Reihe von Tierarten sowie den Menschen die artspezifische Anzahl Chromosomen angegeben.

Tab. 4.1: Chromosomenzahlen einer Reihe von Tierarten sowie des Menschen

Mensch	2n 46
Menschenaffen	2n 48
Maus	2n 40
Ratte	2n 42
Goldhamster	2n 44
Chinesischer Hamster	2n 22
Meerschweinchen	2n 64
Hund	2n 78
Schwein	2n 38
Ziege	2n 60
Schaf	2n 54
Rind	2n 60
Pferd	2n 64
Kaninchen	2n 44

Zwischen der Chromosomenzahl und der Organisationshöhe besteht kein Zusammenhang. Wenige große Chromosomen können ebenso viele Gene enthalten wie zahlreiche kleine Chromosomen. Allein die Summe aller einzelnen Erbanlagen kann ein gewisses Maß für die Komplexität des betreffenden Lebewesens sein.

Da, wie zuvor schon erwähnt, auf jedem Chromosom eine Vielzahl von Erbanlagen, Gene genannt, untergebracht sind, liefern die Paarlinge väterlicherseits und diejenigen mütterlicherseits jeweils einen kompletten Bauplan für das Individuum (**Abb. 4.1a u. b**). Anders formuliert kann man sagen, dass für die einzelne Merkmalsausbildung, z.B. die Farbe der Augen oder die Haarform (glatt oder kraus), die Erbanlage, das Gen, des Vaters oder der Mutter wirksam werden kann. Welches sich durchsetzen wird, oder ob beide zur Verwirklichung des Bauplanes beitragen können, soll bei späterer Besprechung der Vererbungsgesetze besprochen werden.

4.1.3 Fortpflanzung

Zu unterscheiden sind die ungeschlechtliche und die geschlechtliche Fortpflanzung.
Die **ungeschlechtliche Fortpflanzung** kommt vor allem bei den niederen Lebewesen (z.B. Amöben und anderen Einzellern) vor, die sich durch fortwährende, einfache Zellteilungen vermehren. Bei diesen Zellteilungen der Einzeller wird stets die Summe aller Erbanlagen den Tochterzellen mitgegeben.

Allgemeine Vererbungslehre

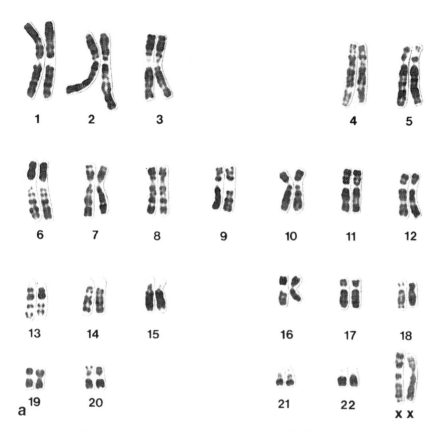

Abb. 4.1a: Weiblicher Chromosomensatz aus einem menschlichen Lymphozyten. Die Chromosomen sind – je nach Größe und Lage des Zentromers – in sieben morphologisch unterscheidbare Gruppen aufgeteilt. Alle Chromosomen sind anhand ihrer charakteristischen Bandenmuster eindeutig zu identifizieren. (aus: Kleinig, Sitte: Zellbiologie, Gustav Fischer, Stuttgart 1992).

Kern- und Zellteilungen, bei denen das gesamte Erbgut sich jeweils in den Tochterzellen wiederfindet, bedeuten für vielzellige Wesen nicht Vermehrung sondern Wachstum. Die Vorgänge bei dieser Kern- und Zellteilung, werden später erläutert.

Teilung und Knospung von mehr- oder vielzelligen Organismen, z.B. von primitiven Würmern und Korallen, setzt voraus, dass solche Wesen einzelne Zellen oder Gruppen von Zellen haben, die die Fähigkeit besitzen, einen ganzen Organismus aufzubauen. Diese Tiere (und Pflanzen) sind dadurch aber auch imstande, beschädigte oder durch Unfall verlorene Körperteile nachwachsen zu lassen.

Bei höheren Tieren – und natürlich auch beim Menschen – beschränkt sich der Ersatz verlorener Teile auf die Leistungen der Wundheilung. Der Grund hierfür ist das Fehlen von nicht spezialisierten omnipotenten, d.h. noch zur Bildung aller Körperstrukturen des Individuums befähigten Zellen. Hiermit fehlt aber nicht nur die Basis für die Regeneration, sondern zugleich auch die Grundlage für eine ungeschlechtliche Fortpflanzung. Inzwischen wurden zumindest pluripotente Zellen (d.h. Zellen, die sich zu verschiedenen spezialisierten Zellen wie Nerven-, Leberzellen usw.) entwickeln können auch bei Säugetieren nachgewiesen. Diese sog. Stammzellen eröffnen große biologisch-medizinische Entwicklungschancen.

Das Wesen der **geschlechtlichen Fortpflanzung** ist die Verschmelzung einer Ei- und einer Samenzelle. Es ist die bekannteste und ver-

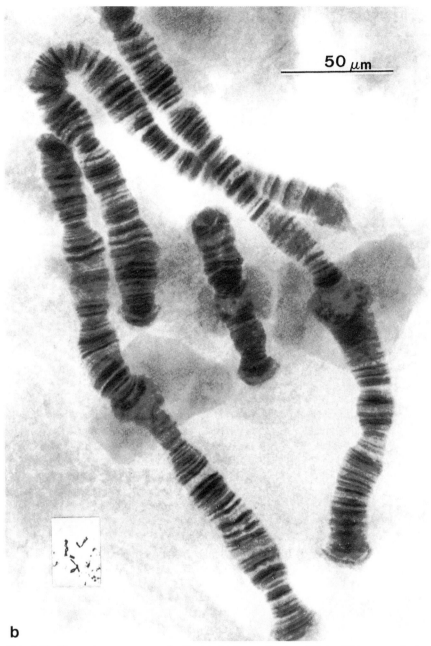

Abb. 4.1b: Riesenchromosom aus der Speicheldrüsenzelle einer Mücke *(Chironomus tentans)* (aus: Kleinig, Sitte: Zellbiologie, Gustav Fischer, Stuttgart 1992).

breiteste und bei den höheren Tieren einzige Art der Vermehrung. Die Eier werden in der weiblichen Keimdrüse, dem Eierstock oder Ovar, die Samenzellen oder Spermien in den männlichen Keimdrüsen, den Hoden, gebildet. Die reifen Keimzellen werden auch Gameten genannt.

Zuvor wurde schon darauf hingewiesen, dass jede Tierart in den Zellkernen eine charakteristische Anzahl Chromosomen besitzt, auf

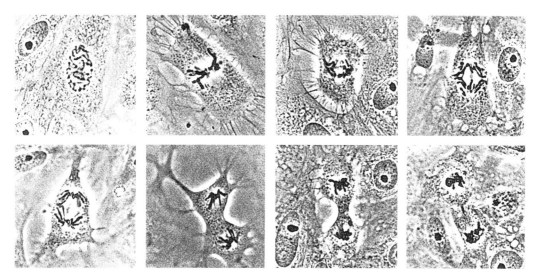

Abb. 4.2: Mitose und Zellteilung bei Nierenepithelzellen des Rattenkänguruhs. Obere Reihe: Prophase – Metaphase – beginnende Anaphase – Anaphase. Untere Reihe: Späte Anaphase – Telophase – beginnende Zytokinese – Ende der Zytokinese (aus: Kleinig und Sitte, Zellbiologie, 3. Aufl., Fischer, 1992).

denen alle Erbanlagen in streng festgelegter Reihenfolge angeordnet sind. Wir konnten ferner feststellen, dass jedes Individuum einen doppelten Satz an Chromosomen aufweist, nämlich einen vom mütterlichen und einen vom väterlichen Elternteil. Diese Mitgift wird dem neuen Individuum im Befruchtungsvorgang, der Verschmelzung beider Zellkerne, mitgeben. Dieses Anfangsstadium eines neuen Individuums, die befruchtete Eizelle, nennt man Zygote.

Angenommen, dass die artspezifische Anzahl Chromosomen (2n) für unser Beispiel 6 beträgt, dann haben Eizelle und Spermium dieser Art je 3 Chromosomen zum Beginn dieser Entwicklung des neuen Individuums beigetragen. Die Entwicklung und das Wachstum des neuen Individuums vollzieht sich nun durch Zellteilungen und vielfältige Entwicklungsschritte. Dieser Zellteilungstyp, bei dem jeweils die Gesamtheit der väterlichen und der mütterlichen Erbanlagen an die Tochterzellen weitergegeben wird, ist als Mitose (**Abb. 4.2**) bezeichnet. Das Wesen der Mitose besteht darin, dass sich vor der beginnenden Kern- und Zellteilung alle Chromosomen zu doppelsträngigen Tochtersträngen entwickeln. Je ein Tochterstrang der Chromosomen findet sich in den zwei neu gebildeten Tochterzellen wieder. Dadurch tragen alle Tochterzellen jeweils die kompletten Erbanlagen mütterlicher- und väterlicherseits.

Zellen, in denen die Chromosomensätze doppelt vorhanden sind, werden diploid genannt. Die jeweils in Form und Größe sich entsprechenden Chromosomen mit den mütterlichen bzw. väterlichen Erbanlagen, also die Paarlinge, bezeichnet man als homologe Chromosomen. Das genaue Studium der Chromosomenformen führte einerseits zu der Erkenntnis, dass männliche und weibliche Individuen homologe Chromosomen besitzen, zum anderen aber auch zu der wichtigen Feststellung, dass männliche Individuen jeweils ein Chromosomenpaar aufweisen mit in Größe und Form unterschiedlichen Chromosomen. Man nannte das Chromosom, das im Zellkern des weiblichen Organismus diploid, im männlichen aber nur einfach vorhanden ist, das **X-Chromosom**. Das dem X-Chromosom entsprechende, in Form und Größe aber abweichende Chromosom im Zellkern des männlichen Organismus wurde als **Y-Chromosom** benannt. Die Gesetzmäßigkeit, mit der in Zellkernen weiblicher Individuen stets die 22 „normalen" Chromosomen-Paarlinge und das Paar X-Chromosomen anzutreffen waren, und die Feststellung, dass Männer in ihren Zellkernen neben den 22 „normalen" Chromosomen-Paare als 23. das ungleiche Paar – X- und ein Y-Chromosom – aufweisen, ließ die – später erwiesene – Vermutung aufkommen, dass diese beiden die geschlechtsbestimmenden Chromosomen sind.

Die Beobachtung, dass weibliche Körperzellen von Säugern immer ein Paar X-Chromosomen tragen und die männlichen immer ein X- und ein Y-Chromosom, ließ sich auch noch nachweisen für die Amphibien, viele Fischarten, Käfer, Heuschrecken und andere Tiergruppen. Anders ist dies z.B. bei den Schmetterlingen, den Reptilien, Vögeln und anderen Tierarten. In diesen Tiergruppen haben nur die Männchen gleichartige Paarlinge der Chromosomen und die Weibchen tragen das ungleiche Chromosomenpaar entsprechend dem X- und Y-Chromosom der Säuger. Die Natur ist variantenreich, und so verwundert es nicht, dass auch noch andere Möglichkeiten realisiert wurden, das Geschlecht des Individuums festzulegen. Doch hierauf soll jetzt nicht eingegangen werden.

Bei der Besprechung des Befruchtungsvorgangs wurde festgestellt, dass die Gameten – Ei und Spermien – je nur einen Chromosomen-Satz zur Entwicklung des neuen Individuums beisteuern. Die Gameten sind bezüglich der Anzahl Chromosomen haploid. Nun stellt sich die Frage, wieso die Keimzellen haploid sein können, wenn doch die Zellen des sich entwickelnden, wachsenden Organismus diploid sind. Bei der Reifung der Eizellen und der Samenzellen muss demnach ein Entwicklungsschritt eingeschoben sein, der aus diploiden Zellkernen solche hervorgehen lässt, die nur jeweils einen Chromosomensatz haben, also haploid sind. Diese Verminderung der Chromosomenzahl geschieht in der so genannten Reduktionsteilung, die Meiose genannt wird.

In einem ersten Teilungsschritt werden die homologen Paarlinge voneinander getrennt, so dass die sich bildenden Tochterzellen nur einen Chromosomensatz erhalten, nun also haploid sind. Dabei werden aber nicht die Chromosomen hinsichtlich väterlicher oder mütterlicher Abstammung unterschieden. Zufällig wird jeweils ein Partner der homologen Paarlinge auf die eine oder andere Tochterzelle verteilt. Wie bei der Mitose haben sich inzwischen aber auch alle Chromosomen erweitert zu doppelsträngigen, die aber vorerst noch zusammenhalten.

In der sich anschließenden zweiten Zellteilung wird nun je ein Tochterstrang der Chromosomen auf die Tochterzellen der nächsten Zellgeneration verteilt. Am Ende dieses Prozesses sind aus einer männlichen, diploiden Urkeimzelle vier haploide Spermazellen entstanden, von denen je zwei Spermien ein X-Chromosom und je zwei Spermien ein Y-Chromosom tragen. Bei der weiblichen Keimzellenreifung verläuft dieser Vorgang insofern anders, als am Ende der Reifung einer Urkeimzelle nur eine Eizelle vorhanden ist. Die aufgrund der Teilungsschritte theoretisch vorhandenen drei weiteren Eizellen haben ihre Entwicklung zugunsten der vierten einschränken müssen. Sie sind bei den Teilungsschritten als so genannte Polkörper abgetrennt worden, um dem Ei einen größeren Plasma- und Speicherstoffvorrat zu erhalten. Im Gegensatz zu den Samenzellen, die zur Hälfte ein X- oder ein Y-Chromosom besitzen, haben alle Eizellen (und auch die so genannten Polkörper) X-Chromosomen, da die weiblichen Urkeimzellen neben den 22 anderen Chromosomen-Paarlingen auch das X-Chromosom als Paarling mit sich führen.

4.1.4 Die Gesetzmäßigkeiten der Vererbung

Wenn weiter oben von der außerordentlichen Individualität der Angehörigen der einzelnen Arten gesprochen wurde, so ist damit die Vielfalt der einzelnen Kombinationen der für die verschiedenen Form- und Funktionsmerkmale zuständigen Erbanlagen gemeint. Für die einzelnen Form- und Funktionsmerkmale lassen sich aber Gesetzlichkeiten der Erbgänge formulieren. Es war der Augustinermönch Gregor Mendel, der seine Aufmerksamkeit auf den Erbgang einzelner Merkmale (Blüten- oder Samenfarbe, Oberflächenstruktur der Samen) seiner Erbsenkultur richtete. Ohne seine „abstrakten" Erbfaktoren zu seiner Zeit einem „konkreten" Substrat, den Genen bzw. Chromosomen, zuordnen zu können, leitete Mendel aus seinen Befunden die widerspruchsfreien Gesetze ab.

Zum besseren Verständnis der Gesetzmäßigkeiten sollen zuvor noch einige Begriffe erläutert und schon erwähnte Fakten in Erinnerung gerufen werden.

Die Ausbildung einer großen Zahl von Form- und Funktionsmerkmalen (z.B. Augenfarbe, Haartyp, Blütenfarbe, Samenoberfläche) eines

Individuums wird von den dafür zuständigen Genen des mütterlichen und väterlichen Chromosoms „gesteuert". Es sind an der Merkmalausprägung also jeweils 2 Gene beteiligt. Nun wissen wir aber, dass bei vielen Eigenschaften mehr als 2 Typen (z.B. Blütenfarbe weiß oder rot) vorkommen, d.h. es muss für die einzelnen Gene jeweils eine Reihe von „Programmen" geben. Diese verschiedenen Modifikationen nennen wir Allele. Die Allele ein und desselben Gens sind immer an der gleichen Stelle des Chromosoms, die der Gen-Locus genannt wird. Haben beide Gen-Loci der homologen Chromosomen (also des gleichen mütterlichen und väterlichen Chromosoms) die gleichen Allele, so sprechen wir bezüglich dieses Merkmals von einer Homozygotie oder von reinrassig oder reinerbig. Andererseits haben wir für das Merkmal Blütenfarbe einen heterozygoten oder mischerbigen Status, wenn das eine diesbezügliche Allel auf rot und das andere auf weiß programmiert ist. Bei vorliegender Heterozygotie, also beim Vorhandensein unterschiedlicher Allele ist festzustellen, dass es hinsichtlich der Merkmalsausprägung mindestens zwei Möglichkeiten gibt. Es kann sich erstens eines der beiden Allele durchsetzen gegenüber dem anderen. Das sich mit seinem „Programm" durchsetzende Allel wäre dann gegenüber dem zweiten dominant oder anders formuliert, das zweite wäre dem ersten gegenüber rezessiv. Eine andere Möglichkeit wäre, dass beide Allele ihre „Programme" gleich stark durchsetzen. Dann resultiert eine intermediäre Merkmalsausprägung, z.B. bei den Blütenfarben weiß und rot würde rosa realisiert.

Die Begriffe „dominant" für die vorherrschende Eigenschaft und „rezessiv" für die zurücktretende wurden von Mendel geprägt, ohne dass er von Chromosomen, Gen-Loci und Allelen konkrete Kenntnisse hatte.

Nach diesen Begriffserläuterungen und mit dem Verständnis für die Wirkung der Erbfaktoren sollen nun die von Mendel formulierten Vererbungsgesetze betrachtet werden.

Das **Uniformitätsgesetz** (Tab. 4.2) besagt: „Kreuzt man zwei Individuen einer Art, die sich in einem Merkmal unterscheiden, für das sie reinrassig (reinerbig) sind, so sind die Nachkommen in der 1. Filialgeneration untereinander gleich, d.h. ‚uniform'."

Uniform, also gleich aussehend, sind die Nachfahren (1. Filialgeneration) der Parentalgeneration (P-Generation), ob sie nun die dominante Variante zeigen oder die intermediäre. Kräftig schwarz-weiß gesprenkelte Hühner sind z.B. die Bastarde (Hybriden) einer weißen und einer schwarzen Rasse, die die intermediäre Ausprägung der beiden gleich stark wirkenden Farbgene zum Ausdruck bringen. Für ein Merkmal reinerbig ist eine Rasse dann, wenn die beiden Allele des mütterlichen und des väterlichen Chromosoms identisch sind, also homozygot. In diesen Fällen – und es sei an zuvor erläuterte Reifungsprozesse der Keimzellen erinnert – haben alle Gameten der reinrassigen Individuen das gleiche Allel. Wenn in diesem Beispiel das Allel für Schwarz mit „A" und das für Weiß mit „a" bezeichnet wird, dann haben die Gameten des reinerbigen, schwarzen Elters alle „A" und die des reinerbigen Weißen alle „a".

Die aus dieser Paarung hervorgehenden Individuen sind alle mischerbig, und zwar Aa. Da keines der Allele über das andere dominant ist, ergibt sich das schwarz-weiß gesprenkelte Erscheinungsbild, das auch Phänotyp genannt wird. Die Gameten dieser Hybriden (Bastarde) tragen nun entweder das Allel (groß) „A" oder (klein) „a". Wenn nun die Hybriden untereinander gepaart werden, ergeben sich für die Farbe die in **Tabelle 4.3** wiedergegebenen Variationen. Wie aus der Tabelle zu ersehen ist, ist ein Individuum schwarz (AA), zwei Nachkommen wieder gesprenkelt (Aa) und ein Individuum weiß (aa). Faktisch handelt es sich dabei um das 2. Mendelsche Gesetz, nämlich das *Spaltungsgesetz* für den Fall des intermediären Erbganges.

Tab. 4.2: Uniformitätsregel am Beispiel der Nude-Maus.
Kreuzung zwischen einem Nude-Maus-Bock (nu/nu) und einem „gesunden" Mäuseweibchen (+/+).
Die Kreuzungstiere (+/nu) sind mischerbig (= Genotyp), sehen aber wie die gesunde Mutter aus (= Phänotyp). Beim Austausch der Elterntiere (Nude-Weibchen × gesunden Bock) gäbe es das gleiche Ergebnis.

P Eltern	Bock (nu/nu) ⚭ Spermien: nu nu	Weibchen (+/+) Eizellen: + +
F_1 Generation	nu/+ nu/+	nu/+ nu/+

Tab. 4.3: Zweites Mendelsches Gesetz (Spaltungsregel): Die Verpaarung von Hybriden (Aa) miteinander ergibt ein schwarzes Individuum (AA), zwei gesprenkelte (Aa) und ein weißes Individuum (aa).
1x AA = reinerbig für das Merkmal A
2x Aa = mischerbig
1x aa = reinerbig für das Merkmal a

F_1 Hybriden	Weibchen (Aa) Eizellen: A, a	⚭	Männchen (Aa) Spermien: A, a
F_2			
	AA Aa		Aa aa

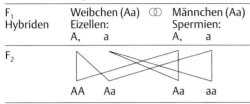

Wäre das Allel A dominant über a, dann würden die Nachkommen (F_1-Generation) der reinerbigen Eltern (P-Generation) alle schwarz sein. Miteinander gepaart brächten die F_1-Tiere eine F_2-Generation hervor, von denen 3/4 schwarz und 1/4 weiß sein würden. Zusammenfassend kann nun das Spaltungsgesetz nachformuliert werden: „Kreuzt man die Individuen der ersten Filialgeneration untereinander, so ist die F_2-Generation nicht uniform, sondern spaltet sich in bestimmten Zahlenverhältnissen auf, und zwar beim intermediären Erbgang im Verhältnis 1:2:1 und beim dominant rezessiven Erbgang im Verhältnis 3:1".

Für den dominant-rezessiven Erbgang soll noch ein weiteres Beispiel aus dem Laboralltag angeführt werden, das aber auch ebensogut an Haustieren beobachtet werden kann.
Es gibt bei vielen Tierarten, die normalerweise behaart sind, immer wieder Individuen, die haarlos sind, nackt bleiben oder bald nach der Entwicklung des ersten Haarkleides nackt werden. Diese Haarlosigkeit oder das Nacktsein ist erblich fixiert. Bei den Labornagern hat man solche Individuen gezielt weitergezüchtet, so dass heute verschiedene Maus- und Rattenstämme existieren, deren Individuen reinerbig z.B. für Haarlosigkeit sind. Paart man solche haarlosen Mäuse mit einem behaarten Mausstamm, so sind Uneingeweihte erstaunt, dass alle Nachkommen behaart sind. Wenn man das Allel für Haarlosigkeit mit „nu" bezeichnet (nu/nu = nude mouse = haarlos und fehlender Thymus), so haben reinerbige Individuen dieses Allel auf den beiden Chromosomen des entsprechenden Paares. Individuen eines stets behaarten Mausstammes haben offensichtlich die „normalen" Allele für Behaarung. Ein solches Allel, das der „Norm" entspricht, wird mit einem „+" bezeichnet.

Die Erkenntnis, dass alle Nachkommen einer Paarung einer haarlosen Maus mit einem behaarten Mausweibchen, z.B. eines Inzuchtstammes, immer behaart sind, belegt, dass ganz offensichtlich das normale Allel „+" dominant über das Allel „nu" ist, oder anders ausgedrückt, das Allel „nu" ist gegenüber der Norm rezessiv. Die nachgewiesene Dominanz eines Allels wird durch „Großschreibung", die Rezessivität durch „Kleinschreibung" kenntlich gemacht.

Nun kann man wieder mit Hilfe des Kombinationsquadrates ableiten, wie die Verteilung der Genotypen und Phänotypen bei den F_1-Nachkommen aussieht.

Das haarlose Mausmännchen hat ausschließlich Spermien mit der Erbanlage „nu", das behaarte Weibchen Eizellen mit der Erbanlage „normal" (+) für die Behaarung. Hinsichtlich dieses Merkmals wird bei den Nachkommen das Uniformitätsgesetz realisiert, wie dem nachfolgenden Kombinationsquadrat zu entnehmen ist.

Die Nachkommen sind behaart, genotypisch aber nicht mehr reinerbig. Alle diese F_1-Tiere haben Gameten, die entweder die Erbanlage „nu" oder „+" tragen. Bei der Paarung solcher Tiere untereinander verwirklicht sich in der F_2-Generation wieder das Mendelsche Spaltungsgesetz.

Von den drei Viertel behaarten Nachkommen ist ein Viertel reinerbig behaart, zwei Viertel

Tab. 4.4: Geno- und Phänotypenverteilung nach der Spaltungsregel bei einem rezessiven Merkmal in der F_2-Generation
1 x +/+: reinerbig
2 x nu/+: mischerbig (= Genotyp), aber dem Aussehen nach gesund (= Phänotyp)
1 x nu/nu: reinerbig „Nude"
Da das Nude-Merkmal rezessiv wirkt („nu"-Kleinschreibung!) sind die Nachkommen nach dem Aussehen (= Phänotyp) im Verhältnis 3:1 ausgeprägt.

F_1 Hybriden	Weibchen (nu/+) Eizellen: nu +	⚭	Bock (nu/+) Spermien: nu +
F_2			
	nu/nu nu/+		nu/+ +/+

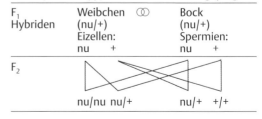

sind mischerbig und ein Viertel ist reinerbig haarlos, entsprechend dem Zahlenverhältnis von 1:2:1. Vom Erscheinungsbild her, dem Phänotyp, präsentieren sich drei Viertel der F_2-Tiere als behaart und ein Viertel als haarlos, da das Normalallel dominant ist über das Allel „nu" (**Tab. 4.4**).

Ein drittes Mendelsches Gesetz, das **Gesetz der Neukombination** soll anhand der Kreuzung von 2 Kaninchenrassen klar gemacht werden, die sich in zwei Merkmalen unterscheiden. Beide Rassen sind aber für diese Merkmale, glatthaarig oder angorahaarig, weiß oder schwarz, homozygot. Glatthaarig ist dominant über angorahaarig, schwarz über weiß. Darum steht für das Allel glatthaarig ein großes G, für angorahaarig ein kleines g, für schwarz ein großes S und für weiß ein kleines s. In **Tabelle 4.5** sind die Buchstaben für das dominante Allel jeweils groß geschrieben.

Die Gameten-Typen sind bei allen F_1-Tieren die gleichen. Werden nun zwei beliebige F_1-Tiere miteinander verpaart, dann sind die in **Tabelle 4.7** ersichtlichen Gameten-Verschmelzungen möglich.

Im vorliegenden Denkmodell gibt es nun vier verschiedene Erscheinungsformen (Phänotypen), nämlich: glatt/schwarz, glatt/weiß, angora/schwarz und angora/weiß im Verhältnis 9:3:3:1. Die vier Gametensorten beider Geschlechter der F_1-Generation führen frei miteinander kombiniert zu neun verschiedenen Genotypen in der F_2-Generation, die in den vier Phänotypen enthalten sind. Bei den freien Kombinationen der Keimzellen liegen – wenn die Diagonale des Kombinationsquadrates von links oben nach rechts unten betrachtet wird – vier reine Rassen hinsichtlich unserer gewählten Merkmalsbeispiele schwarz, weiß, glatt, angorahaarig vor. Zwei davon entsprechen den Genotypen der P-Generation. Die beiden anderen sind Neukombinationen. Diese Befunde – in gleicher Weise an Erbsen gefunden – veranlassten Mendel zur Formulierung des Gesetzes der Neukombination: „Kreuzt man Individuen einer Art, die sich in mehreren Merkmalen reinerbig unterscheiden, so gelten für jedes Merkmal Uniformitäts- und Spaltungsgesetz. Neben den Merkmalskombinationen der P-Generation treten in der F_2-Generation neue Merkmalskombinationen auf."

Zu beachten ist, dass die Mendelschen Gesetze als statistische Gesetze nur für größere Anzahlen von Lebewesen gelten. Es ist nicht zu erwarten, dass die abgeleiteten Verhältniszahlen schon bei nur wenigen Nachkommen eines Elternpaares realisiert werden.

Merkmale, die in diesem Kapitel als Beispiele angesprochen wurden wie z.B. Blütenfarbe, Farbe von Federn oder des Fells und Haartyps sind qualitative Merkmale. Für diese ist charakteristisch, dass sie nur nach dem Bauplan eines einzelnen Gens und unabhängig von äußeren Einflüssen, den Umweltfaktoren, realisiert werden. Im Gegensatz dazu steht die große Zahl der quantitativen Merkmale. Hierzu gehören z.B. die Körpermaße, Längen- und Höhenmaße, Reproduktionsleistungen, Wachstumsgeschwindigkeit und vieles mehr. An der Ausprägung eines solchen Merkmals nehmen viele Gene gleichzeitig teil. Wie das Programm der verschiedenen Allele jedoch genutzt wird, hängt wesentlich ab von nichterblichen Fakto-

Tab. 4.5: Drittes Mendelsches Gesetz (schematisch)

Genotyp der Elterntiere (P-Generation):

glatthaarig weiß x angorahaarig schwarz
GG ss   gg SS

Gameten
der P-Generation   Gs   Gs   x   gS   gS

F_1-Generation   GgSs   GgSs   GgSs   GgSs

uniform, glatthaarig
und schwarz

Gameten-Typen der F_1-Generation:
GS   Gs   gS   gs   Spermien
GS   Gs   gS   gs   Eier

Tab. 4.6: Schema der Geschlechtsbestimmung der Zygote bei Säugetieren

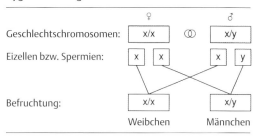

Tab. 4.7: Die Möglichkeiten der Gametenverschmelzungen (Neukombinationen) in der F_2-Generation bei der Verpaarung zweier beliebiger F_1-Tiere GG ss, gg SS = Elterntiere (reinerbig) GGSS, ggss = Neukombinationen (reinerbig).

	weibl. GS	weibl. Gs	weibl. gS	weibl. gs
männl. GS	**GGSS**	GGSs	GgSS	GgSs
männl. Gs	GGSs	**GGss**	GgSs	Ggss
männl. gS	GgSS	GgSs	**ggSS**	ggSs
männl. gs	GgSs	Ggss	ggSs	**ggss**

ren wie z.B. dem Nahrungsangebot, evtl. Krankheitseinflüssen, von den Haltungsbedingungen u.a. Alle diese Umweltfaktoren nehmen Einfluss auf den Genotyp und bewirken im Rahmen seiner fixierten Möglichkeiten die jeweilige Ausbildung des Phänotyps.

Es wurde wiederholt davon gesprochen, dass die Gene auf den Chromosomen hintereinander angeordnet sind. Dies heißt aber, dass jedes Gen anderen Genen benachbart ist. Ein Gen kann auf unterschiedliche Weise programmiert sein, die verschiedenen „Versionen" dieses Gens werden Allele genannt. Unterschiedliche Allele können auch voneinander abweichende „Nachbarschaftswirkungen" entfalten. Daraus ergibt sich, dass die Manifestation mancher Erbfaktoren durch die modifizierende Wirkung der benachbarten Allele verwischt oder maskiert werden kann.

Im Zusammenhang mit den Gesetzmäßigkeiten der Vererbung ist auch zu berücksichtigen, dass die auf einem Chromosom lokalisierten Gene gekoppelt sind und in der Regel miteinander, also nicht unabhängig voneinander vererbt werden. Die gemachte Einschränkung „in der Regel" bedeutet, dass unter bestimmten Bedingungen, auf die hier aber nicht näher eingegangen werden soll, Ausnahmen von der „gekoppelten" Vererbung vorkommen. Abschließend zu diesem Kapitel soll die **Gesetzmäßigkeit der Geschlechtsbestimmung** besprochen werden und zugleich noch ein Beispiel für die geschlechtsgebundene, also gekoppelte Vererbung, angeführt werden.

Der mütterliche und väterliche Chromosomen-Satz der Körper- und der Keimzellen – dies wurde schon wiederholt angesprochen – unterscheidet sich dadurch, dass weibliche Individuen zwei X-Chromosomen besitzen und männliche ein X- und ein Y-Chromosom.

Bei der Meiose, d.h. der Reife- und Reduktionsteilung, wird der diploide Chromosomen-Satz zu einem haploiden. Für die sich bildenden Eizellen hat dies hinsichtlich des X-Chromosoms keine Konsequenz. Jede Eizelle hat ein X-Chromosom. Hingegen wird bei der Teilung der männlichen diploiden Urkeimzelle das X-Chromosom in die eine haploide Tochterzelle wandern, das Y-Chromosom in die andere Tochterzelle. Beim nächsten Teilungsschritt liegen dann zwei Samenzellen mit je einem X-Chromosom und zwei mit einem Y-Chromosom vor. Anhand des folgenden Kombinationsschemas (**Tab. 4.6**) für die Verschmelzung von Ei- und Samenzellen wird die Geschlechtsbestimmung der Zygote und des sich daraus entwickelnden Individuums erläutert.

Es wird deutlich, dass bei freier Kombination von Samenzellen und Eizellen 50 % der Zygoten weiblich und 50 % männlich bestimmt sind. Es zeigt sich auch, dass die Geschlechtsbestimmung davon abhängt, ob das Spermium ein X- oder Y-Chromosomenträger ist.

Nun zu dem Beispiel für die geschlechtsgebundene Vererbung. Beim Menschen kennen wir die so genannte Rot-Grün-Farbenblindheit bei beiden Geschlechtern. Die Genorte, die für Farbblindheit oder Farbtüchtigkeit bestimmend sind, liegen im X-Chromosom. Wenn ein Mann Träger für das Gen „Farbenblindheit" (mit f bezeichnet, da rezessiv gegenüber dem Normalgen „Farbentüchtigkeit") ist, also dieses Gen auf seinem X-Chromosom hat, so wird er rot und grün nicht unterscheiden können. Wenn dagegen eine Frau in einem ihrer beiden X-Chromosome das Gen f besitzt, im anderen aber das Gen + für normal, so ist sie farbentüchtig.

Im folgenden Kombinationsquadrat (**Tab. 4.8**) soll die mit dem Geschlechtschromosom gekoppelte Vererbung der Farbblindheit verdeutlicht werden. Angenommen, dass der Vater farbenblind ist und die Mutter zwar farbentüchtig, aber als Trägerin dieses Gen f in einem Chromosom besitzt. Die Gameten des Vaters tragen entweder ein Y-Chromosom oder ein X-Chromosom mit dem Gen f, die Mutter zur Hälfte ein X-Chromosom mit dem Normalgen + und zur Hälfte ein X-Chromosom mit dem Gen f.

Tab. 4.8: Geschlechtsgekoppelte Vererbung der Farbenblindheit

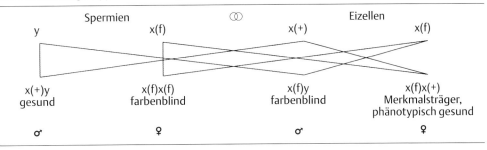

Von den Kindern dieses Paares ist statistisch die Hälfte der Söhne farbentüchtig (X[+]Y) und die anderen Söhne sind farbenblind (X[f]Y). Die Töchter sind ebenfalls im Verhältnis 1 : 1 farbenblind (X[f]X[f]) (meist nicht lebensfähig) und farbentüchtig (X[+]X[f]). Alle farbentüchtigen Töchter aus dieser Ehe sind aber Träger des Gens f.

Wiederholungsfragen

1. Was ist das Genom?
2. Was heißt dominant, was rezessiv?
3. Wodurch unterscheidet sich beim Menschen der männliche vom weiblichen Chromosomensatz?
4. Was ist eine Zygote?

4.2 Zuchtverfahren
4.2.1 Allgemeines

Das Erbgut, das Genom eines Lebewesens, oder die Summe der erblich bedingten Eigenschaften einer Gruppe von Lebewesen, der Genpool, bildet den Rahmen aller tierischen Lebensäußerungen. Das gilt auch für die Reaktion eines Tieres im Tierversuch. Dem Tierpfleger, aber auch dem tierexperimentell tätigen Wissenschaftler sollte bewusst sein, dass das Erbgut auch das Verhalten seines Versuchstieres und damit seinen Tierversuch bzw. seine Versuchsergebnisse entscheidend bestimmt. Der tierexperimentell tätige Wissenschaftler muss entscheiden und verantworten, ob der gewählte Tierstamm, d.h. ob die Erbanlagen der von ihm ausgewählten Versuchstiere zu seinem Versuchsprogramm passen, ob und wie er sie bei der Diskussion seiner Ergebnisse berücksichtigen muss, oder ob er gegebenenfalls einen anderen Tierstamm oder gar eine andere Tierart für seine Zwecke wählen sollte. Es ist die Aufgabe der Versuchstierkunde und der auf diesem Fachgebiet tätigen Wissenschaftler, dabei Entscheidunghilfe zu leisten.

Tierversuche sollten, soweit sie denn wiederholt und überprüft werden müssen, auch nach längerer Zeit von vergleichbaren Verhältnissen und Bedingungen ausgehen. Nur dann können die Ergebnisse miteinander verglichen werden. Das ist jedoch nur zu erreichen, wenn das Erbgut, aber auch der Gesundheitsstatus und die Umweltbedingungen der verwendeten Tiere denen der vorher oder andernorts verwendeten Tiere entspricht. Das erreicht der Züchter durch spezielle Züchtungsverfahren. Im Wesentlichen sind dies die konsequente Inzucht und die gesteuerte Auszucht, sieht man einmal von speziellen Zuchtverfahren, wie z.B. Rückkreuzung etc., ab.

Die heute gültige Definition des Versuchstieres und seiner Haltungsbedingungen, das heißt die Beschreibung sowie die Standardisierung der Versuchstierqualität, geht einher mit der Züchtung von erblich, d.h. genetisch definierten Tierstämmen mit stammespezifischen, morphologischen (den Körperbau betreffenden) und physiologischen (die natürlichen Körperfunktionen betreffenden) Merkmalen. Heute ist eine große Zahl solcher Tierstämme, insbesondere von Maus und Ratte, verfügbar. Jeder dieser definierten Tierstämme hat spezielle Eigenschaften, die ihn für bestimmte Fragestellungen geeignet oder auch ungeeignet machen.

Es bleibt daher eine wichtige Aufgabe der Versuchstierkunde, genetisch definierte Tierstämme, auch bei den größeren Versuchstierarten, heranzuzüchten und für das Experiment bereitzustellen. Anders als bei den kleinen Laboratoriumstieren, die, wie bei Maus und Ratte, bis zu 4 Generationen im Jahr produzieren können, ist das jedoch bei anderen Tierarten wegen der längeren Generationsfolge, wegen der Länge der Tragzeit und der Zeitdauer bis zum Eintritt der Geschlechtsreife schwieriger.

4.2.2 Auszucht

Auszüchtung ist die Vermehrung von miteinander nicht verwandten Zuchttieren. In einem Auszuchtstamm sollten die vorhandenen Genfrequenzen, d.h. die relative Häufigkeit eines Gens in einer Population, konstant gehalten werden. Alle selektiven Kräfte sollten während der Zucht des Stammes durch die Auswahl geeigneter Zuchtverfahren vermieden werden. Der stammspezifische Grad der Heterozygotie (=Mischerbigkeit) sollte erhalten bleiben. Das kann durch eine hinreichend große Zuchtpopulation erreicht werden (mehr als 150 Zuchtpaare!). Auszuchtstämme werden in geschlossenen Zuchtkolonien, d.h. ohne die Zufuhr von Zuchttieren von außen vermehrt.

Die Auszucht wird darüber hinaus bei Versuchstierarten mit längerer Generationsfolge verwendet. Tierarten, bei denen die Züchtung von Inzuchtstämmen zu aufwändig wäre und lange dauern würde, z.B. Kaninchen, Meerschweinchen, Katze, Hund etc. Aber auch einige wichtige Ratten- und Mäusestämme werden unter Anwendung dieser Zuchtmethode vermehrt. Für die Erhaltung der stammespezifischen Eigenschaften eines Auszuchtstammes ist die Anwendung genau definierter Zuchtverfahren Voraussetzung. Hierfür stehen grundsätzlich drei verschiedene Methoden zur Verfügung: Zufallspaarung, Rotationspaarung und Pedigreezucht bei maximaler Vermeidung von Inzucht. In kleinen Auszuchtpopulationen kann es z.B. durch den Ausfall einzelner Zuchtpaare zu Erhöhung des Inzuchtgrades und damit zu einer genetischen Drift[35] kommen, wodurch die Eigenschaften des Stammes u.U. grundlegend verändert werden können. Die genannten Zuchtverfahren bedingen daher eine Mindestzahl von Zuchttieren. Diese Mindestzahlen stellen aber nur eine „theoretische" unterste Grenze dar, in der Praxis sollten die Ansätze nach Möglichkeit höher sein.

Zufallsverpaarung

Unter Zufallsverpaarung, auch Panmixie genannt, versteht man die zufällige Verpaarung innerhalb einer Population, d.h., im vorliegenden Fall eines Auszuchtstocks. Sie erfordert den Einsatz von mindestens 100 Zuchtpaaren, wobei die zu verpaarenden Tiere nach dem Zufallsprinzip ausgewählt werden (siehe auch Kap. 8.5.5). Wegen verschiedener methodischer Mängel sollte die Zufallsverpaarung aber nur in Ausnahmefällen angewandt werden.

Rotation

Leistungsfähige Auszuchtstöcke werden in Mäusezuchten mit 100 und mehr Zuchtpaaren nach dem Rotationsverfahren geführt, der Mindestansatz sind 25 Zuchtpaare. Hierbei wird die betreffende Population in eine bestimmte Anzahl von Blöcken unterteilt. Pro Generation wird ein starres Verpaarungsschema zwischen den Blöcken angewandt. Hierfür stehen inzwischen vier verschiedene Schemata zur Verfügung, die nach den Autoren benannt sind, die sie entwickelt und beschrieben haben, nämlich nach Poiley (1960), Falconer (1967), Robertson (1967) und Rapp (1972). Rotationskreuzungen erfordern ein ständiges Einhalten der Block-Anzahl und des Verpaarungsrhythmus für die gesamte Population über eine Reihe von Generationen hinweg (**Abb. 4.3**).

Pedigreezucht

Die Pedigreezucht, früher häufig als Linienzucht bezeichnet, oder Zucht mit Stammbaum erfordert mindestens 10 Zuchtpaare und ist für die größeren Versuchstierarten wie Hund, Katze und Miniaturschwein besonders geeignet. Für kleine Zuchtgruppen seltener Versuchstiere wie z.B. Sandratte oder Stachelmaus ist sie wegen der relativ geringen Größe der

---

35 Veränderung von Merkmalen in eine bestimmte Richtung

Abb. 4.3: Schema zur Führung von Auszuchtstämmen (Rotationssystem nach RAPP). Zur Vereinfachung und besseren Übersicht wird das Zuchtschema nur an 6 Käfigen (I–IV) gezeigt. Für die folgenden Generationen (F_1, F_2, F_3 usw.) werden die jungen Weibchen jeweils in gleichen „Blöcken" geführt (z.B. W_1 (Weibchen), W_2 ... usw.) dazu wird für die F_1-Generation ein Jungbock aus dem benachbarten Käfig gesetzt (F_1:M_1-W_2, M_2-W_3, M_3-W_4, M_4-W_5, M_5-W_6 und anschließend M_6-W_1). Für die F_2-Generation wird das Männchen jeweils aus dem übernächsten Block genommen. Entsprechend wird in den folgenden Generationen „rotiert".

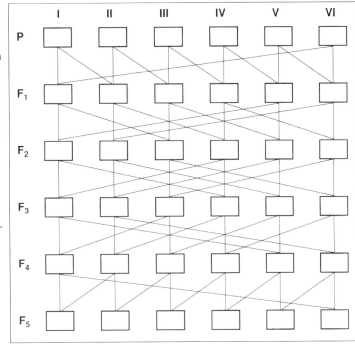

Zuchtbestände die Methode der Wahl. Die Tiere werden anhand ihrer Abstammung nach möglichst geringem Verwandtschaftsgrad ausgesucht und verpaart. Dabei sollte ein Zuchtpaar möglichst nur einen gemeinsamen Urgroßelter haben.

4.2.3 Inzucht

Entsprechend international vereinbarter Empfehlungen wird ein Inzuchtstamm als solcher bezeichnet, wenn er über mindestens 20 Generationen in ununterbrochener Folge in Bruder-Schwester-Verpaarung geführt worden ist und weiter geführt wird. Das Genom dieser Tiere ist dann praktisch reinerbig, d.h. homozygot ($F > 98,4\%$[36]). Viele international registrierte Inzuchtstämme werden bereits seit über 100 Generationen nachweislich in strenger Bruder-Schwester-Inzucht geführt.

Im Verlauf einer Inzüchtung (besonders während der ersten Generationen) verändern sich in der Regel eine Reihe von Merkmalen eines Stammes, man spricht von der so genannten Inzuchtdepression. Die Tiere zeigen ein geringeres Wachstum und schlechtere Gesamtkonstitution und Vermehrungsfähigkeit; sie sind empfänglicher für Krankheiten und haben eine kürzere Lebenserwartung.

Inzuchtstämme weisen, abgesehen von ihrem hohen Homozygotiegrad meist spezielle morphologische oder physiologische Charakteristika, stammspezifische Besonderheiten, auf.

Die Forschung verwendet in zunehmendem Maße Inzuchtstämme wegen ihrer hohen genetischen Einheitlichkeit und ihrer stammesspezifischen Besonderheiten, die es u.a. ermöglichen, mit weniger Tieren zu besser reproduzierbaren Versuchsergebnissen zu gelangen.

Hybridzüchtung

F_1-**Hybriden:** die erste Generation von Nachkommen, die von Eltern zweier verschiedener Inzuchtstämme stammen, sind genetisch uniform wie die Ausgangsstämme. Sie sind heterozygot, also mischerbig in jenen Genorten, in denen sich die Elternstämme voneinander unterscheiden.

---

[36] sog. Inzuchtkoeffizient, steht für den Grad der Reinerbigkeit (=Homozygotie)

F_1-Tiere sind oft vitaler, wuchsfreudiger und widerstandsfähiger als Tiere der Ausgangsstämme. F_1-Hybriden tolerieren Transplantate, z.B. Tumoren von beiden Ausgangsstämmen.

F_2-Hybriden. Die zuvor beschriebenen F_1-Hybriden bilden die Grundlage für die F_2-Hybriden, die durch eine konstante Variabilität gekennzeichnet sind.

Diese Variabilität beruht auf der bekannten genetischen Aufspaltung bei F_2-Hybriden:

P: AAxBB
F_1: ABxAB
F_2: AA AB BA BB

Es entsteht eine Vielzahl von Aufspaltungsmöglichkeiten, da eine große Anzahl von Erbanlagen in der F_1 in heterozygoter Form vorliegt und in der F_2 abgespalten wird. Diese genetischen Typen setzt man teilweise anstelle von Auszuchttieren ein, da es im Prinzip ein einfaches Zuchtverfahren darstellt.

Ein wesentlicher Vorteil für den Züchter ist aber die Nutzung der in der Regel höheren Fruchtbarkeit der weiblichen F_1-Hybriden. Pauschale Einschätzungen über die Merkmale der F_2-Tiere lassen sich nicht angeben. Es bedarf hier einer entsprechenden praktischen Prüfung.

Zusammenfassend kann gesagt werden, dass durch die F_2-Tiere auch mit kleineren Zuchtgruppen jeweils gleiches Material gezüchtet werden kann, denn die genetische Qualität der Inzuchttiere kann kontrolliert und stabilisiert werden. Zu beachten ist aber, dass die Aufspaltung in der F_2 eine Wirkung auf die Größe der Versuchsgruppe hat, d.h., es müssen mehr Tiere eingesetzt werden.

Spezielle Inzuchtstämme

Von besonderem Interesse für die Untersuchung genetischer Fragestellungen sind die rekombinanten Inzuchtstämme, die kongenen Stämme, die isogenen Stämme sowie die rekombinant-kongenen Inzuchtstämme.

Rekombinante Inzuchtstämme werden durch systematische Inzüchtung von Nachkommen der zweiten Filialgeneration – F_2 – zweier, also verschiedener, etablierter Inzuchtstämme gewonnen.

Kongene oder koisogene Stämme unterscheiden sich von ihren jeweiligen Partnerstämmen, vereinfacht ausgedrückt, nur in einem bekannten Gen. Von koisogen spricht man dann, wenn der Unterschied durch Mutation entstanden ist. Bei kongenen Stämmen hat man dieses durch züchterische Maßnahmen wie Einkreuzung, Rückkreuzung und Selektion erreicht. Rekombinant-kongene Stämme werden aus bereits existierenden kongenen Stämmen entwickelt.

Mutanten

Mutanten sind Individuen mit spontan aufgetretenen, zunehmend auch induzierten, definierten morphologischen oder physiologischen Veränderungen einzelner Merkmale. Diese veränderten Eigenschaften können dann mit Hilfe von Inzuchtverfahren in einem Spezialstamm fixiert werden. Sie können den Stamm für bestimmte Fragestellungen und Forschungsprogramme als Tiermodell oder Krankheitsmodell besonders geeignet machen. Als Beispiel für solche Mutanten sind zu nennen die thymuslose nackte Nude-Maus (nu/nu) und die fettleibige Obese-Maus (ob/ob).

4.2.4 Nomenklatur

Die versuchstierkundliche Nomenklatur, d.h. das Verfahren, Tiere oder Tiergruppen in spezifischer Weise zu bezeichnen, unterscheidet sich ganz erheblich von der Nomenklatur der zoologischen Systematik. So kennzeichnet der Begriff „Stamm" in der Zoologie eine sehr übergeordnete Gruppierung[37], während der „Stamm" in der Versuchstierkunde eine Varietät oder Rasse, also Gruppierungen unterhalb des Speziesniveaus, bezeichnet. So gehören die hunderte von verschiedenen Mausstämmen, zumeist Inzuchten, sowie die tausende transgener Mauslinien alle einer einzigen Spezies an, nämlich der Hausmaus (*Mus musculus*). Aus diesem Grund wird in der Versuchstierkunde auf die lateinische Bezeichnung meist verzichtet. Die versuchstierkundliche Stammbezeichnung besteht aus einem Stammnamen oder Code (in Großschrift[38]) und der Angabe des Züchters,

---

37 Das Tierreich ist in 19 Stämme unterteilt, von denen der 19. die Chordatiere, und damit sämtliche Fische, Amphibien und Säugetiere einschließlich des Menschen umfasst

38 bei einigen älteren Stämmen besteht der Code aus einer Kombination von Buchstaben und Zahlen, z.B. C3H, C57BL.

Tab. 4.9: Empfohlene Abkürzungen einiger häufig verwendeter Inzuchtstämme der Maus

AKR	AK
BALB/c	C
C3H	C3
C57BL	B
C57BL/10	B10
C57BL/6	B6
DBA/2	D2
NZB	ZB

beides durch einen Doppelpunkt bzw. Schrägstrich voneinander getrennt. Die zusätzlichen Kürzel BR oder SPF geben einen Hinweis auf den Hygienestatus des Stammes.

Auszucht

Die Bezeichnung für einen Auszuchtstamm beginnt mit der Angabe des Züchters, es folgt ein Doppelpunkt und dann der aus 2–4 Großbuchstaben bestehende Stammnamen. So steht Crl:NMRI BR für den Auszuchtmausstamm NMRI[39] von Charles River (Crl), in der Barriere gehalten (BR = Barrier reared).

Inzucht

Beim Inzuchtstamm wird zuerst der Stammnamen genannt, nach einem Schrägstrich folgt ggf. eine weitere Spezifikation (Linientyp) sowie die Angabe des Züchters. So bezeichnet C57BL/6NCrl[40] die 6N-Linie des Stammes C57BL von Charles River. In vielen Fällen werden anstelle der vollständigen Bezeichnungen spezielle Abkürzungen verwendet (**Tab. 4.9**).

Hybriden

Hybriden sind die Nachkommen aus einer Verpaarung von Elterntieren zweier verschiedener Inzuchtstämme. Dementsprechend werden die Stammbezeichnungen der Eltern hintereinander (zuerst der Stamm der Mutter, dann der des Vaters) aufgeführt und durch ein x getrennt; zum Schluß kommt ein F_1. Jungtiere einer C57BL/6J-Mutter und eines DBA/2J-Vaters werden als (C57BL/6J x DBA/2J) F_1 bezeichnet, meist wird hierfür jedoch nur das Kürzel B6D2F1 verwendet. In der Folgegeneration bleibt der Name gleich, jedoch steht statt F_1 ein F_2.

Rekombinante Inzucht

Bei der Benennung rekombinanter Inzuchtstämme werden die speziellen Stammkürzel (**Tab. 4.9**) der beiden Elternstämme hintereinandergeschrieben und durch eine großes X ohne Leerzeichen verbunden: CXB steht für einen rekombinanten Inzuchtstamm, abgeleitet aus einer Kreuzung von BALB/c und C57BL. Wenn es verschiedene rekombinante Inzuchtstämme derselben Serie gibt, werden diese durch fortlaufende Nummern kenntlich gemacht.

Koisogene, kongene Stämme

Sie werden bezeichnet mit dem vollen Namen (oder der Abkürzung) des Hintergrundstammes, gefolgt von dem fraglichen Differenziallocus und dem Allel oder aber einem Abkürzungssymbol des Spenderstammes, oder aber von beiden. Zum Beispiel ist der koisogene Stamm AKR/J-nu^{str} ein Inzuchtstamm, in dem die Mutation *nustr* auf dem sog. nude-Locus aufgetreten ist.

Transgene Tiere

Transgene Linien sind grundsätzlich an dem Kürzel Tg kenntlich, das, durch einen Bindestrich getrennt, im Anschluss an den Stamm steht, von dem die Embryonen für die Mikroinjektion gewonnen wurden (= der genetische Hintergrund). Die folgenden Angaben zum Insertionschromosom[41], zur Herkunft der DNA[42] und der DNA selbst, stehen in Klammern hinter dem TG. Es schließt sich an das Kürzel

---

[39] 1937 von Clara Lynch als nicht-ingezüchtete Swiss-Mäuse an Poiley (NIH/PI) gegeben und in mehreren Inzuchtlinien entwickelt. In F51 an das US Naval Medical Research Institute gekommen. Seit 1958 als geschlossene Auszuchtkolonie am Zentralinstitut für Versuchstierzucht in Hannover gezüchtet, seit 1979 als separate Auszucht bei Charles River

[40] 1921 von C. G. Little als Inzucht entwickelt. Die Linien 6 und 10 wurden 1937 separiert. Über Jackson Laboratories and NIH 1974 zu Charles River gekommen

[41] Chromosom, in das die fremde DNA (das Transgen) integriert worden ist.

[42] Maus: MMU, Ratte: RNO, Mensch: HSA

des Labors, in dem die Generierung durchgeführt wurde sowie die Nummer des Founders (**Kap. 4.6.4**), der die Linie gegründet hat. C57BL/6J-Tg(0ECTet)Zhg7 steht damit für eine transgene Mauslinie mit dem genetischen Hintergrund C57BL/6J, das Insertionschromosom ist nicht bekannt (daher 0), das Konstrukt ist der Tetracyclintransaktivator (Tet) und stammt aus dem Bakterium *Escherichia coli* (EC). Die Mikroinjektion wurde am ZMBH der Universität Heidelberg (Laborkürzel „Zhg") durchgeführt, die fragliche Linie wurde auf dem 7. Founder der betreffenden Mikroinjektion aufgebaut.

4.2.5 Verpaarungsmethoden

Bei der Zucht der kleinen Versuchstierarten werden im Wesentlichen vier Verpaarungsmethoden unterschieden:

permanent monogam: ein Männchen und ein Weibchen leben während einer Zuchtperiode ständig zusammen. Das Männchen bleibt auch während Geburt und Aufzucht der Jungtiere mit dem Weibchen zusammen.

intermittierend monogam: dasselbe Männchen und dasselbe Weibchen werden immer wieder zur Verpaarung zusammengesetzt. Danach, bis zum Absetzen (Trennen) der Jungtiere von der Mutter, bleiben die Elterntiere getrennt.

permanent polygam: ein Männchen lebt mit mehreren, immer denselben Weibchen ständig zusammen. Das Männchen bleibt auch während Geburt und Aufzucht der Jungtiere mit den Weibchen zusammen.

intermittierend polygam: dasselbe Männchen wird (in seinem Käfig) mit denselben Weibchen immer wieder zur Verpaarung zusammengesetzt. Danach leben die Muttertiere bis zum Absetzen (Trennen, Entwöhnen) der Jungtiere allein in ihrem Käfig.

Bei der monogamen Verpaarung, permanent oder intermittierend und bei der intermittierend polygamen Verpaarungsmethode ist die Zuordnung zu den Eltern und eine Bestimmung der Zuchtleistung der Elterntiere eindeutig möglich. Bei der permanent polygamen Verpaarungsmethode kann nur die Leistung eines Käfigs, d.h. die Gesamtleistung der im Käfig zur Zucht angesetzten Tiere beurteilt werden, nicht jedoch die Zuchtleistung der beteiligten Einzeltiere.

Für die Auswahl der Verpaarungsmethode sind häufig auch organisatorische und wirtschaftliche Kriterien maßgebend. Die permanenten Verpaarungsmethoden ermöglichen die Nutzung der kurz nach der Geburt eintretenden Paarungsbereitschaft des Weibchens (postpartaler Östrus) für eine erneute Trächtigkeit. Damit werden die Zwischenwurfzeiten verkürzt. In Mäuse-Vermehrungszuchten und Produktionszuchten ist die permanent polygame Verpaarung, z.B. 1/4 (1 Männchen, 4 Weibchen) besonders wirtschaftlich. Bei dieser Verpaarungsart bleiben jedoch die Geburtstermine und die Zugehörigkeit eines Wurfes zu einem bestimmten Muttertier in der Regel unbekannt.

4.3 Zuchtsynchronisation – Brunstsynchronisation

Eine zuverlässige und genaue Synchronisation von Trächtigkeit und Wurfterminen ist bei den kleinen Laboratoriumstieren in der züchterischen Praxis schwierig. Zuchtweibchen, die zum selben Zeitpunkt verpaart werden, bringen allenfalls ihre ersten Würfe innerhalb eines engeren Zeitraumes von wenigen Tagen. Man behilft sich, indem zur Verpaarung ausgewählte Weibchen etwa über 24 Stunden in unmittelbarer Nachbarschaft, also in engem Geruchkontakt mit Männchen gehalten werden, wodurch sich z.B. bei Mäuseweibchen der Brunstzyklus synchronisieren lässt (Whitten-Effekt, **Kap. 4.6.3**). Die Weibchen sollten schon einen Wurf gehabt haben. Nachdem so die Paarungsbereitschaft der Weibchen stimuliert wurde, werden sie über Nacht mit dem Männchen zusammengesetzt. Am anderen Morgen erfolgt eine Pfropfkontrolle bei den Weibchen: Bei gedeckten Weibchen ist die Vagina durch einen weißen Schleimpfropf (Vaginalpfropf; **Abb. 4.10**) verschlossen. Dieser Pfropf gibt jedoch keine Auskunft darüber, ob das Weibchen tragend geworden ist. Die Weibchen mit Pfropf werden von den Männchen getrennt und einzeln in Käfige gesetzt. Bei den Weibchen, die tragend geworden sind, ist auf diese Weise die Zeitspanne der Befruchtung und das Alter der Feten bekannt.

Die Erfolgsrate bei dieser Art der „Synchronisation" von Trächtigkeit und Wurfzeitpunkt ist u.a. sehr von der Vitalität des jeweiligen Tierstammes abhängig.

4.4 Genetische Überwachung der Zucht

Neben der mikrobiologisch bestimmten gesundheitlichen Qualität ist es vor allem die genetische Qualität, sind es die genetischen Merkmale, die die Verwendbarkeit eines Versuchstieres oder Versuchstierkollektivs bestimmen. Durch geeignete Zuchtverfahren werden die erblich bedingten Eigenschaften in einem Tierstamm eingeführt und erhalten. Dabei sollen nicht nur diejenigen Merkmale erhalten werden, die einen Tierstamm für einen speziellen Verwendungszweck geeignet machen, sondern ganz allgemein die in dem Stamm vorhandene genetische Information: die genetisch festgelegte Stammcharakteristik soll auf Dauer erhalten bleiben. Elemente dieser Stammcharakteristik sind:

- morphologische Merkmale (Pigmentierung)
- pathophysiologische Merkmale (z.B. Diabetes insipidus)
- zytogenetische Merkmale (z.B. Chromosomenaberrationen)
- serologisch nachweisbare Merkmale (z.B. Zelloberflächenantigene)
- biochemisch nachweisbare Merkmale (Proteine, insbesondere Enzyme u. DNA-Analysen)

Genetisches Profil

Für die Überwachung des Erfolges der züchterischen Arbeit zur Erhaltung der Stammcharakteristika eines Tierstammes muss für den zu überwachenden Stamm ein spezifisches genetisches Profil erarbeitet werden. Jeder Stamm muss anhand des stammspezifischen genetischen Profiles überwacht werden. Andernfalls riskiert der tierexperimentell tätige Wissenschaftler zeitraubende und kostspielige Fehlresultate, die durch unerkannte genetische Veränderungen (genetische Kontamination) verursacht sein können. Diese erfolgen meist durch unbemerktes Einkreuzen fremden genetischen Materials oder durch unbemerkte Mutationen.

Die für charakteristische Merkmale verantwortlichen Gene, Markergene genannt, sollten auf die verschiedenen Chromosomen innerhalb des Genoms gleichmäßig verteilt sein. Ein so zusammengestelltes stammspezifisches, genetisches Profil dient als Kontrollraster zur Überwachung eines Tierstammes. In regelmäßigen Abständen muss die Kernzucht (s.u.) eines jeden Stammes damit auf die genetische Identität des Stammes überprüft werden. Daneben soll die Zuchtkolonie eines Stammes stichprobenweise auf Kontaminationen untersucht werden. Im letzteren Fall wird aus Kostengründen nicht das ganze genetische Profil einbezogen. Vielmehr wird nur eine kritische Prüfgröße von in der Regel ein bis drei Markergenen überprüft, die zur Differenzierung von gemeinsam gehaltenen Stämmen notwendig ist.

4.5 Zuchtplanung

4.5.1 Kernzucht – Basiszucht

Bei den kleinen Versuchstierarten werden den Produktionszuchten zur rationellen Überwachung und Steuerung der genetischen Eigenschaften Kernzuchten und Vermehrungszuchten vorgeschaltet (**Abb. 4.4**). Die züchterische Arbeit zur Steuerung der genetisch determinierten Versuchstierqualität findet in diesen Zuchten statt. Außerdem werden in den Kernzuchten und Vermehrungszuchten die für die Produktionszuchten erforderlichen Zuchttiere herangezüchtet.

Für die Erhaltung der in der Auszuchtkolonie vorhandenen genetischen Variation wird eine Auszucht-Kernzucht von etwa 300 Elterntieren oder 150 Zuchtpaaren als effektive Mindestgröße benötigt.

Bei Inzuchtstämmen werden in den Kernzuchten zur Sicherung des Fortbestandes der Zuchtlinie in der Regel einige, möglichst mindestens drei Filial-Zuchtlinien parallel nebeneinander geführt. Aus Sicherheitsgründen werden von dem letzten Elternpaar der Zuchtlinie eines Stammes die verfügbaren Wurfgeschwisterpaare parallel in Filiallinien vermehrt. Dadurch wird die Gefahr des Verlustes

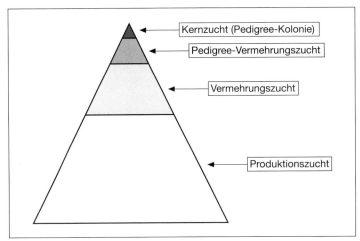

Abb. 4.4: Verfahren zur Massenzucht genetisch einheitlicher Tiere (nach: Catalogue of NIH Rodents, DHEW Publication No. (NUH) 74-606).

des Stammes, verursacht durch die Inzuchtdepression in der Zuchtleistung, verringert. Die Zuchtleistung kann bei Inzuchtstämmen in manchen Fällen nur 10 % und weniger als die von Auszuchtstämmen betragen.

Von einem Elternpaar aus einer dieser Filiallinien werden dann nach zwei, drei Generationen neue Filiallinien aus verfügbaren Wurfgeschwistern etabliert. Gleichzeitig werden die bisherigen Filiallinien bis auf eine ausgewählte, die Stammlinie aufgegeben. Auf diese Weise besteht die Kernzucht eines Inzuchtstammes schließlich immer nur aus einer einzigen Zuchtlinie mit nur einem die Linie fortführenden Zuchtpaar pro Filialgeneration (**Abb. 4.5**). Weil die Kernzuchten von Inzuchtstämmen nur aus einigen wenigen Zuchtpaaren bestehen, werden zur Heranzucht von Zuchttieren zwischen der Stammzucht und der Vermehrungszucht noch eine, ggf. mehrstufige Vermehrungszucht eingerichtet. Auch in dieser Zucht, deren Größe an dem Bedarf an Zuchttieren ausgerichtet wird, werden nur (Wurf-) Geschwister verpaart.

4.5.2 Vermehrungszuchten, Produktionszuchten

Vermehrungszuchten und Produktionszuchten dienen in erster Linie der Bereitstellung größerer Anzahlen von Tieren für die tierexperimentelle biomedizinische Forschung. Eine genetisch relevante Steuerung findet in diesen Zuchten in der Regel nicht statt.

Auch in den Vermehrungszuchten von Inzuchtstämmen wird aus praktischen Gründen auf eine Linienführung, d.h. auf konsequente Bruder-Schwester-Verpaarung verzichtet. Jede Vermehrungsstufe einer Inzucht Vermehrungszucht darf jedoch nur maximal 20 Generationen von einem gemeinsamen Stammelternpaar (in der Kernzucht!) entfernt sein. Das Gleiche gilt für Inzucht-Produktionszuchten.

4.5.3 Zuchtbuchführung

Die Zuchtleistung von Zuchttieren bzw. eines Tierstammes muss durch die konsequente und lückenlose Führung von Zuchtbüchern überwacht werden. Die Zuchtbuchführung dient darüber hinaus dem Abstammungsnachweis der Zuchttiere.

Die technische Durchführung der Zuchtbuchführung kann unterschiedlich und den Gegebenheiten angepasst sein. Zuchtbücher sind in der Regel Bücher und/oder Karteien. Ein Teil der erforderlichen, fortzuschreibenden Daten wird zweckmäßigerweise in Form von geeigneten Karteiblättern direkt am jeweiligen Käfig angebracht sein. In den letzten Jahren werden Zuchtbücher in zunehmendem Maße in Form spezieller Datenbanken geführt. Im Idealfall können Tierpfleger direkt im Tierraum über ein transportables Eingabegerät Zuchtdaten eingeben, die über Funk an die Datenbank weitergeleitet werden.

Die Überwachung der Zuchtleistung von Zuchttieren im Hinblick auf Auswahl und Reservierung nachfolgender Zuchtansätze, zur Inzucht-

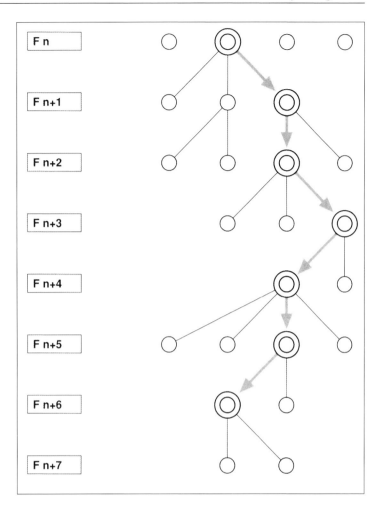

Abb. 4.5: Zuchtlinienführung von Inzuchten. Die Kreise entsprechen Zuchtpaaren. Die Doppelkreise führen die Linie (nach: W. Rossbach).

linienführung oder zur Auszuchtsteuerung geschieht in den Kernzuchten. Dort wird über Abstammung und Leistung jedes Einzeltieres genau Buch geführt. Zu diesem Zweck müssen die Zuchttiere für eine genaue Zuchtbuchführung monogam, meist permanent-monogam verpaart werden.

Die so ermittelten Zuchtleistungsdaten dienen als Auswahlkriterien für die Auswahl von Zuchttieren für die nachgeordneten Produktions- oder Massenzuchten sowie als die Basis für eine bedarfsorientierte Zuchtplanung. Die Zuchttiere in Produktionszuchten sollten also aus entsprechend genetisch überwachten und gesteuerten Kernzuchten und Vermehrungszuchten stammen.

Die tatsächliche Zuchtleistung einer Produktions- oder Massenzucht eines Tierstammes wird in der Regel durch die Anzahl der in der Zeiteinheit aufgezogenen und abgesetzten Jungtiere (**Abb. 4.6**) ermittelt. Eine detaillierte Zuchtbuchführung über jedes einzelne Zuchttier wäre jedoch zu aufwändig. Es genügt zur Überwachung der Zuchtleistung in der Produktions- oder Massenzucht die summarische Protokollierung der Anzahl der verpaarten Zuchttiere sowie der Anzahl der abgesetzten Tiere. Dabei nimmt man in Kauf, dass gelegentlich ein Zuchttier mit geringerer Leistung vorhanden ist.

4.5.4 Erneuerung von Zuchtansätzen

Grundsätzlich gilt, dass bei Maus und Ratte etwa ab dem sechsten Wurf die Anzahl der

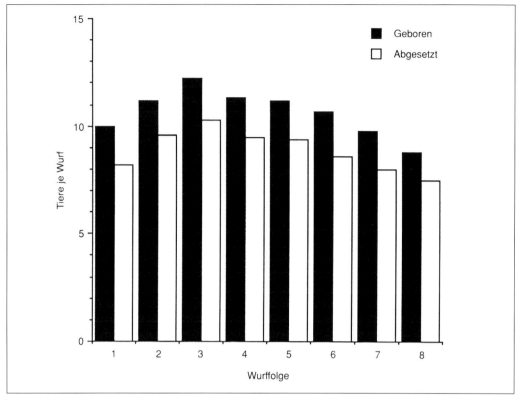

Abb. 4.6: Aufzuchtleistung bei Ibm:RORO-Ratten (Auszucht). Die Abbildung zeigt die Zahl der geborenen bzw. abgesetzten Tiere je Wurf in Abhängigkeit von der Wurffolge, d.h. der Zahl der Würfe, die ein Weibchen gehabt hat. N_1 = 500 Weibchen beim 1. Wurf (Alter: 70.1 ± 6.7 Tage), N_8 = 165 Weibchen beim 8. Wurf.

geborenen Jungtiere pro Wurf deutlich abnimmt und die Zwischenwurfzeiten sich erheblich verlängern. Für Maus und Ratte beträgt die wirtschaftliche Zuchtdauer eines Weibchens deshalb etwa 6 Monate (6 Würfe). Nach 6 Monaten muss also ein Zuchtansatz erneuert werden.

In großen Produktionszuchten hat es sich als zweckmäßig erwiesen, den Gesamtzuchtansatz in einzelne kleinere Zuchtansätze aufzugliedern (kleine Räume oder Zuchtregale in einem Raum) und diese kleineren Ansätze nacheinander regelmäßig durch neue Zuchttiere zu ersetzen.

Wiederholungsfragen

1. Was ist ein „genetisch definierter Tierstamm"?
2. Was ist eine Auszuchtpopulation?
3. Was bedeutet Pedigreezucht (= Stammbaum)?
4. Wie entsteht ein Inzuchtstamm?
5. Nennen Sie Beispiele für Mutantenzuchten.
6. Was sind F_1-Hybriden?
7. Verpaarungsmethoden: Erläutern Sie die Begriffe „permanent monogam" und intermittierend polygam
8. Was bedeutet der Begriff „Brunstsynchronisation" (z.B. Mäusezucht)?
9. Auf was kann man durch das Vorfinden eines Vaginalpropfes („Pfropfkontrolle") bei Maus oder Ratte schließen?
10. Wozu dient die genetische Überwachung (Laboruntersuchungen)?
11. Was ist eine Kernzucht (Stammzucht) und was ist eine Vermehrungszucht (Produktionszucht).
12. Was steht im Zuchtbuch (bzw. Zuchtkartei)?

4.6 Spezielle Biotechniken

4.6.1 Handaufzucht

Die Aufzucht der Jungen ist durch Handfütterung oder mit einer Amme möglich, beide Verfahren kann man auch sinnvoll kombinieren. Viel Geduld und Motivation erfordert es, neugeborene kleine Säuger durch Fütterung von Hand aufzuziehen, der Rahmen eines normalen Arbeitstages reicht hierfür nicht aus (**Abb. 4.7**). Eine Ersatzmilch auf Kuhmilchbasis kann für verschiedene Tierarten (z.B. Kaninchen, Meerschweinchen, Schwein) unverträglich sein. Für einen sog. „Milchaustauscher" ist die Bekömmlichkeit unter den Verhältnissen der künstlichen Aufzucht wichtiger als die genaue Imitation der arttypischen Muttermilch. Handelsübliche, kondensierte Kuhmilch ist ein praktischer, aber selten zweckmäßiger Notbehelf. Bei Mangel an geeigneteren Rezepturen kann ein Human-Muttermilchersatz auf der Basis von Sojaeiweiß, Dextrose und pflanzlichen Fetten durchaus nützlich sein. Der Vitamin- und Mineralbedarf der Tiere darf dabei nicht unberücksichtigt bleiben.

Wenn Jungtiere nicht sicher vor Bakterien geschützt werden können, wird man versuchen, die entbehrten Abwehrstoffe der Kolostralmilch[43] durch Immunglobulinpräparate zu ersetzen.

Je kleiner die Nestlinge sind, umso größer ist das Risiko vorzeitigen Todes durch Verschlucken. Stündliches Eingeben von 5 µl[44] (Maus) oder 50 µl (Ratte) Milch über mindestens 10–14 Tage ist zwar verlustreich, führt aber letztendlich zum Erfolg. Beim Hamster wurden bisher nur wenige Versuche mit Handaufzucht gemacht. Das Meerschweinchen trinkt spontan, oft schon innerhalb weniger Stunden nach der Geburt aus flacher Schale. Kaninchen müssen unbedingt mit Rücksicht auf das arttypische Verhalten gefüttert werden, sie werden natürlicherweise nur einmal täglich genährt und müssen ohne Unterbrechung trinken dürfen (mit auf Pasteurpipetten selbstgefertigten Latex-Saugern versucht man, zu verhindern, dass die Milch widerstandslos fließt und die Jungen sich verschlucken). Vorsichtige Bauchmassage nach der Milchaufnahme entspricht bei vielen Tierarten dem mütterlichen Brutpflegeverhalten und ist bei den notgedrungen unvollkommen ernährten Nestlingen bei Handaufzucht besonders hilfreich.

4.6.2 Ammenaufzucht

Die Brutfürsorge bei kleinen Säugetieren unterliegt nur während weniger Tage um den Geburtszeitpunkt der hormonellen Steuerung. Ab dem 2. Tag nach der Geburt wird die Mütterlichkeit immer stärker vom Saugreiz und Saugbegehren der Jungen abhängig. Vermutlich deswegen nehmen Ammen schwache Würfe umso leichter an, je weniger Zeit seit dem eigenen Wurf vergangen ist. Allerdings ist die im Anschluss an die Geburt etwa 48 Stunden dauernde Phase der entstehenden Mutter-Kind-Bindung äußerst sensibel, so dass der Austausch von Jungtieren Feinfühligkeit erfordert.

Wenn fremde Jungtiere wirklich lebensfähig sind, werden sie auf diese Weise meist spontan akzeptiert. Eintragen in das Nest, Lecken und Wärmen sind mütterliche Verhaltensweisen der ersten Stunde, wenn auch manche Amme ausgetauschten Jungen zunächst zurückhaltend gegenüberstehen mag. Nichtannahme kann sich in einfacher Nichtbeachtung bis hin zu sofortigem Töten ausdrücken.

Es gibt verschiedene Methoden, um die Nichtannahme der fremden Jungen durch die Amme zu vermeiden oder zu mildern. Hierbei geht es vor allem darum, spezifische Duftmarken der Fremdjungen, durch die die Amme sie als solche erkennt, zu kaschieren. Grundsätzlich ist darauf zu achten, dass die Fremdjungen zur Amme in deren Käfig gegeben werden, um diese in ihrem vertrauten Duftumfeld zu belassen. Die zugesetzten Jungen kann man nun vorsichtig mit den eigenen Jungen der Amme oder auch mit Einstreu des Käfigs in Berührung bringen, umso die für die Amme vertraute Duftnote zu übertragen.

Dies kann auch dadurch bewerkstelligt werden, dass man die Amme in den Fixiergriff nimmt

---

43 syn. Kolostrum, Biestmilch: Unmittelbar nach der Geburt abgegebenes Sekret, das höheren Gehalt an Eiweiß (z.B. Immunglobuline), verschiedenen Vitaminen, Mineralstoffen sowie an weißen Blutkörperchen besitzt

44 1 µl = 1/1000 ml

Abb. 4.7: Handaufzucht von Totenkopfäffchen *(Saimiri sciureus)*. **a** Sobald eine Mutter ihr Jungtier eindeutig ablehnt, wird es zur weiteren Handaufzucht in einem Aufzuchtbehälter aus Kunststoff untergebracht, in dem ein mit flauschigem Tuch umwickeltes, zusammengerolltes und auf 38 °C eingestelltes Elektroheizkissen als Ersatzmutter verwendet wird. So wird eine optimale Umgebungstemperatur von ca. 28 °C aufrecht erhalten. **b** Bei der Flaschenfütterung wird eine speziell für die Handaufzucht entwickelte Ersatzmilch (Primilac®) verabreicht. Bis zum 30. Lebenstag wird die auf 35 °C temperierte Ersatzmilch achtmal in 24 Stunden in einem graduierten, konischen Zentrifugenröhrchen mit Saugnippel so gereicht, daß das Tier die Milch in leichter Schräglage durch aktives Saugen aufnehmen kann. Das Halten des Äffchens in der Hand erzeugt bei jeder Mahlzeit zugleich die Massage zum Absetzen von Kot und Harn. Bis zum 150. Tag werden die Mahlzeiten bis auf drei pro Tag reduziert. Vom 50. Tag an werden zusätzlich zur Milch Bananenstückchen gegeben. Ab dem 90. bis 100. Tag erhalten die Jungtiere Pellets, verschiedene Obstsorten, Erdnüsse und Mehlwürmer ergänzend zu den Milchmahlzeiten zur Auswahl. Gänzlich eingestellt wird die Milchfütterung, sobald die Tiere genügend Festfutter und Wasser zu sich nehmen; dieser Zeitpunkt kann unterschiedlich früh zwischen Tag 170 und 263 erreicht werden (Aufnahmen: W. Rossbach).

und über die zugesetzten Jungtiere hält; unter der Einwirkung des milden Fixierungsstress wird die Amme i.d.R. Urin absetzen und damit den fremden Jungtieren die vertraute Duftmarkierung verleihen. Welche Prozedur auch gewählt wird, sie sollte kurz sein und man sollte anschließend das Nest abdecken und die Amme mit ihren Tieren sich selbst überlassen.

Im günstigen Fall wird die Amme übergangslos auch die Fremdjungen säugen, im ungünstigeren Fall wird sie irritiert die Jungen umhertragen und das Nest durchwühlen. Allgemein gilt, dass Ammen, die ihre eigenen Jungen intensiv versorgt haben, dies auch mit den Fremden tun. In jedem Fall sollte in dieser kritischen Phase das Umsetzen der Tiere in frische Käfige unterbleiben, da hierdurch das geruchliche Umfeld zusätzlich gestört wird.

Berichte über erstaunliche Fälle von Adoptionen zwischen verschiedenen Säugetierarten (z.B. Ratte/Gerbil) sprechen dafür, dass das Säugeverhalten bei den verschiedenen Arten einige wichtige Gemeinsamkeiten aufweist und dass es für säugende Weibchen keine grundsätzliche Sperre gibt, sogar mehrere Tage alte fremde Säuglinge zu adoptieren. Selbst spontane Adoptionen ohne Zutun des Menschen sind bei verschiedenen Tierarten beschrieben worden und oft zu beobachten bei Ratten und Meerschweinchen.

Bei der Ablehnung untergelegter Neugeborener mag der Geruch nach Desinfektionsmitteln o.ä. eine Rolle spielen, sicher nicht der arttypische Eigengeruch. Neugeborene sind bei vielen Säugerarten noch geruchsfrei. Ablehnung durch die Amme kann bei kleinen Nagern auch mit dem Ausbleiben oder Nichtwahrnehmen der im Ultraschallbereich liegenden Suchlaute der Jungen erklärt werden. Dass Mütter – oder Ammen – bei unerträglicher Beunruhigung ihre Jungen vernachlässigen oder töten (Kronismus), ist eine im tierischen Bereich weitverbreitete Stressreaktion. Meist ist die Mütterlichkeit so stabil, dass behutsamer Transport oder ähnliche leichte Störungen von säugenden Ratten- und Mäuseammen innerhalb der ersten Tage nach der Geburt gut toleriert werden. Ob es „gute" Ammen oder Ammenstämme gibt, steht derzeit noch nicht mit endgültiger Sicherheit fest. Mit dem Urteil „schlechte Amme" kann man sich leicht darüber hinwegtäuschen, dass man Geburtsreife und Vitalität der Jungen und die auf die Amme wirkenden Umwelteinflüsse nicht genügend beachtet hat. Unter den wichtigsten Versuchstieren sind Ratten leichter von Ammen aufzuziehen als Gerbils, Mäuse oder gar Hamster. Bei Stämmen mit geringer Vitalität, wodurch sich z.B. Inzuchten häufig auszeichnen, oder bei angeborenen Störungen sind die Erfolge oft erheblich geringer als bei den gegen Umwelteinflüsse gut „gepufferten" Auszuchten. Ein gutes Ergebnis ist das Gelingen von 70–80 % der Aufzuchtversuche. In manchen Fällen darf man zufrieden sein, wenn nach 15 Versuchen ein Wurf aufgezogen wird.

Stiefwürfe mit etwa 10 Jungen werden von Mäuseammen am besten aufgezogen, bei Inzuchtstämmen allerdings weisen Würfe mit 6–7 Jungen oft die besten Aufzuchtergebnisse auf. Bei Ratten allgemein und bei Auszuchtmäusen haben nicht optimal geburtsreife Junge durchaus noch Überlebenschancen.

Wenn irgend möglich, wählt man als Amme ein Muttertier derselben Art wie die aufzuziehenden Nestlinge. Als Alter einer Amme sind bei Ratte und Maus 4–5 Monate wünschenswert, speziell für die Aufzucht gering vitaler Würfe. Bei Ratten ist ein höheres Alter noch nicht nachteilig; sofern es sich um die Aufzucht vitaler Würfe handelt, gilt dasselbe auch für Mäuseammen. Die günstigsten Aufzuchtergebnisse bei schwachen Würfen haben Ammen jedoch bis zum 2. Wurf. Die Größe des eigenen Wurfes der Amme, sofern im Normbereich, ist ohne Bedeutung für den Aufzuchterfolg des Stiefwurfes.

Auch bei Gerbils ist eine Jungenaufzucht durch Ammen möglich. Fremde Würfe in den ersten beiden Lebenswochen werden von Ammen gut angenommen, wenn diese bereits Nachkommen in einem ähnlichen Alter säugen. Die Gesamtzahl der Jungen aus dem eigenen und dem fremden Wurf sollte allerdings 8 Tiere nicht überschreiten, und muss eventuell durch tierschutzgerechtes Töten überzähliger Jungtiere angepasst werden. Durch tägliche Gewichtskontrolle kann die erfolgreiche Annahme der fremden Jungtiere kontrolliert werden. Steht keine Amme zur Verfügung, können juvenile Gerbils ab dem 20. Lebenstag auch mit Breifutter gefüttert werden, allerdings sollten sich ihre Augenlider zu diesem Zeitpunkt schon geöffnet haben.

Ratten akzeptieren Stiefwürfe ohne Unterschied an jedem Tag der ersten Säugewoche. Mäuseammen kann man Auszuchtwürfe noch am 3. Säugetag unterlegen. Bei empfindlichen Inzuchtstämmen sinken die Überlebenschancen bereits am 2. Säugetag der Amme. Würfe, die 24 Stunden nach dem Austausch noch leben, werden in der Regel auch aufgezogen.

Der Erfolg der Ammenaufzucht wird überwiegend durch die Vitalität der durch Hysterektomie gewonnenen Würfe und nur zu einem geringen Teil durch die Qualität der Amme bestimmt.

4.6.3 Gnotobioten

Dieser Abschnitt behandelt die Gewinnung von keimfrei aufgezogenen Versuchstieren (v.a. Maus und Ratte) durch Schnittentbindung. Gnotobioten sind Tiere mit fehlender oder genau definierter mikrobieller Keimflora.

Hygienische Bedingungen

Hygienisch kontrollierte Versuchstierzuchten werden mit (SPF-)Tieren[45] aufgebaut und weitergeführt. SPF-Tiere ihrerseits haben ihren Ursprung letztendlich in keimfreien Tieren. Diese gewinnt man durch einen operativen Eingriff in jener Entwicklungsphase, in der Leben noch keimfrei geschieht, nämlich vor der Geburt. Zur Gewinnung von geburtsreifen Feten werden besonders vorbereitete Spendermütter fast ausschließlich durch Kaiserschnitt entbunden. Vielfach bietet sich heute auch der Embryotransfer hierfür an.

Die Gewinnungstechnik ist in ihrer Bedeutung für den Aufzuchterfolg allerdings nachrangig gegenüber der Vitalität der Jungtiere. Diese müssen mikrobiologisch isoliert mit Handfütterung oder, wenn möglich, unter Ammen aufgezogen werden. Eine Amme muss mindestens dasjenige Gesundheitsniveau haben, das man sich für die Jungen wünscht. Im Rahmen von Bestandssanierungen stellt die keimfreie bzw. gnotobiotische Amme die sicherste Lösung dar, da etwa vertikal, d.h. von der Amme auf die Jungtiere, übertragene Erreger hierbei am zuverlässigsten nachweisbar sind. Die riskantere Verwendung von nicht gnotobiotischen Ammen ist zwar je nach Art der zu tilgenden Erreger kostengünstiger, erfordert aber Rücksprache mit dem verantwortlichen Mikrobiologen. Dieser wird nach einer bakteriologischen, parasitologischen und virologischen Bestandsuntersuchung die unerwünschten Erreger nennen und klären, welcher Sanierungsaufwand nötig ist. Virusinfektionen erfordern eingehendere Maßnahmen als z.B. Parasiten, Bakterien oder Pilzkrankheiten.

Eine frische Infektion, die sich gerade in einem Bestand ausbreitet, stellt durch akute Krankheitsfälle bei trächtigen Tieren ein höheres Risiko der vertikalen Übertragung dar als eine seit längerem herrschende Infektion, gegen die die meisten Tiere bereits Abwehrstoffe gebildet haben. Alle Virusarten, Mykoplasmen, die Erreger der Tyzzer-Krankheit und andere können auf die Embryonen übergehen und sich erst Monate nach der Sanierung wieder zeigen. Die Praxis lehrt, dass bei entsprechender Vorbereitung solche Fälle selten auftreten. Fallweise wird man die Muttertiere medikamentös vorbehandeln und/oder die „sanierten" Nachkommen einer längeren Beobachtungsphase unterziehen.

Vorbereitung der Spendermütter

Auch wenn bei Ratte und Maus die Würfe von 5–7 Monate alten Müttern, also etwa die zweiten und dritten Würfe, sich für die keimfreie Gewinnung am besten eignen, ist im Rahmen einer geplanten Sanierungsmaßnahme die Verwendung voll entwickelter virgineller Weibchen gebräuchlich und praxisnah, auch wenn die Verlustrate unter den Jungen höher ist.

Die Schnittentbindung sollte zur Sicherung optimaler Lebensfähigkeit der Jungen möglichst spät, d.h. wenige Stunden vor der Geburt, stattfinden. Mäuse und Hamster, speziell Inzuchten, sind bei vorzeitiger Entbindung besonders gefährdet. Da die Geburt bei Maus, Hamster und Ratte kaum sicher vorhersagbar ist, ist genaue Kenntnis bzw. Steuerung des Paarungstermins wichtig, insbesondere bei

---

[45] Spezifiziert-Pathogen-Frei-Tiere: Versuchstiere, die durch regelmäßige Kontrolluntersuchungen auf das Vorhandensein einer Anzahl bestimmter pathogener Erreger überprüft werden. Eine entsprechende Erregerliste ist bei Nicklas et al., Laboratory Animals **36,** 20–42, 2002, nachzulesen.

Inzuchtstämmen mit geringer Vitalität. Die Anwendung von Hormonpräparaten in diesem Zusammenhang sollte dem Erfahrenen überlassen bleiben. Bei Mäusen kann man unter Nutzung des Whitten-Effektes[46] das Eintreten der Brunst fördern, in dem man die Weibchen für 1–2 Tage vor der Paarung in das duftmarkierte Revier des Bockes, d.h. seinen (leeren) benutzten Käfig, bringt. Zur Vermeidung des Bruce-Effektes[47] sollen Mäuseweibchen bei wiederholten Paarungsversuchen stets demselben Bock zugeordnet werden.

Ein brünstiges Weibchen erkennt man am Verhalten, am rötlichen, gut durchbluteten Aussehen der äußeren Geschlechtsteile bzw. an typischen Bestandteilen des Vaginalschleimausstriches (**Abb. 8.19**). Ohne vorausgehende Auswahl kopulationsbereiter Weibchen muss man 5–10 zuchtreife Tiere (Ratte, Maus) über Nacht verpaaren, um wenigstens 1 gedecktes Weibchen zu erhalten. In Anlehnung an die natürliche Paarungszeit verpaart man einmal von Abend bis Morgen. Dies ist kurz genug, um morgens die stattgefundene Kopulation anhand des Spermiennachweises im Vaginalschleimausstrich oder des bei verschiedenen Arten vorkommenden Vaginalpropfes sicher erkennen zu können. Ein vorhandener Vaginalpropf bedeutet zwar, dass eine Kopulation stattgefunden und das Männchen ejakuliert hat, dies ist jedoch nicht gleichbedeutend mit Trächtigkeit. In der Planung rechnet man allenfalls mit 50 % der nachgewiesenen Kopulationen als fruchtbar. Trächtigkeiten können auch trotz negativer Kopulationsnachweises auftreten. Sicherheitshalber verpaart man jedes Weibchen nur 1 Nacht/Woche.

Rechnet man bei Übernachtverpaarung 24.00 Uhr als Deckzeitpunkt, dann werden Goldhamster nach 15,5, Mäuse etwa nach 19 und Ratten nach etwa 21,5 vollen Tagen operiert.

---

[46] Ursache dieses Effektes ist eine hormonabhängige Duftkomponente im Harn der Mäuse. Während einzeln gehaltene weibliche Mäuse einen regelmäßigen Brunstzyklus von 4–5 Tagen haben, wird er bei gruppenweise gehaltenen Tieren unregelmäßig. Setzt man aber zu dieser Gruppe ein oder mehrere Böcke, tritt Brunstsynchronisation ein.

[47] Blockade der Einnistung der Embryonen in die Gebärmutterschleimhaut eines gerade trächtig gewordenen Weibchens, das zu einem fremden Bock gesetzt wird.

Die Terminplanung für die operative Entbindung muss stammspezifische Unterschiede in der mittleren Trächtigkeitsdauer berücksichtigen. Besonders dann, wenn der optimale Zeitpunkt des Kaiserschnittes in Einklang mit einem starren Arbeitszeitschema des Menschen gebracht werden muss. In Zweifelsfällen ermittelt man im Vorversuch, ob die Mehrzahl der Würfe im Laufe der letzten Nacht oder des letzten Tages der Trächtigkeit geboren werden. Je nach Ergebnis findet dann die Entbindung in den Abend- bzw. den Morgenstunden statt.

Bei Meerschweinchen schwankt die Tragzeit stark, hier kündigt die gut fühlbare, daumenbreite Öffnung der Schambeinfuge die bevorstehende Geburt an. Bei Maus und Ratte kann man die Gebärmutter durch die Bauchdecke hindurch vorsichtig abfühlen, evtl. gibt man eine leichte Äthernarkose. Mit einiger Erfahrung nimmt man in den letzten 2 Tagen vor der Geburt das Weichwerden von Gebärmutter und Früchten wahr. Fühlbar sind auch die Streckung der bisher zusammengerollten Körper, die Halsfurche und gelegentlich die am Körper anliegenden Beine.

Methoden der Schnittentbindung

Hysterotomie

Es handelt sich dabei um den Kaiserschnitt am narkotisierten Muttertier, bei dem die Gebärmutter nach der Entbindung wieder verschlossen wird und ausheilt. Wenn sie zur Gewinnung keimfreier Tiere angewandt wird, z.B. bei Katze, Hund, Schwein, Wiederkäuer, dann klebt man zunächst einen sog. Operationsisolator auf das Operationsfeld der Bauchdecke des Muttertieres. Die Operation wird dann vom Isolator her ausgeführt, um den ersten Atemzug des Neugeborenen bereits im keimfreien Bereich geschehen zu lassen. Aus versuchstierkundlicher Sicht ist dies die Methode der Wahl, die korrektes Arbeiten ohne Zeitdruck ermöglicht. Schnittentbundene Muttertiere haben nicht selten Rückbildungs- und Fruchtbarkeitsprobleme, wenn ihnen die Neugeborenen entzogen werden.

Hysterektomie

Darunter versteht man die Totalentfernung der hochtragenden Gebärmutter. Das Verfahren ist technisch einfacher und wird in der Regel am frisch getöteten, kleinen Versuchstier (Maus, Hamster, Ratte, Meerschweinchen, Kaninchen) ausgeführt. Es kann von erfahrenen und besonders unterwiesenen Tierpflegern vorgenommen werden. Den Uterus schleust man sofort zur Eröffnung in den keimfreien Bereich ein. Die sog. „nestflüchtenden"-Tierarten (Meerschweinchen, Wiederkäuer u.a.) sind zum Geburtszeitpunkt schon weitgehend selbstständig und haben einen hohen Sauerstoffbedarf. Hier muss nach dem Töten des Muttertieres die Hysterektomieprozedur innerhalb von ca. 60 sek ablaufen, damit der durch Sauerstoffbedarf ausgelöste erste Atemzug nicht zur tödlichen Einatmung von Fruchtwasser führt. „Nesthocker" wie Maus, Hamster, Ratte, beginnen deutlich später zu atmen. Man sollte deshalb möglichst zügig arbeiten.

Zur Durchführung wird der Bauchbereich der Spendermutter geschoren und mit Jodlösung desinfiziert. Die Tötung erfolgt bei den kleinen Nagern nach CO_2-Betäubung durch Luxation der Halswirbelsäule, bei Meerschweinchen und Kaninchen durch Genickschlag. Pharmazeutische Narkosepräparate sollten im Interesse späterer Ammenaufzucht mit besonderem Bedacht eingesetzt werden.

Der **unreine Teil**[48] wird durch einen Helfer ausgeführt: Das Tier wird betäubt und getötet, auf den Rücken gelegt, die Bauchfläche erneut desinfiziert. Zwischen Brustbein und Nabel greift man eine Hautfalte mit einer Arterienklemme (li. Hand) und durchtrennt (nur) die Haut in der Mittellinie mit dem Skalpell (re. Hand) von der Hautfalte bis zum Schambein. In der Nabelhöhe greift man nun beide Schnittränder mit den Arterienklemmen, zieht die Operationswunde je nach Tiergröße 1–5 cm nach rechts und links auseinander, die Klemmen bleiben zur Fixierung beidseits liegen.

Der **sterile Teil**[49] erfolgt strikt getrennt vom unsterilen Teil. Das ganze Tier wird nun mit dem sterilen Papiertuch abgedeckt (ggf. Operationsfeld mit Jodlösung anfeuchten). Jeder Kontakt mit Fell und Darminhalt des Tieres muss unbedingt vermieden werden. Am Nabel hebt man mit der Pinzette eine Falte von Papier und Bauchdecke an, mit einem Quer-Scherenschlag eröffnet man die Bauchhöhle. Die Öffnung wird unter Einbezug des abdeckenden Papiers entlang der Mittellinie in beiden Längsrichtungen verlängert. Durch leichten Fingerdruck auf die Flanken kann meist der Uterus ohne Instrumentengebrauch herausgelagert werden. Die Lostrennung erfolgt unmittelbar an den Eierstöcken und mit einem Schnitt mitten durch den Gebärmutterhals. Damit wird das Anschneiden der nichtsterilen Scheide und andererseits die vorzeitige Eröffnung des Uterus vermieden. Durch ein geruchsarmes Desinfektionsbad schleust man die verschlossene Gebärmutter in das keimfreie Milieu (Isolator, Reine Werkbank) ein.

Gnotobiotischer Teil[50]
Mit einem Scherenschnitt entlang der äußeren Rundung öffnet man die Gebärmutter auf einer Mullunterlage und massiert die Früchte mit Hilfe der Tupfer heraus. Die Fruchthäute schneidet man ggf. entlang des Rückens auf, um Verletzungen zu vermeiden. Die Jungen werden, möglichst nicht in Verbindung mit Desinfektionsmittel und Blut, auf eine trockene Mullfläche gerollt. Die Nabelschnur wird je nach Tierart auf 1–2 cm gekürzt. Vorsichtige Trockenmassage beginnt mit der Entfernung von Fruchthautresten und Schleim von Mund und Nase, durch Streichen an Bauch und Rücken werden Atmung und Blutkreislauf angeregt. Bei größeren Tierarten kann man die Atmung auch medikamentös anregen. Ersten Erfolg erkennt man an der Hellerfärbung der Extremitäten. Eine Warmhaltung für 30–60 Minuten tut dann das Übrige. Besonders, wenn eine (Mäuse-)Amme mit einem bereits mehrere Tage alten Wurf verwendet wird, soll der durch Hysterektomie gewonnene Wurf beim Unterlegen möglichst lebhaft sein.

---

48 Instrumentenbedarf: 2 Arterien-Klemmen 18 cm, 1 Skalpell mit abgerundeter Klinge, Wattetupfer und Jodlösung.
49 Instrumentenbedarf: sterile Operations- oder Einweghandschuhe, 1 weiches Papierhandtuch o.ä., 1 chirurgische Pinzette 10 cm, 1 feine stumpf-stumpfe Schere 10 cm, Wattetupfer und Jodlösung.

50 Instrumentenbedarf: 1 chirurgische Pinzette 10 cm, 1 feine stumpf-stumpfe Schere 10 cm, Zellstoff/Mullkompressen ca. 30 x 40 cm, kirsch- bis pflaumengroße Mulltupfer, Heizkissen/Wärmeplatte.

4.6.4 Transgene Tiere

Transgene Tiere[51] sind Tiere, in deren Genom[52] während der frühen Embryonalentwicklung körperfremde DNA[53] als sog. transgenes Konstrukt eingefügt wurde, sowie deren positiv-transgene Nachkommen. Dies war 1976 zuerst bei Mäusen gelungen und wurde in der Folge auch bei anderen Säugern (Ratte, Hamster, Rhesusaffen, Kaninchen, Schaf, Schwein, Ziege, Rind), mit Fischen (Medaka, Zebrabarbe), Amphibien (Xenopus), Vögeln (Huhn) und sogar Insekten (Drosophila) erfolgreich durchgeführt.

Transgene Tiere werden vorwiegend in der Grundlagenforschung und in folgenden Bereichen eingesetzt: zum Studium der Krebsentstehung, von Viruserkrankungen, neurologischen Störungen, Herzkreislauferkrankungen, Erkrankungen des Stoffwechsels und des Immunsystems. Darüber hinaus bieten sie die Möglichkeit, Substanzen für Diagnostik und Therapie zu erproben.

Generierung[54] transgener Mäuse

Nach Auswahl eines geeigneten Trägerstammes (i.d.R. Inzuchten oder F_1-Hybriden) für die Aufnahme des transgenen Konstruktes werden einige junge Weibchen als Spenderinnen ausgewählt, bei denen durch i.p. Injektion von je 5–10 IE PMSG (Stutenserum-Gonadotropin) bzw. HCG (menschliches Choriongonadotropin) im Abstand von 48 Stunden eine Superovulation ausgelöst wird. Hierfür eignen sich die verschiedenen Mäusestämme unterschiedlich gut, zudem spielen das Alter und der sonstige Entwicklungsstand der Tiere eine wichtige Rolle. Die erfolgreiche Superovulation führt dazu, dass eine wesentlich größere Anzahl von Oozyten (Eizellen) ovuliert wird und mithin für die Befruchtung zur Verfügung steht, als dies bei nicht behandelten Weibchen der Fall wäre. Am Morgen nach der Verpaarung werden die Weibchen, die einen Vaginalpfropf (Zeichen für stattgefundene Kopulation) tragen, durch Strecken getötet. Aus der Ampulle des Oviduktes[55] (Eileiter) werden die befruchteten Oozyten, die sich zu diesem Zeitpunkt noch im Einzellstadium befinden, unter Verwendung eines speziellen Mediums präpariert bzw. gespült und bis zur Weiterbehandlung im CO_2-Brutschrank aufbewahrt.

Mit Hilfe molekularbiologisch-präparativer Methoden wurde zuvor das für die Einschleusung bestimmte transgene Konstrukt hergestellt, das nun mittels Mikroinjektion[56] in den Vorkern[57] des Embryos (**Abb. 4.8a**) gebracht wird. Nach einer Erholungsphase werden die Embryonen, die die Mikroinjektion unbeschadet überstanden haben, per Embryotransfer in scheinträchtige Empfängerweibchen[58] überführt. Im Regelfall werden die Embryonen auf normale Weise ausgetragen, geworfen und gesäugt. Nach dem Absetzen werden den Jungtieren mit einer sterilen Rasierklinge wenige Millimeter der Schwanzspitze abgenommen, die für die Analyse benötigt werden, durch die die positiv transgenen Jungen von den Negativen unterschieden werden können. Unmittelbar nach dem Absetzen der Schwanzspitze[59] wird die Wunde mit einem Gewebekleber

---

51 Transgene Tiere sind gemäß deutschem Gentechnikgesetz vom Juni 1990 g**entechnisch ver**änderte **O**rganismen (GVO) – in der Regel – der **S**icherheitsstufe **1** (S 1). Für die Herstellung, Zucht und Haltung solcher Tiere ist das Vorhandensein einer genehmigten gentechnischen Anlage Voraussetzung. Gemäß Tierschutzgesetz stellt die Generierung transgener Tiere einen genehmigungspflichtigen Tierversuch dar, für die Zucht und Haltung transgener Tiere genügt jedoch die allgemeine Genehmigung für Zucht und Haltung von Versuchstieren nach § 11 TSchG.
52 Gesamtheit der Gene eines Individuums
53 engl. Kürzel für Desoxyribonukleinsäuren, dem Sitz der Erbanlagen
54 Generierung = Herstellung
55 vielfach gefalteter winziger Schlauch oberhalb des Uterushornes, der über seine Öffnung, das Infundibulum, die Oozyten vom Eierstock aufnimmt und durch den diese in den Uterus gelangen, wo sie sich im Anschluss an das Blastozystenstadium in der Uterus-Schleimhaut einnisten können und dort ausgetragen werden.
56 Mikroinjektion in den Vorkern ist eine von mehreren möglichen Transgeneseverfahren, sie wird am häufigsten angewandt und hat derzeit die höchsten Erfolgsraten.
57 Zellkern des befruchtenden Spermiums nach seinem Eintritt in die Eizelle bis zur Verschmelzung mit dem Eizellkern; die DNA wird meist in den männlichen Vorkern injiziert.
58 bevorzugt werden vitale Auszuchtmäuse wie z.B. NMRI.
59 Die in weniger als einer Sekunde abgeschlossene Maßnahme kann ohne Narkose durchgeführt werden, da diese letztlich belastender wäre als die Schwanzbiopsie selbst.

verschlossen; dadurch wird die Blutung gestillt und das Eindringen von Keimen in die Wunde verhindert.

Die positiv transgenen Nachkommen aus einem Mikroinjektionsexperiment werden Founder[60] genannt, weil mit jedem von ihnen eine eigene transgene Zuchtlinie gegründet werden kann. Die Founder wie auch die auf ihnen aufgebauten Linien unterscheiden sich in genetischer Hinsicht voneinander, da die Integration des eingeschleusten Genkonstruktes in das Genom des Embryos nicht beeinflussbar ist und mithin zufällig erfolgt.

Die weitaus größte Zahl transgener Tiere unterscheidet sich äußerlich in keiner Weise von ihren nichttransgenen Artgenossen, ist vermehrungsfähig und hat eine mehr oder weniger normale Lebenserwartung. Tiere, die aufgrund ihrer Transgenität belastet sind, z.B. durch Beeinträchtigung der Fortbewegungsfähigkeit, müssen häufig kontrolliert und besonders sorgfältig betreut werden. In vielen Fällen sind transgene Tiere wissenschaftlich sehr wertvoll, so dass es bei diesen besonders wichtig ist, eine unverwechselbare Kennzeichnung vorzunehmen. Wo nötig, kann dies auch bei Mäusen durch subkutane Implantation von Transpondern (**Kap. 8.6**) geschehen. Hierfür müssen die Tiere aber eine entsprechende Größe erreicht haben; außerdem ist es sinnvoll, die Einstichöffnung nach der Implantation für einige Tage mit einem Wundclip zu verschließen, um ein Herausfallen des Transponders sicher zu verhindern.

4.6.5 Maus-Chimären[61]

Grundsätzlich ist eine Chimäre ein Individuum, das mehr als 2 Elternteile hat und damit aus genetisch verschiedenen Gewebetypen zusammengesetzt ist. So kommen z.B. bei menschlichen zweieiigen Zwillingen sog. Blut-Chimären vor, die während der Embryonalentwicklung durch Übertragung von Blutstammzellen vom einen auf den anderen Zwilling entstanden sind. Heute können Maus-Chimären experimentell durch Injektion von embryonalen Stammzellen (ES-Zellinjektion) in Blastozysten oder durch Aggregationschimärie generiert werden. Bei den dabei eingesetzten ES-Zellen wurde zuvor mit molekularbiologischen Methoden ein Gen inaktiviert (Knock-out), und im Erfolgsfall tragen die aus dem ES-Zellexperiment hervorgegangenen Chimären in möglichst vielen Organbereichen einschießlich der Keimbahn Zellen, in denen das fragliche, funktionsunfähige Gen enthalten ist. Anhand der möglichen Veränderungen z.B. in Physiologie und Verhalten gegenüber gentechnisch unveränderten Mäusen desselben Stammes können die Folgen der Ausschaltung des fraglichen Gens untersucht und mithin Rückschlüsse auf die Funktion des Gens gezogen werden.

Daher eignet sich die ES-Zelltechnik insbesondere für die Bearbeitung neurologischer Fragestellungen, aber auch zur Aufklärung der Mechanismen der Geschlechtsbestimmung, von Keimzelldifferenzierung, der Organ- und Körperentwicklung sowie einer Reihe von immunologischen Fragestellungen.

Bei der **ES-Zellinjektion** werden mit Hilfe einer entsprechend modifizierten Mikroinjektionsanlage jeweils 18–22 embryonale Stammzellen in Blastozysten injiziert (**Abb. 4.8b**). Diese Stammzellen werden in den Zellverband der Blastozysten eingegliedert und finden sich später beim geborenen Tier in bestimmten Gewebebereichen wieder. Anschaulich wird dies, wenn z.B. Stammzellen aus schwarzen C57BL/6-Mäusen in Blastozysten von weißen NMRI-Mäusen injiziert werden und die Jungtiere nach der Fellbildung ein bemerkenswert schwarz-weiß-grau geschecktes Fell aufweisen (**Abb. 4.8d**). Wirklich erfolgreich ist ein solches Experiment erst dann, wenn die Chimärie auch Eingang in die Keimbahn gefunden hat, d.h. wenn sie sich auf die Nachkommen vererbt und erst dann im erforderlichen Umfang untersucht werden kann. Die erste Generation der aus dem ES-Zellexperiment gewonnenen Tiere sind die sog. Chimären, weil sie faktisch aus mehr als zwei Elternteilen hervorgegangen sind; die Individuen der folgenden Generationen bezeichnet man als Knockout-Tiere.

Ein anderes Verfahren mit dem gleichen Ziel wie dem der ES-Zellinjektion ist die **Aggregations-Chimärie**. Hierbei werden Embryonen im Morula-Stadium (4–8 Zellen) verwendet,

---

60 engl. für Gründer
61 Chimaira ist das altgriechische Wort für Ziege und steht in der griechischen Mythologie für ein dreiköpfiges Ungeheuer.

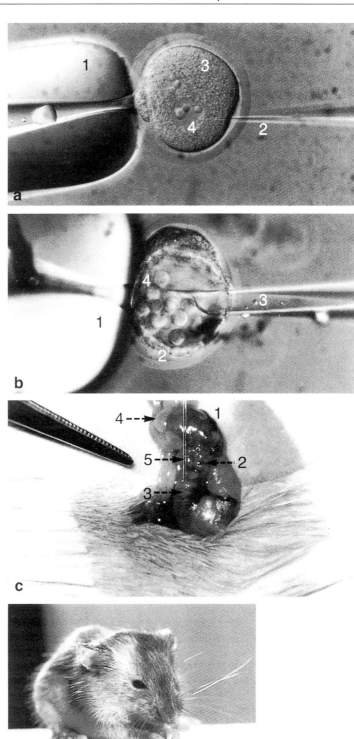

Abb. 4.8: Anwendung moderner Biotechniken bei der Maus. **a** Mikroinjektion in den männlichen Vorkern der Maus. Dazu wird unter dem Mikroskop die befruchtete Eizelle mit einer Haltepipette (1) fixiert. Unter Verwendung von Mikromanipulatoren wird die sehr feine, speziell bearbeitete Injektionspipette (2) in die Eizelle (3) geschoben. Mit Hilfe eines elektrisch betriebenen Pumpsystems wird unmittelbar anschließend mit einem genau dosierten Überdruck das Konstrukt in den Vorkern (4) injiziert (400fache Vergrößerung); **b** Injektion embryonaler Stammzellen (ES-Zellen) in die Blastozyste einer Maus. Mit einer speziellen Glaspipette, die einen etwas größeren Innendurchmesser hat als die für die Mikroinjektion üblicherweise verwendeten Pipetten und die an ihrer Spitze angeschrägt ist, werden 18–22 ES-Zellen in das Blastozoel injiziert. Die ES-Zellen werden in den Zellverband des Blastozysten aufgenommen, ihre Nachkommen finden sich schließlich in bestimmten Gewebebereichen des geborenen Tieres. 1: Haltepipette; 2: Blastozyst; 3: Injektionspipette; 4: injizierte ES-Zellen (400fache Vergrößerung). **c** Transfer der behandelten Embryonen in den Uterus eines scheinträchtigen Weibchens. Nach Eröffnung des Rückens mit einem etwa 7 mm langen Schnitt werden Ovar (1), Oviduckt (2) und der Uterus (3) am anhängenden Fettgewebe (4) vorsichtig aus der Öffnung gezogen. Mit einer Sonde wird zunächst ein Loch in die Uteruswand gestochen, durch eine leichte Druckerhöhung in der Transferpipette (5) werden die Embryonen in den Uterus gespült (16fache Vergrößerung). **d** Maus-Chimäre mit geschecktem Fell (Aufnahmen: F. Zimmermann).

deren Hülle, die sog. Zona pellucida, zunächst mit einem geeigneten Reagenz aufgelöst wird. In speziellen Embryonengläsern werden Klümpchen von je 15–50 embryonalen Stammzellen in einem geeigneten Medium (z.B. M 16) vorbereitet. Auf beiden Seiten eines solchen Stammzellklümpchens wird dann mit der Mikrosonde je ein „hüllenloser" Morula-Embryo angelagert, wo er sich durch die dabei wirksam werdende Adhäsionskraft anheftet. In dieser „Sandwich"-Anordnung werden die Embryonen über Nacht im CO_2-Brutschrank aufbewahrt, wobei ein Teil der embryonalen Stammzellen in den Zellverband der Embryonen aufgenommen und auf diese Weise Bestandteil des Organismus des späteren Tieres wird. Nach erfolgreicher Aggregation werden die Embryonen in scheinträchtige Empfängerweibchen implantiert und auf normalem Wege ausgetragen.

4.6.6 Embryotransfer

Unter Embryotransfer versteht man die Übertragung von Embryonen in ein scheinträchtiges[62] Empfängerweibchen. Hierfür wird dieses im Rückenbereich mit einer geeigneten Schermaschine rasiert und der OP-Bereich mit 70 %igem Alkohol desinfiziert. Unter Narkose wird ein kleiner Einschnitt vorgenommen, anschließend werden die zu transferierenden Embryonen mit der Transferpipette in die Ampulle des Eileiters gespült. Von dort gelangen sie durch den Eileiter in den Uterus, wo sie sich bei normalem Verlauf in die Schleimhaut einnisten und schließlich ausgetragen und geboren werden. Wenn es sich bei den Jungtieren um Nachkommen transgener Eltern handelt, müssen sie vor der Weiterzucht durch Analyse einer Gewebeprobe auf Transgenität untersucht werden, wobei meist zwischen 5 und 30 % der geborenen Tiere transgen sind.

Bei der ES-Zellinjektion bzw. der Aggregations-Chimäre werden die Embryonen nach der Behandlung über Nacht im CO_2-Brutschrank aufbewahrt und am nächsten Tag mittels Transferpipette direkt in den Uterus eines scheinträchtigen Empfängerweibchens überführt (**Abb. 4.8c**). Hierzu wird zunächst mit einer Sonde ein winziges Loch in die Uteruswand gestochen, durch das die Transferpipette in den Uterus geschoben und vorsichtig entleert wird.

Der Embryotransfer dient neben dem Einsatz für die beschriebenen Biotechniken auch der Sanierung hygienisch kontaminierter Stämme und Linien, wobei er ein mindestens ebenso sicheres Verfahren darstellt wie die weiter oben ausgeführte Hysterektomie plus Ammenaufzucht.

4.6.7 In-vitro-Fertilisation (IVF)

Im Versuchstierbereich dient die IVF v.a. dazu, das Genom von männlichen Foundern (s.o.) zu retten, die nicht oder nicht mehr vermehrungsfähig sind. Für die IVF werden die Spermien des betreffenden Männchens aus den Nebenhoden gewonnen und in einem geeigneten Medium mit befruchtungsfähigen Oozyten zusammengebracht (**Abb. 4.9 a u. b**). Die befruchteten Eizellen werden anschließend durch Embryotransfer in scheinträchtige Empfängerweibchen transferiert und von diesen ausgetragen und geboren.

4.6.8 Intracytoplasmatische Spermieninjektion (ICSI)

Die erfolgreiche Durchführung einer In-vitro-Fertilisation (IVF) hängt davon ab, dass bewegliche, befruchtungsfähige Spermien zur Verfügung stehen. Ist dies nicht der Fall, besteht die Möglichkeit, eine sog. intracytoplasmatische Spermieninjektion vorzunehmen. Hierzu werden zunächst durch eine spezielle apparative Behandlung die Schwanzteile der Spermien abgetrennt und schließlich die Spermienköpfe mittels Mikrokanüle in die unbefruchteten Eizellen injiziert. Je Eizelle wird ein Spermium injiziert, da die Befruchtung mit mehreren Spermien (Polyspermie) ein hohes Risiko von Missbildungen bzw. anderen pathologischen Veränderungen in sich birgt. Die mit Hilfe der ICSI befruchteten Eizellen werden in scheinträchtige Empfängerweibchen transferiert und von diesen ausgetragen und geboren.

---

62 Weibchen, die nach Verpaarung mit einem vasektomierten Bock einen Vaginalpropf aufweisen.

4.6.10 Kryokonservierung

Unter Kryokonservierung[63] von Embryonen versteht man ihre Aufbewahrung in Flüssigstickstoff bei –196 °C. Zu diesem Zweck werden einem Spendertier Embryonen in 2–8 Zell-Stadien operativ entnommen (siehe auch Generierung transgener Tiere) und in eine genau abgestimmte Mischung aus Medium und Frostschutzmittel überführt; das Frostschutzmittel entzieht den Embryonen das Wasser und verhindert, dass sich in ihnen gefährliche Kristalle bilden. In einer speziellen Apparatur werden die Embryonen dann nach einem genauen Zeitschema auf Tiefkühltemperatur gebracht und anschließend zur längerfristigen Aufbewahrung in Flüssigstickstoff überführt. Zur sog. Revitalisierung werden die Embryonen auf Zimmertemperatur gebracht und über mehrere Verdünnungsschritte wird das Frostschutzmittel entfernt. Dadurch erreichen die Embryonen wieder ihren ursprünglichen Wassergehalt und werden anschließend mittels Embryotransfer in scheinträchtige Empfängerweibchen überführt und von diesen ausgetragen.

Mit Hilfe der Kryokonservierung können zur Zeit nicht benötigte Spezialstämme oder transgene Linien in so genannten „Kryo-Tierstammbanken" über längere Zeit erhalten werden, ohne dass mit diesen Tieren weitergezüchtet werden muss. Infolge der ausfallenden Generationsfolgen ist das Risiko auftretender Mutationen gegenüber einer normalen Weiterzucht stark reduziert. Auch für Transportzwecke eignen sich kryokonservierte Embryonen, wobei das Infektionsrisiko minimal gehalten werden kann.

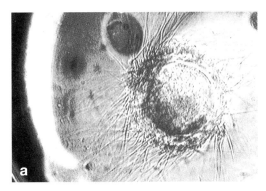

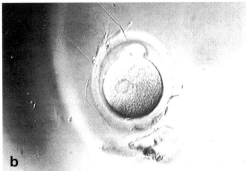

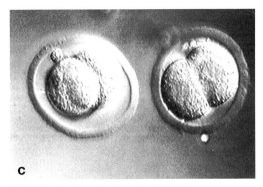

Abb. 4.9: In-vitro-Fertilisation bei der Maus
a Oozyte mit zahlreichen Spermien, **b** Vorkernstadium, ca. 6–10 Stunden nach Befruchtung, **c** Zweizellstadium ca. 24 Stunden nach der Befruchtung (Aufnahmen: F. Zimmermann).

4.6.9 Ovartransfer

Der Ovartransfer wird eingesetzt, wenn ein weiblicher Founder nicht oder nicht mehr vermehrungsfähig ist. Hierzu werden dem betreffenden Tier unter Allgemeinnarkose nach Laparotomie Teile des Ovars entnommen und einem geeigneten Empfängertier (ebenfalls in Allgemeinnarkose) transplantiert.

Wiederholungsfragen

1. Was versteht man unter Ammenaufzucht?
2. Welche Methoden der Schnittentbindung gibt es?
3. Was ist ein transgenes Tier?
4. Wie wird ein Embryotransfer durchgeführt?
5. Was versteht man unter Kryokonservierung und wie wird sie durchgeführt?

---

63 griech. Kryos = Frost, Eiskälte. Konservierung (lat.) = Aufbewahrung.

Literatur

Hogan, B., Beddington, R., Constantini, F. & E. Lacy: Manipulating the Mouse embryo – a laboratory manual, Cold Spring Harbor, NY, 1994.

Joyner, A. L.: Gene Targeting – A Practical Approach, IRL Press, Oxford, 1993.

Monastersky, G. M.: Strategies in Transgenic Animal Science, American Society for Microbiology, 1995.

Murphy, D. & D. A. Carter: Transgenesis Techniques – Principles and Protocols, Humana Press, 1993.

Pinkert, C. A.: Transgenic Animal Technology, A Laboratory Handbook, Academic Press, 1994.

4.7 Zucht der wichtigsten Versuchstierarten

4.7.1 Maus

Heute existieren mehr als 500 Inzuchtstämme und viele tausend verschiedene transgene bzw. Knock-out-Linien der Maus mit unterschiedlichen Eigenschaften; jährlich kommen viele neue hinzu. Der älteste Inzuchtstamm (DBA) wurde in den Jahren 1907–1909 von Little entwickelt. Dies bedeutet bei ca. 3 Generationen pro Jahr, dass dieser Stamm bis zum Jahr 2000 über 230 Generationen[64] in reiner Inzucht betrieben wurde. Daneben werden zahlreiche Auszuchtstämme verwendet.

Geschlechtsreife, Brunstzyklus und Paarung

Der Zeitpunkt der Geschlechtsreife ist bei der Maus abhängig vom Stamm, vom Ernährungszustand und der Zahl der Wurfgeschwister. Mäuse aus kleinen Würfen im guten Ernährungszustand werden schneller geschlechtsreif als Mäuse von größeren Würfen in schlechtem Ernährungszustand. Die Öffnung der Vagina erfolgt mit etwa 35 Tagen bei einer Spanne von 28–49 Tagen. 1–2 Tage nach der Öffnung stellt sich die erste Brunstperiode ein. Die Männchen werden mit ca. 4 Wochen (28–35 Tage) geschlechtsreif. Die maximale Fertilität der Mäuse liegt im Alter zwischen 100 und 300 Tagen. Wenn der Brunstzyklus nicht durch Trächtigkeit, Scheinträchtigkeit oder andere, ggf. soziale, Ursachen unterbrochen wird, kommt ein Weibchen alle 4–5 Tage in die Brunst (Östrus) und ist paarungsbereit. Die Paarung selbst findet i.d.R. während der Dunkelphase statt.

Östruszyklus und Ovulationszeitpunkt werden bestimmt durch den jeweiligen Hell-dunkel-Rhythmus. Um einen regulären Östruszyklus aufrechtzuerhalten, bedarf es einer Hellphase von 12–14 Stunden und einer Dunkelphase von 12–10 Stunden Dauer. Das Erreichen der Östrusphase, Paarung und Ovulation finden üblicherweise während der Dunkelphase statt. Eine stattgefundene Paarung bei der Maus (stets werden Weibchen zum Männchen in dessen Käfig gesetzt und nicht umgekehrt!) kann man üblicherweise am Vorhandensein eines Vaginalpropfes feststellen, der die Vagina vom Gebärmutterhals bis zu den äußeren Geschlechtsteilen ausfüllt (**Abb. 4.10**). Der Pfropf, der aus dem Sekret der Geschlechtsanhangsdrüsen des Männchens stammt, bleibt etwa 12–16 Stunden in der Vagina. Das Vorhandensein eines Vaginalpropfes ist ein An-

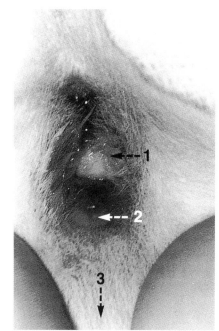

Abb. 4.10: Vaginalpropfkontrolle bei einem NMRI-Weibchen. (1) Vaginalpropf, (2) Anus, (3) Schwanzwurzel (Aufnahme: J. Weiss).

---

64 Zur Veranschaulichung: Bei einer angenommenen Generationendauer von 30 Jahren ist die Menschheit heute in der 67. Generation seit Christi Geburt!

zeichen für eine stattgefundene Paarung. Es ist jedoch keine sichere Methode zur Bestimmung einer Trächtigkeit.

Werden viele Weibchen zusammen in einem Käfig gehalten, dann bleiben sie ständig anöstrisch (Aufhören des Brunstzyklus). Wenn die Weibchen danach in die Zuchtkäfige mit jeweils einem Männchen eingesetzt werden, wird der Zyklus stimuliert und die meisten Weibchen kommen in die Brunst.

Trächtigkeit und Geburt

Die Trächtigkeitsdauer bei Mäusen, die keine Jungen säugen, schwankt zwischen 18 und 21 Tagen, abhängig vom Mäusestamm. Generell kann man sagen, dass Hybriden eine kürzere Tragzeit haben als ingezüchtete Tiere. Grundsätzlich kann gesagt werden: je größer der Wurf, desto kürzer die Tragzeit.

Die Zahl der Jungtiere pro Wurf schwankt und kann bis zu 20 Tiere betragen. Wegen der großen Unterschiede zwischen den einzelnen Stämmen ist es nur von begrenztem Wert, eine Durchschnittswurfgröße anzugeben. Neugeborene Mäuse wiegen 1–2 g, sie sind bis auf die Tasthaare haarlos, taub und blind. Weder die Backen- noch die Nagezähne sind durchgebrochen. Die Hautfarbe, die bei der Geburt und am 1. Lebenstag rot ist, verblasst ab dem 2. Tag nach rosa. Der am 3. Tag beginnende Haarwuchs führt dazu, dass z.B. Albinos etwa am 6. Tag mit einem weißen Flaum bedeckt sind, der sich bis zum 12. Tag zu einem feinen Haarkleid auswächst. Bedingt durch das ausgeprägte Brutpflegeverhalten der Mutter werden die Jungen im Nest gewärmt und, wenn sie herausgekrochen oder –gefallen sind, von ihr wieder in dieses zurückgetragen. Durch Beigabe von Zellstoffkissen (sog. Nestlets) als Nistmaterial kann das Nestbauverhalten der Mutter zusätzlich gefördert werden. Es entstehen dann aus Einstreu und Zellstofffasern kunstvolle, an den Seiten weit hochgezogene Nester mit einer sehr homogenen Temperaturverteilung in ihrem Inneren.

Entwicklung der Jungtiere

Während gut entwickelte Jungtiere ihre Augen schon ab dem 11. Tag öffnen, haben alle Jungtiere eines Wurfes ihre Augen ab dem 16. Tag offen. Spätestens jetzt beginnen sie, das Nest zu verlassen und feste Nahrung aufzunehmen. Ihr Absatzgewicht – zwischen 18. und 21. Tag – beträgt etwa 10 g. Ab diesem Zeitpunkt wachsen die Männchen schneller als die Weibchen. Während Männchen im Alter von 3 Monaten 30–35 g wiegen, haben die weiblichen Tiere zu diesem Zeitpunkt erst ein Körpergewicht von 20–25 g. Beide Geschlechter wachsen nunmehr nur noch langsam und erreichen – je nach Stamm, Geschlecht und Gewicht – ein Endgewicht von bis zu 50 g (**Abb. 4.11a u. b**) Spezielle Mutanten, z.B. obese Mäuse (auch Dick- oder Fettmäuse genannt) erreichen im Alter von 5–6 Monaten Endgewichte von bis zu 100 g. Dies geht allerdings mit einer starken Verfettung einher.

Spätestens ab dem 6. Tag kann anhand des Abstandes zwischen After und Geschlechtsteil (Ano-Genital-Abstand) die Geschlechtsbestimmung vorgenommen werden (**Abb. 4.12a u. b**). Der Abstand ist bei den Männchen etwa zweimal so groß wie bei den weiblichen Tieren.

Zuchttechnik

Bei der Produktion von Inzuchtmäusen wird für die Kern- und Erweiterungszuchten üblicherweise die permanente Monogamzucht angewendet. Bei der Anwendung dieses Systems bleiben Männchen und Weibchen während der ganzen Reproduktionszeit beisammen und der Postpartum-Östrus wird ausgenutzt. Die Jungtiere werden kurz vor der nächsten Geburt abgesetzt. Der Vorteil dieses Systems ist, dass kein Zweifel über die Verwandtschaftsverhältnisse besteht. Ein Nachteil besteht darin, dass man, verglichen mit der polygamen Verpaarung, mehr Männchen benötigt. In den Produktionszuchten werden dagegen auch Inzuchttiere nach dem permanent polygamen Prinzip gezüchtet.

Bei transgenen oder Knock-out-Tieren lässt sich gelegentlich eine eingeschränkte Gesamtkonstitution feststellen, die sich auch in eingeschränktem Zuchterfolg äußert. In solchen Fällen kann es hilfreich sein, hochtragende Weibchen vom Bock zu trennen, um ihnen die Gelegenheit zu ungestörtem Wurf und zu uneingeschränkter Jungenaufzucht zu geben. Die Ausnutzung des Postpartum-Östrus und die gleichzeitige Belastung für das Zuchtweibchen aus Trächtigkeit und Säugetätigkeit

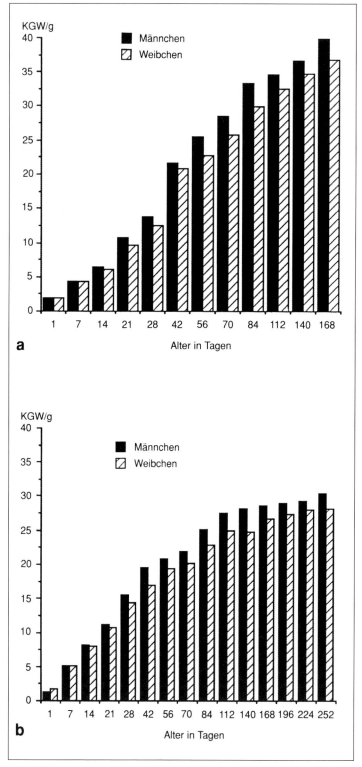

Abb. 4.11: Körpergewichtsentwicklung bei zwei verschiedenen Mäusestämmen. **a** NMRI (Auszucht), **b** BALB/c (Inzucht).

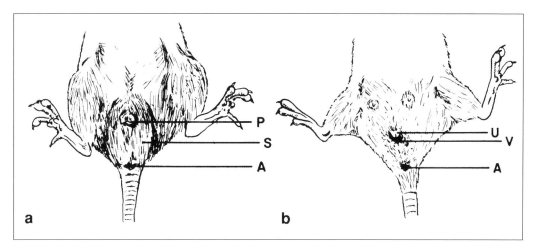

Abb. 4.12: Geschlechtsbestimmung bei Jungmäusen anhand des Anogenitalabstandes.
a Männchen, **b** Weibchen. (A) Anus, (P) Penis, (S) Scrotum, (U) Urethra, (V) Vagina (Skizze: J. Maeß).

kann andernfalls zur Überlastung des Weibchens mit der Folge eines deutlich verschlechterten Zuchterfolges führen.

Bei der Produktion von Auszuchtmäusen wird deshalb häufig die polygame Verpaarung angewendet. Dabei werden zwar etwas weniger Jungtiere pro Weibchen erzielt als bei der monogamen Verpaarung, im Gegensatz zu dieser sind in diesem System aber weniger Zuchtmännchen erforderlich. Man kann die Weibchen jedoch auch in Einzelkäfige absetzen, bevor sie zum Wurf kommen, was zu einer größeren Anzahl lebender Jungtiere pro Weibchen und zu einer Sicherheit über die Verwandschaftsverhältnisse führt. Als Nachteil ist die fehlende Ausnutzung des Postpartum-Östrus für eine neue Verpaarung zu nennen.

Wiederholungsfragen

1. Welches ist die Stammform der Laboratoriumsmaus (zoologischer Name)?
2. Zuchtbiologische Daten der Maus?
3. Zu welchem Zeitpunkt und wie kann man das Geschlecht bei Babymäusen erkennen?
4. Vor- und Nachteile der permanenten monogamen Verpaarung?

4.7.2 Ratte

Zur Zeit sind ca. 140 Inzuchtstämme der Ratte bekannt. Darüber hinaus gibt es zahlreiche kongene, rekombinante und mutante Ratteninzuchtstämme. Die Mehrzahl der verwendeten Ratten stammen jedoch aus Auszuchten. Unter den Namen „Wistar" und „Sprague Dawley" werden an vielen Orten Auszuchtkolonien geführt. Die Tiere dieser verschiedenen Auszuchtkolonien gleichen sich jedoch nur dem Namen nach. Die Bezeichnung der Rattenstämme erfolgt nach den üblichen Nomenklaturregeln, wie sie in **Kapitel 4.2.4** ausgeführt sind.

Das Fortpflanzungsvermögen der Ratte ist groß; in einigen Stämmen werden während jeder Ovulation etwa 20 Eier abgegeben und die Fortpflanzungsperiode kann bis zu 2 Jahren dauern, wobei die Zuchtleistung im zweiten Lebensjahr bereits deutlich vermindert ist. Wenn das Rattenweibchen während der Trächtigkeit säugt, wird die Einnistung der befruchteten Eizelle in die Gebärmutterschleimhaut hinausgezögert. Rattenweibchen reagieren während der Trächtigkeit sehr empfindlich auf Stress. Auch Änderungen in Temperatur und Luftfeuchtigkeit können einen negativen Einfluss auf die Fertilität haben.

Geschlechtsreife, Brunstzyklus und Paarung

Der Zeitpunkt der Geschlechtsreife ist abhängig vom Stamm und der Wachstumsgeschwindigkeit und tritt bei beiden Geschlechtern zwischen dem 50. und 72. Lebenstag ein. Im Alter zwischen 100 und 300 Tagen ist die Fertilität der Ratte am größten.

Der Östruszyklus der Laboratoriumsratte dauert 4–5 Tage. Er beginnt mit der Geschlechtsreife und endet im Alter von 15–18 Monaten. Im Gegensatz zu den Verhältnissen bei der wilden Ratte gibt es bei der Laboratoriumsratte keine Jahresperiodik im Zyklusgeschehen. Dies ist darauf zurückzuführen, dass das konstante Milieu und die Selektion über Generationen hinweg diese ursprünglich vorhandenen saisonalen Unterschiede unterdrückt hat. Ähnlich wie bei der Maus gibt es vier Stadien im Östruszyklus der Ratte: Diöstrus, Proöstrus, Östrus und Metöstrus. Jedes dieser Stadien ist charakterisiert durch periodische histologische Veränderungen im Epithel, im Uterus und in der Vagina (**Abb. 8.19**).

Die Ratte ist dämmerungs- und nachtaktiv, die Paarung findet in der Regel in der ersten Nachthälfte und damit in der Regel unmittelbar nach der Ovulation statt, die in 75 % der Fälle zwischen 16.00 und 22.00 Uhr eintritt.

Nach der Paarung wird – wie bei der Maus – ein Vaginalpfropf gebildet, der die Vagina von den äußeren Geschlechtsteilen bis zum Gebärmutterhals ausfüllt. Bei der Ratte schrumpft dieser Vaginalpfropf schnell und fällt rasch heraus. Deshalb besteht die sicherste Art, eine Paarung nachzuweisen, darin, einen Vaginalausstrich anzufertigen, um das Vorhandensein von Spermien zu überprüfen.

Trächtigkeit und Geburt

Wenn die Zervix (Gebärmutterhals) und die Vagina in der Östrusperiode gereizt werden, was normalerweise bei der Paarung geschieht, dann wird das Hormon Prolaktin von der Hypophyse freigesetzt, wodurch das Corpus luteum zur Sekretion von Progesteron angeregt wird. Diese Produktion von Progesteron setzt sich ca. 13 Tage lang fort, bis der Mutterkuchen voll entwickelt ist und die Bildung dieses Hormons übernehmen kann. In den Fällen, in denen keine Befruchtung stattgefunden hat, nennt man diese Periode Scheinträchtigkeit. Während der Scheinträchtigkeit kommen die Tiere nicht in den Östrus und es kommt nicht zur Reifung neuer Follikel. Es werden jedoch Veränderungen am Uterus in der Form von Zuwachs in der Gebärmutterschleimhaut und in den Drüsen beobachtet. Scheinträchtigkeit wird z.B. bei Mäusen für den Embryotransfer gezielt hervorgerufen, indem Weibchen mit vasketomierten Männchen verpaart werden. Sie kann aber auch unabsichtlich, z.B. durch mechanische Reizung der Vagina beim Herstellen von Abstrichen verursacht werden.

Die Trächtigkeit dauert zwischen 21 und 23 Tage und ist abhängig vom Rattenstamm. Wenn das Muttertier noch einen Wurf säugt, kann die Trächtigkeit um eine Woche oder mehr verlängert werden. Die Geburt beginnt üblicherweise am 22. Tag. Der Geburtsvorgang dauert in Abhängigkeit vom Rattenstamm, der Wurfgröße und dem Alter nur wenige Minuten bis zu einigen Stunden. Im Durchschnitt ist die Geburt von 10 Jungtieren nach ca. 1,5 Stunden abgeschlossen. Die Wurfgröße variiert von Stamm zu Stamm und beträgt maximal ca. 20 Jungtiere. Die größte Zahl von Jungtieren wird beim zweiten bzw. dritten Wurf geboren, danach nimmt die Wurfgröße langsam ab.

Entwicklung der Jungtiere

Neugeborene Ratten wiegen ca. 5 g, es gibt jedoch erhebliche Stammesunterschiede. Im Allgemeinen gebären ältere Weibchen größere Jungtiere als jüngere und in größeren Würfen ist das Durchschnittsgewicht geringer als in kleinen Würfen. Zum Zeitpunkt der Geburt sind sie haarlos. Ihre Augen und Ohren sind verschlossen, ihr Schwanz ist relativ kurz, ihre Gliedmaßen noch nicht voll ausgereift und auch die Zähne sind noch nicht durchgebrochen. Die zum Zeitpunkt der Geburt rote Hautfarbe ist am 1. Lebenstag rosafarben. Der mit Milch gefüllte Magen ist deutlich erkennbar. Mit dem 2. Lebenstag beginnen die Haare zu wachsen. Die Behaarung ist am 10., spätestens jedoch bis zum 16. Tag so weit fortgeschritten, dass der Genitalbereich, beim weiblichen Tier auch die Zitzen, weitgehend bedeckt sind.

Zu diesem Zeitpunkt öffnen die Tiere die Augen und beginnen mit der Aufnahme fester Nahrung. Ihr Absatzgewicht (18.–21. Tag) beträgt 35–50 g. Die Männchen nehmen an Körpergröße und -gewicht nun schneller zu als die Weibchen. Im Alter von 4–5 Monaten ist das Wachstum weitgehend abgeschlossen. Während Böcke nun 300–350 g wiegen, beträgt das

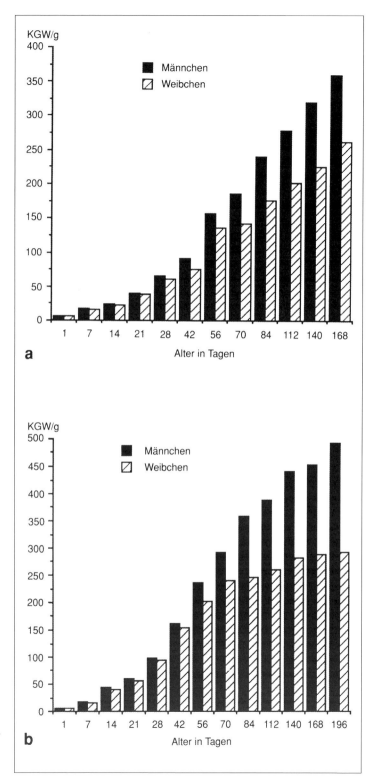

Abb. 4.13: Körpergewichtsentwicklung bei zwei verschiedenen Rattenauszuchtstämmen. **a** Wistar, **b** Sprague-Dawley.

Körpergewicht der gleichaltrigen Weibchen 200–250 g (**Abb. 4.13a u. b**).

Geschlechtsbestimmungen bei der Ratte können schon am 1. Lebenstag erfolgen. Der Abstand zwischen After und Geschlechtsteil (Ano-Genital-Abstand) ist bei männlichen etwa doppelt so groß wie bei weiblichen Tieren. Zusätzlich sind bei den Weibchen die Zitzen ab dem 8. Tag deutlich erkennbar.

Die Jungtiere können bereits kurz nach der Geburt nach Geschlechtern sortiert werden. Das Verhältnis ist ca. 52 % Männchen und 48 % Weibchen. Eine Altersbestimmung der Tiere kann auf der Grundlage ihres Entwicklungsstandes durchgeführt werden.

Zuchttechnik

Inzuchtratten werden für die Kernzucht i.d.R. permanent monogam verpaart. Bei diesem Zuchtsystem ist das Verwandtschaftsverhältnis klar, und der Postpartum-Östrus wird ausgenutzt. Der Nachteil dieses Systems ist, dass man genötigt ist, einen gleich großen Bestand von männlichen und weiblichen Ratten zu haben, und da die männlichen Ratten sehr groß werden, verlangt das sehr viel Futter und Platz. Das Zuchtverfahren ist deshalb nicht sehr ökonomisch.

Inzuchtratten für die Produktion sowie Auszuchtratten werden meistens polygam entweder bei permanenter Verpaarung oder in einem intermittierenden System gezüchtet. Eine männliche Ratte kann etwa 4–6 weibliche Ratten decken. Das permanente polygame Zuchtsystem kann in Einzelfällen Schwierigkeiten bereiten, da mitunter die weiblichen Ratten im Gegensatz zu den weiblichen Mäusen die Gegenwart anderer Weibchen nicht tolerieren, wenn sie selbst Junge haben. Wenn ein Rattenweibchen hoch trächtig ist, muss es bei intermittierender Polygamie daher in einen Geburtskäfig überführt werden. Es wird dann im Zuchtkäfig durch ein nicht trächtiges Weibchen ersetzt. Jedes Weibchen wird für 4–6 Würfe verwendet und sollte im Alter von 10–12 Monaten aus der Zucht genommen werden. Männchen werden bis zum Alter von 12–14 Monaten eingesetzt.

Wiederholungsfragen

1. Wie viele Ratten-Inzuchtstämme gibt es weltweit? Nennen Sie Beispiele.
2. Zu welcher Tages- bzw. Nachtzeit paaren sich die Ratten?
3. Was beweist der Nachweis von Spermien im Vaginalabstrich?
4. Wann öffnen die Rattensäuglinge ihre Augen?
5. Vor- und Nachteile der permanenten polygamen Verpaarung in der Rattenzucht.

4.7.3 Mongolische Wüstenrennmaus (Gerbil)

Geschlechtsreife, Brunstzyklus und Paarung

Bei freilebenden Gerbils in Zentralasien beginnt die Reproduktionsphase im Februar und dauert bis in den September. In der Labortierhaltung werden Männchen und Weibchen mit 75–80 Tagen geschlechtsreif. Der Östrus des Weibchens dauert 4–6 Tage, Männchen können am weiblichen Urin deren Reproduktionsstatus riechen. Die Paarung beginnt meist am späten Nachmittag oder Abend und besteht (wie bei anderen Mäusen) aus dem wiederholten Aufreiten des Männchens bei gleichzeitiger Lordosis des Weibchens. Der Deckakt wiederholt sich ca. 5- bis 7-mal und ist von gelegentlichen Verfolgungsjagden, Pfiffen im Ultraschallbereich und dem erregten Trommeln des Männchens mit den Hinterpfoten begleitet. Dieses Verhalten kann bis zu 6 Stunden andauern. Nach der Paarung bildet sich ein kleiner, tief verborgener Vaginalpfropf. Gegen Mitternacht folgt die Ovulation von durchschnittlich 6–7 Eizellen, die ca. 4 Stunden nach der Ovulation und 8–12 Stunden nach der Begattung im Eileiter befruchtet werden. Der tubuläre Transport des Embryos ist beim Gerbil nicht besonders schnell und nimmt ca. 4 Tage in Anspruch, die Einnistung in die Schleimhaut der beiden Uterushörner erfolgt am 5. Tag auf der Stufe des 16- oder 32-Zell-Stadiums.

Trächtigkeit und Geburt

In den letzten Tagen der bis zu 28 Tage langen Tragzeit beginnt das Weibchen mit dem Bau eines Nestes, an dem sich auch das Männchen beteiligen kann. Die Geburt erfolgt meist nachts und dauert selten länger als eine halbe Stunde. Meist werden 4–9 Jungtiere geboren, die durchschnittliche Wurfgröße liegt bei Wildgerbils bei 4,5 und bei Laborgerbils bei 5,5 Jungtieren. In den ersten Tagen können die Jungtiere auch in der Tiefe des Nestes „verscharrt" werden, deshalb muss eine Wurfkontrolle bei Gerbils immer von einem tastenden Griff in das vermeintlich leere Nest begleitet sein. Da sich auch das Männchen an der Aufzucht der Jungtiere beteiligt, sollte es nicht entfernt werden. Die Sterblichkeit der Jungtiere ist gering und nur beim ersten Wurf oder sehr alten Weibchen erhöht. Gestorbene Jungtiere, deren Kadaver von den Eltern gefressen werden, sind in der Regel nicht von diesen getötet worden, sondern sind fast immer eines natürlichen Todes gestorben, und werden im Rahmen der Nesthygiene von den Elterntieren „entsorgt".

Entwicklung der Jungtiere

Das Geburtsgewicht von Gerbils liegt zwischen 2,7 und 3,5 Gramm und sinkt mit der Gesamtgröße des Wurfes. An der Körperpflege, dem Wärmen und Wiedereintragen von Jungtieren ins Nest beteiligen sich Männchen und Weibchen. Das tägliche Wiegen oder Markieren der Jungtiere beeinträchtigt nicht das Aufzuchtverhalten der Elterntiere, sofern sie an häufiges Handling gewöhnt sind.

Die postnatale Entwicklung der Gerbils ist gegenüber Mäusen und Ratten leicht verzögert. Wie diese werden Gerbils blind und taub geboren, die äußeren Gehörgänge öffnen sich am Ende der zweiten Lebenswoche, die Augenlider zwischen dem 16. und 19. Lebenstag (**Abb. 4.14**). In den ersten beiden Lebenswochen können die rasch heranwachsenden Tiere ihre Körpertemperatur noch nicht selbstständig halten und kühlen aus, wenn sie nicht im Nest oder von den Elterntieren gewärmt werden. Ab dem 13.–14. Lebenstag können die Jungtiere zusehends besser ihre Temperatur aufrechterhalten.

Gerbils entwickeln sehr schnell eine differenzierte Motorik. Nach unkoordinierten Laufbewegungen und seitlichem Rollen in den ersten Lebenstagen zeigen sie in der zweiten Lebenswoche einen tapsigen Laufstil, der sich schnell verbessert und nach dem Öffnen der Augenlider nach kurzer Zeit der adulten Fortbewegung annähert. Mit zunehmender Länge der Bewegungsphasen nimmt das Ausmaß der kindlichen Vokalisation ab, die Mutter braucht ihre Jungtiere nicht mehr so häufig ins Nest zu tragen.

Die ersten Haare erscheinen am 5.–7. Lebenstag auf dem Rücken, ein „Fell" ist am 10.–11 Tag ausgebildet. Während dieser Zeit fällt die Geschlechtsbestimmung der Jungtiere am leichtesten, da man am noch spärlich behaarten Bauch die Milchdrüsenleisten des Weibchens sehr deutlich erkennen kann. Die Schneidezähne brechen am 12. und die ersten Backen-

Abb. 4.14: Mongolische Wüstenrennmaus (Gerbil). Mutter mit juvenilen Tieren (Aufnahme: I. Stürmer).

zähne am 20. Lebenstag durch. Das komplette Gebiss besteht im Ober- und Unterkiefer aus je einem Incisivus und drei Molaren in jedem Kieferast.

Putzbewegungen können ab dem 8. Tag, das Aufrichten und Sichern ab dem 16. Lebenstag beobachtet werden. In der dritten Lebenswoche verlassen die Jungtiere zunehmend das Nest und erkunden den gesamten Käfig. Nach dem Öffnen der Augen wird bald auch feste Nahrung aufgenommen, und die Entwöhnung findet zwischen dem 25. und 28. Lebenstag statt. Da die Entwicklung der Jungtiere in verschiedenen Würfen unterschiedlich rasch verlaufen kann, wird empfohlen, die Jungtiere frühestens im Alter von 4 Wochen abzusetzen. Wirft das Weibchen den nachfolgenden Wurf innerhalb dieser Frist, sollte der ältere Wurf unmittelbar nach der Geburt vom Muttertier getrennt werden.

Körperwachstum bis zur Geschlechtsreife

Das rasche Wachstum junger Gerbils zeigt sich vor allem in der Zunahme des Hirngewichtes und im Wachstum der Hinterpfoten, deren Gewicht bzw. Länge am 40. Lebenstag bereits 95 % des durchschnittlichen Wertes der erwachsenen Tiere erreicht haben. Die Rumpflänge entspricht am 80. Lebenstag 95 % des Adultwertes. Schon im Verlauf des ersten Lebensmonats unterscheiden sich die durchschnittlichen Körpergewichte weiblicher und männlicher Jungtiere, letztere sind im Durchschnitt 10 % schwerer (**Abb. 3.33**). Nach etwa 100–110 Tagen haben die Tiere 95 % ihres Endgewichtes erreicht, eine weitere leichte Gewichtszunahme lässt sich noch während der ersten 2 Lebensjahre feststellen. Der Abstieg der Hoden im Leistenkanal erfolgt in der 6. Lebenswoche, die Öffnung der Scheidenmembran meist gegen Ende der siebten Lebenswoche. Erste Gelbkörper können bei weiblichen Laborgerbils ab dem 75. Lebenstag nachgewiesen werden.

Gegen Ende des 3. Lebensjahres können bei einigen Tieren erste Alterserscheinungen festgestellt werden. Subkutane oder intraperitoneale Wucherungen treten gehäuft auf und sind gelegentlich mit einer deutlichen Gewichtszunahme verbunden. Bereits während des dritten Lebensjahres endet die Reproduktionsphase der meisten weiblichen Tiere. Ihre Lebenserwartung ist deutlich geringer als die der männlichen Gerbils. Ungefähr die Hälfte aller reproduzierenden weiblichen Tiere wird nur 3 Jahre alt, während ca. 50 % aller männlichen Gerbils ein Alter von 4 Jahren erreichen (Zuchtlinie Ugoe:MU95).

Zuchttechnik

Sowohl wilde als auch domestizierte Gerbils lassen sich gut verpaaren und vermehren. In der freien Wildbahn leben Gerbils in kleinen Familienverbänden mit 2–5 erwachsenen Tieren. In der Labortierhaltung hat sich die paarweise Haltung (permanente monogame Verpaarung) für Gerbils als optimal erwiesen. Hierzu werden ungefähr gleich schwere, 3 Monate alte Tiere in einem Makrolonkäfig Typ IV zusammengesetzt. Ältere Tiere können ebenfalls verpaart werden, sollten allerdings für 3–4 Wochen durch eine mit kleinen Löchern versehene Trennwand aus Makrolon getrennt werden, um Beißereien zu verhindern. In gleicher Weise können Gerbils, deren Zuchtpartner gestorben ist, neu verpaart werden. Ohne diese „Eingewöhnungszeit" führen Verpaarungen adulter Tiere häufig zu schweren Beißereien, welche für das jeweilige Männchen meist tödlich enden.

Gerbils zeigen eine angeborene Tendenz zur Inzucht-Vermeidung. Werden Geschwister miteinander verpaart, kommen die ersten Würfe wesentlich später als bei Verpaarungen, bei denen die Partner nicht miteinander verwandt sind. Verbleiben die männlichen Jungtiere beim Vater, können sie sich meist nicht fortpflanzen. Töchter, die bei ihrer Mutter im Käfig verbleiben, bleiben sexuell inaktiv.

Wiederholungsfragen

1. Wann werden Gerbils geschlechtsreif, und in welchem Alter sollten sie verpaart werden?
2. Wie hoch ist das durchschnittliche Geburtsgewicht bei Gerbils?
3. Ist es sinnvoll, das Männchen nach der Geburt der Jungtiere zu entfernen?
4. Wann öffnen sich Ohren und Augen, in welchem Alter sollten Gerbils abgesetzt werden?

5. Wie hoch ist die durchschnittliche Lebenserwartung adulter Männchen und Weibchen?
6. Zu welchem Zeitpunkt und anhand welcher Kennzeichen kann man weibliche und männliche Jungtiere besonders gut unterscheiden?

4.7.4 Hamster

Syrischer Goldhamster
(Mesocricetus auratus)

Geschlechtsreife und Brunstzyklus

Das Hamsterweibchen wird im Alter von 4–6 Wochen geschlechtsreif, das Männchen dagegen erst im Alter von 6–7 Wochen. Zuchtreife erreichen Goldhamster jedoch erst im Alter von etwa 2 Monaten.

Der viertägige Brunstzyklus des Goldhamsterweibchens ist sehr regelmäßig und gleicht weitgehend dem der anderen Nagetiere. Kontinuierliche Untersuchung von Vaginalabstrichen ist für die zytodiagnostische Beurteilung der Zyklusstadien erforderlich. Das Ende der Östrusperiode ist gekennzeichnet durch Ausfluss des weißen postovulatorischen Vaginalsekretes[65]. Am Abend des 4. Tages nach der Beobachtung des Sekretes ist ein Weibchen erneut paarungswillig. Ein Postpartum-Östrus kommt bei Goldhamstern fast nie vor, er ist bei einer so ungesellig lebenden Art biologisch überflüssig. Während der Säugezeit ist eine neue Brunst bei nachlassender Laktationsleistung möglich, z.B. bei gestörter Entwicklung der Jungen. Nach Verlust eines Wurfes kann in jeder Phase der Laktation innerhalb von 4–5 Tagen ein erneuter Östrus eintreten. So ist beim Goldhamster, Absatz eines Wurfes am 21. Lebenstag vorausgesetzt, eine Zwischenwurfzeit von 6 Wochen die Regel. Die Paarungsbereitschaft eines während Proöstrus und Östrus dem Bock begegnenden Weibchens erkennt man -nach der Begegnungsszene – am Stillverharren, Aufstellen des Schwanzes und Durchbiegen der Wirbelsäule (Lordose). Die Kopulation erfolgt meistens gegen Einbruch der Nacht bzw. Ende der Lichtphase.

Trächtigkeit und Geburt

Ein Vaginalpropf kann nach erfolgter Kopulation beobachtet werden. Bis zur Implantation der befruchteten Eizelle (6. Tag), sollte ein Weibchen möglichst wenig beunruhigt werden.

Das Vorliegen einer Trächtigkeit kann bei Ausbleiben des postovulatorischen Vaginalsekretes am 5. und 9. Tage nach der Kopulation angenommen werden. Die Trächtigkeitsdauer, die kürzeste unter Säugetieren, variiert von 15 Tagen und 7 Stunden bei jungen Muttertieren bis zu über 16 Tagen bei älteren.

Scheinträchtigkeit kann spontan auftreten, ist jedoch auch induzierbar durch wiederholte mechanische Stimulierung der Vagina, durch die Paarung mit einem sterilisierten Männchen oder durch die Injektion von Hormonen[66]. Die Scheinträchtigkeit hält normalerweise 8–10 Tage an.

Geburten, mitunter bis zu 10 Stunden während, beginnen meistens nachmittags bis abends. Die Wurfgröße variiert von Stamm zu Stamm und lässt mit zunehmendem Alter der Mutter nach. Sie kann bis zu 15 betragen, aufgezogen werden im Mittel nur etwa 50 % der geborenen Jungen. Häufig reduzieren die Mütter bald nach der Geburt die Jungenzahl auf die tolerierbare Wurfgröße. Während oder nach der Geburt gestörte Mütter können oft mit Nestbaumaterial (Zellstoff) vom Kannibalismus abgelenkt werden.

Über Kaiserschnitt gewonnenene Junghamster kann man unter Goldhamsterammen mit etwa 30 % Erfolgschancen aufziehen, wenn diese noch in einem sehr frühen Laktationsstadium sind. Die Aufzucht durch Chinesische Hamster-Ammen ist möglich, unter Ammen anderer Tierarten wenig erfolgreich.

Entwicklung der Jungtiere

Die Inzuchtrate, die Größe des verfügbaren Lebensraumes und andere Umweltfaktoren beeinflussen Überlebensrate und Entwicklung der Jungen. Diese wiegen bei Geburt etwa 2 g. Neugeborene sind bei der Geburt nackt, blind und ihre Schneidezähne sind bereits durch-

---

65 typischer Scheidenausfluss, der nach erfolgtem Eisprung auftritt

66 Kombination von 4 µg Prolaktin und 200 µg FSH.

gebrochen. Nach dem 2.–3. Lebenstag ist eine Graufärbung (Pigmentierung) der Haut und eine braune Flaumbildung zu erkennen. Das eigentliche Fell wächst ab dem 5. Tag. Bereits in der 1. Lebenswoche beginnen sie mit der Aufnahme von Elternkot (Zäkotrophie). Um den 10. Tag verlassen die immer noch blinden Jungtiere erstmals das Nest, um feste Nahrung aufzunehmen. Zu diesem Zeitpunkt sind die Nagezähne hochgewachsen und die Molaren durchgebrochen. Die Hauptwachstumsperiode liegt bei beiden Geschlechtern zwischen dem 15. und 35. Tag.

Die Hamsterjungen werden im Alter von 18 bis 21 Tagen abgesetzt. Das Absatzgewicht von Junghamstern ist nicht von der Wurfgröße abhängig. Es kann zwischen 20 und 55 g schwanken und ist ohne deutlichen Einfluss auf die weitere Gewichtsentwicklung (**Abb. 4.15a**). Das Gewicht des ausgewachsenen Goldhamsters liegt bei 100–120 g, und kann geschlechts- und altersabhängig vereinzelt sogar bis zu 180 g betragen. Allgemein, jedoch nicht bei allen Stämmen, sind die Weibchen leichter als die Böcke.

Bereits beim eintägigen Hamster sind die Geschlechtsunterschiede zwar nicht deutlich, aber dennoch feststellbar. Während der Brunstzeit erkennt man bei den Böcken einen zwischen After und Geschlechtsteil liegenden, etwa 3 cm breiten Fellstreifen. Auch die Hoden sind deutlich erkennbar. Während der geschlechtlichen Ruhepause sind die Hoden zurückgebildet (atrophiert) und in den Bauchraum zurückgezogen, so dass sich der Anogenitalabstand wesentlich verringert. Auf jeden Fall läuft jedoch das Körperende beim männlichen Hamster spitz zu, während es beim Weibchen in der Regel abgerundeter erscheint. Bei diesen Tieren sind auch die in der Verlängerungslinie des Ellbogens liegenden Säugezitzen feststellbar.

Zuchttechnik

Zuchtweibchen, vorzugsweise aus zweiten oder dritten Würfen stammend, werden im Alter von 6 bis spätestens 10 Wochen angepaart, ältere Tiere zeigen höhere Unverträglichkeit und geringere Zuchtleistungen. Zuchttiere werden ausgesondert, wenn sie wiederholt ihre Jungen nicht aufgezogen haben oder nicht bald nach dem Absetzen eines Wurfes wieder tragend werden. Männliche Tiere sind bis zum Alter von 2 Jahren für die Zucht verwendbar. Es ist vorteilhaft, bei der Verpaarung die Weibchen zum Bock in dessen bereits duftmarkierten Käfig zu setzen. Männchen, die älter, schwerer und erfahrener sind als das angepaarte Weibchen, werden selten angegriffen oder eingeschüchtert. Die aufwändigste und am ehesten artgemäße Zuchtmethode ist die Aus-der-Hand-Verpaarung[67] brünstiger Weibchen am Ende der Hellphase. Für eine exakte, praxisnahe Zuchtführung erscheint die permanent monogame Verpaarung unerlässlich. Infolge des oft geringen Umfangs von Hamsterzuchten, empfiehlt sich bei Auszuchten zur Vermeidung von Inzuchtdepression[68] die sorgfältige Auswahl der Zuchtpartner mit minimalem Verwandtschaftsgrad. Die Gruppenhaltung, bei der man etwa 3–8 Weibchen bis zur Erkennbarkeit der Trächtigkeit mit 3–5 Männchen im selben Käfig hält, ist verbreitet. Die u.U. unerwünschte Zunahme der Inzuchtrate sollte hierbei nicht außer acht gelassen werden.

Chinesischer Hamster *(Cricetulus griseus)*

Geschlechtsreife, Brunstzyklus und Paarung

Die Geschlechtsreife beginnt bei den Weibchen ab einem Alter von 6 Wochen, bei den Böcken frühestens im 3. Lebensmonat, in der Regel jedoch einige Wochen später.

Der weibliche Chinesische Hamster kann einen 4-tägigen Zyklus haben, unregelmäßige Zykluslängen herrschen jedoch vor, z.T. auch bedingt durch Umwelteinflüsse wie etwa Jahreszeit und Geräuschpegel. Ein Östrus unmittelbar nach der Geburt ist auch bei dieser Hamsterart selten, während bei permanenter Verpaarung der größte Teil aller Trächtigkeiten auf eine Begattung während der Säugephase zurückgehen kann. Gegen Einbruch der Nacht bzw. Ende der Lichtphase ist die Paarungsbereitschaft der Weibchen am höchsten.

---

[67] Verpaarung im Beisein von und unter Beobachtung durch das Tierpflegepersonal.
[68] Infolge Inzucht auftretende Verminderung der Vitalität und Vermehrungsfähigkeit.

Trächtigkeit und Geburt

Nach der Paarung ist für wenige Stunden ein Vaginalpropf zu beobachten. Die Trächtigkeitsdauer beträgt im Mittel knapp 21 Tage. Bei den meisten Weibchen ist Trächtigkeit erkennbar an einem wässrig-schleimigen Vaginalausfluss um die Tage 10–14, gefolgt von einem klebrigen Schleim. Scheinträchtigkeit kann spontan auftreten, experimentell ist sie von geringer Bedeutung. Nestbau und Hamstervorrat sind beim Chinesischen Hamster nicht die Regel. Geburten finden meistens nachts statt. Es werden in den ersten Würfen 5–8 Jungtiere geboren, die Aufzuchtrate liegt bei über 80 %. Ab dem 4. Wurf vermindert sich die Wurfgröße. Kannibalismus ist weniger stark ausgeprägt als beim Goldhamster. Ammenaufzucht von Chinesischen Hamstern ist schwierig, aber möglich, wenn die Weibchen noch in einem sehr frühen Laktationsstadium sind, vereinzelt gelingt die Aufzucht von Hamsterjungen unter Mäuseammen, auch akzeptieren Chinesenhamster-Ammen Säuglinge von Mäusen und Goldhamstern.

Entwicklung der Jungtiere

Inzuchtrate, die Größe des verfügbaren Lebensraumes und andere Umweltfaktoren beeinflussen, ähnlich wie beim Goldhamster, Überlebensrate und Entwicklung der Jungen. Die Jungen beginnen um den 7.–9. Lebenstag mit der Aufnahme von Elternkot und fester Nahrung aus der Einstreu. In der zweiten Hälfte der Säugezeit sollte den Jungtieren der Zugang zu Futter und Wasser gesichert werden, die Abhängigkeit hiervon scheint jedoch nicht so groß zu sein wie beim Goldhamster. Im Absetzalter von 21 Tagen haben Chinesenhamster Körpergewichte zwischen etwa 15 und 22 g erreicht. Zuchtreife Weibchen wiegen etwa 35 g, bzw. Böcke 40 g (**Abb. 4.15b**). Im Alter von 1 Jahr erreichen sie ihr Höchstgewicht mit durchschnittlich 43 g bzw. 50 g.

Zuchttechnik

Zuchtweibchen sollten möglichst jung angepaart (erstmals verpaart) werden, ältere verhalten sich oft aggressiver gegen die Männchen, von denen bei permanenter Verpaarung immer wieder einige Tiere wegen Verletzungen ausgesondert werden müssen. Nach Verlust des Männchens sollten Weibchen nicht wieder verpaart werden. Regulär werden sie nach der Aufzucht von 3–5 Würfen ausgesondert, während Böcke bis zum Alter von 1,5 Jahren für die Zucht verwendbar sind. Es ist vorteilhaft, ältere und schwerere Männchen beim Verpaaren zu bevorzugen. Die Aggressivität der Weibchen scheint z.T. umweltabhängig zu sein, so dass züchterische Selektion nur mit Einschränkung eingesetzt werden kann. Häufiges Aufnehmen in die Hand lässt durch Gewöhnung die Weibchen friedfertiger werden, gelegentliches Anfassen löst dagegen Beunruhigung und als Folge das Attackieren des Männchens aus. Die Zuchtmethoden entsprechen denen beim Goldhamster. In Abänderung der permanent monogamen Zuchtmethode bringt die Verpaarung von 2 Böcken (Brüder) mit einem Weibchen längere Zuchtnutzung und geringere Ausfälle durch Verletzungen. Wegen dieser Risiken ist die „Verpaarung aus der Hand"[69] letztlich auch das tierschutzgerechteste Verfahren.

Die Gruppenhaltung von etwa 3–5 Weibchen und 3 Männchen in einem Käfig ist verbreitet und einfach, sofern die Weibchen zur Jungtieraufzucht einzeln gehalten werden. Erwachsene Chinesische Hamster verbrauchen etwa 3,5 g Futter/Tag und ebenso viel Wasser. Bei diabetischen Tieren kann der Wasserkonsum durchaus auf 60 g je Tier und Tag steigen. In einem Käfig von 750–810 cm^2 (Makrolon Typ III) Grundfläche können sowohl Gruppen von 6–8 Tieren als auch ein einzelnes Zuchtpaar mit befriedigenden Ergebnissen permanent gehalten werden. Nestgehäuse mit wenigstens 2 Schlupflöchern können angeboten werden. Kleinere Käfige vermindern den Aufzuchterfolg und erhöhen die Rate der von Weibchen attackierten Böcke.

Wiederholungsfragen

1. Wann werden Hamster geschlechtsreif?
2. Was bedeutet der weiße Vaginalausfluss beim Hamsterweibchen?
3. Wie lange ist die Trächtigkeitsdauer von Syrischem Goldhamster, Chinesischem Hamster, Maus, Ratte und Meerschweinchen?
4. Wie werden Chinesische Hamster (*Cricetulus griseus*) verpaart (Zuchttechnik)?

---

[69] Verpaarung im Beisein und unter Beobachtung des Tierpflegepersonals

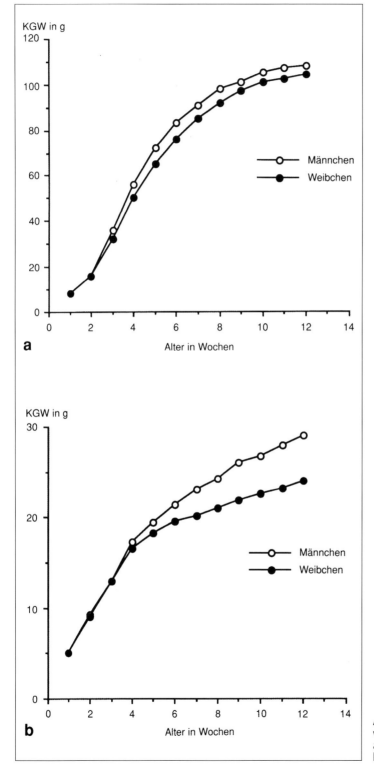

Abb. 4.15: Körpergewichtsentwicklung bei zwei Hamsterarten. **a** Syrischer Goldhamster, **b** Chinesischer Hamster.

4.7.5 Meerschweinchen (Cavia aperea porcellus)

Geschlechtsreife, Brunstzyklus und Paarung

Männchen werden in der Regel im Alter von 8–10 Wochen geschlechtsreif (**Abb. 4.16a**), sexuelles Interesse zeigen sie mitunter schon früher. Die Geschlechtsreife des weiblichen Meerschweinchens tritt im Alter von 4–5 Wochen ein, bei verspätetem Absetzen können mitunter Jungweibchen bereits vom Vater gedeckt sein. Zuchtreif sind sie jedoch erst im Alter von 2,5 bis 3 Monaten, bzw. bei einem Gewicht von mindestens 500 g. Weibchen sollten bei Erstverpaarung das Alter von 6 Monaten nicht überschritten haben, da dann die für komplikationslose Geburten nötige Elastizität der Schambeinfuge nachlässt und Verfettung eintritt.

Der Östruszyklus des Meerschweinchens dauert im Mittel 16 (13–20) Tage, die Östrusstadien sind denen von Ratte und Maus vergleichbar. Die Brunst besteht über ca. 50 Stunden; in dieser Zeit ist das Weibchen während etwa 15 Stunden paarungswillig, in der Regel während der Nacht. Die Ovulation tritt spontan ca. 10 Stunden nach Beginn des Östrus ein. Außerhalb des Östrus ist die Vagina durch eine zelluläre Membran (**Abb. 4.16b**) verschlossen. Etwa 2–3 Stunden nach einer Geburt tritt der Postpartum-Östrus ein, während dieser Zeit werden in permanent verpaarten Zuchtgruppen die meisten Weibchen erfolgreich gedeckt. Am Vorhandensein des meist großen Vaginalpfropfes bzw. am Nachweis von Spermien im Vaginalabstrich kann eine vor wenigen Stunden stattgefundene Kopulation nachgewiesen werden. Nach dem Ausfallen des Pfropfes wird die Zell-Membran zum Verschluss der Vagina erneut gebildet, die erst unmittelbar vor der Geburt wieder aufbricht.

Trächtigkeit und Geburt

Abhängig von der Anzahl der Embryonen dauert die Trächtigkeit zwischen 59 und 72 Tagen, das Mittel liegt bei 63 Tagen. Dies ist eine für Nagetiere vergleichsweise lange Tragzeit. Große Würfe bewirken kürzere Trächtigkeiten. Etwa 3 Wochen nach der Paarung kann eine Gravidität durch Abtasten der haselnussgroßen Feten durch die Bauchwand festgestellt werden. In vielen Fällen verdoppelt sich das Gewicht der Mutter bis zum Ende der Trächtigkeit, so dass sie sehr unbeholfen wird. Ein sicheres Zeichen für den herannahenden Geburtszeitpunkt ist die leicht palpierbare daumen-

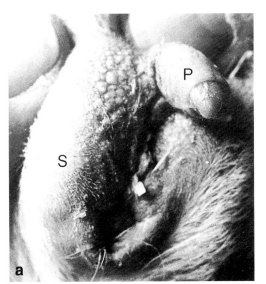 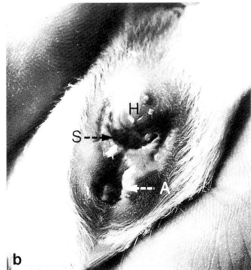

Abb. 4.16: Äußere Geschlechtsorgane beim Meerschweinchen. **a** Männchen. (P) Penis; (S) Skrotum. **b** Weibchen. (H) Harnröhrenöffnung; (S) Scheidenmembran; (A) Anus (Aufnahmen: K. Schwarz).

breite Öffnung der Schambeinfuge, die im Zuge der vorbereitenden Erweichung der Geburtswege entsteht.

Nach einer Tragzeit von 62–68 Tagen werden ein bis vier Junge in weit entwickeltem Zustand geboren, vollständig behaart, mit offenen Augen und Ohren. Die normale Geburt verläuft oft rasch, obwohl ein Neugeborenes durchaus 1/10 des Muttergewichtes aufweisen kann. Zum Gebären sucht sich das Weibchen eine ruhige, geschützte Stelle, wo die Geburt der Jungen nach etwa einer halben Stunde beendet ist. Das Weibchen frisst die Fruchthülle, die den Kopf des Neugeborenen noch umschließt, sowie den Mutterkuchen auf. Während des Geburtsvorganges sind die anderen Tiere im Raum meist ungewöhnlich still. Man kann dann von den Jungtieren einen leisen, sehr hohen Laut vernehmen, der offenbar nur unmittelbar nach der Geburt auftritt. Ein bis zwei Stunden nach der Geburt kann die Mutter wieder begattet werden und kehrt dann zu den Jungen zurück.

Die Neugeborenen tragen bereits ihr zweites, bleibendes Gebiss, der „Zahnwechsel" erfolgt im Mutterleib. Die Jungen können sofort laufen und nehmen schon am ersten Tag feste Nahrung auf. Sie werden etwa drei Wochen gesäugt, anfangs mindestens ein- bis zweimal pro Stunde, später seltener, ab dem 20. Lebenstag nur noch unregelmäßig. Zehn Tage alte Jungtiere können aber schon ohne Milch überleben. Die Weibchen erkennen offenbar genau ihre eigenen Jungen.

Ein Wurf enthält durchschnittlich 2–4 Jungtiere, ihr Entwicklungszustand und ihre Überlebenschancen können mit zunehmender Wurfgröße ungünstiger sein. Ein Viertel aller geborenen Jungen kann bei oder kurz nach der Geburt infolge von Geburtsschwierigkeiten, Milieueinflüssen wie Lärm, Kannibalismus sowie weiteren, bislang noch nicht aufgeklärten

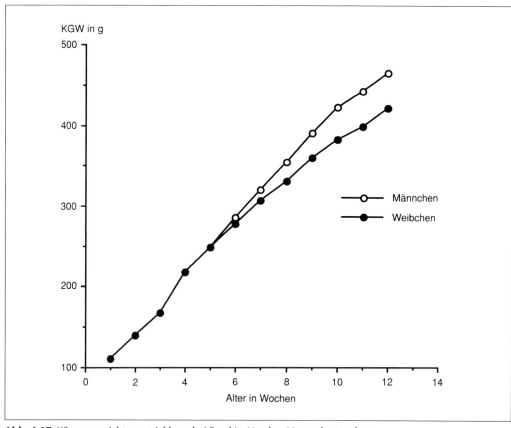

Abb. 4.17: Körpergewichtsentwicklung bei Dunkin-Hartley-Meerschweinchen.

Ursachen verloren gehen. Ungefähr 10 % der Meerschweinchenträchtigkeiten enden durch Fehlgeburt. Die Aborthäufigkeit ist im Gegensatz zur Trächtigkeitsdauer, unabhängig von der Wurfgröße. Scheinträchtigkeit kann beim Meerschweinchen ausgelöst werden durch elektrische oder mechanische Stimulation von Zervix und Vagina während des Östrus oder durch Verpaarung mit einem sterilisierten Männchen.

Entwicklung der Jungtiere

Das Geburtsgewicht der Jungtiere hängt von der Kondition des Muttertieres, der Wurfgröße sowie genetischen Faktoren ab. Das mittlere Geburtsgewicht in Würfen von 3–4 Jungtieren beträgt 85–95 g. Neugeborene unter 50 g überleben normalerweise nicht. Die Jungtiere werden im Alter von ca. 21 Tagen abgesetzt und wiegen dann 165–240 g (**Abb. 4.17**). Sie entwickeln sich rasch und das Gewicht der Jungtiere nimmt in den ersten beiden 2 Lebensmonaten, der Hauptwachstumsphase, täglich um ca. 5 g zu. Bis zum Alter von etwa 12–15 Monaten erreichen sie Körpergewichte um 800 g (Weibchen) bzw. 1000–1200 g (Männchen). Neugeborene Meerschweinchen sind schon sehr selbstständig (Nestflüchter), Haarkleid und Gebiss sind voll entwickelt, die Augen bereits bei Geburt geöffnet. Die aktive mütterliche Fürsorge lässt bereits wenige Tage nach der Geburt stark nach. Aufgrund der Geburtsreife sind sie leicht und sogar ohne Flasche mutterlos aufzuziehen, z.B. mit kuhmilchfreien Human-Milchersatzpräparaten. Dieses ist von Wert bei der Gewinnung gnotobiotischer Tiere[70]. Da Meerschweinchenmütter fremde Junge gut tolerieren, ist auch die Aufzucht durch Ammen möglich.

Zuchttechnik

Abhängig vom Bedarf und den räumlichen und personellen Gegebenheiten werden verschiedene Zuchtsysteme angewandt. Die monogame Verpaarung ergibt die größte Anzahl aufgezogener Jungtiere pro Muttertier, ist jedoch aufwändig. Aus genetischen Gründen ist diese Methode sowohl bei Inzüchtung (Bruder x Schwester) als auch bei kleinen Auszuchten (Niedrighaltung der Inzuchtrate) von Bedeutung. Die permanent polygame „Haremshaltung" von 1 Männchen und 4–5 Weibchen gilt bei angemessenem Raumangebot (1500 cm^2/Weibchen) als ein wirtschaftliches Zuchtverfahren; zudem entspricht sie den sozialen Bedürfnissen des Meerschweinchens. Die Werte der EG-Richtlinie von 1986 liegen deutlich unter diesem Wert (**Abb. 5.14**).

Jungtiere werden dabei auch von mehreren Müttern nebeneinander gesäugt. Ein gutes Muttertier kann jährlich so 5–6 Würfe aufziehen, also etwa 20 Jungtiere. Diese Leistung erbringt das Muttertier über einen Zeitraum von 24–30 Monaten. Danach muss es aus der Zucht genommen werden, weil die Fertilität stark nachlässt. Zuchtgruppen mit mehreren, möglicherweise rivalisierenden, Männchen sollten nur auf wirklich ausreichend großem Territorium gehalten werden. Innerhalb einer intakten Meerschweinchenkolonie herrscht lebhafter Stimmkontakt, viele Laute sind in ihrer Bedeutung bekannt. Bei isolierter bzw. experimenteller Haltung von einzelnen Tieren und kleinen Gruppen sollte der Mensch dem artgemäßen Geselligkeitsbedürfnis dieser Tiere Rechnung tragen.

Wiederholungsfragen

1. Wie lange dauert der Sexualzyklus des Meerschweinchens?
2. Wann findet der Zahnwechsel beim Meerschweinchen statt?
3. Wie viele Würfe kann ein Meerschweinchen im Jahr aufziehen?
4. Welche Zuchttechnik wendet man bei Meerschweinchen an?

4.7.6 Kaninchen

Geschlechtsreife, Brunstzyklus und Paarung

Der Zeitpunkt, zu dem die Geschlechtsreife bei Kaninchen eintritt, ist in starkem Maße vom Ernährungszustand und von der Rasse abhängig, er liegt zwischen dem 3. und 8. Lebensmonat. Kleinere Rassen werden früher geschlechtsreif als großwüchsige. Mit 8 Monaten ist in jedem Fall von einer auch zu Zucht-

---

[70] Bakterienfreie Meerschweinchen können aufgrund der besonderen Funktionsweise ihres Blinddarms nur für kurze Zeit leben.

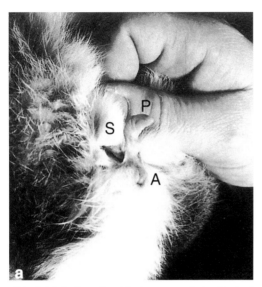
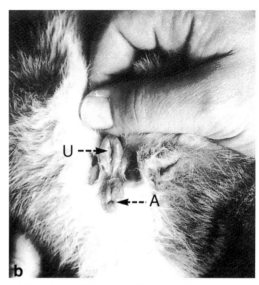

Abb. 4.18: Äußere Geschlechtsorgane beim Kaninchen. **a** Männchen, (P) Penis; (S) Skrotum; (A) Anus. **b** Weibchen; (U) Urogenitalöffnung; (A) Anus (Aufnahmen: K. Schwarz).

zwecken ausreichenden körperlichen Reife auszugehen, so dass die Verpaarung, auch aus wirtschaftlichen Gründen, spätestens zu diesem Zeitpunkt erfolgen sollte.

Kaninchen haben keinen so ausgeprägten und zeitlich festlegbaren Östruszyklus wie z.B. Maus und Ratte. Der erfahrene Betrachter kann am Zustand der äußeren Geschlechtsorgane der weiblichen Tiere, die auch Zibben genannt werden, ebenso wie an ihrem Verhalten die jeweilige Bereitschaft zum Deckakt leicht erkennen. Diese wird durch Rötung und Schwellung der Vulva angezeigt. Erscheint die Vulva der Weibchen dagegen weißlich und klein, dann ist die Wahrscheinlichkeit gering, dass das Tier den Deckakt zulässt (**Abb. 4.18a u. b**). Anders als bei den meisten anderen Labortieren kommt es beim Kaninchen auch nicht zu einer spontanen Eireifung und zu einem Eisprung (Ovulation) innerhalb eines Zyklus. Diese werden vielmehr erst durch den Reiz des Deckaktes oder eine andere Stimulation ausgelöst. Diese besondere Situation verdient Beachtung: Kommt es nämlich, z.B. beim gemeinsamen Transport von weiblichen Kaninchen, zum gegenseitigen Bespringen von Zibben, dann ist damit zu rechnen, dass sich bei einigen von ihnen Scheinträchtigkeit einstellt, die etwa 2–3 Wochen anhält. Während dieser Zeit kann eine fruchtbare Verpaarung nicht zustande kommen. Andererseits muss bei einer künstlichen Besamung der Reiz des nicht erfolgten Deckaktes durch Hormoninjektionen, die die Eireifung in Gang setzen, ersetzt werden.

Zur Verpaarung werden Weibchen ausgesucht, die anhand ihrer geröteten und geschwollenen Vulva als deckbereit zu erkennen sind. Die Weibchen werden zu dem einzeln gehaltenen Bock, auch Rammler genannt, in dessen Käfig gesetzt, der Bock ist meist ohne weiteres zum sofortigen Deckakt bereit. Das Weibchen legt sich hin und hebt das Hinterteil an, so dass der Deckakt möglich wird. Nach der Ejakulation fällt der Bock zur Seite oder nach hinten vom Weibchen ab, wobei er häufig Lautäußerungen wie Knurren oder gar Schreien von sich gibt. Sofern sich das Weibchen wider Erwarten als nicht deckbereit erweist, sollten keine weiteren Deckversuche unternommen werden, da dann die Gefahr besteht, dass eine Scheinträchtigkeit ausgelöst wird, die eine erfolgreiche Anpaarung dann über mehrere Wochen verhindert.

Die künstliche Besamung ist die Methode der Wahl in wirtschaftlich arbeitenden größeren Zuchtbetrieben. Mit diesem Verfahren ist eine erhebliche Zeitersparnis und eine deutlich bessere Zuchtplanung zu erreichen, da die Trächtigkeiten unabhängig von der Deckbereitschaft des Weibchens zu erzielen sind. Das Prinzip des Vorgehens besteht darin, unter

Abb. 4.19: Burgunderkaninchen. **a** Nest mit Neugeborenen; **b** Zibbe beim Säugen der Jungtiere (Aufnahmen: W. Rossbach).

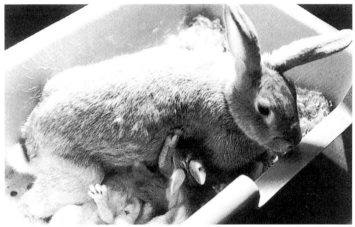

Verwendung eines Phantoms, d.h. einer Art Puppe mit den Umrissen eines Kaninchens und einer künstlichen Scheide von trainierten Böcken Samen zu gewinnen. Das Ejakulat wird etwa im Verhältnis 1:5 bis 1:10 verdünnt, auf Tauglichkeit untersucht und dann nach hormoneller Anregung der Eireifung mit Hilfe einer Pipette in die Scheide des Weibchens gebracht. Auf technische Einzelheiten soll hier nicht weiter eingegangen werden. Sowohl mit dem natürlichen Deckakt als auch bei der künstlichen Besamung werden in etwa 70 % der Fälle Trächtigkeiten erzielt. Die Unterschiede in den Trächtigkeitsraten zwischen Sommer- und Winterhalbjahr, wie sie bei landwirtschaftlichen Haltungsbedingungen auftreten, sind bei Haltung unter Laborbedingungen nur in sehr abgeschwächter Form zu beobachten, da hier durch die künstliche Beleuchtung keine Unterschiede in der Tageslänge mehr bestehen.

Trächtigkeit und Geburt

Die Tragzeit beim Kaninchen dauert meist 30–33, selten 29 oder 34 Tage. Größere Würfe werden meist etwas früher geboren als kleine. Die Dauer der Trächtigkeit wird durch die Zahl der vorangegangenen Würfe oder das Alter des Weibchens offenbar nicht beeinflusst. Ob die Paarung bzw. künstliche Besamung zur Trächtigkeit geführt hat, lässt sich etwa vom 12. bis 14. Tag an durch Befühlen des Bauches (Palpation) oder durch Ultraschalluntersuchung erkennen. Zu diesem Zeitpunkt sind die Früchte (Feten) etwa kirschkern- bis haselnussgroß.

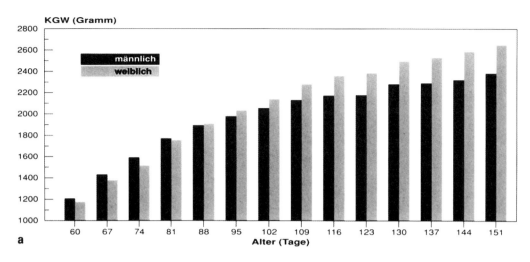
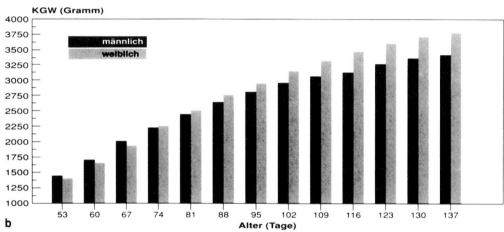
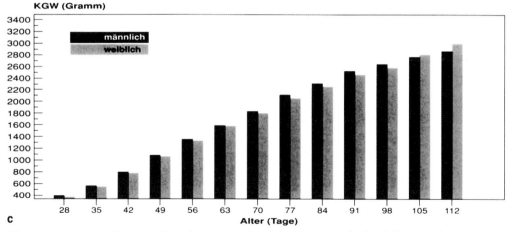

Abb. 4.20: Körpergewichtsentwicklung beim Kaninchen. **a** Weißer Russe; **b** Chinchilla Bastard; **c** Weißer Neuseeländer.

Die Geburt der Jungen verläuft in der Regel ohne besondere Probleme. Sie setzt meist in den Morgenstunden ein und dauert selten länger als eine halbe Stunde. In einzelnen Fällen kommt es jedoch zu Geburt der letzten Jungen erst Stunden später, mitunter auch erst am nächsten Tag. Es kommt vereinzelt vor, dass Junge im Uterus zurückbleiben; diese sterben spätestens am 35. Tag ab und stellen ein Hindernis für weitere Trächtigkeiten dar. Auch in solchen Fällen kann die Palpation bzw. Ultraschalluntersuchung Klarheit verschaffen. Durch Hormoninjektionen kann nachträglich die Austreibung der verbliebenen Feten herbeigeführt werden.

Bereits am Tage nach der Geburt erweisen sich die Weibchen in der Regel wieder als paarungswillig. Eine Verpaarung zu diesem Zeitpunkt führt jedoch meist dann nicht zu einer neuen Trächtigkeit, wenn Junge gesäugt werden. Eine neuerliche, fruchtbare Verpaarung durch natürlichen Deckakt ist danach erst wieder etwa drei Wochen später möglich.

Die Wurfgröße variiert bei Kaninchen meist zwischen 3 und 9 Jungen, es kommen jedoch auch wesentlich größere Würfe vor. Die meisten Jungen werden mit dem zweiten und dem dritten Wurf geboren. Es werden bei Kaninchen etwas weniger Männchen (49 %) als Weibchen (51 %) geboren. Die Bestimmung des Geschlechtes neugeborener Kaninchen ist schwierig und gelingt erfahrenem Tierpflegepersonal mit einiger Sicherheit erst ab dem dritten Tag. Zum Zeitpunkt des Absetzens ist sie völlig unproblematisch.

Entwicklung der Jungtiere

Das neugeborene Jungtier ist nackt, wiegt ca 50 g, ist blind und noch vollkommen hilflos. Von einem Muttertier werden täglich etwa 150–200 g einer sehr fett- und eiweißreichen Milch produziert. Die saugenden Jungtiere entwickeln sich bei diesem Angebot recht schnell und bekommen wenige Tage nach der Geburt schon Haare (**Abb. 4.19a u. b**).

Das Weibchen, auch „Häsin" genannt, säugt ihre Jungen meist einmal, mitunter aber auch zwei- bis dreimal in 24 Stunden. Die Säugedauer ist sehr kurz, meist nur etwa 3 Minuten; während der übrigen Zeit werden die Jungen allein gelassen. Im Alter von 9–12 Tagen öffnen sich bei den Jungen die Augen, in der dritten, spätestens der vierten Lebenswoche wird neben der Muttermilch auch bereits feste Nahrung aufgenommen. Das Absetzen der Jungtiere erfolgt nach 6–7 Wochen. Sie können dann bis zum Eintreten der Geschlechtsreife gemeinsam aufgezogen werden. Da danach besonders bei den männlichen Tieren die Neigung zu aggressiven Auseinandersetzungen wie Beißereien beginnen, sind diese bei der üblichen Käfighaltung spätestens ab diesem Zeitpunkt einzeln zu halten, um verminderte Gewichtszunahmen (**4.20a-c**), Verletzungen oder gar Verluste zu vermeiden.

Zuchttechnik

Aus Gründen der Wirtschaftlichkeit und auch, um eine die Fruchtbarkeit beeinträchtigende Verfettung der weiblichen Tiere zu vermeiden, erfolgt eine erste Verpaarung möglichst bald nach Eintritt der Geschlechtsreife, d.h. bei auf Frühreife gezüchteten Wirtschaftsrassen eventuell schon mit 4–5 Monaten. Hat ein Weibchen bereits geworfen, so erfolgt in der Praxis eine neue Besamung meist erst nach dem Absetzen der Jungtiere. Hiermit sollen eine Überforderung der Muttertiere und Jungtierverluste vermieden werden.

Eine Möglichkeit, die Nutzung der Weibchen zu steigern, besteht darin, bereits 2–3 Wochen nach dem letzten Wurf ein Weibchen erneut zu verpaaren bzw. zu besamen. Dadurch wird eine unmittelbare Überforderung des Weibchens vermieden und die in Liebhaberhaltungen üblichen 2–3 Würfe pro Jahr lassen sich auf 6–10 Würfe steigern. Allerdings wird die Zahl Aufgezogener bei einer so intensiven Nutzung der weiblichen Tiere schon nach einjähriger Inanspruchnahme geringer, so dass nach dieser Zeit ein Auswechseln der Muttertiere erforderlich wird. Die Rammler lassen sich mehrere Jahre lang nutzen.

Wiederholungsfragen

1. Beginn der Geschlechtsreife beim Kaninchen?
2. Was bedeutet „Scheinträchtigkeit"? Wie entsteht sie?
3. Wie wird die künstliche Besamung beim Kaninchen durchgeführt?
4. Wie oft am Tag säugt die Zibbe ihre Jungen?
5. Wann werden zahlenmäßig die größten Würfe erbracht?

4.7.7 Frettchen

Geschlechtsreife, Brunstzyklus und Paarung

Mit 7–12 Monaten werden Frettchen geschlechtsreif und damit beginnt bei beiden Geschlechtern der regelmäßige Wechsel zwischen sexueller Ruhe im Winter und sexueller Aktivität vom Frühjahr bis zum Herbst.
In der Zuchtruhe sind die Hoden der Rüden deutlich verkleinert und die Nebenhoden enthalten keine Spermien.
Bei den Fähen werden in den Eierstöcken keine Eibläschen (Follikel) gebildet und die äußeren Genitalien sind unauffällig. Während dieser Zeit können Tiere beiderlei Geschlechts zusammen gehalten werden.
Mit den jahreszeitlichen Veränderungen im Frühjahr, vor allem der Veränderung der Lichtzeit, werden beide Geschlechter sexuell aktiv. Die Hoden des Rüden vergrößern sich und Spermienbildung kommt in Gang. Die Vulva (Schamlippen) der Fähe schwillt zu Beginn der Brunst (Ranz) bis zur Größe einer Haselnuss an und wird vom Züchter in diesem Zustand als „Nuss" oder „Schnalle" bezeichnet.
Kommt es nicht zu einer Befruchtung, bleiben die Symptome der Brunst bis zu 120 Tagen erhalten. Außer durch die geschwollene Vulva ist die Brunst durch Appetitlosigkeit, Unruhe und eventuell Bissigkeit zu erkennen.
Die Ranz ist durch den Tag-Nacht-Rhythmus (also durch die Beleuchtungsdauer) beeinflussbar: Optimal zur Auslösung der Ranz ist eine Lichtperiode von 14 Stunden. Bei entsprechender Belichtung und Temperaturen (um 20 °C) ist die Ranz bereits Ende Februar auszulösen, unter natürlichen Verhältnissen werden die Tiere im März oder April brünstig. Bei einer solchen frühen Brunst ist nach Trächtigkeit und Aufzucht der Jungen bei einem Teil der Tiere (ca. 30 %) im Herbst mit einer zweiten Ranz zu rechnen, die jedoch nur selten zu einer erneuten Trächtigkeit führt. Bei der Haltung im Freien ist die Zucht ausschließlich im Sommer möglich.
Der Eisprung (die Ovulation) wird beim Frettchen durch den Deckakt ausgelöst (provozierte Ovulation) und zwar etwa 30–40 Stunden nach der Verpaarung. Führt der Deckakt nicht zur Befruchtung (sterile Kopulation), kommt es in der Regel zu einer Scheinträchtigkeit von 40–42 Tagen Dauer. In diesem Zustand finden sich alle Erscheinungen einer regelrechten Trächtigkeit.

Trächtigkeit und Geburt

Die Trächtigkeit dauert im Mittel 42 Tage, und es kommt erst nach ca. 30 Tagen zu einer deutlichen Umfangsvermehrung des Leibes. Zu dieser Zeit sind dann auch die Feten durch die entspannte Bauchdecke mit den Fingern tastbar. Es werden meist 3–9 Junge geboren, selten mehr oder weniger. Zur Geburt muss den Fähen ein weiches Lager im Käfig bereitet werden. Hierzu ist Heu sehr geeignet. Die Geburt ist in der Regel problemlos und menschliche Hilfe wird nur in Ausnahmefällen benötigt. Die einzelnen Jungen kommen im Abstand von 10–60 Minuten zur Welt, wobei die Fähe aktiv mit den Zähnen hilft. Die Mutter nabelt die Jungen ab, die Fruchthüllen werden aufgefressen. Im Anschluss an die Geburt werden die Jungen zum erstenmal gesäugt.

Entwicklung der Jungtiere

Die Jungtiere haben ein Geburtsgewicht von 6–12 g und sind 6–7 cm lang. Sie sind bei der Geburt mit einem feinen weißen Haarflaum bedeckt, der sich bis zum dritten Tag grau einfärbt, bei Albinos allerdings weiß bleibt.
Die Augen öffnen sich vergleichsweise spät nach etwa 32 Tagen (Katze 8–10 Tage, Maus 10–12 Tage). Bereits nach 3 Wochen wird mit der selbstständigen Futteraufnahme begonnen. Hierdurch beschleunigt sich die Körpergewichtsentwicklung erkennbar. Mit ca. 7–8 Wochen werden die Tiere von den Müttern abgesetzt. Sie haben dann ein Gewicht von ca. 400–500 g.
Die Jungen beginnen bereits in der ersten Lebenswoche, das Nest zu verlassen. Sie werden von den Müttern mit abnehmender Intensität bis zum Absatzalter ins Nest zurückgetragen. Hierzu werden sie mit den Zähnen im Genick gepackt und verfallen, wie die Fähen bei der Verpaarung, in eine Art Tragschlaffe. Junge Frettchen entwickeln einen beachtlichen Appetit; es ist daher wichtig, geeignetes Futter in ausreichender Menge bereitzustellen, um eine optimale Entwicklung sicherzustellen. Der geschlechtsspezifische Unterschied im Körpergewicht tritt erst ab der 7. Woche auf. Ab diesem

Zeitpunkt wachsen die Rüden schneller als die Fähen, die wegen ihres deutlich geringeren Endgewichtes früher ausgewachsen sind als die Rüden. Für beide Geschlechter wird dieser Zeitpunkt zwischen der 20. und 28. Woche erreicht.

Zuchttechnik

Frettchen werden im Alter von einem Jahr zur Zucht eingesetzt. Die Zuchtverwendung sollte auch beim Rüden nicht über das fünfte Lebensjahr hinaus verlängert werden. Ältere Tiere decken zwar häufig noch, sind aber steril, was bei den Fähen zu Scheinträchtigkeit führt. Frettchenzuchten sind meist von überschaubarer Größenordnung, so dass sich als Auszuchtmethode das Pedigrieren (Zucht nach Stammbaum) anbietet. Zur Verpaarung sollte grundsätzlich die Fähe zum Rüden in dessen Käfig gesetzt werden, der zu diesem Zweck mit Heu ausgepolstert werden kann. Die Partner müssen 4–6 Stunden zusammen verbringen. Eine Wiederholung der Paarung am nächsten oder übernächsten Tag scheint zu größeren Würfen zu führen, was sicher mit der provozierten Ovulation in Zusammenhang steht. Dem eigentlichen Deckakt geht ein ausgiebiges Vorspiel voraus, bei dem der Rüde die Fähe mit den Zähnen im Nackenfell packt und sie im Käfig herumschleppt, während die Fähe in eine Art Tragschlaffe verfällt und meckernde Laute ausstößt. Das Vorspiel kann bis zu einer Stunde dauern, meist ist es aber schon nach 10 bis 30 Minuten beendet. Auch der eigentliche Deckakt (**Abb. 4.21b**) dauert mit bis zu 3 Stunden recht lange. Nach der Verpaarung bildet sich die zur „Nuss" geschwollene Vulva (**Abb. 4.21a**) innerhalb von 10 Tagen zurück und sieht dann gerunzelt und faltig aus.

Die Aufzucht der Jungen überlässt man am besten der jeweiligen Mutter allein, alle anderen Verfahren (Haremsystem, mehrere Mütter mit Wurf) führen zu Jungtierverlusten.

Frettchen sind gute Ammen, so dass ein Ausgleich unterschiedlicher Würfe problemlos möglich ist. Bei dieser Zuchtführung, unter

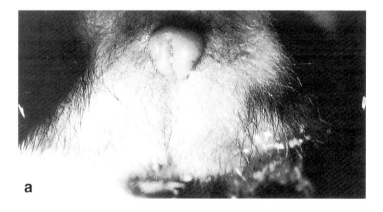

Abb. 4.21: Fortpflanzung beim Frettchen. **a** geschwollene Vulva der paarungsbereiten Fähe; **b** der Rüde besteigt zur Paarung das Weibchen und umklammert es mit seinen Vorderbeinen (Aufnahmen: D. Wolff).

Verzicht auf das Eindecken zur seltenen Herbstbrunst, kann man pro Fähe mit durchschnittlich 5 aufgezogenen Jungen im Jahr rechnen.

Wiederholungsfragen

1. Wie werden weibliche und männliche Frettchen bezeichnet?
2. Beschreiben Sie den Ablauf der Paarung bei Frettchen.
3. Wie hoch ist das Geburtsgewicht beim Frettchen?
4. Die Entwicklung der Jungtiere.

4.7.8 Katze

Geschlechtsreife, Brunstzyklus und Paarung

Die Geschlechtsreife tritt bei den weiblichen Tieren etwa im Alter von 6–7 Monaten, bei den männlichen etwas später mit 8–9 Monaten ein. Die Weibchen oder Kätzinnen haben dann ein Gewicht von etwa 2,5 kg, die männlichen Tiere (Kater) wiegen beim Eintritt der Geschlechtsreife etwa 3,5 kg. Wachsen die Katzen unter dem Einfluss jahreszeitlicher Schwankungen von Licht und Temperatur auf, dann kommt es im Spätherbst und Winter zu Verschiebungen des Eintritts der Geschlechtsreife. Zu Zuchtzwecken sollten die Kätzinnen nicht vor Erreichen eines Alters von 10–12 Monaten eingesetzt werden, Kater sollten mindestens 12 Monate alt sein.

Katzen sind polyöstrische[71] Tiere mit einer Zyklusdauer von etwa 4–6 Wochen. Unter dem Einfluss jahreszeitlicher Schwankungen setzen die Brunstzyklen im Spätherbst und Frühwinter aus. Unter Laborzuchtbedingungen mit gleichmäßigem Lichtrhythmus tritt dies jedoch nicht ein. Die Einflüsse des Brunsthormones führen auch zu typischen Veränderungen am Deckepithel der Vagina. Diese sind so charakteristisch, dass anhand von Vaginalabstrichen eine Diagnose des Brunststadiums möglich ist. Der Eisprung wird bei der Katze durch die Paarung ausgelöst, er unterbleibt anderenfalls (anovulatorischer Zyklus).

Die Paarungsbereitschaft während der Brunst hält während einiger Tage an und führt zu mehreren Deckakten. Sie wird am Verhalten der rolligen Katze erkennbar, die Lautäußerungen von sich gibt, den Rücken durchbiegt und sich hinlegt bzw. um den Kater herumstreicht. Beim Deckakt beißt der Kater der Katze häufig ins Nackenfell.

Trächtigkeit und Geburt

Der Erfolg einer Paarung lässt sich etwa ab dem 25. Tag nach dem Decken durch Abtasten des Bauches (Palpation) feststellen. Die Trächtig-

---

[71] Brunstzyklen treten in regelmäßigen Abständen mehrmals im Jahr auf.

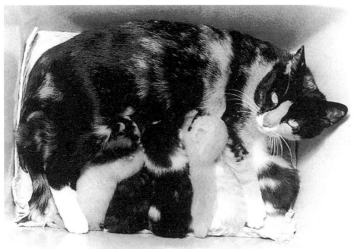

Abb. 4.22: Säugende Kurzhaarhauskatze mit ca. 8 Tage altem Wurf (Aufnahme: W. Rossbach).

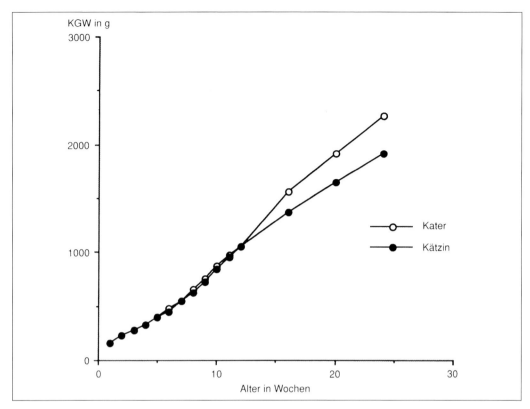

Abb. 4.23: Körpergewichtsentwicklung bei der Hauskatze.

keit dauert 63 (57–71) Tage und wird durch eine meist komplikationslose Geburt beendet. Gegen Ende der Trächtigkeit lässt sich auch ohne Palpation am zunehmenden Bauchumfang erkennen, dass die Kätzin demnächst werfen wird. Erfolgt eine Verpaarung mit einem unfruchtbaren Kater, kann es zu einer Scheinträchtigkeit kommen, die etwa 20–40 Tage dauert. Auch eine mechanische Reizung der Scheide, wie z.B. beim Scheidenabstrich, kann dazu führen.

Entwicklung der Jungtiere

Pro Wurf werden durchschnittlich 4 Jungtiere geboren, kleinere Würfe und solche mit bis zu 8 Jungen sind auch möglich. Die Jungen wiegen bei der Geburt etwa 90–140 g. Ihr Fell ist zu diesem Zeitpunkt gut entwickelt, sie sind jedoch blind und taub (**Abb. 4.22**). Ihr Tastsinn und Wärmeempfinden sind sehr gut entwickelt und sie finden das Gesäuge der Kätzin, die zunächst ständig bei den Jungen liegt, leicht. Sie werden mehrmals stündlich mit jeweils geringen Milchmengen gesäugt und verdoppeln ihr Körpergewicht innerhalb der ersten Lebenswoche. Im Alter von 3–4 Wochen und mit einem Körpergewicht von 400–500 g (**Abb. 4.23**), beginnen die Jungen in Ergänzung zur Muttermilch feste Nahrung aufzunehmen. Mit 7–8 Wochen können sie von der Mutter abgesetzt werden.

Zuchttechnik

Laborkatzen werden üblicherweise in einem Haremsystem gehalten und als Auszuchten betrieben. Dabei werden jeweils ein älterer und dominanter Kater, ein jung heranwachsender Kater und 10–20 Kätzinnen gehalten. In einem solchen System werden alle weiblichen Tiere vom dominanten Kater gedeckt, der zu gegebener Zeit durch den Jungkater ersetzt werden kann, bevor es zu ernsthaften Rangordnungskämpfen kommt. Die Zuchtgruppen werden in der einmal gewählten Zusammensetzung belassen, lediglich aus Altersgründen ausscheidende Zuchttiere werden ersetzt. Die Nutzungsdauer der einzelnen Zuchttiere einer solchen Gruppe beträgt 6–8 Jahre. Die Weibchen werden je nach Zuchtleistung bei kleiner werdenden Würfen ausgetauscht. Gegen Ende der schon äußerlich erkennbaren Trächtigkeit werden die tragenden Weibchen isoliert, weil anderenfalls Verluste eintreten können. Entweder werden dabei die Jungen von den Katern getötet, oder es kommt zu Zänkereien unter den Weibchen, die sich gegenseitig die Jungen wegzunehmen versuchen. Aufgrund dieser Bereitschaft, fremde Junge als eigene anzunehmen, ist es andererseits kein Problem, einen Ausgleich zwischen zu kleinen und zu großen Würfen vorzunehmen. Bei der geschilderten Art der Zuchtführung kann mit einer Jahresleistung von etwas mehr als zwei Würfen pro Weibchen und mit 9–10 aufgezogenen Jungen gerechnet werden.

Wiederholungsfragen

1. Gewicht und Alter von männlichen und weiblichen Katzen bei der Geschlechtsreife?
2. Was bedeutet „polyöstrisch"?
3. Ab wann kann die Trächtigkeit durch Palpation festgestellt werden?
4. Wie oft täglich säugt die Kätzin die Jungen in der ersten Lebenswoche?

4.7.9 Hund

Geschlechtsreife, Brunstzyklus und Paarung

Die Geschlechtsreife tritt beim männlichen Beagle, dem Rüden, etwa ab 6 Monaten ein, beim Weibchen, der Hündin, ab ca. 5 Monaten Alter. Für Zuchtzwecke werden die Tiere frühestens im Alter von einem Jahr eingesetzt. Hündinnen werden 1- bis 2-mal im Jahr bzw. 3-mal in 2 Jahren brünstig, was man bei dieser Tierart als Läufigkeit bezeichnet. Eine solche Brunst oder Läufigkeit besteht aus einer Vorbrunst (Proöstrus) von ca. 9–11 Tagen einer Brunstphase (Östrus) von etwa 6–8 Tagen, die von einer abschließenden Phase, dem Metöstrus, gefolgt ist. Danach folgt eine Zeit sexueller Ruhe (Anöstrus).

Der Proöstrus beginnt mit einer ödemartigen Anschwellung der Vulva und mit einer geringfügigen, nur tropfenweise erfolgenden Blutung, die gegen Ende des Proöstrus wieder nachlässt. Zu diesem Zeitpunkt, also etwa 9–11 Tage nach Beginn der Proöstrus-Blutung, „steht" die Hündin für den Deckakt. Zu diesem Zeitpunkt erfolgt auch der hormonell ausgelöste, so genannte spontane Eisprung. Selbst wenn die Hündin danach noch mehrere Tage zum Deckakt bereit ist, sind es nur die Anfangstage der Brunst, in denen ein Deckerfolg erwartet werden kann. In der Phase des Metöstrus kommt es zu einem allmählichen Abschwellen der Vulva und zu einer braunschwarzen Verfärbung des noch in geringer Menge anfallenden Vaginalausflusses. Sämtliche Phasen des Brunstgeschehens sind von charakteristischen Veränderungen der Vaginalschleimhaut begleitet, die zur zytologischen Beurteilung geeignet sind. Es ist jedoch hervorzuheben, dass nicht alle Hündinnen die einzelnen Zyklusphasen in der beschriebenen Deutlichkeit zeigen. Deshalb kommt es vor, insbesondere bei der Einzelhaltung, dass die Brunstsymptome übersehen werden.

Die Paarung erfolgt beim Übergang vom Proöstrus in den Östrus etwa am 9–11 Tag nach Einsetzen der Blutungen. Charakteristisch für den Deckakt bei Hunden ist das so genannte „Hängen". Es handelt sich dabei um einen etwa 15–25 Minuten lang dauernden Zeitraum, innerhalb dessen wegen besonderer Schwellkörper des Hundepenis die Trennung der Geschlechtspartner nicht möglich ist.

Trächtigkeit und Geburt

Die Trächtigkeit dauert 60–67 Tage, im Mittel 63 Tage. Die Diagnose der Trächtigkeit gelingt mit Hilfe des Durchtastens des Bauchraumes etwa ab Tag 25, röntgenologisch ist sie ab Tag 40 möglich. In der zweiten Hälfte der Trächtigkeit entwickelt sich das Gesäuge und schwillt an. In der letzten Trächtigkeitswoche zeigen die tragenden Hündinnen häufig Nestbauverhalten. Derartige Erscheinungen der Gesäugeentwicklung und Nestbauverhalten können gelegentlich beobachtet werden, obwohl keine

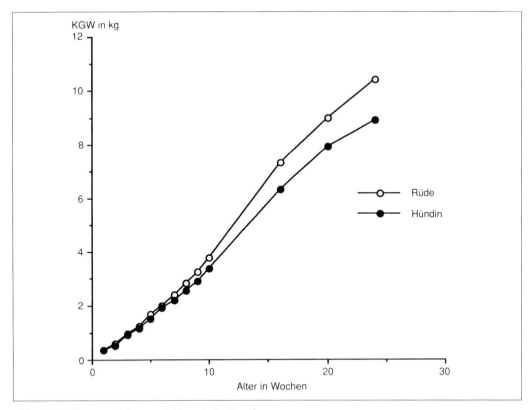

Abb. 4.24: Körpergewichtsentwicklung beim Beagle.

Trächtigkeit vorliegt. Man nennt dies dann Scheinträchtigkeit. Der Wurf erfolgt nach einer einleitenden Wehenphase und nimmt häufig längere Zeit in Anspruch. Geburtsschwierigkeiten sind nicht selten. Meist werden 2–4 Junge, Welpen genannt, geboren. Die Milchproduktion beginnt i.d.R. erst nach Geburtsabschluss, so dass das Säugen der Jungen vielfach erst nach einem Tag einsetzt.

Entwicklung der Jungtiere

Die zunächst blinden Welpen öffnen ihre Augen mit etwa 10 Tagen, nehmen etwa ab der 3. Lebenswoche feste Nahrung zusätzlich zur Milch auf und werden mit etwa 6–8 Wochen abgesetzt. Da selbst innerhalb der Beaglerasse erhebliche Unterschiede im erreichten Körpergewicht bestehen (Endgewicht abhängig von Individuum und Geschlecht zwischen etwa 8 und 20 kg), sind auch die Gewichte bereits zum Zeitpunkt des Absetzens sehr unterschiedlich.

Sie schwanken meist zwischen 2 und 3 kg (**Abb. 4.24**).

Zuchttechnik

Laborhundezuchten werden meist als geschlossene Auszuchten geführt, d.h. es wird aus hygienischen Gründen auf die Hereinnahme neuer Zuchttiere aus anderen Zuchten möglichst verzichtet, jedoch versucht, Verwandtenpaarungen möglichst zu vermeiden. Die Zuchttiere werden in stabilen Zuchtgruppen, die jeweils aus einem Rüden und, je nach Platzverhältnissen, 5–15 Hündinnen besteht, gehalten. Die Anpaarung der Tiere erfolgt etwa im Alter von 1 Jahr, die Nutzung in der Zucht erfolgt für die Dauer von 5–6 Jahren, sofern die Zuchtergebnisse, die bis dahin erzielt worden sind, dies rechtfertigen. Die Haltung in der Gruppe sichert, dass der Rüde selbst die für eine Verpaarung bestgeeigneten Zeitpunkte herausfindet. Wird im Interesse einer genauen Kenntnis von den Deckzeitpunkten so verfahren, dass die brünstige Hündin zum Decken gebracht wird, dann ist es am sichersten, wenn dies mehrfach erfolgt. Als günstig hat sich der Zeitraum vom 9. bis 11. Tag nach Beginn der Proöstrusblutungen erwiesen. In der Endphase der Trächtigkeit ist die Hündin aus der Zuchtgruppe zu entfernen und in eine Wurfbox zu bringen, wo sie nach 60–67 Tagen durchschnittlich 5–6 Junge wirft. Totgeburten und Aufzuchtverluste, die meist in der ersten Woche auftreten, sind nicht gering. Die Verluste bis zum Absetzen, bezogen auf lebend geborene Junge, betragen auch in gut geführten Zuchten etwa 15–20 %.

Wiederholungsfragen

1. Beschreiben Sie den Brunstzyklus einer Hündin.
2. Welche Besonderheit tritt beim Deckakt des Rüden auf?
3. Wann öffnen die Welpen die Augen?
4. Woraus besteht eine Zuchtgruppe von Hunden?
5. Mit welchen Aufzuchtverlusten bis zum Absetzalter muss man auch in gut geführten Zuchten rechnen?

4.7.10 Schwein und Minischwein

Schweine und Minischweine sind inzuchtanfällig, daher gibt es bei ihnen bisher nur sehr wenige ingezüchtete Linien. Kontrollierte Auszucht und Linienkreuzung sind die Methoden der Wahl in der Schweinezüchtung. Für die Versuchstierhaltung werden Hausschweine in der Regel aus stressfreien Fleischschweinepopulationen entnommen, während Minischweine aus eigenen, meist nicht sehr großen Nukleus- und Vermehrungszuchten stammen. Für die langfristige Erhaltung von kleinen Zuchtpopulationen ist eine möglichst hohe effektive Populationsgröße erforderlich, die durch ein enges Eber : Sauen-Verhältnis, Intrafamilienselektion und rotierende Paarungssysteme zwischen Sublinien und Familien erreicht wird. Außerdem ist ein besonders hoher Gesundheitsstatus in kleinen Zuchtpopulationen anzustreben, was in geschlossenen SPF-Beständen (durch Schnittentbindung und mutterlose Ferkelaufzucht aufgebaute Tierbestände) am besten erreicht wird. Bei Minischweinen wird immer noch auf kleineres Körpergewicht selektiert, was nur in gesunden Beständen möglich ist.

Geschlechtsreife, Brunstzyklus und Paarung

Die wichtigsten Reproduktionsparameter von Schweinen und Göttinger Minischweinen sind in **Tab. 4.10** gegenübergestellt. Schweine erreichen je nach Intensität der Jugendernährung mit 4–6 Monaten die Geschlechtsreife; sie sollten frühestens zum zweiten Zyklus erstmalig belegt werden. Bei Jungsauen ist eine genaue Beobachtung (am besten mit Hilfe eines Suchebers) zur Erkennung der Rausche erforderlich. Altsauen rauschen in der Regel 5–8 Tage nach dem Absetzen des letzten Wurfes. Die Duldungsbereitschaft einer rauschenden Sau kann durch den Sucheber oder durch den so genannten Reittest bestimmt werden.

Die Belegung erfolgt entweder durch Natursprung oder künstliche Besamung mit Frischsperma und sollte erstmals 12 Stunden nachdem „die Sau steht" erfolgen und am nächsten Tag wiederholt werden.

Trächtigkeit und Geburt

Die Trächtigkeit der Sauen kann durch Umrauschkontrolle beim nächsten Zyklus oder mit Hilfe eines Progesterontests 17–24 Tage nach der Belegung festgestellt werden. Auch mit Hilfe von Ultraschallgeräten kann die Trächtigkeit etwa ab dem 30. Tag sicher diagnostiziert werden. Die Tragzeit beträgt für das Schwein 114–115 Tage und für das Göttinger Minischwein 113–114 Tage. Kurz vor der Geburt sind hochtragende Sauen einzeln in Abferkelbuchten oder Käfigen unterzubringen, und zur Erleichterung der Geburt auf halbe Ration zu setzen. Die Geburt sollte möglichst überwacht werden, um Störungen beheben zu können und perinatale Verluste zu vermindern. Nach der Geburt ist die Sau entsprechend der Wurfgröße zu füttern, und die Ferkel sollten spätestens in der 2. Woche Zugang zu einem schmackhaften Ferkelstarterfutter erhalten.

Tab. 4.10: Verschiedene Reproduktionsdaten für Hausschweine und Göttinger Minischweine (nach Holtz, 1987)

		Hausschweine (Deutsche Landrasse)	Göttinger Minischweine
Lebensalter (in Monaten)	Pubertät	6	4
	Zuchtfähigkeit	7	5
Östruszyklus (Tage)		21	19,5
Brunstdauer (Tage)		2,5	2,9
Trächtigkeitsdauer (Tage)		114–115	113–114
Rastzeit (Tage nach dem Absetzen)		7	7
Ovulationsrate		14	11
Wurfgröße (nach Geburt)		10	5–8
Ejakulationsvolumen (ml)		250	90
Anzahl Spermien pro Ejakulat		50×10^9	10×10^9
Motilität d. Spermien (%)		75	75

Entwicklung der Jungtiere

Hausschweine können nach 3 Wochen abgesetzt werden, wenn sie mindestens 5 kg wiegen und festes Futter fressen. Minischweine bleiben besser 6 Wochen bei der Sau und brauchen dann erst mit 3–4 Wochen zugefüttert zu werden.

Die Ferkel müssen noch an der Sau gekennzeichnet werden, was mit Ohrmarken, Tätowierzangen oder bei bunten Ferkeln mit Kerbung (DLG-Kerbschlüssel) erfolgen kann, möglicherweise bald auch mit implantierten elektronisch lesbaren Chips. In Zuchtbeständen sind die Beleg- und Wurfdaten sowie das Auftreten anomaler Ferkel der Sauen im Zuchtbuch festzuhalten, damit ihre Aufzuchtleistung ausgerechnet und bei der Selektion der Nachzucht berücksichtigt werden kann.

Zuchttechnik

Zur Zucht benutzte Jungsauen sollten bei Hausschweinen 14 und bei Minischweinen 12 funktionsfähige Zitzen haben. Jungeber müssen normal ausgeprägte Genitalien, vier intakte Beine besitzen und deutlich sichtbare Anzeichen von Libido zeigen, wenn sie zum Natursprung herangezogen werden sollen. Weitere Details über Zuchttechnik, Haltung und Fütterung von Zuchttieren können den bereits in **Kap. 3.3.10** aufgeführten Standardwerten entnommen werden.

Literatur

Glodek, P. (Hrsg.) Schweinezucht 9. Auflage Ulmer, Stuttgart 1992.

Glodek, P. u. B. Oldigs (Hrsg.) Das Göttinger Miniaturschwein, Schriftenreihe Versuchstierkunde H7, Parey, Berlin und Hamburg 1981.

Leucht, W., Gregor, G. und H. Stier (Hrsg.) Das Miniaturschwein. Einführung in die Versuchstierkunde, Band IV, Gustav Fischer, Jena 1982.

Panapinto, L. M. et al. A comfortable minimum stress method of restraint for Yucatan miniature swine. Lab. Anim. Sci. 33: 985–997, 1983.

Sambraus, H. H., Atlas der Nutztierrassen, 3. Aufl., Ulmer, Stuttgart 1989.

Wiederholungsfragen

1. Gibt es Inzuchtlinien vom Schwein?
2. Wann erreichen Schweine die Geschlechtsreife?
3. Was ist ein „Sucheber"?
4. Wie werden Schweine gekennzeichnet?
5. Ab wann soll den Ferkeln zugefüttert werden?

4.7.11 Tupaias

Geschlechtsreife, Brunstzyklus und Paarung

Tupaias sind mit etwa 8 Wochen geschlechtsreif und im Alter von 3 Monaten ausgewachsen. Tupaia-Weibchen sind durchschnittlich alle 45 Tage brünstig.

Die Zucht von Tupaias gestaltet sich häufig dadurch schwierig, dass es nicht bei allen zusammengesetzten Männchen und Weibchen auch zur erfolgreichen Paarbildung kommt. Am besten gewöhnt man die Tiere schon einige Tage vorher aneinander, indem man sie in benachbarten Käfigen unterbringt, die nicht durch eine Sichtblende, sondern nur durch ein Gitter voneinander getrennt sind. Kommt es an dem trennenden Gitter zu Kämpfen oder gehen sich die Tiere auch nach einigen Tagen sichtbar aus dem Weg, harmonisiert das Paar wahrscheinlich auch in Zukunft nicht miteinander. Halten sich die Tiere jedoch oft gemeinsam an dem trennenden Gitter auf, so zieht man dieses ein Stück zurück, sodass die Tiere in den Käfig des Partners gelangen können. Nach einer erfolgreichen Paarbildung kann das Gitter vollständig entfernt werden (der Zuchtkäfig ist dann doppelt so groß wie ein normaler Haltungskäfig). Eine erfolgreiche Paarbildung ist u.a. am typischen „Begrüßungslecken" erkennbar. Dabei beschnuppern sich beide Tiere ausgiebig und einer der beiden hält dem anderen die Schnauze hin, aus der tropfenweise Speichel austritt, der vom Partner aufgeleckt wird. Außerdem ruht das Paar fast stets gemeinsam und verbringt die Nacht immer zusammen in einem Schlafkasten. Trotzdem das Paar meist nur einen Schlafkasten benutzt, sollte für jedes Tier ein eigener Kasten zur Verfügung stehen und außerdem noch ein weiterer für die Jungenaufzucht angeboten werden. Bereits am Tag der ersten Begegnung zwischen Männchen und Weibchen kann es zur erfolgreichen Begattung kommen.

Trächtigkeit und Geburt

Die Tragzeit beträgt 43 ± 2 Tage. Wenige Tage vor dem Geburtstermin sollte die Käfigreinigung auf das Nötigste beschränkt werden. Auf keinen Fall dürfen die Schlafboxen ausgewechselt oder gereinigt werden, denn 3–4 Tage vor dem Werfen beginnt das Weibchen Nistmaterial in den ausgewählten Nistkasten einzutragen. Als Nistmaterial kann man Laub, Hobelspäne oder Papier anbieten, jedoch gibt es auch Weibchen, die lieber Futterpellets verwenden. Einige Weibchen tragen gar kein Nistmaterial ein. Die Geburt der durchschnittlich 2 (1–4) Jungen erfolgt meistens am frühen Morgen oder in der Mittagszeit, also zu einem Zeitpunkt, zu dem in der Tiereinheit meistens Ruhe herrscht. Man sollte die Tiere während des Werfens nicht stören, u.a. deshalb, weil die Mutter ihre Jungen bei der Geburt mit einem Duftstoff markiert. Diese Duftmarkierung hat zur Folge, dass während der ersten Phase der Jungenaufzucht weder der Vater noch möglicherweise andere, im Käfig vorhandenen Artgenossen die Wurfkiste betreten. Eine nicht wirklich harmonische Beziehung zwischen den Elterntieren, Störungen der Mutter vor oder bei der Geburt durch Artgenossen, fremde Personen oder ungewohnten Lärm können zur Folge haben, dass die Markierung der Jungen unterbleibt. Dies führt dazu, dass die Jungen von den Elterntieren nicht als eigene Nachzucht erkannt werden und von ihnen nach kurzer Zeit wie ganz gewöhnliche Beute aufgefressen werden. Um diesem unerwünschten Verhalten vorzubeugen, sind die erwähnten Störungen zu vermeiden. Außerdem wird der Nistkasten nach dem ersten Säugen der Jungen durch einen Kunststoffschieber verschlossen.

Unmittelbar nach der Geburt ist das Weibchen wieder paarungsbereit, so dass ein harmonisierendes Paar über mehrere Jahre hin alle 45 Tage Junge zur Welt bringen kann.

Entwicklung der Jungtiere

Die etwa 10 g schweren Neugeborenen sind typische Nesthocker und kommen nackt, blind und mit verschlossenen Ohren zur Welt. Unmittelbar nach der Geburt trinken sie bei der Mutter innerhalb weniger Minuten einige Gramm der sehr gehaltvollen Milch (26 % Fett, 10 % Eiweiß). Nach dem ersten Säugen muss man darauf achten, dass die Mutter nicht versehentlich ein Junges mit aus dem Nistkasten schleppt. Die Jungen kühlen aus und verhungern, da die Mutter sie außerhalb des Nistkastens nicht säugt und sie auch nicht zurückträgt. Um ein Auskühlen der Jungen im Nistkasten zu vermeiden, wird am Boden außerhalb des Kastens ein kleines Wärmekissen („Augenheizkissen", niedrigste Stufe!) angebracht.

Zuchttechnik

In freier Wildbahn kommt die Mutter nur etwa alle 48 Stunden für kurze Zeit zum Säugen der Jungen in die Nisthöhle. Weitere elterliche Fürsorge wird den jungen Tupaias nicht entgegengebracht. In einer gezielten Tupaia-Zucht wird die Mutter kontrolliert alle 24 Stunden für 5–10 Minuten zum Säugen zu den Jungen gesetzt. Dazu fängt man die Mutter wie in **Kapitel 3.2.11** beschrieben, zweckmäßigerweise in der Dämmerungsphase vor Belichtungsbeginn ein, und setzt sie in den Nistkasten zu ihren Jungen. Nach dem Säugen wird einfach der Schieber am Nistkasten kurz entfernt und die Mutter kann wieder in den Käfig gelangen. Dass die Jungen gesäugt wurden, kann man gut an ihrem dicken Bäuchlein erkennen, durch das die aufgenommene Milch weiß hindurchschimmert. Manchmal kommt es vor, dass ein Weibchen beim ersten Wurf nicht ausreichend Milch für ihre Jungen hat. Diese Jungen müssen nicht notwendigerweise verhungern, denn man kann ein anderes Weibchen, das ebenfalls Säuglinge hat, für sie als Amme verwenden. Dazu fängt der Pfleger die Amme wie beschrieben mit dem Tuch (Augen bedeckt!), legt sie sich mit ihrem Bauch nach oben am besten auf den Schoß und legt die fremden Jungen so lange an die Zitzen an, bis sie eine ausreichende Menge Milch zu sich genommen haben. Erfahrene Mütter lassen diese Prozedur meist ruhig über sich ergehen, und auch die eigene Mutter nimmt ihre Jungen wieder an. Als Ammen sollten keine Tiere verwendet werden, die das erste Mal Junge haben, da der Vorgang für sie eine zu große Störung bedeuten würde.

Mit etwa 10 Tagen öffnen sich bei den jungen Tupaias die Ohren und mit 21 Tagen schließlich die Augen. Schon im Alter von etwa 30 Tagen wiegen die Jungen mehr als 100 g. Sie verlassen nun erstmals das Nest und sind schon weitgehend selbstständig, werden aber noch weiter gesäugt. Wenn die Jungen das Wurfnest verlassen haben, bilden sie gemeinsam mit den Eltern einen engen Familienverband. Die Entwöhnung ist mit etwa 40 Tagen abgeschlossen. Dies ist ungefähr der Zeitpunkt, an dem die Mutter die nächsten Jungen bekommt. Wenn die Jungen im Alter von 3 Monaten ausgewachsen sind, sondern sie sich zunehmend von den Eltern ab. Zu dieser Zeit kommt es zwischen Eltern und Jungen ohne äußerlich erkennbaren Anlaß zu heftigen Kämpfen, bei denen in der Regel die Jungen unterliegen und anschließend die Familie verlassen bzw. in Einzelkäfige gesetzt werden.

Wiederholungsfragen

1. Welche besonderen Aspekte müssen bei der Zucht dieser Tiere beachtet werden?
2. Was ist bei der Aufzucht der Jungen Tupaias insbesondere in den ersten Tagen zu beachten?
3. Wann muss der Nachwuchs den Familienverband verlassen?

4.7.12 Primaten

Von der Vielzahl der gelegentlich zu Forschungszwecken eingesetzten Primatenarten werden nachfolgend nur diejenigen Arten behandelt, die weitere Verbreitung als Versuchstiere gefunden haben und auch regelmäßig für diesen Zweck nachgezüchtet werden. Keine dieser Arten kann bislang jedoch schon als domestiziert bezeichnet werden, so dass die aus Zuchten stammenden Tiere ihren wildlebenden Vorfahren gleichen. Von den Neuweltaffen haben zwei Gattungen und jeweils eine Art als Labortiere weitere Verbreitung gefunden. Es sind dies die Weißbüscheläffchen, auch Marmosets oder Krallenäffchen *(Callithrix jacchus)* genannt, sowie die Totenkopfäffchen *(Saimiri sciureus)*. Diese Neuweltaffen unterscheiden sich in mancher Hinsicht sehr deutlich von den als Labortiere üblichen Vertretern der Altweltaffen, die der Gattung der Makaken entstammen und im Anschluss an die Neuweltaffen behandelt werden sollen.

Weißbüschelaffe *(Callithrix jacchus)*

Für den Weißbüschelaffen wird im Deutschen häufig die Bezeichnung Marmoset verwendet; dabei muss aber berücksichtigt werden, dass die Marmosetten die gesamte Gattung *Callithrix* mit ihren insgesamt sieben Arten umfassen und nicht nur den Weißbüschelaffen *(Callithrix jacchus)* bezeichnen, auf den sich die nachfolgende Beschreibung bezieht.

Weißbüschelaffen haben einen Ovarialzyklus von 28 Tagen und eine Trächtigkeitsdauer von 144 Tagen. Es kommt im Verlauf des Östruszyklus nicht nur zu deutlichen Veränderungen der Hormonspiegel im Blut, sondern auch zu erkennbaren Veränderungen am Vaginalepithel. Diese sind jedoch nicht so ausgeprägt, dass sich daran die einzelnen Zyklusstadien ablesen ließen. Die eingetretene Trächtigkeit kann etwa nach 28 Tagen durch Palpation des Uterus festgestellt werden.

Weißbüschelaffen sind in der Gefangenschaft sehr fruchtbar. Werden miteinander harmonierende Tiere in Paarhaltung untergebracht, dann kommen alle 5–6 Monate 2–3 Junge zur Welt. In vielen Fällen werden zwar 3 Junge geboren, von denen sehr häufig eines entweder bereits tot geboren wird oder die anschließende Aufzuchtphase nicht überlebt. Insgesamt können damit bei Weißbüschelaffen im Regelfall 2–3 aufgezogene Junge pro Jahr veranschlagt werden. Zur Erzielung guter Zuchtergebnisse ist Paarhaltung erforderlich, weil in Gruppenhaltung jeweils nur die ranghöchsten Weibchen Junge bekommen. Die Paare werden im Alter von mindestens 18 Monaten zusammengestellt und bleiben dann beisammen. Die Geburt der Jungen, die mit einem Körpergewicht von etwa 30 g geboren werden und schon weit entwickelt sind, verläuft in der Regel ohne Komplikationen.

Die Neugeborenen halten sich sofort im Fell ihrer Eltern oder auch der älteren Geschwister fest. Für diese stellt die Beteiligung an der Aufzucht der jüngeren Geschwister eine wichtige soziale Erfahrung dar, von der sie im Hinblick auf ihre spätere, eigene Jungenaufzucht im positiven Sinne geprägt werden. Bereits mit 40 Tagen und bei einem Körpergewicht von etwa 70 g sind die Jungen nicht mehr unbedingt auf die Muttermilch angewiesen. Wenn sie jedoch die Möglichkeit haben, trinken sie länger. Spätestens im Alter von 10–12 Monaten werden die Jungen in eine Aufzuchtgruppe übernommen, in der sich dann die dominanten Tiere zuerst zu neuen Paaren zusammenfinden. Diese können später als Zuchttierersatz verwendet werden. Die Nutzungsdauer gut züchtender Paare kann 10 Jahre dauern.

Totenkopfäffchen *(Saimiri sciureus)*

Totenkopfäffchen oder Squirrels zeigen in der Natur ein ausgeprägtes saisonales Brunstgeschehen, die Paarungsphase liegt im Zeitraum von Juni bis September. In dieser Zeit nimmt der Körperumfang der männlichen Tiere – v.a. durch Verfettung des Oberkörpers – gegenüber den Weiblichen deutlich zu. Weibchen, die etwa 3 Jahre alt und über 700 g schwer sind, beginnen nun, Östruszyklen von 8–10 Tagen Dauer zu entwickeln. Die Männchen sollten zum Zuchtbeginn ein Körpergewicht von mehr als 1100 g haben. Im Vaginalabstrich sind die einzelnen Zyklusabschnitte zwar zu diagnostizieren, allerdings gelingt die eindeutige Festlegung nicht immer. Zur Zucht werden Harems von jeweils einem geschlechtsreifen Männchen und 8–10 Weibchen gebildet. Jüngere Männchen, die noch nicht zuchtreif sind, können gleichzeitig in die Gruppe eingewöhnt werden.

Die Trächtigkeitsdauer bei Squirrels beträgt etwa 150 Tage. Das Junge wird mit einem Körpergewicht von ca. 100 g geboren und etwa 6 Monate lang von seiner Mutter gesäugt. Es wiegt dann etwa 300–400 g, und wird am besten weiterhin in seiner Gruppe aufgezogen. In Gefangenschaft werden meist nur etwa 50 % der Weibchen pro Jahr tragend und es wird regelmäßig nur ein Junges geboren. Infolge Totgeburten und Aufzuchtverlusten erreichen zudem nur etwa 50 % der Geborenen die Geschlechtsreife. Die Zuchterfolge fallen daher mit ca. 1 Jungtier auf 4 Zuchtweibchen pro Jahr vergleichsweise bescheiden aus. Diese Gründe sind mit entscheidend dafür, dass Squirrels nur dann gezüchtet werden, wenn ganz spezielle Versuchszwecke ihre Verwendung erfordern.

Makaken *(Macaca sp.)*

Die am häufigsten als Labortiere verwendeten Makakenarten sind der Rhesusaffe (*Macaca mulatta*) und der Javaneraffe (*Macaca fascicularis*). auch Cynomolgusaffe genannt. Sie ähneln sich in vielen Punkten und werden deshalb nachfolgend gemeinsam behandelt.

Die beiden genannten Arten zeigen als Ausdruck der beginnenden Geschlechtsreife bereits vor Erreichen des dritten Lebensjahres charakteristische Anschwellungen der Unterhaut im Bereich der Vulva, des Afters und der hinteren Extremitäten. Beim Rhesusaffen treten u.U. auch fleckenartige Schwellungen im Gesicht auf. Es kommt jedoch erst frühestens nach Erreichen des dritten Lebensjahres zu regelmäßigen Zyklen, die nur beim Javaneraffen ganzjährig, bei den Rhesusaffen nur in den Herbstmonaten September bis Dezember auftreten. Die einzelnen Zyklen haben bei beiden Arten eine Dauer von etwa 30 Tagen und werden durch Blutungen aus der Scheide abgeschlossen. Aus dem zeitlichen Verlauf dieser Blutungen sowie anhand der aus dem Blut bestimmten Hormonspiegel lassen sich die besten Verpaarungszeitpunkte festlegen.

Eine Verpaarung der Tiere gelingt deshalb bei den Rhesusaffen nur im Spätherbst, bei den Javaneraffen hingegen ganzjährig. Bei den männlichen Tieren stellt sich die Geschlechtsreife erst nach Erreichen des vierten Lebensjahres ein. Bei den Javaneraffen ist dies an charakteristischen Veränderungen des Gesichtsausdrucks zu erkennen, die vor allem von der erheblichen Verlängerung der Eckzähne herrühren. Zu diesem Zeitpunkt vergrößern sich bei beiden Arten auch die Hoden, wobei auch dieses bei den Rhesusaffen auf den Herbst beschränkt ist.

Zu Zuchtzwecken wird entweder das Weibchen in der fruchtbaren Zyklusphase zum Männchen in den Käfig gesetzt, oder es werden Harems mit einem Männchen und etwa 10–15 Weibchen gebildet. Durch Palpation des Uterus lässt sich die eingetretene Trächtigkeit etwa 1 Monat nach der erfolgreichen Verpaarung feststellen. Hormonelle Schwangerschaftstests sind brauchbar und erlauben den Trächtigkeitsnachweis sogar noch früher. Nach einer Tragzeit von 166 (Rhesus) bzw. 160 (Javaneraffe) Tagen wird je Weibchen ein Junges im Gewicht von etwa 500 g (Rhesus) bzw. 350 g (Javaneraffe) geboren. Zwillingsgeburten kommen selten vor.

Die gut entwickelten Jungtiere werden ständig von der Mutter getragen und werden von ihr für die Dauer von 3–6 Monaten, in der Wildnis unter Umständen noch länger, gesäugt. In Zuchten kann man die Jungtiere bereits im Alter von etwa 6 Wochen entwöhnen und unter Zufütterung von Muttermilchersatz, wie er auch für menschliche Säuglinge verwendet wird, aufziehen. Es kann mit 1 geborenen Jungtier bzw. – unter Berücksichtigung von Totgeburten und Aufzuchtverlusten – mit 0,6 abgesetzten Jungtieren pro Mutter und Jahr gerechnet werden.

Wiederholungsfragen

1. Nennen Sie Beispiele für Neuwelt- und Altweltaffen!
2. Wie lange tragen die Weißbüscheläffchen (*Callithrix jacchus*) und wie viele Junge bekommen sie?
3. Mit welchem Alter und Gewicht beginnen bei weiblichen Totenkopfäffchen die Sexualzyklen? Wie schwer sind Männchen zu Beginn der Zuchtreife?
4. Wie ist eine Zuchtgruppe von Totenkopfäffchen zusammengesetzt?
5. Mit wie viel aufgezogenen Jungtieren pro Zuchtweibchen kann man bei *Saimiri* in Jahresdurchschnitten rechnen?
6. Wie lautet der zoologische Name von Rhesusaffen bzw. Javaneraffen?
7. Wie ist die Zusammensetzung einer Zuchtgruppe („Harem"), von Makaken?
8. Wie lange tragen Rhesus- bzw. Javaneraffen?
9. Mit wie viel abgesetzten Jungtieren pro Mutter und Jahr kann man bei Makaken rechnen?

4.7.13 Huhn

Zuchttechnik

Hühner beginnen mit der Eiablage im Alter vom 18–20 Wochen. Zum gleichen Zeitpunkt sind auch die Hähne zuchtreif. Legerassen legen früher als die schweren spätreifen Masttiere. In der Regel werden Zuchtgruppen aus 10 Hennen und einem Hahn zusammengestellt. Die technische Besamung, d.h. Samengewinnung und Samenübertragung ist bei Hühnern als zootechnische Methode erprobt und durchführbar. Nach der 1. Paarung (dem Treten) sind erst die nach 2 Tagen gelegten Eier befruchtet. Die Henne legt noch 7–10 Tage nach der letzten Kopulation befruchtete Eier.

Eibildung

Bei den Hühnern bildet sich beim weiblichen Geschlecht von den embryonal beidseitig angelegten Eierstöcken der rechte zurück. Aus den Organen, die beim Säugetier dem Eileiter, der Gebärmutter und der Scheide entsprechen, entwickelt sich auf der linken Seite der so genannte Legedarm. Der Legedarm ist bei der legenden Henne 60–75 cm lang. Der Anfangsteil des Legedarms, der dem Eileiter der Säuger entspricht, fängt im Trichter die Dotterkugel mit der Eizelle auf. Der folgende Abschnitt – Eiweißteil genannt – produziert das Eiereiweiß („Eiklar"). In dem folgenden engen Teil werden die Schalenhäute des Eis gebildet. Im Eihälter, dieser entspricht der Gebärmutter der Säugetiere, nimmt das Ei stark an Masse zu und es entstehen die besonderen Strukturen und Schichtungen des Eiinhaltes (**Abb. 4.25**). Hier werden auch die Kalksalze für die Eischale angelagert. Der Reifevorgang im Eihälter dauert 18–20 h. Das nun vollständige Ei gleitet durch Muskelkontraktionen der Eihälterwand in den Endabschnitt, dem Scheidenteil des Legedarms, und wird, ohne dabei die Kloakenschleimhaut zu berühren, gelegt.

Brut

Bruteier werden bei 16–18 °C und 75 % relativer Luftfeuchtigkeit gelagert; bei längerer Lagerung kühler (bis 12°C) aber keineswegs im Kühlschrank (4 °C). Die Lagerzeit ist auf ca. 2 Wochen zu begrenzen.

Fast ausnahmslos werden Hühnereier in Großanlagen („Motorbrüter") oder Inkubatoren künstlich ausgebrütet. Vor dem Brüten sind die Eier 4–6 Stunden zur Temperaturanpassung zu lagern. Häufig werden sie auch einem äußeren Desinfektionsverfahren (Tauchen o. Begasung) unterzogen. Die Brutdauer und die Brutbedingungen unterscheiden sich bei den einzelnen Vogelarten z.T. erheblich (**Tab. 4.11**).

Hühnereier werden zunächst in der Vorbrut vom 1. bis 17. Tag bei 37,8 °C und 60 % relativer Luftfeuchtigkeit etwas schräg horizontal liegend, mit dem stumpfen Pol nach oben, bebrütet. Die Eier sind regelmäßig (idealerweise mehr als 8 mal in der Stunde) zu wenden. Durch Schieren (= Durchleuchten) am 6. und 17. Tag können unbefruchtete bzw. frühabgestorbene Eier aussortiert werden. Die Brutbedingungen ändern sich für den 18.–21. Tag (= Schlupfbrut), die Temperatur erniedrigt sich auf 37 °C, während die relative Luftfeuchtigkeit zum 20.–21. Bruttag auf 80 % ansteigt. Bei zu geringer Luftfeuchtigkeit können sich die Küken nicht aus den Schalen lösen und sterben beim Schlüpfvorgang vor Erschöpfung. Die Brüter müssen ständig be- und entlüftet werden, damit die Luftwerte von 21 % Sauerstoff und maximal 0,5 % Kohlenstoffdioxid eingehalten werden.

Entwicklung der Jungtiere

Die geschlüpften Küken („Eintagsküken") leben zunächst noch von den Vorräten im eingezogenen Dottersack und müssen in den ersten 24 Stunden nicht gefüttert werden. Diese Zeitspanne bietet sich für den Transport an. Die Küken sind zunächst sehr wärmebedürftig, die Umgebungstemperatur wird von 35 °C (1. Tag)

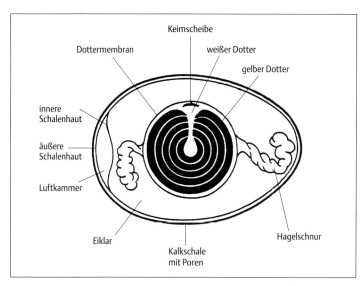

Abb. 4.25: Längsschnitt durch ein Hühnerei (nach Engelhardt/Breves, Physiologie der Haustiere, Enke Verlag, Stuttgart, 2000).

Tab. 4.11: Eigewicht und Brutdauer bei Wirtschaftsgeflügel (nach: E. Kolb „Physiologie der Haustiere", Fischer Verlag, Stuttgart 1960).

Tierart	Eigewicht (g)	Brutdauer (Tage)
Gans	250	28
Ente	80	30
Pute	85	28
Huhn	58	21
Taube	17	16

kontinuierlich bis auf 20 °C am Ende der 1. Woche gesenkt. Wärmequellen („Schirmglucken", Infrarotstrahler) werden von den Küken sehr gezielt aufgesucht. Die Unterscheidung von Hühnchen und Hähnchen („sexen") wird von spezialisierten Kükensortierern anhand von minimalen anatomischen Unterschieden am winzigen Schwellkörper im Bereich der Kloake vorgenommen, oder durch unterschiedliche Befiederung bei gezielten Kreuzungsprogrammen sichtbar. Die Aufzucht der Küken in der Wirschaftsgeflügelhaltung wird nach ausgefeilten Belichtungs-, Temperatur- und Fütterungsprogrammen gesteuert. Zu Beginn der Legeperiode wird die Tages- (= Licht)dauer von 8 auf 12 Stunden erhöht. Lichtprogramme sind nur wirksam, wenn in der Dunkelperiode keine „Fehlbeleuchtung" erfolgt. (Lichtintensität unter 0,5 Lux). Die Lichtintensität am „Tag" wird von 5–10 Lux in der 5. Woche auf 15–20 Lux in der Legeperiode (ab 20. Wochen) erhöht. Durch den Energie- und Eiweißgehalt des Futters lassen sich das Wachstum und die Geschlechtsreife in der Kükenaufzucht „steuern". Das Körpergewicht hat sich schon in der 2. Lebenswoche verdoppelt, es ist ersichtlich, dass hier entsprechend gefüttert werden muss. Für die verschiedenen Entwicklungsstadien gibt es spezielle Futtermischungen (**Kap. 6.7.11**)

4.7.14 Krallenfrosch *(Xenopus laevis)*

Ablaichen und Aufzucht

Nach dem Ablaichen setzen sich die befruchteten Eier von *Xenopus laevis* durch Anheftung an Pflanzen oder dem Untergrund fest. Sie haben einen Durchmesser von etwa 1.5 mm.

Bei einer Wassertemperatur von 20–24 °C dauert es nur 2–3 Tage, bis die Larven aus der Eihülle schlüpfen. Die Dauer des Larvenstadiums ist stark von der Wassertemperatur abhängig. So vergehen bei den genannten Temperaturen 35–45 Tage, bis schließlich die Metamorphose einsetzt und die adulten Frösche sich entwickeln. Bei tieferen Wassertemperaturen ist die Larvalphase verlängert, allerdings gibt es erhebliche interindividuelle Unterschiede.

Während des Metamorphoseprozesses, während also der Kaulquappenkörper sich zum Froschkörper umbildet, können die Larven einige Tage lang kein Futter aufnehmen. Während sie als Larven hauptsächlich pflanzliche Nahrung zu sich nehmen, beginnen sie nun mit der Aufnahme tierischer Nahrung wie z.B. von Daphnien, Tubifex etc. Während bei den Kaulquappen der nötige Gasaustausch (Sauerstoffaufnahme, CO_2-Abgabe) noch durch Kiemenatmung bewerkstelligt wird, beginnt mit dem Aufbau der Lungen schließlich auch die Luftatmung.

Unter geeigneten Bedingungen gelingt die Zucht von *Xenopus laevis* ganzjährig. Dabei sollten je m^2 Beckengrundfläche nicht mehr als 400 Kaulquappen aufgezogen werden, je Kaulquappe sollte ca. 0,5 l Wasser zur Verfügung stehen. Die Wasserhöhe sollte 10–20 cm betragen, die notwendige Belüftung erfolgt üblicherweise mit Sprudelsteinen aus dem Aquarienbereich. Es muss unbedingt sichergestellt werden, dass die Elterntiere keinen Zugang zu den Kaulquappen haben, da diese sonst als willkommenes Lebendfutter stark dezimiert würden.

Die ständige Wasserreinigung kann über Aquarienfiltersysteme erfolgen. Jedoch muss sichergestellt sein, dass bei der Schmutzwasserabsaugung keine Kaulquappen mit angesaugt werden können. Permanenter Frischwasserzufluss sollte vermieden werden; zum Wasseraustausch sollte nur abgestandenes Wasser (ca. 48 h) verwendet werden und es sollte jeweils nicht mehr als 1/3 der Gesamtwassermenge ausgetauscht werden.

Hormonell ausgelöstes Ablaichen
Ein Großteil zellbiologischer Fragestellungen wird mit Froschlaich oder Kaulquappen durchgeführt. Da in freier Natur die Vermehrung von den Jahreszeiten abhängig ist, werden die

Krallenfrösche unter Laborbedingungen mit Hilfe einer HCG- Behandlung[72] zum Ablaichen gebracht. Auch dann ist der Erfolg bis zu einem gewissen Grad von der Jahreszeit abhängig. Die besten Ergebnisse lassen sich im Frühjahr erreichen.

Für zwei Zuchtpaare werden vier vorab z.B. mit 1 % Kaliumpermanganat desinfizierte Becken 10–15 cm hoch mit Wasser gefüllt.

1. Tag: Die nüchternen Frösche werden nach Geschlecht getrennt in zwei Becken mit einer Wassertemperatur von 18–19 °C gesetzt (also kühler als im Ursprungsbecken). Während der folgenden Zuchtphase dürfen sie nicht gefüttert werden.
4. Tag: 9.00 Uhr: jedes Männchen erhält 200 IE HCG i. p.
5. Tag: 9.00 Uhr: jedes Weibchen erhält 200 IE HCG i. p.
   15.00 Uhr: jedes Weibchen erhält 600 IE HCG i. p., jedes Männchen erhält 200 IE HCG i. p.

Anschließend werden die 4 Frösche paarweise in die beiden anderen Becken umgesetzt. In diesen muss die Wassertemperatur mit einem thermostatgesteuerten Heizstab auf 23 °C geregelt werden. Der Boden sollte mit einem Gitter abgedeckt sein, damit die Frösche den Laich weder zertreten noch fressen können.

Während der beiden folgenden Tage sollten die Frösche während der Paarung und des Ablaichens nicht gestört werden. Hierfür werden die Becken optisch abgeschirmt und etwas abgedunkelt. Danach kommen die Elterntiere wieder in den normalen Haltungsbereich. Der nicht geschlüpfte Laich wird mit einem kleinen Schlauch abgesaugt, da er sonst schnell verpilzen würde. Auch müssen grundsätzlich alle Futterreste und alle sich schlecht entwickelnden Kaulquappen sofort entfernt werden. Häufiges Wechseln eines Teiles des Wassers ist zu empfehlen. Die Kaulquappen werden einmal täglich entsprechend ihrer Größe mit hochwertigem Eiweißfutter versorgt. Als alleiniges Starterfutter hat sich Algenfutter (Mikrozell – Dohse Aquaristik KG, Otto-Hahn-Str. 9, 53501 Grafschaft-Gelsdorf) bewährt (1 Teelöffel auf 1 l Wasser – davon 100 ml pro Zuchtansatz). Vier Tage nach dem Schlüpfen werden die Kaulquappen in Becken mit permanentem Wasserdurchlauf auseinander gesetzt.

Für *Xenopus tropicalis* gilt das Gleiche wie für *Xenopus laevis*, außer dass die Wassertemperaturen grundsätzlich (3–4 °C) höher sein müssen. Auch werden sie in der halben Zeit geschlechtsreif.

Wiederholungsfragen

1. Wie lange dauert es nach der Eiablage, bis die *Xenopus*-Larven aus der Eihülle schlüpfen (Wassertemperatur 20–24 °C)?
2. Welche Wassermenge je Kaulquappe sollte zugrunde gelegt werden?
3. Wie lange sollte das in die *Xenopus*-Haltungsbecken eingespeiste Wasser abgestanden sein und wie viel von der Gesamtwassermenge sollte maximal ausgetauscht werden?

---

72 HCG (Human Chorionic Gonadotropin) = menschliches Choriongonadotropin.

5 Haltung von Haus- und Versuchstieren

5.1 Einfluss von Umweltfaktoren

5.1.1 Grundsätzliches

Wildtiere haben in der Regel nur dann eine realistische Überlebenschance, wenn sie die entscheidenden Strategien hierzu frühzeitig erlernen bzw. ihre angeborenen Fähigkeiten in der erforderlichen Weise umsetzen: so z.B., um geeignetes Futter und Wasser zu finden, extremer Hitze oder Kälte zu entgehen, zu vermeiden, Beute eines Räubers zu werden und schließlich, einen Geschlechtspartner zur Sicherstellung der eigenen Nachkommenschaft ausfindig zu machen.

Mit der Domestikation sind die meisten dieser Erfordernisse entfallen oder bestehen nur noch in abgemilderter Form. So ist die Ernährung des Haustieres im Regelfall ebenso sichergestellt wie seine geschützte, wohltemperierte Unterbringung; und auch die Gefahr, einem Räuber zum Opfer zu fallen, ist meist denkbar gering. Die Sicherstellung der Nachkommenschaft wird im Normalfall vom Menschen übernommen, indem dieser dem Haustier zum richtigen Zeitpunkt einen geeignet erscheinenden Geschlechtspartner zuführt und dafür sorgt, dass die Tragzeit ohne Überbeanspruchung der werdenden Mutter zu Ende gebracht werden kann. Doch auch bei Haustieren finden sich durchaus unterschiedliche Lebensbedingungen. So ist die Situation z.B. eines Hundes, der in ländlicher Umgebung eine Schafherde zu bewachen hat, sehr verschieden von der eines typischen Stadthundes, der den größten Teil seiner Zeit in der Wohnung verbringt und nur in menschlicher Begleitung, und damit meist in zeitlich wie räumlich begrenztem Umfang, Bewegung findet. Auch Versuchstiere wurden in der Vergangenheit auf sehr unterschiedliche Weise gehalten. Mitunter wurden sie in Räumen untergebracht, die sich für keine andere Nutzung eigneten und in denen sie häufig von angelerntem, schlecht bezahltem Personal betreut wurden. Mit fortschreitender Erfahrung musste man aber erkennen, dass solcherart gehaltene Tiere im Tierexperiment mitunter ganz unterschiedliche Ergebnisse auf vergleichbare Fragestellungen lieferten, diese mindestens aber eine größere Streuung (Varianz) der Messwerte aufwiesen.

In den letzten Jahrzehnten hat sich gezeigt, dass nicht nur der genetische[73] und der hygienische[74] Status der Versuchstiere Ablauf und Ausgang eines Experiments beeinflussen können, sondern auch eine Vielzahl von Faktoren aus der unmittelbaren Haltungsumgebung der Tiere, wie z.B. Tierpflege, Klima, Licht, Geräusche etc. In zahlreichen versuchstierkundlichen Untersuchungen wurde der Wirkung dieser Faktoren nachgegangen in dem Bestreben, die für die Haltung der jeweiligen Tierart optimalen Rahmenbedingungen zu ermitteln. Aus diesen Erkenntnissen wurde im Laufe der Zeit der Übergang zu einer weitgehend standardisierten Haltung von Versuchstieren eingeleitet. Im Folgenden soll der Einfluss der wichtigsten Faktoren der Haltungsbedingungen besprochen werden, die auf das Tier und – bei Versuchstieren – damit auf das Experiment und seine Ergebnisse einwirken können. Fragen der Tierraumeinrichtung, der Raumbelegung sowie der verschiedenen Haltungseinheiten (z.B. Käfige) werden wegen ihrer grundlegenden Bedeutung für das Tierpflegepersonal in eigenen Kapiteln ausführlich besprochen.

---

73 z.B. Inzucht oder Auszucht.
74 z.B. konventionelle oder SPF-Tiere.

5.1.2 Faktor Mensch

Die größte Bedeutung für die Haltungsbedingungen hat zweifellos das Tierpflegepersonal – schon wegen seines häufigen und intensiven Umgangs mit den Tieren. Diesem heute allseits anerkannten Sachverhalt sollte dadurch Rechnung getragen werden, dass nur ausgebildetes Tierpflegepersonal mit der Betreuung der Tiere beauftragt wird. Auch die Experimentatoren selbst, bzw. der von ihnen beauftragte Personenkreis können z.B. bei der Durchführung tierexperimenteller Maßnahmen den Zustand der Tiere nachhaltig beeinflussen.

Bei beiden Personengruppen kommt es hier auf das so genannte Handling[75] an. Der Begriff bezeichnet in diesem Zusammenhang die Art und Weise, wie Tierpfleger und Experimentatoren mit Versuchstieren umgehen. Dies kann neben der eigentlichen Pflege der Tiere (z.B. Umsetzen, Wiegen, Körperpflege) auch gezielt in der Absicht erfolgen, das Tier an den Menschen oder auch an die verschiedenen Bedingungen der Haltung sowie des Experiments zu gewöhnen. Handling sollte in Art, Häufigkeit und Intensität den Bedürfnissen der jeweiligen Tierart angepasst sein: zu häufiges oder unsachgemäßes Handling verursacht z.B. beim Mongolischen Gerbil Stress, der nachteilige Folgen für das Tier, aber auch für den Versuchsverlauf haben kann.

Eine kontinuierliche Betreuung der Tiere durch stets dasselbe Tierpflegepersonal ist wünschenswert; Entsprechendes gilt auch für die Personen, die tierexperimentelle Maßnahmen durchführen. Es ist darauf zu achten, dass diese gegenüber der jeweiligen Tierart keine heimlichen Ängste, Ekel oder sonstige Ablehnung verspüren.

Der Umgang mit Tieren erfordert ein der jeweiligen Tierart angepasstes Verhalten: Es ist sinnvoll, sich ruhig und zielstrebig zu bewegen, eventuell mit den Tieren zu sprechen; harmonische, nicht zu laute Hintergrundmusik kann die Befindlichkeit der Tiere günstig beeinflussen, sei es direkt oder auch auf dem Umweg über das dann möglicherweise entspannter arbeitende Tierpflegepersonal. Plötzliche und laute Geräusche sowie schnelle, überraschende Bewegungen können Schreckreaktionen der Tiere auslösen. Das Verhalten der Tiere spiegelt letztlich das Verhalten der sie betreuenden Menschen wider.

Das richtige Fassen, Aufheben und Halten (Fixieren) der Tiere (**Kapitel 3.3**) ist wesentliche Voraussetzung für eine tierschutzgerechte Haltung wie auch versuchsgerechte Durchführung tierexperimenteller Maßnahmen. Zahlreiche physiologische Parameter wie z.B. Pulsfrequenz, Blutdruck sowie die Sekretion bestimmter Hormone sprechen über das sonst übliche Maß hinaus an, wenn Tiere unsachgemäßer Behandlung ausgesetzt sind.

5.1.3 Klima

Dieser aus der Meteorologie stammende Begriff bezeichnet eigentlich die Gesamtheit der Wettererscheinungen in einem bestimmten Gebiet und setzt sich zusammen aus den verschiedenen Einzelfaktoren wie Luftdruck, Temperatur, Luftfeuchte usw. In einer Versuchstierhaltung, insbesondere bei Käfighaltung, unterscheidet man dabei Raumklima und Käfigklima.

Das **Raumklima** wird in einer modernen Versuchstierhaltung durch eine entsprechende raumlufttechnische Anlage (früher als Klimaanlage bezeichnet) gesteuert. Dabei werden für Raumtemperatur, relative Luftfeuchte und Luftwechselrate bestimmte Werte vorgegeben und – innerhalb technisch bedingter Toleranzbereiche – unabhängig vom Außenklima aufrecht erhalten. Dabei ist zu berücksichtigen, dass – je nach Tierart und Belegungsdichte – unabhängig von der Klimatisierung von den Tieren Wärme und Wasserdampf (**Tab. 5.1**) abgegeben wird. Sofern die Kontrollmessung der raumlufttechnischen Anlage zur Sollwertkontrolle in der Abluft eines Tierraumes erfolgt, wird diese Erhöhung von Temperatur und relativer Luftfeuchte ausgeglichen werden. Das Raumklima sollte einerseits auf die spezifischen Bedürfnisse der dort untergebrachten Tiere ausgerichtet sein, es sollte andererseits auch für die darin arbeitenden Menschen angenehm sein.

Das **Käfigklima** ist grundsätzlich bestimmt durch Lufttemperatur im Raum, Luftfeuchtigkeit, Strömungsgeschwindigkeit der Luft sowie

---

75 Engl.: to handle = sich befassen mit.

Tab. 5.1: Erzeugung von Wärme und Wasserdampf bei verschiedenen Versuchstierarten. Sensible Wärme: Körperwärme, die über die Verdunstung von Wasser abgegeben und über die bewegte Raumluft verteilt wird (Konvektion). Latente Wärme: Körperwärme, die über die Verdunstung von Wasser abgegeben wird (Schweiß, Wasserdampf in der Ausatmungsluft), (nach Besch & Woods, 1977; Lab. Anim. Sc. 27:54-59).

Tierart	Körpergewicht (kg)	Sensible Wärme (Watt)	Latente Wärme (Watt)	Wasserdampf-abgabe(g/h)
Mensch	75	112,49	60,57	86,60
Maus	0,018	0,22	0,12	0,17
Ratte	0,200	1,32	0,71	1,02
Syr. Goldh.	0,080	0,66	0,36	0,51
Meerschw.	0,300	1,79	0,97	1,39
Kaninchen	2	7,42	4,00	5,72
Katze	2	7,42	4,00	5,72
Affe	5	14,76	7,95	11,37
Hund	4	12,48	6,72	9,61
Hund	8	21,00	11,31	16,17
Hund	12	28,46	15,32	21,90
Hund	16	35,31	19,01	27,90
Hund	20	41,74	22,48	32,20
Hund	24	47,86	25,77	36,80
Hund	28	53,73	28,93	41,30
Hund	32	59,39	31,98	45,70
Minipig	30	56,58	30,47	43,60
Schwein	125	165,01	88,85	127,10
Schaf	40	70,21	37,80	54,00
Ziege	36	64,87	34,93	49,90
Pferd	400	394,80	212,58	303,99
Rind	300	318,18	171,33	245,00
Huhn	1,800	6,86	3,69	5,30
Taube	0,280	1,70	0,91	1,30
Wachtel	0,140	1,01	0,54	0,77

die Wärmestrahlung von Gegenständen in der Nähe des Käfigs. Es wird darüber hinaus beeinflusst durch Größe und Konstruktion des Käfigs, durch Art, Menge und Wechselrhythmus des Einstreumaterials sowie durch Geschlecht, Größe, Art und Zahl der im Käfig untergebrachten Tiere und nicht zuletzt durch die Position des Käfigs im Raum. Vielfach durchgeführte Messungen haben belegt, dass das Käfigklima sich in der Regel mehr oder weniger deutlich vom Raumklima unterscheidet. So sind im Käfiginneren meist höhere Werte bei Temperatur und relativer Luftfeuchtigkeit zu erwarten, ebenso können die Konzentrationen z.B. von Kohlenstoffdioxid (CO_2) und Ammoniak (NH_3) gegenüber den Durchschnittswerten im Raum u.U. deutlich erhöht sein.

Temperatur

Die Temperatur im Raum und Käfig nimmt hinsichtlich ihrer biologischen Wirksamkeit einen besonders hohen Stellenwert ein. Solange die Raumtemperatur für die jeweilige Tierart im physiologisch neutralen Bereich liegt, genügt die physikalische Wärmeregulation mit Hilfe gesteigerter oder verminderter Hautdurchblutung. Sowohl zu hohe als auch zu niedrige Temperaturen beeinflussen das Verhalten der Tiere und die physiologischen Abläufe im Organismus und mindern u.U. die Leistungsfähigkeit.

Liegt die Temperatur im Tierraum für die jeweilige Tierart zu tief, kauern sich z.B. Mäuse in einer nestartigen Vertiefung der Einstreu eng aneinander, um sich gegenseitig zu wärmen;

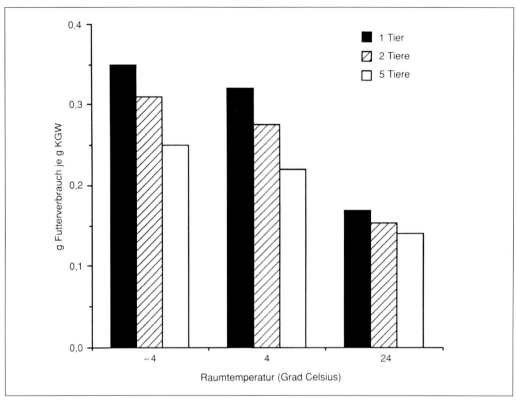

Abb. 5.1: Raumtemperatur und Futterverbrauch bei Mäusen: je niedriger die Raumtemperatur, desto höher der Energie-, d.h. Futterverbrauch. Bei Gruppenhaltung können die Tiere ihren Futterverbrauch gegenüber der Einzelhaltung reduzieren, indem sie sich in Gruppen lagern und sich so gegenseitig wärmen (nach Prychodko, 1958).

insgesamt gesehen ist damit die Körperoberfläche, die direkt der kühleren Umgebungsluft ausgesetzt ist, wesentlich kleiner, als wenn sich die Tiere gleichmäßig verteilt im Käfig aufhalten würden. Bei drastischeren Untertemperaturen richten sich die Fellhaare auf, um eine dickere, isolierende Luftschicht um den Körper zu bilden; es kann zu Muskelzittern zwecks Wärmebildung kommen.

Eine zu niedrige Raumtemperatur führt zunächst zu einer Verengung der Blutgefäße in der Haut; Herzschlagfrequenz und -förderleistung (sog. Herzminutenvolumen) nehmen ab, der Blutdruck steigt leicht an. Weitere Folge ist eine vermehrte Wärmebildung, die mit einer Steigerung des metabolischen Umsatzes (gesteigerte Verbrennung = höherer Sauerstoffverbrauch) einhergeht. Dies führt zu einer erhöhten Nahrungsaufnahme (**Abb. 5.1**) oder zu einem Rückgang des Körpergewichtes. Übersteigt die Raumtemperatur den optimalen Bereich der darin gehaltenen Tiere, kauern sich z.B. Mäuse seltener eng aneinander und meiden dicke Einstreunester, sie betreiben auffallend häufig Fellpflege. Bei einigen Tierarten stellt das Hecheln eine spezialisierte Form der Wärmeabgabe dar. Diese Steigerung der Atemfrequenz kann bei Schwein und Hund bis zu 400 Atemzügen/min gehen, beim Kaninchen bis zu 700 Atemzügen/min. Bei Pferd und Mensch wird die notwendige Wärmeabgabe mit Hilfe der Schweißproduktion bewältigt, wobei der Schweiß auf der Hautoberfläche bei seiner Verdunstung Kälte erzeugt. Zwecks gesteigerter Wärmeabfuhr wird zudem die Hautdurchblutung erhöht, um ein weiteres Ansteigen der Körpertemperatur zu verhindern. Herzschlagfrequenz und Förderleistung des

Tab. 5.2: Empfohlene Werte für Raumtemperatur und relative Luftfeuchtigkeit bei der Haltung verschiedener Versuchstierarten. Die angegebenen Werte gelten für Zuchttiere, Jungtiere benötigen in der Regel eine höhere Umgebungswärme (z.B. Infrarotwärmelampe oder Fußbodenheizung) (nach Gesellschaft für Versuchstierkunde, 1988).

Tierart	Temperatur (°C)	Rel. Luftfeuchtigkeit (%)
Maus	ø 22 (20–24)	50–60
Ratte	ø 22 (20–24)	50–60
Hamster	ø 22 (20–24)	50–60
Meerschweinchen	ø 22 (20–24)	45–55
Kaninchen	ø 18 (15–22)	40–60
Huhn	ø 18 (15–22)	40–60
Katze[1]	ø 22 (15–24)	40–50
Hund	ø 18 (15–24)	45–65
Schwein	ø 18 (15–21)	40–60
Primaten[2]	ø 22 (20–28)	40–60
Zwergwachtel	ø 18 (15–21)	40–60

[1] Temperaturen unter 15 °C nur zulässig, wenn ein warmer Ruheplatz zur Verfügung steht
[2] tierartabhängige Unterschiede müssen berücksichtigt werden

Herzens nehmen zu, der diastolische Blutdruck[76] nimmt ab.

In **Tabelle 5.2** sind für die wichtigsten Versuchstierarten die heute als optimal geltenden Sollwerte mit möglichen Schwankungsbreiten für die Raumtemperatur und die relative Luftfeuchtigkeit aufgeführt. Aus wirtschaftlichen Erwägungen wie auch aus Gründen des Umweltschutzes muss z.B. an heißen Sommertagen ein kurzfristiger Temperaturanstieg bis auf + 28 °C hingenommen werden. Bei der Haltung von Katzen, Schweinen und Hühnern sind auch Temperaturen von weniger als 15 °C noch ausreichend, wenn den Tieren an geschützter Stelle ein warmer Ruheplatz angeboten wird. Bei der Primatenhaltung ist unbedingt zu berücksichtigen, dass die verschiedenen Primatenarten unterschiedliche Anforderungen an die Haltungstemperatur stellen.

Die in **Tabelle 5.2** angegebenen Temperaturwerte beziehen sich auf Zuchttiere; für Jungtiere ist, mit Ausnahme der Nestflüchter wie z.B. der Meerschweinchen, in der Regel eine höhere Umgebungswärme vorzusehen. So benötigen Wachtelküken nach dem Schlüpfen eine Temperatur von 38–40 °C, die innerhalb der ersten beiden Lebenswochen dann kontinuierlich auf die normale Haltungstemperatur heruntergefahren wird. Die Labornagetiere bauen für ihre Jungtiere meist nestartige Kuhlen in der Einstreu, in denen die Jungen geschützt liegen, zusätzlich wärmen die Mütter häufig ihre Jungen. Bei Katzen, Hunden und Minipigs hat sich eine Fußbodenheizung unter bzw. Rotlichtlampe über den Wurfplätzen bewährt.

Luftfeuchtigkeit

Die Feuchtigkeit der Luft ist die Menge Wasserdampf, die in einer bestimmten Luftmenge enthalten ist. Dabei gibt die absolute Luftfeuchtigkeit den Wasserdampfgehalt in Gramm je Kubikmeter (g/m³) Luft an. Die relative Luftfeuchtigkeit geht von der Gesamtwasserdampfmenge in einem (wasserdampfgesättigten) Kubikmeter Luft aus und gibt an, wie viel Prozent von dieser maximal möglichen Luftfeuchtigkeit[77] bei gleicher Temperatur tatsächlich vorhanden ist. Die spezifische Luftfeuchtigkeit schließlich entspricht dem Gewicht des Wasserdampfes (in kg), der in einem kg Luft enthalten ist.

Im Tierhaltungsbereich wird in der Regel die relative Luftfeuchte in % angegeben (**Tab. 5.2**). Die direkte Abhängigkeit dieses Wertes von der Temperatur ist daran zu erkennen, dass im geschlossenen System die relative Luftfeuchtigkeit bei steigender Temperatur mit jedem Celsius-Grad Erwärmung etwa um 5 % abnimmt. Wenn also z.B. in der 15 °C vorgewärmten Zuluft eines Tierraumes eine relative Feuchte von 80 % gemessen wird, so wird dieser Wert nach Erwärmung auf eine Haltungs-

---

[76] Blutdruckwert während der Erschlaffungsphase des Herzens, steht auch für den sog. peripheren Widerstand des Gefäßsystems. Bei normalen Blutdruckwerten des Menschen von 120 : 80 mmHg stellt die 80 den diastolischen Wert dar.

[77] $$\text{Relative Luftfeuchte} = \frac{\text{tatsächlich vorhandene Wasserdampfmenge je m}^3 \text{ Luft}}{\text{maximal möglicher Wasserdampfgehalt je m}^3 \text{ gesättigter Luft bei gleicher Temperatur}} \times 100$$

temperatur von 22 °C um 35 %[78] auf 45 % zurückgehen. Umgekehrt wird die relative Luftfeuchtigkeit von 55 % in einem 22 °C warmen Raum auf einen Wert von 75 % ansteigen, wenn die Raumtemperatur um 4 °C auf 18 °C abgekühlt wird. Es muss allerdings berücksichtigt werden, dass die mit einem Hygrometer in einem Tierraum gemessene relative Luftfeuchtigkeit nicht nur den mit dem Zuluftstrom in den Raum geführten Wasserdampf repräsentiert, sondern auch Anteile enthält, die als Wasserdampf von den Tieren (**Tab. 5.1**) abgegeben werden oder die z.B. nach dem Ausspritzen des Raumes durch Wasserverdunstung entstanden sind.

Zu feuchte und zu kühle Luft begünstigt Atemwegserkrankungen. Aber auch zu feuchte und zu warme Luft kann sich nachteilig auf die Tiere auswirken. Grundsätzlich ist davon auszugehen, dass mit steigender relativer Luftfeuchtigkeit der Futter- und Wasserverbrauch zurückgeht. Sehr niedrige Luftfeuchtigkeiten führen dagegen zu höherem Wasserverbrauch. In extremen Fällen kann z.B. bei Ratten die sog. Ringschwänzigkeit (engl.: ring tail disease) (**Abb. 7.5**), d.h. eine oder mehrere kreisförmige Einschnürungen am Schwanz, mitunter auch an den Zehen, auftreten. Die Krankheit, bei der der distale (vom Rumpf weggerichtete) Schwanzabschnitt anschwillt, tritt bei relativen Luftfeuchtigkeiten von < 40 % und vor allem bei Jungratten etwa bis zum Absetzalter auf und wird durch hohe Raumtemperaturen und Käfigböden aus Drahtgeflecht zusätzlich begünstigt. Häufig muss jedoch besonders bei Maus und Ratte bereits bei relativen Luftfeuchten unter 45 % mit Schwierigkeiten und Ausfällen bei der Zucht gerechnet werden.

Luftzusammensetzung

Normale, unbehandelte Luft ist ein Gemisch aus verschiedenen Gasen, Wasserdampf und unterschiedlichen Verunreinigungen einschließlich gasförmiger Verbrennungsprodukte, Rauch, Staub, Mikroorganismen sowie Partikeln anderen Ursprungs. Wenn man von den vielfältigen Verunreinigungen absieht, ist

Tab. 5.3: Zusammensetzung der natürlichen (trockenen) Luft

Gas	Anteil in Volumenprozent
Stickstoff	78,06
Sauerstoff	21,00
Argon	0,94
Kohlendioxid	0,03
Neon	0,0018
Helium	0,00052
Krypton	0,0001
Wasserstoff	0,0005
Xenon	0,0000008

die Zusammensetzung der Luft überall auf der Erde mehr oder weniger gleich. Sie enthält Stickstoff, Sauerstoff, Kohlenstoffdioxid sowie Spuren von Wasserstoff und anderer Gase, die in **Tabelle 5.3** mit ihren Volumenanteilen an der „Gesamtluft" aufgelistet sind.

Unter natürlichen Bedingungen gibt es keine Luft ohne Verunreinigungen und vor allem ohne einen bestimmten Wasserdampfgehalt. Der Anteil an Wasserdampf in der Luft hängt sehr stark von der Temperatur, den örtlichen Wetter- und sonstigen Bedingungen ab. So wird der Wasserdampfgehalt in der Luft über Seen und Flüssen in der Regel sehr viel höher liegen als z.B. über einem „trockenen" Wüstengebiet. Auch die Luft im Tierraum enthält – wie zum Thema Luftfeuchtigkeit bereits ausgeführt – eine bestimmte Menge an Wasserdampf, der zum einen Teil in der Raumzuluft enthalten ist, zum anderen von den im Raum gehaltenen Tieren abgegeben wird.

In der Luft eines Tierraumes sind – selbst bei optimal gefilterter Zuluft[79] – neben den in **Tabelle 5.3** aufgeführten, „normalen" Gasen der Luft eine Reihe von im Tierraum selbst erzeugten Komponenten zu erwarten. Hier sind die sog. Schadgase wie Ammoniak (NH_3) und Schwefelwasserstoff (H_2S) ebenso zu nennen

---

78 7 °C Erwärmung x 5 % Verlust je 1 °C = 35 % Gesamtverlust

79 Moderne SPF-Einheiten verfügen in ihrer Zuluft über Feinstaub- und Hochleistungsfilter, die einen Abscheidegrad für Durchmesser von 0,3–0,9 mm von 99,9–100 % haben. Das bedeutet, dass auch Partikel von Bakteriengröße aus der Zuluft herausgefiltert werden. Bei einer anzustrebenden Luftwechselrate von 15–20x je Stunde sollte dennoch eine Strömungsgeschwindigkeit der Luft von max. 0,5 m/sec nicht überschritten werden.

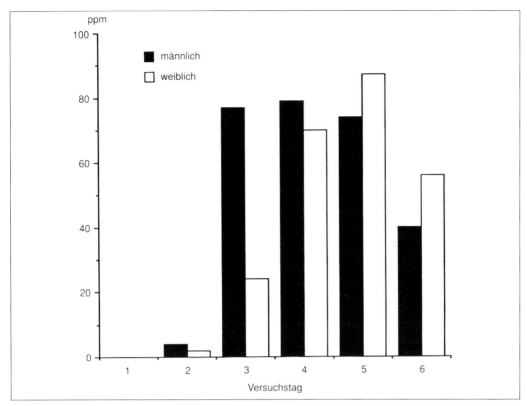

Abb. 5.2: Ammoniakkonzentrationen in der Käfigatmosphäre (Messung in der Käfigmitte, 1 cm über der Einstreu) bei der Haltung von je 4 Rattenmännchen und -weibchen je Makrolon-III-Käfig. Erfasst wurden 25 Käfige je Geschlecht über 6 Tage ab dem Umsetzen (nach Weiss et al., 1991). Eine Besatzdichte von mehr als 2 Ratten je Makrolon-III-Käfig entspricht nicht den Erfordernissen einer tierartgerechten Dauerhaltung; im vorliegenden Fall war sie ausschließlich experimentell bedingt und auf die Versuchsdauer befristet.

wie die möglicherweise über das normale Vorkommen deutlich angehobene Konzentration von Kohlenstoffdioxid (CO_2). Ebenso zu erwähnen sind Stäube aus der Einstreu, aus Futterabrieb, sowie Hautprodukte wie z.B. Schuppen und Federteile.

Ammoniak (NH_3)

Das stechend riechende und in höheren Konzentrationen giftige Ammoniak entsteht bei der mikrobiellen und enzymatischen Zersetzung stickstoffhaltiger Stoffe. Hauptquelle ist sowohl bei der Haltung landwirtschaftlicher Nutztiere wie auch bei der von Versuchstieren der Harnstoff in den Exkrementen der Tiere, der durch das Enzym Urease abgebaut wird. Im Käfig von Labornagern besitzen bestimmte Bakterienarten, vor allem Streptokokken, dieses Enzym, mit dem sie den Harnstoff in Ammoniak und Kohlenstoffdioxid aufspalten. Allgemein ist von Ammoniak bekannt, dass es die Leistungsfähigkeit von Tieren vermindert, d.h. Futteraufnahme und -verwertung, Gewichtszunahme, Milchleistung etc. gehen – abhängig von den eingeatmeten Konzentrationen – zurück. Bei Labornagern beeinträchtigen schon Ammoniakkonzentrationen von wenigen „parts per million" (ppm) die Aktivität der Flimmerhärchen in der Luftröhre. Ab etwa 25 ppm ist die Anfälligkeit für Infektionskrankheiten des Atmungstraktes sichtbar erhöht. Konzentrationen von einigen hundert ppm Ammoniak können zu Verätzungen und damit zu bleibenden Schäden im Bereich des Atmungstraktes führen. Konzentrationen ab etwa 4000 ppm können z.B. für Ratten innerhalb weniger Stunden tödlich sein.

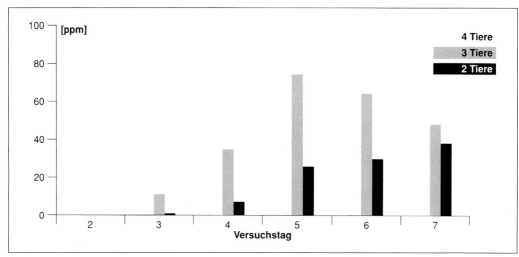

Abb. 5.3: Ammoniakkonzentrationen in der Käfigatmosphäre bei der Haltung von 2, 3 und 4 männlichen Ratten je Makrolon-III-Käfig. Es wurden 51 Käfige über 7 Tage ab dem Umsetzen erfasst. Die Messung erfolgte in der Käfigmitte, 1 cm über der Einstreu (nach Weiss et al., 1991). Eine Besatzdichte von mehr als 2 Ratten je Makrolon-III-Käfig entspricht nicht den Erfordernissen einer tierartgerechten Dauerhaltung; im vorliegenden Fall war sie ausschließlich experimentell bedingt und auf die Versuchsdauer befristet.

Bei der Haltung von Labornagern haften die Bakterien an den Tieren und gelangen so in die Einstreu der ggf. zuvor autoklavierten Käfige. Sobald über die tierischen Ausscheidungen Harnstoff zur Verfügung steht, vermehren sich die Bakterien sehr schnell und produzieren bei ihrem enzymatisch bewerkstelligten Abbau des Harnstoffs Ammoniak und Kohlenstoffdioxid. Vermehrungsrate und Stoffwechselaktivität dieser Bakterien hängen sehr stark von der Urinmenge ab, die von den Tieren ausgeschieden wird, und damit vom Wassergehalt in der Einstreu und der relativen Feuchtigkeit der Raumluft. So liegt die Ammoniakkonzentration bei einer relativen Luftfeuchte von 85 % mit 175 ppm um das Siebenfache über dem Wert, der bei einer relativen Luftfeuchte von 45 % erreicht wird, bei 25 % rel. LF. beträgt sie nur noch wenige ppm.

Bei der Haltung männlicher Ratten steigt die Ammoniakkonzentration im Käfig sehr viel schneller an, als dies bei der gleichen Anzahl von Weibchen der Fall ist (**Abb. 5.2**). Dies ist im Wesentlichen durch bedingt, dass die größeren Männchen auch größere Mengen an Exkrementen abgeben; so können sich die harnstoffspaltenden Bakterien schneller vermehren und damit mehr Harnstoff abbauen. Diese Stoffwechselprozesse haben eine Veränderung des gesamten Milieus in der Einstreu zur Folge; so steigt z.B. der pH-Wert in der Einstreu so stark an, dass eine für die Bakterien ungünstigere Situation entsteht. Ihre Stoffwechselaktivität geht dann zurück, und damit auch die Ammoniakkonzentration in der Käfigatmosphäre. Ein ähnliches Bild ergibt sich in Abhängigkeit von der Anzahl der Tiere je Käfig (**Abb. 5.3**). Je mehr Tiere dort gehalten werden, desto schneller und höher erfolgt der Anstieg der Ammoniakkonzentration, und umso früher ist das „Umkippen" des Einstreumilieus zu erwarten.

Auch die Einstreumenge hat einen maßgeblichen Einfluss auf die Ammoniakkonzentrationen in der Käfigatmosphäre (**Abb. 5.4**). Im vernünftigen Rahmen angewendet, gilt: Je mehr Einstreu im Käfig, desto niedriger die Ammoniakkonzentrationen in der Käfigatmosphäre. Hinsichtlich des Einstreutyps ist anzumerken, dass bei der Verwendung von Fasereinstreu höhere Ammoniakwerte zu erwarten sind als bei Granulat.

Insgesamt ist festzustellen, dass bei maßvoller Käfigbesatzdichte (z.B. 2 Ratten je Makrolon-III-Käfig), ausreichender Einstreumenge (ca. 200 g/Makrolon-III-Käfig) und zweimaligem Umsetzen je Woche die Entstehung von Ammoniak im Labornagerkäfig in der Regel so

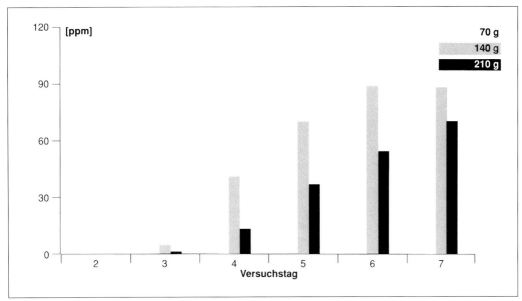

Abb. 5.4: Ammoniakkonzentrationen in der Käfigatmosphäre bei 70, 140 bzw. 210 g Fasereinstreu und je 4 Rattenmännchen pro Makrolon-III-Käfig. Es wurden 51 Käfige über 7 Tage ab dem Absetzen erfasst. Die Messung erfolgte in der Käfigmitte, 1 cm über der Einstreu (nach Weiss et al., 1991). Eine Besatzdichte von mehr als 2 Ratten je Makrolon-III-Käfig entspricht nicht den Erfordernissen einer tierartgerechten Dauerhaltung; im vorliegenden Fall war sie ausschließlich experimentell bedingt und auf die Versuchsdauer befristet.

gering gehalten werden kann, dass keine gesundheitlichen Gefährdungen und/oder Beinflussungen von Versuchsabläufen und -ergebnissen zu erwarten sind. Der Makrolon-IV-Käfig bietet den darin gehaltenen Ratten nicht nur größeren Lebensraum als der nur halb so große Makrolon-III-Typ, sondern weist – bei gleicher Besatzdichte und Einstreumenge je Flächeneinheit[80] – eine geringere Ammoniakkonzentration auf.

Schwefelwasserstoff (H$_2$S)

Schwefelwasserstoff entsteht bei anaerobem bakteriellen Abbau schwefelhaltiger Eiweißstoffe in den Exkrementen und wird – wie auch der Ammoniak – nur zu einem geringen Teil vom Tier direkt ausgeschieden. Schwefelwasserstoff ist ein farbloses Gas von hoher Giftigkeit, das einen typischen und äußerst unangenehmen Geruch nach faulen Eiern besitzt. Da es vor allem da auftritt, wo organisches Material in Fäulnis übergeht, spielt es zwar bei der Haltung landwirtschaftlicher Nutztiere, kaum aber bei der Haltung von Labornagern, eine Rolle.

Kohlenstoffdioxid (CO$_2$)

Wie bereits erwähnt, ist Kohlenstoffdioxid mit einem Volumenanteil von 0,03 % normaler Bestandteil der Luft. Im Tierraum steigt die Konzentration darüber hinaus um die bei der tierischen (und menschlichen) Atmung abgegebenen Mengen wie auch um die Beträge, die z.B. beim oben beschriebenen enzymatischen Abbau von Harnstoff anfallen, an. Spätestens bei Erhöhung auf Werte über 3500 ppm CO$_2$ (= 8 g/kg Luft) in den Tierräumen ist mit Leistungsminderung bei Mensch und Tier zu rechnen. Bei normaler Tierraumbelegung und einer Rate von 15–20 Luftwechseln je Stunde besteht jedoch keine Gefahr, dass problematische CO$_2$-Konzentrationen erreicht werden.

---

[80] Am vierten Tag nach dem Umsetzen wurden im Makrolon-III-Käfig mit 3 Männchen durchschnittlich 75 ppm, im Makrolon-IV-Käfig mit 6 Männchen nur 43 ppm Ammoniak gemessen (Einstreumenge: 140 g/M-III bzw. 280 g/M-IV-Käfig).

Stäube

Die Zuluft in modernen Versuchstierhaltungen ist im Regelfall so gut gefiltert, dass die innerhalb eines Tierraumes anfallenden Stäube und sonstigen Partikel sämtlich dort entstanden oder vom Pflegepersonal hereingebracht worden sind.

Mengenmäßig machen Stäube aus Einstreu und Futter den größten Anteil aus. Es gibt heute eine reichhaltige Auswahl verschiedener Einstreutypen, in denen – abhängig auch vom Herstellungsverfahren – unterschiedlich große Staubanteile enthalten sind. Durch die Bewegungsaktivität der Tiere wie auch durch direkte Beschäftigung mit der Einstreu werden diese Stäube aufgewirbelt und mit der bewegten Luft davongetragen und im Raum verteilt. Ähnlich verhält es sich mit dem Futter, das bei Bewegungen der Käfige durch das Pflegepersonal und bei direkten Manipulationen der Futter-Pellets durch die Tiere Abriebstäube freisetzt. Auch wenn die Tiere die trockenen Pellets mit ihren Nagezähnen abraspeln, ist mit dem Anfall kleinster Teilchen zu rechnen. In bestimmten Fällen, z.B. bei fehlerhaft hergestellter Einstreu, können große Staubmengen im Käfig auftreten, die von den Tieren zwangsläufig eingeatmet werden und so die Atmungsfunktion beeinträchtigen können. Insbesondere bei Jungtieren muss in solchen Fällen mit gesundheitlichen Beeinträchtigungen bis hin zu Todesfällen gerechnet werden.

Weitere partikuläre Bestandteile der Luft sind abgestorbene Hautzellen, ihre Bruchstücke sowie Schuppen und Haare, die ständig von den Tieren abgegeben werden, bis zu ihrer Ablagerung in der Luft bleiben und von Mensch und Tier eingeatmet werden können[81]. Hieraus wird bereits deutlich, dass Reinigungsarbeiten im Tierraum wie Kehren oder Staubwischen, wenn überhaupt, nur mit größter Umsicht durchgeführt werden dürfen, da andernfalls große Teile der abgelagerten Stäube wieder aufgewirbelt werden. Es ist stattdessen sinnvoller, zunächst mit geeigneten Staubsaugern (auf spezielle Filtersysteme ist zu achten) die fraglichen Bereiche grob zu reinigen und sie dann mit feuchten Tüchern (ggf. Desinfektionsmittel beigeben) abzuwischen. Die Böden lassen sich am besten mit dem Wasserschlauch ausspritzen, ohne dass es dabei zur Aufwirbelung von Stäuben kommt.

5.1.4 Beleuchtung

Sichtbares Licht ist ein (kleiner) Teil des Spektrums elektromagnetischer Strahlung, die von einer Leuchtquelle, z.B. der Sonne, ausgeht. Bei Säugetieren erfolgt die Wirkung des Lichtes auf den Organismus, indem ein bestimmter Zelltyp der Netzhaut (sog. Photorezeptorzellen) des Auges gereizt wird. Über diesen Mechanismus wird zum einen die Sehfähigkeit gewährleistet, zum anderen die Steuerung der Augenbewegungen, der zentralen nerval-hormonellen Abläufe im Organismus sowie des Verhaltens. Von den Photorezeptorzellen wird der Lichtreiz in ein Signal umgesetzt und so zu den verschiedenen Hirnteilen geleitet.

In der Netzhaut der Säugetiere sind zwei verschiedene Typen von Photorezeptorzellen vertreten, Stäbchen und Zapfen nämlich. Die Zapfen haben eine geringe Empfindlichkeit, d.h. hohe Reizschwelle und dienen dem feinauflösenden Farbensehen in hellem Licht. Die Stäbchen weisen eine hohe Empfindlichkeit, d.h. niedrige Reizschwelle auf und dienen dem schwarz-weißen Dämmerungssehen. Jeder der beiden Photorezeptortypen enthält einen speziellen lichtempfindlichen Sehfarbstoff, der sich unter Lichteinwirkung aufspaltet und der wieder neu gebildet wird, wenn der Organismus die ausreichenden Vitamine in erforderlichem Umfang erhält.

Je nach Tierart finden sich unterschiedliche Typen von Sehfarbstoffen in den Photorezeptorzellen, die für die betreffende Tierart charakteristische Absorptionsmerkmale aufweisen. Zudem schwanken die Anzahl, Dichte und Verteilung der Stäbchen und Zapfen in der Netzhaut je nach Tierart. Bei einigen, z.B. den meisten Vogelarten, ist die Netzhaut vor allem mit Zapfen besetzt. Bei anderen Tieren, z.B. bei Affen und Katzen, aber auch beim Menschen, sind beide Typen vertreten, wobei die Zapfen überwiegen; in der Netzhaut der meist nacht-

---

81 Zum Schutz vor der Entwicklung entsprechender Allergien ist es empfehlenswert, insbesondere bei Arbeiten, bei denen abgelagerte Stäube aufgewirbelt werden können, Mundschutz zu tragen.

aktiven Nagetiere herrschen dagegen die für das Dämmerungssehen verantwortlichen Stäbchen vor. Grundsätzlich verleihen in der Überzahl vorhandene Zapfen einem Tier gute Tages- und Farbensichtigkeit mit hoher Auflösung bei weitgehender Nachtblindheit. Wo beide Zelltypen gleichermaßen vertreten sind, liegt eine gute Tagsichtigkeit, Farben- und Dämmerungssehen vor. In der Netzhaut überwiegend vorhandene Stäbchen stehen für sehr gutes Dämmerungssehen bei geringer Sehschärfe, wobei dieser Augentyp bei grellem Licht sehr schnell geblendet wird. Diesem zuletzt genannten Typ entsprechen die Augen von Ratte, Maus, Meerschweinchen und Kaninchen. Sie sind am empfindlichsten im Wellenlängenbereich von etwa 500 nm, d.h. im grünen Teil des Spektrums oder sogar noch darunter bis in die Nähe des blauen Bereiches.

Rotes Licht können z.B. Maus und Ratte nicht wahrnehmen. Diesen Umstand kann man sich bei der Durchführung von Verhaltensbeobachtungen zunutze machen, indem man hierfür Rotlicht-Fluoreszenz-Leuchtstoffröhren verwendet, die dem Menschen genügend Helligkeit für die Beobachtungen liefern, deren Licht für die Tiere aber unsichtbar ist. Praktische Bedeutung hat dieses Verfahren für alle Fragestellungen, in denen typische nächtliche Verhaltensweisen beobachtet werden sollen. Hierfür wird der Licht-Dunkel-Rhythmus umgekehrt, d.h. von 19–7 Uhr leuchtet das normale Raumlicht, von 7–19 Uhr herrscht Dunkelheit, bzw. ist das Rotlicht für die Beobachtungen eingeschaltet. Nach einer Umstellungszeit von etwa 2 Wochen können dann während der Tagphase normale nächtliche Verhaltensweisen der Nager beobachtet werden.

Je nach Intensität des Lichtes im Tierraum sowie der Dauer der Hellphasen (im Extremfall als Dauerlicht) kann bei den Tieren eine schädliche Wirkung auf die Sehfähigkeit sowie die Netzhautzellen festgestellt werden. So verhindert Licht hoher Intensität z.B. bei Labornagern die Neubildung des für das Sehen unentbehrlichen Sehfarbstoffes Rhodopsin der Stäbchen. Zur Bildung von Rhodopsin ist Vitamin A unentbehrlich; sein nicht ausreichendes Vorhandensein oder gar Fehlen verhindert den Aufbau des Sehfarbstoffes und kann zur Rückbildung von Sehzellen und sogar zu völliger Erblindung führen.

Bei Lichtintensitäten von etwa 20000 lx[82] Weißlicht stellen sich bei albinotischen Ratten innerhalb weniger Stunden Netzhautschäden ein. Nach bis zu 2 Tagen Lichteinwirkung sind die Schäden noch umkehrbar, nach 8 Tagen Einwirkung werden sie irreparabel. Albinoratten, die 6 Monate lang einer Dauerbeleuchtung von 700 lx ausgesetzt waren, entwickelten schwere Netzhautrückbildungen. Kontrolltiere, die (bei gleicher Intensität) einen regelmäßigen Licht-/Dunkel-Wechsel (14 Std. hell, 10 Std. dunkel) hatten, wiesen dagegen keine derartigen Schäden auf. Solche, durch die Beleuchtung verursachte Netzhautschäden treten im Übrigen nicht nur bei albinotischen Tieren auf, sondern auch bei wildfarbenen Stämmen, deren Vertreter bekanntlich eine pigmentierte Netzhaut besitzen. Das Ausmaß der Schäden hängt demnach vor allem von der Lichtintensität, der Länge der Hellphasen sowie dem Ausmaß der Pigmentierung der Netzhaut ab.

Wie auf andere Funktionskreise des Säugetierorganismus hat die Beleuchtung auch auf die Sexualbiologie der Tiere erheblichen Einfluss. Die Impulse werden von der Netzhaut in das Gehirn übertragen, wo schließlich von der Hirnanhangsdrüse sog. Neurohormone abgegeben werden, die in den Sexualorganen der Tiere Reaktionen auslösen. Auf diese Weise wirkt sich die Beleuchtung im Tierraum, insbesondere das Verhältnis von Hell- zu Dunkelphasen, auch auf die Abläufe der Versuchstierzucht aus.

So bewirkt eine zu kurze tägliche Lichtperiode (Hellphase) z.B. bei Hamstern, Katzen, Schafen und Geflügeln einen Rückgang der Vermehrungsrate – ein Vorgang, der von freilebenden Tieren her wohlbekannt ist, die mit herannahendem Winter und kürzer werdenden Tagen ihre Fortpflanzung einstellen. Umgekehrt beeinträchtigt bei Ratten eine zu lange Hellphase den Brunstzyklus nachteilig, so dass die Zahl der Trächtigkeiten abnimmt. Das Helldunkel-Verhältnis sollte bei den nachtaktiven Labornagern wie auch den größeren Laborsäugern 12:12 bis 14:10 (H:D) betragen. Beim Geflügel liegt das günstigste Verhältnis bei 14:10 bis 16:8 (H:D). Um den Lichtrhythmus

---

82 Lux (Abk. lx) = Maßeinheit der Beleuchtungsstärke. 1 lx = Helligkeit einer Fläche, die von einer Normalkerze aus 1 m Entfernung senkrecht angestrahlt wird.

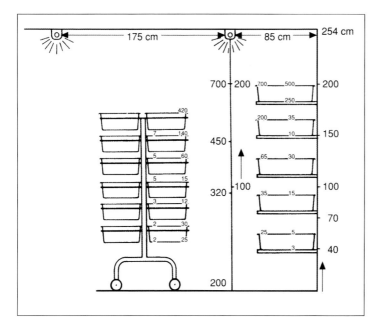

Abb. 5.5: Schematische Darstellung der unterschiedlichen Beleuchtungsstärken an verschiedenen Stellen des Tierraumes. Auch wenn die bei den Messungen verwendeten Käfige aus Makrolon waren, ist dennoch eine deutliche Absorption des Lichts erkennbar (nach: Gesellschaft für Versuchstierkunde, 1988).

mehr den natürlichen Verhältnissen anzupassen, kann vor dem Ein- bzw. Ausschalten der Raumbeleuchtung eine Art Dämmerungsperiode eingeschoben werden. Da das Dimmen von Leuchtstoffröhren jedoch spezielle technische Voraussetzungen erfordert, kann die Dämmerungsphase notfalls auch dadurch simuliert werden, dass für etwa 30 Minuten jeweils die Hälfte der Lampen ein- bzw. ausgeschaltet wird.

In Tierräumen sollte die Beleuchtung mit Leuchtstoffröhren erfolgen, die den gängigen internationalen Standards entsprechen. So werden von der GV-SOLAS Standard-Kaltlicht-Fluoreszenz bzw. Tageslicht-Leuchtstofflampen empfohlen. Diese sollten so an der Decke befestigt sein, dass eine möglichst gleichmäßige Ausleuchtung des Raumes gewährleistet ist. Als Arbeitsplatzbeleuchtung im Tierraum soll in der Regel eine Lichtintensität von 300–450 lx (gemessen 1 m über dem Boden, senkrecht unter dem Beleuchtungskörper) nicht überschritten werden. Dabei muss berücksichtigt werden, dass die Lichtintensität vom Raum zum Käfiginneren noch einmal deutlich abnimmt. Für die Langzeithaltung albinotischer Tiere – einschließlich der Zucht – sollte die Lichtintensität in den Käfigen 60 lx nicht überschreiten (**Abb. 5.5**).

Keinesfalls sollte zusätzlich zum Kunstlicht Sonnenlicht, z.B. durch möglicherweise vorhandene Fenster, in den Tierraum dringen, da dieses die festgelegten Lichtintensitäten und -rhythmen verändern und zudem das Raumklima beeinflussen kann.

5.1.5 Geräuschpegel

Geräusche, die in einer Versuchstierhaltung auftreten, entstehen bei den dort üblichen Arbeiten wie dem Umsetzen, Füttern, Tränken sowie der Reinigung der Räume und Flure und sind insofern vom Menschen erzeugt. Aber auch die Geräusche tierischen Ursprungs wie die arttypischen Lautäußerungen (**Tab. 5.4**) können, z.B. bei der Haltung von Hunden und Katzen, ein erhebliches Ausmaß annehmen. Schließlich sind die Geräusche zu nennen, die die Tiere in ihren Käfigen erzeugen, so z.B., wenn Kaninchen mit ihren Hinterläufen krachend gegen die Edelstahlwände ihrer Käfige schlagen, oder das an entferntes Schreibmaschinenklappern erinnernde Geräusch, wenn Ratten nach dem Ausschalten des Raumlichts unverzüglich Bewegungs- und Fressaktivität entfalten. Beim Fehlen sonstiger Geräusche tierischen oder menschlichen Ursprungs ist dennoch als leises Hintergrundgeräusch das ständige Rauschen der Zu- und Abluftströme zu vernehmen.

Tab. 5.4: Geräuschpegel in drei verschiedenen Tierräumen. Die tatsächliche Geräuschkulisse in einem Tierraum hängt zusätzlich ab von seiner Größe, Form, Einrichtung und der Belegungsdichte. Die hier aufgeführten Zahlen geben somit nur einen Anhaltspunkt, sie sind keinesfalls repräsentativ (nach: Fletcher, 1976 in Mc.Sheehy, Laboratory Animal Handbooks 7, Laboratory Animals Ltd.). dB = Dezibel (objektives Maß für den Schallpegel). Die untere Hörgrenze des Menschen liegt bei 0 dB, die Schmerzgrenze bei 120 dB. Eine Erhöhung (Verminderung) um 3 dB entspricht einer Verdoppelung (Halbierung) der Schallintensität, eine Erhöhung des Schallpegels um 10 dB entspricht dem Zehnfachen der Schallintensität.

Raumart	Raumgröße (m)	Geräuschstärke in dB
Kaninchenraum	3,05 x 9,14	42
Hunderaum	6,40 x 4,88	102
Primatenraum	4,88 x 10,67	58

Um die Wirkung von Geräuschen, die bei schädigender Wirkung meist in die Kategorie Lärm einzuordnen sind, auf den Organismus beurteilen zu können, muss ihre Frequenz, Intensität und Dauer bekannt sein; ebenso, wie oft und in welchen Zeitabständen der Organismus dem Lärm ausgesetzt war. Zur Beurteilung notwendig sind auch Kenntnisse der jeweiligen Tierart und ihres speziellen Hörvermögens (Frequenzbereiche).

Grundsätzlich hat Lärm, z.B. laute Töne verschiedener Frequenz[83], auch unterschiedlich schädigende Wirkung auf das Gehör. Reine Töne hoher Frequenz, etwa das Zischen von Dampf, der aus einem Druckgefäß entweicht, verursachen bevorzugt Schäden im Bereich des Innenohrs. So zeigten z.B. Meerschweinchen und Hunde, die einem intensiven, hochfrequenten Ton von 50–100 kHz[84] ausgesetzt waren, bei der histologischen Auswertung deutliche Anzeichen von Schädigungen des Sinnesepithels der Gehörschnecke, die auf einen gewissen Verlust der Hörfähigkeit schließen ließen.

Niederfrequenter Lärm sowie Mischtöne aus verschiedenen Frequenzbereichen, wie etwa die Nebengeräusche in einem schlecht eingestellten Kurzwellenradio, wirken sich dagegen bevorzugt im Bereich der sog. Schnecke aus, einem Teil des Ohrlabyrinths im Innenohr. So wiesen Meerschweinchen, die einem 128 dB lauten, reinen Ton von 500 Hz für 20 min ausgesetzt waren, Schäden im Innenohr auf, die auf eine Beeinträchtigung ihrer Hörfähigkeit schließen ließ.

Lärm übt, wie auch extreme Temperaturen, Schmerz oder andere Reize, Stress auf die Tiere aus. Die in solchen Fällen meßbaren Folgen sind u.a. der Anstieg des Blutdruckes, des Blutzuckerwertes sowie die Reaktion typischer Stresshormone und der Nebennieren. Auch der Verlauf von Trächtigkeiten wird durch Lärmeinwirkung beeinflusst. Unter solchen Bedingungen werden häufig weniger und leichtere Junge geboren als ohne Lärmeinwirkung; auch ein Anstieg der Anzahl missgebildeter Jungtiere wurde beobachtet. Als Verhaltensänderung unter Lärmwirkung wird häufig eine Zunahme der Aggressivität beobachtet. Die Tiere fressen weniger, betreiben weniger Fellpflege, ihr Fell wird struppig, schließlich sind sie körperlich weniger aktiv als vor der Lärmeinwirkung.

Zusammenfassend ist festzustellen, dass die meisten der heute vorliegenden Kenntnisse über Lärmwirkungen auf tierische Organismen von gezielten Untersuchungen stammen, bei denen Lärmreize von großer Lautstärke und jeweils nur kurzer Dauer getestet wurden. Dabei zeigten sich Wirkungen auf die Sexualfunktion, verschiedene klinisch-chemische Blutwerte, das Hörvermögen, Krampfanfälligkeit, Lernverhalten sowie zahlreiche andere Organstrukturen und Stoffwechselvorgänge. Dabei muss berücksichtigt werden, dass verschiedene Tierarten u.a. wegen ihres unterschiedlich ausgeprägten Hörvermögens verschieden auf Lärmreize reagieren. Grundsätzlich kann aber davon ausgegangen werden, dass in einer Versuchstierhaltung, die nach heutigem versuchstierkundlichem Kenntnisstand (siehe auch die verschiedenen Empfehlungen der Gesellschaft für Versuchstierkunde) eingerichtet ist und betrieben wird, im Regelfall keine Gesundheitsschäden bei den Tieren aufgrund von Lärmauswirkungen erwartet werden müssen.

---

83 Häufigkeit eines Vorganges in einer bestimmten Zeiteinheit.

84 KHz = Kilohertz = 1000 Hz. Hz ist die Einheit der Frequenz und gibt die Zahl der Schwingungen pro Sekunde an (Heinrich H. Hertz war Physiker und lebte v. 1857–1894).

Wiederholungsfragen

1. Welche Faktoren bestimmen das Käfigklima?
2. Was ist die relative Luftfeuchte und wodurch wird sie beeinflusst?
3. Welches sind die mengenmäßig wichtigsten Bestandteile der Luft?
4. Welche Lichtintensität sollte die Arbeitsplatzbeleuchtung im Tierraum nicht überschreiten?

5.2 Formen der Tierhaltung

5.2.1 Grundstruktur eines Tierheimes

Das Tierheim bietet in erster Linie Unterkünfte, Versorgung und Wiedervermittlung für entlaufene und verlassene Haus- und Heimtiere. Sehr willkommen sind auch die Möglichkeiten zur zeitweisen Unterbringung von Tieren in Urlaubszeiten oder bei Krankheitsfällen der Besitzer (Pensionstiere). Da die Tierheime fast ausschließlich von Tierschutzvereinen gebaut und erhalten werden, sind sie Mittelpunkt und beispielgebend für den praktischen Tierschutz in einer Region. Überwiegend werden Hunde und Katzen betreut, während die kleinen Heimtiere wie Syrische Goldhamster, Meerschweinchen, Kaninchen („Stallhasen"), verschiedene Mäuseartige und Käfigvögel nur in geringer Anzahl anzutreffen sind. Mitunter müssen auch größere Tiere wie Ponys und Schafe oder Geflügel (Gänse, Schwäne) vorübergehend untergebracht werden. Für die Einrichtung der Tierunterkünfte müssen speziell im Tierheim die folgenden Gesichtspunkte berücksichtigt werden:

- Vorbildfunktion bei der tiergerechten Haltung,
- Sichere Begrenzungen und hygienische Einrichtungen, um bei der sich ständig verändernden Tierpopulation Krankheitsausbrüchen vorzubeugen,
- Attraktive Präsentation der Tiere für Besucher, um die Vermittlung und Abgabe zu fördern,
- Wartungsfreundliche Einrichtungen, um das Tierpflegepersonal für die direkte Pflege und für den Umgang mit den zukünftigen Besitzern zu entlasten.

Es ist leicht einsichtig, dass diese Forderungen z.T. in sich widersprüchlich sind und dass daher ein Mittelweg mit vielen Kompromissen eingeschlagen werden muss. Eine Hauptbelastung für die meisten Tierheime sind die Sorgen um die finanzielle Absicherung. Vieles, was wünschenswert und notwendig wäre, lässt sich aus finanziellen Gründen einfach nicht realisieren. Aber auch hier gilt wie in der übrigen Tierhaltung, dass ein fachlich gut ausgebildetes und engagiertes Tierpflegepersonal mit der notwendigen Berufserfahrung und Liebe zum Beruf auch unter ungünstigen Voraussetzungen der Garant für eine tiergerechte Tierhaltung ist. An die Tierpfleger/innen und deren Idealismus werden in dieser Hinsicht im Tierheim besondere Anforderungen gestellt. Die Unterbringung und Versorgung der verschiedenen Tierarten unterscheidet sich nicht wesentlich von der in der Versuchstierhaltung, wird also mit dieser gemeinsam besprochen.

Wiederholungsfragen

1. Welche Aufgaben hat ein Tierheim?
2. Nennen Sie typische und häufig gehaltene Heimtiere.

5.2.2 Grundstruktur einer Versuchstierhaltung (Tierlaboratorium)

Versuchstiere werden sowohl in Laboratorien als auch auf Versuchstierfarmen, die sich insbesondere für die Zucht und/oder Langzeithaltung von großen Versuchstieren wie z.B. Hund, Schwein und Schaf bewährt haben, gehalten. Solche Farmen bieten den Tieren in der Regel Ausläufe, großflächigere Haltungseinheiten usw., die insbesondere aus Kostengründen in vollklimatisierten Versuchstierhäusern kaum zu realisieren wären. Hinzu kommt, dass es aus technischen Gründen fast unmöglich ist, vollklimatisierte Tierräume mit einem direkten Zugang zu einem Außenauslauf zu schaffen. Auch würde ein ständiger Wechsel zwischen vollklimatisierter und wetterabhängiger Haltung ein zusätzliches Gesundheitsrisiko für die so gehaltenen Tiere darstellen.

Andererseits ist es unstrittig, dass bei einer „Farmhaltung" auf wesentliche Faktoren der Standardisierung verzichtet wird. Diese Art der Tierhaltung wird deshalb auch als „konventionelle Tierhaltung" bezeichnet.

Im Folgenden soll nicht weiter auf Versuchstierfarmen, sondern ausschließlich auf Tierlaboratorien eingegangen werden. Man unterscheidet dabei zwischen zentralen und dezentralen Einrichtungen. Bei der letzteren handelt es sich meist nur um kleine Institutshaltungen, die häufig nur aus einem Tierraum oder wenigen Tierräumen bestehen und in denen vielfach nur eine einzige Versuchstierart gehalten wird. Da anhand einer Zentraleinrichtung Grundstrukturen, Ausstattungsmerkmale, Arbeitsabläufe u.ä. besser zu verdeutlichen sind, wird auch nur auf diese eingegangen. Moderne Tierlaboratorien haben hochtechnische Installationen, wie klima- und raumlufttechnische Anlagen, spezielle Haltungseinrichtungen für die verschiedenen Versuchstierarten und vieles mehr. Dies ist mit hohen Bau- und Betriebskosten verbunden. Aus diesem Grunde muss häufig schon beim Bau, spätestens jedoch beim Betrieb nach finanzierbaren Kompromisslösungen gesucht werden. Dies führt z.B. dazu, dass selbst in Zentraleinrichtungen nicht immer alle bekannten technischen Möglichkeiten ausgeschöpft werden können. Auch kann die Haltungskapazität bzw. die den einzelnen Tieren zur Verfügung stehende Fläche nicht – wie es aus Tierschutzgründen vielleicht wünschenswert wäre – beliebig groß sein. Dennoch muss auch hier – wie auch bei allen anderen Tierhaltungsformen – gelten, dass die Belange der Tiere möglichst weitgehend berücksichtigt werden und nicht nur der Rotstift regiert.

Die Größe einer solchen Versuchstierhaltung wird im Wesentlichen durch die Anzahl der dort zu haltenden bzw. zu züchtenden Versuchstierarten und die damit verbundenen spezifischen Aufgaben bestimmt; auch lassen sich nicht alle Tierarten in einem Haltungsbereich gemeinsam halten.

Dennoch gibt es bestimmte Räume, Bereiche u.Ä., die zur Grundausstattung einer Versuchstierhaltung gehören. Dies sind:
- Versuchstierräume/Tierlabors
- Schleusen
- Barrierenbereich
- Quarantänebereich
- Lager
- Reinigungsbereich
- Technikbereich
- Verwaltungs- u. Personalräume

Versuchstierräume

Versuchstierräume sollten als Tierlaboratorien oder – je nach gehaltener Tierart – z.B. als Rattenraum usw., nicht jedoch als Tierställe bezeichnet werden. Diese Räume dienen dazu, Versuchstiere – häufig lebenslang – möglichst optimal zu halten. Die Anzahl solcher Haltungsbereiche sollte groß genug sein, um zumindest für jede Tierart eigene Räume zur Verfügung zu haben. Noch günstiger ist es jedoch, wenn die Kapazität ausreicht, um unterschiedliche Versuche in getrennten Einheiten durchführen zu können.

Als günstig erwiesen haben sich dabei rechteckige Räume mit einer Grundfläche von ca. 15–30 m^2 (der so genannte „Standardtierraum" hat eine Grundfläche von 20 m^2 und eine Raumhöhe von 2,5–3 m). Bei der Planung bzw. Belegung solcher Räume geht man am besten von dem Flächenbedarf der dort zu haltenden Tierarten bzw. der Anzahl der hierfür benötigten Haltungseinheiten aus.

Während kleine Labornager meist in „genormten Standardkäfigen" gehalten werden, gilt dies für eine Reihe anderer Versuchstierarten, z.B. Kaninchen, Hund, Katze, Schwein, nicht. Aufgrund der unterschiedlichen Versuchszwecke, für die diese Tierarten verwendet werden, und wegen der speziellen Ansprüche dieser Tierarten ist eine Normierung der Käfige nicht in gleicher Weise möglich.

Zu berücksichtigen sind auch Anbringung der automatischen Tränken, Waschbecken, benötigte Arbeitsflächen, Verwendung von automatischen Entmistungsanlagen u.ä. Zur Vermeidung von „Schmutzecken" sollte in solchen Räumen stets nur das unbedingt Notwendige untergebracht werden. Aus diesem Grunde empfiehlt es sich, diese Räume mit fahrbaren Käfigregalen oder mit leicht auswechselbaren Wandregalsystemen zu bestücken. Zusätzlich wird damit eine höhere Flexibilität, d.h. die Möglichkeit gewonnen, solche Räume je nach Bedarf für die Haltung der unterschiedlichen Tierarten zu nutzen.

Einrichtung der Tierräume

Zur Standardeinrichtung eines Tierraumes gehören Kalt- und Warmwasseranschlüsse sowie Steckdosen. Ebenfalls sollten Waschbecken (Spül- und Handwaschbecken) und ein Handtuchspender installiert sein. In besonderen Fällen werden auch Zapfstellen für Desinfektionsmittel, aufgearbeitetes Trinkwasser u.ä. benötigt.

Die Ab- bzw. Zuluftöffnungen der Klimaanlagen befinden sich je nach Anlagetyp, Erfordernissen u.ä. in der Decke, an den Wänden oder im Boden. Ausführlichere Angaben zur Beleuchtung, technischen Ausstattung u.ä., aber auch zum Raumklima finden sich im **Kapitel 5.1**.

Die Wände und Böden sollten leicht zu reinigen und unempfindlich gegenüber Desinfektionsmitteln sein. Aus diesem Grund sind sie häufig gefliest oder mit Epoxydharz beschichtet. Es sollte eine ausreichende Anzahl von verschließbaren Bodenabläufen vorhanden sein, wobei sicherzustellen ist, dass das Reinigungswasser über ein ausreichendes Gefälle gut abfließen kann.

Die Türen müssen ausreichend groß sein, um alle benötigten Güter, Geräte u.ä. unproblematisch in die Tierräume bringen zu können. Als Mindestmaß sollten sie eine lichte Weite/Höhe von 1,0/1,95 m haben. Zweckmäßigerweise werden sie in der Raummitte und nicht seitlich angeordnet. Kontrollfenster in den Türen erleichtern die Überwachung der Tierräume. Auch müssen sie – zumindestens im Barrierenbereich – luftdicht schließen. Falls es sich nicht um gasdichte Türen handelt, müssen sie deshalb zusätzlich mit einer Gummidichtung oder ähnlichem versehen sein.

Von den vielen möglichen Einrichtungsgegenständen (z.B. Waagen, Futter- und Einstreubehälter) eines Tierraumes wird, um den Rahmen dieses Lehrbuches nicht zu sprengen, nur auf die Haltungseinheiten – Käfige und Boxen – sowie auf die Regale eingegangen. Vor allem diese Gegenstände prägen wesentlich die Einrichtung eines solchen Raumes.

Käfige

Der frei lebenden Tieren theoretisch zur Verfügung stehende Lebensraum wird durch natürliche Gegebenheiten wie Flüsse, Gebirge u.ä. begrenzt. Bei ausreichendem Nahrungsangebot wird davon jedoch nur ein begrenztes Revier genutzt, und nur bei Nahrungsmangel versucht das Tier, dieses zu vergrößern.

Bei in menschlicher Obhut gehaltenen Tieren ist ein solches Verhalten nicht möglich und auch nicht nötig, denn die Ernährung wird durch den Menschen sichergestellt. Der zur Verfügung stehende Lebensraum kann allein schon deshalb eingeschränkt werden. Aber auch ökonomische und arbeitstechnische Gründe zwingen den Menschen, dies zu tun. Nutztiere werden deshalb in Stallungen, Ausläufen, Boxen oder Käfigen gehalten. Bei einer solchen Haltung ist es wichtig, dass alle Faktoren berücksichtigt werden, die dazu beitragen können, einen möglichst guten Kompromiss zwischen den Ansprüchen des Tieres auf artgerechte Haltung und den vor allem aus Kostengründen notwendigen Beschränkungen des Lebensraums zu finden.

Der Platzbedarf ist vor allem von der Tierart, aber auch vom Körpergewicht, dem Alter, dem artspezifischen Verhaltensspektrum u.ä. abhängig. Auch erfordert die Zucht häufig andere Bedingungen als die Haltung. Grundsätzlich gilt, dass kleinere Haltungseinheiten für eine kurzfristige Unterbringung eher zumutbar sind, als bei einer langfristigen – oft lebenslangen – Haltung, bei der immer mehr Raum zur Verfügung stehen sollte. Da das **Kapitel 5.3** Angaben zum Flächenbedarf der einzelnen Tierarten enthält, wird im vorliegenden Kapitel nicht weiter darauf eingegangen.

Käfige für kleine Labortiere

Im Jahr 1999 wurden in der Bundesrepublik Deutschland in Tierversuchen ca. 1,59 Mio. Tiere verwendet. Der bei weitem überwiegende Teil davon waren Mäuse (48,8 %) und Ratten (25,3 %). Diese werden überwiegend in Makrolon-Käfigen gehalten. Hiervon stehen verschiedene Typen zur Verfügung, von denen allerdings der Typ I wegen seiner geringen Größe in der Tierhaltung selbst nicht mehr eingesetzt werden sollte. Angaben zu den derzeit verwendeten Käfigtypen sind **Tab. 5.5** zu entnehmen.

Die Vorteile dieser Käfigtypen liegen zum einen in ihrer Durchsichtigkeit, die eine Sichtkontrolle der im Käfig gehaltenen Tiere ermöglicht, dem geringen Gewicht, der Robustheit und

Tab. 5.5: Maße der gebräuchlichen Makrolon-Käfigtypen. I = Innenmaße Käfigboden; A = Außenmaße Käfigoberrand

Käfigtyp	Bodenmaße	Höhe	Bodenfläche	Wanddicke
Typ II	I: 222x162 mm A: 227x167 mm	140 mm	360 cm^2	2,5 mm
Typ II lang	I: 320x160 mm A: 365x207 mm	140 mm	512 cm^2	3 mm
Typ III	I: 377x215 mm A: 383x221 mm	150 mm	810 cm^2	3 mm
Typ III R	I: 377x215 mm A: 383x221 mm	180 mm	810 cm^2	3 mm
Typ IV	I: 550x328 mm A: 557x334 mm	190 mm	1800 cm^2	3,75 mm

Sterilisierbarkeit des verwendeten Materials. Zum anderen ist der Käfig wegen seiner glatten Wandflächen, seiner abgerundeten Ecken und Winkel, fehlender Fugen und Spalten, in denen Schmutz haften kann, leicht zu reinigen. Zudem ist er stapelbar.

Als Käfigdeckel werden Klemm- oder Falldeckel verwendet, deren Gitterabstände so eng sein müssen, dass sich die Tiere nicht hindurchzwängen können. Sie haben eine Raufe, in die das Futter und die Tränkflasche gelegt werden. Diese Fütterungstechnik hat arbeitstechnische Vorteile. Außerdem wird das Futter durch die Tiere wenig verschmutzt (Ausnahme: Mäuse), und die Futter-Pellets können gut abgenagt werden. Bei der Verwendung von automatischen Tränken ist die Rückwand mit einem durch eine Edelstahlöse geschützten Loch, durch das der Tränknippel in den Käfig hineinragt, ausgestattet.

Die Einstreu, die stets außerhalb des Tierraumes eingefüllt bzw. entfernt werden sollte, dient vor allem dazu, Urin, aber auch Gerüche, Schadstoffe u.ä. zu binden. Auch wird dadurch erreicht, dass die Tiere trocken und sauber bleiben. Zusätzlich kann sie zum Nestbau genutzt werden. Als ideales Nest- und Beschäftigungsmaterial wird vor allem bei hochtragenden Tieren manchmal zusätzlich Zellstoff in den Käfig gegeben.

Bei der Verwendung von Makrolon-Käfigen ist zu berücksichtigen, dass sich in einem mit Tieren besetzten Käfig ein „Mikroklima" aufgrund der Wärme- und Wasserabgabe der Tiere aufbaut, welches sich von dem Raumklima unterscheidet. Dies entsteht, weil die Käfige bis auf den Deckelbereich allseitig umschlossen sind und ein Luftaustausch nur über den Deckel möglich ist.

Käfige für Kaninchen

Während früher im Versuchstierbereich fast ausschließlich Metallkäfige benutzt wurden, hat sich mittlerweile der Kunststoffkäfig immer mehr durchgesetzt. Dieser hat entscheidende Vorteile: Kunststoff ist im Gegensatz zu Metall nicht wärmeleitend und bietet deshalb dem Kaninchen ein wärmeres, angenehmeres Milieu. Auch liegt der Lärmpegel in einem mit Kunststoffkäfigen bestückten Raum viel niedriger. Hinzu kommt die einfache Handhabung (geringeres Gewicht, Stapelbarkeit, leichtere Reinigung) dieser Käfige.

Bei der Verwendung von so genannten „Schalen" ist der Sichtkontakt der Kaninchen untereinander möglich, wenn über den Schalen als Trennwände Gitter und keine Bretter angebracht werden. Dies kommt einer tiergerechten Haltung von Kaninchen sehr entgegen. Gleichzeitig wird damit aber auch die notwendige Käfighöhe erreicht.

Kaninchenkäfige haben meist einen gestanzten Lochboden. Die Lochränder sollten abgerundet sein, um Verletzungen zu vermeiden, falls ein Kaninchen einmal durch ein solches Loch tritt. Durch diese Löcher gelangen die Ausscheidungen auf eine darunter befindliche Kotschale oder bei einer Bandentmistung auf ein kunststoffbeschichtetes, wasserundurchlässiges Papierband. Während das Band täglich weitergedreht werden muss, ist dies, wenn die Kotschalen mit Einstreu, Torf u.ä. gefüllt werden, nicht unbedingt erforderlich, denn diese Materialien binden den Uringeruch und die entstehenden Schadstoffe.

Die Vorderwand des Käfigs besteht aus einer Gittertür, die die ganze Front oder nur Teile dieser Front einnimmt. In diese werden die Futtertröge und die Tränkflaschen eingehängt. Bei der Verwendung von automatischen Tränkanlagen sind die nur wenig in den Käfig hineinragenden Tränknippel meist an der Rückwand angebracht. Die hierfür notwendigen Löcher müssen mit Stahlösen geschützt werden, um den Kaninchen keine Angriffsfläche zum Nagen zu bieten.

Falls aus bestimmten Gründen kein loses Heu verfüttert werden kann, sollten die Kaninchen zumindestens Heucobs erhalten. Sie dienen – genau wie die möglichst hängend angebrachten Beißhölzer – vor allem der Beschäftigung und weniger als Futter.

Käfiganreicherung (Environmental Enrichment)
Seit einigen Jahren wird verstärkt die Frage diskutiert, ob mit der üblichen Standardhaltung von Mäusen und Ratten, aber auch Kaninchen, in den bisher verwendeten Käfigsystemen die spezifischen Bedürfnisse dieser Tierarten ausreichend gedeckt werden, oder ob zusätzliche Einrichtungen, d.h. Käfig- bzw. Umweltanreicherungen und Beschäftigungsmöglichkeiten notwendig sind. Für diese Art von Zusatzausstattung hat sich im Sprachgebrauch der englischsprachige Begriff „environmental enrichment" eingebürgert. In der Praxis sind das z.B. Röhren, Häuschen oder Nester als Rückzugsmöglichkeiten, aber auch Etagenplätze, Klettergerüste und Laufräder (**Abb. 5.6**) als zusätzliche Bewegungsanreize sowie Material zur Manipulation, zum Zernagen oder auch zum Nestbau wie Holzstücke, Heu, Stroh, Zellstoff u.a.

Nach Auffassung der überwiegenden Mehrzahl der versuchstierkundlich tätigen Wissenschaftler, aber auch der Mehrheit des Tierpflegepersonals, spricht zumindest vieles dafür, dass die bisher verwendeten Haltungssysteme, soweit sie dem derzeitigen versuchstierkundlichen Kenntnisstand entsprechen, zumindest keine entscheidenden Mängel aufweisen. Dies ist daran erkennbar, dass die fraglichen Tierarten ohne jegliche Anzeichen von Belastung darin gehalten und gezüchtet werden können. Essenzielle Defizite hingegen würden sich am Zustand der Tiere erkennen lassen (reduzierte Fellpflege, struppiges Aussehen, abweichendes Verhalten), auch wäre mit Schwierigkeiten bei der Zucht zu rechnen, da die Fortpflanzung von Tieren ein überaus komplexes Geschehen ist, das durch eingeschränkte Befindlichkeiten leicht gestört werden kann. Es kann beim „environmental enrichment" also nur darum gehen, den Tieren etwas zu bieten,

Abb. 5.6: Laufrad aus verchromtem Metalldraht (6 cm Laufbreite, 13 cm Raddurchmesser). Die Tiere laufen entweder nach Hamstermanier im Rad oder außen am Rad oder aber mit allen vier Füßen außen, wobei das Körpergewicht auf der Schwanzwurzel ruht. Mitunter laufen auch mehrere Tiere gleichzeitig (Aufnahme: J. Weiss).

das über die reine Bedarfsdeckung hinausgeht und auf etwas abzielt, das in etwa mit dem Begriff „Wohlbefinden" umrissen werden kann. Die Beurteilung von Käfiganreicherungen hinsichtlich ihrer Wirkung auf das Befinden der Tiere ist jedoch sehr schwierig, denn wie erkennt man eine gut gelaunte Maus oder eine glückliche Ratte? In manchen Fällen mag sich der Effekt darauf beschränken, dass es primär der Mensch ist, der sich mit dem zusätzlichen Angebot für die Tiere das Gefühl verschafft, etwas Gutes getan zu haben. Dabei ist allerdings nicht zwingend klar, ob dies auch für die betroffenen Tiere gilt. Ob mithin seine Annahme objektiven Kriterien genügt, und wie sich die Maßnahme ggf. auf den Verlauf und das Ergebnis eines Experimentes auswirkt.

Wissenschaftlich seriös kann die Beurteilung einer Maßnahme im Sinne des „environmental enrichment" nur unter Einbeziehung der Tiere vorgenommen werden. Zum Beispiel, indem man in so genannten Wahlversuchen den Tieren verschiedene Anreicherungsmöglichkeiten gleichzeitig anbietet oder aber ihnen Käfige mit und solche ohne Anreicherungselemente zugänglich und sich dabei das so genannte Wahlverhalten der Tiere zunutze macht. Durch persönliche Beobachtung oder unter Zuhilfenahme automatisierter Verfahren (z.B. Videosysteme) wird dann anhand der Aufenthaltsbzw. Beschäftigungshäufigkeiten und -zeiten beurteilt, ob tatsächlich statistisch signifikante Bevorzugungen (Präferenzen) vorhanden sind. Es muss weiter sichergestellt werden, dass die einmal festgestellte Präferenz auch von Dauer ist, oder ob die vorbildlich gestaltete Käfiganreicherung möglicherweise schon nach wenigen Tagen ihre Attraktivität für die Tiere verloren hat.

Wenn es denn gelungen ist, eine Anreicherung zu finden oder zu entwickeln, die von den Tieren dauerhaft bevorzugt wird, muss ihre Wirkung auf die allgemeinen Bedingungen in Haltung und v.a. Experiment geprüft werden. So werden Rückzugsmöglichkeiten (Röhren, Häuschen etc.) von Nagern allgemein gerne angenommen, da sie dem natürlichen Bedürfnis der Tiere entgegenkommen, sich in Bereichen aufzuhalten, die abgeschirmt sind gegen direkten Lichteinfall und die durch feste Strukturen ein gewisses Gefühl des „Geschütztseins" vermitteln. Werden solche Strukturen jedoch Tieren angeboten, die im Experiment stehen, scheidet die Möglichkeit der berührungsfreien täglichen Sichtkontrolle aus, da sich die Tiere während der Ruhephasen bevorzugt im Rückzugsbereich aufhalten. Stark strukturierte, komplexe Käfiganreicherungen führen, zumindest bei Mäusen, dazu, dass das Territorialverhalten der Tiere ausgeprägter wird, und dass die Tiere dem Menschen gegenüber häufig scheuer sind, als dies bei Haltung im „offenen" Käfig der Fall ist.

So sollte jede Entscheidung für eine Käfiganreicherung sehr sorgfältig geprüft werden, um in jedem Fall ausschließen zu können, dass die Nachteile für das Gesamtsystem die Vorteile für die Tiere überwiegen. Dabei sollte auch berücksichtigt werden, dass Versuchstiere nicht zum Selbstzweck gehalten werden, sondern um wissenschaftlich einwandfreie und reproduzierbare Ergebisse in der biomedizinischen Forschung zu erhalten.

Käfige für große Versuchstiere

Es würde den Rahmen dieses Buches sprengen, wenn hier alle für diese Tierarten (z.B. Katzen, Hunde, Schweine usw.) gängigen Käfigtypen auch nur kurz beschrieben würden. Völlig unmöglich wäre es, auch noch auf Spezialkäfige wie z.B. Stoffwechselkäfige einzugehen. Aus diesem Grunde wird hier weder auf die notwendige Größe dieser Käfige, Konstruktionsmerkmale, Ausstattung, verwendetes Material u.ä. eingegangen, sondern nur auf einige Besonderheiten hingewiesen.

Ganz sicher muss die Größe ausreichen, um den darin gehaltenen Tieren trotz dieser einschränkenden Bedingungen ein Höchstmaß an Wohlbefinden zu gewähren. Weitere zu berücksichtigende Faktoren sind Stabilität, Art der Türverschlüsse (wichtig bei Affen), keine scharfen Kanten (Verletzungsgefahr für Tier und Mensch), Abstand der Gitterstäbe bzw. der Maschenweite des Drahtgitters (enger als der Kopf des Tieres), Ausführung der Böden, Reinigungs- und/oder Desinfektionsmöglichkeit.

Bezüglich der Käfiggrößen wie auch der besonderen Voraussetzungen für die Käfighaltung u.ä. wird auf das **Kapitel 5.3** verwiesen. In diesem Kapitel wird auf die besonderen Bedingungen für die Haltung der verschiedenen Tierarten in Käfigen näher eingegangen. Dennoch soll auch an dieser Stelle noch einmal nachdrücklich darauf hingewiesen werden, dass „große" Versuchstiere nicht in Käfigen gezüchtet werden sollten.

Regale
Um den Tierraum optimal zu nutzen und um eine gute Übersicht zu haben, werden die Käfige auf leicht zu reinigende Metallregale gestellt bzw. – bei der Verwendung von Haltegabeln – geschoben. Dabei kann es sich um Wandregale oder – besser – um fahrbare, ein- oder zweiseitig bestückbare Käfiggestelle handeln. Die Anzahl der Etagen wird zum einen von der Käfig- und Raumhöhe, aber vor allem davon bestimmt, wie „ungefährlich" (z.B. Vermeiden von Kippen) sie noch herausgenommen werden können. Auch muss gewährleistet sein, dass die sich im Käfig befindenden Tiere leicht kontrolliert werden können.
Bei einer derartigen Aufstellung der Käfige ist stets zu berücksichtigen, dass die Umwelt in den einzelnen Käfig-Etagen unterschiedlich sein kann. So fällt z.B. in die obere, nicht durch Abdeckungen geschützte Käfigreihe mehr Licht als in die unteren. Außerdem kann, da warme Luft aufsteigt, das Mikroklima in den Käfigen der oberen Etagen wärmer sein.

Boxen
Der Begriff Box wird in **Kapitel 5.3.1** erklärt. Die Grundfläche einer Box beträgt mindestens 2 m², während 6 m² selten überschritten werden. Boxen eignen sich insbesondere für die Haltung von Hunden, Schweinen und Schafen. Aber auch Meerschweinchen oder Kaninchen können so gehalten werden. Hinzu kommt, dass bei ausreichender Boxengröße auch mehrere Tiere untergebracht werden können. Dies trägt – zumindest bei verträglichen Tieren mit Gemeinschaftsbedürfnis – zusätzlich zu deren Wohlbefinden bei.
Die meist nicht bis zur Decke reichenden Zwischenwände bestehen entweder aus Gittern, Maschendraht oder aus Holz (z.B. TRESPA-Vollkernplatten). Die Höhe der Trennwand ist so zu bemessen, dass sie weder vom Tier übersprungen noch überstiegen werden kann. Wenn die Trennwände bis zur Decke hochgezogen werden oder eine Abdeckung vorgenommen wird, eignen sich solche Boxen – dann Volieren genannt – auch für die Haltung von kletternden Tieren (z.B. Katzen) oder von Vögeln.

In die Boxentüren sind die Futter- und Wassertröge (sofern keine automatischen Tränken vorhanden sind) eingebaut. Dabei handelt es sich häufig um Kipptröge, die je nach Bedarf zum Gang oder zur Haltungseinheit hin gekippt werden.

Belegungsdichte der Versuchstierräume

Die maximale Anzahl an Versuchstieren, die in einem Standard-Tierraum von 20 m² Grundfläche gleichzeitig gehalten werden können, ist abhängig von der Tierart und der Nutzung der Tiere. Als Richtwerte für die Belegung eines Tierraumes werden dementsprechend nutzungsabhängig unterschiedliche Werte angegeben: Für die Vorratshaltung sind dies 70 % der maximalen Belegbarkeit, für die Zucht (bezogen auf die Anzahl der Muttertiere) 25 % und für die Haltung im Experiment, abhängig von der Art des Experimentes, 20–70 %. Die maximale Belegung der Standard-Tierräume liegt für Mäuse bei 4000 Tieren je Raum, für Ratten bei 900 und für Hunde und Miniaturschweine bei 5–10 Tieren je Raum. Daneben hängt die Belegungsdichte auch von anderen Faktoren wie z.B. der technischen Ausstattung, der Einrichtung und der personellen Besetzung ab. Zu beachten ist, dass die gleichzeitige Haltung verschiedener Tierarten in einem Raum vermieden werden muss, da sie u.a. wegen möglicher unterschiedlicher Aktivitätsrhythmen zu gegenseitigen Störungen führen kann.

Schleusen

In konventionellen Versuchstierhaltungen kann ein Vorraum oder Flur, der sich vor dem Tierraum befindet, dazu benutzt werden, um zumindest einen Kittel- und Schuhwechsel vorzunehmen. Erst danach wird der Haltungsbereich betreten. Diese so genannte „Trockenschleuse" stellt die einfachste Form einer Schleuse dar.
In Tierlaboratorien mit Barrieren trennen fest installierte Schleusen „reine" und „unreine" Bereiche. Dabei unterscheidet man Personal- und Materialschleusen. Personalschleusen haben luftdicht schließende Türen, die mit Sicherungssystemen ausgestattet sind, die das gleichzeitige Öffnen der Türen zum reinen und

zum unreinen Bereich verhindern. Auf diese Weise ist sichergestellt, dass kein Personal ungeduscht „durchschlüpfen" kann. Die Schleuse besteht aus einem „unreinen" Auskleidebereich, an den sich eine Zwangsdusche anschließt. Nach dem Betreten der Dusche und Verschließen der Außentür wird der Duschvorgang in der Regel automatisch gestartet. Erst nachdem die vorgeschriebene Duschzeit abgelaufen ist, lässt sich die Tür zum „reinen" Bereich öffnen. In der „reinen" Umkleide liegt saubere, d.h. sterilisierte, Kleidung, Mund- und Nasenmaske, Handschuhe usw. bereit, die angezogen werden, bevor der Tierraum oder der Barrierenbereich betreten wird.

Trotz dieser Maßnahmen kann nicht mit letzter Sicherheit ausgeschlossen werden, dass durch Personal Erreger – insbesondere Pathogene – verschleppt werden. Dies ist nur zu verhindern, wenn das Pflegepersonal „Astronautenanzüge" trägt und die Atemluft über Schläuche direkt abgeleitet bzw. gefiltert wird. Selbst diese Maßnahmen können nur dann auf Dauer wirksam sein, wenn es sich um geschlossene Zuchten handelt, mithin kein Tierimport von außen vorgenommen wird.

Materialschleusen bestehen aus einem Durchreich- oder Durchfahrautoklaven, in dem alles hitzebeständige Material, welches hinter die Barriere gebracht werden soll, sterilisiert wird. Auch diese Autoklaven haben zwangsverriegelte Türen, so dass sichergestellt ist, dass stets nur eine der Türen zu öffnen ist. Da diese Autoklaven auch zum Ausschleusen benutzt werden, ist darauf zu achten, dass nach jedem Ausschleusevorgang eine Dampfphase eingeschaltet wird. Nur so ist sichergestellt, dass Keime, die beim Öffnen der Außentür in die Kammer des Autoklaven gelangt sind, nicht versehentlich in den reinen Bereich verschleppt werden.

Nicht autoklavierbares Material wird entweder über einen ebenfalls doppeltürigen Gassterilisator oder über ein mit Desinfektionsmittel gefüllten Durchreichtank eingeschleust. Dabei muss unbedingt die vorgeschriebene Einwirkzeit des Desinfektionsmittels eingehalten werden.

Besondere Probleme entstehen beim Ein- und Ausschleusen von Tieren. Grundsätzlich dürfen nur Tiere mit bekanntem mikrobiellen Status, ausgewiesen durch ein aktuelles Gesundheitszeugnis, in die Tierhaltungseinrichtungen gelangen. Bei einem möglichen Risiko sollten vorsichtshalber entsprechende Quarantänemaßnahmen eingeleitet werden.

Die Tiertransportbehälter werden zunächst äußerlich mit Desinfektionsmitteln eingesprüht, nachdem zuvor Lüftungsöffnungen mit Plastikfolie oder ähnlichem Material abgeklebt wurden. Die Übernahme der Tiere wird in einer Durchreicheschleuse, wie folgt abgewickelt: Auf der Außenseite (=„unrein") wird der Behälter geöffnet und eine zweite Person (in der Anlage befindlich) entnimmt die Tiere. Wegen der fehlenden Luftzufuhr muss der Vorgang in ca. 20 Minuten beendet sein (**Kap. 9.4.9**).

Das Ausschleusen wird im Prinzip entsprechend vorgenommen. Meist werden die Tiere aber in der Haltungseinheit in zuvor eingeschleuste Behältnisse verpackt und insbesondere bei kommerziellen Lieferbetrieben durch laminarbelüftete Anlagen geschickt. SPF-Tierhaltungen sind häufig mit an Isolatoren anschließbare Schleusensysteme ausgestattet.

Barrieren (geschlossenes System)

Hierbei handelt es sich um einzelne Tierräume oder ganze Gruppen von Tierräumen einschließlich der benötigten Nebenräume, die durch zuverlässige hygienische Barrieren und entsprechende bauliche Maßnahmen gegenüber einer biologisch unkontrollierten Umwelt abgeriegelt sind. Dies bedeutet, dass die dort gehaltenen Tiere gegenüber der Umgebung streng isoliert gehalten werden (**Abb. 5.7**).

Durch bauliche Maßnahmen muss sichergestellt sein, dass Wände, Böden und Decken in diesem Bereich möglichst staub-, luft- und keimdicht sind. Obgleich ein Überdruck gegenüber der „Außenwelt" herrscht, müssen alle Türen zum unreinen Bereich stets geschlossen gehalten werden. Nur so kann verhindert werden, dass durch „Lecks" – z.B. offene Türen, nicht abgedichtete Wanddurchführungen u.ä. – Außenluft in die Barriere eindringt. Üblich sind Überdrücke von ca. 50 Pa (5 mm WS). Da ein Überdruck zwischen Tierraum und Flur, Flur und Schleuse sowie Schleuse und Außenbereich herrschen sollte, addiert sich dieses Druckgefälle auf maximal ca. 150 Pa (15 mm WS).

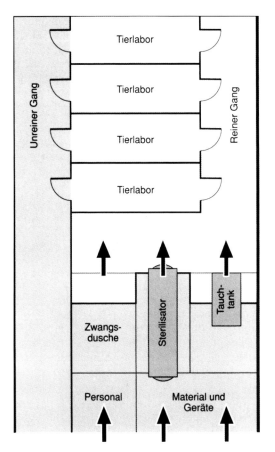

Abb. 5.7: Schematische Darstellung eines geschlossenen Systems (Barrierensystem): die Tiere leben streng isoliert gegenüber der Umgebung. Der Zu- und Abgang in das bzw. aus dem geschlossenen System darf nur über Personalschleusen mit Dusche und Kleiderwechsel sowie Materialschleusen zur sicheren Sterilisation oder Desinfektion wie z.B. Sterilisatoren, Tauchtanks etc. erfolgen. Die Belüftung erfolgt über Hochleistungsschwebstofffilter, die durch entsprechende Vorfilter geschützt sind, für jeden einzelnen Tierraum. Alle Türen zum offenen „unreinen" Gang außerhalb des geschlossenen Teiles werden grundsätzlich streng geschlossen gehalten. Bei Bedarf ist es möglich, einen oder mehrere Tierräume aus dem geschlossenen Teil durch dichtes Schließen der Türen zum reinen Gang und durch Öffnen der Türen zum unreinen Gang herauszunehmen, ohne damit die Funktion des geschlossenen Systems zu stören (nach Gesellschaft für Versuchstierkunde, 1988).

Die Belüftung erfolgt über Hochleistungs-Schwebstofffilter, so dass auch die Zuluft keimfrei ist. Am sichersten ist es, wenn jeder einzelne Raum dieses Bereiches sein eigenes, separat steuerbares Zu- und Abluftsystem hat. Der Zu- bzw. Abgang des Personals darf nur über die Personalschleuse erfolgen. Sämtliches Material, welches in der Barriere zum Einsatz kommt, muss über die Materialschleusen bzw. Tauchtanks ein- bzw. ausgeschleust werden. Das gilt im Übrigen auch für das dort benötigte Reinigungs- und Tränkwasser. Dies wird allerdings in der Regel außerhalb der Barriere durch UV-Anlagen, Umkehrosmose u.ä. entkeimt und fließt dann über ein geschlossenes Leitungssystem direkt in den Bereich, wo es an Zapfstellen entnommen werden kann.

Wenn alle beschriebenen technischen, hygienischen und personellen Maßnahmen fehlerfrei funktionieren bzw. exakt eingehalten werden, ist es möglich, das Eindringen von Erregern in einen solchen Barrierenbereich zu verhindern. Trotzdem sollte der Hygienestatus, die Effektivität der Schleusensysteme u.ä. regelmäßig kontrolliert werden. Diese Kontrollen dürfen sich jedoch nicht nur auf die Raum- und Gerätekontrollen beschränken, sondern müssen auch das Personal und die Tiere einschließen.

Quarantänebereich

Hier handelt es sich um Tierräume, die vor allem zur Unterbringung von „verdächtigen" Tieren dienen. Dabei kann es sich zum einen um erkrankte Tiere, bei denen der Verdacht auf eine Infektionserkrankung vorliegt, oder um neu unterzubringende Tiere mit unbekanntem Gesundheitsstatus handeln.

Dieser Bereich sollte möglichst von den übrigen Tierräumen räumlich getrennt oder durch besondere bauliche Maßnahmen (Barrieren, Schleusen u.ä.) von diesen abgeschottet sein. Die Ausstattung dieser Räume entspricht denen der übrigen Tierhaltungen. Es ist jedoch darauf zu achten, dass sie – wie auch Boden, Decke und Wände – leicht zu reinigen und zu desinfizieren sind.

Optimal ist es, wenn dieser Bereich ausschließlich von Personal betreut wird, welches keinen anderen – insbesondere keinen mit der gleichen Tierart besetzten – Haltungsbereich betritt.

Falls dies nicht möglich ist, ist über Dienstanweisung mit genau festgelegten Arbeitsabläufen sicherzustellen, dass eine Verschleppung von Krankheitserregern ausgeschlossen wird.

Lager

Lagerkapazität für Futter, Einstreu, Käfige, Käfigzubehör usw. muss in ausreichender Größe und möglichst in der Nähe der Tierhaltung vorhanden sein. Insbesondere für das Futter, aber auch für das Einstreulager, gilt, dass Wildnager und andere Tiere (z.B. streunende Katzen) ferngehalten werden müssen. Der stets sauber zu haltende Raum muss kühl und trocken sein, um die Haltbarkeit des eingelagerten Futters zu gewährleisten. Wird leicht verderbliches Futter verfüttert, müssen zur Aufbewahrung Kühlräume oder -schränke vorhanden sein.

Die Futter- bzw. Einstreusäcke werden auf Paletten gelagert. Es ist darauf zu achten, dass durch eine neue Lieferung nicht der Zugriff zu der älteren Ware verhindert wird, da sie zuerst verbraucht werden muss. Es besteht auch die Möglichkeit, jede Neulieferung sofort in – z.B. fahrbare – Silos umzufüllen. Diese müssen allerdings in gewissen Abständen völlig entleert und gereinigt werden.

Hinsichtlich der Lagerung von Käfigen, Käfigzubehör u.ä. sind die Eigenschaften (z.B. Rostanfälligkeit) der zu lagernden Gegenstände zu berücksichtigen. Da es sich häufig um ein Zwischenlager für die aus dem Reinigungsbereich kommenden Einrichtungsgegenstände der Tierhaltung handelt, muss sichergestellt sein, dass eine Verschmutzung dieser Gegenstände verhindert wird. Deshalb müssen diese Räume trocken sein und vor allem stets sauber gehalten werden.

Reinigungsbereich

Alle Gegenstände, mit denen Tiere in direkten Kontakt kommen, sowie alle anderen verschmutzten Gegenstände aus den Tierräumen müssen routinemäßig bzw. – je nach Verschmutzungsgrad – gelegentlich gereinigt und unter Umständen desinfiziert werden, bevor sie wieder verwendet werden.

Es handelt sich dabei vor allem um Käfige, Käfigdeckel, Tränkflaschen, fahrbare Regale u.Ä. Sie werden genau wie alle übrigen Gegenstände zum Waschen in den Reinigungsbereich gebracht. Insbesondere sollten im Haltungsbereich weder die verschmutzte Einstreu aus dem Käfig entfernt, noch der Käfig gewaschen werden.

Bei Handreinigung müssen alle stark verschmutzten Gegenstände und insbesondere Käfige, in denen sich schon Harnstein abgelagert hat, vorher in den entsprechenden Reinigungslösungen eingeweicht werden. Werden Waschmaschinen verwendet, ist dies je nach Verschmutzungsgrad bzw. Leistung und Funktion der Maschinen nicht unbedingt erforderlich. Das Waschen erfolgt dann mit Spachtel und Bürste in wassergefüllten Bottichen, großen Waschbecken u.ä. Zusätzlich können Hochdruckreiniger eingesetzt werden.

Da Handarbeit heutzutage ein wesentlicher Kostenfaktor ist, kann davon ausgegangen werden, dass im Versuchstierbereich meist maschinell gewaschen wird. Käfigwaschmaschinen gibt es in den verschiedensten Ausführungen. Welche Maschine für die speziellen Belange des jeweiligen Betriebes am besten geeignet ist, richtet sich vor allem nach der Größe der Einrichtung, der Anzahl der regelmäßig zu reinigenden Käfige, den verwendeten Käfigtypen u.ä. Relativ häufig kommen so genannte Tunnelwaschmaschinen zum Einsatz, deren Funktion in **Kapitel 7.1.2** beschrieben wird. Dort wird auch auf die Reinigung von Makrolonkäfigen eingegangen.

Tränkflaschen werden in Flaschenkörben in speziellen Flaschenwaschmaschinen gereinigt und anschließend automatisch mit frischem Tränkwasser aufgefüllt. Bei Bedarf werden die Tränkflaschen nach der Reinigung autoklaviert. Der Reinigungsbereich muss groß genug sein, um alle anfallenden Gegenstände aufzunehmen und unter Umständen kurzfristig zwischenzulagern. Da der Waschbereich – neben der Quarantäne – der hygienisch problematischste einer Versuchstierhaltung ist, muss durch entsprechende Arbeitsabläufe und den Einsatz der jeweils „besten" Maschinen gewährleistet werden, dass alle Reinigungsschritte möglichst umgehend und sachgerecht durchgeführt werden können. Hierzu gehört u.a., dass sichergestellt ist, dass sich die Wege der zu reinigenden bzw. schon gereinigten Gegenstände nicht kreuzen und dass stark verschmutzte bzw. kontaminierte Gegenstände einerseits möglichst schnell, andererseits zuletzt gewaschen werden, um eine „Verschleppung" von Erregern zu vermeiden

Technikbereich

Die Technik in einer Tierhaltung umfasst:
- raumlufttechnische Anlage (Kühlung, Heizung, Raumluftbefeuchtung)
  Wasserverteilung
  Wasseraufbereitung
- Tränkwasserfiltration
- Energieverteilung (Trafostation, Notstromanlage)
- Werkstätten
- Kanalführung
- Abwasserbeseitigung
- Isotopenlaboratorien (in Kontrollbereichen)
- Isotopenzwischenlager und -abklingräume

Die Kapazität der raumlufttechnischen Anlage[85] sollte so ausgelegt sein, dass bei einem teilweisen Ausfall bis zur Beendigung der Reparatur ein Notbetrieb mit mindestens 50 % der maximalen Leistung möglich ist. Die Klimatisierung der verschiedenen Tierräume sollte möglichst getrennt erfolgen. Eine raumlufttechnische Anlage sollte auch in konventionellen Haltungen vorhanden sein. Eine Wasseraufbereitungsanlage mit Vollentsalzung und Sterilisation des Wassers verhindert das Absetzen von Kalk bei der Reinigung von Einrichtungsgegenständen sowie am Sterilisiergut beim Autoklavieren mit Dampf. Außerdem wird durch die Sterilisation des Wassers die Einschleppung von Mikroorganismen auf diesem Wege verhindert.

Die Abwasserentsorgung hat geruchsfrei und unter Vermeidung des Eindringens von Mikroorganismen zu erfolgen.

Die Elektroanlage muss zentral überwacht werden können. Daneben müssen Notstromaggregate mit den entsprechenden automatischen Umschaltmöglichkeiten vorhanden sein, um bei Netzausfällen die Funktionen technischer Einrichtungen wie z.B. der raumlufttechnischen Anlagen aufrechterhalten zu können. Andernfalls könnten in voll besetzten Tierräumen innerhalb kurzer Zeit bei den Tieren schwere Gesundheitsschäden oder Todesfälle auftreten. Die zentrale Überwachung von Versuchstierräumen über eine Fernsehanlage bzw. Online-Verbindungen kann die Kontrolle der Tiere erleichtern. Werkstatträume sind entsprechend dem jeweiligen Bedarf einzurichten.

Verwaltungs- und Personalräume

Die Ausstattung der Personalräume entscheidet nicht zuletzt über das Wohlbefinden der Mitarbeiter und kann somit die Qualität ihrer Arbeit beeinflussen. Neben den Aufenthaltsräumen sollten getrennte Umkleideräume, Toiletten und Duschen für weibliche und männliche Mitarbeiter vorhanden sein. Die Toiletten müssen hygienisch einwandfrei sein. Die Ventile an den Handwaschbecken bzw. den Duschen sollten handberührungsfrei betätigt werden können. Außerdem müssen handwarmes Wasser, Reinigungs- und Desinfektionsmittel sowie Einmalhandtücher vorhanden sein. Aufenthaltsräume und Toiletten innerhalb der Barrieren stellen hygienische Probleme dar und sollten deshalb dort möglichst nicht eingerichtet werden. In Fällen, wo dies unumgänglich ist, muss durch eine sorgfältig ausgearbeitete Arbeitsanweisung sichergestellt werden, dass Hygienerisiken weitestgehend ausgeschlossen werden.

Wiederholungsfragen

1. Welche Maße hat ein Standard-Tierraum?
2. Was gehört zur Standardeinrichtung eines Tierraumes?
3. Welche Typen von Makrolon-Käfigen gibt es?
4. Wie ist ein Kaninchenkäfig gestaltet?
5. Welche Tierarten werden in Boxen gehalten?
6. Wozu dient eine Schleuse?
7. Was ist ein Barrierensystem?

---

85 Früher: Klimaanlage.

5.2.3 Spezielle Haltungssysteme für Versuchstiere

Haltungssysteme unter SPF-Bedingungen (Barrierenhaltung)

Ansammlungen größerer Tierpopulationen sind natürlicherweise dem Risiko ausgesetzt, durch Infektionen zu erkranken. Die mikrobiellen Infektionserreger können leicht in Tierbestände eingeschleppt werden, in erster Linie durch Tierzukäufe, Personenverkehr, Wildtiere, Schadnager, aber auch durch Insekten oder durch Staub und Schmutz. Die Gefährdung ist besonders groß bei den in großer Zahl zu Versuchszwecken gezüchteten und gehaltenen Mäusen und Ratten. Für die Zucht und Haltung dieser Tierarten wurde daher das „SPF"[86] Konzept entwickelt. Prinzipiell beginnt man die Zucht mit nachweislich gesunden und infektionserregerfreien Tieren. Dieser sehr künstliche und in der Natur nicht vorkommende Zustand muss durch ständige regelmäßige Kontrollen (z.B. serologische Untersuchungen) überprüft und durch bauliche (Barriere) und organisatorische Maßnahmen aufrechterhalten werden. Die Tierbestände müssen so möglichst vollständig von der Umwelt abgetrennt werden.

Der SPF-Begriff muss in Bezug auf das „Freisein" von Krankheitskeimen relativiert werden. Da in der Praxis der Tierhaltung die mikrobiologischen Untersuchungen unmöglich auf alle bekannten Krankheitserreger ausgedehnt werden können, muss zur Klarstellung immer eine Liste (Spezifizierung) der betreffenden Erreger mit deren Nachweismethoden dieser SPF-Deklaration zugeordnet werden. Damit kann jeder Nutzer sich informieren und feststellen, ob die Tiere seinen Ansprüchen genügen. Derzeit sind nur keimfreie Tiere sicher frei auch von allen bakteriellen Krankheitserregern. Korrekterweise muss man sagen, „frei von allen mit heutigen Methoden nachweisbaren Keimen". Dies muss prinzipiell nicht auch für Viren, bestimmte parasitäre Erreger oder gar neue Formen von Krankheitserregern zutreffen.

Das SPF-Konzept wird über die Versuchstierkunde hinaus heute allgemein in der Tierzucht angewandt, insbesondere, wenn mit großen Tierpopulationen, z.B. in Geflügel- oder Schweinezuchten, gearbeitet wird.

Die Tierhaltung nach dem „SPF-Konzept" fordert neben den notwendigen baulichen und methodischen Voraussetzungen eine hohes Maß an Disziplin und Fachkenntnis vom Tierpflegepersonal. Durch unkorrektes Arbeiten oder Fahrlässigkeit kann die Arbeit von Jahren zerstört werden. Eventuell auftretende Unzulänglichkeiten im technischen Betrieb können aber durch sachkundiges Handeln des Tierpflegers kompensiert werden. Für den korrekten Dienstbetrieb müssen konkrete und ausführliche Arbeitsanweisungen, Verhaltensnormen und Bedienungsanleitungen erarbeitet und dann peinlich genau befolgt werden.

Der Zugang ist nur berechtigen Personen gestattet und auf ein Minimum zu beschränken. Die Ausstattung einer SPF-Anlage fordert erhebliche bauliche und technische Anlagen mit durchdachtem Organisationsschema. Die bauliche Substanz muss eine möglichst sichere Abgrenzung bieten und das Eindringen von Staub und Schmutz und damit möglicherweise Krankheitserregern verhindern. Da Bauwerke nicht in letzter Konsequenz staubdicht sind, übernimmt die Be- und Entlüftung eine wichtige Barrierenfunktion. Durch entsprechende Regulierung wird die durch Hochleistungsfilter (HEPA) gereinigte Zuluft stärker zugeführt, als die Abluft abgesaugt wird. Dadurch entsteht ein Überdruck (ca. 50 Pa) gereinigter Luft, der effektiv verhindert, dass möglicherweise kontaminierte Luft durch Ritzen oder Spalten eindringen kann. Durch entsprechende Einrichtung lässt sich stufenweise ein Druckgefälle zu Gängen und Eingängen schaffen. Türen müssen gasdicht sein, zu öffnende Fenster fehlen.

Das Betreten der Anlage und die Beschickung mit Material sowie die Entsorgung von Abfällen erfordern Schleusensysteme. Die Personalschleuse besteht aus Umkleideraum (unreine Seite), Dusch- und Waschraum und Ankleideraum (reine Seite). Die drei Abschnitte (Schleusenkammern) sind durch Türen mit Dichtungen abgetrennt und besitzen einen zur unreinen Seite abfallenden Druckunterschied. Es ist darauf zu achten, bzw. automatische Schaltungen bewirken, dass nur eine Tür geöffnet wird.

---

[86] Spezifiziert Pathogen frei = frei von bestimmten Krankheitserregern.

Das Personal entkleidet sich auf der „unreinen Seite" und betritt nach gründlicher Reinigung und ausreichendem Abduschen die „reine Seite", um sterilisierte Kleidung anzulegen. Dazu wird eine Mund- und Nasenmaske angelegt, häufig sind auch Handschuhe vorgeschrieben.

In technisch gut ausgerüsteten SPF-Anlagen ist der Mensch das schwächste Glied im System. Es muss immer damit gerechnet werden, dass z.B. im Nasen-Rachen-Raum oder an den Händen vorhandene Keime auf die Versuchstiere übertragen werden. Als Beispiel seien Staphylokokken-Infektionen bei immundefizienten Nude-Mäusen genannt. Die Erreger waren nachweislich mit Keimen vom Nasenabstrich des Tierpflegers identisch. Dieses Infektionsrisiko lässt sich nur bei der Haltung von Tieren in Isolatoren oder belüfteten Käfigsystemen (VCR) verhindern. Eine Ausrüstung der Menschen mit belüfteten Vollschutzmasken und Anzügen wird nur in Ausnahmefällen realisiert werden.

Für die Versorgung der SPF-Anlage werden als *Schleuseneinrichtungen* konzipierte Großraum-Dampfautoklaven, Desinfektionskammer (Peressigsäure, Formaldehyd) und Tauchtanks installiert. Die Hitzesterilisation im Dampfautoklaven ist das Mittel der Wahl für alle Geräte und Materialien, die nicht durch Temperatureinwirkung zerstört werden. Ordnungsgemäß gewartete und regelmäßig überprüfte *Autoklaven* mit entsprechend erprobten Sterilisierprogrammen bieten die beste Gewähr für eine sichere Dekontamination. Bei Futtermitteln ist die vitamin- und z.T. nährstoffschädigende Wirkung hoher Temperaturen zu beachten. Es werden deshalb besondere Zubereitungen mit erhöhtem Vitamingehalt (fortified) für SPF-Anlagen verwendet. Für temperaturempfindliche Materialien müssen chemische Desinfektionsmittel in Desinfektionsschleusen oder Tauchtanks verwendet werden. Diese Verfahren sind eigentlich immer nur zweite Wahl. Es ist auf ausreichende Einwirkzeit bei geeigneter Konzentration der Desinfektionsmittel zu achten und zu bedenken, dass nur selten eine wirkungsvolle Durchdringung erfolgt.

Für das Ausschleusen (von „rein" nach „unrein") von Abfällen, Einstreu, Käfigen u.a. sind im Prinzip keine Sterilisations- bzw. Desinfektionsprozesse notwendig. Es muss nur sichergestellt werden, dass immer eine Schleusentür geschlossen bleibt.

Um Tiere aus der SPF-Anlage zu transportieren, haben sich Laminar-Flow-Schleusen bewährt. Der Strom von sterilfiltrierter Luft verhindert eine Kontamination von außen, und die Tiere in den Käfigen oder Versandkartons werden keinen Belastungen (z.B. Desinfektionsmitteldämpfen) ausgesetzt. Das Einschleusen von Tieren ist immer mit Gefahren verbunden. Es ist nur erlaubt mit Tieren, die einen gleichwertigen SPF-Status besitzen, d.h. sie müssen sicher frei von Erregern sein, die den Tieren der Anlage fehlen. Trotzdem bedeutet das Einstellen von Tieren immer ein fast nicht vertretbares Risiko, da durch nicht erkannte Erreger oder Keime in der alten Population eine Katastrophe ausgelöst werden kann. Gefahrlos lassen sich nur Tiere im Keimfrei-Status einführen, bei entsprechender Organisation ist dies auch über die Techniken der Hysterektomie oder des Embryotransfers möglich.

Auf vorbeugenden Unfallschutz ist in SPF-Einrichtungen großen Wert zu legen. Entsprechende Fluchtmöglichkeiten müssen auch im Notfall benutzbar sein. Es sollte nie eine Person allein arbeiten. Feuerlöscher und Löschdecken müssen vorhanden sein, um Brände möglichst im Keim ersticken zu können. Der Umgang mit den Autoklaven und Desinfektionsschleusen muss peinlich genau nach dem Betriebsanweisungen geschehen. Regelmäßig sind insbesondere die Sicherheitseinrichtungen zu überprüfen.

Wiederholungsfragen

1. Erklären Sie die Abkürzung „SPF".
2. Fertigen Sie eine Skizze von einer Personenschleuse (mit Duschkabinen). Tragen Sie die Luftdruckunterschiede ein!
3. Welche Tiere dürfen in eine SPF-Anlage eingeschleust werden?

Ventilated Cage Racks – Belüftete Käfigsysteme

Bei belüfteten Käfigsystemen (engl. Ventilated Cage Racks, VCR) handelt es sich um Weiterentwicklungen der so genannten Filterdeckelkäfige, die für Transportzwecke, aber auch zur

Abb. 5.8: Makrolonkäfig (Typ II) mit Filterdeckel (Aufnahme: J. Weiss).

Haltung v.a. solcher Nager verwendet werden, die vor Infektionen aus ihrer Umgebung geschützt werden sollen oder selbst ein Hygienerisiko für ihre Umgebung darstellen. Bei diesen Filterdeckelkäfigen handelt es sich um normale Makrolonkäfige, die oberhalb des Käfigdeckels durch Kunststoffaufsätze verschlossen sind (**Abb. 5.8**); die Aufsätze sind zum Luftaustausch mit Öffnungen versehen, die durch bakteriendichte, aber luftdurchlässige Filtermaterialien gesichert sind. Bei längerer Haltung von Tieren in diesen Käfigen werden, abhängig von der Zahl und dem Geschlecht der Tiere häufig erhöhte Ammoniak- sowie ggf. CO_2-Konzentrationen gemessen. Durch Anschlüsse an ein Zu- und Abluftsystem wurde diese Problematik weitgehend beseitigt, und so waren die VCR-Systeme entstanden.

Heute steht eine Anzahl unterschiedlicher VCR-Modelle verschiedener Hersteller zur Verfügung. In der Regel bestehen diese Systeme aus einer Art Käfiggestell mit Anschlüssen für die Zu- und Abluft, in das die mit dichtschließenden Abdeckungen versehenen Käfige gesetzt werden. Über entsprechende Verbindungen werden die Käfige von einer eigenen Station mit Ventilatoren, Steuereinheit und Filteranlagen versorgt (**Abb. 5.9**). Die Qualität der jeweiligen Anlage lässt sich durch Prüfung der Luftverteilung im Käfig, der Luftwechselrate pro Zeiteinheit, der Strömungsgeschwindigkeit der Luft im Käfig sowie der Dichtigkeit des Systems beurteilen.

Bei einer anderen Variante wird die erforderliche Zu- und Abluft nicht durch eigene Gebläseeinheiten bewerkstelligt, vielmehr sind die Systeme direkt an die Gebäudelüftung angeschlossen. Dieses Verfahren erfordert fein abgestimmte Einstellungen, die auch bei wechselnden Anforderungen an die Hauslüftung dennoch eine gleichbleibende Versorgung der VCR's mit stabilen Luftwechselraten sicherstellt.

Auf diese Weise kann bei technisch einwandfreiem Zustand sowie korrektem Betrieb des Systems in der Regel sichergestellt werden, dass eine keimdichte Abschirmung der Käfige gegenüber ihrer Umgebung gewährleistet ist. Dennoch gibt es zwei Aspekte, auf die bei dem Betrieb solcher Systeme besonders zu achten ist. Dies ist zum einen der besonders risikobehaftete Vorgang des Umsetzens. Hierbei muss sichergestellt sein, dass bei den Handlungsabläufen „rein" und „unrein" rigoros getrennt wird. Der notwendigerweise sehr schnelle Desinfektionsvorgang der Hände, der Pinzetten oder das Wechseln der Handschuhe, der Materialien also, die mit den Tieren und ihrer Umgebung in Berührung gekommen sind, erfordert besondere Aufmerksamkeit. Bei unsachgemäßer Handhabung besteht an dieser Stelle ein hohes Risiko für Keimverschleppungen zwischen verschiedenen Käfigen oder zwischen Käfigen und Umgebung.

Auch die mikrobiologische Überwachung ist gegenüber der offenen Haltung im Tierraum

Abb. 5.9: Ventilated Cage Rack. Belüftetes Käfiggestell, einseitig, zur Aufnahme von 30 Makrolonkäfigen Typ II (lang) mit verkapselten Filterhauben geschlossen. In das Gestell ist ein Doppelrohrsystem integriert, über das die Luft zu- und abgeführt wird. Die Zu- und Abluft wird über eine Gebläseeinheit bewerkstelligt und jeweils über HEPA-Filter geführt. Mit einer Gebläseeinheit können mehrere Käfiggestelle gleichzeitig betrieben werden (Aufnahme: Fa. Ehret, Emmendingen).

erschwert, da grundsätzlich jeder einzelne Käfig getestet werden muss, um eine zuverlässige Aussage über den Hygienestatus der Tiere zu erhalten. Dies kann durch Einsatz von Sentinels (Anzeigertiere) in jedem Käfig geschehen, von denen im entsprechenden Rhythmus Serumproben gewonnen werden. Eine andere Möglichkeit ist das Sammeln von Einstreuanteilen aus allen Käfigen nach dem Umsetzen und anschließendes Halten von Sentinels in der verschmutzten Einstreumischung. Dieses Verfahren ist jedoch mit großen Unsicherheiten behaftet, da nicht jede Infektion, die bei den Tieren in den Ursprungskäfigen vorhanden sein kann, auch wirklich bei den Sentinels wiedergefunden wird. Zudem lässt sich auf diese Weise allenfalls die pauschale Aussage machen, dass bei den Tieren der Käfige, aus denen die verschmutzte Einstreu genommen wurde, mit hoher Wahrscheinlichkeit bestimmte Erreger vorkommen. Keinesfalls lässt sich jedoch sagen, in welchem der Käfige dies der Fall ist, ohne dass man die Tiere in jedem einzelnen Käfig testet.

Isolatoren

Als Isolatoren werden keim- und luftdicht verschlossene Anlagen bezeichnet, in denen Tiere völlig vor der mikrobiologischen Umwelt geschützt in Käfigen gehalten werden können. Am gebräuchlichsten sind Isolatoren für die Haltung von keimfreien Ratten und Mäusen, aber auch Anlagen für andere Tierarten (Katzen, Schweine). Unter besonderen Umständen werden derartige Kammern auch in der Humanmedizin benötigt (z.B. zum Schutz von Patienten mit Immunschwäche).

Ein Isolator (**Abb. 5.10**) besteht aus einer keimdichten Hülle (meist ein stabiler durchsichtiger Kunststofffilm), Zu- und Abluftfilter, Belüftungsanlage, einer doppeltürigen Versorgungsschleuse und einstülpbaren langärmeligen Gummihandschuhen, um im Inneren arbeiten zu können. Großraumisolatoren sind z.T. begehbar; hierfür sind dann besondere Ausrüstungen, ähnlich wie Taucheranzüge, notwendig.

Im Prinzip werden Überdruckisolatoren für die Haltung von Tieren, die vor der mikrobiolo-

Abb. 5.10: Überdruckisolator. **a** Aufbau (schematisch). **b** Rattenhaltung im Überdruckisolator. (1) Gebläse, Luftzufuhr; (2) keimdichter Filter; (3) armlange Handschuhe; (4) Isolatorkammer; (5) doppeltürige, sterilisierbare Schleuse; (6) Luftauslassfilter (Aufnahme: W. Rossbach).

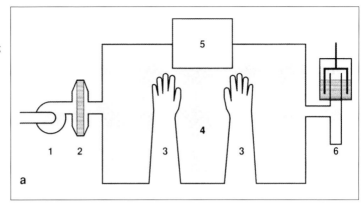

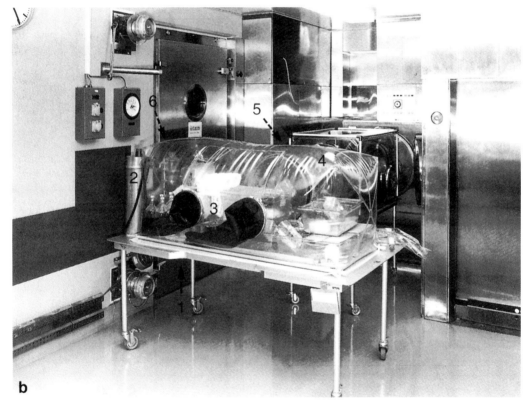

gischen Umwelt geschützt werden müssen (z.B. keimfreie Tiere, immungeschwächte Tiere, SCID-Mäuse, röntgenbestrahlte Tiere) und Unterdruckisolatoren für die Haltung von infizierten Tieren oder zur Quarantänisierung unterschieden.

Im Überdruckisolator entsteht der geringfügige Überdruck (ca. 50 mm WS) durch entsprechende Regelung der Luftzufuhr, d.h. die Zuluftmenge muss größer als die der abfließenden Luft sein. Die Zuluft wird keimfrei durch Absorptionsfilter gefiltert. Der Überdruck verhindert, dass durch möglicherweise vorhandene Undichtigkeiten Luft und Keime von außen eindringen.

In Unterdruckisolatoren sind die Druckverhältnisse umgekehrt. Sinnvollerweise werden Zu- und Abluft filtriert. Der Luftfluss ist so reguliert, dass mehr Luft abfließt, als zugeführt wird; dadurch entsteht im Isolatorraum ein Unterdruck gegenüber der Umgebung. Der Unterdruck verhindert wirksam, dass an eventuell auftretenden Leckstellen Infektionserreger in die Umwelt gelangen. Die Wände von Unterdruckisolatoren bestehen aus festen Kunststoffplatten oder aus Folienmaterial, das in entsprechenden Rahmen aufgespannt ist.

Im Isolator werden die Tiere in Käfigen gehalten, die zum Teil in kleinen Gestellen aufbewahrt werden. Die Versorgung mit den eingestülpten Gummihandschuhen ist sehr erschwert und erfordert viel Übung und Umsicht. Es muss insbesondere vermieden werden, dass die Handschuhe durchlöchert oder gar zerrissen werden (z.B. durch Tierbisse). Materialien wie Futter, Tränkwasser, Einstreu, Medikamente u.a. sowie Geräte (Käfige, Flaschen, Instrumente) werden über die Materialschleuse befördert. Zunächst werden Material und Geräte in Containern sterilisiert. Die Container werden mit Verbindungsmanschetten an die Materialschleuse angeschlossen. Nachdem Manschette und Schleusenraum mit Peressigsäure desinfiziert wurden, kann der sterile Containerinhalt in den Isolatorraum gezogen werden. Sinnvollerweise wird die Entsorgung beim gleichen Schleusenvorgang ausgeführt.

Bei Unterdruckisolatoren wird die Versorgung analog durchgeführt. Das ausgeschleuste Gut muss aber umgehend im geschlossenen Container hitzesterilisiert werden.

Der Umgang mit Isolatoren erfordert große Erfahrung und Zuverlässigkeit. Geringfügige Nichtbeachtungen der hygienischen Vorschriften und Betriebsanweisungen können entweder zu Infektionen der keimfreien Tiere führen (Überdruckisolator) oder die Umwelt durch die Freisetzung von Krankheitserregern gefährden (Unterdruckisolator). Die Arbeit am Isolator bleibt daher speziell ausgebildeten Tierpflegern/innen vorbehalten.

Besonders größere Einheiten müssen mit einer Notstromversorgung ausgestattet werden. Die meisten der bekannten Einrichtungen können zwar unter bestimmten Voraussetzungen einen mehrstündigen Stromausfall überstehen; Stromausfall bedeutet aber stets eine Gefahrensituation.

In der Ausstattung und Funktion analog den Isolatoren für Tiere sind die so genannten „Handschuhboxen" für die verschiedensten Laborarbeiten. Speziell ausgestattet sind Operationsisolatoren, z.B. für die Gewinnung von hysterektomierten Tieren für die Keimfrei-Aufzucht.

Reinraum- und Isolierschränke

Als sehr praktisch erweisen sich fahrbare Schrankeinheiten, in denen Käfige mit Versuchstieren von der Umwelt abgeschirmt untergebracht werden können. Die Schränke werden durch Glastüren verschlossen und besitzen ein eigenes Belüftungssystem. Die Zuluft wird meist aus der Raumluft abgezogen und über Filter in die Schränke geleitet. Die ebenfalls gereinigte und gefilterte Abluft wird entweder in den Raum zurückgeführt oder durch einen flexiblen Anschluss direkt in die Abführungsrohre der Raumklimatisierung geleitet. Durch entsprechende Steuerung können die Schränke mit Überdruck (Reinraum) oder mit Unterdruck (Isolierschrank) betrieben werden. Es gibt auch Ausführungen mit 4–6 isolierten und unabhängig belüfteten Kammern, in die 1–2 Tierkäfige gestellt werden. Man erhält so die Möglichkeit, Tiergruppen unabhängig voneinander und ohne die Möglichkeit der gegenseitigen Beeinflussung für Infektionsversuche oder für Quarantänezwecke zu halten.

Für die Wartung und Pflege der Tiere werden die Käfige, gegebenenfalls mit einer Abdeckhaube, den Schränken entnommen. Das Umsetzen, Füttern und Tränken kann dann in Laminar-Flow-Sicherheitswerkbänken vorgenommen werden.

Durch Reinraum- bzw. Isolierschränke hat man die Möglichkeit, kleine Tiergruppen verschiedener Herkünfte oder von verschiedenen Versuchen in einem Raum unterzubringen. Da diese Einheiten eigene Filteranlagen besitzen, werden diese nicht notwendigerweise in den Raumluftanlagen benötigt. Damit können auch andere Laborbereiche für die vorübergehende Unterbringung von Tieren genutzt werden. Als Problem tritt dann aber auf, dass die Schränke nicht klimatisiert sind. Die Temperatur und Luftfeuchtigkeit wird durch die umgebende Raumluft bestimmt. In nicht klimatisierten Räumen kann es insbesondere bei anhaltenden winterlichen Hochdruckwetterlagen zu einem unvertretbaren Abfall der Luftfeuchtigkeit kommen. Im Sommer besteht dagegen die Gefahr der Überhitzung.

Die vorteilhafte Nutzung von Reinraumschranksystemen setzt aber in jedem Fall sorgfältiges Arbeiten und gewissenhafte Wartung der Geräte sowie eine besonders aufmerksame Beobachtung der Tiere voraus.

Klimaschränke

Lange bekannt sind Klimaschränke oder begehbare Einheiten, in denen die wesentlichen Faktoren des Klimas (Lichtwechsel, Temperaturprofile, Luftfeuchtigkeit, eventuell Luftdruck) experimentell verändert werden können. Werden diese Anlagen für Tierversuche benutzt, so trägt zwar für die Versuchsausführung der Versuchsleiter die Verantwortung, trotzdem muss sich der erfahrene Tierpfleger/in zu Wort melden, wenn die Haltungsbedingungen extrem werden und die physiologischen Grenzen überschreiten.

Stoffwechselkäfige

Für Stoffwechseluntersuchungen, besonders um sauber und getrennt Urin und Kot auffangen zu können, werden Versuchstiere, seltener Tierpatienten, in Stoffwechselkäfigen gehalten. Es gibt verschiedene Konstruktionen; allen gemeinsam ist, dass die Tiere auf Gitterböden gehalten werden. Der durchfallende Kot und der durchtropfende Urin werden getrennt aufgefangen. Um den Verdunstungsverlust zu verringern, wird im Urinauffanggefäß flüssiges Paraffin vorgelegt, das dann auf dem sich ansammelnden Urin schwimmt und dessen Verdunstung verhindert.

Um einen 12- oder 24-Stunden-Urin zu gewinnen, müssen die Tiere die ganze Zeit über in dem engen Stoffwechselkäfig bleiben. Diese Isolation in fremder Umgebung bedeutet für die Tiere eine sichtbare Belastung. Ratten sind beispielsweise nicht in der Lage, in der ersten Nacht überhaupt normal Urin abzusetzen. Die intelligenten Tiere adaptieren sich aber schnell an diese fremden Bedingungen, so dass nach 1–2 „Trainingstagen" die eigentliche Sammelperiode ablaufen kann. Bei längerem Aufenthalt im Stoffwechselkäfig muss den Tieren Wasser und Futter gereicht werden. Die Futter- und Tränkeinrichtungen sind so konstruiert, dass Futter- und Wasserreste die Sammelprodukte (meist) nicht verunreinigen können.

Stoffwechselkäfige für Messungen des Gasstoffwechsels sind hermetisch abgeschlossen. Entsprechende Ventile (häufig aus Glas) Messsonden u.a. werden durch Schliffstopfen hineingeführt.

Stoffwechselkäfige sind Versuchseinrichtungen. Tiere können in ihnen nur vorübergehend für bestimmte Versuchsansätze untergebracht werden. Es ist notwendig, dass die Tiere von vertrauten Pflegern behutsam auf diese für sie fremde Situation vorbereitet werden. Dies dient sowohl dem Schutz der Tiere als auch dem Ziel des Versuchs.

Wiederholungsfragen

1. Zeichnen Sie die Funktionsskizze eines Isolators.
2. Erläutern Sie den unterschiedlichen Aufbau und den Einsatz von Überdruck- und Unterdruckisolator.
3. Wozu wird ein Stoffwechselkäfig für Ratten verwendet?

5.3 Haltung der verschiedenen Tierarten

5.3.1 Einführung

Haustierhaltung führt allgemein zu einer Einschränkung der Bewegungsfreiheit für die Tiere. Nutztiere werden in Käfigen oder Ställen oder auf abgegrenzten Weiden gehalten. Die am meisten vorkommenden Heimtiere – Hunde und Katzen – teilen mit dem Menschen dessen Behausung und Umgebung, wenn auch zuweilen „unter Leinenzwang".

Versuchstiere werden in klimatisierten Tierräumen gehalten. Hier wird bewusst der Begriff „Tierstall" vermieden, um herauszustellen, dass die klimatischen und hygienischen Haltungsanforderungen für Versuchstiere wenig mit denen „traditioneller" Tierställe gemeinsam haben. In letzter Zeit verschwinden aber diese Unterschiede, denn modern eingerichtete landwirtschaftliche Tierhaltungsbetriebe erreichen durchaus den in der Versuchstierhaltung geforderten Standard. Dadurch wird mehr und mehr der traditionelle Begriff „Stall" auch wieder für alle Tierhaltungen mit modernen Ansprüchen an Tiergerechtheit, Standardisierung und Hygiene verwendbar.

Begriffsbestimmungen für die Versuchstierhaltung

1. **Tierräume** sind Räume, in denen Tiere normalerweise zur Zucht oder Vorratshaltung oder während der Durchführung von Versuchen untergebracht werden.
2. Als **Käfig** bezeichnet man einen feststehenden oder beweglichen Behälter, der durch feste Wände und zumindest auf einer Seite durch Stäbe oder Maschendraht oder, falls angebracht, durch ein Netzwerk abgegrenzt ist und in dem ein oder mehrere Tiere gehalten werden; je nach Belegdichte und Größe des Behälters ist die Bewegungsfreiheit der Tiere relativ beschränkt.
3. Die Anordnung mehrerer Käfige nebeneinander oder in Etagen übereinander zu einer Betriebseinheit wird **Batterie** genannt. Die Käfige einer Batterie sind mit gemeinsamen technischen Anlagen und Installationen versehen (z.B. Tränkanlage, Bandentmistung).
4. Als **Box** bezeichnet man eine durch Wände, Gitter oder Maschendraht abgegrenzte Fläche, auf der ein oder mehrere Tiere gehalten werden; je nach Größe des umzäunten Bereichs und Belegungsdichte ist die Bewegungsfreiheit der Tiere normalerweise weniger beschränkt als in einem Käfig.
5. Als **Auslauf** bezeichnet man eine durch Zäune, Wände, Gitter oder Maschendraht abgegrenzte Fläche, die häufig im Freien vor festen Gebäuden angelegt wird und auf der Tiere, die in Käfigen oder Boxen gehalten werden, sich eine bestimmte Zeit lang, je nach ihren ethologischen und physiologischen Bedürfnissen, wie dem Bewegungsdrang, frei bewegen können.
6. Als **Standplatz** bezeichnet man einen kleinen abgegrenzten Bereich mit drei Seiten, normalerweise mit einem Futtergitter und Trennwänden an den Seiten, in dem ein oder zwei Tiere angebunden sind. (EG-Richtlinie 1986)

Von überragender Bedeutung für die Haltung von Tieren ist der Einfluss der menschlichen Betreuung. Der qualifizierte, verantwortungsbewusste und tiergerechte Umgang mit den Tieren bestimmt weitgehend deren Befindlichkeit. Nach wie vor gilt der traditionelle Erfahrungsgrundsatz: „Das Auge des Besitzers mästet sein Vieh." Gut ausgebildete und ständig fortbildungsbereite Tierpfleger/innen können auch bei ungünstigeren Haltungsbedingungen, wie sie besonders unter Versuchsbedingungen zwangsweise entstehen können, für verbessertes Wohlbefinden der ihnen anvertrauten Tiere sorgen. Besonderes Augenmerk muss unbedingt auf die stärkere Berücksichtigung von tiergerechten Haltungsbedingungen gelegt werden. Dabei darf nicht verschwiegen werden, dass schon kleinere Maßnahmen wie die Gabe von Beschäftigungsmaterial oder die Ermöglichung von sozialen Kontakten Mehrarbeit und besondere Umsicht erfordern. Die Mehrbelastung wird aber ausgeglichen durch die Befriedigung im Umgang mit den gut versorgten Tieren.

Wiederholungsfragen

1. Was versteht man unter Käfigen?
2. Was ist ein „Auslauf"?
3. Worin besteht die besondere Verantwortung des Tierpflegers/der Tierpflegerin für die tiergerechte Haltung und Versorgung seiner/ihrer Schützlinge?

5.3.2 Maus

Mäuse werden heute üblicherweise in Kunststoffkäfigen (meist Polykarbonat-Makrolon®) gehalten. Bei als Heimtieren gehaltenen Tieren findet man auch phantasievoll ausgestaltete Terrarien oder Volieren.

Obwohl nach der europäischen Richtlinie noch theoretisch möglich, sind die Käfige von Typ I (200 cm^2 Grundfläche) als kleinste Haltungseinheit ungeeignet. Mäuse dürfen nur in Käfigen vom Typ II (360 cm^2) an aufwärts gehalten werden, um ihnen ein Minimum an Bewegungsfreiheit zu ermöglichen. Die Besatzdichte richtet sich nach der Anzahl der Tiere und deren Gewicht. Als Richtlinie wird ein Flächenbedarf von 2–3 cm^2 pro 1 g Körpermasse

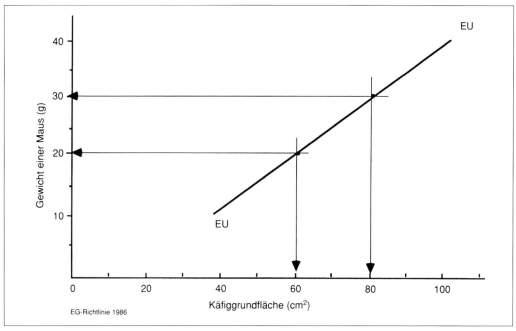

Abb. 5.11: Käfigfläche für Mäuse gemäß EG-Richtlinie (1986). Auf der Diagonallinie (EU–EU) können für die verschiedenen Gewichtsklassen die Mindestgrundflächen abgelesen werden, so z.B. 80 cm² für eine 30 g schwere Maus. Rechenbeispiel: Gemäß der Abb. benötigt eine 20-g-Maus ca. 60 cm² Fläche, in einem Typ II-Käfig (360 cm² Grundfläche) dürfen demnach maximal 6 Mäuse gehalten werden (360 : 60 = 6). Eine 30-g-Maus benötigt ca. 80 cm², in dieser Gewichtsklasse dürfen nur 4 Tiere (360 : 80 = 4,5) je Typ II gehalten werden.

gefordert. Die vorgeschriebenen Werte können dem Nomogramm (**Abb. 5.11**) entnommen werden.
Die verfügbare Käfighöhe muss für Mäuse 12 cm betragen. Die Kunststoffkäfigschale wird durch einen Gitterdeckel abgeschlossen. Der Deckel ist aus verchromten Stahl oder Edelstahl gefertigt und wird als Falldeckel (Einhandbedienung möglich) oder als Klemmdeckel angeboten.
Im Deckel eingelassen ist die Futterraufe für pelletiertes Fertigfutter mit dem Fach für die Tränkflasche. Der Käfig wird mit einer 2–3 cm dicken Schicht Einstreu, üblicherweise Weichholzgranulat, versorgt. Die Einstreumenge muss nach der Besatzdichte und dem Versorgungsrhythmus (einmaliger oder zweimaliger Wechsel in der Woche) bemessen sein, damit den Tieren ein trockener Untergrund zur Verfügung steht und Geruchsbelästigungen (Schadgase!) vermieden werden. Zur Befriedigung der Nestbau- und Nageaktivitäten wird Zellstoff, eventuell auch eine Handvoll autoklaviertes Stroh in den Käfig gegeben. Dies erfordert dann allerdings große Umsicht bei den Umsetzarbeiten, damit keine Tiere „vergessen" werden, und erschwert die tägliche Beobachtung der Mäuse. Futter befindet sich in der Raufe des Käfigdeckels, durch den erschwerten Zugang (die Mäuse nagen hängend zwischen den Gitterstäben) werden die Fütterungszeiten den natürlichen Begebenheiten angepasst verlängert. Als nützlicher Nebeneffekt wird einer Verschmutzung des Futters (Urin!) teilweise vorgebeugt. In Zuchtkäfigen muss etwas Futter in die Einstreu gelegt werden, da die Säuglingsmäuse schon ab dem 10. Lebenstag am Futter knabbern. Tränkwasser wird in der Regel in Flaschen mit einer konischen, an der Spitze durchbohrten, Edelstahlkappe angeboten. Mäuse lecken den austretenden Wassertropfen ab. Die Wasserflaschen sind in 2 bis 3tägigem Abstand zu wechseln, da das Trinkwasser in der Flasche schnell verkeimt. Täglich ist die Durchgängigkeit der Tränköffnung zu prüfen bzw. am Wasserstand abzulesen, ob die

Mäuse trinken konnten. Nach 24–48 Stunden Wasserentzug können Mäuse schon ernstlich erkranken bzw. sterben.

Bei den Pflegearbeiten – dem Umsetzen der Mäuse in frische Käfige – werden die Tiere behutsam am Schwanz aufgehoben. Ganz besonders vorsichtig muss mit Hilfsmitteln wie Pinzetten zugefasst werden. Hiermit können die Mäuse auch im Nackenfell gegriffen werden. Beim Käfigwechsel wird in der Regel der Deckel beibehalten und auf den frischen Käfig gesetzt. Häufig nicht gut gelöst ist das Problem der Käfigkennzeichnung. Käfigkarten u.a. sind zweckmäßig am Deckel befestigt. Es muss dafür Sorge getragen werden, dass die Karten nicht herunterfallen. Auch darf immer nur ein Käfig geöffnet werden, damit der Deckel mit der Kennzeichnung nicht doch irrtümlich auf einen falschen Käfig gesetzt wird.

Die Käfige werden im Tierraum auf Regalen oder in Fahrgestellen angeordnet. Es ist wichtig, eine möglichst gleichbleibende Anordnung und Reihenfolge beizubehalten, um Verwechslungen vorzubeugen. Ältere Käfige haben häufig Sprünge und Risse. Durch Alterungsprozesse wird das Material spröde. Solche Käfige müssen aussortiert werden, weil die Mäuse in der nächtlichen Aktivitätszeit sich in den Spalten die Gliedmaßen einklemmen. Dies führt zu hässlichen Verletzungen.

Wiederholungsfragen

1. Beschreiben Sie die Ausstattung eines Mäusekäfigs.
2. Welche und wie viele Makrolon-Käfige benötigen Sie, um einen Mäusezuchtraum für 200 Zuchtpaare (Haltung: permanent monogam) einzurichten?
3. Warum sind Makrolon-Käfige mit Rissen oder Bruchstellen für die Haltung von Mäusen ungeeignet?

5.3.3 Ratte

Ratten werden vorwiegend in den genormten Makrolon-Käfigen gehalten. Als kleinste Haltungseinheit sollte der Käfig-Typ III (810 cm^2 Bodenfläche) verwendet werden. Die Besatzdichte richtet sich dann nach der Anzahl der Tiere und deren Gewicht. Als Richtmaß wird ein Flächenbedarf von 1 cm^2/g Körpermasse angegeben. Die nach dem europäischen Übereinkommen (siehe Literaturanhang) geltenden Richtwerte können der **Abbildung 5.12** (Nomogramm) entnommen werden.

Ratten benötigen höhere Käfige als Mäuse, damit sich die Tiere ungehindert und verhaltensgerecht aufrichten können („Sichern", d.h. Sitzen auf den Hinterbeinen mit senkrecht aufgerichtetem Oberkörper). Dafür ist eine Mindesthöhe von 14 cm Freiraum vorgeschrieben. Dies wird erreicht einmal durch spezielle „Rattenkäfige", die diesen Anforderungen entsprechen, oder durch einen kastenförmig geformten und erhöhten Metalldeckel. Welcher Einrichtung der Vorzug gegeben werden sollte, wird zur Zeit noch erprobt und diskutiert. Bei den hohen Rattenkäfigen kann für junge Ratten der Abstand zur Futterraufe zu groß sein; in diesem Fall kann der Abstand durch zusätzliche Einstreu überbrückt werden. Ratten werden ebenfalls auf Weichholzgranulat-Einstreu gehalten; zum „Nestbauen" und „Nagen" wird zusätzlich geeignetes Material (Zellstoff, autoklaviertes Stroh) gegeben. Unter besonderen Versuchsbedingungen müssen Ratten mitunter auf Gittereinlegeböden gehalten werden. Dies ist aber nur erwachsenen Ratten für einen begrenzten Versuchszeitraum zuzumuten. Das Futter wird den Ratten wie den Mäusen in Raufen, die in den Deckel eingearbeitet sind, gereicht. Neben der Flaschentränke werden auch automatische Tränkanlagen verwendet; zu diesem Zweck ist an einer Schmalseite des Käfigs ein Loch (Durchmesser ca. 2 cm) gestanzt, dessen Ränder zum Nageschutz mit Edelstahl eingefasst sind. Durch dieses „Tränkloch" können die Ratten den Tränknippel erreichen und bedienen. Der Käfig muss so positioniert werden, dass die Ratten den Tränknippel sicher erreichen können, aber kein Spritz- oder Tropfwasser in den Käfig fließt. Es wird deutlich, dass die erhebliche Arbeitsersparnis einer automatischen Tränkanlage durch ein erhöhtes Risiko erkauft wird. Ausfälle, z.B. die falsche Einstellung des Druckventils, treffen immer sehr viele Tiere. Die Anlage muss daher sehr gewissenhaft gewartet werden. Außerdem müssen die Positionen der Käfige genau eingestellt werden, damit die Tiere an das Wasser kommen.

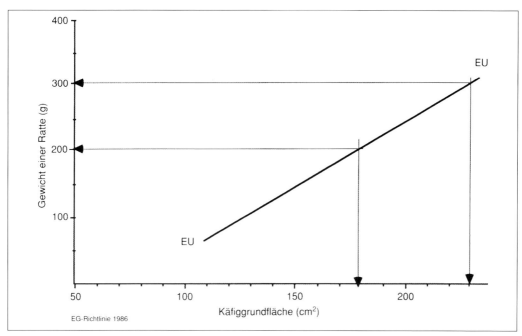

Abb. 5.12: Käfigfläche für Ratten gemäß EG-Richtlinie (1986). Auf der Diagonallinie (EU–EU) können für die verschiedenen Gewichtsklassen die Mindestgrundflächen abgelesen werden, so z.B. 225 cm² für eine 300 g schwere Ratte. Rechenbeispiel: Gemäß der Abb. benötigt eine 200 g schwere Ratte ca. 180 cm² Fläche; in einem Makrolon-Käfig Typ III (810 cm² Grundfläche) dürfen demnach nur 4 Ratten dieser Gewichtsklasse gehalten werden. Ein 300-g-Tier hat Anspruch auf ca. 225 cm², bei diesem Gewicht dürfen nur 3 Tiere (810 : 225 = 3,6) je Typ III gehalten werden.

Jungtiere können die Tränknippel häufig nicht oder nur schlecht erreichen. Für Zuchtkäfige sind daher auf jeden Fall Tränkflaschen vorzuziehen. Ratten sollten beim Umsetzen im Körpergriff gefasst werden. Die intelligenten und anpassungsfähigen Tiere gewöhnen sich beim ruhigen Umgang schnell an die Hand des Pflegers und werden so für notwendige fixierende Eingriffe trainiert („Handling"). Auch aus diesem Grund ist ein zweimaliges Umsetzen pro Woche bei Ratten wünschenswert.

Wiederholungsfragen

1. Wie unterscheiden sich Käfige für Ratten von denen für Mäuse?
2. Welches Material kann Ratten zum Nestbau und zum Benagen in den Käfig gelegt werden?
3. Beschreiben Sie eine automatische Tränkanlage für Ratten.

5.3.4 Mongolische Wüstenrennmaus (Gerbil)

Gerbils werden wegen ihrer intensiven körperlichen Aktivität vorzugsweise in Makrolon-Käfigen Typ III oder IV gehalten. In Makrolon-Käfigen von Typ III sollten maximal 3 ausgewachsene Gerbils, in Makrolon-Käfigen von Typ IV nicht mehr als 7 Tiere gehalten werden. Die Zucht gelingt am besten in Käfigen vom Typ IV (1800 cm² Grundfläche). Reichlich Einstreu (ca. 4–5 cm) aus Weichholzgranulat ermöglicht den Tieren, einen Teil ihres Bewegungsdranges beim Umwühlen des Käfigs auszuleben. Ein Wechsel der Einstreu ist nur alle 2 Wochen notwendig, da Gerbils wegen ihrer Anpassung an das Leben in Trockengebieten täglich nur wenige Tropfen Urin absetzen. Die Mindesthöhe der Käfige beträgt 18 cm, da sich Gerbils zum „Sichern" häufig auf ihre Hinterpfoten aufrichten. Aus diesem Grund sollten die Käfige der Zuchtpaare mit einem erhöhten Gitterdeckel ausgestattet sein.

In durchsichtigen Käfigen benötigen die Tiere einen Platz, an den sie sich zurückziehen können, und der Schutz nach oben bietet – dies steht möglicherweise im Zusammenhang mit einem angeborenen Fluchtreflex gegenüber großen Raubvögeln. Eine preiswerte Lösung für diesen Unterschlupf sind umgedrehte Blumentöpfe, in welche zwei Durchlässe gebrochen werden, oder durchbrochene Tonröhren, die von den Tieren eines Käfigs gemeinsam (auch als Schlafplatz) genutzt werden. Ausgewachsene Tiere, vor allem Männchen, reiben ihr Bauchdrüsenfeld (siehe „Allgemeine Biologie") regelmäßig an festen Gegenständen, um den Käfig mit ihrem Geruch zu markieren. Sollte kein Unterschlupf, z.B. eine Tonröhre, vorhanden sein, können zwei faustgroße Steine in den Käfig gelegt werden, um den Tieren dieses „Markieren" zu erlauben. Wie jeder erhöhte Platz wird auch der Unterschlupf gerne zum „Sichern" verwendet.

Gerbils sind ausdauernde Nestbauer und zerpflücken Papier oder Zellstoff mit Zähnen und Vorderpfoten. Die Schnipsel werden nicht nur zum Nestbau verwendet, sondern im ganzen Käfig verteilt, was zweifellos mit der hohen körperlichen Aktivität der Gerbils im Zusammenhang steht. Nicht nur Zuchtpaare, sondern alle Tiere sollten daher wöchentlich zur Beschäftigung einige Lagen Zellstoff erhalten. Auch eine Handvoll autoklaviertes Heu oder Stroh erfüllt diesen Zweck. In den Käfig gestreute Sonnenblumenkerne dienen ebenfalls der Beschäftigung und werden gerne vergraben. Bei kritischen Anpaarungen beruhigen sich nervöse Tiere häufig, wenn ihnen ausreichende Mengen an Zellstoff in den Käfig gegeben oder zwischen die Gitterstäbe des Käfigdeckels geklemmt wird. Käfigkarten, die auf dem Gitter eines Gerbilkäfigs liegengelassen werden, „verschwinden" allerdings auf die gleiche Weise innerhalb weniger Stunden!

Wiederholungsfragen

1. Worauf muss bei der Ausstattung eines Käfigs für Gerbils besonders geachtet werden?
2. Warum benötigen Gerbils in der Käfighaltung einen Unterschlupf, z.B. eine Tonröhre?
3. Wie viel Einstreu benötigen Gerbils, und wie häufig wird es gewechselt?

5.3.5 Hamster

Syrische Goldhamster können im Prinzip wie Mäuse untergebracht werden; natürlich muss den im Vergleich zur Maus größeren Hamstern ein entsprechend größer Lebensraum (**Abb. 5.13**) zur Verfügung gestellt werden. Es soll ihnen eine verfügbare Fläche von ca. 1–2 cm^2 pro 1 g Körpermasse zugeteilt werden. Als kleinste Haltungseinheit sind Typ-II-Käfige (360 cm^2) geeignet, obwohl die EG-Richtlinie auch noch den kleinen Käfig (minimal 200 cm^2) erlaubt. Für die Zucht (1 Muttertier mit Wurf) werden als Mindestgrundfläche 650 cm^2 gefordert, d.h., es muss ein Käfig Typ III benutzt werden. Zur Beschäftigung und zum Nestbau wird den Tieren Zellstoff und Heu gegeben. Die Gruppenhaltung von Hamstern ist mitunter schwierig, da verschiedene Zuchtlinien noch viel von der ursprünglichen Aggressivität besitzen. Häufig vertragen sich nur Geschwistergruppen. In Zuchtkäfigen muss gegebenenfalls für Rückzugsmöglichkeiten mit Röhren oder ähnlichen Materialien gesorgt werden, damit sich das Männchen vor dem aggressiven Weibchen in Sicherheit bringen kann. Dies ist insbesondere bei den besonders aggressiven Zwerghamstern wichtig.

Zum Werfen werden die Weibchen in Einzelkäfige gesetzt. In der ersten Woche nach der Geburt sollte der Käfig möglichst nicht gewechselt werden, weil gestörte Hamsterweibchen häufig ihren Wurf auffressen. Junge Hamster knabbern schon früh am Trockenfutter, welches das „hamsternde" Weibchen in das Nest trägt.

Ob Hamster zum Abreagieren ihres Bewegungsdranges Laufräder, wie in Heimtierhaltungen üblich, benötigen, ist umstritten. Wenn Laufräder benutzt werden, müssen diese einen ausreichenden Radius (Durchmesser ca. 25 cm^2) aufweisen, weil sonst die Hamster in unphysiologischer Haltung (Lordose) laufen müssen.

Wiederholungsfragen

1. Warum dürfen Hamsterweibchen in der ersten Woche nach dem Wurf nicht gestört werden?
2. Was ist bei der Gruppenhaltung von Hamstern zu beachten?

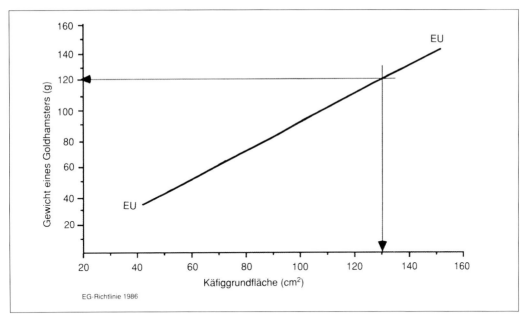

Abb. 5.13: Käfigfläche für Goldhamster gemäß EG-Richtlinie (1986). Auf der Diagonallinie (EU–EU) können für die verschiedenen Gewichtsklassen die Mindestgrundflächen abgelesen werden, so z.B. 130 cm² für einen 120 g schweren Goldhamster.

5.3.6 Meerschweinchen

Der kleinste Käfig für die Meerschweinchenhaltung ist der Makrolon-Käfig® Typ IV (1800 cm² Bodenfläche). Die Bodenfläche ist ausreichend für ein Muttertier mit Jungen (Mindestgrundfläche 1200 cm²). Überlicherweise werden Meerschweinchen in Gruppen gehalten. Bei der Auswahl des Käfigs wird pro 1 g Körpermasse ca. 1 cm² Mindestgrundfläche zugrunde gelegt (**Abb. 5.14a u. b**).
In einem Käfig von 4000 cm² Bodenfläche können also 4–6 Tiere gehalten werden. Wird der Käfig als Zuchtkäfig eingesetzt, reicht das Platzangebot für 3–4 erwachsene Tiere aus. Die Käfige müssen eine Höhe von minimal 18 cm² haben.
Meerschweinchen werden zweckmäßigerweise auf Weichholzgranulat-Einstreu gehalten. Die Tiere ruhen bevorzugt in dunklen Ecken, sie „verkriechen" sich gerne. Darum ist es angebracht, dachförmige Unterschlupfe aus Kunststoffplatten auf die Einstreu zu stellen. Zur Bereitstellung von Trockenfutter sind für Meerschweinchen besondere Futterkrippen, die Futterautomaten genannt werden, notwendig. Die Meerschweinchen müssen das Futter vom Boden aufnehmen. Dabei nehmen sie ein Pellett-Stück auf und beißen einen Bissen ab, der Rest fällt zu Boden. Die verschiedenen konstruierten Futterautomaten sollen, um Verluste zu vermeiden, Reste wieder auffangen. In der Regel ist die Futtervergeudung bei Meerschweinchen aber nicht zu verhindern. Meerschweinchen benötigen genügend strukturiertes, rohfaserreiches Futter, hierfür und auch zur Beschäftigung wird ausreichend Heu (bei Bedarf auch autoklaviert) zugefüttert. Die Tränkwasserversorgung für Meerschweinchen bereitet einige Schwierigkeiten, denn diese Tiere verlangen Nippeltränken; beim Tränken nehmen sie das Tränkröhrchen in das Maul und beißen darauf herum. Sie spülen mitunter praktisch jeden Futterbissen mit Wasser herunter. Beim Trinken tropfen so beträchtliche Anteile des Wassers als Spritzwasser in die Einstreu. Bei der Flaschentränkung wird das Wasser schon in wenigen Stunden verbraucht. Es muss täglich nachgetränkt werden, zusätzlich wird die Käfigeinstreu stark durchfeuchtet. Automatische Tränkanlagen müssen so angeordnet werden, dass das Spritzwasser zu-

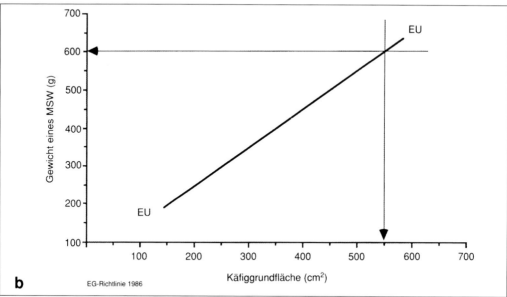

Abb. 5.14: Meerschweinchenhaltung. **a** Die Edelstahlwanne des Käfigs ist mit Heu eingestreut; um eine ausreichende Wasserversorgung sicherzustellen, werden bei Gruppenhaltung zwei Wasserflaschen eingesetzt (Aufnahme: W. Rossbach). **b** Käfigfläche für Meerschweinchen gemäß EG-Richtlinie (1986). Auf der Diagonallinic (EU EU) können für die verschiedenen Gewichtsklassen die Mindestgrundflächen abgelesen werden, so z.B. 550 cm^2 für ein 600 g schweres Meerschweinchen.

verlässig nach außerhalb des Käfigs abgeleitet wird, weil die Tiere sonst ständig in feuchter Einstreu sitzen müssen. Besonders bewährt haben sich kleine Tränkgänge, in denen die Tiere zur Wasseraufnahme aus dem Käfig herauskriechen. Das Spritzwasser wird hierbei über Ablaufrinnen aufgefangen und abgeleitet. Da einige Tiere die Tränkanlagen gerne ständig besetzt halten, müssen sich stets zwei Tränkstellen am Käfig befinden.

Meerschweinchen müssen beim Umsetzen behutsam mit zwei Händen gefasst werden. Die eine Hand greift das Tier um Hals und Nacken und fixiert dabei die Vorderbeine, die andere Hand trägt stützend den Hinterkörper.

Für Versuchszwecke müssen Meerschweinchen mitunter auf Gitterböden gehalten werden. Diese Haltungsform ist nur bei erwachsenen Tieren möglich. Der Gitterboden muss sorgfältig ausgesucht und gepflegt werden, denn eingeklemmte Pfötchen führen zu verstümmelnden Verletzungen.

Wiederholungsfragen

1. Wie soll ein Käfig für Meerschweinchen ausgestattet sein?
2. Nennen Sie die besonderen Probleme, die bei der Tränkwasserversorgung von Meerschweinchen auftreten.
3. Wie wird ein Meerschweinchen aufgehoben und gehalten?

5.3.7 Kaninchen

Käfighaltung

Einzelkäfige müssen für Kaninchen von 3 kg Gewicht eine Bodenfläche von 3000 cm^2 und eine Höhe von 40 cm besitzen. Die Mindestflächen für andere Gewichtsklassen können der Grafik aus der EG-Richtlinie (**Abb. 5.15a u. b**) entnommen werden.

Als Faustregel kann man 1 cm^2 Grundfläche für 1 g Körpermasse veranschlagen. Kaninchen werden aus hygienischen Gründen (Vorbeugen gegenüber Kokzidiosen) einstreulos auf Loch- oder Gitterböden gehalten. Bewährt haben sich Lochböden mit sorgfältig geglätteten und abgerundeten Stanzungen. Die für Kaninchen notwendige Zäkotrophie wird durch gelochte Böden nicht behindert, da die Tiere sich bekanntlich die Nährkotballen selbst vom Anus abnehmen und dann verzehren.

Die früher häufig beobachteten Sohlengeschwüre bei in Käfigen gehaltenen Kaninchen sind sicher durch sorgfältige Materialauswahl und entsprechende Pflege- und Reinigungsmaßnahmen zu verhindern. Zwar spielt bei dieser Erkrankung auch eine gewisse Veranlagung der Tiere – es sind häufiger schwere Rassen mit z.T. dünnbehaarten Läufen betroffen – eine Rolle, aber die Hauptursachen sind Haltungsfehler wie zu kleine Käfige mit nicht ausreichender Liegefläche, scharfe Grate oder Gitter am Käfigboden und ständig feuchte Stellen.

Kaninchen dürfen nur in trockene Käfige gesetzt werden. Es muss vermieden werden, dass sie im eigenen Urin sitzen. Dies passiert leicht, wenn die Tiere mit zu reichlich gegebenem Stroh u.ä. „Nester" bauen und dann stundenlang im Urin sitzen. Auch kann eine ungünstige Anordnung der Tränkstelle zu feuchten Stellen auf dem Käfigboden führen.

Ob Käfige aus Kunststoff als so genannte „Wannen" oder Gitterkäfige aus Edelstahl verwendet werden, muss im Einzelfall nach Vor- und Nachteilen abgewogen werden. Kunststoffe haben eine geringere Wärmeleitfähigkeit, die Tiere sitzen also wärmer als auf dem Metallboden. Die Kunststoffwannen bilden in sich eine (fast) geschlossene Einheit – dies bedeutet hygienische Vorteile, isoliert aber die Tiere auch sozial. Obwohl Kaninchen bevorzugt im Halbdunklen ruhen, sind die Tiere in nach drei Seiten optisch offenen und hellen Gitterkäfigen viel ruhiger und ausgeglichener. Durch den Gesichts- und Geruchskontakt mit der Umwelt sind die Kaninchen weniger sozial isoliert, auch verfolgen sie mit Interesse alle Vorgänge (z.B. Reinigungsarbeiten) im Tierraum. Um dem Gemeinschaftsbedürfnis von Kaninchen zu genügen, können Doppelkäfige eingerichtet werden, die miteinander verträglichen Tieren paarweise besetzt werden. Diese großen Käfige können dann zusätzlich mit kastenartigen Unterschlüpfen bestückt werden, auf deren flachen Dächern die Kaninchen auch eine beliebte erhöhte Ruhestelle finden. Zu berücksichtigen ist allerdings, dass derartige Kaninchenkäfige sowohl nach Größe als auch Gewicht die Grenze zum Unhandlichen erreicht haben. Größere Einheiten können von einer

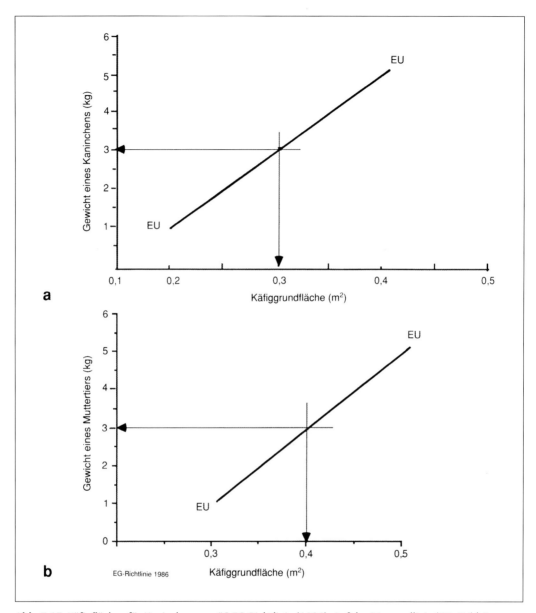

Abb. 5.15: Käfigflächen für Kaninchen gemäß EG-Richtlinie (1986). Auf der Diagonallinie (EU–EU) können für die verschiedenen Gewichtsklassen die Mindestgrundflächen abgelesen werden. **a** Vorratshaltung oder Haltung von Kaninchen während des Versuches, z.B. 0.25 für ein 3 kg schweres Kaninchen. **b** Zuchthaltung von Kaninchen, z.B. 0.4 m² für eine 3 kg schwere Zibbe mit Wurf.

Person ohne mechanische Hilfe nicht mehr getragen werden, zumal wenn sie in mehreren Etagen als so genannte Batterien angeordnet werden.

Die Kaninchenkäfigbatterien bestehen aus Reihen von Käfigen in 3–4 Etagen. Der Kot und Urin fällt durch den gelochten Boden auf ein Mistband und kann dann ohne großen Arbeitsaufwand in entsprechende Container „abgerollt" werden.

An jedem Käfig befindet sich ein Trinknippel der zentralen automatischen Tränkanlage. In der Regel wird durch einen Druckminderer für Niederdruckwasser (ca. 0,3 bar) gesorgt. Die

Trinknippel müssen so angeordnet sein, dass möglichst kein Wasser auf den Käfigboden tropft. Es ist selbstverständlich notwendig, dass die Tränkanlage gewissenhaft kontrolliert und gewartet wird. Es muss sichergestellt werden, dass jedes Kaninchen die Tränkstelle annimmt und ausreichend Wasser bekommt.

Erwachsene Kaninchen können mit Hilfe von Futterautomaten für Kaninchen limitiert gefüttert werden, d.h. ihnen wird täglich ein bestimmtes Nahrungsquantum (z.B. pro 3-kg-Tier ca. 140 g Fertigfutter) zugeteilt. Dem Tagesrhythmus dieser Tiere angepasst, wird zweckmäßig zum späteren Nachmittag gefüttert. Zusätzlich wird den Kaninchen Heu und Stroh (bei SPF-Tieren autoklaviert) zur nagenden Beschäftigung gereicht. Zur Beschäftigung und zum Abnutzen der Zähne werden auch Holzstücke an den Käfigwänden befestigt.

Zuchtkäfige
Zuchttiere werden zweckmäßigerweise in Doppelkäfigen gehalten. Dabei werden möglichst 2 Einzelkäfige nebeneinander durch eine Schiebewand verbunden. Zum Wurf wird eine Wurfkiste mit Zellstoff oder ähnlichen weichen Materialien eingerichtet. Wenn die Zibbe die Wurfbox (hierfür ist z.B. ein Makrolon-Käfig Typ III geeignet) annimmt, füllt sie diese ohnehin mit ausgerupfter Wolle vom Bauchfell. Bis zum Absetzen bleiben dann die jungen Kaninchen bei der Mutter im Doppelkäfig. Die Mindestfläche dieses Käfigs muss 4000 cm^2 für eine Zibbe (ca. 3 kg Körpergewicht) mit Wurf bis zum Absatz betragen (**Abb. 5.15b**).

Haltung in Boxen

Kaninchen werden zunehmend in Boxen (**Abb. 5.16**) zu mehreren Tieren (günstige Gruppengröße: 6–8 Tiere) auf Einstreu gehalten (Platzbedarf: 1–2 Tiere/m^2). Die Gruppenhaltung ist bei Kaninchen nicht ganz unproblematisch. Die Gruppen müssen mit Bedacht zusammengesetzt werden, damit übermäßige soziale Rangkämpfe vermieden werden. Es ist immer ungünstig, Tiere aus der Gruppe zu entnehmen bzw. fremde Tiere hinzuzufügen. Nicht zu unterschätzen sind auch die hygienischen Probleme bei dieser Haltungsform. Es ist unbedingt notwendig, dass regelmäßig in ein- bis zweiwöchentlichen Abständen ent-

Abb. 5.16: Haltung von Kaninchen auf Gummimatten in Boxen (Aufnahme: K. Schwarz).

sprechende Kontrollen, z.B. parasitologische Untersuchungen, veranlaßt werden.
In der Gruppenhaltung benötigt man etwa 1 m^2 Fläche pro Tier. Die Anzahl pro Gruppe darf 20 Tiere nicht überschreiten. Die Boxen müssen strukturiert ausgestattet werden, z.B. mit Schlupfwinkeln und erhöhten Sitzpodesten, Heu- oder Strohballen als Sichtblenden oder Kartons aus unbedenklicher Pappe (da sie von den Kaninchen zernagt werden). Tränk- und Futteranlagen müssen für alle Tiere gut zugänglich und ausreichend vorhanden sein. Das Einfangen der Tiere muss geübt werden und darf diese nicht unnötig beunruhigen.
Kaninchen müssen wöchentlich mindestens einmal aus dem Käfig oder der Box genommen und genau untersucht werden. Bei ruhigem und sicherem Umgang erreicht man es, dass die Kaninchen handzahm werden. Dies erleichtert jeglichen Umgang mit den Tieren. Zur Untersuchung werden Kaninchen auf einen Tisch mit rutschfester, rauer Oberfläche gesetzt. Dabei wird die Körperpflege mit Schwerpunkt auf Krallenpflege (**Abb. 5.17a**), Inspektion der Pfoten, Ohren und Zähne ausgeführt. Die ent-

Abb. 5.17: Krallenpflege bei Versuchstieren. **a** Kaninchen; **b** Hund (Aufnahmen: J. Weiss).

sprechenden Trage- und Haltegriffe müssen wiederholt geübt werden, damit sich die Tiere (und Pfleger!) daran gewöhnen.

Wiederholungsfragen

1. Welche Ausmaße müssen Kaninchenkäfige besitzen?
2. Wann treten Sohlengeschwüre bei Kaninchen auf?
3. Was versteht man unter einer „Käfigbatterie" für Kaninchen?
4. Warum müssen Tränkanlagen für Kaninchen beim Anschluss an die Zentralwasserversorgung mit einem Druckminderer ausgerüstet sein? (Welcher Druck wird üblicherweise eingestellt?)
5. Nennen Sie Probleme der Boxenhaltung von Kaninchen

5.3.8 Frettchen

Käfighaltung

Frettchen sind sehr geschickt im Öffnen von Verschlüssen und sehr erkundungsfreudig. Sie entweichen durch kleinste Löcher und benötigen deshalb feste und dichte Käfige. Sie sind empfindlich gegenüber Feuchtigkeit und Zugluft und sollten in einer zugfreien und trockenen Umgebung gehalten werden. In der Pelztierzucht werden Frettchen in Drahtkäfigen mit einer isolierten Schlafbox untergebracht. In der Heimtier- und Versuchstierhaltung werden die Tiere in geschlossenen Käfigen gehalten.

Käfige sind in verschiedenen Ausführungen bekannt. Meist werden Kunststoffkäfige mit abnehmbarem Deckel und einer Vorrichtung zum Einhängen von Tränkflaschen und Futternäpfen benutzt (**Abb. 5.18a**).

Holzkäfige sind aufgrund ihrer guten Wärmeisolation besonders geeignet, sind jedoch schwieriger zu reinigen und zu desinfizieren. Sie finden vor allem in der Heimtierhaltung Verwendung. Frettchenkäfige sollten eine Größe von 100 x 80 x 60 cm nicht unterschreiten.

Als Einstreumaterial eignen sich Holzgranulat, Holzwolle oder Heu. Eine willkommene Bereicherung der Haltungsbedingungen sind Röhren, die die Erdbauten wildlebender Formen schematisieren, und die die Frettchen bei Gruppenhaltung mit sichtlichem Vergnügen für „Versteckspiele" und Verfolgungsjagden nutzen. Auch mit einem im Käfig aufgehängten Wollknäuel spielen die Tiere meist ausdauernd. Die Käfighaltung der Frettchen sollte in klimatisierten Räumen geschehen, weil einerseits Temperaturen oberhalb von 25 °C nur schlecht vertragen werden, andererseits das Wärmebedürfnis der Neugeborenen beträchtlich ist und Raumtemperaturen von 20–22 °C erfordert.

Haltung in Boxen

Für die Boxenhaltung eignen sich nur Gruppen von Jungtieren oder gleichgeschlechtliche Erwachsene, die an die Gruppe gewöhnt sind. Zur Zucht ist diese Haltungsform ungeeignet (Gründe hierfür sind in **Kapitel 3.3.7** „Verhalten und Handling dargelegt").

Haltung der verschiedenen Tierarten 235

Abb. 5.18: Haltung von Frettchen. **a** Kunststoffkäfig mit aufklappbarer Vorderseite. Die Tür ist speziell gesichert, um die in dieser Hinsicht sehr geschickten Frettchen am Entkommen zu hindern. Der Käfig wird mit Holzgranulat, Holzwolle oder Heu eingestreut. **b** Boxenhaltung von Frettchen. Ein Teil der Box ist mit Stroh ausgelegt, ein offener, eingestreuter Kotkasten ist in der Box fest montiert, der aus zwei Makrolon-IV-Käfigen zusammengebaute Schlafkasten (Stroheinlage) bietet allen in der Box untergebrachten Tieren ausreichend Platz (Aufnahmen: D. Wolff).

Die Boxen müssen wie die Käfige fest und dicht sein, um die Tiere am Entweichen zu hindern. Zusätzlich müssen auch die Bodenabläufe gesichert werden, um ein Eindringen in die Kanalisation zu verhindern, was u.U. den qualvollen Tod der Tiere zur Folge haben kann. Bestehen Türen oder Seitenwände aus Drahtgeflecht, versuchen Frettchen vor allem während der Brunst (Ranz), diese zu überklettern wobei sie große Geschicklichkeit entwickeln. Entsprechende Sicherheitsmaßnahmen sind dann vorzusehen.

Der Boden kann aus Beton, Fliesen oder Kunstharz bestehen, seine Reinigung ist aber in jedem Falle sehr arbeitsintensiv. Es ist schwierig, bei der täglich notwendigen Nassreinigung die Tiere sauber und trocken unterzubringen. Es empfiehlt sich, einen Teil der Boxen mit Holzgranulat oder Stroh einzustreuen und je nach Tierzahl einen oder mehrere Kotkästen aufzustellen. Diese werden in der Regel gut von den Tieren angenommen, wenn sie mit Holzgranulat eingestreut sind, können aber eine Verschmutzung des Gehegebodens mit Kot und Urin nicht vollständig verhindern. In jeder Box sind mit Heu oder Stroh ausgepolsterte Schlafkästen (**Abb. 5.18b**) vorzusehen, die allen Tieren gleichzeitig Platz bieten.

In solcherart ausgestatteten Gehegen kann die Heizung im Winter stark gedrosselt werden. Die schnelle Abtrocknung der Flächen nach der Nassreinigung muss allerdings gewährleistet sein, und das Einfrieren von Wasserleitungen und -näpfen sowie das Anfrieren von Kot und Urin muss verhindert werden. Können im Sommer in den Boxen Temperaturen oberhalb von 25 °C längere Zeit nicht vermieden werden, sollten die Tiere in die klimatisierte Käfighaltung überführt werden.

Wiederholungsfragen

1. Welche Größe sollte ein Frettchenkäfig wenigstens haben?
2. Wie muss eine Box für die Frettchenhaltung beschaffen sein?
3. Welche Maximaltemperatur sollte bei der Frettchenhaltung möglichst nicht überschritten werden?

5.3.9 Katze

In freier Wildbahn lebende Katzen – insbesondere Kater – sind Einzelgänger. Dies geht sogar so weit, dass sie sich in ihrem Revier ausweichen, so dass es selten zu territorialen Streitigkeiten kommt. Katzen sind ausgezeichnete Kletterer und Springer, aber keine Lauftiere. In einem ihrem Verhaltensmuster entsprechenden Lebensraum schlafen sie viel – bis zu 60 % des Tages – und zeigen nur ein geringes Bewegungsbedürfnis. Eine soziale Rangordnung ist nur bei Gruppenhaltung vorhanden. Die Verständigung untereinander – siehe auch **Kapitel 3.3.8** – erfolgt im Wesentlichen über Lautäußerungen, Mienenspiel, Ohrstellung und Körperhaltung. Diese beschränkt sich jedoch darauf, Artgenossen von sich fern zu halten bzw. eine Rangordnung herzustellen. Solange beim Fressen, Koten, Schlafen die Individualdistanz, d.h. ein ausreichender artspezifischer Abstand zum Nachbarn eingehalten werden kann, ist auch eine Gruppenhaltung von Katzen möglich.

Katzen in Privathand werden überwiegend einzeln gehalten. Sie leben als Mitbewohner „frei" im Haus bzw. in der Wohnung. Häufig erhalten sie die Möglichkeit, sich zumindest für eine gewisse Zeit und dann meist unbeaufsichtigt frei im Garten bzw. in der Umgebung zu bewegen.

In Tierheimen, kommerziellen Katzenzuchten und im Versuchstierbereich werden sie in der Regel im „Haus" (in-door) gehalten, und zwar in Käfigen, Zwingern bzw. in so genannten Katzenräumen.

Es gibt eine Vielzahl von verschiedenen Käfig- und Zwingertypen, auf die hier im Einzelnen nicht eingegangen werden kann. Einige grundsätzliche Anmerkungen zu diesem Thema sind jedoch notwendig.

Haltung in Katzenzwingern bzw. Katzenräumen

Gleichgeschlechtliche Katzen bzw. Zuchtgruppen sollten in Katzenzwingern (**Abb. 5.19**) bzw. -räumen gehalten werden. Eine solche Gruppe kann aus 20 und mehr Tieren bestehen, denn es sind Zuchtgruppen von 20 Katzen und 2 Katern beschrieben. Die soziale „Harmonie" der Gruppe muss jedoch regelmäßig kontrolliert

Tab. 5.6: Haltung von Katzen in Käfigen und Boxen (Vorrats- bzw. Experimentalhaltung)

Körpergewicht (kg)	Mindestgrundfläche je Tier bei Käfighaltung (m²)	Mindesthöhe des Käfigs (cm)	Mindestgrundfläche je Muttertier und Wurf bei Käfighaltung (m²)	Mindestgrundfläche je Muttertier und Wurf bei Boxenhaltung (m²)
0,5–1	0,2	50	–	–
1–3	0,3	50	0,58	2
3–4	0,4	50	0,58	2
4–5	0,6	50	0,58	2

werden, und falls erforderlich, muss die Gruppenzusammensetzung verändert werden. In Zweifelsfällen hat es sich bewährt, Katzen zu zweit zu halten. Bei Gruppenhaltung sollte die Grundfläche der Haltungseinheit mindestens 0,5 m²/Katze (**Tab. 5.6**), besser 1 m²/Katze betragen, und der Raum sollte mindestens 1,5 m hoch sein.

Eine solche Haltungseinheit muss strukturiert sein. Im Ruhebereich sind entlang der Wände und bis hoch zur Decke einzelne Liegebretter anzubringen. Diese müssen so breit sein, dass die Katze in Seitenlage darauf schlafen kann. Eine solche, nach drei Seiten offene Schlafstätte kommt der Wesensart der Katze am nächsten, denn von der Rückseite her droht keine Gefahr und der Fluchtweg bleibt nach drei Seiten hin offen.

Als Futterbereich kann fast die gesamte Bodenfläche dienen. Jedes Tier sollte sein eigenes Futtergefäß haben. Um Streitigkeiten möglichst zu vermeiden, werden die Näpfe in einem Abstand von ca. 50 cm voneinander aufgestellt. Aus arbeitstechnischen Gründen ist eine automatische Tränke nicht nur bei Trockenfütterung zu empfehlen. Ansonsten muss dafür gesorgt werden, dass die Katzen jederzeit freien Zugang zum Wasser haben.

Im Ausscheidungsbereich sollte eine Kotwanne o. ä. – für 2–3 Katzen je eine – vorhanden sein. Diese werden in den dunkelsten Ecken des Raumes bzw. an der Wand entlang aufgestellt. Die Kotwanne wird mit einem gut feuchtigkeitsaufsaugenden und geruchsabsorbierenden Material, z.B. Weichholzeinstreu, gefüllt. Im Handel erhältliche „Katzentoiletten" sind ebenfalls geeignet.

Der Bewegungsbereich muss dem Aktivitätsverhalten der Katze entsprechen. Er muss z.B. mit Kletterbäumen oder Holzgerüsten, an denen stufenförmig Bretter angebracht sind,

Abb. 5.19: Katzenzwinger mit Kotwanne (Aufnahme: W. Rossbach).

ausgestattet sein. Spielzeug wie Gummipendel, Bälle, aber auch Pappkartons können zur Beschäftigung angeboten werden. Hier gilt: je abwechslungsreicher das Angebot, desto größer die Beschäftigungsmöglichkeiten.

Da Katzen pfotenwarme Fußböden lieben, sollte der Boden gut wärmegedämmt sein. Auch muss ein ausreichendes Gefälle zu dem nicht zu klein dimensionierten Bodenauslauf vorhanden sein. Der Boden kann gefliest sein, aber auch mit Kunststoff beschichteter Beton hat sich bewährt. Auf jeden Fall muss er leicht zu reinigen sein. Um das Entweichen der Katzen zu verhindern, ist zu empfehlen, dass der Zugang zur Haltungseinheit mit einer Schleuse versehen ist.

Katzenausläufe

Sofern eine Außenhaltung möglich ist, können sich an die Katzenzwinger bzw. -räume Ausläufe anschließen. In diese Ausläufe gelangen die Katzen direkt durch Schlupflöcher mit leicht beweglichen Pendelklappen, die jedoch durch Klappen, Falltüren o.ä. zusätzlich fest verschließbar sein müssen. Es sollten mindestens 2 Ausgänge vorhanden sein, damit Konflikte der Katzen untereinander vermieden werden. Da sich Katzen auch durch kleine Öffnungen durchzwängen, können diese Durchlässe klein gehalten werden. Sie sollten nicht ebenerdig sein, sondern einen gewissen Abstand zum Boden haben. Dadurch wird erreicht, dass sich die von außen eindringende Kaltluft besser mit der warmen Raumluft vermischt und sich nicht am Boden ansammelt. Damit die Katze den Durchschlupf dennoch erreichen kann, muss der Zugang unter Umständen über ein Lauf- bzw. Sprungbrett ermöglicht werden.

Für Bodenbelag, Aufteilung und Ausstattung des Auslaufs gelten die gleichen Anforderungen wie für die Katzenräume. Ein Futterbereich entfällt, nicht jedoch der Tränke- bzw. Toilettenbereich. Katzen beobachten gern ihre Umgebung. Deshalb sollten die Ausläufe zumindest teilweise eine „Aussicht" ermöglichen. Sie können z.B. mit Maschendraht, dessen Maschengröße weder zu klein noch zu groß sein sollte, dreiseitig eingefasst werden. Zur Wetterseite hin ist eine Mauer, Glaswand u.ä. vorzusehen. Da Katzen gute Kletterer sind, muss auch der Auslauf abgedeckt werden. Falls das Gehege regenfest gemacht werden soll, muss darauf geachtet werden, dass es zu keinem Hitzestau kommen kann.

Katzen sind sehr saubere Tiere, die sich ausgiebig putzen. Eine tägliche Grundreinigung der Haltungseinheit ist deshalb nicht unbedingt notwendig. Sie ist in der Regel nur dann erforderlich, wenn es zu „Unglücken" gekommen ist, bzw. Futterreste den Boden stark verschmutzt haben. Selbst dann reicht es häufig aus, den Boden nur feucht zu wischen. Dennoch wird – zumindest werktags – in vielen Katzenhaltungen täglich ausgespritzt. Da Katzen wasserscheu sind, sollten sie während der Reinigung möglichst anderweitig untergebracht werden. Wenn sie in der Haltungseinheit bleiben müssen, ist darauf zu achten, dass die Tiere nicht abgeduscht werden. Werden Desinfektionsmaßnahmen durchgeführt, muss sichergestellt sein, dass die Katzen mit diesen Mitteln nicht unmittelbar in Kontakt kommen und die Desinfektionsmittelreste gut abgespült werden.

Um Katzen handzahm zu halten bzw. aufzuziehen, ist es notwendig, dass ein erfahrener Tierpfleger durch häufige Kontaktaufnahme das Vertrauen der Tiere gewinnt und behält. Hierzu braucht es viel Zeit, Einfühlungsvermögen, Ruhe und Geduld, sowie besonderer Kenntnisse hinsichtlich des Verhaltensmusters von Katzen. Selbst in Gruppenhaltung bleibt der Mensch der wichtigste Bezugspartner. Hinzu kommt, dass durch diese persönliche Zuwendung Haltungsmängel ausgeglichen werden können.

Katzen sind Raubtiere mit einem arttypischen Jagdverhalten. Sie jagen jedoch in erster Linie, um ihren Nahrungsbedarf zu decken. Wird den Katzen eine artgerechte Ernährung angeboten, ist die Ausübung des Beutejagdverhaltens für ihr Wohlbefinden nicht zwingend erforderlich. Die Fütterung der Katzen sollte möglichst abwechslungsreich (**Kapitel 6.7.7**) gestaltet werden. Wenn Frischfutter gegeben wird, muss dieses täglich mehrfach angeboten werden. Eventuell noch vorhandene Futterreste müssen umgehend entfernt werden, und das Futtergefäß ist vor Wiederverwendung zu reinigen.

Wiederholungsfragen

1. Machen Sie Angaben zum Sozialverhalten der Katzen.
2. Was ist bei der Gruppenhaltung von Katzen zu berücksichtigen?
3. Was sollte bei der Einzelhaltung von Katzen berücksichtigt werden?
4. In welche Bereiche sollte ein Katzenzwinger bzw. -raum aufgeteilt sein?
5. Was ist bei der Reinigung und Desinfektion von Katzenhaltungen zu beachten?
6. Welche speziellen Kenntnisse und Eigenschaften muss ein Tierpfleger haben, der Katzen zu betreuen hat?

5.3.10 Hunde

Hunde mit ihrem großen Bewegungsbedürfnis zeigen einerseits ein ausgeprägtes Sozialverhalten, andererseits aber auch einen starken Drang, ihr Revier zu markieren und zu verteidigen. Aufgrund des starken Gemeinschaftsbedürfnisses würden Hunde, falls sie es könnten, am liebsten die meiste Zeit mit ihnen bekannten Artgenossen verbringen. Dies geschieht dann allerdings in der strengen Hierarchie des Rudels, die sie schon als Welpen kennen lernen. Andererseits führt jede Begegnung mit einem fremden Artgenossen erst einmal dazu, die „Rangposition" abzuklären. Diese Rangordnungskämpfe führen mitunter zu Beißereien.

Diese genetisch bestimmten Verhaltensmuster bzw. die individuelle Charaktereigenschaft seines Hundes muss man kennen, um seine speziellen Bedürfnisse weitgehend zu befriedigen. Es reicht für sein Wohlbefinden nämlich nicht aus, nur solche Grundbedürfnisse wie artgerechte und ausreichende Ernährung, Gewährung von genügend Auslauf u.Ä. zu befriedigen.

Während für die in Privathand gehaltenen Hunde diese Anforderungen relativ leicht zu erfüllen sind, ist das in Tierheimen, gewerbsmäßigen Hundezuchten, aber auch im Versuchstierbereich schwieriger. So scheitert die Bereitstellung ausreichender Auslaufflächen meist schon an der Platzfrage. Der starke Rückgang hinsichtlich des Einsatzes von Hunden in der biomedizinischen Forschung hat allerdings im Versuchstierbereich dazu geführt, dass für die wenigen noch benötigten Tiere wesentlich mehr Platz und zusätzlich häufig auch mehr Tierpflegepersonal zur Verfügung steht. In jedem Fall sollten u.a. durch geschickte Raumnutzung, entsprechende betriebliche Organisation und intensive Zuwendung des Tierpflegers Möglichkeiten geschaffen werden, um die artspezifischen bzw. individuellen Bedürfnisse des Hundes abzudecken (**Kap. 3.3.9**).

Käfighaltung

Langjährige Erfahrungen im Versuchstierbereich und in der tierärztlichen Praxis haben gezeigt, dass Hunde für eine begrenzte Zeit in Käfigen gehalten werden können. Die Käfighaltung muss allerdings zeitlich limitiert sein, wobei möglichst täglich ein ein- bis zweistündiger Auslauf zu gewähren ist. Die als Auslauf vorgesehene Fläche soll so groß sein, dass der Hund sich frei bewegen kann. Darüber hinaus muss sich das Tierpflegepersonal mehrmals täglich für längere Zeit mit dem Tier beschäftigen. Die Grundfläche und Mindesthöhe des Käfigs (**Tab. 5.7**) darf, entsprechend der Leitlinie des Anhangs A (Gesetz zu dem Europäischen Übereinkommen vom 18. März 1986 zum Schutz der für Versuche und andere wissenschaftliche Zwecke verwendeten Wirbeltiere vom 11.12.90 [BGBl. II, Nr. 46, S. 1486-1543]), je nach Widerristhöhe eine bestimmte Mindestfläche bzw. – höhe nicht unterschreiten. Der Käfigboden kann aus Loch- oder aus ummanteltem Drahtgitter bestehen, wobei sich die Maschenbreite nach der Hundegröße richten muss.

Tab. 5.7: Käfighaltung von Hunden (Vorrats- bzw. Experimentalhaltung)

Schulterhöhe des Hundes (cm)	Mindestabmessung der Käfiggrundfläche je Hund (m²)	Mindesthöhe des Käfigs (cm)
30	0,75	60
40	1,00	80
70	1,75	140

Haltung in Boxen

Die klassische Art der Hundehaltung in den o.g. Bereichen ist das Hundehaus mit Auslauf, welches, je nach Größe der Anlage, aus einem oder mehreren Räumen besteht. Entsprechend des § 5 der Tierschutz-Hundeverordnung vom 02.05.2001 (BGBl. I, Nr. 21, S. 838) sind in Hinblick auf den Einfall von natürlichem Tageslicht, die Beleuchtung und die ausreichende Frischluftversorgung bestimmte Mindestanforderungen einzuhalten. Die Räume des Hundehauses sind üblicherweise in Boxen unterteilt, in denen sich die Hunde – als Einzeltiere oder als Gruppe – insbesondere in der Nacht und während der Fütterungszeiten aufhalten. Die Trennvorrichtungen der Boxen müssen so beschaffen sein, daß sich die Hunde

Tab. 5.8: Boxenhaltung von Hunden (Vorrats- bzw. Experimentalhaltung)

Körpergewicht (kg)	Mindestgrundfläche je Tier (m²)	Mindestgröße des angrenzenden Auslaufs je Hund	
		bis 3 Hunde (m²)	über 3 Hunde (m²)
< 6	0,5	0,5 (1,0)[1]	0,5 (1,0)[1]
6–10	0,7	1,4 (2,1)[1]	1,2 (1,9)[1]
10–20	1,2	1,6 (2,8)[1]	1,4 (2,6)[1]
20–30	1,7	1,9 (3,6)[1]	1,6 (3,3)[1]
> 30	2,0	2,0 (4,0)[1]	1,8 (3,8)[1]

[1] Die Zahlen in Klammern geben die Gesamtfläche je Hund, d.h. Boxengrundfläche zuzüglich des angrenzenden Auslaufs, an.

nicht gegenseitig beißen können. Auch sollten die Boxen strukturiert sein. Der Fußboden der Boxen muss ein ausreichendes Gefälle haben, damit Reinigungs- und Leckwasser sowie Urin über eine möglichst außerhalb der Box verlaufende Rinne ablaufen können. Entweder wird über Fußbodenheizung ein stets trockener Liegeplatz gewährleistet, oder ein erhöhtes Liegebrett, hölzerne Schlafkisten u.Ä. sorgen dafür, dass der Hund weder in der Nässe liegt noch unter der Bodenkälte leidet. Aus arbeitstechnischen Gründen befinden sich die Futter- und/oder Tränkschalen entweder neben oder in der Boxentür. Das Trinkwasser kann auch über Selbsttränken zur Verfügung gestellt werden. Ansonsten müssen die Hunde jederzeit freien Zugang zum Wassernapf haben.

Ausläufe

Den größten Teil des Tages verbringen die Hunde im Auslauf. Dieser ist normalerweise direkt über ein erhöhtes Schlupfloch mit Pendeltüren u.Ä. erreichbar. Das Schlupfloch wird während der Boxenreinigung und vor allem nachts durch eine zusätzliche Klappe verschlossen. In der übrigen Zeit haben die Hunde in der Regel freien Zutritt zu ihrer Box bzw. zu ihrem Auslauf. Dachvorsprünge oder Überdachungen schützen die Hunde im Auslauf vor Regen und Schnee. Sie sind gleichzeitig auch Schattenspender. Eine vollständige Überdachung der Ausläufe ist abzulehnen, denn dann trocknet das Reinigungswasser schlecht ab. Außerdem kann die Luft im Sommer infolge mangelnder Luftbewegung sehr schwül und heiß werden. Der Boden muss trittsicher und so beschaffen sein, dass er keine Verletzungen oder Schmerzen verursacht und leicht sauber

und trocken zu halten ist (§ 6 Abs. 2 der o.g. Verordnung). Deshalb besteht er im Allgemeinen aus Fliesen, Stahlbetonplatten oder Beton, der mit einem fugenlosen, säurefesten Anstrich versehen ist. Natur- bzw. Kiesboden oder Rasen ist in der Hundeintensivhaltung aus hygienischen Gründen abzulehnen. Ein vom Haus wegführendes Gefälle sorgt dafür, dass Reinigungswasser und Urin zu einer Auffangrinne außerhalb des Zwingers ablaufen. Die Mindestgrundflächen der Boxen und der Ausläufe entsprechend der Leitlinien des Anhangs A sind **Tab. 5.8** zu entnehmen.

Diese Angaben gelten nur für die Haltung von Hunden für Versuchszwecke, für die die Tierschutz-Hundeverordnung nicht anzuwenden ist, soweit für den verfolgten wissenschaftlichen Zweck andere Anforderungen an die Haltung unerlässlich sind.

Zwingerhaltung

Eine andere Form der Hundehaltung ist die Zwingerhaltung. Die Grundfläche des Zwingers muss der Zahl und der Widerristhöhe der auf ihr gehaltenen Hunde angepasst sein. Die Einfriedung und die übrige Einrichtung des Zwingers müssen aus gesundheitsverträglichem Material hergestellt und so verarbeitet sein, dass sich der Hund daran nicht verletzen kann. Sie muss darüber hinaus so beschaffen sein, dass der Hund sie nicht überwinden kann, d.h. ihre Höhe muss so bemessen sein, dass der aufgerichtete Hund die obere Begrenzung mit seinen Vorderpfoten nicht erreichen kann. Auch dürfen in dem Zwinger bis zu einer Höhe, die der aufgerichtete Hund mit den Vorderpfoten erreichen kann, keine stromführenden Vorrichtungen, mit denen der Hund in Be-

Tab. 5.9: Zwingerhaltung von Hunden

Widerristhöhe in cm	Mindestbodenfläche in m²
bis 50	6
über 50–65	8
über 65	10

rührung kommen kann, oder Vorrichtungen, die elektrische Impulse aussenden, vorhanden sein. Mindestens eine Seite – dieses gilt auch für die Ausläufe von Hundehäusern – muss dem Tier freie Sicht nach außen ermöglichen. Für den Boden gelten die für den Auslauf genannten Bedingungen. Falls der Untergrund nicht aus wärmedämmendem Material besteht, muss eine wärmedämmende Liegefläche vorhanden sein. Eine wetterfeste Hundehütte ist vorgeschrieben. Sie muss so bemessen sein, dass sich der Hund einerseits darin noch verhaltensgerecht bewegen und andererseits, sofern diese Schutzhütte nicht beheizbar ist, den Innenraum mit seiner Körperwärme warm halten kann. Auch für den Zwinger gilt, dass dem Hund außerhalb seiner Hundehütte ein witterungsgeschützter, schattiger Platz zur Verfügung stehen muss.

Entsprechend dem § 8 der Tierschutz-Hundeverordnung muss das Innere des Zwingers sauber, trocken und ungezieferfrei gehalten werden. Kot ist täglich zu entfernen. Hinsichtlich der Grundfläche eines Zwingers gilt, dass dem Hund entsprechend seiner Widerristhöhe bestimmte uneingeschränkt benutzbare Bodenflächen (**Tab. 5.9**) zur Verfügung stehen müssen. Die Länge jeder Seite eines Zwingers muss mindestens der doppelten Körperlänge des Hundes entsprechen und keine Seite darf kürzer als 2 Meter sein. Für jeden weiteren in demselben Zwinger gehaltenen Hund sowie für jede Hündin mit Welpen muss zusätzlich die Hälfte der für einen Hund vorgeschriebenen Bodenfläche zur Verfügung stehen.

Die Tierschutz-Hundeverordnung sowie weitere aktuelle tierschutzrechtliche Regelungen können über die Internetadresse: <www.verbraucherministerium.de> unter dem Stichwort „Tierschutz" abgerufen werden.

Wiederholungsfragen

1. Nennen Sie einige typische Verhaltensweisen des Hundes, die bei der Haltung möglichst berücksichtigt werden sollten.
2. Was ist bei der Käfighaltung von Hunden zu beachten?
3. Wie sind die Boxen bzw. Ausläufe von Hunden auszustatten?
4. Was ist bei der Einrichtung eines Hundezwingers zu berücksichtigen?

5.3.11 Schwein

Schweine werden heutzutage fast ausschließlich in Ställen gehalten, der Anteil der Freilandhaltung nimmt jedoch zu. Gruppenhaltung ist für diese Tierspezies die bevorzugte Haltungsart. Die Gruppengröße kann 10 Tiere und mehr betragen, wobei jedoch darauf zu achten ist, dass gleichgeschlechtliche Tiere etwa der gleichen Gewichtsgruppe angehören. Auch sollte die Gruppenzusammensetzung möglichst nicht verändert werden, um die soziale Stabilität der Gruppen nicht zu beeinflussen. Das Zusetzen von „fremden" Tieren, aber auch schon ein längeres Herausnehmen einzelner Tiere aus dieser Gruppe verändert die soziale Hierarchie. Dies führt zu Stress, Beißereien u.ä. Um „Kämpfe" in neu zusammengestellten Gruppen zu vermeiden, sollte die Gruppe in eine für alle Tiere unbekannte Haltungseinheit verbracht werden. Zusätzlich können die Tiere, um ihren individuellen Duft zu übertönen, mit stark riechenden Flüssigkeiten (z.B. Kresol, Parfüm u.ä.) übersprizt werden. Auch ist es von Vorteil, wenn solche Umsetzaktionen entweder kurz vor der Fütterung oder kurz vor der Dunkelphase durchgeführt werden. In manchen Fällen – insbesondere bei adulten Tieren – ist der Einsatz von Beruhigungsmitteln trotz all dieser Maßnahmen dennoch erforderlich.

Das sehr aktive Schwein zeigt ausgeprägte Verhaltensmuster. Während Jungschweine z.B. gern miteinander spielen, sind ältere, insbesondere satte Tiere eher träge. Dennoch lieben sie es, sich im Schlamm oder in Pfützen zu suhlen. Auch verbringen Schweine bei Freilandhaltung einen Großteil des Tages mit der Suche nach Futter. Hausschweine jedoch werden regelmäßig gefüttert, so dass sie keine Veranlassung

Tab. 5.10: Käfighaltung von Schweinen (Vorrats- bzw. Experimentalhaltung)

Körpergewicht (kg)	Mindestgrundfläche je Tier (m²)	Mindestkäfighöhe (cm)
5–15	0,35	50
15–25	0,55	60
25–40	0,80	80

haben, nach Futter suchen zu müssen. Hinzu kommt, dass die Futtermittel für Schweine sehr nährstoffreich sind. Dementsprechend frisst das Tier seine Futterration in kürzester Zeit auf. Aus diesem Grunde schreibt z.B. die Schweinehaltungsverordnung[87] im § 2a vor, dass in einstreulosen Ställen sichergestellt werden muss, dass sich die Tiere täglich mehr als eine Stunde mit Stroh, Raufutter und anderen geeigneten Gegenständen beschäftigen können.

Käfighaltung

Während in der landwirtschaftlichen Nutztierhaltung die Gruppenhaltung von Schweinen in Boxen üblich ist, werden Versuchstiere häufig einzeln in Käfigen gehalten. Abgesehen davon, dass eine Käfighaltung nur für Tiere bis zu einem Körpergewicht von etwa 40 kg empfohlen werden kann, bedeutet jede Einzelhaltung für das sozial lebende Schwein eine Stresssituation. Aus diesem Grunde sollten Schweine nur dann einzeln gehalten werden, wenn dies unbedingt erforderlich ist (z.B. Quarantäne, Versuchszwecke u.ä.), und dann auch nur kurzfristig. So aufgestellte Tiere müssen über Geräusche, Gerüche u.a. „Kontakte" zu Artgenossen haben, die in der gleichen Haltungseinheit untergebracht sind. Richtwerte hinsichtlich des Platzbedarfes von Schweinen in Käfigen können **Tabelle 5.10** entnommen werden.

Haltung in Boxen

Die Boxen sollten so aufgeteilt sein, dass ein Liege- und Futterbereich, eine Fläche, die ausreichend Bewegung ermöglicht, sowie ein Kotplatz vorhanden sind. Der Liegebereich sollte möglichst mit Stroh eingestreut werden.

Dies ist möglich, weil Schweine ihn in der Regel verlassen, um Kot und Urin abzusetzen.
Damit die Sau ihre Ferkel nicht erdrücken kann, wird sie in den Abferkelboxen durch eine Gitterkonstruktion u.ä. von ihren Jungtieren getrennt. Aus diesem Grund muss der Sauen- und der Ferkelbereich mit je einem Futtertrog bzw. einer Tränke ausgestattet sein. Im Ferkelbereich muss sich entweder ein Nest oder ein durch eine Wärmelampe aufgeheizter Liegebereich befinden. Richtwerte hinsichtlich des Platzbedarfes von Schweinen in Boxen können der **Tabelle 5.11** entnommen werden.

Jeder Käfig bzw. jede Box muss mit einem Fressplatz bzw. mit einem Futterautomaten ausgestattet sein. Bei Gruppenhaltung muss der Fressplatz so beschaffen sein, dass alle Schweine gleichzeitig fressen können. Je nach Körpergewicht des Tieres werden deshalb Fressplatzbreiten zwischen 20 und 40 cm empfohlen. Wenn keine automatischen Tränken vorhanden sind, müssen die Tiere unmittelbar nach der Fütterung mit Wasser versorgt werden. Die – meist in den „blanken" Futtertrog – gegebene Menge muss so bemessen sein, dass sie bis zur nächsten Fütterung ausreicht. Bei der Verwendung von automatischen Tränken dürfen sich nicht mehr als 12 Schweine eine Tränke teilen.

Der Boden der Boxen bzw. der Käfige sollte einen gewissen Liegekomfort bieten, aber auch Wärmeverluste verhindern. Aus diesem Grund muss der Boden zumindest im Liegebereich wärmegedämmt sein. Andererseits muss bei sehr hohen Raumtemperaturen dafür gesorgt werden, dass auch eine gewisse Kühlmöglichkeit vorhanden ist. Um den Klauenabrieb zu gewährleisten, muss der Boden rutschfest, tritt- und verletzungssicher sein. Werden Spaltenböden verwendet, darf die Spaltenbreite je nach dem Körpergewicht des Tieres höchstens 1,7 bis 2,2 cm betragen.

Bei der Reinigung der Haltungseinheit wird zuerst das vorhandene Stroh entfernt. Die Boxen werden anschließend mit Wasser und Bürste gründlich gereinigt und, sofern erforderlich, desinfiziert. Dabei ist darauf zu achten, dass das Desinfektionsmittel nach einer ausreichend langen Einwirkzeit gut abgespült wird. Erst wenn die Haltungseinheit trocken ist, wird neu eingestreut. Bei einstreuloser Aufstallung wird nur gereinigt und evtl. desinfi-

---

87 Verordnung zum Schutz von Schweinen bei Stallhaltung (Schweinehaltungsverordnung) vom 18. 2. 1994 (Bundesgesetzblatt I, Nr.22, S. 311)

Tab. 5.11: Boxenhaltung von Schweinen (Vorrats- bzw. Experimentalhaltung)

Körpergewicht (kg)	Mindestgrundfläche (m^2)	Mindestlänge der Box (m)	Mindesttrennwandhöhe zwischen den Boxen (m)	Mindestgrundfläche bei Gruppenhaltung (m^2 pro Tier)	Mindestlänge der Futtertrogs je Tier (m)
10–30	1,6	0,8	0,2	0,2	0,2
30–50	1,8	1,0	0,3	0,25	0,25
50–100	2,1	1,2	0,8	0,3	0,3
100–150	2,5	1,4	1,2	0,35	0,35
> 150	2,5	1,4	2,5	0,4	0,4

ziert. Im Käfig gehaltene Tiere werden während der Reinigungsarbeit möglichst anderweitig untergebracht. Die in Boxen gehaltenen Schweine können in eine freie Box getrieben werden oder in ihrer Box verbleiben. Das ist möglich, weil Schweine nicht wasserscheu sind, sondern es geradezu lieben, abgeduscht zu werden.

Schweine sind, solange sie an den Kontakt mit dem Menschen nicht gewöhnt sind, schwierig zu handhaben. Zwangsmaßnahmen führen dazu, dass sich die Tiere bis zuletzt dagegen wehren und ihren Unmut durch lautes Geschrei kundtun. Aus diesem Grund sollte man sehr behutsam und vorsichtig mit den Tieren umgehen. Ungewohnte Eingriffe oder Behandlungen sollten möglichst nur am sedierten Schwein durchgeführt werden. Die Sedierung sollte am besten in der Haltungseinheit erfolgen, denn jeder Transport bedeutet eine Stresssituation. Auch scheint es günstig zu sein, wenn die Tiere in ihrer bekannten Haltungseinheit wieder aufwachen.

5.3.12 Tupaia

Tupaias werden einzeln in Krallenaffenkäfigen aus Edelstahl gehalten, die eine Größe von etwa 80 x 50 x 130 cm haben sollten. Zwischen benachbarten Käfigen sollten sich wegen des ausgeprägten Territorialverhaltens Sichtblenden aus Kunststoff befinden. Die Ausstattung der Käfige besteht aus horizontal und diagonal orientierten Ästen, die so breit sein sollten, dass die Tiere bequem darauf liegen können. Schlafkästen aus Holz (bewährte Abmessungen 18 x 15 x 14 cm) mit abnehmbarem Deckel werden zweckmäßigerweise von außen im unteren Bereich des Käfigs angebracht. Die Käfige sollten im Tierraum durch Wandhalterungen so hoch angebracht werden, dass sich der oberste Ast der Innenausstattung über dem Kopf des Betrachters befindet (die Tiere sehen sehr gerne auf den Pfleger herab). Die relativ hohe Anbringung der Käfige hat auch den Vorteil, dass darunter bequem gesäubert werden kann. Auf dem Tierraumboden befinden sich unter den Käfigen breite Endlospapierbahnen, auf die Kot, Urin und Futterreste durch das untere Käfiggitter fallen. Um die Geruchsentwicklung der Fäkalien geringer zu halten, können auch mit Einstreu gefüllte Kotwannen unter die Käfige gestellt werden.

Die Raumtemperatur in einem Tupaia-Tierraum sollte 27 ± 1 °C betragen, die relative Luftfeuchtigkeit 60 ± 7 %. Die Beleuchtung erfolgt künstlich für 12 Stunden, wobei jeweils eine halbe Stunde Dämmerlicht vor Beleuchtungsbeginn und nach Beleuchtungsende von Vorteil ist (z.B. zum Einfangen der Tiere).

Die Tierräume und Käfige werden einmal in der Woche gereinigt. Dabei sollten die Käfige mit Inventar nur mit Wasser von den gröbsten Verunreinigungen gesäubert werden, damit die Markierungen der Tiere nicht zu stark entfernt werden. Während der Reinigungsarbeiten verbleiben die Tiere in den Käfigen, werden jedoch in ihren Schlafkästen eingesperrt, indem ein Schieber aus Kunststoff den Zugang zum Käfig verwehrt. Einmal im Monat werden die Käfige samt Zubehör gewechselt und einer Grundreinigung unterzogen.

Wiederholungsfragen

1. Welche Größe sollte ein Tupaia-Käfig haben?
2. Wie sollte bei der Tupaia-Haltung die Temperatur und die relative Luftfeuchte sein?

5.3.13 Primaten

Bei den Primaten handelt es sich um eine weit verzweigte Tiergruppe, die ca. 250 Arten umfasst. Dieser Vielfalt entsprechend zeigen die Primaten eine große Variationsbreite in ihren Merkmalen wie z.B. dem äußeren Erscheinungsbild, der Ernährungsweise oder dem Sozialverhalten. Selbst die wenigen in Tierversuchseinrichtungen gehaltenen Primatenarten unterscheiden sich untereinander deutlich in ihren Ansprüchen an die Haltungsumgebung und in ihren Reaktionen beispielsweise auf Umgebungsveränderungen oder experimentelle Prozeduren. Daher sind genaue Kenntnisse der Biologie einer Primatenart eine unverzichtbare Voraussetzung für deren erfolgreiche Haltung und Zucht sowie für deren Verwendung als Tiermodell in der experimentellen Forschung (**Abb. 5.20a u. b**).

Zu den am häufigsten in deutschen Versuchstierhaltungen eingesetzen Primaten zählen Makaken, Paviane, Totenkopfaffen und Krallenaffen. In freier Wildbahn leben diese Affen in unterschiedlich großen und unterschiedlich zusammengesetzten Sozialverbänden, deren Struktur durch enge verwandtschaftliche und außerverwandtschaftliche Beziehungen geprägt ist. Teils aus praktischen und ökonomischen Erwägungen, teils bedingt durch bestimmte experimentelle Anordnungen werden immer noch viele Primaten entgegen ihrer sozialen Natur in kleinen, unstrukturierten Einzelkäfigen gehalten. Außerdem werden Jungtiere oftmals zu früh von der Mutter getrennt. Nicht selten entwickeln Affen unter solchen Lebensbedingungen Verhaltensstörungen, die man bei wildlebenden Artgenossen kaum beobachten kann: übertriebenes Fellpflegen, ungewöhnlich selbstgerichtete und stereotype Verhaltensmuster, Selbstaggressionen, Defizite im Erkennen und Senden von sozialen Signalen oder im Bereich des Fortpflanzungsverhaltens bis hin zum völligen Desinteresse an der Umgebung. Um solchen Störungen möglichst vorzubeugen, sollten die Haltungsbedingungen neben angemessenem Sozialkontakt ein für diese Tiere ausreichend großes und entsprechend gestaltetes Platzangebot sowie Möglichkeiten einschließen, die unmittelbare Umgebung zumindest teilweise kontrollieren und manipulieren zu können.

Sozialkontakt

Eine der wichtigsten Voraussetzungen für eine verhaltensgerechte Haltung von Primaten ist der Kontakt zu den Artgenossen. Grundsätzlich ist daher für Primaten die Haltung in Gruppen anzustreben. Dabei empfiehlt es sich, die jeweiligen natürlichen sozialen Gegebenheiten bei der Gruppenzusammenstellung zu berücksichtigen. Doch nicht in jedem Fall lassen sich unter Gefangenschaftsbedingungen die in freier Wildbahn üblichen Gruppenstrukturen problemlos verwirklichen. Die Variabilität im Sozialverhalten zwischen Arten und innerhalb einer Art und die Individualität der einzelnen Gruppenmitglieder lassen es nicht zu, feste Regeln für die Gruppenzusammensetzung unter Laborbedingungen aufzustellen. Aufgrund langjähriger Erfahrungen gibt es für verschiedene Primatenarten jedoch folgende Anhaltspunkte.

Krallenaffen scheinen ein sehr flexibles Sozialsystem zu besitzen. Freilandforscher trafen bei verschiedenen Krallenaffenarten auf Gruppen unterschiedlichster Zusammensetzung: ein adultes Weibchen mit mehreren adulten Männchen, ein adultes Männchen mit mehreren adulten Weibchen, mehrere adulte Männchen und Weibchen oder ein adultes Paar (jeweils mit Nachkommen). In Gefangenschaft dagegen lassen sich Krallenaffen über längere Zeit meist nur in Gruppen mit einem monogamen Paar und seinen Nachkommen (bis zu drei Würfen) erfolgreich halten. Auch bei Makaken, den meisten Pavianarten oder Totenkopfaffen, die im Freiland in der Regel in großen Gruppen mit mehreren adulten Weibchen und Männchen leben, führen Unverträglichkeiten zwischen den Männchen unter Gefangenschaftsbedingungen dazu, dass diese Tiere nur in Gruppen mit einem adulten Männchen, höchstens zwei untereinander verträglichen Männchen, und mehreren adulten Weibchen über längere Zeit stabil bleiben.

Der dynamische Charakter sozialer Beziehungen erfordert eine ständige Beobachtung der Gruppe. Die im Freiland übliche Abwanderung peripherer Gruppenmitglieder (z.B. jugendliche oder jungerwachsene Männchen bei Makaken) ist unter Gefangenschaftsbedingungen nicht möglich und muss daher rechtzeitig vor Ausbruch schädlicher Auseinander-

Abb. 5.20: Gruppenhaltung von Primaten in Käfigen.
a Totenkopfäffchen *(Saimiri sciureus)*, **b** Weißbüscheläffchen *(Callithrix jacchus)* (Aufnahmen: W. Rossbach).

setzungen durch die Entnahme solcher Individuen aus dem Käfig geregelt werden. Auch eine nur vorübergehende Herausnahme einzelner Tiere z.B. wegen einer veterinärmedizinischen oder experimentellen Behandlung – kann erhebliche Probleme mit sich bringen, da sich in der Zwischenzeit die soziale Rangordnung verändert haben kann und die Wiedereingliederung selten reibungslos vonstatten geht. Nicht immer und unter allen Bedingungen wird es möglich sein, Affen in den natürlichen Verhältnissen angeglichenen Gruppen zu halten. In solchen Fällen können Kleingruppen von zwei oder mehr Tieren unterschiedlichster Zusammensetzung gebildet werden.

Jungtiere lassen sich in so genannten „peer-groups" (Gruppe von Gleichaltrigen) halten. Eine Ausnahme jedoch stellen hier die Krallenaffen dar. Bei ihnen vertragen sich meist nur gleichgeschlechtliche Geschwister. Bei der Zusammenstellung von Kleingruppen adulter Tiere bestehen bei allen Arten gewisse Einschränkungen, da sie in der Regel untereinander wesentlich unverträglicher sind als Jungtiere. Die wenigsten Schwierigkeiten sind bei der Bildung gemischt-geschlechtlicher Paare zu erwarten. Bei Totenkopfaffen lassen sich sowohl Weibchen als auch Männchen gut in gleichgeschlechtlichen Gruppen halten. Bei Krallenaffen dagegen ist das Zusammensetzen von erwachsenen Individuen des gleichen Geschlechts möglichst zu vermeiden. Adulte weibliche Makaken oder Paviane zeigen sich untereinander weitaus weniger aggressiv als Männchen. Daher wird in der Regel davon abgesehen, adulte Männchen zusammenzusetzen. Unter günstigen Bedingungen (klare Dominanzverhältnisse, Bereitschaft zum Futterteilen, für beide Partner unvertrauter Käfig) jedoch lassen sich beispielsweise auch zwei erwachsene Rhesusaffenmännchen gemeinsam unterbringen. Ist aus triftigen Gründen das ständige Zusammenleben mit Artgenossen nicht zu verwirklichen, sollte man zumindest zeitweilig den direkten Kontakt mit verträglichen Artgenossen ermöglichen. Dieses kann z.B. durch Entfernen von Trennwänden zwischen Einzelabteilen einer größeren Käfiganordnung, durch Anbringen von Verbindungstunneln zwischen Einzelkäfigen oder durch Zusammenführen von Tieren in so genannten Spielkäfigen geschehen. Außerhalb dieser Zeit ist zumindest für Sichtkontakt mit Artgenossen zu sorgen. Bei jeder Art von Sozialkontakt sollten die Tiere die Möglichkeit haben, sich bei Bedarf zurückzuziehen.

Unter Umständen kann auch die Zuwendung durch das Pflegepersonal oder andere vertraute Personen vorübergehend ein gewisser Ersatz für mangelnden Kontakt mit Artgenossen darstellen.

Platzangebot

Die Angaben zu den Käfigabmessungen für nichtmenschliche Primaten (EG-Richtlinie 86/609/EWG, **Tab. 5.12**) beziehen sich ausschließlich auf das Gewicht der unterzubringenden Tiere (Überfamilien der *Ceboidea* und der *Cercopithecoidea*).

Tab. 5.12: Leitlinien zur Käfighaltung von Primaten (EG-Richtlinien 1986)

Körpergewicht (kg)	Mindestgrundfläche für 1 oder 2 Tiere (m²)	Mindestkäfighöhe (cm)
< 1	0,25	60
1–3	0,35	75
3–5	0,5	80
5–7	0,7	85
7–9	0,9	90
9–15	1,1	125
15–25	1,25	125

Die Bemessung des Raumbedarfs sollte aber neben der Größe eines Tieres auch das Alter und die damit verbundenen Bewegungsbedürfnisse sowie anatomische Merkmale wie z.B. die Schwanzlänge berücksichtigen. Weitere wichtige Bemessungsgrundlagen sind die Besatzdichte und die Verweildauer. Die Affen sollten klettern, springen und aufrecht stehen sowie erhöht sitzen können, ohne dass ihr Schwanz den Boden berührt. Bei überwiegend baumlebenden Arten sollte sich das Käfigvolumen eher in die Höhe als in die Breite ausdehnen, aber gleichzeitig vor allem für Krallenaffen und Totenkopfaffen noch Sprünge in der Horizontalen erlauben. Bei überwiegend bodenlebenden Arten muss auch die Käfiggrundfläche ausreichend groß sein. Als grobes Richtmaß könnte dienen, dass kein Affe in einem Käfig gehalten werden sollte, dessen Höhe geringer als die zweifache Kopf-Rumpf-Schwanz-Länge ist und dessen Breite und Tiefe weniger als die zweifache Kopf-Rumpf-Schwanz-Länge beträgt.

Neben dem reinen Käfig- bzw. Raumvolumen sind auch dessen Nutzungsmöglichkeiten von Bedeutung. Glatte Käfig- oder Raumwände können z.B. durch die Anbringung großmaschiger Netze oder Gitter zum Klettern nutzbar gemacht werden. Das Innere von Käfigen und Räumen lässt sich durch Äste, Lauf- und Sitzstangen, Sitzbretter, Seile, Ketten oder Schläuche und andere bewegliche Strukturen nicht nur komplexer, sondern auch bewegungsfördernder gestalten. Selbst in Einzelkäfigen mit oder ohne Fixiervorrichtung kann eine Sitzstange angebracht werden. Zur Ausstattung von Krallenaffenkäfigen und -räumen gehören außerdem Nestboxen. Der Boden eines Haltungssystems wird besser genutzt, wenn er mit nicht toxischer Einstreu (Sägespäne, Rindenmulch etc.) bedeckt ist, die von den Tieren nach Futterpartikeln durchsucht werden kann. Werden die Affen in Außenkäfigen gehalten, so müssen diese mit Schutzvorrichtungen vor Sonne, Regen und Wind sowie mit Zugängen zu einem warmen Innenraum versehen sein.

Beschäftigung

Die Fütterung mit vorgefertigtem Trockenfutter ein- bis zweimal pro Tag gewährleistet in der Regel zwar die ausreichende Zufuhr von lebenswichtigen Nährstoffen; die Aktivitäten der Nahrungssuche und Nahrungsbearbeitung, die in freier Wildbahn einen großen Teil der Aktivitätszeit beanspruchen, sind dadurch aber auf ein Minimum beschränkt. Für Tiere mit unzureichendem oder gar keinem direkten Sozialkontakt bleiben daher noch weniger Möglichkeiten zu artgemäßem Verhalten. Die Folge ist, wie bereits erwähnt, eine Häufung selbstgerichteter, stereotyper Verhaltensweisen, die mit physiologischen Veränderungen und gesundheitlichen Schäden einhergehen können. Für alle Haltungssysteme gibt es Wege, die Nahrungsaufnahme zeitintensiver und abwechslungsreicher zu gestalten. In Bodeneinstreu gemischte Futterpartikel, Futtersuchvorrichtungen („artifical gum-tree" für Marmosetten, „foraging-box", „food-puzzle"), auf der Käfigdecke oder im Käfig platzierte ganze Früchte oder Pflanzenteile (z.B. Äpfel, Maiskolben, Sonnenblumen) usw. verlängern nicht nur die Dauer der Nahrungsaufnahme, sondern bieten den Affen auch die Gelegenheit, ihre intellektuellen und manipulativen Fähigkeiten einzusetzen.

Auch der Einsatz verschiedener, nicht mit der Nahrung in Verbindung stehender Beschäftigungsobjekte kann insbesondere unter sehr einschränkenden Haltungsbedingungen sinnvoll sein. Soweit wie möglich sollten natürliche Materialien wie Zweige, Äste, Holzstücke, Kokosnüsse, Papier oder Karton verwendet werden. Leichter zu desinfizieren und von längerer Haltbarkeit sind verschiedene, ursprünglich für Hunde vorgesehene Spielzeuge aus Naturgummi wie z.B. Kong Toys (The Kong Company, Lakewood, USA). Es ist darauf zu achten, dass die Beschäftigungsmaterialien weder durch ihre Anbringung noch durch toxische Inhaltsstoffe Schäden verursachen. Das Interesse an Beschäftigungsmaterialien mit und ohne Futterbelohnung kann individuell sehr verschieden sein und mit der Zeit auch nachlassen. Es empfiehlt sich daher, mehrere Möglichkeiten auszuprobieren und abzuwechseln.

Physikalische Bedingungen

Neben einem angemessenen Platzangebot, ausgewogener Ernährung, geeignetem Sozialkontakt und Beschäftigungsmöglichkeiten spielen auch die physikalischen Faktoren im Tierraum für die Gesunderhaltung und das Wohlbefinden der Versuchstiere eine wichtige Rolle.

Da systematische Untersuchungen in Bezug auf Primaten weitgehend fehlen, können hier nur grobe Erfahrungswerte wiedergegeben werden. Die EG-Richtlinie von 1986 gibt für die Raumtemperatur zur Haltung von Neuweltaffen einen Bereich von 20–28 °C an, für Altweltaffen gilt ein Bereich von 20–24 °C. Manche Primatenarten (z.B. Makaken und Paviane) können sich jedoch in Außengehegen auch an deutlich niedrigere Temperaturen anpassen, sofern ihnen warme Innenräume bei Bedarf zugänglich sind. Die relative Luftfeuchtigkeit sollte 40 % nicht unter- und 70 % nicht überschreiten. Besonders kritisch sind zu niedrige Werte bei der Haltung südamerikanischer Arten wie Krallenaffen und Totenkopfaffen. Für die Beleuchtung gelten die gleichen Richtwerte wie für andere Labortiere: 300–450 lx, gemessen 1 m über dem Boden senkrecht unter dem Beleuchtungskörper. Im Allgemeinen wird ein Hell-dunkel-Rhythmus von 12:12 Stunden mit einer Dämmerungsphase empfohlen. Was die Grenzen der Lärmbelastung betrifft, so sollte der Geräuschpegel im Tierraum 50 dB(A) (Hintergrundrauschen) bzw. 85 dB (A) nicht überschreiten. Da bei einigen Arten (z.B. Krallenaffen) die Hörschwellen bis in den Ultraschallbereich hineingehen, kann für die Kontrolle das menschliche Empfindungsvermögen kein ausreichender Maßstab sein.

Reinigungsarbeiten

Von der Tierart, dem Haltungssystem und der Besatzdichte hängt es ab, in welchen Zeitabständen die verschiedenen Reinigungsarbeiten vorgenommen werden. Während bei den meisten Arten eine tägliche Reinigung von Böden, Wänden, Gittern und Sitzgelegenheiten angebracht ist, sollte man z.B. bei den Krallenaffen von der täglichen Grundreinigung aller Käfigstrukturen absehen, da bei dieser Gelegenheit auch sämtliche Duftsignale mit entfernt würden, die bei der geruchlichen Kommunikation dieser Tiere von wesentlicher Bedeutung sind.

Wiederholungsfragen

1. Welches sind die wichtigsten Voraussetzungen, um so hoch entwickelte Tiere wie Primaten in Gefangenschaft zu halten?
2. Was ist in dieser Hinsicht besonders bei Krallenaffen zu beachten?
3. Wie kann für Primaten die Dauer der Futteraufnahme verlängert werden?
4. Nennen Sie Beispiele für Beschäftigungsobjekte zum Vertreiben der Langeweile bei Primaten.
5. Warum darf der Käfig von Krallenaffen nicht täglich komplett gereinigt werden?

5.3.14 Haushuhn

Hühner werden seit ca. 5000 Jahren als Haustiere gehalten. Die Haltung als Nutztiere zur Eiproduktion oder als „Masthähnchen" wurde in den letzten Jahrhunderten derart intensiviert, dass von einer „Geflügelindustrie" gesprochen wird. Diese Erfahrungen und die entwickelte Technologie können – entsprechend umgesetzt – auch für die Heim- und Versuchstierhaltung genutzt werden (**Abb. 5.21**).

Hühner werden artgerecht am besten in Boxen oder Volieren gehalten, die mit Sitzstangen, Legenestern, Scharrzone u.ä. ausgestattet werden. Damit sich die sprichwörtliche Hackordnung unter den Hühnern einspielen kann, sollte eine Gruppengröße von 10–15 Tieren nicht überschritten werden. Wird ein Hahn der Gruppe zugeordnet – bei der Bruteierproduktion natürlicherweise notwendig –, so wird die soziale Ordnung stabilisiert. Ein weiterer wichtiger Faktor für die „Ruhe im Hühnerhof" ist ein ausreichendes Platzangebot mit Rückzugsmöglichkeiten für rangniedere Tiere. Man rechnet mit 1–3 Tieren pro Quadratmeter Bodenfläche.

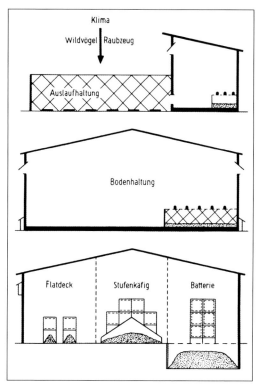

Abb. 5.21: Haltungssysteme für Legehennen (Schemazeichnung). (aus: Heider & Monreal, Krankheiten des Wirtschaftsgeflügels, Gustav Fischer, Jena 1992).

Größter Wert ist auf die funktionelle Ausführung von Fütterungs- und Tränkeinrichtungen (**Abb. 5.22**) zu legen. Zunächst muss ausreichender Platz (mind. 10–15 cm „Troglänge" pro Tier) vorhanden sein, es darf aber nicht zu Futtervergeudungen (Scharren) und Wasserverspritzungen kommen. Die Geflügelindustrie bietet die verschiedensten Lösungen von der bekannten „Stülptränke" bis zur Nippeltränke mit Spritzwasserauffangrinnen an. Gefüttert wird konfektioniertes Alleinfutter, das es für die verschiedenen Altersgruppen und Nutzungszwecke gibt. Bei Mehlfutter ist ausreichend „Grit" (Schalen von Seetieren u.a.) beizufüttern.

Unangenehm bei der Hühnerhaltung sind der hohe Mistanfall und die starke Verschmutzung und Verstaubung. Ein sauberer Hühnerstall erfordert ständige Reinigungsarbeiten und wohlüberlegte Organisation, z.B. durch Einrichten von Kotgruben unter den Sitzstangen und Futter- bzw. Tränkstellen. Haltungsprobleme treten hauptsächlich durch Aggressivität der Tiere untereinander, wie z.B. Federpicken und Kannibalismus, auf. Dies sind Anzeichen von Haltungsfehlern. Es ist zuerst an Überbelegung, zu wenig strukturierte Einrichtungen und gestörtes Sozialgefüge (z.B. ständige Änderung der Gruppenzusammensetzung) zu denken. Mitunter „picken" nur einige Tiere ohne erkennbare Ursache. Diese Tiere müssen dann aus der Gruppe entfernt werden. Ständige Kontrollen sind notwendig, um Parasitosen vorzubeugen. Häufig lässt sich ein Befall mit Ektoparasiten (Rote Vogelmilbe!) nur sehr schwer und zu spät feststellen.

Müssen Hühner aus Gründen des Versuches oder als Patienten einzeln gehalten werden, so stehen hierfür zahlreiche industriell gefertigte Systeme zur Verfügung. Meist erleichtern diese Konstruktionen die anfallenden Pflegearbeiten, insbesondere entlasten sie das Tierpflegepersonal von lästigen Reinigungsarbeiten. Da die Hühner auf Drahtböden stehen, können Kot- und Abfälle auf mit Papierbahnen belegte Laufbänder oder Schalen fallen und so leicht entsorgt werden. Alle Käfigeinheiten (**Abb. 5.23**) nach den bisherigen Normen bieten den Hühnern nur einen sehr begrenzten Bewegungsfreiraum: EG-Richtlinie: Höhe = 45 cm, Grundfläche = 1400 cm^2; Legehennenverordnung: Höhe = 35–40 cm, Grundfläche = 550 cm^2 (!).

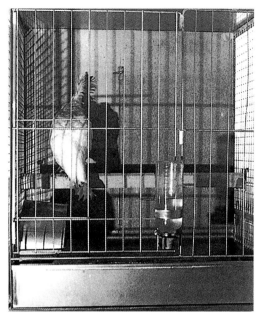

Abb. 5.23: Käfig für die Hühnerhaltung (Breite: 80 cm, Höhe: 90 cm, Tiefe: 55 cm) mit in die Rückwand einsetzbarem Legenest (Breite: 36, Höhe: 45 cm, Tiefe: 45 cm). Der Käfig ist mit einer höhenverstellbaren Sitzstange ausgestattet; der Futterbehälter ist in die linke Seitenwand eingehängt, die Stülptränke in die Vorderseite (Aufnahme: J. Weiss).

Als Minimum müssen die Ausmaße der EG-Richtlinie angesehen werden. In diesen Käfigen sollten die Tiere einzeln gehalten werden, mit ausreichendem Sichtkontakt zum Käfignachbarn. Dadurch werden Kampf- und Konkurrenzsituationen vermieden und trotzdem keine soziale Isolation erzeugt. Es soll aber ausdrücklich festgehalten werden, dass die Käfighaltung von Hühnern nur vorübergehend und im notwendigen Einzelfall vertretbar ist.

Wiederholungsfragen

1. Beschreiben Sie eine tiergerechte Haltung von Hühnern.
2. Auf welche hühnerspezifischen Verhaltensweisen ist besonders zu achten?
3. Was ist bei der Verfütterung von Mehlfutter ausreichend beizufüttern?
4. Was versteht man unter der Hackordnung von Hühnern?
5. Beschreiben sie eine „Stülptränke" für Hühner!
6. Warum ist die Käfighaltung von Hühnern wenig tiergerecht?

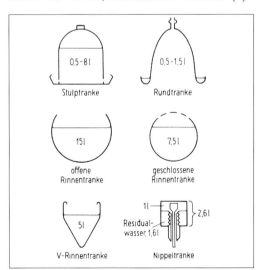

Abb. 5.22: Fassungsvermögen verschiedener Tränksysteme für Legehennen (nach Größe bzw. 10 m Länge). (aus: Heider & Monreal, Krankheiten des Wirtschaftsgeflügels, Gustav Fischer, Jena 1992).

5.3.15 Krallenfrosch (*Xenopus laevis*)

Bei der Haltung von *Xenopus laevis* sind zwei Umstände besonders zu berücksichtigen. Zum einen, dass diese Tiere keineswegs als domestiziert gelten können, auch wenn sie in Menschenobhut gezüchtet worden sind. Daher müssen bei der Gestaltung der Haltungsbedingungen die Ansprüche von wildgefangenen Tieren zugrunde gelegt werden. Zum anderen muss darauf hingewiesen werden, dass die derzeit verfügbaren Empfehlungen zur Haltung und auch zur Fütterung dieser Tiere keineswegs einheitlich sind. Anders als z.B. bei der Haltung der Labornager gibt es hierzu auch in Fachkreisen durchaus unterschiedliche Auffassungen. Eine ausführliche Beschreibung der derzeit vorliegenden Befunde und bestehenden Möglichkeiten ist bei Hilken et al.[88] (1997) nachzulesen.

Grundsätzliche Einigkeit scheint darin zu bestehen, dass einzeln gehaltenen Krallenfröschen eine Beckengrundfläche von mindestens 2400 cm² zur Verfügung stehen sollte, in Gruppenhaltung sollten dies mindestens 600 cm² pro Frosch sein. Die Höhe des Wasserstandes sollte für erwachsene Frösche bei 20–50 cm liegen, die Wassertemperatur zwischen 18 und 22 °C betragen. Die Beleuchtung in einem Xenopus-Raum sollte nicht zu hell sein, in jedem Fall sollte der Lichtwert in Raummitte weniger als 200 Lux betragen. Eine direkte Beckenbeleuchtung analog zur Situation in der Aquarienhaltung ist bei Krallenfröschen nicht zu empfehlen. Ein Hell-dunkel-Rhythmus der Raumbeleuchtung von jeweils 12 Stunden Dauer ist empfehlenswert. Die Sauberhaltung des Wassers sollte durch geeignete Filtersysteme sichergestellt werden, abgelassenes Wasser nur durch abgestandenes Wasser ersetzt werden (ca. 48 h Standdauer).

Für die Haltung von *Xenopus laevis* werden unterschiedliche Beckentypen eingesetzt. Im einfachsten Falle, insbesondere zur Unterbringung ablaichender Weibchen, wird auf Makrolonkäfige des Typs IV zurückgegriffen. Bei Haltungsbedarf für größere Tierzahlen werden Becken von unterschiedlicher Größe und Machart eingesetzt, eine Übersicht zu Platzbedarf und Wassertiefe in Abhängigkeit von Alter bzw. Größe der Tiere ist **Tabelle 5.13** zu entnehmen.

In der Vergangenheit wurde die Haltung von Krallenfröschen vielfach sehr unterschiedlich und an die jeweiligen Gegebenheiten angepasst, durchgeführt. Als Haltungsbecken dienen im einfachsten Falle Makrolon-Typ-IV-Käfige, aber auch handelsübliche Aquarien oder selbst gebaute Becken wurden und werden verwendet. Seit einigen Jahren bieten verschiedene Hersteller im In- und Ausland professionelle Haltungssysteme an, die bei Bedarf auch nach den jeweiligen räumlichen Gegebenheiten und erforderlichen Größenordnungen angefertigt werden können. Diese Systeme (**Abb. 5.24**) bestehen im Wesentlichen aus einem Aluminiumregal, das dem jeweiligen Raum angepasst wird. In dem Regal befinden sich ein Biofilter (Trocken/nass-System), mehrere Glasaquarien (über- und nebeneinander angeordnet), eine UV-Lampe zur Wasserentkeimung, Feinfilter sowie Kühlmaschine zur Kühlung des Wassers. Das Wasser wird im Biofilter immer wieder aufgearbeitet (Kreislaufanlage) und durch die Pumpen in den

---

[88] Hilken, G., Iglauer, F. und H.-P. Richter. Der Krallenfrosch *Xenopus laevis* als Labortier. Enke Verlag, Stuttgart, 1997.

Tab. 5.13: Empfohlener Platzbedarf und Wassertiefe für die Haltung des Krallenfrosches *(Xenopus laevis)*; nach HILKEN et al. (1997)

Alter	Körperlänge (cm) (Schnauze-Steiß)	Fläche je Frosch bei Gruppenhaltung (cm²)	Fläche je Frosch bei Gruppenhaltung (cm²)	Wassertiefe (cm)
bis 4 Wochen	< 3,5	40	750	5–15
bis 8 Wochen	< 4,0	80	1500	10–15
bis 4 Monate	< 5,5	240	1500	10–20
bis 8 Monate	< 7,0	300	2400	10–20
bis 18 Monate	< 11,0	450	2400	15–30
adult	9 bzw. 12	600	2400	20–50

Abb. 5.24: Anlage für die Haltung von Krallenfröschen *(Xenopus laevis)*. Das Wasser wird immer wieder durch die Becken gepumpt und in der Reinigungsphase über Bio- und Feinfilter sowie zwecks Keimreduzierung an einer UV-Lampe vorbeigeführt. **a** Anordnung von Haltungsbecken in den oberen Regaletagen sowie dem Biofilter auf Bodenebene. Es handelt sich um einen Trocken/Nass-Biofilter, der das Wasser aus der Anlage filtert und wieder in die Aquarien zurückführt. **b** Batterie von Feinfiltern mit Druckmanometer auf dem Deckel. Bei Erreichen eines bestimmten Druckwertes müssen die Feinfilterpatronen gereinigt oder ersetzt werden (Aufnahme: Fa. Schwarz, Göttingen).

Kreislauf durch die Aquarien gebracht. Zusätzlich sind die Systeme mit einem automatischen Wasserwechsel ausgestattet. Der Vorteil dieser Art der Wasserbehandlung ist, dass die Tiere ständig in sauberem, aber nicht frischen, weil zu hartem Leitungswasser leben, in dem sich schon sehr bald eine stabile Mikroflora bildet.

Wiederholungsfragen

1. Wie viel Grundfläche sollte einem Krallenfrosch bei Gruppenhaltung mindestens zur Verfügung stehen?
2. Wie hoch sollte der Wasserstand im Becken erwachsener Frösche sein?
3. Welche Lichtintensität sollte in einem Haltungsbereich für Krallenfrösche nicht überschritten werden?

Quellen und weiterführende Literatur

Sozialverhalten, Gruppenleben, Gruppenstruktur:
Smuts, B.B.; Cheney, D.L.; Seyfarth, R.M; Wrangham, R.W. & Struhsaker, T.T. (Hrg.). Primate Societies. Chicago: University of Chicago Press, 1987.

Environmental enrichment:
Bartecki, U. Möglichkeiten der Aktivitätsförderung bei Primaten im Labor. Der Tierschutzbeauftragte 3/93, (1993), 10–16.
Poole, T.B. Environmental enrichment for marmosets. Animal Technology 41, (1990) 81–86.
Reinhardt, V. Social enrichment for laboratory primates: a critical review. Laboratory Primate Newsletter 29 (3) (1990) 7–11.
Ruempler, U. Beschäftigungsmöglichkeiten bei Primaten im Zoo. Zeitschrift des Kölner Zoo 35 (1992) 47–68.

Verhaltensstörungen:
Erwin, J., Deni, R.: Strangers in a strange land: abnormal behaviors or abnormal environments? Erwin, J., Maple, T.L., Mitchell, G. (eds.).: Capativity and Behavior. New York, Van Nostrand Reinold Company, 1979, S 1–28.
Poole, T.B. Normal and abnormal behaviour in captive primates. Primate Report 22 (1988) 3–12.

Rechtsvorschriften:
EWG. Richtlinie 76/609/EWG des Rates vom 24. November 1986 zur Annäherung der Rechts- und Verwaltungsvorschriften der Mitgliedsstaaten zum Schutz der für Versuche und andere wissenschaftliche Zwecke verwendeten Tiere. Amtsblatt der Europäischen Gemeinschaften Nr. L 358/1. Rat der Europäischen Gemeinschaften, 1986.

6 Ernährung

6.1 Einführung

Eine artgerechte und ausreichende Ernährung ist für die Aufrechterhaltung der Lebensvorgänge und für die Erhaltung der Gesundheit von Mensch und Tier wichtig. Durch eine diätetische Ernährung können viele Krankheiten behandelt werden. Kenntnisse über den Bedarf an Nährstoffen, deren Zusammensetzung und deren Verfügbarkeit im Organismus sind nötig, um ernährungsphysiologisch „richtig" zu füttern oder Hinweise für eine zweckmäßige und artgerechte Fütterung geben zu können. Jeder Nährstoff, der in den verschiedenen Futterbestandteilen mehr oder weniger konzentriert vorkommt, hat bestimmte Funktionen zu erfüllen. Er bildet z.B. Bausteine von Körpersubstanzen, ist im Körper an chemischen Reaktionen (Stoffwechsel) beteiligt, spielt eine Rolle bei der Temperaturregulation, beeinflusst den Geschmack und damit die Nahrungsaufnahme oder liefert die notwendige Energie zur Aufrechterhaltung bestimmter Lebensvorgänge. Sowohl die Nahrung als auch der Tierkörper setzt sich aus bestimmten Stoffgruppen (z.B. Eiweiß, Kohlenhydrate) zusammen. Hinsichtlich ihres Anteils und ihrer Zusammensetzung unterscheiden sich diese jedoch deutlich.

Die Nährstoffe – jede Tierart bzw. jedes Individuum hat ihren artspezifischen bzw. seinen individuellen Nährstoffbedarf – werden nicht nur zur Erhaltung von Lebensfunktionen, sondern auch zum Aufbau (Synthese) von körpereigenen Substanzen, z.B. Fleisch, Milch und Eiern benötigt. Um die maximale Leistung (z.B. an Eiern oder Milch) eines Tieres zu erreichen, werden höchste qualitative Ansprüche an die zu verfütternden Nährstoffe gestellt. Aus diesem Grund sind die Anforderungen in der Tierernährung manchmal höher als in der Ernährung des Menschen.

In freier Wildbahn ernähren sich die meisten Tierarten von Pflanzen. In der Tierernährung werden aber auch die Rückstände verarbeiteter pflanzlicher Produkte und in geringem Maße auch tierische Erzeugnisse eingesetzt. Die darin enthaltenen Stoffe – bisher sind über 50 verschiedene bekannt – nennen wir Nährstoffe.

Diese Nährstoffe werden in 6 Klassen eingeteilt:
A Kohlenhydrate
B Proteine einschließlich stickstoffhaltiger Verbindungen nicht eiweißhaltiger Natur
C Fette
D Mineralstoffe
E Vitamine
F Wasser

Wiederholungsfragen

1. Futtermittel setzen sich aus verschiedenen Nährstoffen zusammen. Nennen Sie die sechs wichtigsten.
2. Nennen Sie die Nährstoffe, die in pflanzlichen Futtermitteln vorkommen und die für Pflanzenfresser von entscheidender Bedeutung sind.
3. Welche Grundnährstoffe liefern vorwiegend Energie und welche Baustoffe?

6.2 Inhaltsstoffe des Futters

6.2.1 Kohlenhydrate

Wie schon der Name Kohlenhydrat sagt, bestehen diese Verbindungen nur aus dem Element Kohlenstoff und den Elementen des Wassers (Wasserstoff und Sauerstoff). Mengenmäßig stellen sie den größten Anteil der auf der Erde vorkommenden organischen Verbindungen dar. Abgesehen von den geringen Mengen an Einfachzuckern und tierische Stärke (Glykogen) im Organismus, kommen Kohlenhydrate vor allem in Pflanzen vor, deren Trockenmasse zu mehr als der Hälfte aus Kohlenhydraten besteht.

Funktion der Kohlenhydrate

Kohlenhydrate spielen in der Tierernährung und in der menschlichen Ernährung mengenmäßig die größte Rolle. Da sie im Organismus vollständig zu CO_2 und H_2O verbrannt werden, sind sie eine ausgezeichnete Energiequelle (Tab. 6.1).
Ihr durchschnittlicher Brennwert beträgt 4,1 kcal bzw. 17,2 kJ pro Gramm. Außerdem können sie im Organismus auch zu Fetten bzw. zum Grundgerüst einiger Aminosäuren umgebaut werden. Darüber hinaus haben sie spezielle Funktionen – z.B. als Bestandteile der organischen Grundsubstanzen eines Gewebes – zu erfüllen.

Einteilung der Kohlenhydrate

Die außerordentliche Vielfalt der in der Natur vorkommenden Kohlenhydrate macht es sinnvoll, sie entsprechend ihrer chemischen Zusammensetzung einzuteilen. In der Tierernährung spielen folgende Kohlenhydrate eine wichtige Rolle.

Einfachzucker (Monosaccharide)
Diese Kohlenhydrate sind im Wasser leicht löslich und haben einen süßlichen Geschmack. In der Nahrung kommen Galaktose und Mannose, aber vor allem Traubenzucker (Glukose) und Fruchtzucker (Fruktose) vor. Alle vier sind von großer Bedeutung für den tierischen Stoffwechsel. Während Glukose und Fruktose in freier Form und in kleinen Mengen in süßen Früchten und im Honig vorkommen, findet man im Blut von Säugetieren nur Glukose.

Mehrfachzucker (Oligo- bzw. Polysaccharide)
Sie entstehen durch die Vereinigung von Einfachzuckern. Man spricht von Oligo- bzw. Polysacchariden, wenn die Zahl der verknüpften Zuckereinheiten weniger als 10 bzw. mehr als 10 beträgt. Die für die Ernährung wichtigsten Zweifachzucker (Disaccharide) sind der im Zuckerrohr, in Zuckerrüben und reifen Früchten vorkommende Rohrzucker (Saccharose) und der in der Milch vorkommende Milchzucker (Laktose). Laktose hat besondere ernährungsphysiologische Eigenschaften, die sich deutlich von anderen Zweifachzuckern unterscheiden. Aus diesem Grund ist dieser Zucker für Neugeborene besonders wichtig.
Durch Zusammenlagerung einer großen, wechselnden Zahl von Einfachzuckern entstehen Verbindungen mit hohen Molekulargewichten (Polysaccharide). Sie weisen die typischen Zuckereigenschaften (Wasserlöslichkeit, süßen Geschmack u.ä.) nicht mehr auf. Sie dienen den Pflanzen als Gerüstsubstanz und als Reservestoff (z.B. als Zellulose, Pektin, Stärke). In Futtermitteln pflanzlichen Ursprungs sind sie mengenmäßig die wichtigste Nährstoffgruppe. Im menschlichen und tierischen Organismus dienen sie – in Form von tierischer Stärke (Glykogen) – als Reservestoffe.

Verdauung der Kohlenhydrate

Bei Tieren mit einem einhöhligen Magen (monogastrische Tiere) werden die mit der Nahrung aufgenommenen Kohlenhydrate unter Beteiligung von Verdauungsenzymen bis zum Einfachzucker (Monosaccharide) gespalten. Beim Wiederkäuer hingegen wird der größere Teil der Kohlenhydrate durch Mikroorganismen im Pansen über die Stufe der Einfachzucker hinaus zu niedrigeren organischen Säuren, Methan und CO_2 abgebaut. Dies gilt auch für solche Kohlenhydrate (z.B. Zellulose und Pektin), die andere Tierarten nicht verdauen können. Außerdem werden die Abbauprodukte des Kohlenhydratstoffwechsels schon im Pansen aufgenommen (resorbiert), während sie bei den anderen Tierarten unter Beteiligung bestimmter Hormone erst im Darm aufgenommen werden. Die Resorptionsgeschwindigkeit ist vom jeweiligen Zuckertyp abhängig. Glukose und Galaktose werden z.B. wesentlich rascher aufgenommen als Fruktose. Die aufgenommenen Monosaccharide werden vom Blut zu den „verbrauchenden" Organen transportiert und dort verstoffwechselt.

Tab. 6.1: Schematische Darstellung der Verbrennung (Oxidation) von Traubenzucker (Glukose).

$C_6H_{12}O_6 + 6\,O_2$	→	$6\,CO_2 + 6\,H_2O$	+ Energie
Glukose + Sauerstoff	→	Kohlendioxid + Wasser	

Auf- bzw. Abbau der Kohlenhydrate

Zum größten Teil dienen die Kohlenhydrate dem Organismus zur Deckung seines Energiebedarfes. Ein eventueller Überschuss kann zu tierischer Stärke (Glykogen) umgewandelt werden. Die Leber bildet vor allem dann Glykogen, wenn der Blutzuckergehalt nach einer Nahrungsaufnahme angestiegen ist. Der Muskel produziert unabhängig davon laufend Glykogen. Die Einfachzucker können aber auch in Fett umgewandelt werden, bzw. ihr Kohlenstoffgerüst dient zum Aufbau verschiedener Aminosäuren.

Wiederholungsfragen

1. Welches ist die wesentliche Aufgabe der Kohlenhydrate im Organismus?
2. In welche Gruppen werden die Kohlenhydrate unterteilt?
3. Auf welche Weise bauen Pflanzenfresser Zellulose ab?
4. Welche wesentlichen Unterschiede bestehen in der Verdauung der Kohlenhydrate bei Wiederkäuern und monogastrischen Tieren?
5. Welche Futtermittel sind kohlenhydratreich?

6.2.2 Eiweiße (Proteine) und stickstoffhaltige Verbindungen nicht eiweißartiger Natur

Unter allen organischen Verbindungen spielt Eiweiß, als ein Hauptbestandteil der Lebewesen, die wichtigste Rolle. Schon die Griechen (ca. 600 v. Chr.) gaben dem Eiweiß den Namen „Proteion" (= ich nehme den ersten Rang ein), ohne zu wissen, dass auf dieser Welt Leben ohne Eiweiß nicht möglich ist. Die eigentlichen Eiweißkörper sind Riesenmoleküle. Sie enthalten die Elemente Stickstoff, Kohlenstoff, Wasserstoff und Sauerstoff, zusätzlich manchmal auch Phosphor und Schwefel.

Aminosäuren

Aminosäuren sind die Bausteine der Eiweiße. In der Natur kommen regelmäßig 26 verschiedene Aminosäuren vor. Es handelt sich dabei um verhältnismäßig einfache organische Verbindungen, deren gemeinsames Merkmal darin besteht, dass sie stets eine Säuregruppe (-COOH) und eine Aminogruppe ($-NH_2$) besitzen.

Einige Aminosäuren enthalten zusätzlich Schwefel oder Phosphor. Nach chemischen Kriterien werden sie in neutrale, saure und basische Aminosäuren aufgeteilt.

Es ist von erheblicher ernährungsphysiologischer Bedeutung, dass keine Tierart in der Lage ist, die Kohlenstoffgerüste aller Aminosäuren aufzubauen. Dies bedeutet, dass diejenigen Aminosäuren, deren Kohlenstoffgerüste nicht aufgebaut werden können, mit der Nahrung aufgenommen werden müssen. Diese werden als unentbehrlich (essenziell) bezeichnet. Andere – die semiessenziellen Aminosäuren – können im Tierkörper durch Teilsynthesen oder Umformung selbst hergestellt werden. Die entbehrlichen (nicht essenziellen) Aminosäuren kann der Organismus vollständig aufbauen.

Wenn dem Tier auch nur eine dieser essenziellen bzw. semiessenziellen Aminosäuren nicht oder nicht in ausreichender Menge zur Verfügung steht, stockt die Eiweißneubildung. Dies kann sich z.B. im Wachstum niederschlagen. Diese fehlende Aminosäure wird als die begrenzende (limitierende) Aminosäure bezeichnet. Für ein Nahrungseiweiß gilt deshalb, dass dessen ernährungsphysiologischer Wert stets von der Gesamtmenge an limitierenden Aminosäuren bestimmt wird.

Funktion der Eiweiße

Im tierischen Organismus stellt Eiweiß einen wesentlichen Bestandteil der Zelle dar. Es ist Träger aller Lebensvorgänge. Seine wichtigsten Aufgaben sind Stütz- und Schutzfunktionen (z.B. als organische Substanz des Knochens, des Bindegewebes, der Haut, der Haare und der Federn). Es hat kontraktile Funktionen (z.B. als Muskeleiweiß), Abwehrfunktionen (z.B. als Antikörper) und regulative Funktionen (z.B. als Enzym und Hormon).

Der Tierkörper enthält 15–20 % Eiweiß. Trotz gleichen Vorkommens und gleicher Funktion unterscheiden sich die Eiweiße verschiedener Tierarten jedoch erheblich, d.h. jedes einzelne Individuum hat sein artspezifisches Eiweiß.

Einteilung der Eiweiße

Chemisch gesehen stellen Eiweiße sehr feste Komplexe (Ketten) dar, die aus einer Vielzahl kleiner Bausteine (Aminosäuren) zusammengesetzt sind. Nur durch starke chemische Einwirkungen oder durch spezifische Enzyme können sie in ihre Bausteine aufgespalten werden.
Eiweiße kommen in der Natur in einer ungeheuren Vielfalt vor. Dies beruht nicht nur auf den unterschiedlichen Aminosäuremustern in den Ketten, sondern hängt auch davon ab, wie die Ketten im Raum angeordnet sind. Diese Raumstruktur ist für die biologische Aktivität der Eiweiße verantwortlich. Eine Zerstörung (Denaturierung) dieses strukturellen Aufbaues, z.B. durch Erhitzung oder Säurezugabe, führt zu einem Verlust dieser Aktivität.

Einfache Eiweiße (Peptide)
Peptide entstehen unter Wasserabspaltung aus mindestens zwei Aminosäuren. Je nach Anzahl der am Aufbau beteiligten Aminosäuren spricht man von Di- oder Tri- bzw. von Oligo- und Polypeptiden. Sie bestehen aus 2 oder 3 bzw. aus bis zu 100 Aminosäuren.

Komplexe Eiweißkörper (Proteine)
Hier sind 100–10000 Aminosäuren zu langen Ketten verknüpft. Einige haben eine fadenförmige, andere eine mehr kugelige Gestalt. Die Einteilung der Eiweiße kann nach ihren Molekulargewichten, aber auch nach äußeren, physikalischen oder biologischen Eigenschaften erfolgen. Ohne weiter auf ihre Funktion, Zusammensetzung u.ä. einzugehen, sollen hier nur einige beispielhaft genannt werden: Albumine, Globuline, Gerüstproteine, Kollagen.

Zusammengesetzte Eiweiße (Proteide)
Es handelt sich dabei um eine Verbindung eines Proteins mit einer nicht eiweißartigen Gruppe, welche zum Teil Metalle (z.B. Eisen, Kobalt) enthält. Hierzu gehören z.B. die Nukleoproteide, Phosphorproteide, Glykoproteide, Chromoproteide und Lipoproteide.

Verdauung von Eiweiß

Im Verdauungstrakt wird das Nahrungseiweiß mit Hilfe von Fermenten – z.B. Pepsin und/oder Lab des Magens, Trypsin der Bauchspeicheldrüse und Chymotrypsin des Darms – weitgehend zu freien Aminosäuren aufgespalten. Diese werden vom Darm aktiv aufgenommen und z.B. vom Blut zu einem Organ transportiert. Sie werden dort von Zellen aufgenommen und dann verstoffwechselt oder zur Eiweißneubildung eingesetzt.
Neugeborene können kurz nach der Geburt noch keine Antikörper – auch sie zählen zu den Eiweißstoffen – bilden. Bei einigen Tierarten können die Jungtiere jedoch innerhalb der ersten 24–36 Stunden bestimmte mütterliche Antikörper über das Kolostrum (erste Muttermilch) aufnehmen. Sie sind auf diese Weise kurzfristig – d.h. für den Zeitraum, in dem die eigene Antikörperbildung noch nicht funktioniert oder nicht ausreichend ist – vor Infektionen geschützt.

Eiweißaufbau (-synthese)

In einem komplizierten, mehrstufigen Prozess werden die einzelnen Aminosäuren nach einem genetisch festgelegten Bauplan zu arteigenem Protein verkettet. Dieser Vorgang findet in bestimmten Organellen (Ribosomen) der Körperzellen statt. Dies bedeutet aber auch, dass zu einem bestimmten Zeitpunkt die zur Synthese eines Eiweißes jeweils benötigten Aminosäuren vorhanden sein müssen. Sollte dies nicht der Fall sein oder reicht die Menge nicht aus, gerät die Synthese ins Stocken, denn ein Ersatz bzw. Austausch dieser fehlenden Aminosäure ist nicht möglich.

Eiweißabbau

Die Eiweiße des Gewebes unterliegen einem ständigen Auf- und Abbau. Diese beiden Prozesse laufen gleichzeitig ab. Der Abbau von körpereigenem Eiweiß führt ebenfalls zu freien Aminosäuren. Diese werden – genauso wie die durch die Verdauung der Nahrung freigesetzten Aminosäuren – zum Eiweißaufbau benutzt oder in der Leber weiter verstoffwechselt.
Beim Säuger stellt Ammoniak, beim Vogel Harnstoff das wichtigste Endprodukt des Aminosäure- bzw. Stickstoff-Stoffwechsels dar. Beide harnpflichtigen Substanzen werden über die Nieren ausgeschieden.

Biologische Wertigkeit (BW) des Eiweißes

Die Anzahl und das Muster der Aminosäuren, aber auch das Verhältnis der einzelnen Aminosäuren zueinander (Aminosäure-Balance) bestimmen die Qualität des Eiweißes als Nahrungsmittel. Da tierisches Eiweiß weitgehend diejenigen Aminosäuren enthält, die der tierische Organismus zum Aufbau benötigt, ist dieses ernährungsphysiologisch höherwertiger als die meisten pflanzlichen Eiweiße, die häufig einen Mangel an den schwefelhaltigen Aminosäuren (Lysin oder Methionin) aufweisen.

Die BW gibt an, wie viel Körpereiweiß durch 100 g Nahrungseiweiß neu gebildet werden kann (z.B. hat Eiweiß von Hühnereiern eine BW von 96, Bohneneiweiß jedoch nur eine von 36). Durch Kombination verschiedener Eiweiße kann die Gesamtwertigkeit unter Umständen höher sein, als die BW des einzelnen Eiweißes. Dies wird als Ergänzungswirkung bezeichnet.

Stickstoffhaltige Verbindungen nicht-eiweißartiger Natur, NPN-Verbindungen (Non-Protein-Nitrogen)

Unter diesem Begriff werden alle stickstoffhaltigen Verbindungen nicht eiweißartiger Natur, z.B. freie Aminosäuren und Harnstoff, zusammengefasst. Der tierische Organismus enthält verhältnismäßig wenig NPN. Im pflanzlichen Organismus gibt es davon jedoch relativ viel. Beim Pflanzenfresser – insbesondere beim Wiederkäuer – spielt NPN eine ernährungsphysiologisch bedeutende Rolle.

Wiederholungsfragen

1. Welches sind die Bausteine der Eiweiße?
2. Wie viele Eiweißbausteine kommen in der Natur regelmäßig vor?
3. Nennen Sie vier Funktionen der Eiweiße.
4. In welche drei Gruppen werden die Eiweiße unterteilt?
5. Skizzieren Sie die Eiweißverdauung.
6. Welche besondere Rolle spielen bestimmte Eiweißstoffe beim Neugeborenen?
7. Was versteht man unter „biologischer Wertigkeit" des Eiweißes?

6.2.3 Fette (Lipide)

Fette und fettähnliche Stoffe werden auch unter dem Begriff „Lipide" zusammengefasst. Es handelt sich um zusammengesetzte, im Wesentlichen aus dem dreiwertigen Alkohol Glyzerin und Fettsäuren bestehende Verbindungen, die – wie die Kohlenhydrate – nur aus den Elementen Kohlenstoff, Wasserstoff und Sauerstoff bestehen. Charakteristisch für Fette ist, dass sie in Wasser unlöslich, jedoch in organischen Lösungsmitteln (z.B. Alkohol) löslich sind.

Funktion der Fette

Normalerweise ist der Fettgehalt der Nahrung gering. Dennoch hat Fett wegen seines hohen Energiegehaltes eine große Bedeutung als Energielieferant. Bei der Verbrennung von 1 g Fett entstehen 9,0–9,5 kcal (= 37–40 kJ). Es liefert damit fast die doppelte Menge an Energie wie Kohlenhydrate bzw. Eiweiße.

Körperfette haben eine biologische Bedeutung als Energiereserve. Bei auftretendem Nahrungs- oder Energiemangel können sie abgebaut werden. Sie erfüllen aber auch spezielle Funktionen, z.B. zur Wärmeisolierung (Unterhautfettgewebe) und Auspolsterung von Körperhöhlen (Schutz empfindlicher Organe wie Niere und Auge). Wichtig sind auch einige spezielle Fettfraktionen, die am Aufbau der Zellstrukturen (Membranen) beteiligt sind. Außerdem werden z.B. fettlösliche Vitamine nur in Gegenwart von Nahrungsfett aufgenommen.

Einteilung der Fette

Man unterscheidet zwischen flüssigen, öligen, halbfesten, schmalzigen und festen Fetten. Die Konsistenz (Schmelzpunkt) hängt vor allem von der Länge der Kohlenstoffkette der Fettsäure, aber auch vom Gehalt an ungesättigten Fettsäuren ab. Dies bedeutet, dass die Konsistenz allein durch die chemische Natur der Fettsäuren bestimmt wird.

Die im Pflanzen- bzw. Tierreich vorkommenden Fette sind stets Gemische. Chemisch unterteilt man sie in Fette („eigentliche" Fette, Neutralfette oder Lipide) und in fettähnliche Substanzen (Lipoide). Insbesondere die letzte Gruppe umfasst Verbindungen mit recht unterschiedlichem Molekülaufbau (z.B. Phosphatide, Wachse und Steroide). Beide Stoffgruppen sind für die Funktionen tierischen Lebens außerordentlich wichtig. Während die eigentlichen Fette als Energielieferant und zur Wärmeisolierung dienen, sind die fettähnlichen Substanzen vor allem am Aufbau bestimmter Zellstrukturen beteiligt.

Fettsäuren
Fettsäuren, die in natürlichen Fetten vorkommen, sind fast ausschließlich Fettsäuren mit gerader Anzahl von C-Atomen. Diese Tatsache hängt mit dem Synthesemechanismus der Fettsäuren im lebenden Organismus zusammen.

Gesättigte/ungesättigte Fettsäuren
Aus chemischen bzw. ernährungsphysiologischen Gründen muss zwischen gesättigten und zwischen ein- oder mehrfach ungesättigten Fettsäuren unterschieden werden. Da ungesättigte Fettsäuren – insbesondere die mehrfach ungesättigten – instabil sind, können alle Fette, die diesen Typ von Fettsäuren enthalten, unter Einwirkung von Licht, Sauerstoff und/oder Feuchtigkeit ranzig werden. Um dies zu verzögern oder gar zu verhindern, werden einem fetthaltigen Futter häufig Antioxidanzien zugesetzt. Diese sollen das Ranzigwerden der Fette verhindern. Pflanzliche Fette haben in der Regel wesentlich höhere Anteile an ungesättigten Fettsäuren als tierische Fette.

Essenzielle Fettsäuren
Da der tierische Organismus einige ungesättigte – die so genannten essenziellen – Fettsäuren nicht aufbauen kann, müssen diese mit der Nahrung aufgenommen werden. Sie sind insbesondere für den Fettstoffwechsel (Resorption und Transport) von entscheidender Bedeutung. Auch sind sie Bestandteil von Enzymen und stehen in enger Beziehung zum Cholesterinstoffwechsel.

Verdauung von Fetten

Die Spaltung der Fette in Glyzerin und Fettsäuren erfolgt im Verdauungskanal durch fettspaltende Enzyme (Lipasen). Während beim Wiederkäuer das Nahrungsfett schon zum größten Teil im Pansen ab- bzw. umgebaut und auch schon zum Teil aufgenommen wird, findet beim monogastrischen Tier die Fettverdauung vor allem im Zwölffingerdarm statt. Dort mischen sich Galle, Darm- und Pankreassaft mit dem Nahrungsbrei. Dadurch werden die Verdauungsenzyme des Darm- und Pankreassaftes aktiviert und das Fett zu feinsten Tropfen emulgiert. In diesem Zustand kann es leichter gespalten werden. Die freigesetzten Monoglyzeride und Fettsäuren bilden zusammen mit der Gallensäure winzige Fetttropfen (so genannte Micellen). Nur diese können von der Darmwandzelle aufgenommen und dort zu Neutralfetten umgebaut (resynthetisiert) werden. Dieses neu gebildete Fett gelangt als Chylomikronen (winzige, auch Protein enthaltende Tröpfchen von Fett) hauptsächlich auf dem Lymphweg – vor allem über den Milchgang (Ductus thoracicus) – in den Blutkreislauf. Die Chylomikronen werden vom Blut entweder direkt zum Depotorgan (z.B. Unterhautfettgewebe) oder zur Leber transportiert, wo sie verstoffwechselt werden.

Fettabbau

Depotfett wird nur im Bedarfsfall mobilisiert. Es wird jedoch genau wie das Organfett ständig abgebaut und wieder neu aufgebaut. Dies geschieht insbesondere in den Herzmuskel-, Skelettmuskel-, Leber- und Nierenzellen. Alle Fette werden zuerst in Fettsäuren und Glyzerin gespalten und erst danach werden die Fettsäuren im Bedarfsfall zu CO_2 und H_2O verbrannt oder zum Wiederaufbau von Fetten eingesetzt.

Fettaufbau

Körperfette unterliegen einer stetigen Umwandlung. So beträgt die biologische Halbwertszeit (dies ist die Zeit, in der eine Körpersubstanz zur Hälfte auf- oder abgebaut bzw. umgesetzt wird) der Leber- bzw. Depotfette bei der Ratte z.B. nur 1–2 Tage bzw. bis zu 20 Tagen. Für die Energiespeicherung spielt die Fettbildung aus Kohlenhydraten eine große Rolle. Eine über den Energiebedarf hinausgehende Aufnahme von Kohlenhydraten wird zu etwa 3–5% in tierische Stärke, aber vor allem in Fett (bis zu 40%) umgewandelt. Die Fettbildung und die Umwandlung von Fettsäuren erfolgt hauptsächlich in der Leber.

Wiederholungsfragen

1. Welches sind die wesentlichen Aufgaben der Fette im Organismus?
2. Was versteht man unter essenziellen Fettsäuren?
3. Skizzieren Sie die Fettverdauung.
4. Welche wesentlichen Unterschiede bestehen in der Verdauung der Fette bei Wiederkäuern und monogastrischen Tieren?
5. Wie unterscheidet sich der Energiegehalt von Fett, Eiweiß und Kohlenhydraten?

6.2.4 Mineralstoffe

Mineralstoffe sind lebensnotwendige anorganische Stoffe. Sie kommen nicht nur im Knochen, sondern auch in allen anderen Geweben und Körperflüssigkeiten vor. Der Gehalt an Mineralstoffen ist abhängig vom Gewebe, aber auch von Alter, Ernährungszustand und Leistung des Tieres. Wie viele andere Körpersubstanzen befinden sich auch die Mineralstoffe in einem dynamischen Zustand. Im Gegensatz zu organischen Verbindungen können sie nicht stofflich verändert werden. Zwischen den Geweben, den Körperflüssigkeiten u.ä. findet laufend ein Austausch statt. Auch werden die Mineralstoffe ständig mit Harn, Kot, Schweiß, Milch u.ä. ausgeschieden. Dieser Verlust muss mit der Nahrung ersetzt werden.

Der Organismus ist bestrebt, ein Gleichgewicht zwischen der Mineralstoffzufuhr, dem durch den Stoffwechsel bedingten (intermediären) Austausch und den verschiedenen Ausscheidungsarten herzustellen und diesen Gleichgewichtszustand aufrechtzuerhalten. Hierfür sind u.a. Hormone, insbesondere die der Nebenschilddrüse und der Nebennierenrinde, verantwortlich.

Funktion der Mineralstoffe

Mineralstoffe sind Bausteine von Knochen und Zähnen, sind am Stoffwechsel beteiligt und unterstützen die Verdauung und Resorption. Außerdem kommen sie in Enzymen vor. Sie sind wichtige Bestandteile der extra- und intrazellulären Flüssigkeiten. Aus diesem Grund können sie die Regulation des osmotischen Drucks, des Säuren-Basen-Haushalts bzw. des Flüssigkeitsvolumens unterstützen. Außerdem sind sie für den Ablauf neuromuskulärer Prozesse unentbehrlich.

Einteilung der Mineralstoffe

Bei den Mineralstoffen wird zwischen Mengen- und Spurenelementen unterschieden.

Mengenelemente
Das Futter muss von den Mengenelementen mehr als 250 mg je kg Trockensubstanz enthalten. Im Tierkörper liegt der mittlere Gehalt an Mengenelementen über 50 mg/kg Körpermasse. Erwähnenswert ist, dass das Blutserum aller Säugetiere sehr ähnliche Gehalte an Mengenelementen aufweist. Diese Gehalte bewegen sich normalerweise innerhalb enger und für jedes Element ziemlich genau festgelegter Grenzen. Zu den Mengenelementen gehören Kalzium, Magnesium, Natrium, Kalium, Phosphor, Chlor und Schwefel. Zur Funktion dieser Mineralstoffe, den Folgen einer Mangelversorgung u.ä. siehe **Tabelle 6.2**.

Spurenelemente
Die Gehalte an einzelnen Spurenelementen pro Kilogramm Trockenfutter bewegen sich im ppm-Bereich (ppm = parts pro million = 1 auf 1 Million= 1 mg pro 1kg). Ihr durchschnittlicher Gehalt pro kg Körpermasse ist kleiner als 50 mg. Die wichtigsten lebensnotwendigen Spurenelemente sind Eisen, Mangan, Zink, Kupfer, Selen, Fluor und Jod. Zum Zeitpunkt hoher Stoffwechselleistung (Trächtigkeit, Wachstum u.ä.) ist eine ausreichende Versorgung mit Spurenelementen besonders wichtig. Es könnte sonst zu Mangelerscheinungen kommen. Zu hohe Aufnahmen einiger Spurenelemente (z.B. Kupfer und Selen) können zu Vergiftungen (Intoxikationen) führen. Andere (z.B. Strontium, Blei, Arsen, Quecksilber) sind für den Organismus bereits in sehr geringen Mengen giftig. Für diese gelten deshalb bestimmte maximale Grenzwerte, die in Futtermitteln nicht überschritten werden dürfen.

Die Versorgung des Tieres mit Spurenelementen ist vor allem von deren Gehalt in den Pflanzen – als dem primären Glied der Nahrungskette – abhängig. Der Gehalt der Pflanze an Spurenelementen ist abhängig vom Klima und

Tab. 6.2: Mengenelemente: Aufgabe, Vorkommen, Folge bei Mangel oder Überschuss etc.

Mineral	Hauptaufgabe	überwiegendes Vorkommen im Organismus	ø Gehalt im Tierkörper	ø Gehalt im Futter	Folge von Mangel	Folge von Überschuss	Anmerkung
Kalzium (Ca)	Baustoff; neuromuskuläre Erregbarkeit; Blutgerinnung; Membrandurchlässigkeit	Knochen (bis zu 99% des Gesamtgehaltes)	1,6%	0,6–4,5%	*akut:* Störung d. Blutgerinnung, Übererregbarkeit d. Nerven (Tetanie), Milchfieber, Gebärparese; *chron.:* Skelettmissbildung (Rachitits bzw. Osteoporose), Minderung der Legeleistung von Hühnern	Einschränkung der Schilddrüsenfunktion; Störung d. Resorption v. Spurenelementen	hoher Bedarf bei jugendl. Tieren, bei hoher Milch- bzw. Legeleistung; Ca-Blutspiegel wird vom Parathormon (Nebenschilddrüse) reguliert; Verhältnis: Ca : P sollte 1 : 1 bis 2 : 1 betragen; enger Zusammenhang von Ca- und P-Stoffwechsel
Phosphor (P)	Baustoff; Bestandteil energiereicher Verbindungen	Knochen (bis 85% des Gesamtgehaltes)	1,0%	3–6%	z.T. gleiche Symptome wie Ca-Mangel; verminderte Futteraufnahme führt zu Wachstumsstörung bis -stillstand	führt zu Ca-Mangel u. schlechter Resorption v. Mg und Nierenschäden; Minderung d. Eischalenqualität	Vit. D fördert die Ca- u. P-Resorption bzw. deren Mobilisierung; P-Bedarf bei Wiederkäuern ohne Zufütterung nicht zu decken
Magnesium (Mg)	Baustoff; neuromuskuläre Erregbarkeit; Aktivator bzw. Bestandteil von Enzymen	Knochen (bis 60% des Gesamtgehaltes); Zellen (bis 40% des Gesamtgehalts)	0,04%	0,4–2,0%	Krämpfe, Weidetetanie bei Milchkühen; Knochen- und Knorpelveränderungen	Durchfall bei Schwein, Rind, Hund, Katze; Harnsteine bei Katzen	Mg-Resorption wird v. zahlreichen Faktoren beeinflusst (z.B. Tierart, Alter, Bindungsform des Mg); Mg-Speicherungs- bzw. Mobilisierungsvermögen bei Erwachsenen gering

Tab. 6.2: Mengenelemente: Fortsetzung

Mineral	Hauptaufgabe	überwiegendes Vorkommen im Organismus	ø Gehalt im Tierkörper	ø Gehalt im Futter	Folge von Mangel	Folge von Überschuss	Anmerkung
Natrium (Na)	Regulierung d. Wasserhaushaltes	extrazellulär (bis 90% d. Gesamtgehaltes)	0,15%	1,0–2,0%	Wachstums- u. Fortpflanzungsstörung, geringere Milch- u. Eierproduktion (Störung d. Eiweiß-Fettsynthese) / Vermehrter Harnabsatz (Polyurie) / „Austrocknung" (Exsikkose)	Durst, Verstopfung, Krämpfe; Flüssigkeitsansammlung im Gewebe. / Bluthochdruck (Herzu. Nierenschäden)	bis zu 95% d. Na-Ausscheidung erfolgt über Harn, bei Meeresvögeln auch über Salzdrüsen / weidende Wiederkäuer müssen mit Na versorgt werden (z.B. Lecksteine, Viehsalz mit mind. 95% NaCl
Kalium (K)	Aufrechterhaltung d. osmot. Drucks / Aktivator versch. Enzyme	intrazellulär (bis 96% d. Gesamtgehaltes)	0,2%	5–7%	nur experimentell auslösbar, *dann*: Wachstumsstörung, Herz- u. Skelettmuskelschäden, bei hohem K-Verlust auch Durchfall	überschüssiges K wird sehr schnell und vollständig über d. Harn ausgeschieden, deshalb sind Schäden selten	für die Aufrechterhaltung v. Lebensvorgängen ist letztlich die Verteilung von Na (extra-) u. Kalium (intrazellulär) im Organismus Voraussetzung / Verhältnis K : Na in pflanzl. Futter 20 : 1 Bedarf: 2 : 1 bis 1 : 1
Chlor (Cl)	Aufrechterhaltung d. osmot. Drucks / Aktivator versch. Enzyme / Bestandteil d. Magensäure	extrazellulär (bis 90% d. Gesamtgehaltes)	0,11%	1–2%	nur experimentell auslösbar, *dann*: Muskelkrämpfe, Neurosen, bei zu geringer Wasseraufnahme auch Nierenschäden	überschüssiges Cl wird sehr schnell u. vollständig über Harn ausgeschieden, deshalb sind Schäden selten	Cl-Gehalt d. Futtermittel ist sehr hoch (i.d.R. ein Mehrfaches d. Bedarfs)

Tab. 6.3: Spurenelemente: Aufgabe, Vorkommen, Folge bei Mangel oder Überschuss etc.

Mineral	Hauptaufgabe	überwiegendes Vorkommen im Organismus	Futtermittel mit hohem Gehalt	ø Bedarf mg/kg Futter in d. Tr.S.	Mangelerscheinung	Anmerkung
Eisen (Fe)	Enzym- u. Proteinbestandteil (z.B. roter Blutfarbstoff, Atemferment u.ä.)	Rote Blutkörperchen u. Myoglobin (ca. 70% bzw. 3–7% d. Gesamtgehaltes)	Grünpflanzen Fleisch- bzw. Fischmehl Leber	30	Anämie (insbes. Ferkel) Wachstumsverzögerung Krankheitsanfälligkeit	Bedarf ist relativ gering, weil freigesetztes Fe (z.B. i.d. Galle) zu über 90% wiederverwertet wird. I.d.R. ist ausreichende Menge im Futter enthalten (z.B. im Grün- u. Gärfutter bis zum 20fachen des Bedarfs). Milch enthält fast kein Fe, deshalb sind Neugeborene gefährdet. Fe-Überschuss führt bei Jungtieren zu vermindertem Futterverzehr und zu Wachstumsverzögerungen; sehr hoher Überschuss und gleichzeitiger Vitamin-E- und Se-Mangel führt zum Tod.
Kupfer (Cu)	Bestandteil wichtiger Enzyme	Leber, Gehirn, Haare, Gefieder	Fleisch- bzw. Fischmehl	7	dünnes, pigmentloses Haarkleid Schaf: Wollwachstum und Wollqualität schlecht Wachstumsverzögerung Aborte	Monogastrische Tiere haben einen geringen Cu-Bedarf u. erleiden im Gegensatz zu Wiederkäuern (Bildung v. nichtresorbierbarem Cu im Pankreas) keinen primären Cu-Mangel. Cu-Überschuss kann für Wiederkäuer toxisch sein (Leberschäden). Gehalt in pflanzl. Futtermitteln ist vom Gehalt des Bodens abhängig. Gefahr: Cu-Vergiftung über Trinkwasser (Cu-Leitung).
Mangan (Mn)	Bestandteil wichtiger Enzyme	Leber, Haare, Gefieder, Knochen	Hefe, Grünpflanzen	10–30 Huhn: bis 50	Fortpflanzungsschäden Skelettschäden Nervöse Störungen	Bei ausreichender Mn-Versorgung niedrige Resorptions- (10%) u. schnelle Ausscheidungsrate; Milch ist besonders Mn-arm; Hühner reagieren besonders empfindlich auf Mn-Mangel
Zink (Zn)	Bestandteil wichtiger Enzyme	Leber, Haare, Gefieder, Knochen	Fleisch Fischmehl Milcheiweiß	30–50 Schwein: 50–100	Hauterkrankung (Parakeratose) Haarausfall Wachstumsverzögerung durch verminderte Futteraufnahme Beeinträchtigte Spermienreifung	Zn-Resorptionsrate im Vergleich zu anderen Spurenelementen hoch (bis 40%); Jungtiere werden ohne Zn-Reserve geboren, erhalten aber über Muttermilch ausreichende Mengen. Männl. Tiere sind empfindl. (besonders Schweine!) gegenüber Zn-Mangel; hoher Calcium- u./o. Phytingehalt der Nahrung hemmt die Resorption; Zn-Überschuss beeinflusst Fe- und Cu-Stoffwechsel u. kann deshalb zu Anämien führen.

Tab. 6.3: Spurenelemente Fortsetzung

Mineral	Hauptaufgabe	überwiegendes Vorkommen im Organismus	Futtermittel mit hohem Gehalt	ø Bedarf mg/kg Futter in d. Tr.S.	Mangelerscheinung	Anmerkung
Jod (J)	Bestandteil von Schilddrüsenhormonen	Schilddrüse (ca. 90% des Gesamtgehaltes)	jodiertes Speisesalz Mineralstoffmischung	0,3–1,5	Vergr. d. Schilddrüse (Kropf) Krankheitsanfälligkeit Wachstumsverzögerung (Zwergwuchs) Geflügel: normaler Schlupf nicht möglich	Jodhaltige Schilddrüsenhormone regulieren den Grundumsatz u. die Stoffwechselaktivität. Jod kann aus der Nahrung, dem Wasser u. der Luft stammen (J-Mangelgebiete: insbes. meerferne Gebiete, in denen Niederschläge, der Boden u. die Pflanzen sehr jodarm sind). J-Überschuss führt zu gleichen Symptomen wie J-Mangel, zusätzlich zu Hyperaktivität.
Selen (Se)	Enzymaktivator, verhindert Lebernekrose	Serum, Leber, Haare	Mineralstoffmischung	0,5–1,0 Geflügel: 0,1	Wachstumsverzögerung Lebernekrose Muskelveränderung (white muscle disease) bei Lämmern und Kälbern	Se-Stoffwechsel ist eng mit dem d. Vitamin E verknüpft, d.h. zur Behandlung von Lebernekrose, exsudative Diathese d. Kükens, Weißfleischigkeit: stets Se- u. Vitamin-E-Gabe. Bei echtem Vitamin-E-Mangel ist Se-Gabe wirkungslos. Sehr hohe Se-Gaben (über 3–5 mg/kg Futter Tr.S.) führen zu Vergiftungen, Wachstumsstörung, verminderter Schlupffähigkeit des Kükens, Anämie u. Haarausfall.
Fluor (F)	verhindert Karies und Osteoporose	Knochen, Zähne	Mineralstoffmischung	max. 30	Knochenerweichung Zahnausfall	F-Überschuss (Fluorose) führt zur Veränderung von Farbe, Form u. Festigkeit von Zähnen, zur Verdickung u. Formveränderung v. Knochen u. Gelenken. Die F-Empfindlichkeit ist bei den einzelnen Tierarten unterschiedlich u. hängt stark von der Verfügbarkeit des aufgenommenen Fluors ab.

vom Vegetationsstadium zum Zeitpunkt der Ernte. Aber auch der Standort der Pflanze (z.B. Jodmangelgebiete) beeinflusst den Anteil an Spurenelementen eines solchen Futtermittels. Zur Funktion der Spurenelemente, der Folge von Mangelerscheinungen u.ä. siehe **Tabelle 6.3**

Wiederholungsfragen

1. Was unterscheidet Mineralstoffe von organischen Verbindungen?
2. Welche Aufgaben haben Mineralstoffe im Organismus?
3. Bei den Mineralstoffen unterscheidet man zwischen Mengen- und Spurenelement. Nennen Sie je drei.
4. Machen Sie folgende Angaben zu je einem Mengen- und Spurenelement:
   – Hauptaufgabe
   – überwiegendes Vorkommen im Organismus
   – Mangelerscheinungen
   – Überschusserscheinungen.

6.2.5 Vitamine

Funktion der Vitamine

Die Zusammenfassung verschiedener, chemisch recht unterschiedlicher Stoffe unter dem Begriff „Vitamine" erfolgt einzig unter dem Gesichtspunkt, dass diese Substanzen für den menschlichen und tierischen Organismus von lebensnotwendiger (essenzieller) Bedeutung sind. Vitamine katalysieren und aktivieren im Organismus eine Vielzahl von Stoffwechselvorgängen. Die Vitaminversorgung erfolgt in der Regel über die Nahrung. Schon Kleinstmengen (weniger als 40 mg/kg Futtertrockensubstanz) reichen dafür aus. Einige Vitamine können aber auch durch Mikroorganismen im Verdauungstrakt gebildet und später aufgenommen werden. Andere werden – vor allem als Vorstufen (Provitamine) – vom tierischen Organismus synthetisiert.

Einteilung der Vitamine

Die Einteilung der Vitamine erfolgt entsprechend ihrer Löslichkeit. Man unterscheidet fett- und wasserlösliche Vitamine.

Fettlösliche Vitamine
Zu den fettlöslichen Vitaminen (**Tab. 6.4**) gehören die Vitamine A, D, E und K (Merkspruch: EDKA!). Sie sind alle in Wasser unlöslich, jedoch lösen sie sich z.B. in Äther und Chloroform. Sie werden vom Körper nur aufgenommen, wenn in der Nahrung gleichzeitig auch Fett vorhanden ist, und sie können nur im Fettgewebe gespeichert werden.

Wasserlösliche Vitamine
Zu den wasserlöslichen Vitaminen (**Tab. 6.5**) werden die Vitamine der B-Gruppe und das Vitamin C gerechnet. Aufgrund ihrer Wasserlöslichkeit können sie vom Körper sehr schnell aufgenommen und bei einem Überangebot über die Nieren ausgeschieden werden.
Der Vitamingehalt pflanzlicher Einzelfutter schwankt in Abhängigkeit von der Jahreszeit, Lagerung u.ä. Fertigfuttermitteln wird deshalb häufig ein Vitaminkonzentrat zugesetzt, welches durch Antioxidanzien (sie sollen die Veränderung der empfindlichen Vitamine verhindern) stabilisiert wird. Trotzdem kann es auch dann zu einem Vitaminmangel kommen. Ursachen hierfür sind:
1. Die Überlagerung von Futtermitteln führt zu einem stetigen Vitaminverlust. Trotz ursprünglich ausreichendem Gehalt im Futtermittel kann das dazu führen, dass der Vitaminbedarf nicht mehr gedeckt wird.
2. Verdauungsstörungen (z.B. Durchfall) können zu einer verminderten Aufnahme von Vitaminen führen.
3. Einseitige Fütterung kann dazu führen, dass bestimmte Vitamine nicht verwertet werden können.
4. Lebererkrankungen führen zu einer verminderten Vitaminspeicherkapazität und können damit Ursache für einen Vitaminmangel sein.

Der Vitaminbedarf ist je nach Tierart, Jahreszeit, Nutzungsrichtung, Leistung u.ä. sehr unterschiedlich. Während ein völliger Vitaminmangel – das entsprechende Krankheitsbild heißt Avitaminose – sehr selten ist, kommt es bei unzureichender Zufuhr bestimmter Vitamine zu einer Vitaminmangelkrankheit (Hypovitaminose). Aber auch eine Überversorgung mit einzelnen Vitaminen – insbesondere Vitamin D_3 und Vitamin A – kann sich negativ

Tab. 6.4: Fettlösliche Vitamine: Aufgabe, Vorkommen, Folge bei Mangel oder Überschuss etc.

Name (chem. Bezeichnung) Synonym	Vorkommen	biologische Aufgabe	Mangelsymptome	Bemerkungen
Vit. A (Retinol) Wachstums- Epithelschutzvitamin	Vit. A: Lebertran Eigelb Karotin: grünes u./o. gelbes Gemüse	Bildung d. Sehpurpurs Epithelschutzfunktion	Nachtblindheit Wachstumsstörung Resistenzminderung	Karotin ist ein Provitamin = Vorstufe d. Vit. A. Vit. A kommt nur im tierischen Organismus vor. Die Umwandlung v. Karotin in Vit. A ist von der Tierart (Katze kann nicht umwandeln) u. v. anderen Nahrungsbestandteilen abhängig. Gefahr d. Hypervitaminose bei Leberfütterung (Katze).
Vit. D3 (Calciferol) Antirachitisches Vit.	Vit. D3: Lebertran Leber Eier Ergosterol: Pflanzen	erhöhte Ca-Aufnahme im Darm Baustein v. Knochen u. Zahn	Rachitis (Jungtier) Knochenerweichung (Alttier), vermindert Schalendicke d. Eies	Diese Vorstufe wird durch UV-Licht in Vit. D_2 überführt. Langdauernder Vit.-D-Überschuss (Hypervitaminose) kann zur Spontanfraktur u. Gefäßverkalkung führen.
Vit. E (Tocopherol) Antisterilitätsvitamin	grünes Gemüse Getreidekeimlinge pflanzl. Öle	Zellstoffwechsel (Zellatmung) Nukleinsäurestoff- wechsel Antioxidans	Weißfleischigkeit Fruchtbarkeitsstörung (Sterilität, Aborte)	Vit. E ist ein Sammelbegriff f. verschiedene chemische nahe verwandte Verbindungen. Große Speicherkapazität für Vit. E Mangelerkrankungen einzelner Tierarten:Katzen/Küken: Enzephalomalazie (Gehirnerweichung) Lämmer/Kälber: Muskeldegeneration Schwein: Maulbeerherzkrankheit Pelztiere: Gelbfettkrankheit
Vit. K (Phyllochion) Antihämorrhag. Vit.	grüne Pflanze Darmflora	ermöglicht die Prothrombinsynthese in d. Leber	Gerinnungsstörung Aborte (Sau)	Vit. K ist ein Sammelbegriff f. versch. chem. nahe verwandte Verbindungen (K_1–K_2). Speicherkapazität d. Leber f. Vit. K gering. Vit.-K-Antagonisten (z.B. Dicumerol im Steinklee). Vit.-K- Mangel kann bei Zerstörung d. Darmflora – z.B. nach Antibiotikabehandlung – auftreten.

Tab. 6.5: Wasserlösliche Vitamine: Aufgabe, Vorkommen, Folge bei Mangel oder Überschuss

Name (chem. Bezeichnung) Synonym	Vorkommen	biologische Aufgabe	Mangelsymptome	Bemerkungen
Vit. C (L-Ascorbinsäure)	Zitrusfrüchte frisches Obst u. Gemüse	Aktivator v. Enzyme Bindegewebsbildung Antioxidans	Skorbut (Zahnfleischblutg. u. Zahnausfall) Erhöhte Anfälligkeit f. Infektionskrankheiten	bei ausreichender Versorgung mit Vit. A u. E können Tiere (Ausnahme: Primat u. Meerschweinchen) Vit. C selbst bilden
Vit. B_1 (Thiamin)	Getreide u. Hefe Darmflora Leber	Bestandteil v. Koenzymen d. Energiestoffwechsels	Beriberi Krämpfe, Lähmung Neuritis	bei B_1-Mangel kommt es im Organismus zur Anhäufung von Ketosäuren, die insbesondere in Organen mit hoher Stoffwechselleistung (Gehirn, Muskel) Schäden verursachen. Beriberi: verursacht durch einseitige Ernährung mit geschältem Reis
Vit. B_2 (Riboflavin)	Getreide u. Hefe Darmflora Leber Milch, Eier	Bestandteil v. Koenzymen d. Energiestoffwechsels	Wachstumsstörung Hornhauttrübung Anämien	zu geringe Vit.-B_2-Konzentration im Brutei führt zu einer verringerten Schlupffähigkeit Vit. B_2 besitzt – wie alle übrigen B-Vitamine – für Wiederkäuer keinen Vitamincharakter (Synthese erfolgt über Pansenflora)
Vit. B_6 (Pyridoxin)	Getreide u. Hefe Darmflora Leber	Aktivator v. Koenzymen d. Eiweißstoffwechsels	Wachstumsstörung Nervenerkrankung Hauterkrankung	Störung d. Epithelerneuerung führt z.B. bei Ratten zur Ratten-Pellagra Die patholog. Veränderungen im Nervengewebe führen insbesondere bei Küken zu Gleichgewichtsstörungen und epileptischen Anfällen
Vit. B_{12} (Cobalamin)	Darmflora Leber	Synthese von Nukleotiden	Perniziöse Anämie Wachstumsstörung	Vit.-B_{12}-Resorption im Verdauungskanal ist abhängig von d. Gegenwart eines sog. „intrinsic factor" im Magensaft
Pantothensäure	Getreide, Hefe Darmflora Leber	Bestandteil v. Koenzym A	Wachstumsstörung	Ursache für d. Wachstumsstörung ist u.a. eine Verminderung d. Futterverwertung
Niacin (Nicotinsäure)	Getreide, Hefe Darmflora Leber	Aktivator v. Enzymen	Hautläsionen Verdauungsstörung	Mensch: Pellagra (raue Haut) Hund: Schwarzzungenkrankheit Tritt bei überwiegender Maisfütterung auf.
Biotin (Vit. H)	Getreide, Hefe Darmflora Leber	Bestandteil verschiedener Enzyme	Hauterkrankung Durchfall	Hauterkrankung: Schuppenflechte Rohes Eiklar enthält ein Eiweiß (Avidin), das Biotin bindet und damit unwirksam macht.

auf die Gesundheit auswirken (Hypervitaminosen). Die Krankheitssymptome bei einer Hypo- bzw. Hypervitaminose sind sehr vielfältig (**Tab. 6.4**)

Wiederholungsfragen

1. Vitamine werden aufgrund bestimmter chemischer Eigenschaften in zwei große Gruppen eingeteilt. Wie heißen diese und welches sind diese Eigenschaften?
2. Ein Vitaminmangel kann verschiedene Ursachen haben. Nennen Sie einige.
3. Welche Vitamine können eine Hypervitaminose hervorrufen – und wie äußert sich diese?
4. Benennen Sie alle fettlöslichen und/oder wasserlöslichen Vitamine.
5. In welcher Form kann sich ein Vitamin-A-Mangel (Vit.-C- oder Vit.-D-Mangel) bemerkbar machen?

6.2.6 Wasser

Der tierische Organismus besteht je nach Alter des Tieres zu 50 bis 80 % aus Wasser. Es ist damit die Substanz, die am häufigsten im Körper vorkommt. Physiologisch ist es auch der wichtigste Bestandteil, denn ohne Wasser ist kein Leben möglich. Stoffwechselvorgänge können z.B. nur ablaufen, wenn sich die beteiligten Moleküle und Ionen in Lösung befinden.
Im Tierkörper liegt der größte Teil des Wassers, ca. 65 %, in den Zellen (intrazellulär). Das sich außerhalb der Zellen befindende (extrazelluläre) Wasser beträgt etwa 35 %, davon entfallen 5–7 % auf das Blutplasma und 18–30 % auf die zwischen den Geweben liegende (interstitielle) Flüssigkeit (**Tab. 3.5**). Der Wassergehalt beeinflusst die Funktionen und Eigenschaften der einzelnen Gewebe. Die Knochen und Zähne sind z.B. wasserärmer als Muskeln.
Gesundheit und Funktionsfähigkeit sind vom Wassergehalt des Organismus abhängig. Tiere können z.B. den Verlust ihres gesamten Depotfettes und/oder fast der Hälfte ihres Eiweißbestandes überleben, aber der Verlust von 10 % des Körperwassers verursacht schon schwere Krankheitserscheinungen, während noch höhere Verluste zum Tode führen.

Aufgaben des Wassers

Wasser dient bei den chemischen Vorgängen im Organismus als Lösungs- und Transportmittel für Moleküle (Proteine, Nukleinsäure, Stoffwechselprodukte u.ä.). Es beeinflusst den osmotischen Druck (Zelldruck). Außerdem reguliert es die Körpertemperatur, indem es über den Blutkreislauf die Voraussetzung für einen Wärmeausgleich zwischen den Geweben mit unterschiedlicher Temperatur schafft und die Wärmeabgabe über die Haut und die Lunge ermöglicht. Auch für die Verdauung hat Wasser große Bedeutung. Hier transportiert es nicht nur die Nährstoffe, sondern auch die zur Verdauung notwendigen Stoffe (Verdauungsenzyme u.ä.).

Ausscheidung des Wassers

Wasser wird mit dem Kot, dem Harn und der Milch, aber auch als Schweiß über die Haut und als Wasserdampf über die Lunge ausgeschieden. Über einen sehr fein abgestimmten Regelmechanismus regulieren die Nieren den Flüssigkeits- und Mineralhaushalt. Die Nieren sorgen aber auch dafür, dass nicht nur das überschüssige Wasser, sondern sämtliche in Wasser lösbaren, harnpflichtigen (giftigen) Substanzen ausgeschieden werden. Damit wird sichergestellt, dass selbst in Extremsituationen – wie bei längerfristigem Durst, hohen Kochsalzaufnahmen u.ä. – die Funktionsfähigkeit des Organismus erhalten bleibt.

Wasserbedarf

Außentemperatur, Alter (Jungtiere haben einen höheren Wassergehalt in ihren Geweben als Erwachsene), Leistung u.ä. beeinflussen den Wasserbedarf. Wie viel Wasser jeweils aufgenommen wird, hängt einerseits von der Art und Menge des Futters (Trocken- oder Feuchtfutter), von der Futterzusammensetzung (Futter mit hohem oder niedrigem Eiweiß- oder Mineralstoffgehalt), aber auch von der Höhe der Wasserausscheidung, Durst u.ä. ab. Zur Bedarfsdeckung trägt auch das so genannte „Stoffwechselwasser" bei, das bei der „Verbrennung" der Nährstoffe im Körper anfällt. So entsteht beim Abbau von einem Kilogramm Fett bzw. Stärke etwa 1,0 kg bzw. 0,5 kg Wasser. Dieses Stoffwechselwasser ist für das Überleben einiger Wüstenbewohner (z.B. Gerbil, Kamel), aber auch für Winterschläfer von entscheidender Bedeutung.

Da zuviel aufgenommenes Trinkwasser normalerweise (Ausnahme: bei Erbrechen und Durchfall) nicht schädlich ist, sollten Tiere stets freien Zugang zum Wasser haben. Eine ungenügende Wasseraufnahme führt zur Einschränkung der Leistungsfähigkeit. Als Ursachen kommen hierfür in Frage: ungenügendes Angebot, falsche Temperatur (zu warmes oder zu kaltes Wasser), aber auch schlechte Qualität. Die hygienische Qualität des Tränkwassers muss der des Trinkwassers entsprechen, d.h. es muss von Fäulnisstoffen, Kot und Harnresten, aber z.B. auch von industriellen Verunreinigungen, Schwermetallen und Fluor frei sein.

Wiederholungsfragen

1. Welche Aufgaben hat Wasser im Organismus und warum ist dieser Gehalt in den verschiedenen Lebensabschnitten unterschiedlich?
2. Was versteht man unter „Stoffwechselwasser"?
3. Auf welche Weise wird Wasser vom Organismus ausgeschieden, und welches Organ reguliert dies vor allem?
4. Wodurch wird der Wasserbedarf des Organismus vor allem beeinflusst?

6.2.7 Schadstoffe

Hierbei handelt es sich um Stoffe, die – ohne zugesetzt worden zu sein – in oder auf Futtermitteln enthalten sind und die Leistung der Tiere nachteilig beeinflussen und/oder deren Gesundheit schädigen können. Aus diesem Grund dürfen auch die in der Anlage 5 der Futtermittelverordnung angegebenen Höchstmengen für Schadstoffe nicht überschritten werden. Einige Höchstmengen für Alleinfuttermittel für Versuchstiere sind in **Tabelle 6.6** angegeben.

Mykotoxine

Einige Schimmelpilze – insbesondere Aspergillus flavus – erzeugen, wenn sie sich in Lebens- bzw. Futtermitteln stark vermehren, unter

Tab. 6.6: Schadstoffhöchstmengen in Alleinfuttermittel für Versuchstiere. Die genannten Analysenwerte dürfen nach Anlage 5 der Futtermittelverordnung (FMV) nicht überschritten werden.

Schadstoff	Höchstmenge (mg/kg Futter)
Aflatoxin B 1	0,01
Arsen	2,00
Blei	5,00
Chlordan	0,02
DDT + DDE + DDD	0,05
Aldrin	0,01
Endrin	0,01
Fluor	150,00
Heptachlor + -epoxid	0,01
HCB	0,01
Lindan	0,10
Nitrite, berechnet als Natriumnitrit	15,00
Quecksilber	0,10

bestimmten Bedingungen Toxine (Giftstoffe). Diese können je nach Tierart die Leber, die Niere und das zentrale Nervensystem schädigen, aber auch Blutungen hervorrufen. Die von einigen Schimmelpilzarten gebildeten Aflatoxine gelten als besonders krebserregend. Aus diesem Grund dürfen verschimmelte Futtermittel auf keinen Fall verfüttert werden.

Trypsin-Inhibitoren (Trypsin-Hemmer)

Trypsin ist ein im Pankreas gebildetes Ferment zur Eiweißverdauung. Die in einigen Futtermitteln vorkommenden so genannten Trypsin-Inhibitoren – sie haben Eiweißcharakter – bilden mit dem Trypsin feste Verbindungen, ohne selbst gespalten zu werden. Dadurch wird die Wirkung des Trypsins blockiert. Sie kommen vor allem in nicht erhitzten Sojabohnen und im Eiklar vor. Durch Hitzebehandlung (z.B. Toasten = Behandlung mit überhitztem Wasserdampf) kann ihre Wirkung zerstört werden.

Pestizide

Pestizide sind Pflanzenschutzmittel oder Pflanzen- und Schädlingsbekämpfungsmittel. Man unterscheidet zwischen Insektiziden (Mittel gegen Insekten), Rodentiziden (Mittel gegen Nagetiere), Herbiziden (Mittel zur Unkrautbekämpfung) und Fungiziden (pilztötende

Saatbeizmittel). Bei allen diesen Mitteln handelt es sich um chemische Substanzen, die in ihrer Wirkungsweise sehr unterschiedlich sind. Insbesondere in den 50er und 60er Jahren kam es – aus Unkenntnis über die Gefährlichkeit oder aus Fahrlässigkeit (Missachtung der Sicherheitsmaßnahmen) – zu Vergiftungen von Tieren mit Pestiziden, vor allem Schädlingsbekämpfungsmitteln. Inzwischen wurden Präparate entwickelt, die weniger giftig sind, und der Umgang mit diesen Substanzen ist „besser" geregelt. Es muss dennoch damit gerechnet werden, dass die Zahl akuter und chronischer Vergiftungsfälle weiterhin ansteigt, denn die Anwendung von Pestiziden nimmt weltweit zu. Auch besteht immer dann eine erhöhte Vergiftungsgefahr – vorwiegend für freilaufende Tiere – wenn in einem Betrieb bzw. in einer bestimmten Gegend Schädlingsbekämpfungsmaßnahmen (z.B. gegen Ratten) durchgeführt werden.

Die hochgiftigen Pestizide – hauptsächlich organische Phosphorsäureester – werden sehr schnell abgebaut. Sie sind deshalb nur wenige Tage wirksam, und ihre Aufnahme führt meist zu akuten Vergiftungen. Die weniger giftig wirkenden Substanzen – z.B. chlorierte Kohlenwasserstoffe, wie Aldrin, Lindan, DDT, Heptachlor und HCB – zersetzen sich langsamer. Sie sammeln sich daher sowohl im Boden, in Pflanzen und im tierischen Organismus – insbesondere im Fett – an. Deshalb wird im Tierkörper erst allmählich eine Konzentration erreicht, die giftig ist. Mithin führen diese Substanzen vor allem zu chronischen Vergiftungen.

Schwermetalle

Einige Schwermetalle nehmen z.B. in bestimmten Enzymen, in eiweißartigen Verbindungen oder im Vitamin B_{12} eine zentrale Stellung ein und haben damit eine physiologische Bedeutung. Eine über den Bedarf hinausgehende Aufnahme dieser Schwermetalle oder die Zufuhr nicht benötigter Schwermetalle kann zur Vergiftung führen. Es handelt sich dabei um folgende Metalle: Blei, Kadmium, Arsen, Quecksilber, Chrom, Thallium, Nickel, Zink, Eisen, Kupfer, Kobalt, Mangan, Molybdän und Wismut. Um gleichzeitig auch etwas über ihre "Giftigkeit" auszudrücken, wurde diese – und keine alphabetische – Reihenfolge gewählt.

Vergiftungen akuter oder chronischer Art zeigen sich insbesondere nach Aufnahme von schwermetallhaltigem Futter, das durch Stäube, Abwässer, bleihaltige Saatbeizmittel, Farben u.ä. kontaminiert (verunreinigt) wurde. Deshalb treten Schwermetallvergiftungen gehäuft in Gebieten auf, die durch Abgase, z.B. von Bleihütten und Autos, aber auch durch Industriestäube und -abfälle stark belastet sind. Da Pflanzen Schwermetalle aus dem Boden aufnehmen und diese unter Umständen speichern, kann es durch die Aufnahme von hoch belasteten Pflanzen zu Vergiftungen kommen. Auch hier gilt, dass Vergiftungen vor allem in Gebieten auftreten, deren Böden von Natur aus oder durch Umwelteinflüsse größere Mengen an Schwermetallen enthalten. Aber auch das Einatmen von schwermetallhaltigen Dämpfen (z.B. Quecksilberdämpfe) kann zu Vergiftungen führen.

Wiederholungsfragen

1. Warum darf kein verschimmeltes Futtermittel verfüttert werden?
2. Wie greifen Trypsin-Inhibitoren in die Verdauung von Eiweißen ein?
3. Wie kann die Wirkung von Trypsin-Inhibitoren verhindert werden?
4. Was versteht man unter Pestiziden und warum sollten sie in einem Futtermittel nicht vorkommen?
5. Wie kann es zu einer Schwermetallvergiftung kommen?

6.3 Futtermittelanalyse (Nährstoffanalytik)

Um den Nährstoffbedarf eines Tieres bzw. einer Tierart bestimmen zu können oder um zu wissen, in welchen Mengen und/oder in welcher Qualität bestimmte Nährstoffe in einem Futtermittel vorkommen, ist es notwendig, seine Zusammensetzung zu bestimmen. Die Futtermittelanalyse schafft die Grundvoraussetzung, um bedarfsgerecht zu füttern (z.B. in der landwirtschaftlichen Produktion oder im wissenschaftlichen Tierversuch). Auch kann eine Futterration nur dann optimal zusammengestellt werden, wenn die Nährstoffgehalte der Futtermittel bekannt sind.

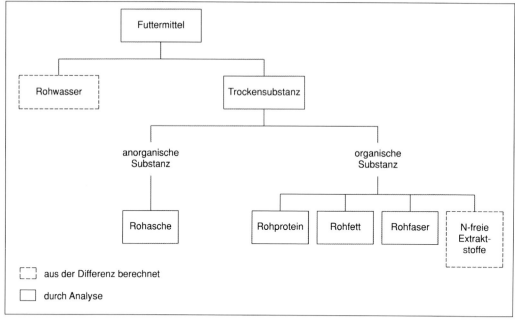

Abb. 6.1: Schema einer Weender-Futtermittelanalyse.

Aufgrund des Futtermittelgesetzes in der Fassung vom 2. 8. 1995 und der Futtermittelverordnung vom 19.11.1997 sind in der BRD für Fertigfutter bestimmte Angaben, die nur aufgrund von Analysenergebnissen gemacht werden können, vorgeschrieben.

Schon im Jahre 1860 wurde in Weende (Stadtteil von Göttingen) von Henneberg und Strohmann ein Analyseverfahren ausgearbeitet, welches als „Weender Analyse" weltbekannt wurde. Mit diesem Verfahren werden nicht die einzelnen Nährstoffe bestimmt, sondern es wird der Gehalt an bestimmten, durch die Vorsilbe „Roh" gekennzeichneten Fraktionen (Stoffgruppen) ermittelt. Da diese weder in ihrer chemischen Zusammensetzung, noch in ihrem ernährungsphysiologischen Wert einheitlich sind, handelt es sich um ein summarisches Verfahren. Obgleich genau ausgearbeitete Analyse-Vorschriften streng eingehalten werden müssen, haften diesem Verfahren „Mängel" an. So werden z.B. nicht alle Rohnährstoffe analytisch bestimmt, sondern teilweise nur errechnet. Die Kohlenhydrate werden pauschal in zwei Gruppen – N-freie Extraktstoffe und Rohfasern – unterteilt. Dabei werden die im Folgenden besprochenen Substanzgruppen (**Abb. 6.1**) bestimmt.

Trockensubstanz/Rohwasser (TS)

Das Futter wird bis zur Gewichtskonstanz getrocknet. Dabei entweicht nicht nur Wasser, sondern auch niedrige Fettsäuren, flüchtige Substanzen (z.B. ätherische Öle) u.ä. Die Differenz zwischen dem ursprünglichen Gewicht und dem Trockengewicht wird als Rohwasser bezeichnet.

Rohasche (Ra)

Eine andere Portion des Futters wird verbrannt. Der im Wesentlichen aus Mineralstoffen, aber auch aus Sand u.ä. bestehende Rückstand wird als Rohasche bezeichnet.

Rohprotein (Rp)

Der nach einer bestimmten chemischen Methode (Kjeldahl-Bestimmung) ermittelte Gesamtstickstoffgehalt des Futters wird mit dem Faktor 6,25 multipliziert. Dieser Faktor entspricht dem durchschnittlichen Stickstoffgehalt aller Aminosäuren (ca. 16 %). Mit dieser Bestimmungsmethode werden alle stickstoffhaltigen Substanzen, d.h. auch Ammoniak, Harnstoff und Amide, erfasst. Der Wert gibt deshalb nur den ungefähren Eiweißgehalt eines Futters an.

Rohfett (Rfe)

Der in Äther gelöste Extrakt (Rückstand) des Futters wird als Rohfett bezeichnet. Neben den eigentlichen Fetten werden auch andere ätherlöslichen organische Verbindungen – Farbstoffe, Wachse, Harze, fettlösliche Vitamine u.ä. – erfasst, die nur zum Teil vom tierischen Organismus verwertet werden können.

Rohfaser (Rfa)

Nach einer genau vorgeschriebenen Kochdauer mit verdünnten Laugen und Säuren wird der nicht gelöste Rückstand ermittelt. Er wird als Rohfaser bezeichnet. Es handelt sich dabei um Substanzen wie Zellulose, Lignin und Pentosan. Diese Substanzen sind vor allem für monogastrische Tiere (Tiere mit einhöhligem Magen) unverdaulich und werden deshalb auch als Ballaststoffe bezeichnet. Da sie die Darmtätigkeit anregen, sind sie dennoch von ernährungsphysiologischer Bedeutung.

Stickstoff-(N-)freie Extraktstoffe (NfE)

Diese Fraktion wird rechnerisch ermittelt. Unter dem Begriff „Stickstofffreie Extraktstoffe" werden alle leicht löslichen Stoffe wie Stärke und Zucker und alle übrigen, in der Rohfaserfraktion nicht erfassten Kohlenhydrate zusammengefasst.

Wiederholungsfragen

1. Welchen Sinn hat es, Futtermittel zu analysieren?
2. Nennen Sie alle Nährstoffgruppen, die mit Hilfe der Weender Analyse bestimmt werden.
3. Welche dieser Stoffe werden analytisch bestimmt und welche nur errechnet?

6.4 Energie

6.4.1 Energetische Bewertung der Futtermittel

Alle Lebensvorgänge wie Wachstum, Entwicklung und Muskelarbeit benötigen Energie, die von außen zugeführt werden muss. Im Gegensatz zum Tier sind Pflanzen in der Lage, die Energie des Sonnenlichtes mittels Photosynthese zu nutzen und in Form von organischen Verbindungen (Fette, Kohlenhydrate, Eiweiße) zu speichern. Diese energiereichen Verbindungen dienen pflanzenfressenden Tieren als Energiequelle. Fleischfresser hingegen leben im Wesentlichen von der im tierischen Organismus gespeicherten Energie.

Durch biochemische Reaktionen in den tierischen Zellen werden energiereiche organische Verbindungen abgebaut. Dadurch wird die Energie gewonnen, die dem Organismus für „Leistungen" zur Verfügung steht, d.h., er kann neue Verbindungen aufbauen, Muskelarbeit verrichten u.ä. Mit dieser hier nur angedeuteten Nahrungskette bzw. Energiebilanz soll auch deutlich gemacht werden, dass auf der Erde kein Leben ohne die Energie des Sonnenlichtes möglich und dass Leben stets mit Energieumsetzung verbunden ist.

Um die in der Nahrung enthaltene Energie messen zu können, wird die Nährstoff- bzw. Futtermittelprobe in einem Kalorimeter vollständig verbrannt und die entstehende Wärme gemessen. Während früher die Maßeinheit Kalorie (1 cal = Wärmemenge, die erforderlich ist, um ein Gramm Wasser von 14,5 °C auf 15,5 °C zu erwärmen) benutzt wurde, sollte heute ausschließlich die physikalisch genauere Maßeinheit Joule (1 cal = 4,184 J) benutzt werden.

Um Futtermittel bewerten zu können, ist es in der Ernährungslehre üblich, mit vier verschiedenen Energiebegriffen – **Bruttoenergie, verdauliche** und **umsetzbare Energie** sowie **Nettoenergie** – zu arbeiten. Während die Bruttoenergie durch die Verbrennung des Futters im Kalorimeter und anschließender Messung der freigesetzten Wärme bestimmt wird, ist zur Bestimmung der drei anderen Werte stets ein Verdauungsversuch notwendig. Dies bedeutet, dass ein auf diese Weise bestimmter Energiewert auch nur für die Tierart, mit der dieser Versuch durchgeführt wurde, und nicht pauschal für alle Tierarten gilt (**Abb. 6.2**).

Bruttoenergie (GE = gross energy)

Dies ist die Energie, die bei vollständiger Verbrennung eines Nährstoffes, Futtermittels u.ä. als Wärme frei wird. Da nur ein Teil der Nahrung verdaut wird und damit als Energie-

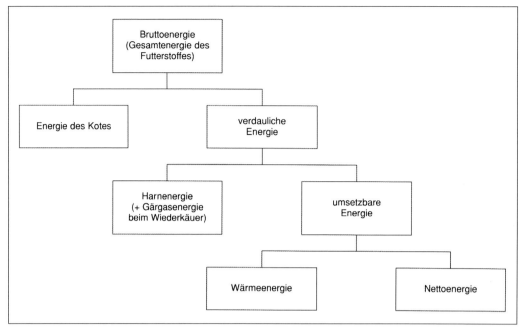

Abb. 6.2: Stufen der Energieumwandlung im tierischen Organismus.

lieferant zur Verfügung steht, ist die Bestimmung dieser Größe für die Tierernährung verständlicherweise ziemlich uninteressant. Eine Aussage über die Größe der vom Tier tatsächlich genutzten Energie ist anhand dieses Wertes kaum möglich.

Verdauliche Energie (DE = digestible energy)

Es ist die Differenz zwischen der Bruttoenergie des Futtermittels und der noch im Kot vorhandenen Energie. Diese wird durch die Verbrennung des Kotes ermittelt.

Der Kot enthält auch energiereiche Substanzen, die nicht der Nahrung, sondern dem Stoffwechsel des Tieres entstammen. Somit wird in Wirklichkeit nicht die „verdauliche" Energie, sondern die „scheinbar verdauliche" Energie der Nahrung errechnet.

Umsetzbare Energie (ME = metabolic energy)

Ein Teil der verdaulichen Energie geht dem Organismus mit dem Harn, beim Wiederkäuer zusätzlich auch als Gärgas (vor allem als Methan) verloren. Mit dem Harn werden vor allem energiereiche stickstoffhaltige Verbindungen wie Harnstoff und Harnsäure ausgeschieden. Wenn man die im Harn bzw. in den Gärgasen vorhandene Energie von der verdaulichen Energie abzieht, erhält man die umsetzbare Energie.

Vor allem diese Größe wird zur energetischen Bewertung von Futtermitteln herangezogen, denn es ist die Energie, die dem Tier sowohl zu Erhaltungs- als auch zu Leistungszwecken zur Verfügung steht.

Nettoenergie (NE = net energy)

Einen nicht unbeträchtlichen Teil der umsetzbaren Energie benötigt das Tier zwangsläufig zur Wärmeproduktion. Zieht man die dafür benötigte Energie von der umsetzbaren Energie ab, erhält man die Nettoenergie.

6.4.2 Energiebedarf

In der Tierernährung wird zwischen dem Energiebedarf für den Grundumsatz, Nüchternumsatz, Erhaltungsbedarf und Leistungsbedarf unterschieden.

Grundumsatz

Selbst bei völliger äußerer Ruhe und weitgehender Ausschaltung der Verdauungstätigkeit laufen im Organismus – insbesondere im Herzen, in den Drüsen, im Zentralnervensystem und in der Atemmuskulatur – noch intensive Stoffwechselvorgänge ab. Die dazu notwendige, nicht unbeträchtliche Energie wird als Grundumsatz bezeichnet.

Nüchternumsatz

Während der Begriff Grundumsatz vor allem in der menschlichen Ernährungslehre benutzt wird, sollte man in der Tierernährung besser vom Nüchternumsatz sprechen. Eine absolute Muskelruhe ist nämlich beim Tier kaum zu erreichen. Gemäß Definition spricht man vom Nüchternumsatz, wenn das Tier nüchtern ist, nur eine leichte Muskeltätigkeit aufweist, und bei Neutraltemperatur, d.h. bei einer Umgebungstemperatur, bei der das Tier weder schwitzt noch friert, gehalten wird. Nur so ist gewährleistet, dass der Organismus mit dem kleinstmöglichen Energieeinsatz seine Körpertemperatur und alle lebensnotwendigen Stoffwechselvorgänge aufrechterhält.

Erhaltungsbedarf

Angesichts der Tatsache, dass die Bedingungen des Grund- bzw. Nüchternumsatzes unter „natürlichen" Verhältnissen kaum vorkommen und dass der zur Lebens- und Leistungserhaltung notwendige Energiebedarf stets höher ist, sind Angaben zum Grund- und Nüchternumsatz vorwiegend von wissenschaftlichem Interesse.
Die wichtigere Größe für den Energiebedarf ist deshalb der Erhaltungsbedarf. Er setzt sich aus dem Grund- bzw. Nüchternumsatz und dem Energiebedarf für Futteraufnahme, Verdauungsarbeit, leichte Muskeltätigkeit und Wärmeregulation zusammen. Der Erhaltungsbedarf weist, weil ihn einige Variablen (z.B. „leichte" Muskelarbeit) beeinflussen, stets eine gewisse Schwankungsbreite auf.

Leistungsbedarf

Erst wenn der Erhaltungsbedarf abgedeckt ist und noch weitere Energie zur Verfügung steht, kann der Organismus diese für „Leistungen" nutzen. Der Leistungsbedarf ist u.a. von der Tierart und von der Art der zu erbringenden Leistung (z.B. Fleisch-, Milchproduktion, Arbeit) abhängig.

Energiebedarf des Tieres

Messungen haben ergeben, dass der Grundumsatz in erster Linie von der Körpergröße abhängig ist. Die Umsatzrate eines größeren Tieres ist insgesamt höher als bei einem kleineren. Wenn man jedoch den Grundumsatz pro kg Körpergewicht berechnet, ist das Verhältnis umgekehrt. Bezieht man den Grundumsatz aber auf die Körperoberfläche, erhält man für Tiere unterschiedlichster Größe einen annähernd gleichen Wert. Er beträgt etwa 4,184 kJ/Tag bzw. 1000 kcal/Tag je m^2 Körperoberfläche. Diese Tatsache kann dadurch erklärt werden, dass Wärme vor allem über die Körperoberfläche abgegeben wird und eine enge Beziehung zwischen Körpergröße und -oberfläche besteht.
Die genaue Berechnung der Körperoberfläche ist schwierig und unsicher. Aus diesem Grund und weil umfangreiche Vergleichsberechnungen ergeben haben, dass der Grundumsatz der verschiedensten Tierarten von der Maus bis zum Elefanten mit der metabolischen Körpergröße besser übereinstimmt, wird dieser Wert kaum noch verwendet. Heutzutage berechnet man den Grundumsatz in der Regel nach der Formel:

$$\text{Grundumsatz} = \text{Faktor a} \times \text{metabolische Körpergröße.}$$

Der Faktor a beträgt, wie man anhand vieler Messungen festgestellt hat, etwa 300 kJ. Dies bedeutet, dass man bei einem erwachsenen warmblütigen Tier davon ausgehen kann, dass es pro kg metabolischer Körpergröße etwa 300 kJ pro Tag umsetzt. Dabei muss man sich jedoch im Klaren sein, dass es sich bei dieser Zahl um einen Mittelwert handelt, von dem die Stoffwechselrate einzelner Tiere beträchtlich abweichen kann. Aber auch Alter – mit zunehmendem Alter geht die Umsatzrate zurück –, Geschlecht, Trächtigkeit und Ernährungszustand haben einen erheblichen Einfluss auf den Grundumsatz eines Tieres.

Für jede über den Grundumsatz hinausgehende Leistung wird, wie schon erwähnt, zusätzliche Energie benötigt. Dieser Energiebedarf hängt entscheidend von der Art der zu verrichtenden Arbeit oder Leistung ab (z.B. benötigt ein Mensch für leichte, mäßige oder schwere körperliche Tätigkeit etwa 200 kJ/h, 400 kJ/h bzw. 800 kJ/h). Erhebliche Energiemengen werden auch zur Neubildung von Geweben bzw. für die Milchproduktion benötigt. So müssen z.B. Welpen, um optimal zu wachsen, ca. viermal soviel Energie aufnehmen, wie es ihrem Grundumsatz entspricht. Auch eine tragende bzw. laktierende Hündin hat einen etwa 30–50 % höheren Energiebedarf.

Wiederholungsfragen

1. Wofür benötigt der tierische Organismus Energie?
2. Aus welchen Grundnährstoffen gewinnt der Organismus vor allem seine Energie?
3. In der Fütterungslehre wird mit vier verschiedenen Energiebegriffen gearbeitet; benennen Sie diese und erklären Sie, wodurch sie sich voneinander unterscheiden.
4. Was versteht man unter Grundumsatz und Erhaltungs- bzw. Leistungsbedarf?
5. Warum wird in der Tierernährung nicht wie in der menschlichen Ernährungslehre mit dem Grundumsatz, sondern besser mit dem Nüchternumsatz gearbeitet?
6. Der Grundumsatz eines Tieres kann anhand einer einfachen Formel überschlagsmäßig errechnet werden. Benennen Sie diese Formel. Wie hoch ist der Faktor. Unter welchen Bedingungen gilt diese Größe?

6.5 Futtermittel

Ganz allgemein gesprochen sind Futtermittel Stoffe, die dazu bestimmt sind, in rohem, zubereitetem oder verarbeitetem Zustand an Tiere verfüttert zu werden. Es können Einzelfuttermittel, z.B. Hafer, Rüben u.ä., oder Mischungen verschiedener, aufgearbeiteter pflanzlicher oder tierischer Futtermittel mit oder ohne Zusatzstoffe sein.
In der Tierernährung werden heutzutage überwiegend industriell hergestellte Futtermittelmischungen eingesetzt, die im Folgenden besprochen werden sollen.

6.5.1 Alleinfuttermittel

Diese Futtermittel sind so zusammengesetzt, dass sie bei alleiniger Fütterung den tierart- und leistungsspezifischen Energie-, Nährstoff- und Wirkstoffbedarf möglichst optimal abdecken.

Alleinfutter auf Getreidebasis (cereal-based diet; non-purified diet)

Sie werden meistens nach einheitlichen Rezepturen aus bestimmten Einzelfuttermitteln – insbesondere verschiedenen Getreidesorten – zusammengestellt. Diese werden unter hygienischen Bedingungen gemahlen, gemischt und unter Umständen zu Pellets gepresst. Kriterium für die Auswahl der eingesetzten Einzelfutter sollten ein möglichst konstanter Gehalt an Nähr- bzw. Inhaltsstoffen, eine gute biologische Verfügbarkeit sowie eine geringe Kontamination mit Mikroorganismen und/oder Schadstoffen sein. Dennoch können insbesondere bei natürlichen Produkten je nach Herkunft (Boden, Klimaverhältnisse, Düngung usw.), Lagerung und Verarbeitungsverfahren mehr oder weniger große Schwankungen hinsichtlich der wertbestimmenden Bestandteile (z.B. Gehalt an Rohprotein, verfügbaren Aminosäuren, Vitaminen und Mineralstoffen) auftreten.
Bei der Herstellung solcher Futtermittel wird auf den Gehalt an Inhalts- und Nährstoffen (z.B. Rohprotein, Rohfaser, Rohfette, Rohasche), an essenziellen Aminosäuren und an Vitamin- und Mineralstoffen geachtet. Deshalb werden die Nährstoff- und Wirkstoffgehalte der Einzelfuttermittel vorab bestimmt. Die Futtermischung wird dann so zusammengestellt, dass bestimmte Gehalte (z.B. an Rohprotein) erreicht werden („open formula"), oder es werden stets die gleichen Futtermittel, jedoch in unterschiedlichen Mengen eingesetzt („closed formula").

Alleinfuttermittel auf Basis gereinigter Komponenten (purified diet)

Um die erwähnten Nachteile der genannten Alleinfutter zu umgehen, werden – insbesondere im Versuchstierbereich – auch Alleinfuttermittel aus reinen Komponenten eingesetzt. Diese bestehen z.B. aus isolierten Proteinen (Kasein, extrahiertes Sojaprotein), verarbeiteten Kohlenhydraten (z.B. Mais-, Reis- oder Kartoffelstärke) oder pflanzlichen Ölprodukten. Sie sind in ihrer biologischen und hygienischen Qualität deutlich höherwertiger. Außerdem schwankt ihr Gehalt an wertbestimmenden Bestandteilen zwischen den Chargen kaum.

Alleinfutter auf Basis chemisch definierter Komponenten (chemical defined diet)

Sie werden aus reinen, synthetisch hergestellten Aminosäuren, reinen Zuckern, isolierten Fettsäuren und Mineralstoff- und Vitaminvormischungen mit hohen Reinheitsgraden zusammengemischt. Kennzeichnend für sie ist die „Reinheit" dieser Bestandteile. Da diese eingesetzten Substanzen jedoch sehr teuer sind, bleibt ihre Verwendung speziellen Fragestellungen vorbehalten.

Spezialfutter für bestimmte Versuchstierarten

Sie werden insbesondere im Versuchstierbereich eingesetzt und berücksichtigen den besonderen Nährstoffbedarf einzelner Tierarten. Hierzu zählen z.B. Spezialfutter für Nacktmäuse und -ratten. Diese Tiere haben wegen ihrer Haarlosigkeit einen höheren Grundumsatz (erhöhte Wärmeabgabe) als behaarte Tiere und damit einen höheren Energiebedarf. Dieser Bedarf ist durch ein gängiges Ratten- bzw. Mäusefutter nicht zu decken. Muttermilch-Ersatzpräparate gehören ebenfalls zu dieser Gruppe. Auf der Grundlage der in der Milch dieses Säugetieres enthaltenen Nährstoffe wird eine tierartspezifische Trockenmilch hergestellt. Diese wird vor ihrer Verwendung mit Wasser verdünnt.

Spezialfutter zur Erzeugung von spezifischen Stoffwechselsituationen

Hierzu gehören Futterarten bei denen der Gehalt an bestimmten Nähr- oder Wirkstoffen reduziert bzw. erhöht wird. Im Tierexperiment werden sie häufig eingesetzt, um bestimmte Fragestellungen abzuklären, z.B. den Einfluss der Ernährung auf die Entstehung und den Verlauf von Erkrankungen. Als Beispiele sollen hier genannt werden: eiweißreiche, kalziumarme oder cholesterinreiche Diäten.

6.5.2 Ergänzungsfuttermittel

Es handelt sich um ein Mischfuttermittel. Es dient dazu, zusammen mit einem anderen Futtermittel – meist Einzelfuttermittel, z.B. Gras, Heu, Getreide – den Nährstoffbedarf des Tieres zu decken.

Futtermittel auf Getreidebasis

Hierzu zählen bestimmte Getreidearten, aber auch Halbfertigprodukte wie Haferflocken, Getreideschrot u.ä. Solche Futtermittel werden im Allgemeinen nur als Zusatzfutter (z.B. Hafer in der Pferdefütterung oder Getreideschrot in der Schweinemast) eingesetzt.

Raufutter

Raufutter werden im Wesentlichen als Grundfutter eingesetzt. Sie decken in keinem Fall den Bedarf. Raufutter ist bei Wiederkäuern für die Pansentätigkeit lebensnotwendig und spielt bei der Verdauung als Ballaststoff eine Rolle. Zu den Raufuttern gehört Heu, aber auch Stroh, welches häufig gefressen wird, obgleich es primär als Einstreu eingesetzt wird.

Saftfutter

Auch Saftfutter dient in der Regel nur als Grundfutter. Dazu gehören Kohl, Mohrrüben, Äpfel, Rüben u.ä. Es sollte sehr sorgfältig ausgewählt werden und darf keine verdorbenen Stellen, Verfärbungen, Verunreinigungen u. ä. aufweisen.

6.5.3 Futtermitteltypen

Alleinfuttermittel werden in gepresster Form (Pellets), oder in Form von Mehl, welches in der Regel als Brei verfüttert wird, industriell hergestellt. Es werden aber auch halbfeuchte Futter und Dosenfutter (Wasseranteil 23–40 % bzw. 68–80 %), insbesondere als Hunde- und Katzenfutter, angeboten.

Abb. 6.3: Pelletiertes Trockenfutter für **a** Maus/Ratte und **b** Kaninchen. Das Futter wird in der Regel ad libitum verabreicht und deckt in frischem Zustand (bis maximal 3 Monate nach der Herstellung) den gesamten Bedarf der Tiere an Nährstoffen, Aminosäuren, Vitaminen, Mineralstoffen und Spurenelementen (Aufnahmen: J. Weiss).

Pellets

Zur Herstellung von Pellets (**Abb. 6.3a u. b**) werden fein zermahlene Einzelfuttermittel und/oder ein Gemisch von diesen in einem Pressverfahren mit hohem Druck „verbacken". Die dabei entstehende Wärme (bis zu 92 °C) führt einerseits zu einer Keimreduzierung, andererseits zu einer Änderung der Verdaulichkeit von Eiweißen und zu einer Zerstörung wärmeempfindlicher Nährstoffe (Vitamine u.ä.).

Der Härtegrad der Pellets wird sowohl durch die Pelletiereinrichtung als auch durch den Mahlgrad der Ingredienzen bzw. der Inhaltsstoffe (z.B. Fett) bestimmt. Die Härte der Pellets muss der Tierspezies angemessen sein. Bei zu harten Pellets besteht die Gefahr, dass die Tiere nicht genügend Futter abnagen können, während zu weiche Pellets zu vermeidbaren Futterverlusten führen.

Gegenüber der Mehlform haben pelletierte Futtermittel wesentliche Vorteile. Bestimmte Fütterungstechniken – z.B. über Futterraufen – sind nur möglich, wenn Pellets verwendet werden. Pelletierung führt in der Regel zu geringeren Futterverlusten. Sie mindert die Staubbildung und verhindert eine Entmischung durch Transport, Lagerung, Beschickung der Futterbehälter u.ä. Außerdem wird die selektive Aufnahme bestimmter Futterbestandteile verhindert.

Mehlfutter

Bei Mehlfutter besteht immer die Gefahr einer Entmischung. Auch sind höhere Futterverluste zu erwarten, denn die Tiere verstreuen beim Fressen mehr Futter. Werden Mehle mit Wasser zu einem Brei vermischt, können diese schnell „sauer" werden oder verpilzen (Mykotoxine), denn die relativ hohen Temperaturen und/oder die hohe Luftfeuchtigkeit in den Tierräumen sind ideale Voraussetzungen für die Vermehrung von Mikroorganismen. Dies führt dazu, dass z.B. Gärungsprozesse beschleunigt werden. Bei Breifütterung muss deshalb mindestens einmal täglich gefüttert werden. Die Futterreste müssen vorher entfernt und die Behälter vor Wiederverwendung gesäubert werden.

Wiederholungsfragen

1. Was versteht man unter einem Alleinfutter?
2. Nennen Sie verschiedene Typen von Alleinfuttermittel und erklären Sie den Vorteil ihrer Verwendung.
3. Was sind Ergänzungsfuttermittel und bei welchen Tierarten werden sie vor allem eingesetzt?

6.6 Fütterungstechniken

6.6.1 Fütterung ad libitum

Hier steht das Futter dem Tier zeitlich unbegrenzt und stets im Überschuss zur Verfügung. Das Tier kann also fressen, so oft und so viel es will.

6.6.2 Restriktive Fütterung

Das Futterangebot wird eingeschränkt. Da das Tier nur die zugeteilte Menge aufnehmen kann, erhält es weniger Futter, als es unter ad-libitum-Bedingungen aufnehmen würde. Die Menge muss allerdings so bemessen sein, dass einerseits kein Mangelzustand auftreten kann, andererseits aber bestimmte „negative" Leistungen (z.B. Verfettung) verhindert werden. Die restriktive Fütterung kann unterteilt werden in:

Quantitative Restriktion

Diese kann – wie bereits erwähnt – durch Mengenbegrenzung des Futters erreicht werden, aber auch durch verkürzte Fütterungszeiten oder durch Fastentage.

Qualitative Restriktion

Bei einer qualitativen Restriktion wird der Gehalt an einzelnen Nähr- oder Wirkstoffen verringert, um biologische Funktionen – z.B. Wachstumsgeschwindigkeit, Eintritt der Geschlechtsreife – innerhalb physiologischer Grenzen zu steuern.

6.6.3 Rationierte Fütterung („meal fed")

Das Futter wird – häufig vollautomatisch und computergesteuert – in dosierter Menge und/oder in bestimmten Zeitintervallen unter der Berücksichtigung des jeweiligen Bedarfs des Einzeltieres angeboten. Diese Fütterungstechnik wird insbesondere in der Milchkuhfütterung, aber auch in der Rinder- und Schweinemast eingesetzt.

6.6.4 Paarfütterung („pair fed")

Diese Art der Fütterung wird gelegentlich im versuchstierkundlichen Bereich angewendet. Das Tier der Kontrollgruppe erhält die gleiche Futtermenge, die das Partnertier der Versuchsgruppe in einem vorausgegangenen Zeitraum (meist 24 Stunden vorher) aufgenommen hat.

Wiederholungsfragen

1. Nennen Sie mindestens drei verschiedene Arten der Futterzuteilung.
2. Was versteht man unter quantitativer bzw. qualitativer Restriktion?
3. Was ist zu beachten, wenn Feuchtfutter verfüttert wird?

6.7 Fütterung ausgewählter Tierarten

6.7.1 Ratte, Maus

Im Versuchstierbereich werden in der Regel so genannte „Standardfuttertypen" (Alleinfutter in pelletierter Form) verabreicht. Angeboten werden z.B. industriell hergestellte Alleinfutter für Zucht oder Haltung, die sich im Wesentlichen in ihrem Energie- und/oder Eiweißgehalt (Rohprotein) unterscheiden. Zwischen den einzelnen Futtertypen gibt es je nach Hersteller deutliche Unterschiede in den Gehalten an umsetzbarer Energie, an wertbestimmenden Nährstoffen u.ä. Diese Daten müssen vom Hersteller angegeben und garantiert werden. Trotz der Unterschiede decken in der Regel alle gängigen Futtertypen den Nährstoffbedarf dieser Tierarten ab.

Tab. 6.7: Durchschnittliche Futteraufnahme verschiedener Tierarten. Es muss beachtet werden, dass die Futteraufnahme von Tierstamm, Körpergewicht, Bewegungsaktivität, Haltungsbedingungen (Temperatur, Luftfeuchtigkeit etc.) sowie anderen Faktoren beeinflusst werden kann, Schwankungen über die angegebenen Bereiche hinaus sind daher möglich.

Tierart	Wachstumsphase (Jungtiere)		Haltungsphase (ausgewachsene Tiere)		Zuchtphase (hochtragende, laktierende Muttertiere)	Zuchtphase (hochtragende, laktierende Muttertiere)
	g/Tier/Tag bzw. % KGW*	kJ UE**/ g Futter	g/Tier/Tag bzw. % KGW*	kJ UE**/ g Futter	g/Tier/Tag bzw. % KGW* (Maximalwerte)	kJ UE**/ g Futter
Maus	3–5	12,6–14,6	5	11,7	8	12,6–14,6
Ratte	8–20	12,6–14,6	15–20	11,7	35	12,6–14,6
Hamster	6–12	12,6–14,6	8–12	11,7	15	12,6–14,6
Meerschweinchen	30–45	11,7	35–70	10,0	80	Ø 11,7
Kaninchen	120–200	11,7–13,4	200–300	13,4	500	11,7–13,4
Katze	5%	15,9	5%	12,6	6%	15,9
Hund	5%	14,6	3%	11,3	6%	14,6
Minischwein	3–5%	11,7–12,6	3%		6%	11,7–12,6

* KGW = Körpergewicht
** UE = Umsetzbare Energie (siehe auch Kap. 6.4.1). Die Angaben beziehen sich i.d.R. auf den Gehalt eines „Standardfutters" an UE für die genannte Tierart

Die Pellets werden über raufenförmige Vertiefungen des Käfigdeckels verabreicht. Da relativ große Pellets (Durchmesser 12–18 mm) eingesetzt werden, können sie durch die Gitterstäbe zwar angenagt, jedoch nicht durchgezogen werden. Durch diese Fütterungstechnik wird zumindest bei der Ratte – denn an den Käfigdeckeln hangelnde Mäuse können das Futter mit Urin bespritzen – eine Verschmutzung des Futters durch Kot und Urin vermieden. Die Futterraufen sollten weder zu voll noch zu leer sein. Eine zu volle Raufe führt, da einzelne Pellets leicht herausfallen, zu Futterverlusten. Eine zu leere Raufe erschwert die Futteraufnahme, denn die wenigen, leicht verschiebbaren Pellets können nur mühsam abgenagt werden. Vor allem aus hygienischen Gründen sollte die Raufe nur die Futtermenge enthalten, die etwa dem Wochenbedarf der Tiere entspricht.

Ratten und Mäuse werden in der Regel ad libitum gefüttert. Der Futterbedarf (**Tab. 6,7**) hängt vom Tierstamm, vom Körpergewicht, der Umgebungstemperatur, der Aktivität des Tieres u.ä. ab. Wie groß dieser Unterschied sein kann, soll an einem Beispiel verdeutlicht werden: Da der Nahrungsbedarf steigt, wenn die Umgebungstemperatur fällt, fressen Ratten bei einer Temperatur von 10 °C fast doppelt so viel wie bei 25 °C.

Ratten betreiben Koprophagie (Aufnahme von Kot). Da sie dadurch einen Teil ihres Vitamin- und Eiweißbedarfes decken, sollten sie daran nicht gehindert werden.

6.7.2 Mongolische Wüstenrennmaus (Gerbil)

Gerbils können mit dem gleichen „Standardfutter", wie es für Ratten und Mäuse erhältlich ist, gefüttert werden. Gerbils verbrauchen mehr Energie als Ratten (180 Joule pro 1 g Körpergewicht pro Tag), was mit ihrer geringeren Körpergröße, der höheren Temperatur und ihrer hohen Bewegungsaktivität zusammenhängt. Im Freiland ernähren sich Gerbils vor allem von Grünpflanzen, Getreide und Wildsamen, wobei sie Letztere geschickt in ihren Vorderpfoten drehen, um sie aufzubeißen. Als Ergänzung zum Trockenfutter und zur Beschäftigung sollten deshalb jedem Tier wöchentlich 20 g Sonnenblumenkerne in den Käfig gestreut werden. Trächtige und säugende Weibchen sollten die doppelte bis dreifache Menge erhalten. Wie Ratten nehmen auch Gerbils gelegentlich einen speziellen Blinddarmkot auf, der mit Vitamin B angereichert ist (Zäkotrophie).

Neben den ad libitum verfügbaren Trockenfutter sollte die Menge der Sonnenblumenkerne allerdings begrenzt werden, da die Tiere sonst leicht verfetten. Wie Hamster neigen Gerbils zur Vorratsbildung, in Winterbauten von Wildtieren wurden bis zu 20 Kilogramm Getreide gefunden! Können die Tiere zwischen offen und verborgen liegendem Futter wählen, so bevorzugen sie Körner, die unter Streu oder anderen Materialien verborgen sind. Aus hygienischen Gründen müssen solche „Futterlager" beim Umsetzen entfernt werden.

Die gelegentliche Gabe kleinerer Mengen von Grünfutter ist empfehlenswert, monatlich sollte jedem Gerbil eine halbe Mohrrübe oder ein viertel Apfel in den Käfig gegeben werden. Zur Beschäftigung und Abnutzung ihrer Nagezähne sollten den Tieren in jedem Käfig einige Aststücke (z.B. von Obstbäumen) zur Verfügung stehen. Diese Aststücke werden nicht nur benagt, sondern auch mit dem individuellen Duft der Gerbils markiert. Die Nagehölzer und das „Häuschen" eines Käfigs sollten daher beim Umsetzen bei denselben Tieren verbleiben.

Als Bewohner von Trockensteppen und Wüsten können Gerbils ihren Wasserbedarf den äußeren Bedingungen anpassen. Müssen Gerbils ohne Trinkwasser auskommen, bevorzugen sie feuchtes Grünfutter. Sie sind aber auch in der Lage, ihren lebensnotwendigen Wasserbedarf mit Hilfe ihres eigenen Stoffwechsels („metabolisch") aus fester, trockener Nahrung (z.B. fettreichen Wildsämereien) zu decken und den Harn stark zu konzentrieren, so dass sie auf diese Weise verhältnismäßig wenig Wasser ausscheiden müssen. Die trinkwasserlose Haltung, die früher üblich war, stellt allerdings eine zusätzliche Belastung der Tiere dar und beeinträchtigt die Reproduktionsleistung. Gerbils sollten deshalb grundsätzlich ständig mit Trinkwasser versorgt werden, ihr täglicher Bedarf beträgt 4–8 ml pro 100 g Körpergewicht.

6.7.3 Hamster

Über den Nährstoffbedarf des Hamsters ist wenig bekannt. Die Tiere werden deshalb häufig mit dem gleichen Futter wie Mäuse und Ratten ernährt. Einige Hersteller bieten ein spezielles Hamsterzucht- bzw. -haltungsfutter an. Auch die Fütterungstechnik ist die Gleiche, wie sie bei der Maus oder Ratte schon beschrieben wurde. Es sind jedoch einige Besonderheiten zu beachten.

Hamster ziehen häufig einzelne Pelletstücke durch die Gitterstäbe und sammeln diese in ihren Backentaschen bzw. in ihrem „Futterlager". Durch dieses Verhalten sind Futterverluste vorprogrammiert, denn das in der Einstreu liegende und möglicherweise mit Kot und Harn verschmutzte Futter sollte beim Umsetzen stets mit entfernt werden.

Der Gehalt an wertbestimmenden Bestandteilen u.ä. ist den Angaben des Herstellers zu entnehmen. Männliche und weibliche Hamster fressen etwa gleich viel. Der durchschnittliche Futterbedarf pro Tier und Tag ist in **Tabelle 6.7** angegeben, wobei zu berücksichtigen ist, dass der tatsächliche Futterverbrauch aus den erwähnten Gründen jedoch höher ist.

6.7.4 Meerschweinchen

Das Meerschweinchen ist ein typischer Pflanzenfresser. Hinsichtlich des anatomischen Baues und der Funktion seines Gebisses, aber auch hinsichtlich des Zahnwachstums weist es einige Besonderheiten auf. Die Milchzähne werden schon vor der Geburt gewechselt. Das bleibende Gebiss besitzt je Kieferhälfte einen Nage- und vier Backenzähne. Beim Meerschweinchen wachsen auch die Backenzähne zeitlebens (pro Woche bis zu 1,5 mm). Dies ist notwendig, denn die zur Mundhöhle gerichteten weichen und unbedeckten Zahnflächen der Backenzähne werden beim Nagen bzw. Kauen einerseits stark abgenutzt, andererseits aber auch geschärft. Durch die kräftig entwickelte Kaumuskulatur wird der Unterkiefer nach vorne und nach hinten verschoben und die zwischen den Zähnen liegende Nahrung fein zerrieben. Dabei fallen dem Tier häufig Pellet-Stücke aus dem Mund in die Einstreu. Diese Stücke werden jedoch nicht wieder aufgenommen. Dadurch entsteht ein hoher Futterverlust, der selbst durch die üblichen Pellet-Durchmesser von 3–3,5 mm kaum vermindert werden kann. Die für Meerschweinchen übliche Fütterungstechnik aus offenen Futterbehältern reduziert die Futterverluste etwas, dennoch ist die Futtervergeudung bei dieser Tierart ein kaum zu lösendes Problem.

Meerschweinchen haben einen außergewöhnlich hohen Bedarf an bestimmten Vitaminen und Rohfasern. Das Meerschweinchen kann – wie der Mensch – kein Vitamin C (Ascorbinsäure) bilden. Es ist deshalb auf eine Versorgung über die Nahrung angewiesen. Häufig wird das Trinkwasser für Meerschweinchen mit Vitamin C (1 g Ascorbinsäure pro l Wasser) angereichert, so dass der Bedarf auf jeden Fall gedeckt ist. Diesem Wasser werden am besten zusätzlich noch 10 g Zitronensäure pro l Wasser zugesetzt, um die sich leicht zersetzende Ascorbinsäure zu stabilisieren. Das Wasser muss dann nicht täglich gewechselt werden. Wenn das Trinkwasser angesäuert wird, muss der Flaschendeckel wegen der Korrosionsgefahr aus rostfreiem Stahl sein. Im übrigen „verspielen" die Meerschweinchen sehr viel Wasser. Sie haben häufig die Angewohnheit, Futterreste aus dem Maul in die Flasche „zu blasen". Üblicherweise werden deshalb große Tränkflaschen – Inhalt mindestens 500 ml – benutzt, damit sichergestellt ist, dass das Wasserangebot deutlich über dem Bedarf liegt. Automatische Tränken sind aus den erwähnten Gründen für Meerschweinchen nicht üblich. Werden sie eingesetzt, sind für die Haltung Spezialkäfige mit Ablaufrinnen unter den Käfigen o.ä. notwendig (**Kapitel 5.3.6**).

Meerschweinchen werden in der Regel mit Alleinfutter ad libitum versorgt. Manchmal wird zusätzlich noch Heu und/oder Saftfutter gegeben. Obwohl der Gehalt an wertbestimmenden Bestandteilen je nach Hersteller schwankt, ist eine bedarfsgerechte Ernährung gewährleistet. Die durchschnittliche Futteraufnahme kann **Tabelle 6.7** entnommen werden. Der tatsächliche Futterverbrauch ist – wie erwähnt – höher.

Wiederholungsfragen

1. Wovon hängt der Futterbedarf einer Ratte bzw. einer Maus ab?
2. Wie sollte die Futterraufe eines Ratten-

käfigs gefüllt werden? Bitte begründen Sie dies?
3. Warum sind die Futterverluste beim Hamster größer als bei der Ratte?
4. Welches Futter sollten Gerbils ergänzend zu normalen Rattenpellets erhalten?
5. Sollten Gerbils als Wüstentiere während der Zuchtphase Wasser erhalten?
6. Warum verbrauchen Gerbils mehr Energie als Ratten?
7. Meerschweinchen benötigen ein bestimmtes Vitamin in ihrer Nahrung. Um welches handelt es sich?
8. Warum ist die Pelletstärke eines Meerschweinchenfutters kleiner als die eines Rattenfutters?
9. Meerschweinchen erhalten häufig Vitamin C über das Trinkwasser. Warum sollte Letzteres angesäuert sein?
10. Warum ist es nicht üblich, Meerschweinchen über automatische Tränken zu versorgen?

6.7.5 Kaninchen

Während Hauskaninchen häufig mit Heu, Grünfutter (Achtung: nicht taufrisch bzw. frisch gewaschen) u.ä. gefüttert werden, erhalten Kaninchen im Versuchstierbereich bzw. in der Kaninchenmast Alleinfutter. Es handelt sich dabei um 3–5 mm starke Pellets. Diese werden in offenen Futtertrögen angeboten. Da die Tiere häufig Futter verschleppen, sind Verluste nicht zu vermeiden.

Das Kaninchen ist ein typischer Pflanzenfresser. Die mikrobielle Besiedlung seines Blinddarms trägt entscheidend zum Aufschließen der pflanzlichen Nahrung bei. Die Darmflora bildet auch einige Vitamine und besteht zu einem hohen Anteil aus Eiweiß. Dieses Eiweiß dient als zusätzliche Eiweißquelle, denn das Kaninchen nimmt regelmäßig – siehe **auch Kapitel 3.3.6** – Blinddarmkot auf (Zäkotrophie). Kaninchen können die Rohfasern des Futters zwar wesentlich schlechter als manche andere Pflanzenfresser ausnutzen, trotzdem benötigt das Kaninchen Rohfasern. Sie sind für die optimale Funktion seines Magen-Darm-Kanals unbedingt notwendig. Selbst bei sehr hohem Rohfaseranteil im Futter (max. 40 %) kann das Kaninchen seinen Nährstoffbedarf noch decken, indem es seine Futteraufnahme erhöht.

In den Alleinfuttermitteln reicht der Gehalt an wertbestimmenden Nährstoffen in der Regel aus. Angaben hierzu können den Informationen des Herstellers entnommen werden. Wegen der sehr unterschiedlichen Körpergewichte der einzelnen Kaninchenrassen und angesichts der sehr unterschiedlichen Fütterungstechniken, der eingesetzten Futtermittel u.ä. sind allgemein gültige Angaben zur Futtermenge kaum möglich. In Käfigen gehaltene Kaninchen neigen bei einer ad-libitum-Fütterung dazu, zu verfetten. Ein erwachsenes Tier sollte deshalb restriktiv gefüttert werden. Das Gewicht sollte jedoch laufend kontrolliert und die Fütterungsmenge angepasst werden, damit das Körpergewicht konstant bleibt. Angaben zum Futterverbrauch können **Tabelle 6.7** entnommen werden.

Wiederholungsfragen

1. Warum ist und kann der Rohfasergehalt eines Kaninchenfutters sehr hoch sein?
2. Was ist der physiologische Hintergrund der Zäkotrophie beim Kaninchen?

6.7.6 Frettchen

Iltis und Frettchen sind Raubtiere. Ihre Nahrung besteht in etwa zu einem Drittel aus Pflanzen und zu zwei Dritteln aus Fleisch. Der Pflanzenanteil stammt aus dem Darminhalt der Beutetiere oder direkt von gern gefressenen Pflanzen (z.B. Obst, Möhren, Gurken usw.). Gefüttert werden Frettchen einmal täglich, am besten morgens. Trächtige, Säugende und Jungtiere bis zur achten Lebenswoche werden zwei- bis dreimal täglich gefüttert.

Da das Frettchen eine Prägungsphase bis zur 12. Lebenswoche hat, werden Nahrungsmittel, die bis zu diesem Zeitpunkt nicht angeboten wurden, nur noch zögernd akzeptiert. Das beste Futter besteht aus frischen Kadavern kleiner Tiere, die vollständig aufgefressen werden. Ratten und Mäuse sind hierzu sehr geeignet. In Milch eingeweichte Semmel oder Weißbrot, Obst, Eier und Fertigfutter für Hunde und Katzen werden ebenfalls gern genommen. Da von den Fähen in der Zucht und Aufzucht-

Tab. 6.8: Zusammensetzung der natürlichen Nahrung des Frettchens

Bestandteil	Anteil in %	Anteil an der Trockensubstanz in %
Wasser	73,9	–
Protein	9,5	36,4
Fett	7,4	28,3
Asche	2,0	7,7
Kohlenhydrate	6,6	25,3
Rohfaser	0,6	2,3

periode eine gewaltige physiologische Leistung erbracht wird, ist eine sehr abwechslungsreiche Fütterung erforderlich. Angeboten werden Reis, Haferflocken, Fertigfutter für Hunde, Brekkis, Nerzfutter verrührt mit Eiern, Milchpulver oder Fischmehl, sowie Ratten oder Mäuse. Wichtig ist, dass die Futterreste unbedingt entfernt werden müssen. Eiweißreiches Futter verdirbt in warmer Umgebung sehr schnell und kann zu einer typischen Futtermittelvergiftung (Botulismus) führen. Die Futternäpfe müssen deshalb täglich aus den Käfigen entfernt und gereinigt werden.

Abwechslungsreich sollte die Frettchenfütterung auch deshalb sein, um spezielle Wirkungen mancher Futtermittel zu begrenzen. So enthalten z.B. einige Weißfische das Ferment Thiaminase, welches bei einseitiger Fischfütterung zu Störungen des Vitamin-B-Haushaltes führen kann. Stehen sehr viele Eier zur Verfügung, sollten diese entweder nur gekocht oder nur das Eigelb verfüttert werden, da das Eiklar des Hühnereies das Vitamin Biotin bindet, was wiederum zu Hauterkrankungen führt. Als Raubtier verdaut das Frettchen seine Nahrung sehr schnell. Schon nach wenigen Stunden sind Bestandteile der letzten Mahlzeit im Kot nachweisbar. Frisches Trinkwasser muss den Tieren jederzeit zur Verfügung stehen. Die Zusammensetzung der natürlichen Nahrung ist aus **Tabelle 6.8** zu ersehen.

Wiederholungsfragen

1. Warum sollten Frettchen möglichst früh an verschiedene Futtermittel gewöhnt werden?
2. Warum sollte die Frettchenfütterung möglichst abwechslungsreich gestaltet werden?

6.7.7 Katze

Die natürliche Nahrung der Katze besteht aus kleinen Säugetieren wie z.B. Mäusen und Vögeln. Diese Beute wird fast vollständig – einschließlich Haaren, Knochen und einem Teil der Eingeweide – aufgefressen. Der Darminhalt der Beutetiere enthält pflanzliches Futter. Trotzdem gelten Katzen als reine Fleischfresser. Katzen sind hinsichtlich ihres Futters sehr wählerisch. Sie bevorzugen Fleisch, Fisch, Milch und Butter. Um zu verhindern, dass Jungkatzen sich an eine bestimmte Futtersorte gewöhnen, müssen sie abwechslungsreich ernährt werden. Es besteht sonst die Gefahr, dass sie als Erwachsene eher verhungern, als eine in Geschmack, Zusammensetzung, Konsistenz u.ä. unbekannte Futtersorte zu fressen.

Hauskatzen werden heute vor allem mit industriell hergestelltem Dosen- und/oder Trockenfutter gefüttert. Für die Versuchskatze gibt es keine „Standardfütterung". So wird z.B. an die Zuchtkatze manchmal ein so genanntes „Brät" verfüttert. Dieses wird aus getöteten und zerkleinerten Mäusen und Ratten, die selbstverständlich nicht mit Erregern oder chemischen Substanzen kontaminiert sein dürfen, hergestellt. Dennoch sollte auch bei dieser Tierart eine „Standardisierung" angestrebt werden.

Katzen bevorzugen Feuchtfutter. Damit das Feuchtfutter weder verdirbt noch verunreinigt wird, muss es mehrmals täglich angeboten werden. Dies kommt dem angeborenem Fressverhalten der Katzen – mehrmals täglich eine kleine Portion – entgegen. Wegen ihrer nächtlichen Aktivität sollte die Katze auch nachts freien Zugang zum Futter haben.

Die Futtermenge (**Tab. 6.7**) ist vom angebotenen Futter, von der Rasse u.ä. abhängig. Allgemeingültige Angaben sind daher nicht möglich. Als Richtschnur können die Angaben der Hersteller herangezogen werden. Um der „Leistung" des Einzeltieres gerecht zu werden, sollte sowohl die zugeteilte Futtermenge als auch das Körpergewicht laufend kontrolliert werden.

6.7.8 Hund

Hunde sind Raubtiere. Sie verschlingen ihre Beute samt Fell, Knochen und Eingeweide, fressen aber auch Pflanzen bzw. pflanzliche Erzeugnisse (z.B. Gras, Beeren, Früchte). Durch diese Ernährungsweise ist sichergestellt, dass sie alle essenziellen Nährstoffe aufnehmen. Trotzdem gelten Hunde als Fleischfresser (Karnivore).

Da Hunde sich hinsichtlich ihres Körpergewichtes – dieses beträgt je nach Rasse 1–100 kg – unterscheiden, ist auch der Nährstoffbedarf von der Rasse abhängig und damit extrem unterschiedlich. Zusätzlich gibt es individuelle Unterschiede. So wurde festgestellt, dass Hunde (gleiche Abstammung, gleiche Haltungsbedingungen, gleiches Futter u.ä.) einen bis zu 50 % unterschiedlichen Futterbedarf haben.

Die Nährstoffbedürfnisse eines Hundes sind u.a. abhängig vom Alter, von Umweltbedingungen und Leistung. So vermindert z.B. schon eine geringe Erhöhung der Umgebungstemperatur (von 25 °C auf 26 °C) die Futteraufnahme um bis zu 1,5 %. Wie schwierig es ist, Hunde art- und leistungsgerecht zu füttern, erkennt man daran, dass etwa 30 % der Haushunde verfettet sind. Aus diesen Gründen sind weder allgemeingültige Futterempfehlungen noch Futtermengenangaben (**Tab. 6.7**) zu machen. Hunde erhalten ihr Futter meist in Näpfen, aber auch „offene" Fressstellen sind gebräuchlich. Drei verschiedene Fütterungsmethoden sind gängig:

- ad-libitum-Fütterung
- zeitlich beschränkte Fütterung
- Fütterung mit zugeteilten Futtermengen.

Jede dieser Methoden hat Vor- und Nachteile, auf die hier im Einzelnen nicht eingegangen werden soll. Auch die Anzahl der Mahlzeiten ist unter Hundehaltern strittig. Noch säugende Welpen werden üblicherweise ab der 4.–5. Lebenswoche ad libitum zugefüttert. Nach dem Absetzen werden sie in der Regel viermal pro Tag gefüttert. Die Anzahl der Mahlzeiten wird dann langsam reduziert. Ab dem 5.–8. Lebensmonat erhalten sie – wie erwachsene Hunde auch – meist nur noch eine Portion pro Tag. Teilweise wird – mit dem Hinweis auf das Raubtier „Hund" – ein Fastentag pro Woche empfohlen. Große Hunde (Gefahr der Magendrehung) und laktierende Hündinnen (hoher Nährstoffbedarf) sollten zweimal pro Tag gefüttert werden, damit sie die nötige Futtermenge problemlos aufnehmen können. Während früher ausschließlich selbst hergestelltes, im Wesentlichen aus Fleisch oder Küchenabfällen bestehendes Futter angeboten wurde, werden heutzutage die Hunde in der Regel mit industriell hergestelltem Futter ernährt. Es stehen Trocken-, Halbfeucht- und Feuchtfutter als Allein- oder Ergänzungsfutter zur Verfügung. Die von den Futtermittelherstellern abgegebenen Empfehlungen über die tägliche Futtermenge beruhen meist auf dem Energiegehalt des Futters. Diese Werte sollten deshalb nur als Richtwerte angesehen und stets dem individuellen Bedarf angepasst werden (**Kap. 5.3.10** Tierschutz-Hundeverordnung).

Hundefutter sollte „Raumtemperatur" haben, d.h. die Hunde sollten kein gefrorenes, kein zu kaltes aber auch kein zu heißes Futter erhalten. So kann z.B. kaltes Futter sowohl zu einer verstärkten Darmtätigkeit als auch zu einer reduzierten Verdaulichkeit der Nährstoffe führen. Aber auch Durchfälle oder Erbrechen können auftreten.

Manchmal fressen Hunde – insbesondere nur einmal täglich gefütterte Zwingerhunde – ihren eigenen Kot oder den anderer Hunde. Wenn sichergestellt ist, dass keine Mangelernährung vorliegt und auch häufigeres Füttern keinen Erfolg zeigt, kann man über das Futter gewürzlose Fleischzartmacher streuen. Dadurch wird der Kot weniger „schmackhaft". Ein Erfolg dieser Maßnahme ist jedoch nicht zu garantieren. Es ist nämlich nicht auszuschließen, dass es sich beim Kotfressen um eine verhaltensbedingte „Unart" handelt.

Wiederholungsfragen

1. Warum sollten Katzen mehrfach täglich und nach Leistung gefüttert werden?
2. Warum gibt es keine pauschalen Angaben zur Futtermenge eines Hundes?
3. Ab wann sollten säugende Welpen zugefüttert werden und wie werden sie nach dem Absetzen weiter gefüttert?
4. Warum sollte Hundefutter bei „Raumtemperatur" angeboten werden?

6.7.9 Schwein (Minipig)

In der Schweinefütterung muss berücksichtigt werden, dass
- das Schwein seine Nahrung meist schnell und unzerkleinert herunterschluckt,
- beim Schwein das Fassungsvermögen des Magen-Darm-Traktes relativ gering ist,
- beim Schwein das Futter überwiegend fermentativ (mittels körpereigener Verdauungssekrete) verdaut wird.

Aus diesem Grunde muss das Schweinefutter hochverdaulich sein, eine hohe Nährstoffdichte aufweisen, und auch das Eiweiß (das Schwein ist auf die Zufuhr einiger essenzieller Aminosäuren, insbesondere Lysin, angewiesen) muss von hoher Qualität sein. Für das Hausschwein gibt es exakte, ernährungsphysiologisch abgesicherte Angaben zum Nährstoffbedarf, zur Fütterungstechnik, zu einzelnen Futtermitteln u.ä. Wegen der speziellen Ansprüche in der Ferkelaufzucht und in den verschiedenen Mast- bzw. Haltungsabschnitten wird empfohlen, für jeden dieser Lebensabschnitte einen speziellen Futtertyp einzusetzen. Diese unterscheiden sich hinsichtlich ihrer wertbestimmenden Bestandteile gravierend. Es soll hier jedoch nicht näher darauf eingegangen werden, denn alle Lehrbücher der Tierernährung widmen sich ausgiebig diesem Thema.

Solche Angaben fehlen jedoch für das Versuchstier „Minipig". Hinzu kommt, dass – genau wie beim Hausschwein – der Nährstoffbedarf des Minipigs vom Alter, Reproduktionsstatus des Tieres u.ä., aber auch von der Rasse abhängt. In der Minipig-Fütterung sollten deshalb ebenfalls – je nach Lebensabschnitt – unterschiedliche Futtertypen eingesetzt werden.

1. Ferkel-Starter (Saugferkel-Beifutter)

Ferkel wachsen sehr schnell. Ab dem 14. Laktationstag – insbesondere bei großen Würfen – reicht in der Regel die Milchproduktion der Sau nicht mehr aus, um den Nährstoffbedarf aller Ferkel zu decken. Deshalb müssen Ferkel spätestens ab diesem Zeitpunkt zugefüttert werden. Dies geschieht am besten, indem man ihnen freien Zugang zu ihrem Futter (Ferkelstarter) aber auch zu Wasser gewährt. Dadurch gewöhnt sich das Ferkel langsam an die Aufnahme fester Nahrung. Dieses Vorgehen hat zusätzlich den Vorteil, dass es beim Absetzen zu keinem Wachstumsstillstand kommt.

2. Ferkelaufzuchtfutter

Etwa ab der 4. Lebenswoche bis zum Erreichen eines Lebendgewichtes von etwa 20 kg, d.h. etwa bis zum Alter von 8–9 Wochen, wird dieser Futtertyp eingesetzt.

3. Haltungsfutter

Dieses Futter wird meist bis etwa zur 12. Lebenswoche ad libitum gefüttert. Danach wird die Futtermenge rationiert, um einer unerwünschten Verfettung vorzubeugen. Es besteht auch die Möglichkeit, das Haltungsfutter mit einem rohfaserreichen Zusatzfutter zu verlängern.

4. Zuchtsauenfutter

Nicht tragende Sauen werden so gefüttert, dass ihr Gewicht konstant bleibt. Etwa 4 Wochen vor dem Abferkeln wird die Futtermenge deutlich erhöht. Dabei ist darauf zu achten, dass das Futter nicht zu voluminös ist, denn die jetzt stark wachsenden Feten begrenzen den „Verdauungsraum". Unmittelbar vor der Geburt fastet die Sau, oder sie schränkt ihre Futteraufnahme stark ein. Nach der Geburt muss die Futtermenge noch weiter erhöht werden, um den sehr hohen Nährstoffbedarf für die nun einsetzende Milchleistung zu decken. Da eine säugende Sau nach „Leistung" gefüttert werden sollte, kann die Anzahl der Ferkel dabei als Anhaltspunkt für die Erhöhung der Futtermenge dienen.

Angesichts der großen Unterschiede (im Körpergewicht) können für die verschiedenen Minipig-Rassen keine allgemein verbindlichen Angaben zur Futtermenge gemacht werden, siehe auch **Tab. 6.7**. Detaillierte Angaben müssen deshalb am besten vom Züchter, unter Umständen aber auch vom Futtermittelhersteller erfragt werden, um einer Verfettung – Minipigs neigen dazu – vorzubeugen.

Gefüttert wird in der Regel zweimal täglich. An Wochenenden und Feiertagen wird gelegentlich nur einmal – was im Einklang mit der Schweinehaltungsverordnung steht – gefüttert. Das Futter wird entweder trocken (Pellets) oder angefeuchtet (Mehlfutter) verabreicht, aber auf keinen Fall suppig. Wegen seines Gehaltes an hochverdaulichen Nährstoffen verdirbt feuchtes Schweinefutter sehr leicht. Die Futtertröge müssen deshalb peinlich sauber gehalten werden. Falls keine automatischen Tränken – diese sind empfehlenswert – vorhanden sind, wird nach Fütterungsende der gereinigte Trog mit Wasser gefüllt. Dabei ist zu berücksichtigen, dass der Wasserbedarf eines Schweins normalerweise schon um das 2- bis 3fache höher ist als sein Futterbedarf. Bei säugenden Tieren, bei hoher Umgebungstemperatur u.ä. ist er noch größer.

Wiederholungsfragen

1. Das Fressverhalten des Schweines ist arttypisch. Welche Konsequenz hat dies für die Fütterung von Schweinen?
2. Es gibt eine Vielzahl von Futtertypen für Schweine. Welches sind die Gründe?

6.7.10 Spitzhörnchen *(Tupaia sp.)*

Die Ernährung der Tupaias sollte man möglichst abwechslungsreich gestalten. Als Grundfutter erhält ein erwachsenes Tier pro Tag ca. 40 g eines standardisierten pelletierten Zucht- und Haltungsfutters für Tupaias. Zusätzlich reicht man abwechselnd kleingeschnittenes Obst oder Gemüse, Brei (Zutaten: Reisschleim, Milchpulver, Banane, Mineral- und Vitaminmischung für Krallenaffen, Weizenkeimöl u.ä.) oder Katzenfutter aus der Dose, das mit Karottensaft angerührt wird. Von Brei und Katzenfutter erhält ein erwachsenes Tier ca. 1 Teelöffel. Zur Beschäftigung nehmen Tupaias sehr gern Weidenzweige oder Vollkornknäckebrot an. Einmal pro Woche kann ein Diättag eingelegt werden, an dem den Tieren nur Pellets gereicht werden. Als Tränkung erhalten die Tiere angesäuertes oder abgekochtes Leitungswasser.

6.7.11 Huhn

Haushühner haben mehr oder weniger das typische Verhalten des Bankivahuhnes, ihrer Vorfahren, beibehalten, das aus Picken und Scharren, gefolgt von der Futteraufnahme, besteht. Des Weiteren muss bei der Hühnerfütterung berücksichtigt werden, dass der Verdauungstrakt des Geflügels sich in einigen Merkmalen deutlich von dem der Säugetiere unterscheidet.

So fehlen dieser Tierart z.B. die Lippen (ersetzt durch den reich mit Nerven besetzten Schnabel), die Backenmuskulatur und die Zähne. Auch besitzt das Huhn, dessen Speiseröhre an einer Stelle zu einem Kropf erweitert ist, sowohl einen Drüsen- als auch ein Muskelmagen (Zahnersatz des Geflügels) und zwei Blinddärme. Diese anatomischen Besonderheiten führen dazu, dass das aufgenommene Futter nur grob zerkleinert und im Kropf eingeweicht bzw. gespeichert wird. Erst nach dem Passieren des Drüsenmagens, der Pepsin- und Salzsäure zur Einleitung der Eiweißverdauung produziert und dem Nahrungsbrei beigibt, wird die Nahrung im Muskelmagen mit Hilfe aufgenommener kleiner Quarz- oder Granitsteinchen zerkleinert. Auch gelangt nur ein geringer Teil des Verdauungsbreies in einen der beiden Blinddärme, in dem vor allem die mikrobielle Verdauung stattfindet. Dies führt dazu, dass das Huhn z.B. Vitamin B kaum synthetisieren kann und auf eine exogene Zufuhr von Vitamin B angewiesen ist. Hinzu kommt, dass der Verdauungstrakt des Huhnes im Vergleich zu anderen Tierarten verhältnismäßig kurz und damit dessen Kapazität entsprechend gering ist. Dies führt dazu, dass die Passagezeit des Futters beim Huhn nur 24 Stunden beträgt. Aus diesem Grunde muss Hühnerfutter eine hohe Nährstoffkonzentration haben und aus leicht abbaubaren Inhaltsstoffen – Verdaulichkeit von über 80 % – bestehen. Selbstverständlich muss es sich dabei nicht nur um ein artgerechtes, sondern auch um ein hygienisch einwandfreies Futter handeln.

Wie für andere Nutztiere gibt es auch für das Huhn weitgehend gesicherte ernährungsphysiologische Daten zum Nährstoffbedarf, zur Verwertung der einzelnen Futtermittel, zur Fütterungstechnik u.ä. Aus diesem Grunde ist es nicht verwunderlich, dass vom Handel für die verschiedenen Altersstufen und Nutzungsrichtungen des Huhnes jeweils unterschiedliche Allein- oder Ergänzungsfutter angeboten werden. So gibt es z.B. neben Starterfutter für Küken ein Alleinfutter für Hühnerküken bis zur 6. Lebenswoche, ein spezielles Futter für Junghühner, welches bis zum Legebeginn gefüttert wird und ein Legehennenalleinfutter, welches erst mit Legebeginn angeboten wird.

Nur so ist zu gewährleisten, dass den Tieren für die verschiedenen Altersstufen bzw. Leistungen ein im Hinblick auf den Eiweiß-, Fett-, Kohlenhydrat- und Rohfasergehalt vollwertiges Futter verfüttert wird. Da die handelsüblichen Fertigfuttermittel mit Vitaminen, Mineralsalzen und Spurenelementen angereichert sind, lassen sich zusätzlich auch ernährungsbedingte Gesundheitsstörungen leichter vermeiden als mit selbst hergestellten Futtermischungen. Zusätzlich sollten Hühner pro Monat 5–10 g Quarz- oder Granitsteinchen erhalten. Diese fördern die Muskelmagenarbeit und es lassen sich Magenverstopfungen aufgrund von verfilzten Pflanzenfaserknäueln u.ä. vermeiden. Zur Förderung der Eischalenstabilität können Legehennen noch zusätzlich täglich 3–5 g Muschelkalk erhalten. Dieser ersetzt jedoch auf keinen Fall die Steinchen, denn das Kalkgrit wird durch die Salzsäure des Drüsenmagens aufgelöst.

Das Huhn wählt sein Futter in erster Linie nach Form und Farbe aus, denn sein Gesichts- und Tastsinn (im Schnabel) ist gut, hingegen sein Geschmacks- und Geruchssinn nur schwach ausgebildet. Aus diesem Grunde ist der Geschmack des Futters kaum von Bedeutung. Wenn Hühner z.B. ihr Futter frei wählen können, bevorzugen sie eindeutig Körner, erst danach kommt Weichfutter gefolgt von Mehlfutter. Von den Getreidekörnern werden – in abnehmender Reihenfolge – Weizen, Mais, Hafer, Gerste und Roggen bevorzugt.

Daraus ergeben sich für die Hühnerfütterung Konsequenzen. So sollte z.B. eine weitgehend einheitliche Partikelgröße der Futterkomponenten gewährleistet sein, um zu vermeiden, dass einzelne Futterpartikel selektiv aufgenommen werden.

Alleinfutter oder Ergänzungsfutter können entweder als Mehl oder Schrot, pelletiert oder granuliert (gebrochene Pellets), verfüttert werden. Beim Mehlfutter ist, wie schon erwähnt, darauf zu achten, dass die Komponenten annähernd die gleiche Partikelgröße aufweisen. Durch das Pelletieren des Futters erhöhen sich die Energie- und Nährstoffkonzentration je Volumeneinheit deutlich. Damit besteht die Gefahr, dass eine bedarfsübersteigende Energie- und Nährstoffaufnahme (Luxuskonsum) erfolgt. Auch wird, da die Futteraufnahmezeiten reduziert sind, das Federpicken begünstigt.

Die wohl derzeit gängigste Fütterungsmethode ist die tägliche Gabe eines der Nutzungsrichtung entsprechenden Alleinfutters, aber auch die kombinierte Fütterung mit zwei Futterarten, Körner- und Ergänzungsfutter, ist möglich. Die letztere Methode ist allerdings nur bei Bodenhaltung möglich. Die Körner werden in die Einstreu gegeben. Da die Streu durch Scharren durchsucht werden muss, werden die Tiere durch diese Fütterungsart zusätzlich beschäftigt, was das Wohlbefinden der Tiere deutlich verbessert.

Die aufgenommene Futtermenge ist von der Fütterungstechnik abhängig. Sowohl eine Ad-libitum-Fütterung als auch eine restriktive Fütterung oder eine kontrollierte Fütterung wird eingesetzt. Während die restriktive Fütterung das Ziel verfolgt, durch eine Begrenzung der Energie- und Nährstoffaufnahme das Verfetten der Tiere zu verhindern, wird mit der kontrollierten Fütterung – eine Variante der restriktiven Fütterung – das Ziel verfolgt, täglich eine bedarfsdeckende Futterzuteilung zu erreichen, so dass Luxuskonsum weitgehend verhindert wird.

Da die Mauser dazu führt, dass das gesamte Federkleid des Huhnes neu aufgebaut werden muss, ist nachvollziehbar, dass die Tiere während dieser Zeit mit einem hochwertigen Futter, insbesondere im Hinblick auf Eiweiß und Vitamine – hoher Bedarf an schwefelhaltigen Aminosäuren und Vitamin B – gefüttert werden müssen. Ansonsten wäre mit einer längeren Mauserzeit bzw. Legepause zu rechnen.

Da Hühner umso mehr fressen, je länger die Beleuchtungsdauer ist, können Fütterungsprogramme nicht losgelöst von Beleuchtungsprogrammen gesehen werden. Damit besteht einerseits die Gefahr zum Verfetten, andererseits kann aber durch die Lichtstimulation der Legebeginn gesteuert werden. Auch kann in der Aufzucht die Körpergewichtszunahme durch eine vergleichsweise verlängerte Lichtphase beeinflusst werden.

Der Wasserbedarf ist von der Zusammensetzung und der Art des Futters abhängig. Bei ausschließlicher Trockenfütterung besteht ein höherer Flüssigkeitsbedarf als bei Fütterung von Weichfutter. Geschmacksveränderungen im Wasser werden von Hühnern empfindlicher wahrgenommen als im Futter. Es ist deshalb darauf zu achten, dass das Wasser stets in Trinkwasserqualität zur freien Verfügung angeboten wird, d.h. nicht verbrauchtes Wasser muss am nächsten Tag durch neues ersetzt werden. Zum Tränken werden häufig Turm- oder Stülptränken verwendet. Diese kippen nicht so leicht um wie offene Gefäße. Vor allem aber verkoten sie nicht so schnell.

Bei Legehennen wird u. U. eine kontrollierte Wasseraufnahme angestrebt, da dies zu trockeneren Exkrementen, weniger Schmutzeiern u.ä. führt. Diese Maßnahme ist jedoch sehr sorgfältig zu überwachen. Wassermangel bewirkt nämlich i.d.R. eine stärkere Leistungsdepression als eine unzureichende Nährstoffaufnahme. So stellen z.B. Legehennen die Eiproduktion nach einem mehrtägigen Wasserentzug ein und kommen sehr schnell in die Mauser. Auch erhöht sich mit steigender täglicher Legeleistung der „Wasserverlust" über die gelegten Eier (das Ei besteht zu 60–70 % aus Wasser!). Entsprechend steigt der Trinkwasserbedarf an. Aber auch hohe Umgebungstemperaturen bzw. geringe Luftfeuchtigkeiten führen zu einem erhöhten Wasserbedarf, denn dann wird wegen der erhöhten Atemfrequenz über die Ausatmungsluft sehr viel Wasser abgegeben.

Der Trinkwasserbedarf beträgt bei optimaler Temperatur- und Luftfeuchtigkeit (12°–16 °C) etwa das 2fache des lufttrockenen Futters (z.B. für eine Legehenne ca. 250 ml pro Tier und Tag). Mit der Fütterung der Küken muss spätestens 2 Tage nach dem Schlupf begonnen werden. Dies ist i.d.R. der Zeitpunkt, zu dem sie im Stall aufgestallt werden. Es wird empfohlen, mit einer eiweißarmen Fütterung zu beginnen. Die Eiweißvorräte im Dottersack des Kükens müssen nämlich erst einmal abgebaut werden, bevor eine Eiweißzufuhr übers Futter von Vorteil ist. Das gekrümelte oder fein gekörnte Futter wird in vielen Futterschalen oder großflächig auf dem Boden gestreut in der Nähe der Wärmequelle so häufig wie möglich in kleinen Portionen, aber auf alle Fälle in ausreichender Menge, angeboten. Die Beleuchtungsdauer beträgt bei entsprechender Lichtintensität in der ersten Lebenswoche bis zu 24 Stunden. Dadurch wird den Tieren das Auffinden von Futter und Wasser erleichtert. Dies geschieht auch, um einerseits das Tier ständig bei Appetit zu halten, aber vor allem, um den Bedarf des Kükens zu decken, denn die Speicherkapazität des Magen- und Darmtraktes ist zu diesem Zeitpunkt noch nicht voll ausgebildet. Auch sollten den Küken in der ersten Lebenswoche schon Quarz- oder Granitsteinchen (Durchmesser 1–2 mm) angeboten werden. Nur so ist gewährleistet, dass die Nahrungsbestandteile im Muskelmagen mit der Salzsäure des Drüsenmagens vermischt wird und eventuell aufgenommene Krankheitskeime – insbesondere die säureempfindlichen Salmonellen – mit der Salzsäure in Kontakt kommen und abgetötet werden. Dies ist umso wichtiger, denn die in den ersten Lebenswochen aufgenommenen Salmonellen könnten die Blinddärme der Küken besiedeln und es würden Salmonellenträger und Dauerausscheider entstehen.

In Abhängigkeit von der jeweiligen Haltungsart muss sowohl die Beleuchtungsdauer bzw. Lichtintensität als auch die Haltungstemperatur mit zunehmendem Alter entsprechend vermindert bzw. abgesenkt werden. Auch kann die Anzahl der Fütterungen laufend verringert werden. Werden die Empfehlungen hinsichtlich der raumklimatischen Haltungsbedingungen – Küken frieren leicht, denn ihre Thermoregulation ist noch nicht voll entwickelt und sie fressen dann kaum – eingehalten, so gewöhnen sich die Küken sehr rasch an die Umweltbedingungen und nehmen auch ausreichend Futter auf.

Im Gegensatz zur Futteraufnahme muss die Wasseraufnahme vom Küken erlernt werden. Dazu ist es unabdingbar, dass es die Tränkstelle überhaupt erst einmal findet. Üblich ist es, einige Futterbrocken auf die Wasseroberfläche zu streuen oder in das Wasser farbige Steinchen zu legen. Damit wird den Küken erleichtert, die Wasserstelle zu finden, und sie werden an die Aufnahme von Wasser gewöhnt.

6.7.12 Krallenfrosch (*Xenopus laevis*)

Xenopus laevis nimmt bei Haltung im Labor, genauso wie als Wildtier unter Freilandbedingungen, nahezu jede proteinhaltige Nahrung zu sich, die verfügbar ist und die er bewältigen kann. Bei sehr reichlichem Futterangebot neigen die Tiere zu übermäßiger Futteraufnahme, mitunter erbrechen sie das zuviel aufgenommene Futter wieder. Anschließend können sie über Wochen, bei niederen Temperaturen sogar Monate, ohne Futter auskommen.

Die Kaulquappen des Krallenfrosches beginnen erst ab etwa dem 5. Tag nach dem Schlüpfen mit der Futteraufnahme. In dieser Phase sind sie auf frei im Wasser schwebende Futterpartikel angewiesen, gefüttert wird täglich. Als Alleinfutter bewährt hat sich ein Pulver aus getrockneten Brennnesselblättern, das mit Vitaminbeigaben angereichert wurde, aber auch Trockenhefe und Algenpulver. Die optimale Futterkonzentration für die Larvenentwicklung beträgt hier 15–200 mg/l Wasser.

Nach Abschluss der Metamorphose bevorzugen Krallenfrösche Lebendfutter wie z.B. den Bachröhrenwurm *(Tubifex sp.)* oder Larven der Fruchtfliege (*Drosophila melanogaster*). Bei der Gabe von Tubifex ist das damit verbundene hohe Risiko der Infektionsübertragung für die Tiere zu bedenken, bei standardisiert aufgezogenen *Drosophila*-Larven ist dies deutlich reduziert.

Häufig wird auch klein geschnittenes Rinderherz oder -leber verfüttert. Da diese Futterart i.d.R. das Wasser stark belastet, sollte die Verabreichung am Tag vor dem (teilweisen) Wasserwechsel erfolgen.

Das Verfüttern von pelletiertem Teichfutter oder gar speziellem Xenopus-Futter bietet den Vorteil, dass dieses nicht nur die erforderlichen Nährstoffe beinhaltet, sondern auch mit Mineralstoffen und Vitaminen angereichert ist.

Viele Labors haben ihre eigenen Rezepturen entwickelt und verabreichen die oben erwähnten Futterarten abwechselnd und nach bestimmten Zeitvorgaben.

Wiederholungsfragen

1. Wie viel (in g) Grundfutter erhält ein erwachsenes Tupaia pro Tag?
2. Welche „Hilfsmittel" sind bei der Zerkleinerung des Futters im Muskelmagen des Huhns beteiligt?
3. Welches ist die von Hühnern bevorzugte Futterart?
4. Wie groß ist der tägliche Trinkwasserbedarf einer Legehenne?
5. Welches ist die optimale Futterkonzentration für die Larvenentwicklung des Krallenfroschs?
6. Welche Auswirkungen auf die Wasserqualität sind beim Verfüttern von Rinderherz und -leber an Xenopen zu berücksichtigen?

Literatur

Bergner, H: Tierernährung, WTB Band 45, Akademie Verlag, Berlin 1967.

Futtermittelgesetz in der Bekanntmachung vom 2. 8. 1995 (BGBl. I, S. 990).

Futtermittelverordnung vom 19.11.1997 (BGBl. I, S. 2714).

Heinecke, H. (Hrsg.): Angewandte Versuchstierkunde, Gustav Fischer Verlag, Stuttgart 1989.

Jeroch, H., Drochner, W. u. Simon, O.: Ernährung landwirtschaftlicher Nutztiere, Verlag Eugen Ulmer, Stuttgart 1999.

Kamphues, J., Schneider, D. u. Leibetseder: Supplement zu Vorlesungen und Übungen in der Tierernährung, Verlag M. & H. Schaper, Alfeld-Hannover 1999.

Kirchgessner, M.: Tierernährung, 4. Auflage, DLG-Verlag, Frankfurt 1980.

Mieth, K.: Biologielaborant, Verlag Harri Deutsch, Frankfurt 1989.

Püschner, A. u. Simon, O. (Hrsg.): Grundlagen der Tierernährung, Ferdinand Enke Verlag, Stuttgart 1988.

7 Hygiene und Infektionskrankheiten

7.1 Hygiene

Die Hygiene ist die Lehre von der Gesunderhaltung des Menschen und seiner Umgebung. Auch ohne die korrekte Bezeichnung „Tierhygiene" gilt dies gleichermaßen für das Tier. Jedes Lebewesen muss sich mit der Umwelt auseinandersetzen. Belebte und tote Faktoren wirken auf die Tiere ein, die ihrerseits wieder die Umwelt verändern.

7.1.1 Grundlagen der Reinigung, Desinfektion, Sterilisation und Entwesung

Einführung

Das Leben auf unserer Erde entstand aus einfachen einzelligen Lebewesen aus dem Reich der Bakterien. Auch heute noch sind Bakterien überall in unserer Umwelt gegenwärtig. So leben sie in der Umgebung und auf der Oberfläche von Mensch und Tier (Hautkeime) und besiedeln in unvorstellbarer Zahl den Darmkanal. Den Bakterien fällt im Rahmen des „ökologischen Systems" der Erde die Aufgabe des Abbaus der organischen Substanzen (Pflanzen und Tiere) zu. Vorgänge wie Keimvermehrung, Fäulnis und Zersetzung sind überall zu finden und wichtig für den Fortbestand des Lebens auf der Erde. Leben ist ohne Tod nicht vorstellbar. Bakterielle „Spezialisten" greifen auch lebende Organismen an, sie gelten dann als Krankheitserreger. Häufig sind die Übergänge zwischen normaler bakterieller Darmbesiedlung (Darmflora), Fäulniskeimen und Krankheitserregern fließend. Es können auch plötzliche Eigenschaftsänderungen vorkommen: normale Keime werden zu Krankheitserregern.
Bakterien können mit dem bloßen Auge nicht wahrgenommen werden. Um also durch unerwünschte Wirkungen (z.B. Krankheitsausbrüche, Fäulnis und Verderbnis von Futter, Verkeimung von Operationsmaterial) nicht überrascht zu werden, müssen Schutzmaßnahmen (Barrierensysteme) und Abtötungsverfahren (Sterilisation und Desinfektion) eingesetzt werden. Bis auf wenige Ausnahmen (z.B. Sterilfiltration) sind Sterilisation und Desinfektion auch mit Gefahren für Mensch und Umwelt verbunden. Ihr Einsatz erfordert Fachkenntnisse für den richtigen, sparsamen, aber wirkungsvollen Gebrauch bei geringer Gefahr für den Ausführenden und die Umwelt. Es besteht Informationspflicht! Betriebsanleitungen, Gebrauchsanweisungen und Arbeitsvorschriften müssen vorliegen und auch gelesen werden.

Reinigung

Unsere Haustiere werden in Zwingern, Ställen oder Käfigen gehalten. Sie können daher ihre Umwelt nicht frei wählen. Der Mensch ist darum für eine tierartgerechte Haltung verantwortlich. Er muss fachkundig und zuverlässig die Umwelt so gestalten, dass die Tiere sich wohl fühlen und keinen Schaden nehmen. Hierfür ist vornehmlich der Tierpfleger verantwortlich.
Schmutz und Verunreinigungen müssen beseitigt werden, denn diese schützen die Infektionserreger und behindern Desinfektions- oder Sterilisationsmaßnahmen (**Tab. 7.1**). Die einfachste Form der Reinigung ist der Einsatz von Bürsten und Schrubbern mit Wasser und entsprechenden Reinigungsmitteln. Durch die Reinigung wird auch eine Keimverminderung erzielt (Verdünnungseffekt). Es ist unbedingt darauf zu achten, dass das Spülwasser häufig gewechselt wird bzw. dass ausreichend klar nachgespült wird, um zu verhindern, dass das Spülwasser selbst zur neuen, ständigen Ansteckungsquelle wird. Unumgänglich ist die sorgfältige und regelmäßige Reinigung sowie

Desinfektion der Reinigungsutensilien selbst. Häufig ist der Gebrauch von „Einmalmaterial" sinnvoller und sparsamer. Eine gründliche Reinigung ist großräumig nur z.B. mit Dampfreinigern zu bewältigen. Bei diesen elektrischen Apparaten ist besonders auf die Arbeitssicherheit zu achten. Der Aufschlagdruck direkt an der Sprühlanze des Hochdruckreinigers beträgt über 100 bar. Dies kann zu Verletzungen bei Mensch und Tier führen oder elektrische Anschlüsse beschädigen und damit zu Stromunfällen führen. Das dem Hochdruckreiniger zugeordnete „Chemieprogramm" sollte sehr zurückhaltend benutzt werden. Der meiste Schmutz lässt sich mit klarem Wasser und mit starkem Druck lösen und entfernen.

Tierkäfige werden zweckmäßig in Waschanlagen gereinigt. Die Verweildauer muss in Waschlaugen mit einer Temperatur von ca. 65 °C 2–5 Minuten betragen, dann wird neben der Reinigung auch eine ausreichende Desinfektion erreicht.

Desinfektion

Es gilt der Grundsatz: „Zuerst reinigen dann desinfizieren". Dadurch wird trotz sparsamen Desinfektionsmitteleinsatzes eine bessere Wirksamkeit erreicht. Schmutzkrusten verhindern die Wirkung von Chemikalien und schützen die Keime vor Temperatureinwirkungen. Desinfektionsmittel und Desinfektionsverfahren werden immer speziell für bestimmte Erreger eingesetzt und sind häufig auch nur bei diesen wirksam. Es werden chemische Desinfektionsmittel, Temperatur und im geringen Umfang UV-Strahlen eingesetzt.

Tab. 7.1: Desinfektion und Sterilisation

Desinfektion
bedeutet allgemein Abtötung, Hemmung oder Entfernung von bestimmten Krankheitserregern. Ein Desinfektionsverfahren ist daher im Prinzip immer nur für einen speziellen Zweck (z.B. eine Erregerart) geeignet.
Sterilisation
bedeutet das Abtöten oder Entfernen (Sterilfiltration) aller Keime (Mikroorganismen) einschließlich der sehr widerstandsfähigen Sporen.

Tab. 7.2: Wirkeigenschaften von Desinfektionsmitteln

viruzid	wirksam gegen Viren
bakterizid, sporozid	wirksam gegen Bakterien und deren Dauerformen
fungizid	wirksam gegen Pilze

Desinfektionsmittel

Desinfektionsmittel müssen für den Einsatz geeignet sein, dabei dürfen sie aber bei vorschriftsmäßigem Einsatz nicht zu Schädigungen von Mensch und Tier führen (**Tab. 7.2**). Bei der Anwendung muss ebenfalls die Materialverträglichkeit beachtet werden (z.B. Kunststoff-Zerstörung durch phenolhaltige Präparate, Korrosion von Metallen durch Peressigsäure). Auf dem Markt vorhandene Präparate werden von den wissenschaftlichen Gesellschaften standardisiert, geprüft und klassifiziert. So gibt es Desinfektionsmittellisten für den Einsatz in der Lebensmittelwirtschaft, in der Humanmedizin, in der Landwirtschaft und Veterinärmedizin. Es empfiehlt sich, nur geprüfte Desinfektionsmittel zu verwenden. Beim praktischen Einsatz von Desinfektionsmitteln ist zu beachten: Je höher die Konzentration, desto kürzer die Einwirkungszeit. Aus Gründen des Umweltschutzes und aus wirtschaftlichen Erwägungen müssen bevorzugt geringere Konzentrationen bei längerer Einwirkungszeit akzeptiert werden. Da aber auch „Unterdosierungen" schädlich sind (Unwirksamkeit oder Entwicklung von Keimresistenz) und eigene Erfahrungen in der Regel nicht erworben werden können, sind die Gebrauchsanweisungen mit Dosierungsrichtlinien strikt einzuhalten. Dazu sind mitunter einfache Prozentrechnungen auszuführen. Derzeit stehen aber meist Dosierhilfen zur Verfügung. Fehlberechnungen werden durch zentrale oder halbzentrale Zumischanlagen (Dosiergeräte) vermieden. Diese Anlagen müssen aber ebenfalls kontrolliert und technisch gewartet werden.

Bei der regelmäßigen vorbeugenden Wisch- oder Sprühdesinfektion kann nur mit Konzentrationen gearbeitet werden, die für Mensch und Tier unschädlich sind. Werden heiße Lösungen verwendet – Hitze erhöht im Prinzip die Wirksamkeit –, muss beachtet werden, dass

Tab. 7.3: Desinfektionsmaßnahmen bei Zooanthroponosen (z.B. Tollwut) oder gefährlichen Tierseuchen (z.B. Mäusepocken)

1. Vordesinfektion
2. Reinigung
3. Desinfektion
4. Klarspülung

schon geringere Konzentrationen zu Reizungen der Atemwege führen können. Bei der vorbeugenden Desinfektion von Gängen u.a., mit denen die Tiere keinen direkten Kontakt haben, wird auf ein „Klarspülen" verzichtet, um eine langanhaltende Wirkung zu erzielen. Bei der Abschlussdesinfektion, nach Seuchenausbrüchen oder vor Neubelegungen wird in der Regel mit höheren Konzentrationen oder aggressiveren Mitteln (z.B. Formalinverdampfung, Peressigsäure-Vernebelung) gearbeitet. In diesen Situationen dürfen keine Tiere im Raum sein, wirksamer Personenschutz ist sicherzustellen! Nach Beendigung der Einwirkzeit müssen sorgfältig alle Desinfektionsmittelrückstände abgespült werden. Das betrifft auch Wände, die von den Tieren beleckt werden können. Im Prinzip gilt für jeden Desinfektionsvorgang: Zuerst **reinigen** – dann **desinfizieren**. Abgewichen wird von diesem Grundsatz nur, wenn Desinfektionsmaßnahmen bei allgemein gefährlichen Infektionen vorgenommen werden. Eine zunächst zwangsläufig mehr oberflächliche (Vor-)Desinfektion mit genügend langer Einwirkzeit soll das Infektionsrisiko für das Reinigungspersonal mindern und die Erregerverbreitung vermeiden. Die anschließenden Reinigungs- und Desinfektionsarbeiten müssen dann besonders konsequent durchgeführt werden (**Tab. 7.3**). Zu beachten: Mit den gängigen Desinfektionsmitteln kann man die Parasiteneier nicht abtöten!

Thermische Desinfektion

Der Temperaturbereich von 60–100 °C wirkt desinfizierend (auch die widerstandsfähigen Parasiteneier werden dabei abgetötet). Beim Erhitzen von Flüssigkeiten auf diese Temperatur werden alle Krankheitserreger bei entsprechend langen Einwirkzeiten abgetötet, nicht aber die widerstandsfähigen Bakteriensporen. Durch Auskochen (100 °C) können Kleingeräte schaften thermisch desinfiziert werden; man darf sich aber nicht der falschen Sicherheit hingeben, dass dies „Sterilisation" bedeutet. In Bandwaschanlagen (Durchlaufzeit 2–5 Minuten, Temperatur 65–85 °C) werden Käfige und Geräte ausreichend desinfiziert. Zur Abwasserdesinfektion werden die in größeren Tanks gesammelten Abwässer über Stunden auf ca. 60 °C erhitzt. Teilweise wird das Tränkwasser in „SPF"-Anlagen in Durchlauferhitzern „entkeimt". Abflammen oder auch das Arbeiten mit Dampfstrahlgeräten haben im Endeffekt meist nur desinfizierende Wirkung, da die behandelten Gegenstände oder der Erdboden schnell wieder abkühlen. Die neuentwickelten Wasserdampfreinigungsgeräte – inzwischen in Haushalten und der Industrie vielfach eingesetzt – eignen sich gut für die desinfizierende gründliche Reinigung von Fußböden und Wänden. Positiv ist hierbei zu bewerten, dass damit weitgehend auf Reinigungs- und Desinfektionsmittel verzichtet werden kann.

Bei der Lebensmittelverarbeitung nennt man thermische Desinfektionsverfahren „Pasteurisieren". Die Lebensmittel, z.B. Milch, werden so für eine beschränkte Zeit schonend haltbar gemacht. Durch in Zeitabständen wiederholte Pasteurisierung lässt sich auch mit relativ niedrigen Temperaturen ein Sterilisationseffekt erzielen. Dieses Verfahren heißt „Tyndallisation". Die bei der ersten Pasteurisierung überlebenden thermoresistenten Bakteriensporen entwickeln sich in der Zwischenzeit zu vegetativen (wachsenden) Keimen, die durch erneute Pasteurisierung abgetötet werden. Nach entsprechender Wiederholung von Erhitzung und Abkühlung kann auch so weitgehend Keimfreiheit erzielt werden (z.B. in Fleisch- oder Gemüsekonserven).

Im gewerblichen Gartenbau gibt es Verfahren und Geräte zur Dampfdesinfektion von Kulturböden. Ein derartiger Einsatz ist auch bei naturgewachsenen Zwingerböden denkbar. Thermische Desinfektionsverfahren sind in der Regel ohne große Belastung für die Umwelt durchzuführen. Auf der Negativseite steht aber der für große Anlagen erhebliche Energiebedarf.

Strahlendesinfektion

Schon direktes Sonnenlicht hat eine nicht zu unterschätzende desinfizierende Wirkung. In vielen Bereichen wird die besonders wirksame ultraviolette (UV-) Komponente des Lichtes durch UV-Strahler eingesetzt. Die Wirkung von UV-Strahlen wird aber dadurch erheblich eingeschränkt, dass nur oberflächlich liegende, direkt bestrahlte Keime geschädigt werden. Schon geringe Staubschichten lassen Krankheitserreger überleben. Ein zusätzlicher Effekt bei der Luftentkeimung wird durch das bei der UV-Bestrahlung gebildete Ozon (O_3) bewirkt. UV-Strahler werden auch zur Wasseraufbereitung verwendet. Die Wirksamkeit der UV-Brenner lässt schnell nach; es müssen daher die Betriebsstunden notiert und rechtzeitige Auswechselungen nach der Vorschrift getätigt werden. UV-Strahlen schädigen ungeschützte Augen, gegebenenfalls kann auch die Ozonbildung zu Reizungen der Atemwege führen (Schutzbrille tragen, Luftwechsel!).

Personen- und Umweltschutz
Desinfektionsmaßnahmen, die Krankheitserreger abtöten sollen, sind im Prinzip auch für alle anderen Lebewesen gefährlich. Beim Umgang mit chemischen Desinfektionsmitteln sind persönliche Schutzausrüstungen wie Schutzkleidung einschließlich Handschuhe und Schutzbrille anzulegen. In speziellen Fällen müssen zusätzlich Atemschutzmasken getragen werden. Auf Einzelheiten wird im Abschnitt „Praxis der Desinfektion" (**Kap. 7.1.2**) eingegangen. Damit durch UV-Strahler keine Schäden verursacht werden, sind diese bevorzugt während der Nichtarbeitsstunden zu betreiben. Beim Arbeiten unter eingeschalteten UV-Strahlern sind Schutzbrillen mit UV-absorbierenden Gläsern zu tragen.

Chemische Desinfektionsmittel gelangen immer ins Abwasser. Hier sind alle Bestimmungen einzuhalten, insbesondere entsprechende Verdünnungen vorzunehmen. Bei der Auswahl der Präparate ist auf deren geprüfte Umweltverträglichkeit zu achten. Die Anwendung sollte mit äußerster Sparsamkeit erfolgen.

Sterilisation

Temperatureinwirkung ist das Mittel der Wahl bei der Sterilisation von Geräten und Materia-

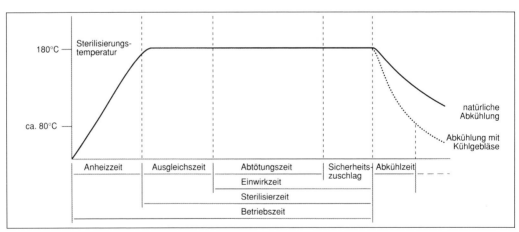

Abb. 7.1: Die verschiedenen Phasen des Heißluft-Sterilisationsprozesses: *Anheizzeit:* Zeitspanne vom Beginn der Wärmezufuhr bis zum Erreichen der Sterilisiertemperatur am Thermometer. *Ausgleichszeit:* Zeitspanne vom Erreichen der Arbeitstemperatur im Innenraum bis zum Erreichen der Sterilisiertemperatur an allen Stellen des Sterilisiergutes. *Abtötungszeit:* Zeit, die bis zur Abtötung einer Population von Mikroorganismen einer bestimmten Resistenz erforderlich ist. *Sicherheitszuschlag:* Zuschlag für unterschiedliche Kontamination und Ausgleichszeit des Sterilisiergutes. *Abkühlzeit:* Zeitspanne vom Abstellen der Energiezufuhr zur Heizung nach beendeter Sterilisierzeit bis zum Abfallen der Temperatur auf 80 °C am Thermometer. *Einwirkzeit:* Zeitspanne, während der die für die Sterilisation relevanten Parameter an allen Stellen im Sterilisiergut sichergestellt sein sollen. *Sterilisierzeit:* Zeitspanne, innerhalb derer die Arbeitstemperatur im Innenraum herrscht. Sie ergibt sich aus der Summe von Ausgleichszeit, Abtötungszeit und Sicherheitszuschlag. *Betriebszeit:* Zeitspanne, die für die Sterilisation einer Sterilisiercharge erforderlich ist, ohne den für das Be- und Entladen benötigten Zeitaufwand. *Sterilisiertemperatur:* Temperatur, die während der Einwirkzeit im Sterilisiergut an allen Stellen gegeben sein muss (nach: Steuer-Lutz-Dettinger, Leitfaden der Desinfektion, Sterilisation und Entwesung, Gustav Fischer, Stuttgart, 1990).

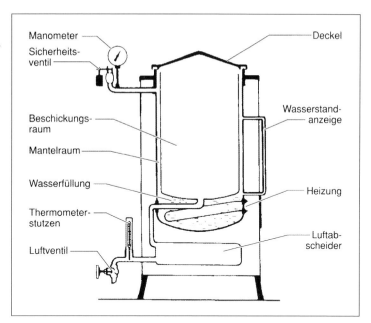

Abb. 7.2: Schematische Darstellung eines Laborautoklaven mit Luftabscheider (aus: Steuer, Lutz-Dettinger: Leitfaden der Desinfektion, Sterilisation und Entwesung, Gustav Fischer Stuttgart, 1990).

lien, unter der Voraussetzung, dass diese „hitzefest" sind. Es bestehen große Unterschiede bei der Anwendung von „trockener Hitze" (Heißluft) und heißem Dampf. Durch Wasserdampf wird die Temperatur schneller und leichter auf das Sterilisiergut übertragen. Dadurch sind kürzere Sterilisationszeiten bei niedrigeren Temperaturen möglich.

Heißluftsterilisation
Temperaturbeständige Gerätschaften können durch „trockene" Temperaturen von 160–180 °C in Heißluftschränken sterilisiert werden. Die Sterilisationszeit ist stark von der Wärmeleitfähigkeit der Materialien abhängig. Für Glasflaschen sind 3–6 Std. bei 180 °C notwendig, damit die widerstandsfähigen Bakteriensporen auch sicher abgetötet werden. Bei 180 °C verbrennen alle organischen Substanzen, aber nur wenige Kunststoffe überstehen unbeschadet diese Temperatur. Vorprüfungen schützen vor unliebsamen Überraschungen. Am besten lassen sich metallische Geräte oder Glassachen durch Heißluft sterilisieren (**Abb. 7.1**).

Dampfsterilisation im Autoklaven
Wasser siedet in Meershöhe (Druck etwa 1 bar) bei 100 °C. Bei 100 °C werden Bakteriensporen noch nicht abgetötet. Wird Wasser in geschlossenen Behältnissen erhitzt – der Dampf kann also nicht entweichen –, so steigt mit dem Druck die Temperatur. Die Autoklaven (**Abb. 7.2**) arbeiten nach diesem Prinzip und sterilisieren bei 2 oder 3 bar und einer Temperatur von 121 °C bzw. 135 °C (**Tab 7.4**). Auch hier gilt: Je höher die Temperatur, umso kürzer kann die Einwirkungszeit bemessen werden. Die Autoklavierzeit wird aber entscheidend durch die Art und Zusammensetzung des Autoklaviergutes bestimmt. Im losen Material, mit „viel eingepackter" Luft, wirkt dies isolierend und verhindert den direkten Kontakt des heißen Dampfes mit dem Material. Dadurch muss die Autoklavierzeit so verlängert werden, dass eine Sterilisierung, d.h. vollständige Keimabtötung praktisch unmöglich wäre. Autoklaven sind daher so konstruiert, dass vor dem Sterilisiervorgang die Luft abgesaugt werden kann („Vakuum"). Natürlich muss der Autoklaveninhalt als Ganzes erhitzt werden. Je mehr Material und je geringer die Temperaturleitfähigkeit des Autoklaviergutes umso länger die Anheizzeit! Erst wenn die vorgesehene Temperatur (z.B. 121 °C) erreicht ist, beginnt die Sterilisierzeit (z.B. 5–20 min bei Bakteriensporen). Autoklaven stehen unter Druck; 2 bar bedeutet, dass auf jedem cm^2 ein Druck von etwa 1 kg lastet. Für die Tür eines Großautoklaven (1,0 x 1,8 m) bedeutet dies einen Druck von 18 Ton-

Tab. 7.4: Druck (in kPa = Kilo-Pascal) und Dampftemperatur im Autoklaven

1 bar = 100 kPa = 100 °C
2 bar = 200 kPa = 121 °C
3 bar = 300 kPa = 135 °C

nen. Der Bedienungsanleitung ist darum genau zu folgen, regelmäßige Wartungen und Sicherheitsüberprüfungen (TÜV) sind zu veranlassen.

Sterilisation mit Hochfrequenzgeräten
Durch elektromagnetische Wellen („Mikrowelle") werden die Moleküle in blitzschnelle Bewegungen gebracht. Dadurch erhitzt sich das Sterilisiergut von innen heraus. Schlecht temperaturleitende Materialien und Luftpolster können diesen Effekt nicht stören. Metalle führen zu Funkenbildung und müssen aus dem Gut entfernt werden. Es ist zu erwarten, dass Mikrowellenanlagen besonders für die Abfallsterilisation geeignet sind. Die Geräte müssen abgeschirmt sein, damit keine Mikrowellen abgestrahlt werden. Besondere Sicherungen sorgen für automatische Abschaltungen, wenn die Anlagen im Arbeitszustand versehentlich geöffnet werden.

Strahlen-Sterilisation
Die Sterilisation mit so genannten „energiereichen" Strahlen wird in automatischen Großanlagen durchgeführt. Mit durchdringenden Strahlen (z.B. Kobalt–60-Geräte = γ-Strahler) können hitzeempfindliche Geräte und Materialien – meist für die medizinische Anwendung – in der umhüllenden Verpackung sterilisiert werden. Eine gewisse Bedeutung hat strahlensterilisiertes Versuchstierfutter erlangt. Die in Doppelverpackungen gelieferten Futterportionen sind absolut ungefährlich, also keineswegs radioaktiv, und können für keimfreie Tiere oder SPF-Zuchten verwendet werden. Nur die Umhüllung muss beim Einschleusungsvorgang desinfiziert bzw. sterilisiert werden. Die Strahlensterilisation für Lebensmittel ist in Deutschland nur in Ausnahmefällen zugelassen.

Sterilfiltration
Flüssigkeiten und Gase können durch Filtration (Porenfilter oder Absorptionsfaserfilter; Tab. 7.5) sterilisiert werden. Dies bedeutet, dass die Filter die Keime zurückhalten, im Gut also auch nicht die abgetöteten Keimreste, wie z.B. bei der Hitze-Sterilisation, vorhanden sind. Nicht alle Filtermaterialien vermögen Bakterienzellwandbestandteile abzuscheiden. Diese sind fieberauslösend und heißen Pyrogene. Sie dürfen in Injektionslösungen nicht vorhanden sein. Für die Filtration sind hitzeempfindliche Lösungen (z.B. von Zucker oder Eiweiß) besonders geeignet. Da Keime die Filter „durchwachsen" können, müssen die Filter häufig gewechselt werden. Aufwändig und nicht ungefährlich ist der Filterwechsel an Belüftungsanlagen (Klimaanlagen) wenn, wie in Infektionsbereichen, mit abgeschiedenen Infektionserregern gerechnet werden muss.

Chemische Sterilisation
Chemische Sterilisationsverfahren haben in der Tierhaltung im Gegensatz zu den thermischen Verfahren nur wenig Bedeutung. Sie werden eventuell als Ersatzlösung bei temperaturempfindlichen Geräten (Computer, Messgeräte, Kunststoffe, Katheter u.a.) notwendig. Ein sicherer Sterilisationseffekt wird nur auf Oberflächen erreicht. Die Erreger müssen mit den Gasen oder Flüssigkeiten direkt in Kontakt kommen. Gasförmige Substanzen (z.B. Äthylenoxid) vermögen die Kunststoffverpackung zu durchdringen, so dass eingeschweißte Geräte sterilisiert werden können, ohne dass die Gefahr einer Reinfektion besteht. Allerdings werden die toxischen Substanzen auch vom Material absorbiert (z.B. Venenkatheter). Erst nach sorgfältigem Lüften ist das Material bei Mensch oder Tier anzuwenden. Alle Präparate sind stark giftig. Der Umgang mit ihnen birgt so viele Gefahren, dass sie nur in Ausnahmefällen verwendet werden.

Entwesung

Entwesung ist die Vernichtung von schädlichen oder lästigen Kleintieren (Insekten, Zecken, Milben, Mäusen, Ratten usw.) in Gebäuden. Für

Tab. 7.5: Sterilfiltration

Membranfilter mit Poren („Siebeffekt")

Porendurchmesser:	200 nm[*]	~ undurchlässig für Bakterien
	100 nm[*]	~ undurchlässig für Viren

[*] 1 nm = 10^{-9} m; 1 mm = 1.000.000 nm

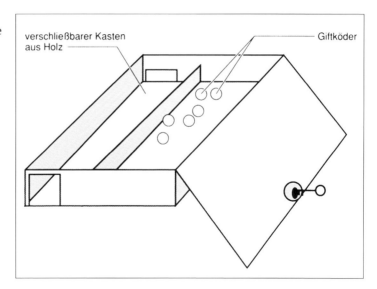

Abb. 7.3: „Köderbox", in der mit Antikoagulanzien versetzte Köder ausgelegt werden, ohne dass sie von Haustieren aufgenommen werden können (Aufnahme: J. Maeß).

die Entwesung sprechen hygienische und volkswirtschaftliche Gründe. Zunächst muss der Befall bzw. die Besiedlung in Ställen, Vorratslagern usw. genau ermittelt werden. Ohne Kenntnis der Art ist eine gezielte Bekämpfung unmöglich. Die erfolgreiche Beseitigung setzt spezielle Fachkenntnisse voraus, besonders wenn notwendige Begasungsmaßnahmen mit sehr giftigen Präparaten ausgeführt werden müssen. Dabei kann es durchaus zu Gefährdungen in benachbarten Gebäuden kommen. Das Auslegen von Giftködern muss so erfolgen (z.B. in Köderboxen, **Abb. 7.3**), dass sich die eigenen Tiere nicht vergiften können. Es ist auf jeden Fall ratsam, bei einem erfahrenen Fachmann (Desinfektor, Schädlingsbekämpfer) Rat einzuholen bzw. diesen mit der Bekämpfung zu beauftragen. An erster Stelle muss die Vorbeugung stehen, d.h. Verhinderung der Schädlingsbesiedlung durch geeignete Schutzeinrichtungen (z.B. Mäusegitter) oder durch organisatorische Maßnahmen (z.B. Verbot von Wechselpaletten; mit „Euro-Paletten" können Schaben in das Futterlager eingeschleppt werden!). Durch sorgfältige und ständige Beobachtungen muss ein Befall frühzeitig ermittelt werden.

Eingedrungene fliegende Insekten werden sehr wirksam durch „Lichtfallen" angelockt und in der Falle an Hochspannungsgittern abgetötet. Den gleichen Zweck erfüllen auch Leimtafeln mit gelber Lockfarbe oder die bekannten „Fliegenfänger". Giftige Fraßköder bergen die Gefahr in sich, dass Vergiftungsfälle bei den Tieren auftreten können. Eine Fliegenbekämpfung ist aber nur erfolgreich, wenn die „Brutstellen" (z.B. feuchte Einstreu in der Umgebung von Tränken und Futterplätzen oder Dung- und Abfallstätten) entdeckt und saniert werden (eventuell Fraßgifte für die Maden auslegen).

Wiederholungsfragen

1. Was bedeuten die Begriffe „Desinfektion" und „Sterilisation"? (Kann man unter „Sterilisation" auch etwas ganz Anderes verstehen?)
2. Warum muss vor einer Desinfektionsmaßnahme eine gründliche Reinigung vorgenommen werden?
3. Beschreiben Sie Reinigungs- und Desinfektionsmaßnahmen nach einer Tollwut-Infektion.
4. Berechnung der Desinfektionsmittelmenge für einen Eimer (8 l) gebrauchsfertige Verdünnung.
   0,6 % =
   1,5 % =
   2,4 % =
5. Warum wird für die Hitze-Sterilisation mit Wasserdampf eine kürzere Zeit benötigt als mit Heißluft?
6. Wie wird die Wirksamkeit eines Autoklaven überprüft?

7. Wie kann das Einwandern oder Einschleppen von Vorratsschädlingen in einem Futterlager verhindert werden?

7.1.2 Praxis der Reinigung, Desinfektion und Sterilisation

Reinigung von Makrolon-Tierkäfigen

Der Kunstoff „Polykarbonat", aus dem die Makrolon-Käfige bestehen, verträgt nur saure Reinigunsmittel. Zum „Tauchen" und Einweichen dürfen daher keine alkalischen Mittel verwendet werden, damit das Material nicht brüchig wird. Wirkungsvolles Waschen mit alkalischen Reinigungsmitteln ist in den üblichen Käfigwaschmaschinen möglich, da das Makrolon hier nur kurze Zeit dem Waschmittel ausgesetzt ist. Eine gründliche Nachspülung mit einem sauren Präparat neutralisiert die Wirkung der Waschlaugenreste. Keineswegs dürfen Scheuermittel und scharfe Werkzeuge zum Reinigen verwendet werden, da sie den weichen Kunststoff stark zerkratzen (**Tab. 7.6**).

Vorgehen bei der Desinfektion

Vorbereitung
Jedem Desinfektionsvorgang muss eine gründliche Reinigung vorangehen. Ausnahmen von diesem Grundsatz gelten nur, wenn gefährliche Erreger, insbesondere menschenpathogene Keime, vorhanden sind. Hier erfolgt zunächst eine „Vordesinfektion". Nach gründlicher Reinigung und nach Schaffung einer übersichtlichen Ordnung müssen die Türen sorgfältig abgedichtet (z.B. mit Klebestreifen) bzw. deren Abdichtung vorbereitet werden. Anschließend ist die Be- und Entlüftung zu überprüfen. In der Regel wird die Klimaanlage abgeschaltet, eventuell müssen auch die Ansaugschächte u.a. abgedichtet werden. Räume verschließen und Warnschilder anbringen!

Schutzausrüstung
Nach Anlegen der persönlichen Schutzkleidung aus undurchlässigem Material, die den gesamten Körper schützt, wird zusätzlich eine Vollschutzmaske (Gasmaske, Atem- und Augenschutz) aufgesetzt. Die Schutzmaske muss laufend auf Dichtigkeit und exakten Sitz geprüft werden. Am besten haben sich Masken aus Silikon-Gummi bewährt. Die Wahl des Atemfilters ist entsprechend dem Desinfektionsmittel vorzunehmen; im Zweifelsfall ist Fachauskunft einzuholen. Alle Filter haben vorgeschriebene Lager- und Funktionszeiten, in denen die Wirksamkeit garantiert ist (**Tab. 7.7**). Der Zeitpunkt der Inbetriebnahme muss am besten direkt auf dem Filter aufgezeichnet werden.

Sprühdesinfektion
Desinfektionsmitteldämpfe sind, je nach Substanztyp und Konzentration, unterschiedlich stark reizend und giftig. Beim Umgang mit ihnen sind die persönlichen Schutzmaßnahmen zu treffen. Es muss ferner sicher verhindert werden, dass die Dämpfe in ungeschützte Bereiche dringen und dort Mensch und Tier gefährden. Verdampft oder vernebelt werden die Präparate am sichersten in speziellen Apparaten mit automatischer Regelung. Nach 4 bis 8-stündiger Einwirkzeit und anschließender mehrstündiger Lüftung (Einschalten der Klimaanlage!), können die Räume wieder betreten werden. Während der Desinfektionszeit ist regelmäßig zu prüfen, ob keine Präparate in die Umgebung entweichen. Besonders bei erstmaliger Ausführung erlebt man hier unliebsame Überraschungen (Risse in den Wänden, Verbindungen über Luftschächte). Für diese Fälle muss eine Notabschaltung von außen eingerichtet sein. Es sollten immer zwei Personen zusammenarbeiten. Schutzmasken müssen auch beim Abfüllen der Lösungen getragen werden. Desinfektionen mit Formalindampf unterliegen besonderen Bestimmungen (siehe hierzu auch „Technische Regeln für Gefahrenstoffe – TRGS-522"). Ausführende Perso-

Tab. 7.6: Beständigkeit von Polykarbonat-(Makrolon®-)Käfigen

Temperatur:	−135 bis +135 °C (ab +121 °C können Verformungen auftreten)
beständig gegen:	Alkohol, Pflanzenöle, neutrale und saure Salze, verdünnte Säuren
unbeständig gegen:	starke Laugen, organische Lösungsmittel

Tab. 7.7: Verschiedene Gasfiltertypen, ihre Kennfarben und Hauptanwendungsbereiche (Dräger)

Gasfiltertyp	Kennfarbe	Hauptanwendungsbereiche
A	braun	organische Gase und Dämpfe, z.B. von Lösungsmitteln mit Siedepunkt > 65 °C
AX	braun	Dämpfe von organischen Verbindungen mit Siedepunkt ≤ 65 °C; auch wie A
B	grau	anorganische Gase und Dämpfe, z.B. Chlor, Schwefelwasserstoff, Cyanwasserstoff (Blausäure)
E	gelb	Schwefeldioxid, Chlorwasserstoff
K	grün	Ammoniak
C O	schwarz	Kohlenstoffmonoxid
Hg	rot	Quecksilber (Dampf)
Reaktor	orange	radioaktives Jod inkl. radioaktives Methyljodid

Partikelklasse	Kennfarbe	Schutz gegen
P1	weiß	inerte Partikel (belästigend, aber unschädlich)
P2	weiß	mindergiftige Partikel (gesundheitsschädlich)
P3	weiß	giftige Partikel

nen müssen einen Sachkundenachweis besitzen (z.B. Desinfektorenprüfung), die Erlaubnis zur Anwendung muss vorliegen und eine geplante Raumbegasungsmaßnahme unter Formalineinsatz muss bei der zuständigen Aufsichtsbehörde, z.B. dem Gewerbeaufsichtsamt, angemeldet werden.

Desinfektion mit Peressigsäure
Peressigsäure (**Tab. 7.8**) ist stark reizend und in höheren Konzentrationen (ab ca. 15 %) als Oxidationsmittel brennbar und explosiv. Gebrauchslösungen (0,5–3 %) verlieren sehr schnell an Wirksamkeit und müssen daher jeweils frisch zubereitet werden. Diese Lösungen greifen Metalle an (Korrosion). Da Peressigsäure eine starke Wirkung gegenüber Bakterien, Viren und unter bestimmten Voraussetzungen auch gegenüber Sporen besitzt, wird sie im praktischen Einsatz als „Sterilisationsmittel" benutzt. Fertigpräparate mit Korrosionsschutzstoffen werden zur Sprüh- und Flächendesinfektion in Tierställen benutzt (Schutzmaske tragen!). Eingeführt ist der Peressigsäure-Einsatz bei der „Keimfrei-Isolatoren-Technik". Hier werden mit Peressigsäure die Plastikeinrichtungen und Versorgungsschleusen „sterilisiert". Auf den Schutz für Mensch und Tier ist zu achten. Da Peressigsäure leicht in Essigsäure und Sauerstoff zerfällt, ist die Entsorgung verdünnter Lösungen über das Abwassernetz umweltunschädlich (**Tab. 7.9**).

Achtung!
Durch Peressigsäure werden Wurmeier wohl von außen „sterilisiert", aber nicht abgetötet. (Es können so künstlich keimfreie Wurmzuchten angelegt werden!)

Tab. 7.8: Reaktionsweise der Peressigsäure

$$CH_3-C\underset{O}{\overset{O}{\|}}OH \rightarrow CH_3-C\underset{O}{\overset{\|}{}}-OH + O$$

Peressigsäure → Essigsäure + Sauerstoff*

* Freiwerdender atomarer Sauerstoff erzeugt die desinfizierende Wirkung

Tab. 7.9: Zubereitung einer 3 %igen Peressigsäure-Gebrauchslösung für die Anwendung in „Keimfrei-Plastik-Isolatoren"

Herstellung einer Gebrauchslösung[1]:

60 ml	15%ige Peressigsäure
240 ml	Aqua destillata und 1 Tropfen Reinigungsmittel, z.B. Haemosol[2]

[1] Vor Gebrauch frisch herstellen, Schutzmaske und -kleidung tragen, Peressigsäure ist explosiv!
[2] Haemosol (Herz & Drache AG) = Spezialreinigungsmittel

Käfigwaschanlagen

Gut ausgelegte Käfigwaschanlagen haben nicht nur eine selbstverständliche reinigende Wirkung, sondern es sollte auch eine Thermodesinfektion erzielt werden. Entscheidende Voraussetzungen hierfür sind Laugentemperaturen über 60 °C und Verweilzeiten von 2–5 min. Die gebräuchlichen Waschprogramme beginnen mit der Vorabräumung (45–60 °C), dann folgen mehrere Waschzonen, Waschtemperatur (60–70 °C), und zum Schluss die Nachspülung bei 85 °C mit anschließender Heißlufttrocknung. Man kann davon ausgehen, dass bei einem derartigen 2 bis 5-minütigen Waschgang Kokzidienoozysten, die meisten Wurmeier und vegetativen Keime sowie Viren abgetötet werden. Bakteriensporen werden nicht sicher abgetötet, aber doch überwiegend abgespült.

Kesselautoklaven

Im Laborbereich werden in der Regel Kesselautoklaven eingesetzt. Die meisten Geräte arbeiten heute automatisch. In der Anheizzeit erfolgt die Entlüftung, d.h. die im Kessel verbliebene Luft wird durch Dampf verdrängt. Zu diesem Zweck müssen die entsprechenden Strömungsventile geöffnet sein. Nach dem Schließen der Ventile heizt sich das Sterilisiergut auf die Dampftemperatur auf (Ausgleichzeit). Danach beginnt die Autoklavierperiode (**Abb. 7.4**). Hier werden zu den bekannten Abtötungszeiten Sicherheitszuschläge nach Erfahrungswerten zugerechnet. Für Laborabfälle rechnet man bei 121 °C 20–30 Minuten. Nach dieser Zeit schaltet das Gerät ab, und es beginnt die Kühlzeit. Diese darf insbesondere beim Autoklavieren von Flüssigkeiten nicht durch Druckablassen verkürzt werden (Gefahren des Überschäumens!).

Automatische Großraumautoklaven

Im Prinzip arbeiten diese Geräte wie die Kesselautoklaven. Zur Entfernung von Luftpolstern wird mit Beginn des Programms eine Vakuumpumpe wirksam, im Anschluss daran wird Dampf in das entstandene Vakuum geblasen. Diese Vorgänge werden dreimal wiederholt. Durch dieses Verfahren wird die restliche, isolierende Luft aus dem Sterilisiergut durch Wasserdampf verdrängt. Darauf erfolgt der Druckaufbau im Gerät, und nach der Anheizzeit beginnt die Sterilisationszeit, deren Dauer je nach den Gegebenheiten eingestellt werden muss. Zum Ende wird durch ein Nachvakuum mit anschließender Lüftung (gefilterte, sterile Luft!) eine weitgehende Trocknung erreicht. Der Ablauf wird durch einen Druckschreiber registriert. Die Diagrammscheiben müssen zur Kontrolle aufbewahrt werden. Damit keine Unglücksfälle durch ungewollten Programmstart entstehen können, müssen beim Begehen zur Beschickung der Autoklavierkammern die entsprechenden Sicherheitsschalter betätigt werden (deren Funktion regelmäßig zu überprüfen ist!). Der Programmablauf und die Autoklavierzeiten müssen für die verschiedenen Materialien jeweils erprobt werden. Entsprechende Überprüfungen mit Temperaturfühlern oder Sporenproben im Gut sind nach Geräte-Neueinführungen, Umbauten oder größeren Reparaturen zur eigenen Sicherheit zu veranlassen.

Hitzesterilisation von Käfigen

Makrolon-Käfige können bei 118–120 °C sterilisiert werden. Da sich bei diesen Temperaturen der Kunststoff aber schon verformt, dürfen nur ca. 10 Käfige ineinander gestapelt werden. Sauber gespülte (saures Spülmittel!) Käfige vertragen das Sterilisationsprogramm am besten. Holzgranulat-Einstreu in den Käfigen kann dem Kunststoff schaden. Zur Schonung des Materials werden Makrolon-Käfige oft nur bei einem Desinfektionsprogramm bei ca. 105 °C autoklaviert. Bei dieser Temperatur werden aber Bakteriensporen nicht abgetötet (**Tab. 7.10**).

Käfige aus Polypropylen, Polysulfon (PSU) oder dem bernsteinfarbenen Kunststoff PEI vertragen Autoklaviertemperaturen von 121°, 150° bzw. 160 °C, ohne zu verformen. Es muss aber ausdrücklich betont werden, dass die meisten Kunststoffe (u.a. Plexiglas, Polyester u.ä.) sehr temperaturempfindlich sind und sich z.T. schon bei Waschmaschinentemperaturen verformen. Gerätschaften aus Kunststoffen (u.a. Transportbehälter, Stoffwechselkäfige) dürfen keineswegs ohne genaue Prüfung der Materialeigenschaften einer Hitzesterilisation unterzogen werden.

Hygiene **299**

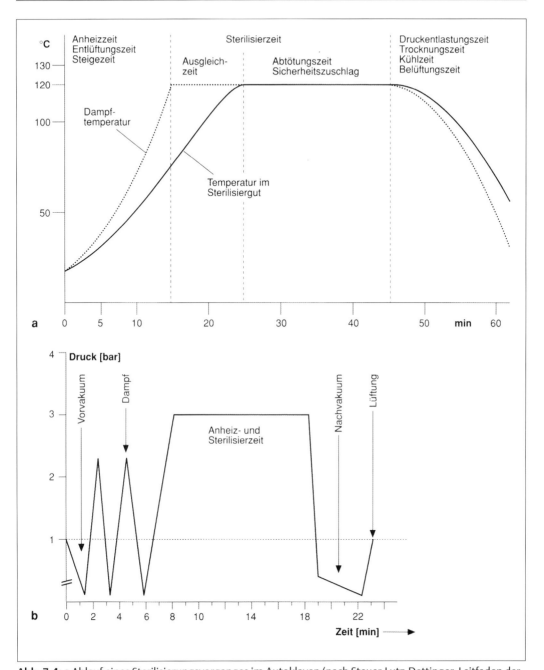

Abb. 7.4: a Ablauf eines Sterilisierungsvorganges im Autoklaven (nach Steuer-Lutz-Dettinger, Leitfaden der Desinfektion, Sterilisation und Entwesung, Gustav Fischer, Stuttgart 1990)
b Autoklavierprogramm mit Vorvakuum (nach Wallhäuser, Praxis der Sterilisation, Thieme, Stuttgart 1984).

Tab. 7.10: Sterilisierbedingungen für verschiedene Materialien

Material	Druck	Temperatur	Sterilisierzeit	Bemerkungen
Fertigfutter	300 kPa[1] (3 bar)	135 °C	5–10 min	vortrocknen
Einstreu	300 kPa[1] (3 bar)	135 °C	30 min	–
Gestelle, Regale	200 kPa[1] (2 bar)	121 °C	30 min	–
Wasser (20 l- kannen)	200 kPa[1] (2 bar)	121 °C	45 min	langsam abkühlen lassen
Op-Wäsche, Op-Instrumente	300 kPa[1] (3 bar)	135 °C	5–7 min	–
Makrolon-® Käfige, Tränkflaschen	100 kPa[1] (1 Bar)	105 °C	20 min	Hitzedesinfektion!

Hitze-Sterilisation von pelletiertem Alleinfutter für Hamster, Ratten und Mäuse

Beim Autoklavieren von pelletiertem Alleinfutter treten folgende Probleme auf:
- Durch die Hitzeeinwirkung kommt es zu Vitaminverlusten (besonders die Vitamine A + C sowie die B-Vitamine).
- Durch Temperaturen über 100 °C kommt es zur Bräunung und Verkleisterung durch den Stärkegehalt im Futter. Die Pellets verkleben dadurch und werden sehr hart.

Die Vitaminverluste werden herabgesetzt, wenn bei höherer Temperatur (135 C) und kürzerer Einwirkzeit gefahren wird. Die dennoch unvermeidlichen Vitaminverluste werden durch Zuschläge in der Futterrezeptur („fortified") ausgeglichen. Durch schonende Trocknung des Futters nach dem Autoklavieren (z.B. über Nacht in der warmen Autoklavenkammer) verkleben die Pellets weniger stark und werden nicht so hart.

Wiederholungsfragen

1. Woraus besteht die persönliche Schutzausrüstung bei einer Raumdesinfektion (Sprühdesinfektion)?
2. Umgang mit Peressigsäure: Was widersteht einer Peressigsäurebehandlung?
3. Beschreiben Sie den Funktionsablauf einer Käfigwaschanlage (Bandwäscher).
4. Was ist Sinn und Zweck des „Vorvakuums" bei einem Autoklaven?

7.1.3 Wirksamkeitsprüfungen von Desinfektions- bzw. Sterilisationsmaßnahmen

Chemische Desinfektionsmittel

Probleme bei der Wirksamkeit in der Praxis – auch wenn, wie erforderlich, nur geprüfte Mittel (Desinfektionsmittellisten) verwendet werden – ergeben sich einmal aus der Unterdosierung und zum anderen aus einer möglichen Resistenzentwicklung von Keimen. Es kann aber auch ein Verdünnungsfehler vorliegen, so dass die Richtigkeit durch eine andere Person überprüft werden sollte. Bei automatischen Zumischanlagen darf man sich nicht immer auf die Einstellungen verlassen, sondern muss die Konzentration im Endprodukt nachmessen lassen (Kundendienst). Bei Verdacht auf Keimresistenz sind die Erreger im bakteriologischen Labor entsprechend zu untersuchen. Präparatewechsel und Einhaltung wirksamer Konzentrationen beugen Resistenzproblemen vor.

Autoklaven bzw. Heißluftschränke

Zur Verfügung stehen einfache Indikatorsysteme als Papierstreifen oder mit Flüssigkeiten gefüllte Kapseln, die durch Farbumschlag anzeigen, dass wirksame Temperaturen erreicht wurden. Selten zeigt der Farbumschlag aber verlässlich auch die Dauer der Temperatureinwirkung an. Temperaturprofile (Thermofühler im Autoklaviergut) oder Druckkurven während des Autoklaviervorgangs dokumentieren einen korrekten Ablauf des Sterilisationsprogramms (Druck- und Temperaturschreiber). Am zuverlässigsten sind biologische Prüfverfahren. In das Autoklaviergut verbrachte Kapseln mit Sporenerde zeigen nach dem Bebrüten sicher an, ob der geprüfte Sterilisationsprozess tatsächlich diese standardisiert hitzeresistenten Sporen abgetötet hat. Derartige Prüfungen sind vierteljährlich durchzuführen, wobei stets mehrere Proben in der Sterilisationskammer gleichmäßig zu verteilen sind. Die Ergebnisse müssen dokumentiert werden.

7.1.4 Hygienemaßnahmen in Infektionsbereichen

Infektionsbereiche müssen gegenüber der Umgebung so abgeschirmt sein, dass kein Infektionserreger aus der Anlage gelangen kann. Die Klimaanlagen sind so einzustellen, dass ein geringfügiger Unterdruck entsteht (der Abluftventilator fördert mehr Luft als das Zuluftaggregat!). Die Abluft wird gefiltert, die Luftfilter müssen den Räumen direkt zugeordnet sein, damit nicht erst lange Abluftkanäle infiziert werden. Abwässer werden gesammelt und der thermischen Desinfektion zugeführt. Abfälle, Gerätschaften u.a. dürfen die Anlage nur nach Desinfektion, besser nach Autoklavierung (Durchfahrautoklaven), verlassen. Zur Bedienung der Infektionsstation werden Personen- und Materialschleusen benötigt. Die Personenschleuse besteht aus 3 Kammern: Umkleideraum im sauberen Bereich, Duschzellen und Umkleideraum im Infektionsbereich (Anlegen der Schutzkleidung). Die Türen sind stets geschlossen zu halten. Bei improvisierten Anlagen genügt eine räumliche Teilung, z.B. farbige Markierung auf dem Fußboden, wenn mit entsprechender Verantwortung eine strikte Trennung zwischen „infiziert" und „sauber" eingehalten wird. Für Material und Tiere genügt eine Einkammerschleuse mit getrennten Eingängen und entsprechenden Desinfektionseinrichtungen.

Zur Unterbringung und Isolierung von kleinen Tieren (Ratten und Mäuse) stehen mobile, geschlossene, mit Zu- und Abluftfilterung versehene Käfigsysteme, aber auch begehbare Containeranlagen zur Verfügung. Für Einzeltiere werden Käfige mit Filterdeckel oder „Mini-Isolatoren" verwendet. Besondere Anforderungen an die Versuchstierhaltung werden durch die Sicherheitsauflagen des Gentechnik-Gesetzes gestellt. Gentechnisch veränderte Versuchstiere (z.B. „transgene Mäuse") dürfen nur in genehmigten Anlagen entsprechend den geforderten Sicherheitsbestimmungen gehalten werden. Zusätzlich zu den beschriebenen Barriereanlagen wird besonderer Wert auf Ausbruchsicherheit gelegt. Transgene Tiere dürfen auf keinen Fall in die Umwelt entweichen.

Luftfilter

Luftfilter in Zuluft- oder Abluftanlagen arbeiten nach dem Prinzip der Faserfilter, die Feinstäube und Erreger durch Absorption zurückhalten. Lange Standzeiten und Belastungen führen zu Überladungen und damit zur Durchlässigkeit. Es sind deshalb regelmäßige Filterwechsel vorzunehmen. Luftfilter von Infektionseinrichtungen enthalten gegebenenfalls gefährliche Erreger; beim Filterwechsel besteht Ansteckungsgefahr, deswegen Schutzkleidung und Atemmasken tragen! Die Filter sicher in Beutel verpacken und unverzüglich autoklavieren.

Persönliche Hygiene

Der Schutz vor Krankheitserregern kann durch die Abtötung oder durch Maßnahmen zur Fernhaltung dieser Erreger erfolgen. Für die persönliche Hygiene bedeutet dies: Tragen von Schutzkleidung, Schutzhandschuhen und Mundschutztüchern bzw. Masken. Dadurch ist natürlich ein zweifacher Effekt gegeben: persönlicher Ansteckungsschutz und Verhinderung von Keimübertragungen auf Tiere oder Geräte. Die Antisepsis bedeutet Maßnahmen zur Bekämpfung vorhandener Infektionen. Darunter sind hauptsächlich Desinfektions- und Sterilisationsmaßnahmen zu verstehen. Für die Händedesinfektion werden hauptsächlich alkoholische Präparate verwendet. Vor der Händedesinfektion muss eine gründliche Reinigung mit Bürste und Seife vorgenommen werden (Nagelpflege!). Kontaminierte Hände sind „vorzudesinfizieren" und dann erst zu reinigen. Das alkoholische Desinfektionsmittel (3–5 ml) wird gründlich über der Hand verteilt (Nagelfalz!). Eine Einwirkzeit von 1–2 Minuten muss erreicht werden. Die Händedesinfektion führt nur zur Keimreduzierung, da aus der Haut laufend neue Keime an die Oberfläche gelangen.

Viele Menschen sind ständig oder vorübergehend Keimträger im Nasen-Rachen-Bereich. Hier siedelnde Staphylokokken sind häufig die Ursache für Infektionen bei Ratten und Mäusen. Dauerausscheider von Staphylokokken dürfen nicht in SPF-Zuchten arbeiten (Einstellungsuntersuchungen!). Gewissenhaftes Tragen von Mundschutztüchern u.a. beugt dem Infektionsrisiko vor.

Quarantäne

Unter dem Begriff „Quarantäne" verstand man in der Vergangenheit eine zeitlich befristete Isolierung für die Dauer von 40 Tagen (frz. „quarantaine") von Kranken, Krankheits- und Ansteckungsverdächtigen. Mit diesen 40 Tagen hoffte man, die Inkubationszeiten der damals bekannten Krankheiten abzudecken. Die steigenden Anforderungen an den Gesundheitsstatus der Laboratoriumstiere führte letztlich zu Zucht und Haltung von SPF-Tieren. Es ist anzustreben, für alle Versuche SPF-Tiere einzusetzen, jedoch ist dies aus verschiedenen Gründen bisweilen nicht durchführbar (Fehlen entsprechender Einrichtungen, häufige und spezielle Untersuchungen am Tier, Fehlen der benötigten Spezies als SPF-Tiere).

Quarantäne bedeutet also die Beobachtung konventioneller Tiere zum Ausschluss der Annahme, dass sie mit pathogenen Erregern infiziert sind. Infizierte Tiere werden ausgesondert, und gegebenenfalls behandelt. Nach einer Behandlung ist die Verwendbarkeit im Versuch zu klären. Die maximale Zeitdauer einer Quarantäne sollte sich nach der Infektionskrankheit mit der längsten Inkubationszeit bzw. Präpatenzzeit richten oder bis zum Auftreten klinischer Erscheinungen dauern (**Tab. 7.11**). Häufig ist dies aus verschiedenen Gründen nicht durchführbar, da z.B. vor allem kleine Nager während eines nach der Inkubationszeit ausgerichteten Quarantänezeitraums in kurzer Zeit das gewünschte Versuchsgewicht überschreiten.

Da dieser Grund bei größeren Tierarten wie Hund und Katze entfällt, sollte man sich bei diesen Spezies nach den Inkubationszeiten der wichtigsten Infektionskrankheiten richten, auch wenn keine gesetzlichen Vorschriften bestehen. Die u. U. sehr lange Inkubationszeit der Tollwut wird in der Regel nicht einzuhalten sein; bei Hunden, Katzen und eventuell auch anderen Tierarten entfällt bei nachgewiesener

Tab. 7.11: Quarantäne-(Adaptations-)zeiten. Mäuse und Ratten ohne SPF-Deklaration (Angaben gemäß EG-Richtlinie)

Tierart	empfohlene Quarantäne-zeiten (Tage)
Maus	5–15 Tage
Ratte	5–15 Tage
Meerschweinchen	5–15 Tage
Hamster	5–15 Tage
Kaninchen	20–30 Tage
Hund	20–30 Tage
Katze	20–30 Tage
Primaten	40–60 Tage
Schwein	7 Tage
Schaf	7 Tage
Huhn	7 Tage

Impfung gegen Tollwut die Berücksichtigung dieser Erkrankung. Lediglich bei Verwendung von Affen als Versuchstiere schreibt der Gesetzgeber[89] zwingend Quarantänezeiträume und entsprechende diagnostische Maßnahmen vor. Neben der Quarantäne spielt bei Versuchstieren auch die **Adaptation** oder **Akklimatisation** eine ganz wesentliche Rolle. Hierunter versteht man eine Gewöhnung der Lebewesen und ihrer Organe an die jeweiligen Umweltbedingungen, z.B. auch einen Ortswechsel (u.a. Klima, Beleuchtung, Futter, Sozialstrukturen). Die Adaptationszeit dient dazu, die Tiere nach einer Belastung (z.B. Transport), möglichst rasch wieder an die neuen Umweltbedingungen zu gewöhnen; diese hierfür erforderlichen Zeiträume hängen von der Spezies, dem jeweiligen Grad der Veränderungen und Belastungen sowie vom vorgesehenen Versuchszweck ab. Bei kleinen Versuchstieren genügt in der Regel eine Adaptationszeit von 7 Tagen (Faustregel).

Organisation einer Quarantänestation
- Die bauliche und personelle Trennung einer Quarantänestation von anderen Versuchtier-

---

[89] Empfehlungen des Hauptverbandes der Gewerblichen Berufsgenossenschaft Nr. 21, Richtlinien für die Verhütung von Infektionen des Menschen durch Affen; Empfehlungen der WHO: Health aspects of the supply and use of non-human primates for biomedical research WHO Technical Report Series Nr. 470, Geneva 1971.

bereichen sowie die räumliche Trennung von Arbeits-, Umkleide- und Aufenthaltsräumen innerhalb der Quarantänestation sollte unbedingt angestrebt werden.
- Der Zutritt wird auf einen bestimmten, namentlich fixierten Personenkreis beschränkt. Betriebsingenieur, Handwerker und Sicherheitspersonal haben nur in Begleitung eines für die Quarantänestation Verantwortlichen Zutritt. Der Arbeitsplatz darf nur aus zwingenden Gründen unter Beachtung der hygienischen Vorschriften verlassen werden.
- Täglicher Wechsel der Arbeitskleidung und Bereitstellung von Handschuhen, Mundschutz, Kopfbedeckung, Arbeitsschuhen usw. sind notwendig. Getragene Kleidung sollte beim Verlassen der Quarantänestation sterilisiert werden.
- Hände und Unterarme sind bei Arbeitsaufnahme und beim Verlassen des Arbeitsplatzes zu reinigen und zu desinfizieren. Bei Arbeitsende muss geduscht werden.
- Ein Mitarbeiterwechsel zwischen der Quarantänestation und anderen Arbeitsbereichen sollte vermieden werden. Bei einem unumgänglichen Wechsel sollte die Arbeitsaufnahme in der Quarantänestation oder in einem anderen Arbeitsbereich mit Beginn eines Arbeitstages oder besser nach einer mehrtägigen Karenzzeit erfolgen.
- Die Mitarbeiter müssen auf pathogene Erreger, die vom Menschen auf das Tier übertragbar sind, untersucht werden. Die Unterlagen darüber sind aufzubewahren. Der Untersuchungsrhythmus kann in Anlehnung an Untersuchungen für Mitarbeiter in Lebensmittel verarbeitenden Betrieben erfolgen.
- Mitarbeiter ohne private Tierhaltung sollten bevorzugt in dieser Einrichtung beschäftigt werden.
- Arbeitsanweisungen zum Reinigungs- und Desinfektionsrhythmus sowie Angaben über Konzentrationen und Einwirkzeiten der Desinfektionsmittel sind schriftlich zu fixieren. Vor der Neubelegung von Tierräumen ist eine Raumdesinfektion mit geeigneten Mitteln durchzuführen. Sollte kein Autoklav zum Ausschleusen vorhanden sein, ist eine von anderen Tierhaltungsbereichen getrennte Käfig- und Gestellreinigung notwendig.
- Über Tiereingänge und -ausgänge ist ein Bestandsbuch zu führen (Datum der Anlieferung, Tierart, Geschlecht, Gewicht, Züchter bzw. Anlieferer).
- Einzelne Tierlieferungen sollten möglichst nach Tierart und Lieferdatum getrennt gehalten werden. Bei Gruppenhaltung, vor allem bei kleinen Nagern, ist die Kennzeichnung des Käfigs mit Lieferdatum, Geschlecht, Zuchtbetrieb bzw. Anlieferer vorzunehmen.
- Neu eingetroffene Tiere mit unbekanntem mikrobiologischen Status sind klinisch zu untersuchen und gegebenenfalls zu behandeln. Alle Tiere sind dauerhaft zu kennzeichnen.
- In schriftlichen Arbeitsanweisungen ist festzuhalten: Futterart, Fütterungstechnik, Wasseraufbereitung und -verabreichung, Reinigung und Desinfektion von Futter- und Tränkgefäßen.
- Nach Möglichkeit sollte sterilisiertes Einstreumaterial verwendet werden.
- Benutzte Einstreu, Futterreste, Materialien und Gegenstände sind beim Verlassen der Quarantäne zu sterilisieren oder unschädlich zu machen (z.B. durch Verbrennen). Tierkadaver sind vorschriftsgemäß zu beseitigen.

Wiederholungsfragen

1. Welche Barrieren und Schleusen werden in einer Infektionsabteilung benötigt?
2. Wie ist eine Personenschleuse eingerichtet?
3. Wie wird eine Händedesinfektion durchgeführt?
4. Was bedeutet der Begriff „Quarantäne"?

7.1.5 Hygieneüberwachung

Personal

Die personalärztliche Einstellungsuntersuchung soll Auskunft darüber geben, ob der Mitarbeiter ohne gesundheitliches Risiko (z.B. Allergien gegen Tierhaare u.a.) in der Tierhaltung arbeiten kann. Für die Versuchstierhaltung kommt zusätzlich hinzu, dass der Tierpfleger nicht Träger von unerwünschten Keimen sein darf (z.B. Salmonellen-Dauerausscheider, Staphylokokken im Rachenabstrich). Durch regelmäßige Untersuchungen wird laufend der Gesundheitszustand überwacht. Häufig ist das Ar-

beiten während Erkältungskrankheiten in wertvollen Beständen nicht erlaubt.
Viele Versuchstierhaltungen schreiben vor, dass das Tierpflegepersonal entsprechend dem Arbeitseinsatz bestimmte Tierarten nicht privat halten darf. Dadurch soll das Risiko der Übertragung tierartspezifischer Krankheitserreger gemindert werden.

Futter

Da heute in der Regel Fertigfutter verfüttert wird, erstreckt sich die Kontrolle zunächst auf die einwandfreie äußere Beschaffenheit der Gebinde bei der Anlieferung. Defekte oder durchfeuchtete Packungen müssen zurückgewiesen werden. Der Inhalt wird grobsinnlich geprüft. Inbesondere ist auf Verklumpungen zu achten. Feucht verpacktes oder so gelagertes Futter verklebt, und es besteht die Gefahr des Schimmelpilz-Wachstums. Schimmelpilze bilden sehr gefährliche Gifte, die Mykotoxine (z.B. Lebergifte, die kanzerogen = krebserzeugend sind). Derart verdächtiges Futter ist stets zu verwerfen, da Untersuchungen und Unschädlichkeitsprüfungen unwirtschaftlich sind. Das Futter muss kühl und luftig gelagert werden. Da Futter leicht Gerüche der Umgebung (z.B. Chemikalien, Reinigungsmittel) aufnimmt, ist ein separater Lagerraum notwendig. Durch genaue Prüfungen und peinliche Sauberkeit im Lager muss verhindert werden, dass Vorratsschädlinge (z.B. Schaben, Silberfische, Kornkäfer) eingeschleppt werden bzw. sich ausbreiten können. Unkontrollierte Gefahrenquellen sind hier die so genannten „Euro-Paletten". Es empfiehlt sich, betriebseigene Aluminium- oder Plastikpaletten (Desinfektions- und Reinigungsmöglichkeiten!) den Lieferfirmen zur Verfügung zu stellen. Sorgfältige Lagerhaltung und Planung hilft, die Überlagerungen von Futterchargen (Haltbarkeit: 3–6 Monate) zu vermeiden. Überlagertes Futter garantiert nicht mehr die ausreichende Futterqualität, insbesondere hinsichtlich des Vitamingehaltes!

Tränkwasser

Frisches Trinkwasser mit Stadtwasserqualität entspricht nicht immer den hygienischen Anforderungen. Wasser in Tränkflaschen verkeimt schon in wenigen Stunden, da es durch die Tiere bei der Wasserentnahme kontaminiert wird. Durch Flaschenwechsel und ausreichende Flaschenreinigung und anschließende Desinfektion kann man diesem Problem begegnen. Eine Keimvermehrung wird aber nur durch Wasserbehandlungen (Ansäuerung, zusätzliche Chlorierung, UV-Bestrahlung) zuverlässig verhindert. Automatische Tränkanlagen arbeiten nur hygienisch einwandfrei, solange das Wasser fließt. Stehendes Wasser in „blinden" Rohrabschnitten u.a. verkeimt auch mit der Zeit. Auf entsprechende Konstruktionen ist daher zu achten. Nach Standzeiten (z.B. Wochenende), aber auch nach größeren Reparaturen entstehen Probleme mit Tränkanlagen, indem Schmutz ausgeschwemmt oder giftige Verbindungen freigesetzt werden. Das Wasser darf erst nach längerer Durchspülzeit verwendet werden. Gegebenenfalls müssen Untersuchungen oder Analysen veranlasst werden.

Geräte

Handreinigungsgeräte wie Besen, Bürsten u.a. müssen für jeden Tierraum separat zur Verfügung gestellt werden. Nachts und am Wochenende sind sie in Desinfektionslösungen einzulegen. Auf Wischtücher sollte verzichtet werden, allenfalls kann „Einmalmaterial" verwendet werden. Die elektrischen Staub- und Wassersauger müssen regelmäßig gewartet werden. Hauptaugenmerk ist auf die Unversehrtheit der Filter und auf die regelmäßige Reinigung der „Schmutzauffangeinrichtungen" zu richten. Käfigwaschanlagen werden ständig auf die Einhaltung der notwendigen Laugentemperaturen (60–85 °C) überprüft. Ein besonderes Problem besteht, insbesondere in Infektionsbereichen, bei der Überprüfung der Luftfilter der Klimaanlagen. Steigender Luftwiderstand zeigt Überladungen der Absorptionsfilter an, plötzliche Druckabfälle signalisieren eventuell ein Leck.
Die Funktionsprüfung von Desinfektionsanlagen (korrekte Zumischung? Tankfüllung ausreichend?) ist regelmäßig wöchentlich vorzunehmen. Der exakte Programmablauf der Autoklaven (ausreichendes Vorvakuum? Sterilisierzeit?) muss registriert werden. Zusätzlich müssen in vierteljährlichen Abständen Überprüfungen mit Sporenerde (biologische Prüfung) die Sicherheit des Sterilisationsablaufes beweisen.

Tierbestände

Der anvertraute Tierbestand ist einer täglichen Gesundheitskontrolle zu unterziehen. Durch gewissenhaftes Beobachten fallen dem Tierpflegepersonal Abweichungen vom Normalen auf. Verminderte Futter- oder Wasseraufnahme, untypisches Verhalten, ungepflegtes Haarkleid und veränderte Ausscheidungen sind wichtige Anhaltspunkte. Bei großen, einzeln gehaltenen Tieren, zu denen meist ein persönlicher Kontakt besteht, sind diese Veränderungen leicht festzustellen. Entsprechende Erfahrung und sorgfältiges, gewissenhaftes Beobachten sind aber bei der Beurteilung von Kleintieren, z.B. Ratten und Mäusen in Käfighaltung notwendig. Werden verdächtige Befunde erhoben, so sind eingehende Untersuchungen, gegebenenfalls mit Zuziehung eines Tierarztes, notwendig. In Großbeständen, auch bei kleinen Versuchstieren, sind alle tote Tiere so schnell wie möglich für Laboruntersuchungen bereitzuhalten. Wenn eine unmittelbare Untersuchung nicht möglich ist, müssen die Tiere gekühlt (+ 4 °C, keinesfalls tiefgefroren) aufbewahrt werden. In Versuchstierbeständen geben regelmäßige Untersuchungen von Blut (z.B. Virusserologie) oder Kot (z.B. parasitologische Aufarbeitung) Auskünfte über den Gesundheitszustand. Besonders zweckmäßig ist es, hierfür zusätzliche Tiere, so genannte „Anzeigertiere" (engl.: sentinels) in jedem Tierraum zu halten und an ihnen Untersuchungen in regelmäßigen Abständen vorzunehmen. Die Anzahl der Untersuchungsproben wird in einem Stichprobenplan festgelegt. In der Praxis sind das bei vierteljährlichem Untersuchungsrhythmus 5–10 Tiere bzw. Proben pro Tierraum. Zur Sicherung des Gesundheitszustandes der Tiere können vorbeugende Maßnahmen wie Impfungen oder Bestandsbehandlungen mit Medizinalfutter notwendig werden, die aber in jedem Einzelfall mit den Experimentatoren abgesprochen werden müssen.

Wiederholungsfragen

1. Was versteht man unter „Anzeigertieren"?
2. Warum sind personalärztliche Einstellungsuntersuchungen des Tierpflegepersonals notwendig?
3. Welche Gefahren können von durchfeuchtetem Futter ausgehen?
4. Wie sollte ein Vorratsraum für Futter eingerichtet werden?
5. Wodurch verkeimt das Wasser in Tränkflaschen?

7.1.6 Gesundheitsüberwachung im Versuchstierbestand

Versuchstiere müssen sowohl in der Gesamtheit ihrer Erbanlagen (Genotyp) als auch in ihrem äußeren Erscheinungsbild (Phänotyp) einheitlich beschaffen sein. Hierbei spielen die in einer Versuchstierhaltung vorhandenen Mikroorganismen und deren für Mensch und Tier z.T. sehr giftige Stoffwechselprodukte eine bedeutende Rolle.

Erkrankungen von Versuchstieren sind vermutlich die wichtigste Ursache für missglückte oder fehlgedeutete Tierversuche. Die Tiere können beispielsweise während eines Experiments an einer Infektionskrankheit erkranken, die im schlimmsten Fall tödlich verlaufen, in jedem Fall aber die Versuchsergebnisse beeinflussen kann. Ebenso bedeutungsvoll sind aber auch Besiedlungen der Tiere mit Keimen, die in oder an diesen leben und sich vermehren können, ohne dass zwangsläufig äußerlich erkennbare Anzeichen einer Erkrankung auftreten müssen. Die Durchführung von Tierversuchen ist häufig für die Tiere mit Belastungen verbunden, die ihre Fähigkeit zur Abwehr dieser Mikroorganismen beeinträchtigt. Dadurch kann eine Besiedlung der Versuchstiere mit Krankheitserregern, die zunächst ohne Schädigung der Tiere (Wirtsorganismus) verläuft, in eine Erkrankung übergehen, die mit erkennbaren Krankheitssymptomen sowie nach dem Tode ggf. mit feststellbaren Veränderungen der Organe verbunden ist. Außerdem können nicht durch Krankheitserreger verursachte Organerkrankungen und ungünstige Umweltverhältnisse die Durchführung von Tierversuchen beeinflussen und somit zu einer fehlerhaften Versuchsauswertung führen.

Krankheitsentstehung

Unter Krankheit versteht man die vom normalen Zustand abweichenden Lebensvorgänge.

Sie werden aufgrund von besonderen Veränderungen des Lebenszustandes erkannt. Diese Abweichungen von der Norm (physiologischer Zustand = Gesundheit) sind die Krankheitserscheinungen oder Krankheitssymptome. Krankheiten entstehen häufig dadurch, dass äußere oder innere Belastungen auf die Tiere einwirken. Jeder Organismus verfügt über eine ihm angeborene Anpassungsfähigkeit an derartige Belastungen. Werden diese Anpassungsmöglichkeiten überschritten, entstehen Störungen im Ablauf der Lebensvorgänge, die sich als Krankheitssymptome äußern.

Dabei gilt z.B. für die Einwirkung von Giftstoffen auf den Organismus:
Grad der Schädigung = Menge x Einwirkzeit des Giftstoffes.

Der Organismus antwortet auf Belastungen in mehreren Stufen:
1. Anpassung ohne eindeutige Krankheitssymptome,
2. Krankheit mit deutlichen Krankheitserscheinungen,
3. Tod der Tiere.

Voraussetzung für das Erkennen derartiger Abweichungen vom normalen Zustand sind Kenntnisse über die Lebensäußerungen der gesunden Tiere, die auch von der Umwelt beeinflusst werden. Da den Tieren die sprachliche Mitteilungsfähigkeit für ihre Empfindungen fehlt, müssen die Krankheitssymptome beim Umgang mit dem Tier durch den Menschen erkannt werden.

Ob Erkrankungen von Tieren erkannt werden, hängt deshalb zum einen von der Aufmerksamkeit des Betreuers ab, zum anderen auch von der Sorgfalt, mit der die Tierpflegearbeiten verrichtet werden. Das Tierpflegepersonal wird auf diese Weise festgestellte Krankheitssymptome an den Versuchsleiter bzw. dessen Stellvertreter weitermelden; sie haben – ggf. unter Hinzuziehung eines Tierarztes – zu entscheiden, ob und wie das Experiment weiterzuführen ist.

Durchführung der Gesundheitskontrollen

Das Tierpflegepersonal nimmt die Tiere bei den regelmäßig durchgeführten Arbeiten wie etwa Fütterung, Versorgung mit Trinkwasser, beim Reinigen von Käfigen, Boxen, Zwingern und Ausläufen, beim Umsetzen bzw. bei der Kontrolle der Würfe sorgfältig in Augenschein. Bei der Versorgung größerer Versuchstiere wird in der Regel mehr Zeit aufgewendet als bei kleinen Labornagern. Dennoch müssen auch diese Tiere täglich auf ihren Allgemeinzustand überprüft werden.

Sofern das Wohlbefinden von Tieren gefährdet ist – insbesondere bei Muttertieren zum Zeitpunkt der Geburt, bei Veränderungen der Betreuung oder anderer Bedingungen sowie während stark belastender Versuche –, sind häufigere Überprüfungen erforderlich. Diese müssen in jedem Falle sicherstellen, dass kranke Tiere zuverlässig erkannt und geeignete Maßnahmen ergriffen werden.

Bei der **täglichen Kontrolle** der Tiere ist auf Folgendes zu achten:

Verhaltensabweichungen können sich tierart-, ggf. sogar stamm- oder rassenspezifisch äußern: So kann die Intensität der normalen Verhaltensabläufe vermindert sein (z.B. Teilnahmslosigkeit bis zur Bewusstlosigkeit), verstärkt sein (z.B. Fellpflege, Putzverhalten/-Juckreiz, stereotype Bewegungsabläufe), auch ungewohnte Lautäußerungen sind möglich.

- Besonderheiten in der Haltung und den Bewegungsabläufen (aufgezogener Bauch, Lahmheiten etc.)
- Veränderungen des Haarkleides (matt, stumpf, durchnässt, Schuppen, Haarverluste etc.) und von Haut und Schleimhäuten (z.B. Farbabweichungen, Schwellungen, Gewebsverluste, Verletzungen, Auflagerungen)
- Besonderheiten des Atmungstraktes und des Atmungsvorganges (Niesen, Husten, Schniefen, verstärkte Atemgeräusche, Atmung beschleunigt/verlangsamt bzw. verstärkt/abgeschwächt)
- Abweichungen im Ernährungszustand (Verfettung, Abmagerung)
- Abweichungen in der Futter- und Wasseraufnahme (vermindert, erhöht; z.B. erhöhte Wasseraufnahme bei Nierenerkrankungen und Zuckerkrankheit), Aufnahme von unverdaubaren Gegenständen (z.B. Steine etc.)
- Ungewöhnliche Beschaffenheit von Harn und Kot (Farbveränderungen, ungewöhnliche Bestandteile, Veränderungen der Zusammensetzung und Beschaffenheit)
- Veränderungen einzelner Körperteile (Verdickungen, Schrumpfungen usw., **Abb. 7.5**)

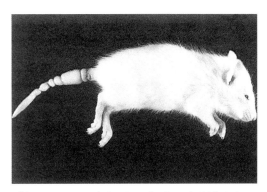

Abb. 7.5: „Ringtail" (= Ringschwänzigkeit) bei einer jungen Ratte (Aufnahme: I. Kunstýr).

- Abweichungen bei der Trächtigkeit und im Aufzuchtverhalten (z.B. erhöhte Jungtiersterblichkeit, verminderte Milchleistung)

Einfache, aber **gezielte Untersuchungen** von Versuchstieren im Hinblick auf mögliche Erkrankungen orientieren sich zunächst an folgenden Aspekten:
1. Durch einfache Besichtigung (Adspektion) werden Körperoberfläche, Körperöffnungen und die von außen sichtbaren Organe sowie Ausscheidungen und Absonderungen makroskopisch[90] untersucht. Unter Zuhilfenahme einer Lupe können zudem feinere Veränderungen wahrgenommen werden.
2. Feststellung von unnatürlichen Gerüchen (Ausatmungsluft, Körperausscheidungen, Ausdünstungen usw.)
3. Ermittlung von Körpergröße und Ernährungszustand durch Messen bzw. Wiegen oder bei stark behaarten/gefiederten Tieren durch Betasten.
4. Durch Betasten mit den Fingern (Palpation) können sowohl die Körperoberfläche als auch Körperhöhlen (z.B. der Bauchraum) bzw. die unter der Haut oder in den Körperhöhlen und Hohlorganen liegenden Körpergewebe auf eventuell vorhandene Fremdkörper, Tumoren usw. untersucht werden.
5. Durch Beklopfen mit den Fingern oder speziellen Hämmern (Perkussion) werden mit Luft oder Gas gefüllte Organe (Lunge, Darm, Nase und Nasennebenhöhlen) überprüft und aus Schalländerungen auf den Luft- bzw. Gasgehalt geschlossen.
6. Durch Behorchen (Auskultation) mit dem unbewaffneten Ohr oder mit einem Hörrohr (Phonendoskop) werden Organe, die sich bewegen (Herz, Darm) bzw. in denen Flüssigkeiten oder Luft strömen (Herz, Lunge), auf Abweichungen kontrolliert.

Die Untersuchung von Tieren durch Besichtigung und Betasten sowie die Feststellung von Körpergröße und Ernährungszustand sollten vom Tierpflegepersonal beherrscht werden. Weitergehende Untersuchungsmethoden erfordern spezielles Fachwissen und entsprechende Erfahrung und müssen vom Tierarzt durchgeführt werden, der die Befunde richtig deutet.

Daneben werden noch besondere Untersuchungsverfahren für die Feststellung und Erkennung von Krankheiten eingesetzt. Diese umfassen die Entnahme von Körperflüssigkeiten (z.B. Blut, Harn) und Gewebe für die entsprechenden Laboruntersuchungen, Röntgen- und Ultraschallaufnahmen, Überprüfung der Herz- und Gehirnfunktionen z.B. durch Ableitungstechniken (EKG = Elektrokardiogramm, EEG = Elektroenzephalogramm).

Maßnahmen bei erkrankten Tieren

Erkennbar kranke Tiere sind einer Behandlung zuzuführen oder – sofern der verantwortliche Tierarzt, der Leiter der Versuchstierhaltung oder der Versuchsleiter die Tötung anordnet – tierschutzgerecht zu töten (**Kap. 8.9**). Art und Ursachen der auftretenden Gesundheitsstörungen müssen, insbesondere bei Bestandserkrankungen, durch entsprechende Untersuchungen abgeklärt und das Ausmaß der Schäden und Verluste schriftlich festgehalten werden. Kranke Tiere sind, soweit dies im Einzelfall erforderlich ist, von anderen Tieren abzusondern.

Krankenbericht
Bei Erkrankungen von Versuchstieren sind die Befunde schriftlich festzuhalten. Insbesondere bei Tieren im Experiment müssen die Krankheitserscheinungen und auch die Todesfälle im Befundbericht schriftlich niedergelegt werden.

---
[90] Durch Betrachtung mit dem bloßen Auge, d.h. ohne Benutzung optischer Hilfsmittel.

Tab. 7.12: Krankenbericht

Krankenbericht

Abteilung:	Verwendung:
Tierart:	Alter:
Geschlecht:	Kennzeichen:
Eintritt in die Abteilung:	
Beginn der Erkrankung:	
Ende der Erkrankung:	
gestorben/getötet am:	Todesursache:
Futter- u. Wasseraufnahme:	
Ernährungszustand:	
Kotbeschaffenheit:	
Haltung/Bewegungen:	
Verhalten:	
Haar-/Federkleid:	
Haut:	
Augen:	
Nase:	
Maul einschließlich Gebiss:	
Gliedmaßen:	
Ohren:	
After:	
Harn- und Geschlechtsöffnungen:	
Atmung:	
Aufzuchtleistung:	
sonstige Befunde:	
Besonderheiten und Behandlungen:	
Datum, Unterschrift:	

Bei größeren Versuchstierarten wird hierfür ein Krankenblatt verwendet, auf dem zusätzlich der Verlauf der Körpertemperatur aufgezeichnet wird. Für einen Krankenbericht wird nachfolgendes Beispiel aufgeführt (**Tab. 7.12**).

Vorbeuge
Zur Vermeidung von ansteckenden Krankheiten müssen geeignete vorbeugende Maßnahmen ergriffen werden. Diese umfassen insbesondere die Abschirmung der Tiere gegenüber ungünstigen belebten und unbelebten Umwelteinflüssen. Daneben sind im Bedarfsfall geeignete Schutzimpfungen, Wurmkuren und sonstige Behandlungen durchzuführen. Bevor Tiere aus unterschiedlichen Haltungsbereichen gemischt oder zugekaufte Tiere in eine Versuchstierhaltung eingebracht werden, müssen sie (oder entsprechende Stellvertretertiere) untersucht bzw. in Quarantäne gehalten werden, damit sichergestellt wird, dass von ihnen keine Krankheitserreger auf den übrigen Bestand übertragen werden können.

Wiederholungsfragen

1. Warum sind Versuchstiere besonders anfällig für Infektionskrankheiten?
2. Erläutern Sie den Begriff „Krankheit".
3. Welche Anzeichen für Erkrankungen können bei Pflegearbeiten beobachtet werden?
4. Beschreiben Sie die tägliche Gesundheitskontrolle in einem Tierbestand.
5. Beschreiben Sie Maßnahmen bei erkrankten Tieren.
6. Was versteht man unter vorbeugenden Maßnahmen gegenüber ansteckenden Krankheiten?

7.2 Infektionskrankheiten

7.2.1 Einführung

Das Leben auf unserer Erde wird in überragender Weise durch das Wirken von Mikroorganismen bestimmt. Diese Mikroorganismen sind überall zu finden; ihnen obliegt im ökologischen System die wichtige Aufgabe, den Stoffkreislauf aufrechtzuerhalten. Durch sie werden die abgestorbenen Makroorganismen (Pflanzen und Tiere) mineralisiert, d.h. der Fäulnis und Zersetzung unterworfen. Zwischen den Mikro- und Makroorganismen haben sich im Laufe der Evolution (Entwicklung des Lebens auf der Erde) vielfältige Beziehungen entwickelt. Ein Zusammenwirken zum gegenseitigen Nutzen (z.B. Kleinlebewesen der mikrobiellen Verdauung im Wiederkäuerpansen oder in den Dickdärmen vieler Tierarten) wird Symbiose genannt. Als Parasitismus wird die Form des Zusammenlebens bezeichnet, bei der ein Partner erheblich geschädigt wird. Der Parasit lebt also in, auf oder von dem „Wirt" und schädigt diesen, so dass er erkrankt oder sogar stirbt. Es wird zwischen Ektoparasiten (leben auf dem Wirt) und Endoparasiten (leben im Wirt) unterschieden. Zwischen der Symbiose und dem Parasitismus bestehen fließende Übergänge; so

können nützliche Symbionten wie die Kolibakterien des Darmes (*Escherichia coli*) unter Umständen auch zu Krankheitserregern werden. Die medizinische Mikrobiologie beschäftigt sich mit den Erregern, die Infektionskrankheiten bei Menschen oder Tieren verursachen. Diese Infektionskrankheiten werden durch
- Viren
- Bakterien
- Mykoplasmen
- Pilze
- Protozoen (einzellige Tiere)
- Würmer
- Gliederfüßler (Insekten und Milben)

hervorgerufen. Die drei letzten Erregergruppen werden als „Parasiten" im speziellen Sinn bezeichnet.

7.2.2 Viren

Viren sind Krankheitserreger, die durch den Zellstoffwechsel in lebenden Zellen vermehrt werden. Sie sind sehr klein (20–300 nm = Nanometer, 1 mm = 1 Mio. nm) und nur mit dem Elektronenmikroskop sichtbar zu machen. Zahlreiche Krankheiten bei Mensch und Tier werden durch Virusinfektionen hervorgerufen (Tab. 7.13–17.16).

Erst in neuer Zeit gibt es vereinzelt Medikamente, die ausgebrochene Virusinfektionen beeinflussen können. Darum muss der Vorbeuge und dem Ansteckungsschutz die Hauptbedeutung zugemessen werden. Für die wichtigsten Virusinfektionen der großen Tiere gibt es Impfstoffe, die diese Tiere für etwa 1 Jahr vor der betreffenden Infektion schützen. Bei

Tab. 7.13: Virusinfektionen des Hundes. Tollwut ist eine Zooanthroponose, d.h. auch der Mensch kann sich anstecken

Parvovirose	– Magen-, Darmentzündung, Herztod der Welpen
Staupe	– Virus befällt Atmungsorgane, Verdauungskanal und Nervensystem
HCC	= Hepatitis contagiosa canis – Leberentzündung des Hundes
Zwingerhusten	– verschiedene Viruserreger und Bakterien
Tollwut	– Stille Wut, rasende Wut

Tab. 7.14: Virusinfektionen der Katze

Katzenschnupfen	– Atemwegserkrankungen, Augenentzündung
Katzenseuche (Parvovirose)	– Durchfall, Abmagerung, missgebildete Jungtiere
Katzenleukose (FeLV)	– Abmagerung, Krankheitsanfälligkeit
FIP (Feline infektiöse Peritonitis)	– Bauchhöhlenwassersucht (Aszites)
FIV (Katzen-immunschwäche-erkrankung)	– Abmagerung, Durchfälle, Schnupfen, Augenentzündung

Tab. 7.15: Virusinfektionen des Kaninchens

Darminfektion	– verschiedene Viren
Myxomatose	– Schwellung am Kopf („Löwenkopf") und Genitalien, schleimiger Ausfluss
hämorrhagische Erkrankung (RHD)	– plötzliche Todesfälle (Blutungen aus den Körperöffnungen)

den Versuchstieren (z.B. Ratten, Mäusen), die in großer Anzahl gehalten werden, ist eine Einzelimpfung in der Regel nicht durchführbar (bekannt ist dies nur für die Immunisierung gegenüber den Mäusepocken). Der Schutz vor der Ansteckung muss durch bauliche und organisatorische Maßnahmen („Barrieren") sowie durch sachgerechte Desinfektionsprogramme erreicht werden. Wirksame Desinfektionsmittel müssen als „viruzid" (= viruszerstörend) ausgewiesen sein.

Tollwut

Das Risiko, sich nach Hunde- oder Katzenbissen mit dem Tollwutvirus zu infizieren, ist in den letzten Jahren durch die erfolgreiche Bekämpfung der Fuchstollwut erheblich gemindert. Eine Übertragung kann lediglich bei verwilderten streunenden Tieren aus Vorsichtserwägungen angenommen werden. Pflegepersonal, das dieser Gefahr ausgesetzt ist – z.B. in Tierheimen oder Wildparks – sollte tunlichst durch eine vollständige Tollwutschutzimpfung vorbeugend geschützt werden.

Tab. 7.16: Virusinfektionen bei einigen Versuchstierarten und dem Menschen (nach Gesellschaft für Versuchstierkunde)

Erreger	Infektionen bei[1]					
	Maus	Ratte	Hamster	Meerschwein	Kaninchen	Mensch
Adenovirus (Maus, Meerschw.)	+	+	–	+	–	–
Coronavirus der Ratte (RCV)	–	(+)	–	–	–	–
Ektromelievirus	+	(+)	–	(+)	(+)	–
Enzephalomyo-karditisvirus	+	–	–	–	–	+
Hantaan-Virus*	+	+	–	–	–	+
Hepatitisvirus der Maus (MHV)	+	(+)	–	–	–	–
H-1-Virus (Toolan)	–	+	(+)	–	–	–
Kilham rat virus (KRV)	–	+	–	–	–	–
K - Virus der Maus	+	–	–	–	–	–
Laktatdehydro-genasevirus (LDV)	+	–	–	–	–	–
Virus der Lymphozytären Choriomeningitis* (LCM)	+	(+)	+	+	–	+
Mammatumorvirus (MuMTV)	+	–	–	–	–	–
Minute Virus der Maus (MVM)	+	+	–	–	–	–
Pneumonievirus der Maus (PVM)	+	+	+	+	–	–
Polyomavirus der Maus	+	+	+	+	–	–
Reovirus Typ 3	+	+	+	+	+	+
Rotavirus (Maus, Ratte, Kaninchen)	+	+	–	–	+	–
Sendaivirus	+	+	+	+	+	+
Sialodacryoadenitis-Virus (SDA)	–	+	–	–	–	–
Simian Virus (SV 5)	–	–	+	+	–	+
Theiler's Enzephalomyelitis-Virus (TEMV)	+	+	–	–	–	–
Zytomegalievirus der Ratte	–	+	–	–	–	–
Zytomegalievirus der Maus	+	–	–	–	–	–
Zytomegalievirus des Meerschweinchens	–	–	–	+	–	–

[1] + = natürliche Infektion der Spezies, (+) = experimentelle Infektion möglich, – = nicht empfänglich,
* = gefährliche Zooanthroponose

Kommt es zum Kontakt, zu Biss- oder Kratzverletzungen mit oder durch verdächtige Tiere, so sind umgehend die Veterinärbehörde und das Gesundheitsamt einzuschalten, damit die notwendigen Maßnahmen unverzüglich eingeleitet werden können. Heimtiere, besonders wenn sie auch in Wald und Feld frei laufen, sollten einen nachweislich (Impfpass!) vollständigen Impfschutz besitzen. Von Katzen und Hunden für Versuchszwecke kann bei Einhaltung der notwendigen und üblichen Isolierbedingungen keine Tollwutgefahr ausgehen.

7.2.3 Bakterien

Auf unserer Erde werden alle Lebensvorgänge durch Bakterien beeinflusst. Bakterien sind überall in der Umgebung der Tiere anzutreffen. Nur bei den in Isolatoren unter strenger Abschirmung gehaltenen keimfreien Tieren finden wir keine Bakterien. Viele Arten bilden sehr widerstandsfähige Dauerformen (Bakteriensporen), welche die meisten Desinfektionsmaßnahmen überleben und nur bei Temperaturen über 120 °C im Autoklaven abgetötet werden. Es gibt zahlreiche bakterielle Krankheitserreger, z.T. sind sie tierartspezifisch, d.h., sie können nur eine Tierart anstecken, z.T. können sie aber auch Infektionen zwischen verschiedenen Tierarten und auch beim Menschen auslösen. Gegen die Bakterien gerichtete Medikamente (z.B. Antibiotika wie Penicillin u.a.) wirken bei bakteriellen Erkrankungen. Einzeltierbehandlungen (Tabletten, Injektionen), aber auch Bestandsbehandlungen durch Verabreichung von Medikamenten in Trinkwasser oder durch Einmischen in das Futter (Medizinalfutter) werden auf tierärzt-

Tab. 7.17: Bakterielle Infektionen bei einigen Versuchstierarten und dem Menschen (nach Gesellschaft für Versuchstierkunde)

Erreger	Infektionen bei[1]					
	Maus	Ratte	Hamster	Meerschwein	Kaninchen	Mensch
Bordetella bronchiseptica	+	+	+	+	+	+
Campylobacter jejuni[1]	+	+	+	+	+	+
Citrobacter freundii	+	+	+	+	+	+
Corynebacterium kutscheri	+	+	+	+		
Klebsiella pneumoniae/oxytoca	+	+	+	+	+	+
Mycoplasma[2]	+	+	+	+	(+)	+
Pasteurella pneumotropica[3]	+	+	+	+	+	(+)
Staphylococcus aureus	+	+	+	+	+	+
Streptobacillus moniliformis[1]	+	+		(+)		(+)
Streptococcus der serolog. Gruppen A, C, G	+	+	+	+	+	+
Yersinia pseudotuberculosis[1]	+	+	+	+	+	(+)
Chlamydia psittaci[1]	+	+	+	+	+	+
Bacillus piliformis	+	+	+	+	+	(+)

[1] Zooanthroponose: + = gesichertes Vorkommen, (+) = kommt selten vor.
[2] Unterschiedliche Arten bei den Tierarten. Der Mensch kann nur an Mycoplasma hominis erkranken.
[3] „Pasteurella pneumotropica" ist eine Gruppenbezeichnung, unter der sich mehrere tierspezifische Arten verbergen.

liche Anordnung hin vorgenommen. Vor jeder Behandlung sollte eine einwandfreie Erregerbestimmung (bakteriologische Diagnose) durchgeführt werden. Probleme entstehen immer wieder dadurch, dass zunehmend Krankheitserreger Medikamentenresistenz entwickeln. Von der Vielzahl der bakteriellen Erkrankungen sollen einige Beispiele in den folgenden Abschnitten beschrieben werden (**Tab. 7.17**).

Kaninchenschnupfen

Bei dieser in Kaninchenhaltungen sehr gefürchteten Erkrankung handelt es sich meist um eine Infektion mit mehreren Erregern. Pasteurellen (Louis Pasteur, 1822–1895, französischer Chemiker und Bakteriologe) werden aber regelmäßig gefunden. Die Infektion ergreift zunächst die oberen Atemwege (daher „Schnupfen"); die Tiere niesen, schniefen, und aus der Nase tritt ein schleimiges, eitriges Sekret. Häufig entstehen in den Halslymphknoten eitrige Abszesse oder es entwickelt sich eine eitrige Lungenentzündung („Pneumonie") mit starker Atemnot. Einige Tiere zeigen bei Erkrankungsprozessen im Innenohr eine schiefe Kopfhaltung. Die Infektionserreger werden überwiegend direkt von Tier zu Tier übertragen (z.B. auf Kaninchenzuchtausstellungen!). In der Umwelt können die nicht sehr widerstandsfähigen Erreger durch gründliche Reinigungsmaßnahmen mit nachfolgender Desinfektion leicht abgetötet werden. Behandlungen der Tiere führen fast nie zu einer vollständigen Erregerfreiheit, da die Keime im Bereich der eitrigen Prozesse und auf der Nasenschleimhaut durch die Medikamente schwer erreicht werden. Kaninchenbestände können nur durch strenge Isolierung („Barrieren") vor der Infektion geschützt werden. Schnupfenfreie Kaninchenbestände müssen unter „SPF"-Bedingungen gehalten und versorgt werden.

Streptokokkeninfektion bei Meerschweinchen

Streptokokkeninfektionen führen bei Meerschweinchen zu plötzlichen Todesfällen. Die Erreger lassen sich dann aus allen Organen isolieren. Häufig entwickelt sich eine Lungenentzündung (Pneumonie). Beim chronischen Verlauf entstehen große Eiterherde (Abszesse) im Halsbereich (**Abb. 7.6**). Viele Meerschweinchen sind auch „latent" infiziert. Dies bedeutet, die Tiere tragen die Krankheitserreger in sich

Abb. 7.6: Abszess im Halsbereich eines Meerschweinchens, verursacht durch eine Streptokokkeninfektion (Aufnahme: I. Kunstýr).

und scheiden sie auch aus (können also andere Tiere anstecken), sind aber selbst nicht erkennbar erkrankt. Behandlungen mit Antibiotika sind möglich, aber nicht immer erfolgreich. Streptokokken werden auch bei Eiterherden des Menschen angetroffen. Die Meerschweinchenerkrankungen werden aber durch tierspezifische Erreger ausgelöst.

Staphylokokkeninfektion

Staphylokokken werden häufig bei eitrigen Prozessen und Hautveränderungen angetroffen. Sie besiedeln aber auch die Schleimhäute von Rachen und Nase und können so in Form von Tröpfcheninfektionen (Husten, Niesen) verbreitet werden. Derartige Infektionen kommen häufig beim Menschen als Halsentzündung (Angina) oder begleitend bei Schnupfen vor. Die Ausscheidung (Tröpfcheninfektion!) erfolgt immer schon vor dem Auftreten von Krankheitsanzeichen (Halsschmerzen!), so dass Menschen, aber auch Versuchstiere unbemerkt angesteckt werden. Durch spezielle bakteriologische Untersuchungen ist erwiesen, dass die beim Menschen, z.B. bei Tierpflegern, vorhandenen Staphylokokkentypen auch Mäuse infizieren können. Besonders gefährdet sind die Zuchten der in ihrer natürlichen Infektionsabwehr geschwächten Mäuse (z.B. Nude-Mäuse). Aus diesem Grund gehört zum Schutz der SPF-Tierbestände auch das Tragen von Mundschutztüchern oder kleinen Halbmasken (wie im Operationsraum).

Salmonellen

Die bei Darminfektionen (Enteritis = Darmentzündung) vorkommenden Salmonellen sind von besonderer Bedeutung, da sie auch zur Ansteckung des Menschen führen und die Ursachen von Lebensmittelvergiftungen sind. Häufig sind Hund und Katze (natürlich auch alle landwirtschaftlichen Nutztiere einschließlich des Geflügels) latent infiziert und scheiden über längere Zeit die Erreger aus. Auch Futtermittel (nicht genügend erhitzte Fleischabfälle oder Fischmehl) können kontaminiert sein. Regelmäßige bakteriologische Kotuntersuchungen lassen die Gefährdung erkennen. Peinliche Sauberkeit und regelmäßige, sachgerechte Desinfektionen beugen einer Keimausbreitung vor.

Leptospirose

Träger und dadurch Ansteckungsquellen sind in erster Linie Wildratten und -mäuse, aber auch landwirtschaftliche Nutztiere und Hunde. Infizierte Tiere erkranken häufig nicht sichtbar, scheiden die Leptospiren aber oft in großen Mengen mit dem Urin aus. Über Hautverletzungen wird der Mensch infiziert. Die Erkrankung kann beim Menschen einen schweren Verlauf mit Fieber, Muskelschmerzen, Gelbsucht, Blutharnen und Gehirnhautentzündung nehmen. Eine frühzeitige Behandlung ist erforderlich.

Beim Umgang mit Wildnagern sind entsprechende Schutzmaßnahmen vor Bissen notwendig. Damit Heim- oder Versuchstiere nicht infiziert werden können, muss der Kontakt mit Wildmäusen oder Wanderratten verhindert werden. Für Hunde ist die Schutzimpfung gegen Leptospirose im Impfprogramm enthalten. Die Immunisierung sollte konsequent durchgeführt werden.

7.2.4 Mykoplasmen

Mykoplasmen sind im Vergleich zu Bakterien sehr einfach aufgebaut, insbesondere besitzen sie keine feste äußere Begrenzung. Sie haben außerhalb des Tierkörpers kaum Überlebenschancen. Große Bedeutung besitzt die Mykoplasmose der Ratten. Bei Ratten führt die Infektion mit Mycoplasma pulmonis zur chronischen Erkrankung der Atmungsorgane, der CRD (*C*hronic *R*espiratory *D*isease) oder Mykoplasmen-Pneumonie. Die Erkrankung war früher in fast allen Rattenzuchten weit verbreitet. Auch heute sind die Rattenzuchten stark gefährdet. Die „SPF-Haltung" von Ratten ist hauptsächlich zum Schutz vor dieser Infektion notwendig. Die Ansteckung erfolgt durch Rattenzukäufe oder durch Kontakt mit Wildratten. Die Erkrankung kann sehr schleichend verlaufen, da die Infektionsausbreitung nur durch den direkten Kontakt der Tiere erfolgt. Durch rasselnde, schniefende Atemgeräusche wird die CRD zuerst festgestellt. Später treten dann allgemeine Krankheitszeichen wie struppiges Fell, Abmagerung und Atemnot auf. Mykoplasmen sprechen auf eine Reihe von Medikamenten an, d.h. diese können zur Behandlung eingesetzt werden. Man erreicht bei Ratten aber meist nur eine Besserung des Befundes, eine Bestandssanierung gelingt selten.

7.2.5 Pilze

Als Pilzkrankheitserreger spielen in erster Linie Hautpilze eine Rolle. Unter besonderen Umständen bei geschwächten oder erkrankten Tieren kann auch der Befall innerer Organe erfolgen. Hautpilzerkrankungen (Hautmykosen) kommen bei allen Tierarten vor. Es besteht stets die Gefahr, dass sich auch der Pfleger ansteckt. Die entzündlichen Hautveränderungen mit Haarausfall, borkigen Belägen und starkem Juckreiz können aber auch durch Parasiten (z.B. Räudemilben) hervorgerufen sein. Behandlungsmaßnahmen wie Bestreichen der veränderten Hautstellen und Baden der Tiere mit entsprechenden Präparaten müssen häufig und konsequent wiederholt werden. Zusätzlich sind alle Gegenstände und Räumlichkeiten (u.a. auch Luftschächte) mit „fungizid" (auch Pilzsporen abtötend) wirkenden Desinfektionsmitteln zu besprühen, da die Pilzsporen (widerstandsfähige Dauerformen) sonst zu ständigen Reinfektionen führen. Überall in der Umwelt kommen Schimmelpilzsporen vor, so dass stets mit einer Verpilzung von feucht gewordenem Futter, besonders von Futterresten, gerechnet werden muss. Eine Vielzahl der Pilze bildet gefährliche Gifte (Mykotoxine). Verpilztes Futter ist stets als möglicherweise giftig anzusehen und darf nicht verfüttert werden. Um hier Schäden und Verluste zu vermeiden, sind peinliche Ordnung und Sauberkeit sowie trockene Futterlagerung notwendig. Regelmäßige Desinfektionsmaßnahmen (fungizide Präparate) dürfen nicht zur Benetzung des Futters führen, da alle Desinfektionsmittel für Säugetiere unverträglich sind.

7.2.6 Protozoen

Protozoen sind Organismen, die wie die Bakterien nur aus einer Zelle bestehen. Im Gegensatz zu diesen besitzen die Protozoen – wie die Pflanzen und Tiere – einen Zellkern. Infektionen durch Protozoen werden als parasitäre Erkrankungen bezeichnet. Viele Tropenkrankheiten des Menschen (z.B. Malaria und Schlafkrankheit) und der Tiere (Trypanosomiasis; z.B. Nagana, Surra) werden durch Protozoen ausgelöst. Weit verbreitet bei Haus- und Versuchstieren sind Kokzidiosen. Kokzidien sind parasitische Einzeller, die meist tierartspezifisch die Darmzellen besiedeln und zerstören. Es können aber auch andere Organe, wie bei der Nierenkokzidiose des Meerschweinchens oder Gallengangskokzidiose des Kaninchens, befallen sein. Die Darmkokzidiose gefährdet besonders Jungtiere und Tiere unter engen Haltungsbedingungen. Bei der Infektion kommt es zu einer massenhaften Erregervermehrung und Zerstörung der Darmschleimhaut. Kaninchen und Geflügel sind besonders häufig betroffen. Die Tiere leiden an blutigen Durchfällen. Am Ende des Entwicklungskreislaufs der Parasiten werden sehr widerstandsfähige Dauerformen, die Kokzidienoozysten, gebildet und ausgeschieden. Nach kurzer Reifungszeit (Sporulation) kann durch die Oozysten die Reinfektion erfolgen. Die massenhaft ausgeschiedenen Kokzidienoozysten stellen ein ernst zu nehmendes hygienisches Problem dar. Sie widerstehen den gebräuchlichen Desinfektionsmitteln, werden aber durch Temperaturen oberhalb 60 °C bei 5 bis 10-minütiger Einwirkzeit abgetötet. Obwohl eine Anzahl von Medikamenten eine wirksame Behandlung erlauben, ist doch die Verhinderung der Reinfektion die Hauptforderung. Daher muss vermieden werden, dass die Tiere mit ihrem Kot in Berührung kommen. Dazu ist eine Haltung auf Spaltenböden, Gitterrosten oder Lochblechen notwendig. Zusätzlich sind möglichst tägliche gründliche Reinigungsmaßnahmen (Hochdruckreiniger, besser noch Dampfstrahlgeräte) notwendig. Die Käfige müssen ausreichend lange (ca. 5 min) bei Temperaturen über 60 °C gewaschen werden (Bandwäscher). Eine besondere Bedeutung kommt der Kokzidienart **Toxoplasma gondii** zu. Der eigentliche Wirt ist die Katze, bei der sich die Darmkokzidiose entwickelt. Durch die ausgeschiedenen Oozysten können sich aber alle Säugetiere und auch der Mensch anstecken. Bei ihnen vermehren sich die Erreger außerhalb des Darmes in vielen Organen. Gefürchtet ist die Infektion bei schwangeren Frauen, weil eine Erstinfektion bei ihnen zu Missbildungen beim Ungeborenen führen kann. Ansteckungsquelle ist in den seltensten Fällen die Katze direkt, denn die Oozysten sind auch im Straßenstaub nachzuweisen. Eine wichtige Infektionsquelle ist roh genossenes Schweinefleisch, da Schweine häufig infiziert sind.

7.2.7 Würmer

Die hygienische Bedeutung der zahlreichen endoparasitischen Wurminfestationen (man spricht korrekterweise bei Parasiten von „Infestation" statt „Infektion") ist darin zu sehen, dass die Wurmträger massenhaft die meist sehr widerstandsfähigen Wurmeier ausscheiden. Diese können über lange Zeiträume in der Umwelt überleben (Zwinger mit Naturboden!) und ständig zu Wiederansteckungen führen. Die Abtötung der Wurmeier bereitet erhebliche Probleme. Es sind nur wenige Desinfektionsmittel wirksam und diese Mittel sind nur mit äußerster Vorsicht anzuwenden (giftige Dämpfe! umweltschädlich, entzündlich). Als Mittel der Wahl bleiben nur Reinigungsmaßnahmen und Temperaturanwendung. Es bedarf aber schon des erheblichen Einsatzes von technischen Geräten, um größere Erdbodenflächen auch in der Tiefe ausreichend (ca. 80 °C) und lange genug (5–10 min) zu erhitzen. Ein besonderes hygienisches Problem sind durch Wurmeier kontaminierte Kinderspielplätze und „Sandkisten", weil verantwortungslose Hunde- und Katzenbesitzer ihren Tieren dort freien Auslauf lassen. Kleinkinder stecken häufig beim Erkunden der Umwelt verschiedene Gegenstände in den Mund und können durch die Aufnahme von Wurmeiern

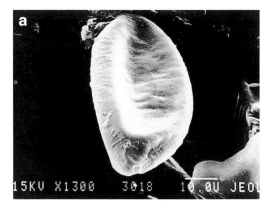
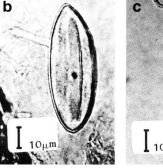
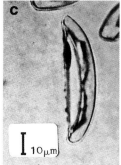

Abb. 7.7: Eier des Fadenwurms (*Syphacia muris*) der Ratte.
a rasterelektronenmikroskopische Aufnahme bei 1300facher Vergrößerung; **b** ovale Form eines Wurmeies in der Aufsicht (lichtmikroskopische Aufnahme); **c** einseitig abgeflachte Form des Wurmeies in der Seitenansicht (Aufnahmen: J. Weiss).

schwer erkranken (Larva migrans = wandernde Wurmlarven im Körper der Kinder).

Oxyurenbefall bei Ratte und Maus

Zahlreiche Ratten- und Mäusezuchten sind mit Oxyuren befallen. Die 2–3 mm kleinen Fadenwürmer parasitieren in großer Anzahl in den Dickdärmen. Die Bekämpfung ist sehr schwierig. Zwar lassen sich die Würmer mit einer Anzahl wirksamer Präparate abtreiben, aber die Bestände werden ständig aufs neue infiziert. Die weiblichen Würmer verlassen den Darm zur Eiablage und legen die Eier in der Umgebung des Afters[91] ab. Die sehr leichten

---

[91] Hier lassen sich die typischen länglich-ovalen Eier mit einer durchsichtigen Klebefolie (z.B. Tesafilm®) leicht abnehmen und unter dem Mikroskop untersuchen.

und klebrigen ovalen Oxyureneier (**Abb. 7.7**) werden durch das Putzen der Tiere mit dem Staub im gesamten Tierraum verteilt. Mit gebräuchlichen Desinfektionsmitteln werden diese Eier nicht abgetötet. Ein einmal mit Oxyureneiern kontaminierter Tierraum bleibt über Monate eine Ansteckungsquelle. Darum müssen die Tiere dann wohl oder übel über Monate mit einem Medizinalfutter gefüttert werden, damit jeder sich entwickelnde Wurm sofort abgetrieben wird. Nur durch strenge SPF-Bedingungen können Zuchten auf Dauer frei von Oxyuren gehalten werden. Eine ständige Gefahr geht von Wildmäusen aus.

7.2.8 Ektoparasiten

Räude

Hartnäckige, lang andauernde Hautentzündungen, stark juckend (die Tiere scheuern oder kratzen sich), mit Verdickung der Haut, Borkenbildung und Haarausfall sind die Krankheitszeichen der Räude (beim Menschen ist der Namen „Krätze" üblich). Die Ursachen sind die in der Haut parasitierenden Räudemilben. Erwachsene Milben erkennt man an ihren acht Beinen, während Insekten nur sechs besitzen. Häufig sind bei den einzelnen Tierarten bevorzugt typische Körperstellen befallen (Ohrräude der Kaninchen, Ohr und Kopfbereich bei der Katze). Die Krankheit wird von Tier zu Tier übertragen und breitet sich schließlich im Bestand aus. Erkrankte Tiere müssen isoliert gehalten werden (Krankenstall, Infektionsabteilung, Quarantäne zugekaufter Tiere). Behandlungen wie Baden und Waschen aller Tiere des Haltungsbereiches mit entsprechenden Präparaten müssen sehr konsequent, und mehrmals wiederholt werden, da die borkigen Hautveränderungen schlecht durchdrungen werden und in den Bohrgängen der Haut abgelegte Eier durch die Medikamente nicht beeinflusst werden. Trotzdem ist diese Behandlung häufig nicht endgültig erfolgreich. Erfolg versprechen neue Medikamente, die den kranken Tieren verabreicht werden. Die saugenden Milben „vergiften" sich dann am Medikament in den Körpersäften. Beim Men-

Tab. 7.18a: Ektoparasiten einiger Versuchstiere (nach Gesellschaft für Versuchstierkunde)

Parasit	Wirt	Lokalisation/Untersuchungsmaterial (Stadium)	Klinik/Pathologie
Flöhe verschiedene Spezies	Nager und andere Säuger	Fell (Adulte)	Beunruhigung, Kratzen, Selbstverstümmelung: Fell- und Hautschäden
Läuse *Polyplax serrata*	Maus	Fell (alle Stadien)	Kümmern, Beunruhigung, Kratzen
Polyplax spinulosa	Ratte	Fell (alle Stadien)	Kümmern, Beunruhigung, Kratzen
Mallophagen *Gliricola porcelli* (Haftfußmallophage)	Meerschweinchen	Fell (alle Stadien)	bei starkem Befall struppiges, schütteres Fell, Beunruhigung, Kratzen, Haarausfall
Milben *Cheyletiella parasitivorax* (Raubmilbe)	Kaninchen	Fell, Haut (alle Stadien)	Hautentzündung, Juckreiz, Haarausfall
Chirodiscoides caviae (Haarmilbe)	Meerschweinchen	Fell (alle Stadien) Prädilektion: plantare Seite der Oberschenkel	bei starkem Befall Juckreiz, Haarausfall, Gewichtsabnahme
Haarmilben *Myobia musculi* *Myocoptes musculinus* *Radfordia affinis*	Maus	Fell (alle Stadien)	bei starkem Befall Hautentzündung, Haarausfall, Juckreiz und Selbstverstümmelung

Tab. 7.18b: Endoparasiten einiger Versuchstiere (nach Gesellschaft für Versuchstierkunde)

Parasit	Wirt	Lokalisation/Untersuchungsmaterial (Stadium)	Klinik/Pathologie
Giardia sp.	alle Hamsterarten, Maus, Gerbil, Ratte, Meerschweinchen	Dünndarm (Trophozoiten); Zäkum, Kolon (Zysten)	oft inapparent; Kümmern bei Jungtieren; geleg. chronische Darmentzündung (Enteritis) bei Adulten; selten Durchfall
Spironucleus muris	Maus, alle Hamsterarten, (Ratten – eine wirtspezifische Art)	Dünndarm (Trophozoiten); Zäkum, Kolon (Zysten)	oft inapparent; geleg. chronische Enteritiden, bei athymischen Mäusen auch Todesfälle; Aktivierung von Makrophagen
Kokzidien *Eimeria spp.* (zahlreiche Arten)	Kaninchen	verschiedene Darmabschnitte	Enteritiden, Durchfälle, Todesfälle
Eimeria stiedai	Kaninchen	Gallengänge der Leber	Gallengangs- oder Leberkokzidiose; oft inapparent
Eimeria caviae	Meerschweinchen	Kolonschlinge (Ansa spiralis coli)	Durchfall, Todesfälle
Eimeria nieschulzi (E. separata, E. contorta, E. miyarri)	Ratte	Dünndarm	inapparent; Durchfälle bei Jungtieren; Todesfälle auch bei Adulten, wenn massive Infektion
Eimeria falciformis (E. pragensis)	Maus	Dünndarm	Durchfälle bei Jungtieren
Toxoplasma gondii	Kaninchen, Meerschweinchen Maus, Ratte, Mensch	ZNS (Zysten, Granulome, perivaskuläre Infiltrate)	meist inapparent; Störungen des ZNS; allg. fieberhafte Erkrankung
Aspiculuris tetraptera	Maus	Kot (Eier), Zäkum und Colon (Adulte und Larven)	meist ohne erkennbare Auswirkungen. Störungen im Intestinaltrakt, Verstopfung, Mastdarmvorfall, Resorptionsstörungen
Syphacia spp.	Maus, Ratte, Hamster	Abklatschpräparat (Eier), Zäkum (Adulte)	meist ohne erkennbare Auswirkung
Capillaria hepatica	Maus, Ratte, Hamster, Kaninchen, (Mensch)	Lebergewebe (Eier und Adulte)	herdförmige entzündliche Leberveränderungen
Graphidium strigosum	Kaninchen	Kot (Eier), Magen (Adulte)	Durchfall, Abmagerung, Entzündungen in der Schleimhaut
Passalurus ambiguus	Kaninchen	Kot (Eier), Zäkum und Kolon (Adulte)	meist keine auffälligen Veränderungen
Trichosomoides crassicauda	Ratte	Harn (Eier), Harnblase (Adulte)	Schleimhautveränderungen in der Harnblase

schen kommen eigenständige „Krätzemilben" vor; es können aber auch einige Milben der Tiere auf dem Menschen vorübergehend parasitieren und zur „Trug- oder Scheinkrätze" führen. Entsprechende Vorsichtsmaßnahmen sollten daher beachtet werden.

Weitere häufige Ektoparasiten

Auf der Haut und im Haarkleid der Tiere kommen verschiedene saugende oder Hautschuppen fressende Parasiten vor. Bei Hunden und Katzen sind es Läuse und Flöhe, die zu den

Insekten (3 Beinpaare!) gehören. Bei Mäusen, Ratten und Meerschweinchen sind es häufiger Haarlinge (Insekten) und verschiedene Milbenarten (als erwachsene Tiere mit 4 Beinpaaren). Die Bekämpfung dieser lästigen, für die Tiere sehr beunruhigenden (Juckreiz!) Parasiten ist in der Praxis nicht einfach. Es müssen alle Tiere des Raumes gebadet oder eingesprüht werden. Diese Prozedur muss mindestens zweimal in wöchentlichen Abständen wiederholt werden, weil die im Fell abgelegten Eier durch die Präparate nicht abgetötet werden und aus ihnen sich immer wieder Nachwuchs entwickelt. Auch die Tierunterkünfte (z.B. Hundehütte, Käfige) müssen ausreichend heiß (über 60 °C) gereinigt und ebenfalls eingesprüht werden.
In der Ratten- und Mäusehaltung ist es häufig arbeitstechnisch günstiger, Präparate in Pulverform oder als Kunststoff-Pellets (der Wirkstoff „dampft" ab) mit der Käfigeinstreu zu vermischen. Hunde und Katzen, eventuell auch Meerschweinchen kann man durch Betropfen mit speziellen Präparaten behandeln („pour on"). Der Wirkstoff wird durch die Haut resorbiert und tötet die Blut oder Gewebsflüssigkeit saugenden Parasiten. Da diese Präparate bei falscher oder fahrlässiger Anwendung zu Vergiftungen führen, sind die Verordnungen genau zu befolgen (**Tab. 7.18a u. b**).

7.2.9 Anzeigepflichtige Tierseuchen (Tierseuchengesetz)

Gefährliche und mit großen wirtschaftlichen Verlusten einhergehende Infektionskrankheiten der Haustiere, die Tierseuchen, sind

Tab. 7.19: Eine Auswahl anzeigepflichtiger Tierseuchen in Deutschland und der Schweiz

Milzbrand* und Rauschbrand*
Rotz*
Maul- und Klauenseuche*
Schweinepest
Rinderpest
Geflügelpest
Psittakose* (Papageienkrankheit)**
Tollwut*
Aujeszkysche Krankheit (Pseudowut)**

* Zooanthroponose („Zoo"= Tier, „Anthropos" = Mensch)
** in der Schweiz nur meldepflichtig

Tab. 7.20: Meldepflicht (Auswahl nach § 6 u. 7 des Infektionsschutzgesetzes)

Salmonellose
Milzbrand
Ornithose (Psittakose, Papageienkrankheit)
Tollwut

anzeigepflichtig (**Tab. 7.19**). Neben dem Besitzer ist der mit der Aufsicht über die Tiere Beauftragte (also der Tierpfleger) zur Anzeige verpflichtet. Ist die Seuche amtlich festgestellt, so sind die von der Veterinärbehörde angeordneten Maßnahmen (u.a. Sperrung der Betriebe, Desinfektion, Tötung der Bestände) zu befolgen.

7.2.10 Meldepflicht bei menschlichen Erkrankungen (Infektionsschutzgesetz)

Einige Infektionskrankheiten der Tiere führen auch zu Erkrankungen beim Menschen (**Tab. 7.20**). Für diese Krankheiten wurde der Begriff Zoonosen (korrekter: Zooanthroponosen, „Zoon" = ~ Tier, „Anthropos" = ~ Mensch) geprägt. Gefährliche Infektionen dieser Art sind nach dem Infektionsschutzgesetz meldepflichtig.

7.2.11 Entnahme und Lagerung von Proben für Laboruntersuchungen

Das Ergebnis einer Laboruntersuchung wird entscheidend von der richtigen Materialentnahme und der Probenaufbewahrung beeinflusst. Vor jeder Untersuchung ist durch Rücksprachen mit dem Labor zu klären, welches Material wie und wann gewonnen werden soll und wie es gelagert bzw. transportiert werden muss. In der Regel wird Untersuchungsgut gekühlt und bruch- bzw. auslaufsicher versandt. Sind Tierkörper zur Untersuchung vorgesehen, so ist dies unverzüglich dem Institut anzukündigen. Sie sind am besten durch Boten zu transportieren und mit genauem Vorbericht zu versehen. Insbesondere dürfen Hinweise auf eventuelle Gefährlichkeit (z.B. Tollwutverdacht!) nicht fehlen. Tierkörper sind grundsätzlich – auch wenn sie am Wochenende anfallen! – nur zu kühlen (Kühlschrank, d.h. + 4 °C) und nicht einzufrieren; Organproben oder Seren müssen hingegen häufig tiefgefroren aufbewahrt werden (Tiefkühltruhe d.h. –18 °C). Es ist stets ratsam, mit der Untersuchungsstelle vorher Kontakt aufzunehmen.

7.2.12 Gefahren für die Gesundheit des Tierpflegepersonals

Beim täglichen engen Kontakt mit den Einzeltieren und durch den Aufenthalt in den mitunter dicht besetzten Tierräumen kann es zu Verletzungen oder zur Übertragung von Krankheiten kommen. **Tierbisse** und größere **Kratzverletzungen** sind grundsätzlich ernst zu nehmen und müssen notfallmäßig und anschließend ärztlich versorgt werden. Bisswunden werden immer durch Keime der Mundflora infiziert, die in dem gequetschten und zerstörten Gewebe gute Vermehrungsbedingungen vorfinden und daher zu größeren Entzündungsprozessen führen können. Zur selbstverständlichen Vorsorge gehört daher für jede Tierpflegeperson eine vollständige Tetanus-Immunisierung. Speziell bei Ratten und Katzen sind eigenständige Krankheitsbilder nach Biss- und Kratzverletzungen bekannt (**Tab. 7.21**).

Besonders groß ist das Risiko naturgemäß bei Verletzungen durch wilde oder verwilderte Tiere. Bei der Haltung von vielen Tieren in Räumen, besonders von Nagetieren und Vögeln, aber auch Kaninchen und Katzen, werden im erheblichen Umfang Haare, Hautschuppen, Futterteilchen und die Ausscheidungen als Staub in der Luft nachgewiesen. Diese Stäube können bei empfänglichen Personen zu allergischen Reaktionen der Atemwege („Heuschnupfen", „Atemnot", „Asthma") und der Haut (Entzündungen und Juckreiz) führen. Zur generellen Vorbeuge dieser Erkrankungen sind Sauberkeit, Staubvermeidung bei Entsorgungs- und Pflegearbeiten und hohe Durchlüftungsraten, (z.B. 12- bis 15facher Luftwechsel pro Stunde bei der Versuchstierhaltung) notwendig. Beim Einsatz moderner Tierhaltungssysteme für Ratten und Mäuse (VCR-Einheit = **v**entilated **c**age **r**acks) mit gefilterter und abgeleiteter Abluft werden diese Probleme weitestgehend vermieden. Persönlicher Schutz ist durch einfache Gesichtstücher oder Halbmasken nur sehr bedingt gegeben. Erkrankte Personen können, wenn überhaupt, nur mit speziellen („biologischen") Atemschutzmasken oder nach Einnahme von Medikamenten mit den Tieren arbeiten. In der Regel ist ihnen ein längerer Aufenthalt in den Tierräumen unmöglich.

Die WHO (World Health Organisation = Weltgesundheitsorganisation der Vereinigten Nationen) bezeichnet „Krankheiten und Infektionen, die auf natürlichem Wege zwischen Wirbeltieren und Menschen übertragen werden, als **Zoonosen**. Es gibt weltweit über 200 dieser Erkrankungen, die durch Viren, Bakterien, Pilze, Einzeller, Würmer, Insekten oder Milben ausgelöst werden. Grundsätzlich ist die Gefahr der Ansteckung beim Umgang mit Wildtieren oder verwilderten, streunenden Tieren ungleich höher als beim Kontakt mit behüteten Heimtieren oder gar streng isolierten und ständig untersuchten Versuchstieren. Einzelheiten über wichtige im Zusammenhang mit der Haus- und Versuchstierhaltung vorkom-

Tab. 7.21: Katzenkratz- und Rattenbisskrankheit

Krankheit	Erreger	Übertragung	Krankheitsbild
Katzenkratzkrankheit	Bartonella henselae (Afipia felis)	Kratz- u. Bissverletzung durch latent infizierte Katzen, Kontakt mit jungen Katzen, selten durch Flohstiche	1–2 Wochen Inkubationszeit, Lymphgefäßentzündungen („Blutvergiftung"), geschwollene schmerzhafte Lymphknoten, evtl. Fieber
Rattenbisskrankheit	Streptobacillus moniliformis (Spirillum minus)	Bißverletzung durch Wildratten, auch bei Laborratten vorkommend	Inkubationszeit 3–5 (10) Tage, hohes Fieber mit Schüttelfrost, Kopf- u. Rückenschmerzen, Hautentzündung, nachfolgend Gelenkentzündungen u. Angina (Husten und Heiserkeit)

Tab. 7.22: Auswahl einiger wichtiger Zoonosen

Tierart	Erreger	Krankheitszeichen bzw. Maßnahmen Tiere	Mensch
Hund	Tollwutviren	verändertes Verhalten, Aggressivität o. teilnahmslos, Lähmungen; vorbeugende Impfung	bei Ausbruch unheilbar tödlich, vorbeugende Schutzimpfung, sofortige Impfbehandlung nach Biss o.ä.
	Leptospiren (Bakterien)	oft ohne Anzeichen, Ausscheidung des Erreger mit dem Urin	ohne rechtzeitige Behandlung schwere chronische Erkrankung, u.a. Gelbsucht, Blutharnen
	Fuchsbandwurm (Echinococcus granulosus)	Bandwurmträger scheiden zahlreiche Wurmeier aus	Infektion durch orale Aufnahme der Bandwurmeier, Bildung der mehr als faustgroßen ungeschlechtlichen Form (= Echinokokkus) hauptsächlich in der Leber, krebsartige Zerstörung der Organe, rechtzeitige Operation oder und lebenslange Medikamenteneinnahme.
Katze (siehe auch Tab. 7.21)	Tollwutviren	siehe Hund	
	Toxoplasma gondii	vorübergehend Durchfall, Ausscheidung der infektiösen Oozysten	Ansteckung durch Oozysten oder durch infizierte Tiere (Ratte, Maus), bzw. durch zystenhaltiges Fleisch (Schwein, Schaf)
Katze	Katzenfloh (Ctenocephalides felis)	Flohentwicklung in der Umgebung und auf der Katze, Juckreiz	lästige Beeinträchtigung (Flohbisse), allergische Reaktionen. Bei der Heimtierhaltung in der Wohnung ist die Sanierung (Abtötung der Flohlarven und -eier) von Teppichböden, Polstermöbeln u.a. mit verfügbaren Präparaten notwendig.
	Hautpilz (u.a. Microsporum canis)	oft ohne Anzeichen, bei Jungtieren Schuppung, Haarausfall im Gesichtsbereich, Juckreiz	ohne ärztliche Behandlung (Antimykotika) sehr lästige juckende, kreisförmige Hautentzündung am Unterschenkel, Unterarmen, Brustregion, Gesicht, Ansteckung von Kontaktpersonen möglich.
Ratte	Leptospiren (Bakterien)	ohne	siehe beim Hund
	Hantaanviren	u.a. Wildratten, Feldmäuse, selten bei Versuchsratten, ohne sichtbare Krankheitszeichen	schwere Erkrankung, haemorrhagisches Fieber, Nierenversagen, Lungenentzündung, Gehirnbeteiligung sehr hohe Todesrate (~60%)
Maus	LCM-Virus	Ansteckung durch Wildmäuse, Virusausscheidung lebenslang ohne sichtbare Krankheitszeichen	„Grippe"-ähnliche Erkrankung, selten Gehirnhautentzündung
Syrischer Goldhamster	LCM-Virus	siehe Maus	
Meerschweinchen	Hautpilz (u.a. Trichophyton mentagophytes)	ohne Anzeichen oder begrenzte Hautentzündung mit Haarausfall und Borken, Juckreiz	An Kontaktstellen; Kopf, Arme, Knie entzündliche tiefgreifende Prozesse, Pusteln, Knoten, Abszesse, schmerzhaft, Lymphknoten beteiligt
Kaninchen	Hautpilz	siehe Meerschweinchen und Katze	

Tab. 7.22: Fortsetzung

Tierart	Erreger	Krankheitszeichen bzw. Maßnahmen	
		Tiere	Mensch
Schafe, Ziege	Brucellose (Brucella melitensis)	Fehl- und Schwergeburten, auch ohne Anzeichen	Ansteckung bei der Geburtshilfe, durch rohe Milch u. Milchprodukte, auch durch Staub über die Atmungswege, schwere unklare Krankheitszeichen, Fieber, Beteiligung aller Organsysteme, („Maltafieber"), langdauernde antibiotische Behandlung notwendig.

mende Zoonosen sind der **Tabelle 7.22** zu entnehmen.

Mit den Möglichkeiten der Erregerübertragung zwischen Affe und Mensch – genauso wie auch umgekehrt, d.h. Mensch -> Affe, muss grundsätzlich immer gerechnet werden. Diese Problematik kann jedoch im Rahmen dieses Buches nicht näher behandelt werden. Es muss hier auf die spezielle Fachliteratur und die besonderen Sicherheitsvorschriften verwiesen werden. Beim Umgang mit diesen Tieren ist zunächst einmal immer eine Gefahrensituation anzunehmen und diese muss bei der Pflege sorgfältig bedacht werden.

Flohbefall

Zunehmend werden Menschen beim Umgang mit Tieren durch Flohstiche belästigt. Da Flöhe in der Wahl ihrer Wirte im Allgemeinen wenig spezifisch oder wählerisch sind, können praktisch von allen Tierarten Flöhe auf den Menschen überspringen. Am häufigsten ist z.B. der Katzenfloh (*Ctenocephalides felis*) zu beobachten. Er kommt nicht nur bei Katzen vor, sondern ist zunehmend auch die am häufigsten gefundene Flohart bei Hunden. Das Pflegepersonal erwirbt den Floh beim direkten Kontakt mit dem Tier oder wird durch die in der Umgebung der Tiere (u.a. „Körbchen", Heu- oder Strohnest, Polstermöbel, Teppichboden) schlüpfenden Flöhe befallen.

Bei der Bekämpfung sind diese Möglichkeiten zu berücksichtigen, d.h. es müssen sowohl die Tiere als auch ihre Umgebung (u.a. auch der Wohnbereich bei Heimtieren) mit entsprechenden Präparaten behandelt werden. Zur Vorbeuge hat sich das Tragen von „Flohhalsbändern" oder eine „Spot-on Behandlung" bei Hunden und Katzen bewährt.

Wiederholungsfragen

Viren:
1. Nennen Sie Beispiele für Virusinfektionen bei Hund, Katze, Kaninchen, Ratte und Maus.
2. Wie kann man die Tiere vor Viruserkrankungen schützen?

Bakterien:
1. Welche Eigenschaften haben Bakteriensporen?
2. Nennen Sie Beispiele für bakterielle Erkrankungen von Kaninchen, Meerschweinchen und Mäusen.
3. Welches ist die häufigste Erkrankung der Atemwege bei der Ratte?

Parasiten:
1. Wie können Kokzidienoozysten abgetötet werden?
2. Warum dürfen Katzen Sandspielkästen für Kinder nicht verunreinigen?
3. Wie verbreitet sich der Oxyurenbefall in einer Rattenhaltung?
4. Ektoparasitenbekämpfung beim Hund.

Tierseuchen:
1. Nennen Sie anzeigepflichtige Tierseuchen. Wer ist zur Anzeige verpflichtet?
2. Was ist eine Zooanthroponose? Nennen Sie Beispiele.
3. Wie werden Tierkörper bis zur Untersuchung aufbewahrt?

Literatur

Becker, W. u. Menk, W.: Zoonosen-Fibel – Zwischen Mensch und Tier übertragbare Krankheiten. H. Hoffmann Verlag, Berlin 1967.

Mehlhorn B. u. H.: Zecken, Milben, Fliegen, Schaben-, Schach dem Ungeziefer. Springer-Verlag, Berlin, Heidelberg 1990.

Rolle, M., Mayr, A.: Medizinische Mikrobiologie, Infektions- und Seuchenlehre, 7. Auflage, Enke Verlag, Stuttgart 2002.

Steuer, W., Lutz-Dettinger, U.: Leitfaden der Desinfektion, Sterilisation und Entwesung. Gustav Fischer Verlag, Stuttgart, New York 1987.

Wallhäußer, K. H.: Praxis der Sterilisation, Desinfektion, Konservierung, 3. Auflage, Georg Thieme Verlag, Stuttgart, New York 1984.

8 Versuchsplanung und -durchführung

8.1 Bedeutung des Tierversuches und Entwicklung der Versuchstierkunde

8.1.1 Wesen und Begriff des Tierversuches

Die Kenntnis über Mensch und Tier als Einzelwesen oder als Mitglied einer Population in einer gegebenen Umwelt kann durch Beobachtung und/oder Experiment[92] gewonnen werden. Durch die Beobachtung ist meist nur ein begrenzter Ausschnitt von Vorgängen zu erkennen. Durch experimentelle Eingriffe in das komplexe System können sonst nicht klar erkennbare Vorgänge isoliert werden. Dadurch werden sie beobachtbar gemacht. Ein wissenschaftliches Experiment ist ein Eingriff in ein vorhandenes System, um neue Erkenntnisse zu gewinnen. Es wurde seit F. Bacon (1561–1626), G. Galilei (1564–1642) und G.W. Leibniz (1646–1716) in zunehmendem Maße als wissenschaftliche Methode eingesetzt. Heute sind Experimente aus der wissenschaftlichen Arbeit nicht mehr wegzudenken.

Wird ein Versuch an Tieren durchgeführt, so handelt es sich um ein Tierexperiment oder um einen Tierversuch. Beide Begriffe werden für diesen Vorgang gleichberechtigt verwendet. Der wahrscheinlich durch den Anatomen Colombo (1516–1577) erstmals benutzte Begriff Vivisektion – wörtlich „Sektion am Lebenden" – ist irreführend. Man verstand im 16./17.Jh. darunter die Beobachtung am lebenden Tier, dem mehr oder weniger große Verletzungen beigebracht worden waren[93]. Den heutigen Gegebenheiten wird am ehesten die Definition gerecht, die im schweizerischen Tierschutzgesetz von 1978 steht:

„Als Tierversuch gilt jede Maßnahme, bei der lebende Tiere verwendet werden mit dem Ziel, eine wissenschaftliche Annahme zu prüfen, Informationen zu erlangen, einen Stoff zu gewinnen oder zu prüfen oder die Wirkung einer bestimmten Maßnahme am Tier festzustellen, sowie das Verwenden von Tieren zur tierexperimentellen Verhaltensforschung."

Daraus leitet sich ab, dass als Versuchstier ein Tier bezeichnet wird, an dem ein wissenschaftlicher Eingriff vorgenommen wird. Dabei ist es gleich, welcher Gattung oder Art es angehört (**Abb. 8.1**). Werden die Tiere speziell für wissenschaftliche Untersuchungen gezüchtet, so bezeichnen wir sie als „Laboratoriumstiere". Der „Eingriff" ist im weitesten Sinne des Wortes zu verstehen. Dies kann ein operativer Eingriff sein, z.B. die operative Entfernung eines Organs, eine Substanzverabreichung, aber auch ein Eingriff in die Lebensweise oder die Umwelt des Tieres wie z.B. die Prüfung unterschiedlicher Käfigtypen, Umgebungstemperaturen u.ä. Damit ergibt sich eine Abgrenzung gegenüber der Beobachtung eines Tieres, bei der die Eigenschaft „Versuchs"-Tier noch nicht gegeben ist.

Aus dieser Gegenüberstellung von Beobachtung und Versuch darf aber nicht gefolgert werden, dass die Beobachtung bei biomedizinischen Untersuchungen bedeutungslos ist und deshalb nicht stattfindet. Im Gegenteil, ein Tierexperiment ist ohne Beobachtung nicht denkbar. Dabei ist unter Beobachtung nicht nur das Erfassen von Vorgängen mit dem Auge zu verstehen, sondern ebenso die Registrierung von Phänomenen mit optischen, mechanischen und/oder anderen Verfahren.

---
92 Lat. experimentum = Probe, Versuch, Beweis.
93 Narkoseverfahren wurden erst im darauffolgenden Jahrhundert entwickelt (z.B. 1830 erste Lachgasnarkose).

Abb. 8.1: Erste Blutdruckmessung durch Stephen Hales am Pferd, veröffentlicht 1733. Künstlerische Zeichnung nach der Beschreibung in der Originalquelle (s. Clark-Kennedy 1929). (aus: Stephen Hales – Father of Hemodynamics. Editorial. Medical Times, 72: 313-321, 1944. S. 314).

8.1.2 Entwicklung der Versuchstierkunde

Tierexperimente wurden bereits in früher Zeit durchgeführt, um bestimmte Fragestellungen zu beantworten, die nicht oder nicht allein durch Beobachtung bzw. Sektion gelöst werden konnten. Erst seit dem 17./18. Jahrhundert wurde der Tierversuch als Methode der Forschung in immer größerem Umfang genutzt. Damit verbunden war auch die Veröffentlichung von methodischen Anleitungen. Hervorzuheben sind die „Einführung in das Studium der experimentellen Medizin" (Paris 1865) von Claude Bernard (1813–1878) und die „Methodik der physiologischen Experimente und Vivisektion", mit Atlas (Gießen-St. Petersburg 1876) von Cyon (1843–1912). Zu dieser Zeit wurden für die Versuche noch Tiere verwendet, die ohne großen Aufwand zu beschaffen waren. Das waren neben den gängigen Haustieren wie Kaninchen, Hund und Schwein auch Affen, die verschiedensten Vogelarten und Frösche.

Zu Beginn des vorigen Jahrhunderts wurde mit der züchterischen Entwicklung spezieller Stämme bei Maus und Ratte begonnen. Sie wurden meist aus so genannten „Farbschlägen" gezüchtet. Diese bildeten oft den Grundstock für die Zucht von Versuchstierstämmen. Der älteste unter den Mäuseinzuchtstämmen ist der noch heute geläufige DBA-Stamm, den Cl. Little (1888–1971) 1909 aufgebaut hat. Man erhoffte sich durch den Einsatz dieser homozygoten Tiere bei den Versuchsergebnissen eine geringere Streubreite, da Inzuchttiere reinerbig (homozygot) sind und somit einheitlicher als gemischterbige (heterozygote) Tiere zu reagieren vermögen. Es stellte sich aber bald heraus, dass diese Annahme ein gewisser Trugschluss war. Sie trifft nämlich nur dann zu, wenn die Tiere unter konstanten klimatischen Bedingungen gehalten werden. Ist dies nicht gewährleistet, so ergibt sich bei Verwendung heterozygoter Tiere (Aus- und Hybridzuchten) eine geringere Streuung der Ergebnisse als beim Einsatz von Inzuchttieren.

Die Folge war, dass nach der genetischen Standardisierung des Versuchstieres als ein nächster Schritt die Haltungstechnologie immer mehr verbessert werden musste. Dieses Standardisierungsprogramm wurde im Wesentlichen unter zwei Gesichtspunkten gestartet: zum einen aus hygienischen Gründen, um die Verluste durch interkurrente, d.h. nicht durch den experimentellen Eingriff bedingten Erkrankungen und/oder Todesfälle zu vermeiden (SPF-Konzept); zum anderen, um die notwendigen Betriebsabläufe ökonomischer zu gestalten. Mit diesen Maßnahmen war das Programm der hygienischen Charakterisierung der Versuchstiere auf das Engste gekoppelt.

Die technische Standardisierung brachte erhebliche Vorteile in der Versuchstierzucht und -haltung, aber auch im Experiment. Allerdings wurde dabei der Frage nach der Auswirkung auf die Tiere zu wenig Beachtung geschenkt. Seit den 80er Jahren des vergangenen Jahrhunderts erfuhr aber die Problematik tiergerechter Haltung zunehmende Berücksichtigung (**Kap. 5**).

8.1.3 Aufgaben der Versuchstierkunde

Als Versuchstierkunde ist die Lehre vom Einsatz von und Umgang mit Versuchstieren in der Biomedizin zu verstehen. Ihre Aufgaben sind:
- die Versuchstiere biologisch und hygienisch zu charakterisieren (**Tab. 8.1**); das bedeutet,
- Definition des genetischen Status der Tiere wie z.B. Inzucht und Auszucht,

Tab. 8.1: Charakterisierung des Versuchstieres

biologische Charakterisierung	Genotyp	Auszucht Inzucht Hybride Mutanten transgene Tiere
	Lebensphase	Alter Geschlecht Geschlechtszyklus Trächtigkeit Laktation
hygienische Charakterisierung	konventionell	
	SPF	entsprechende Qualitätsklasse
	Gnotobiont	keimfrei monoassoziiert[1] diassoziiert polyassoziiert

[1] mit einem (mono-), zwei (di-) oder vielen (poly-) Keimstämmen behaftet

- Bestimmung ihres hygienischen Status, d.h., ob es sich um konventionelle Tiere, um solche in SPF-Qualität oder um Gnotobionten handelt,
- Beschreibung des Tieres: Alter und Geschlecht; bei Weibchen, ob sie trächtig sind bzw. in welchem Stadium des Brunstzyklus sie sich befinden.
- Suche und Einführung neuer, geeigneter Versuchstierarten sowie deren biologische Charakterisierung,
- Entwicklung von Tiermodellen für die verschiedensten Einsatzgebiete. Eine Aufgabe, die von und mit den Experimentatoren zu lösen ist.
- Erarbeitung von Maßnahmen zur Zucht und Haltung von und zum Umgang mit Versuchstieren (Gebäude, Käfige, Futter, Zuchtprogramme usw.), die den Bedürfnissen der Tiere gerecht werden.

8.1.4 Bedeutung des Tiermodells

Unter einem Modell wird in der Technik ein Muster oder Probestück herzustellender Gegenstände (Gebäude, Geräte, Fahrzeuge etc.) verstanden. In der Biomedizin wird als „Tiermodell" ein Tierversuch bezeichnet, dessen Ergebnisse auf den Menschen oder auf andere Tierarten übertragen werden sollen. Das Versuchstier übernimmt dabei gleichsam die Funktion eines Stellvertreters. Das ist der Fall, wenn sich aus ethischen Gründen Versuche am Menschen verbieten; aber auch dann, wenn z.B. aufgrund der schnelleren Generationsfolge der Maus gegenüber einem Großtier wie dem Rind der Vorzug gegeben wird. Dabei fungiert nur in wenigen Fällen das ganze Tier als Modell, meist sind es „nur" bestimmte Stoffwechselschritte oder Zustände, die dem „Original", das das Versuchstier vertritt, entsprechen.
Als Tiermodell ist „ein im Laboratorium gehaltenes Tier, aus dessen Reaktion in einer bestimmten Versuchsanordnung Rückschlüsse auf das Verhalten anderer, experimentell unzugänglicher Arten gezogen werden" zu definieren.
Das Tiermodell ist damit lediglich eine Annäherung an morphologische, physiologische oder molekulare Strukturen oder Funktionsabläufe. Dabei wird unterschieden zwischen:

- natürlichen Modellen, d.h. solchen, die ohne Eingriff durch den Experimentator als Modell verwendbar sind. Beispiele sind u.a. die Nude-Maus, die durch ihre Thymuslosigkeit keine zelluläre Immunabwehr besitzt, oder spezielle Tierstämme oder Rassen mit erblich fixierter Spontantumorrate.
- und künstlichen Modellen, d.h. Modellen, die durch Eingriffe des Experimentators erst „hergestellt" werden. Dies sind z.B. Tiere, die durch Behandlung mit Kanzerogenen (krebserzeugenden Stoffen) eine höhere Rate an Tumoren aufweisen, oder aber die immer mehr an Bedeutung gewinnenden transgenen Tiere.

Welche Art von Modellen zur Beantwortung einer bestimmten Fragestellung eingesetzt werden können, entscheidet der Experimentator aufgrund seiner Erfahrung oder anhand von Literaturstudien.

8.1.5 Heutige Bedeutung des Tierversuches

Wenn man die Geschichte des Tierversuches überblickt, so sind die Bedeutung und Notwendigkeit des Tierversuches als Methode zweifelsfrei zu erkennen. Das umfangreiche Wissen und Können, das heute auf biomedizinischem Gebiet vorliegt, ist ohne Tierversuche nicht vorstellbar. Erinnert sei beispielsweise an die Erforschung und Behandlung der Zuckerkrankheit. Dies betrifft sowohl die umfassende Kenntnis über Ursachen und Verlauf dieser Erkrankung als auch die Möglichkeiten ihrer Behandlung. Ausgangspunkte waren die erste Gewinnung und Analyse vom Saft der Bauchspeicheldrüse durch de Graff (1653–1673) und das Studium der Folgen einer operativen Entfernung der Bauchspeicheldrüse beim Hund durch Brunner (1673–1685) sowie Minkowski und von Mehring (1889). Hierzu gehört auch die Entdeckung der Inselzellen durch Langerhans (1869) sowie die Aufklärung ihrer Funktion für den Zuckerstoffwechsel. Dies alles zusammen führte zur Entdeckung des Hormons Insulin und seiner therapeutischen Nutzung bei Diabetikern. Zum heutigen Wissensstand über diese Krankheit haben Untersuchungen an den verschiedensten Mutanten mit ihren unterschiedlichen Formen des

Diabetes bei Maus, Ratte, Hamster, Gerbil, Hund und anderen Versuchstierarten Wesentliches beigetragen.

Erinnert sei auch an die Erfolge der Mikrochirurgie, die operative Eingriffe bzw. Hilfe bei Unfällen ermöglicht, wie man es sich vor wenigen Jahrzehnten noch kaum vorstellen konnte. Neuere Operationstechniken müssen aber nach wie vor am Versuchstier entwickelt und geübt werden.

In jüngerer Vergangenheit haben vor allem die Fortschritte im Bereich der Zellkulturtechniken Möglichkeiten eröffnet, eine Reihe von Fragestellungen mit geeigneten In-vitro-Methoden, d.h. am schmerzfreien Material, zu bearbeiten. Diese Entwicklung wird sich auch in Zukunft fortsetzen. Die Zahl der Versuche und der dafür einzusetzenden Tiere wird sich dabei weiter verringern. Diese Tendenz wird einmal durch die erwähnte Entwicklung von Ersatzmethoden begünstigt, aber auch durch die Verfeinerung der Versuchsmethoden von der Planung bis hin zur Auswertung. Nicht zuletzt aber wirkt hier der Einfluss der immer weiter verbesserten Haltungsbedingungen der Versuchstiere mit, an denen ein gut ausgebildetes Tierpflegepersonal einen maßgeblichen Anteil hat.

Trotz all dieser Bemühungen und Erfolge aber wird auf absehbare Zeit nicht völlig auf Tierversuche verzichtet werden können, denn es wird weiterhin eine Vielzahl von Forschungs- und Entwicklungsaufgaben geben, die nur am Ganztier und nicht an Teilen des komplexen Systems gelöst werden können.

Wiederholungsfragen

1. Seit wann wird der Tierversuch als Methode der Forschung genutzt?
2. Wann wurde mit dem Aufbau des ersten Mäuse-Inzuchtstammes begonnen? Wie heißt der Mäuse-Inzuchtstamm?
3. Was versteht man in der Technik unter einem „Modell"?
4. Mit welchem Versuchstier wurde die Erforschung über Ursache und Bedeutung des Diabetes mellitus (Zuckerkrankheit) begonnen?
5. Was sind „In-vitro"-Methoden?

8.2 Erfassung von Versuchsdaten

8.2.1 Zu erfassende Parameter

Art und Anzahl der im Rahmen eines Versuchsvorhabens zu erfassenden Daten können je nach der Fragestellung und den angewendeten Methoden sehr unterschiedlich sein. Es kann daher an dieser Stelle nicht auf die gesamte Vielfalt der Möglichkeiten eingegangen werden. Eine wichtige Voraussetzung für ein ordnungsgemäß durchgeführtes tierexperimentelles Versuchsvorhaben ist die einwandfreie Kennzeichnung der Tiere, auf die in **Kapitel 8.6** eingegangen wird. Die Mehrzahl der direkt auf das Tier bezogenen Messparameter wird aus Blut-, Harn- oder Kotproben bestimmt, Einzelheiten zur Gewinnung solcher Proben sind in **Kapitel 8.7** beschrieben.

8.2.2 Datenerfassung durch den Tierpfleger

Der Mitwirkung von Tierpflegern bei der Versuchsdatenerfassung kommt besonders bei Versuchen von längerer Dauer und mit größeren Tierzahlen eine wichtige Rolle zu. Versuche dieser Art finden vornehmlich an Nagern und in der tierexperimentellen Toxikologie oder Pharmakologie statt. Schon durch die täglich durchgeführten Pflege- und Versorgungsarbeiten ist das Tierpflegepersonal im engen Kontakt mit den Versuchstieren. Es ist ihnen deshalb am besten vertraut und daher eher als andere in der Lage, Veränderungen im Verhalten bzw. im Gesundheitszustand festzustellen. Die in Versuchen notwendigen täglichen Bewertungen des Allgemeinzustands und gegebenenfalls auch eine erste Beschreibung von abweichenden Befunden gehören zu den Aufgaben von Tierpflegern. Insbesondere hat der Tierpfleger anhand eines vorgegebenen Befundschlüssels die Beurteilung der Ausscheidungen der Versuchstiere vorzunehmen. Die Gewinnung von Wägedaten von den behandelten Tieren ebenso wie die Ein- bzw. Rückwaagen von Futtermengen bzw. Tränkewasser und deren Dokumentation sind tierpflegerische Aufgaben. Auch die Erfassung von Klimadaten (Temperatur und Feuchte) ist grundsätzlich Aufgabe des Tierpflegepersonals.

Es ist jedoch wichtig, darauf zu achten, dass alle Maßnahmen und Behandlungen im Versuch – und das gilt nicht nur für die eben angesprochenen – genau nach Plan und vorgegebener Methode durchgeführt werden, weil anderenfalls möglicherweise das angestrebte Ziel des Versuches nicht erreicht wird und der Versuch daher wiederholt werden muss.

Es liegt deshalb in der Verantwortung des Leiters des tierexperimentellen Versuchsvorhabens, alle Vorgehensweisen in eindeutiger Weise und so detailliert zu beschreiben, dass danach gearbeitet werden kann. Für Versuche, die in standardisierter Weise nach einer zuvor ausgearbeiteten Methode durchgeführt werden sollen, sind vom Versuchsleiter zweckmäßigerweise Methodenbeschreibungen sowie Formblätter für die Eintragungen zu erarbeiten. Vorgesehene Abweichungen von diesen vom Versuchsleiter genehmigten, allgemein gültigen Standardmethoden sind dann im Versuchsplan festzuhalten und zu begründen. Es kann nicht oft genug wiederholt werden, dass es im Interesse der Vermeidung von Missverständnissen, Fehlergebnissen und damit Versuchswiederholungen liegt, dass immer vor Versuchsbeginn ein sorgfältig ausgearbeiteter, schriftlicher Versuchsplan vorliegt, der auch festlegt, wer für welche Teilaspekte des vorgesehenen Versuches verantwortlich ist.

Im Folgenden sollen noch einige Besonderheiten für die Mitarbeit von Tierpflegern bei einzelnen versuchsbegleitenden Tätigkeiten beispielhaft aufgeführt werden.

Wägungen

Vor Inbetriebnahme ist die Genauigkeit der Waagenanzeige durch Überprüfung der horizontalen Aufstellung auf festem Untergrund sowie durch Auflegen eines Eichgewichtes vor und nach den eigentlichen Wägungen zu sichern. Bei Tierwägungen kann die Bewegung der Tiere während des Wägevorganges Grund für nicht akzeptable Ungenauigkeiten sein. Sofern nicht elektronische Waagen mit speziellen Tierwägeprogrammen verwendet werden, die einen Mittelwert aus zahlreichen Einzelwägungen automatisch bilden, muss für die Ablesung die Beruhigung des Tieres abgewartet werden. Wägungen sollten stets zur selben Tageszeit und wenn möglich an nüchternen Tieren durchgeführt werden, da durch einen unterschiedlich stark gefüllten Magen-Darm-Trakt durchaus Gewichtsunterschiede von etwa 5 % des Körpergewichtes vorgetäuscht werden können. Aus diesem Grunde ist es auch nicht zweckmäßig, die Genauigkeit der angegebenen Körpergewichte zu weit zu treiben. Üblich sind deshalb Gewichtsangaben mit einer Genauigkeit von 1 g bis zu etwa 20 g Körpergewicht, 10 g bis zu Körpergewichten von etwa 300 g, 20–50 g bis zu Körpergewichten von etwa 1–3 kg.

Sofern die zu wiegenden Tiergruppen mit Transpondern ausgestattet sind, lassen sich die erhobenen Gewichtsdaten bei Verwendung entsprechender Systeme direkt aus der Waage in eine Datenbank übertragen, so dass z.B. Übertragungsfehler bei der Gewichtsprotokollierung ausgeschlossen sind.

Klinische Befunde

Bei der Erfassung klinischer Befunde sollte sich die Tätigkeit des Tierpflegers in der Regel darauf beschränken, dem für die medizinische Betreuung der Tiere verantwortlichen Tierarzt auffällige Verhaltensweisen, äußerlich erkennbare Krankheitssymptome oder Verletzungen zu melden. Für die Registrierung der Abweichungen vom Normalen bei Ausscheidungen des Tieres, wie zum Beispiel Schleim oder Blut im Stuhl oder Harn sind zweckmäßig Befundschlüssel zu verwenden, auf denen die täglichen Beobachtungen festgehalten werden. Das erlaubt dann auch, die Veränderungen über den Zeitverlauf z.B. bei Behandlungen zu erfassen.

Wiederholungsfragen

1. Welche Daten kann der Tierpfleger/in erfassen?
2. Wie wird die Messgenauigkeit einer Waage überprüft?
3. Mit welcher Genauigkeit muss das Körpergewicht einer Ratte angegeben werden?

8.3 Protokollführung

8.3.1 Grundsätzliches

Protokoll führen heißt, einen Umstand oder einen Vorgang zur Beurkundung niederschreiben (z.B. Papier, Computer) oder auf andere Weise nachvollziehbar festhalten (z.B. Tonbandprotokoll). Dies kann geschehen, um die Beschlüsse einer wichtigen Sitzung oder den Verlauf eines politischen Gespräches festzuhalten. In beiden Fällen ist u.U. auch eine Aufzeichnung einige Zeit nach dem eigentlichen Ereignis denkbar, wenn nur sichergestellt ist, dass die wichtigsten Aspekte dokumentiert sind.

Im Falle eines wissenschaftlichen Experimentes dagegen gehören Überlegungen zur geeigneten Protokollführung bereits zur Versuchsvorbereitung. Die genaue Aufzeichnung sämtlicher Abläufe, auch zunächst unbedeutend erscheinender Begleitumstände eines Experimentes, ist die Voraussetzung für seine Wissenschaftlichkeit. Während z.B. in der Physik ein mangelhaft protokolliertes und damit später u.U. nicht auswertbares Experiment für seine Wiederholung nur zusätzliches Material und Zeit erfordert, stellt die aus gleichem Grunde notwendig gewordene Wiederholung eines Tierexperimentes einen tierschutzrelevanten Tatbestand dar, da zusätzliche Versuchstiere eingesetzt werden müssen. Es liegt daher auf der Hand, dass gerade in diesem Bereich besondere Anforderungen an die Protokollführung gestellt werden müssen. In den USA haben in der 70er Jahren des letzten Jahrhunderts u.a. systematische Mängel in der tierexperimentellen Protokollführung sogar zum Erlass strenger Verordnungen geführt (Kap. 8.4), die heute weltweit von allen Einrichtungen beachtet werden müssen, die später ihre Pharmaprodukte auf dem amerikanischen Markt verkaufen wollen.

Die Verantwortung für Vorbereitung und Durchführung der Protokollierung tierexperimenteller Untersuchungen fällt zweifelsfrei der Versuchsleiterin bzw. dem Versuchsleiter zu, die die praktische Ausführung in der Regel an Technische Assistenten/innen oder Laboranten/innen delegieren. Jedoch kann auch das Tierpflegepersonal in dieser Sache eine wichtige Rolle übernehmen, da beim täglichen Umgang mit den Tieren häufig Beobachtungen gemacht werden, die für den gesamten Versuchsablauf wie auch für die Auswertung der Ergebnisse wichtig sein können. In der Folge soll daher auf die wichtigsten Elemente einer korrekten Protokollführung eingegangen werden.

8.3.2 Protokollelemente

Grundsätzlich sind für die Protokollierung einer tierexperimentellen Untersuchung zunächst die folgenden Aspekte zu berücksichtigen:

- Für welchen Zweck und was soll protokolliert/dokumentiert werden? Handelt es sich um einen einzelnen Auftrag oder soll dies regelmäßig erfolgen? An welchen Tagen und zu welcher Tageszeit; diese kann einen Einfluss auf die Aktivität der Tiere und damit auf die protokollierten Ergebnisse haben!
- Welche Hilfsmittel (vorbereitete Protokollblätter, Computerprogramme etc.) stehen zur Verfügung? Bei Zugang zu automatischen oder computerisierten Protokolliersystemen: Ist die korrekte Bedienung sichergestellt? Wie ist bei Ausfall des Systems zu verfahren, besonders außerhalb der normalen Arbeitszeiten?
- Wie ist bei unvorhergesehenen Ereignissen oder Zwischenfällen vorzugehen? Muss jemand (z.B. Vorgesetzte, Versuchsleiter) informiert werden? Sind deren Telefonnummern bekannt? Wer muss informiert werden, wenn diese Personen nicht erreichbar sind?

Abhängig von der Art der Untersuchung wird meist die Beantwortung weiterer, spezieller Fragen erforderlich sein. An einem praktischen Beispiel sei zunächst gezeigt, welche Probleme auftreten können, wenn hinsichtlich der Protokollführung keine klaren Vorgaben existieren:

Für eine Untersuchung ist die Körpergewichts- und Symptomerfassung der Versuchstiere vorgesehen. Die Werte sind normalerweise einmal wöchentlich, an einem bestimmten Tag, zu dokumentieren. Nun wird außerhalb dieses Turnus, z.B. am Wochenende, ein Tier angetroffen, dessen Gesundheitszustand sich rapid verschlechtert hat, so dass sein baldiger Tod nicht auszuschließen ist.

In einer solchen Situation sind u.a. die folgenden Entscheidungen zu treffen: Muss das Gewicht schon jetzt erfasst werden, obwohl der normale Wiegetermin erst in zwei Tagen wäre? Ist es in diesem Fall nun wichtig, zusätzlich zum Datum auch die Tageszeit zu notieren? Sind die Symptome unter diesen besonderen Umständen in kürzeren Abständen festzuhalten? Muss der verantwortliche Versuchsleiter unmittelbar informiert werden? Auch außerhalb der Dienstzeit? Wird in einem solchen Fall nicht in der richtigen Weise verfahren, so sind u.U. wichtige Daten für eine Untersuchung unersetzbar verloren.

Die oben beschriebenen Schwierigkeiten zeigen, wie wichtig es ist, dass die Versuchsleitung nicht nur die Protokollführung für ihr eigenes, den Versuch begleitendes technisches Personal vorbereitet, sondern auch das Tierpflegepersonal in diese Protokollführung intensiv einweist. In bestimmten Fällen kann es sogar notwendig oder sinnvoll sein, die bestehende Protokollführung speziell an die Erfassung der tierpflegerischen Beobachtungen anzupassen. Tierpflegepersonal, das selbstständig z.B. Wochenenddienste macht, sollte sich rechtzeitig davon überzeugen, dass die für laufende Versuchsvorhaben erforderlichen Protokollvorgaben in vollständiger und verständlicher Form vorliegen. Diesbezügliche Unklarheiten sollten umgehend durch Nachfrage bei den Verantwortlichen ausgeräumt werden.

Je früher und sorgfältiger eine Protokollführung vorbereitet wird, desto weniger Aufwand erfordert sie in der praktischen Durchführung. Je rascher Beobachtungen dann auch eingetragen werden, desto zuverlässiger und genauer ist die Dokumentation: Schon wenige Tage Verzögerung zwischen Beobachtung und Aufzeichnung können dazu führen, dass Dinge verwechselt oder ausgelassen werden. Je mehr kritische Punkte die Protokollvorgabe enthält (z.B. in Form eines Fragebogens), desto weniger Informationen gehen verloren.

8.4 GLP und SOP: Vorschriften für gute Laboratoriumspraxis

8.4.1 Hintergrund

Im Jahre 1975 kamen der amerikanischen Food and Drug Administration (FDA)[94] im Rahmen des Kennedy-Hearings Zweifel an der Stichhaltigkeit bestimmter Daten und der Zuverlässigkeit einiger toxikologischer Studien einer amerikanischen Pharmafirma. Sowohl diese Vorkommnisse als auch vergleichbare negative Beobachtungen bei einem amerikanischen Auftragsinstitut, das Verträglichkeitsuntersuchungen an Arzneimitteln, aber auch toxikologische Langzeituntersuchungen mit Pflanzenschutzmitteln und Industriechemikalien durchgeführt hatte, rief zusätzlich die Environmental Protection Agency[95] auf den Plan. Diese Ereignisse führten schließlich zu der am 20.06.1979 in Kraft getretenen FDA-Verordnung „Good Laboratory Practice Regulations (GLP)". Sachlich bezieht sich diese auf alle nichtklinischen Verträglichkeitsprüfungen (Planung, Durchführung, Auswertung und Berichterstattung), deren Ergebnisse den Behörden vorgelegt werden müssen. Dies beinhaltet die Sicherheitsprüfungen von Arzneimitteln, biologischen Produkten, Pflanzenschutzmitteln und Chemikalien. Mit der Einführung der GLP werden allgemeine Güteanforderungen an eine Prüfung gestellt, die erfüllt werden müssen. Zweck der GLP-Grundsätze ist es also, die Nachvollziehbarkeit und somit die Qualität der Prüfdaten zu verbessern.

8.4.2 GLP[96]

Die **G**ood **L**aboratory **P**ractice Regulations (GLP), d.h. die Vorschriften für die gute Laboratoriumspraxis sind für Deutschland im § 19 des Chemikaliengesetzes und in der Richtlinie 1999/11/EG geregelt; sie gliedern sich in ver-

---

94 **FDA**= **F**ood and **D**rug **A**dministration, amerikanische Bundesbehörde, entspricht etwa dem Bundesamt für gesundheitlichen Verbraucherschutz, dem früheren Bundesgesundheitsamt.
95 **EPA** = **E**nvironmental **P**rotection **A**gency, amerikanische Bundesbehörde, entspricht etwa dem Umweltbundesamt.
96 Zur Begriffserklärung siehe auch Anhang (Kap. 10.2).

schiedene Abschnitte, von denen die wichtigen in der Folge umrissen werden:

Organisation und Personal

Es muss eine Qualitätssicherungseinheit vorhanden sein, die direkt dem Leiter der Forschungseinrichtung untersteht. Für jeden Mitarbeiter muss ein jeweils auf dem neuesten Stand gehaltener Qualifikationsnachweis vorhanden sein.

Räumlichkeiten

Es müssen geeignete Einrichtungen zur Tierhaltung, für das Arbeiten mit und zur Behandlung von Versuchstieren sowie zur Lagerung von Futtermitteln, Einstreu und Geräten, soweit erforderlich zusätzliche Räumlichkeiten zum Umgang mit Prüf- und Referenzsubstanzen, Labors und Archive vorhanden sein.

Protokoll und Dokumentation

Wichtigstes Ziel der GLP ist es, die Datenerfassung und -dokumentation einer Untersuchung so zu gestalten, dass die eigentliche Untersuchung jederzeit rekonstruierbar und nachvollziehbar ist. Es ist nicht vorgeschrieben, mit welchen Mitteln Daten erfasst, wie sie verwaltet und archiviert werden. Hingegen müssen folgende Voraussetzungen erfüllt sein:

Prüfplan
Der Prüfplan (Versuchsplan) muss allen Beteiligten frei zugänglich sein. Er ist genauestens einzuhalten, darin fixierte Daten und Zeiten sind verbindlich. Sind versuchsbedingt Abweichungen vom Versuchsplan notwendig, hat die Prüfleitung eine datierte und unterschriebene Erklärung zu erstellen, in der die Abweichung vom Prüfplan begründet wird. Unvorhergesehene und ungewollte Abweichungen – wie z.B. die Verschiebung einer Gewichtserfassung oder einer Beobachtung durch plötzliche Erkrankung der verantwortlichen Person oder einen Ausfall der Waage – sind zu begründen und genau zu protokollieren.

Identifikation und Zuordnung der Daten
Sämtliche Daten müssen eindeutig identifizierbar sein, also eine unverwechselbare Bezeichnung aufweisen, die eine Zuordnung zu einem bestimmten Bereich, Prüfung, Test, Studie etc. ermöglicht.

Zeitpunkt und Form der Aufzeichnungen
Daten sind unmittelbar und unverzüglich bei der Erhebung in vollständiger und genauer Form aufzuzeichnen, d.h. es ist nicht statthaft, im Tierraum vorerst auf einem beliebigen Zettel Notizen zu machen und diese dann später einmal ins offizielle Formular oder Buch zu übertragen.
Protokolle von Rohdaten müssen in haltbarer Form erstellt werden, d.h., mit Tinte, Filz- oder Kugelschreiber niedergeschrieben werden; magnetische Datenträger (Disketten, Bänder etc.) von Computern müssen durch geeignete Maßnahmen gegen Verluste, sog. „drop outs", geschützt werden. Computerausdrucke können als „geprüfte Kopien" Rohdaten sein.

Datum und Unterschrift/Visum
Sämtliche Eintragungen müssen mit Datum versehen und vom Erfassenden unterschrieben oder mit Namenszeichen (Visum) versehen sein. Computeraufzeichnungen müssen mit dem Namen der/des Verantwortlichen gekennzeichnet sein, Eintragungen unter dem persönlichen Kennwort[97] anderer Personen sind nicht statthaft.

Korrekturen
Sind Korrekturen nötig, müssen sie immer mit Begründung, Datum und Namenszeichen des/der Ausführenden versehen sein; durch die Änderungen dürfen die ursprünglichen Aufzeichnungen nicht „verloren gehen", z.B. durch Übermalen mit Korrekturlack oder Löschen im Computer ohne vorherige Sicherstellung durch einen datierten und mit Namenszeichen versehenen Ausdruck. Auf diesem lässt sich gleichzeitig die Begründung für die Korrektur vermerken.

Archivierung
Alle Rohdaten – und damit sämtliche prüfungsrelevanten Protokolle und Aufzeichnun-

---

97 Zu den für solche Zwecke verwendeten Datenbanken haben in der Regel nur bestimmte Personen Zugang, die dazu ein persönliches Kennwort eingeben müssen.

gen – sind unter Archivbedingungen aufzubewahren, d.h. sie müssen vor Feuer, Wasser und Diebstahl geschützt werden und dürfen nur den dazu autorisierten Personen zugänglich sein. Alle Rohdaten müssen für mindestens 15 Jahre, Nassmaterial für 5 Jahre und Rückstellmuster für mindestens 2 Jahre bzw. bis zum Verfall aufbewahrt werden.

Zugriff auf Rohdaten
Rohdaten müssen für die dazu autorisierten Personen (einschließlich der Vertreter der zuständigen Kontrollbehörden) jederzeit zugänglich und einsehbar sein. Die für die Archivierung verantwortliche Person muss jederzeit über den genauen Standort der Rohdaten Auskunft geben können und über Ein- und Ausgänge im Archiv Buch führen.

Vernichtung von Rohdaten
Rohdaten dürfen nicht ohne ausdrückliche schriftliche Weisung der Verantwortlichen vernichtet werden.

8.4.3 SOP

Für Arbeitsabläufe in der Forschungseinrichtung, die immer wieder unter gleichartigen Bedingungen ablaufen, sind Standardarbeitsanweisungen, sog. **S**tandard **O**perating **P**rocedures (SOP) zu erstellen. Dies sind Arbeitsanweisungen, die es einem außenstehenden Dritten ermöglichen, alle Schritte während eines Laborversuches nachvollziehen zu können. Die Arbeitsanweisungen sind vor Ort zugänglich auszulegen und strikt zu befolgen. Abweichungen davon sind schriftlich zu begründen, zu datieren und zu unterschreiben bzw. mit Namenszeichen zu versehen. Veraltete SOP dürfen nicht am Arbeitsplatz verbleiben, sie sind im Archiv aufzubewahren. Änderungen und Anpassungen von SOP sind möglich; sie sind vom verantwortlichen Verfasser vorzunehmen und zu unterschreiben.

Für die Arbeiten im Tierhaltungsbereich sind folgende Arbeitsanweisungen (SOP) zu erstellen:
- Pflege der Tierräume
- Tierhaltung allgemein (Arbeitsabläufe)
- Beobachtung der Tiere und ihre Protokollierung
- Verfahren bei sterbenden bzw. zwischenzeitlich verstorbenen Tieren
- Sammlung und Kennzeichnung von Proben
- Pflege und Wartung von technischen Hilfsmitteln
- Haltung und eindeutige Kennzeichnung der Versuchstiere
- Futter- und Wasseranalysen.

Forschungseinrichtungen, an denen nach GLP-Vorschriften Untersuchungen an Versuchstieren durchgeführt werden, unterliegen der Kontrolle durch staatliche Behörden; diese behördlichen Inspektionen und die vergleichbare Qualität der Prüfdaten gewährleisten im internationalen Rahmen eine gegenseitige Anerkennung der Prüfungen.

Wiederholungsfragen

1. Warum ist die Wiederholung eines Tierexperiments wegen unzureichender Protokollierung ein tierschutzrelevanter Tatbestand?
2. Was bedeuten die Abkürzungen „GLP" und „SOP"?
3. Was ist bei der Aufzeichnung von Daten zu beachten?
4. Welche Arbeitsanweisungen (SOP) müssen für den Tierhaltungsbereich festgelegt werden?

Literatur

Christ, G. A., Harston, S. J., Hembeck, H. W. und K. A. Opfer. GLP, Handbuch für Praktiker, GIT-Verlag, Darmstadt, 1998

8.5 Auswahl von Versuchstieren

8.5.1 Versuchstierart

Eine der Grundvoraussetzungen für das Gelingen eines Tierversuches, d.h. dafür, dass das Versuchsergebnis auch die Verhältnisse beim „Original" widerspiegelt (**Kap. 8.1**), ist die richtige Auswahl der für die jeweilige Versuchsfrage am besten geeigneten Versuchstierart.

Dies muss der Experimentator aufgrund seiner Erfahrung bzw. aus seiner Kenntnis der einschlägigen Literatur heraus bereits bei der Versuchsplanung entscheiden:
- Fruchtfliegen (*Drosophila sp.*) sind durch ihre übersichtlichen Riesenchromosomen, die schnelle Generationsfolge und die hohe Vermehrungsrate sehr gut für eine Reihe von Untersuchungen mit genetischer Fragestellung geeignet.
- Ratten eignen sich für eine Vielzahl von Fragestellungen und wurden bislang in nahezu allen Bereichen biomedizinischer Forschung eingesetzt.
- Meerschweinchen werden aufgrund ihrer Sensibilität häufig in der Allergieforschung eingesetzt.

Andererseits schreiben aber auch international verbindliche Prüfvorschriften, wie die der OECD (**O**rganization for **E**conomic **C**ooperation and **D**evelopment), der FDA (**F**ood and **D**rug **A**dministration) u.a. die Auswahl der Tiere vor. So enthält z.B. die EG-Richtlinie für die Genehmigung zum Inverkehrbringen eines neuen Arzneimittels (Oktober 1983, Anhang I 3., 1.) Vorschriften in Bezug auf die Versuchstiere. Die Spezies sind im Rahmen des Möglichen aufgrund ihrer Ähnlichkeit mit dem Menschen hinsichtlich der Pharmakokinetik[98] einschließlich der Biotransformation[99] des Arzneistoffes auszuwählen. Die Wirkung des Arzneimittels ist an mindestens einer Tierart nachzuweisen, um Informationen über die therapeutische Breite und die toxische Wirkung zu erhalten. Zur Zahl der einzusetzenden Tierarten heißt es darin z.B.: „Ziel der Toxizitätsprüfungen nach wiederholter Verabreichung ist es, ein Tiermodell für die wiederholte Verabreichung des Pharmakons an den Menschen zu liefern." Es sind mindestens zwei Tierarten zu verwenden, von denen eine kein Nagetier sein darf; also Kaninchen, Hund, Schwein oder Affe. Die Wahl der Tierart ist zu begründen. Durch die im Tierschutzgesetz von 1986 in § 9 festgelegten Bedingungen dürfen Wirbeltiere für Tierversuche nur verwendet werden, wenn sie speziell für diesen Zweck gezüchtet worden sind; dies gilt auch nach der Novellierung des Tierschutzgesetzes von 1998 unverändert.

Die **Maus** ist das am häufigsten verwendete Versuchstier (**Abb. 8.2**); sie ist charakterisiert durch ihre geringe Körpergröße, schnelle Generationsfolge und leichte Handhabbarkeit. Es können größere Tierzahlen ökonomisch gehalten werden. Immer mehr Eingang finden

---

98 Einfluss des Organismus auf Arzneistoffe.

99 Durch enzymatische Reaktionen im Organismus erfolgende chemische Veränderung von Stoffen, wodurch diese in eine pharmakologisch wirksame Form überführt bzw. entgiftet werden. Die Abwandlungsprodukte werden Metabolite genannt.

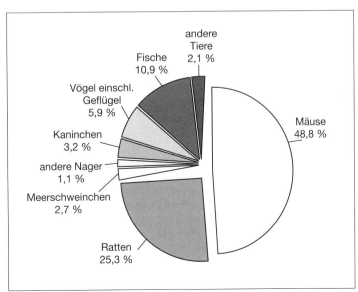

Abb. 8.2: Prozentualer Anteil der verschiedenen Versuchstierarten am Gesamtaufkommen von ca. 1,59 Millionen Versuchstieren im Jahre 1999 in Deutschland.

Mutanten in der Forschung wie z.B. Mäuse mit genetisch bedingter Fettsucht oder Diabetes, diverse Anämie- und Leukämie-Formen, die „nude mouse" (Nacktmaus ohne Thymus) wird in der Tumorforschung bevorzugt als Transplantatträger eingesetzt. In der Toxikologie ist die Maus für Langzeitversuche geeignet, da sie im Verhältnis zu anderen Versuchstieren eine relativ kurze Lebenserwartung hat. Eine immer größer werdende Bedeutung erlangen außerdem gentechnisch veränderte Mäuse in der biomedizinischen Forschung.

Die **Ratte** wird u.a. aufgrund ihrer Anpassungsfähigkeit für die verschiedensten Richtungen der biomedizinischen Forschung als Versuchstier verwendet. In der Ernährungsforschung spielt sie eine wesentliche Rolle, da sie eine hohe Empfindlichkeit gegenüber Vitaminen (Mangel bzw. Überschuss) besitzt. Sie findet in der Endokrinologie zur Standardisierung z.B. von Sexualhormonen sowie auf den Gebieten der Pharmakologie, Toxikologie und letztlich auch im Bereich der mikrochirurgischen Forschung Verwendung. Ebenso wie bei den Mäusen spielen auch bei Ratten Mutanten eine bedeutende Rolle. So sind z.B. Ratten mit genetisch fixiertem Bluthochdruck in der Herz-Kreislauf-Forschung die Tiere der Wahl. Auch transgene Ratten werden für bestimmte Fragestellungen eingesetzt.

Von den **Hamstern** sind sowohl der Syrische Goldhamster als auch der Chinesische Hamster, z.B. für Studien zur Krebsentstehung (Kanzerogenität) bzw. zur Auslösung von Missbildungen (Mutagenität) besonders geeignet. Der Syrische Goldhamster besitzt immungenetische Merkmale, die eine bemerkenswerte Toleranz gegenüber verschiedenen Tumortypen, aber auch gegenüber Parasiten, Viren und Bakterien besitzt. Der Chinesische Hamster wird in der Mutagenitätsprüfung wegen der geringen Chromosomenzahl (n = 22) verwendet.

Das **Meerschweinchen** wird in der Immunologie eingesetzt, dort besonders in Studien mit verzögerter Hypersensitivität und wegen der immunologischen Reaktion, die der des Menschen ähnelt. In der Toxikologie ist es im Sensibilisierungstest das Tier der Wahl. Da das Meerschweinchen ein gut geeigneter Wirt für Mykobakterien ist, diente es als weit verbreitetes Modell in der Tuberkuloseforschung – insbesondere für die Sicherheitsprüfung des BCG-Impfstoffes auf Abwesenheit pathogener Keime.

Das **Kaninchen** wird in der biomedizinischen Forschung auf zahlreichen Gebieten verwendet, so in der experimentellen Physiologie und Pathologie (Onkologie), in der Immunbiologie, insbesondere zur Gewinnung polyklonaler Antikörper, in der Reproduktionstoxikologie als zweite zu prüfende Tierspezies wegen seiner zoologischen Zugehörigkeit zu den Lagomorphen (Hasenartige) sowie seiner besonderen Empfindlichkeit gegenüber embryotoxisch[100] und teratogen[101] wirkenden Stoffen. Auch in der biologischen Qualitätskontrolle wird es entsprechend geltender Vorschriften bei der Prüfung von Infusionslösungen auf fiebererregende Stoffe (Pyrogene) eingesetzt.

Der **Hund** – besonders der Beagle als gut verträglicher Meutehund – hat einen wichtigen Platz in der pharmakologischen und toxikologischen Prüfung neuentwickelter Chemikalien gefunden. Wegen seiner Körpergröße und seines Temperaments ist er ideal für Studien, die einer sorgfältigen Beobachtung und des Monitorings bedürfen. Aufgrund seiner mit dem Menschen vergleichbaren physiologischen Gegebenheiten dient er als Modell für zahlreiche menschliche Erkrankungen – sofern nicht Minischweine oder Primaten besser geeignet sind und daher bevorzugt werden. Größere Hunderassen, z.B. Foxhounds, sind besonders in der Chirurgie gefragt.

Die **Katze** wird hauptsächlich auf dem Gebiet der Neurophysiologie und Psychopharmakologie sowie der Kreislaufforschung eingesetzt. In Spezialfällen wird sie auch in der Toxikologie bei der Abklärung bezüglich der Methämoglobinbildung benötigt. Infolge der zunehmenden Verwendung verfeinerter Techniken wurde sie in manchen Bereichen in jüngerer Zeit von kleineren Versuchstierarten ersetzt.

In zunehmendem Maße findet das **Schwein**, speziell das **Minischwein**, Verwendung in diversen Bereichen der biomedizinischen Forschung. Weil sich Mensch und Schwein in zahlreichen biologischen Merkmalen (z.B.

---

100 Allgemein schädliche Wirkung einer Substanz auf den Embryo; z.B. Missbildungen, Entwicklungsstörungen, Krebserkrankungen bei Neugeborenen oder Tod des Embryos verursachend.
101 Missbildungen hervorrufend.

hinsichtlich Haut, Infarktgefährdung u.a.) ähnlich sind, lassen sich experimentelle Resultate bei beiden Spezies aufeinander übertragen. So ähneln sich Mensch und Schwein in Skelett- und Körpergröße, ferner als Omnivoren (Allesfresser) in der Physiologie des Magen-Darm-Traktes, in den Nahrungsanforderungen und im Fettstoffwechsel, in der äußeren Haut, in der koronaren Blutversorgung sowie in der Lage des Herzens. Aufgrund seiner günstigen Körpergröße kann man sowohl in klinischen als auch chirurgischen Studien wiederholt Blutentnahmen bzw. Biopsien vornehmen.

Primaten, soweit sie überhaupt zu Versuchen verwendet werden, eignen sich u.a. besonders gut für Studien mit Psychopharmaka und deren mögliche Suchterzeugung. Auch für die Produktion und das Testen von Virus-Vakzinen sind sie jetzt noch in gewissem Umfang gebräuchlich. In jüngster Zeit werden sie bevorzugt in vorklinischen Sicherheitsprüfungen biotechnologisch hergestellter Produkte eingesetzt, die für die Anwendung am Menschen vorgesehen sind (z.B. Interferone, Zytokine).

Schließlich sei noch darauf hingewiesen, dass bei der Prüfung von neu entwickelten Agrarchemikalien im weitesten Sinne der Einsatz von **Vögeln** (Wachteln, Enten), **Fischen** und auch **Wasserflöhen** von Bedeutung ist. Die beiden Letzteren werden auch im Umweltschutz zur Kontrolle der Wasserqualität eingesetzt.

8.5.2 Stamm

Der Auswahl des für die jeweilige Versuchsfrage am besten geeigneten Tierstammes ist ebenso viel Aufmerksamkeit zu widmen wie der Auswahl der Tierart. Ist die Entscheidung für eine oder auch mehrere Tierarten gefallen, so gilt es, aus der Vielzahl der vorhandenen Inzucht- und Auszuchtstämme bzw. Rassen, die für die Versuchsfrage geeignetsten auszuwählen. Grund hierfür ist, dass auch die einzelnen Stämme und meist auch Substämme – ebenso wie die verschiedenen Tierarten – auf einen Eingriff unterschiedlich reagieren können. Das ist u.a. ein wesentlicher Grund dafür, dass mitunter die Ergebnisse verschiedener Autoren zum gleichen Thema in ihrer Vergleichbarkeit eingeschränkt sind. Hier zeigt sich auch die Fragwürdigkeit von „Normdaten" = „Laborstandard", die für ein anderes Labor nur „Richtwerte" darstellen können. Selbst die Namensgleichheit gibt keine Gewähr für gleiche Reaktion, wenn die Tiere nicht aus der gleichen Zucht stammen. Daher muss der Stamm anhand der vollständigen Bezeichnung in Übereinstimmung mit den offiziellen Nomenklaturregeln definiert sein. Die Stammbezeichnung allein bedeutet nur, dass die Vorfahren der Ratten z.B. ursprünglich aus dem Wistar Institut in Philadelphia oder von der Sprague-Dawley-Farm in Madison oder die der NMRI-Mäuse aus dem **N**aval **M**edicinal **R**esearch **I**nstitute stammen.

8.5.3 Genetischer Status

Bei der Auswahl des Stammes ist auch der genetische Status der Tiere zu berücksichtigen. Es ist nicht gleichgültig, ob Inzucht-, Auszucht-, Hybridtiere oder Mutanten eingesetzt werden. Homozygote Inzuchttiere sind Tiere der Wahl bei einer Reihe von genetischen und immunbiologischen Arbeiten. Dies gilt auch für Untersuchungen, bei denen über einen längeren Zeitraum hinweg auf ein genetisch stets gleichbleibendes Tiermaterial zurückgegriffen werden soll. Auszucht- oder F_2-Hybridtiere werden dort eingesetzt, wo es um die Prüfung unbekannter Verbindungen geht, da sie eine größere Merkmalsvielfalt und damit Reaktionsbreite als Inzuchttiere haben. Während sich die Eigenschaften von Auszuchttieren je nach Zuchtprogramm durch Selektion mehr oder weniger schnell verändern können, sind Hybridtiere zwar auch heterozygot, aber in der Gesamtbreite der Variabilität verhältnismäßig konstant. Mutantenstämme, deren genetischer Defekt oft zu Krankheitsbildern führt, die denen von Mensch und Tier entsprechen, werden in speziellen Untersuchungsreihen eingesetzt.

8.5.4 Gesundheitlicher Status

Bei der Auswahl des gesundheitlichen Status ist zu berücksichtigen, dass dieser ebenso wie der genetische Status einen wesentlichen Einfluss auf die Reaktion der Tiere und damit auf das Untersuchungsergebnis hat. Latent infizierte Tiere können durch Stress oder andere Einflüsse unabhängig vom Eingriff (interkurrent) erkranken und sterben und dadurch die Versuchsergebnisse „verfälschen". Es können in Abhängigkeit z.B. vom mikrobiologischen Status morphologische und/oder physiologische Werte abnormal verändert sein. Dies würde z.B. bei toxikologischen Langzeituntersuchungen, bei denen gefordert wird, dass die höchste geprüfte Dosis Änderungen hervorruft, zur Überlagerung verschiedener Faktoren und damit zur Fehldiagnose führen. Auch haben Tiere mit einem schlechten Gesundheitszustand kürzere Überlebenszeiten. Daraus resultiert zwangsläufig, dass sie nicht das Alter erreichen, das z.B. zur Entwicklung von Tumoren und/oder anderen Alterserkrankungen erforderlich ist. Zwar bleiben gnotobiotische Tiere[102], die einen erheblichen Haltungsaufwand erfordern, stets Spezialuntersuchungen vorbehalten; für die überwiegende Zahl biomedizinischer Fragestellungen, soweit Mäuse und Ratten zum Einsatz kommen, empfiehlt sich jedoch die Verwendung von SPF-Tieren (**s**pezifiziert **p**athogen**f**rei). Das Arbeiten mit diesen Tierarten in einem undefinierten, konventionellen Hygienestatus entspricht nicht den Anforderungen einer qualitätsbewussten biomedizinischen Forschung. Aus diesem Grund werden Mäuse und Ratten von den maßgeblichen kommerziellen Züchtern als SPF-Tiere angeboten.

Durch die im deutschen Tierschutzgesetz von 1998 in § 9 festgelegten Bedingungen dürfen einige Wirbeltierarten, und dies trifft auch auf Hund und Katze zu, nur verwendet werden, wenn sie speziell für diesen Zweck gezüchtet worden sind. Damit ist in der Regel auch ein guter, veterinärmedizinisch überwachter Gesundheitszustand dieser Tiere gewährleistet.

8.5.5 Versuchsgruppen

Unabhängig von der Art des Tierexperiments (pharmakologische Versuche, Toxizitätstestungen, Vergleiche von Operationstechniken usw.) hat sich ein Grundschema des Versuchsaufbaus durchgesetzt. Danach werden einem Experiment folgende Versuchsgruppen zugeordnet:

- *Negativkontrolle:* Das heißt, diese Tiere werden in keiner Weise behandelt bzw. es wird kein Eingriff vorgenommen. Haltung und Betreuung entsprechen indes den nachfolgenden Gruppen. Aufgabe der Negativkontrolle ist es, den unbeeinflussten Entwicklungsverlauf, sog. „Normdaten" oder besser „Laborstandards" sicherzustellen. Aus diesen Daten kann auf den Einfluss der Haltungsbedingungen und den allgemeinen Zustand der Tiere geschlossen werden.
- *Positivkontrolle:* Da die Versuchsdurchführung im Allgemeinen eine Behandlung oder einen Eingriff beinhaltet, ist die Wirkung dieses Vorgangs (Applikation von Lösungsmitteln der Trägersubstanzen ohne den eigentlichen Wirkstoff, Scheinoperation usw.) auf die in die Auswertung eingehenden Parameter zu prüfen. Die Beurteilung eines möglichen Einflusses derartiger Maßnahmen wird durch Bezug auf die Negativkontrolle ermöglicht. Die Ergebnisse der Versuchsgruppen sind vorrangig auf diese Werte zu beziehen.
- *Referenzgruppe:* Es handelt sich um die Tiergruppe, die mit einer Substanz (Vergleichssubstanz, Referenzsubstanz) oder nach einer Methode behandelt wird, die als z.Z. „optimal wirksam" (Substanz) oder „Norm" (Operationstechnik) anzusehen ist. Meist ist neben der Wirkung auch der Wirkungsmechanismus des Standards bei Mensch und Tier bekannt und erlaubt somit Rückschlüsse auf die Wirkungsweise der zu prüfenden Substanz oder Technik. Aufgabe dieser Testgruppe ist es auch, eine Abschätzung zu ermöglichen, ob die „neue" Behandlung gleich, besser oder schlechter als die z.Z. geübte ist. Des Weiteren gibt diese Gruppe Aufschluss darüber, ob das Testmodell hinreichend reagiert hat. Es ist also auch eine Kontrolle des verwendeten Versuchsansatzes.
- *Behandelte Gruppen:* Diese Versuchsgruppe(n) wird/werden entsprechend der Versuchsfrage behandelt. Die Abschätzung der Wirkung wird durch den Vergleich der behandelten Gruppe mit Positivkontrolle und Referenzgruppe ermöglicht.

Inwieweit die genannten Versuchsgruppen in jedem Fall bei einem Tierexperiment vorhanden sind oder gar erweitert werden, hängt von der Versuchsfrage sowie von Art und Umfang

---

102 keimfreie sowie mono-, di- und polyassoziierte Tiere.

der Testung und nicht zuletzt auch vom technisch Möglichen ab. An dieser Stelle ist ein Wort zur „historischen Kontrolle" bzw. zum „Laborstandard" zu sagen: Beide Begriffe werden synonym gebraucht und stellen die Auflistung bzw. Summierung aller Daten der Negativ-, und der Positivkontrolle bzw. der Standardgruppen eines Labors mit gleicher Fragestellung bei bisher durchgeführten Untersuchungen für den jeweils verwendeten Tierstamm dar. Diese Daten ermöglichen die Beurteilung des aktuellen Versuches in seinem Ablauf. Liegen die aktuellen Befunde im Rahmen des „Laborstandards", so steht der weiteren Verwendung der Ergebnisse nichts entgegen und die entsprechende biometrische Auswertung gegen die im jeweiligen Versuch mitgeführte Kontrolle kann durchgeführt werden. Darüber hinaus ist der „Laborstandard" Teil der biologischen Charakterisierung des Versuchstieres.

Größe der Versuchsgruppen

Die Größe der Gruppen wird in Abhängigkeit von der Versuchsfrage im Wesentlichen von der Häufigkeit des zu erwartenden Ereignisses bestimmt: Um die Wirkung eines Eingriffes erfassen zu können, muss von zwei extremen Möglichkeiten ausgegangen werden: Zum einen davon, dass alle behandelten Tiere reagieren. In diesem Fall würde auch bei einer kleinen Versuchsgruppe die Wirkung erkannt werden. Andererseits kann das Auftreten des Ereignisses sehr selten sein. In diesem Fall müßte die Tierzahl sehr groß sein und natürlich die Beobachtung entsprechend intensiv, um den Effekt wenigstens einmal zu beobachten. Bei der Aufnahme neuer Experimente oder dem Einsatz unbekannter Stoffe empfiehlt es sich, orientierende Voruntersuchungen durchzuführen. Sie bezwecken, die Größenordnung der anzuwendenden Dosierungen herauszufinden. Hierfür genügen in den meisten Fällen wenige Tiere je Versuchsgruppe. Vorversuche sind in den meisten Fällen schon deshalb sinnvoll, weil durch sie die Zahl der insgesamt benötigten Tiere verringert werden kann.

Aufteilung der Tiere auf die Versuchsgruppen

Für die entsprechend dem Versuchsplan (Anzahl, Alter, Geschlecht usw.) bereitgestellten Tiere muss unter Berücksichtigung einer optimalen, tierartgerechten Belegung nach Möglichkeit eine zufällige Verteilung auf die einzelnen Gruppen (Randomisierung) angestrebt werden. Geschieht das nicht, so werden in die ersten Versuchsgruppen vorwiegend die aus dem Sammelkäfig leicht zu fangenden, trägeren und wahrscheinlich schwereren Tiere kommen. In den letzten Gruppen sind dann die temperamentvolleren, schnelleren Tiere, die sich dem Zugriff des Herausnehmenden am längsten entziehen konnten. Es ist leicht nachzuvollziehen, dass diese „Temperamentsgruppen" unterschiedlich auf eine Behandlung oder einen Eingriff reagieren werden und somit von vornherein Unterschiede in den Ergebnissen zwischen der ersten und letzten Gruppe auftreten können, unabhängig von der Art des Eingriffes.

Um diesen Fehler möglichst klein zu halten bzw. ganz zu vermeiden, gibt es verschiedene Methoden der Verteilung der Tiere auf die Gruppen. Das hierzu am häufigsten angewandte Verfahren wird in der Folge erläutert.

Zufallszahlen (**Randomisierung**): Mit Hilfe mathematischer Methoden ist es möglich, die zufällige Reihenfolge von Zahlen zu ermitteln. In den einschlägigen Lehrbüchern der Biometrie sind Tafeln mit mathematisch ermittelten Zufallszahlen enthalten. Daraus kann die Zahlenfolge entsprechend der Gesamtgröße des Versuches entnommen werden. Es gibt dafür auch entsprechende Tabellenwerke und Computerprogramme, nach denen die Verteilung durchgeführt werden kann. Die praktische Durchführung erfolgt etwa so: Im Sammelkäfig befindet sich die für den Versuch benötigte Anzahl Tiere (z.B. 40), die benötigte Anzahl von Käfigen mit beschrifteter Käfigkarte zur Aufteilung der Tiere wurde bereitgestellt. Der Versuch hat die vier Versuchsgruppen A, B, C, D mit je 10 Tieren. Es werden 40 Karten, für jedes Tier eine mit der entsprechenden Gruppenzuordnung (z.B. A 4/2 für Tier 4 aus Gruppe A in Käfig 2 usw.) vorbereitet. Nun erhält jede der 40 Karten eine Zufallszahl. Dann werden die 40 Karten entsprechend der numerischen Abfolge der Zufallszahlen geordnet. Anschließend wird das erste Tier aus dem Sammelkäfig genommen und die erste Karte zeigt an, welche Nummer es hat und welcher Gruppe es zuzuordnen ist, in welchen

Käfig es zu setzen ist usw.; beim zweiten und den folgenden Tieren verhält es sich ebenso. Auf diese Weise werden die Tiere – unabhängig von ihrer körperlichen Konstitution nach dem Zufallsprinzip auf die verschiedenen Gruppen und Käfige aufgeteilt.

In entsprechenden Untersuchungen, die anhand von Verhaltens- und Blutparametern sowie der Häufigkeit des Auftretens von Spontantumoren bei Ratten und Mäusen durchgeführt wurden, hat sich gezeigt, dass in bestimmten Fällen selbst die Verwendung von Zufallszahlen noch keine ausreichende Zufallsverteilung der Tiere auf die Versuchsgruppen gewährleistet. Bei einem anderen Verfahren wird so vorgegangen, dass die Aufteilung von Wurfgeschwistern gezielt über die einzelnen Versuchsgruppen zeitlich mit der Zucht abgestimmt wird, d.h., der Züchter muss den Versuchsplan – Anzahl der Gruppen und Anzahl der Tiere je Gruppe – rechtzeitig mitgeteilt bekommen. Er wird dann die abgesetzten Jungen nicht wie üblich nach Geschlechtern getrennt in Absatzkäfige geben; sondern nur Geschwistertiere in einen Käfig. So wird es später möglich, jeder Versuchsgruppe ein oder mehrere Geschwistertiere zuzuordnen.

Wiederholungsfragen

1. Nennen Sie Institutionen, die Prüfvorschriften (u.a Auswahl der Versuchstierart) für die Zulassung von Arzneimitteln erlassen.
2. Warum und wofür werden Mäuse als Versuchstiere verwendet?
3. Was bedeutet „embryotoxisch"?
4. Für welche Untersuchungen ist der Beagle-Hund besonders gut geeignet?
5. Was ist der „genetische Status" von Versuchstieren?
6. Warum können für die meisten Untersuchungen nur nachweisbar gesunde Tiere (SPF-Status) verwendet werden?
7. Welche Versuchsgruppen sind z.B. für eine Toxizitätstestung notwendig?
8. Was bedeutet „Randomisierung"?

8.6 Kennzeichnung von Tieren

Die Kennzeichnung von Tieren dient dem Eigentumsnachweis oder der sicheren Unterscheidung von Tiergruppen oder Einzeltieren. Nur so können Tiere eindeutig z.B. für Zucht-, Ausstellungs- oder Versuchszwecke identifiziert werden. In größeren Tiergruppen wird ferner die individuelle Beobachtung und Betreuung von Tieren (z.B. Einzelfütterung) ermöglicht. Die Kennzeichnung von Tieren hat eine lange Tradition, schon seit den Anfängen der Haustierwerdung wurde der Besitzer (z.B. durch Brandzeichen oder Ohrkerbungen) möglichst eindeutig kenntlich gemacht. In den letzten Jahren haben sich zunehmend moderne elektronische Identifikationssysteme durchgesetzt, andererseits zeugen die Brandzeichen in der Pferdezucht noch heute vom Festhalten an überlieferten Traditionen. Neben der sicheren Identifikation müssen bei der Kennzeichnung von Tieren die Grundsätze des Tierschutzes (Vermeidung von Leiden und Schmerzen) berücksichtigt werden; d.h., die Belastung für die Tiere soll bei der Durchführung möglichst gering sein. Der Gesetzgeber hat in Form von Verordnungen oder Richtlinien bei verschiedenen Tierarten Kennzeichnungen detailliert vorgeschrieben[103].

8.6.1 Angeborene Kennzeichen

Äußerlich sichtbare Merkmale (z.B. Farbe, Maße, Rasse, Geschlecht, Zahnalter, Größe, Gewicht, Fellzeichnung und Abzeichen) können bei guter Beobachtung und exakter Dokumentation ein Tier eindeutig kennzeichnen.

---

103 *Deutschland:*
„Verordnung über Aufzeichnungen über Versuchstiere und deren Kennzeichnung nach § 11a Abs. 1", Bundesgesetzblatt S. 639, vom 20. Mai 1988 ;
Gesetz zur Regelung von Fragen der Gentechnik (Gentechnikgesetz – GenTG) vom 20. Juni 1990, Bundesgesetzblatt, Jahrgang 1990, Teil IS. 1080).
Schweiz:
Für Versuchstiere wird eine Bestandkontrolle angeordnet:
1. Herkunft der Tiere,
2. Art und Menge der Tiere (Geschlecht und Art),
3. Identifikation des Tieres (Ringnummer, Tätowierung, besondere Kennzeichnung),
4. Abgang des Tieres.

Abb. 8.3: Skizze eines Meerschweinchens mit charakteristischer Fellzeichnung (Skizze: J. Maeß).

Bewährt hat sich dabei die Anfertigung einer Skizze mit den individuellen Farbflächen oder die Einzeichnung von Farbmustern in eine Schemazeichnung (**Abb. 8.3**).
Gute Fotografien (Sofortbildkamera) sind besonders geeignet, um auffällig natürlich gezeichnete Tiere wiederzuerkennen. Eindeutige, individuelle und unverwechselbare Merkmale, dem „Fingerabdruck" beim Menschen vergleichbar, wie z.B. Pfotenabdruck, Felderung des Nasenspiegels, Formation der Gaumenstaffeln oder labortechnisch erfassbare Werte (z.B. Blutgruppen, biochemische „Marker", Genomanalyse) werden nur bei besonderen Anlässen oder sehr wertvollen Tieren erhoben und dokumentiert.

8.6.2 Kennzeichnung von Käfigen, Zwingern und Standplätzen

Besonders praktisch für den täglichen Umgang mit den anvertrauten Tieren ist die Kennzeichnung von Zwingern oder Standplätzen mit Tafeln und von Käfigen mit Käfigkarten. In einigen Bundesländern sind Käfigkarten sogar Bestandteil der so genannten Nebenbestimmungen zur Tierversuchsgenehmigung. Diese schreiben vor, dass aus den Käfigkarten jederzeit der Versuchsleiter, die Tierart (Rasse, Stamm), der Versuchsbeginn und das Versuchsvorhaben einschließlich Genehmigungsnummer (Aktenzeichen) zu ersehen sein muss. Bei transgenen Tieren muss zudem das Aktenzeichen gemäß Gentechnikgesetz eingetragen sein.

Vielfach werden Käfigkarten aus festem Papier verwendet. Diese können jedoch bei unsachgemäßer Befestigung am Käfig mitunter leicht ausreißen und ggf. herunterfallen. Falls dies bei mehreren Käfigen eines Ständers geschieht, lassen sich die Tiere in den betroffenen Käfigen u.U. nicht mehr eindeutig identifizieren. Zuverlässiger sind Käfigkarten aus Kunststoff, auf die das Kriterienraster fest aufgedruckt ist, die mit einem wasserfesten Filzschreiber ausgefüllt werden (**Abb. 8.4**) und mit einer Metallspange am Käfigdeckel befestigt werden. Die Kunststoffkarten lassen sich in verschiedenen Farben herstellen, so dass bestimmte Tierkategorien Käfigkarten einer bestimmten Farbe erhalten können. So z.B. rote Karten für Tiere im Akutversuch, gelbe Karten für transgene Zuchten usw. Nach Gebrauch lassen sich diese Eintragungen problemlos mit Alkohol entfernen und

Abb. 8.4: Käfigkarten aus Kunststoff. Die z.T. durch die Genehmigungsbehörden vorgegebenen Eintragungen werden mit wasserfestem Filzschreiber gemacht. Die Karten können nach Abwischen der Beschriftung mit einem Alkohol getränkten Tuch wiederverwendet werden. Die Käfigkarten sind in verschiedenen Farben erhältlich, dadurch lassen sich bestimmte Käfigkategorien auch optisch voneinander unterscheiden, so z.B. rote Karten für Tiere im Akutversuch, gelbe Karten für Transgenzuchten etc. (Aufnahme: J. Weiss).

die Karten wieder verwenden. Insbesondere bei Kleintieren, wo meist mehrere Tiere in einem Käfig gehalten werden, reicht jedoch die Information auf der Käfigkarte nicht aus, hier muss jedes einzelne Tier individuell gekennzeichnet werden.

8.6.3 Kennzeichnung von Fell und Haut

Eine deutliche – wenn auch vorübergehende – Kennzeichnung erreicht man durch Einfärbung bzw. Stempelung oder markierende Schur (Buchstaben, Zahlen) des Fells. Da alle Tiere, je nach Art und Haltung, einem Haarwechsel unterliegen, muss die Einfärbung oder Schur mindestens in 14-tägigen Abständen kontrolliert und eventuell nachgebessert werden. Für landwirtschaftliche Nutztiere werden „Viehzeichenstifte" verwendet. Diese Fellkreide gibt es in verschiedenen Farben. Sie haftet meist gut auf dem Fell und der Haut. Tierhändler setzen auch Farbstempel ein. Bei kleinen Versuchstieren (Ratten und Mäuse) kommt in bestimmten Fällen eine Markierung mit Frisörfarben in Frage. Hierbei können durch verschiedene Farben und unterschiedlich angefärbte Körperregionen Zahlenkodes festgelegt werden, so dass eine größere Zahl von Tieren (z.B. Tiere eines Käfigs) eindeutig identifiziert werden kann. Für eine Kennzeichung von nur wenigen Tagen Dauer eignet sich die Markierung mit Filzschreibern auf Fell oder Schwanz.

Tätowierung

Bei exakter Durchführung stellt die Tätowierung eine sichere und lebenslange Markierung dar. Mithilfe von Zangen mit Nadelmustern oder Tätowiergeräten wird spezielle Tusche mittels feiner Stiche in und unter die Haut gebracht. Die Farbstoffpartikel werden von den Zellen der Unterhaut aufgenommen und lebenslang eingelagert. Die Tätowierung ist nicht sehr schmerzhaft, bei empfindlichen Tieren ist im Interesse einer sauberen Ausführung (gute Ablesbarkeit!) eine Betäubung zu empfehlen. Besonders gut sind die Tätowierzeichen bei hellhäutigen Tieren abzulesen, bei dunkelhäutigen Tieren muss aus der verfügbaren großen Farbpalette der geeignete Farbton ausgewählt werden.

Brände

Das Setzen von Brandzeichen mit glühendem Eisen in die Haut führt durch die Narbenbildung und die haarlosen Stellen zu einer lebenslang sichtbaren Kennzeichnung. Tradition hat diese Kennzeichnung in der Pferdezucht und bei der Markierung von Rinderherden unter extensiven Haltungsbedingungen. Der Vorgang des Brennens führt zu Schmerzen und ist aus Gründen des Tierschutzes abzulehnen. Für die Heim- und Versuchstiere wurde die Methode auch nie angewendet.

Beim so genannten „kalten Brand" wird ein durch flüssigen Stickstoff (–196 °C) gekühlter Metallstempel auf die Haut gedrückt. Durch diese Vereisung kommt es zum Pigmentverlust bei farbigen Fellpartien, so dass später die Stempelmarke durch weißen Haarwuchs sichtbar wird. Leider lässt sich die Marke in der Praxis häufig nicht gut ablesen, außerdem ist auch die Vereisung nicht schmerzlos.

Brandzeichen können mit der nötigen Vorsicht ohne Probleme im Horn (Hufe, Hörner) eingebrannt werden. Zeichen an den Hörnern sind bei Rindern eine sichere Markierung.

Ohrlochung, Ohrkerbung und Amputation

Besonders in der Versuchstierhaltung war und ist die Ohrlochung und -kerbung bei Ratten und Mäusen häufig die Methode der Wahl für die Identifizierung von Einzeltieren. Die dünnhäutigen Ohrmuscheln können in den Bereichen, die frei von Blutgefäßen und Schmerzrezeptoren sind, gelocht oder eingekerbt werden. Es kann ein Code mit bis zu 3-stelligen Zahlen aufgestellt werden. Allerdings verlangt die Lochung bzw. Kerbung sowie die spätere Ablesung sehr große Sorgfalt und Erfahrung. Bei Mastschweinferkeln werden häufig Ohrkerbungen zur Kennzeichnung verwendet.

Die früher praktizierten Amputationen einzelner Zehen (bei Babymäusen), der Ohrspitzen (Schaf, Kaninchen) oder des Schwanzes (Schwein, Schaf) zu Kennzeichnungszwecken ist in Deutschland heute durch das Amputationsverbot des Tierschutzgesetzes untersagt.

8.6.4 Kennzeichnung durch Marken oder Halsbänder

Das Einziehen von Ohrmarken oder Flügelmarken und das Anlegen von Halsketten oder Halsbändern aus Leder oder Plastik mit Markierungen sowie das Überstreifen von Fußringen beim Geflügel hat eine lange Tradition und wird heute noch häufig ausgeführt. Aus Gründen des Tierschutzes muss vermieden werden, dass derartige Bänder oder Marken einwachsen, Gliedmaßen abschnüren, oder sonst zu Verletzungen (z.B. Ausreißen von Ohrenmarken) führen.

Bei kleinen Tieren sind derartige Kennzeichnungen generell unzuverlässig. Für Hunde, Katzen und größere Tiere haben Halsbänder und größere Marken bei entsprechender unterschiedlicher Färbung und Gestaltung den Vorteil, dass diese Tiere auch auf Distanz erkannt werden können. Wegen des Risikos des Verlierens ist aber eine solche Kennzeichnung nicht in jedem Fall dauerhaft sicher.

8.6.5 Markierung mit elektronisch kodierten Datenträgern

Halsbänder oder Ohrmarken mit elektronischer Kodierung haben sich schon lange bei landwirtschaftlichen Nutztieren, z.B. bei der bedarfsgerechten automatischen Fütterung, bewährt. Es ist absehbar, dass in Zukunft immer mehr Tiere mit elektronischen Datenträgern gekennzeichnet werden. Der besondere Vorteil dieser „Chips", Transponder genannt, ist darin zu sehen, dass sie direkt mit der Datenaufnahme bzw. Computersystemen kommunizieren und dass dadurch menschliche Übertragungsfehler weitgehend ausgeschaltet werden können.

Grundsätzlich besteht ein Transponder (**Abb. 8.5**) aus einem elektronischen Chip (speicherfähige Basiseinheit), der mit einem hauchdünnen Kupferdraht umwickelt ist, der als eine Art Antenne dient. Beide Elemente sind in eine Glaskapsel eingegossen. Der Transponder wird mit Hilfe einer speziellen Injektionsvorrichtung (Injektor) unter die Haut gebracht (subkutan implantiert). Z.B. bei Mäusen ist es sinnvoll, die Einstichöffnung für wenige Tage mit einer Wundklammer zu verschließen, um das Herausrutschen des Transponders aus dem verhältnismäßig großen Einstichkanal zu verhindern.

Abb. 8.5: Markierungsystem mit Transpondern („Chips"). Die Kanüle wird auf einen handlichen Injektionsapparat gesteckt und damit der Chip subkutan implantiert. Mit einem speziellen Lesegerät kann die Kennung des Chips, eine Kombination aus Buchstaben und Zahlen, abgerufen werden. In der Abbildung ist zum Größenvergleich ein Transponder (links) und eine Implantationskanüle über einem Zentimetermaß angeordnet (Aufnahme: Trovan-Euro i.D., Euskirchen).

Zur Identifizierung separiert man das Tier, um Impulsvermischungen der Transponder verschiedener Tiere auszuschließen und hält das aktivierte Lesegerät (sog. Scanner) nahe an das Tier. Das Lesegerät sendet nun Radiowellen (z.B. 124 kHz Frequenz) aus, aktiviert den Chip und versorgt ihn so mit der nötigen Energie. Der Chip beginnt zu arbeiten und sendet mit etwa der halben Frequenz des Lesegerätes die gespeicherte Information zurück, die vom Antennenfeld des Lesegerätes empfangen wird und sich in Form eines Codes aus Zahlen und Buchstaben auf dem Display darstellt.

Mittlerweile stehen auch Transponder zur Verfügung, deren Code sich nach Bedarf programmieren lässt und andere, über die auch die Körpertemperatur[104] des betreffenden Tieres erfasst werden kann.

---

104 Untersuchungen haben gezeigt, dass ein subkutan implantierter Transponder mit Temperaturerfassung eine niedrigere Körpertemperatur anzeigt, als wenn die Messung z.B. mit einer rektal eingeführten Mess-Sonde durchgeführt wird.

8.6.6 Kennzeichnung der einzelnen Tierarten

Maus/Ratte

Gerade bei den kleinen Tieren ist eine sichere Kennzeichnung von großer Bedeutung. Mäuse und Ratten sind als Einzeltiere weitaus schwieriger zu identifizieren als beispielsweise Hunde und Katzen. Zusätzlich hat man es meist mit größeren Tiergruppen zu tun. Tatsächlich schreiben aber die Bestimmungen für den Umgang mit transgenen Tieren – und damit für die Mehrzahl der heute gehaltenen Mäuse – vor, dass diese unverwechselbar gekennzeichnet sein müssen.

Zu den unsicheren Kennzeichnungsmethoden gehört das Anbringen von Ohrmarken aus Metall. Insbesondere bei Mäusen sind die Größenverhältnisse meist ungünstig, die Ohrmarke lässt so das Ohr unnatürlich nach unten hängen. Mitunter kommt es auch zu Entzündungen im Befestigungsbereich. In jedem Fall muss der korrekte Sitz bzw. der eventuelle Verlust regelmäßig kontrolliert werden.

Ohrmarkierungen durch Lochungen oder Kerbungen verlangen sehr sorgfältiges Arbeiten, damit unnötige Verletzungen (z.B. Beschädigung von Blutgefäßen) vermieden werden und die Markierungen auch später als solche korrekt abgelesen werden können. Ohrlochungen lassen sich besonders gut mit einer sog. **Kofferdam-Zange** (**Abb. 8.6a**) durchführen, bei der unterschiedliche Ohrlochgrößen eingestellt werden können. Mit einem einfachen Schema (**Abb. 8.6b**) lassen sich innerhalb eines Käfigs mehr als 10 Tiere einwandfrei markieren (**Abb. 8.6c**); dies entspricht der maximal möglichen Besatzdichte eines mit Mäusen besetzten Makrolon III-Käfigs.

Eine praktikable vorübergehende Unterscheidung erreicht man durch Fellfärbung, z.B. mit „Frisör"-Farben in verschiedenen Farbtönen und unterschiedlichen Mustern, an verschiedenen Körperstellen, z.B. dem Rücken der Tiere (**Abb. 8.7**). Dabei erfordert die Farbanbringung jedoch ein hohes Maß an Genauigkeit, um Fehlinterpretationen auszuschließen. Der nicht zu unterschätzende Vorteil dieser Methode besteht darin, dass die Tiere aus einem gewissen Abstand identifiziert werden können, ohne dabei aufgenommen werden zu müssen. Durch den ständigen Haarwechsel ist aber eine kor-

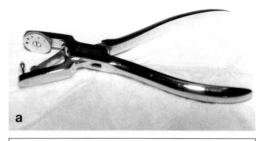

a

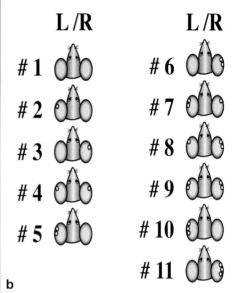

b

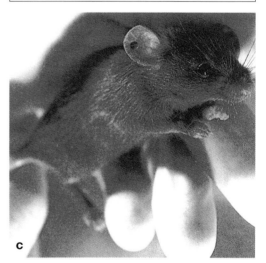

c

Abb. 8.6: Kennzeichnung durch Ohrlochung. **a** Kofferdam-Zange zur Ohrlochung, **b** Ohrlochungsschema, **c** C57BL/6-Maus mit Markierungslochung im rechten Ohr (Aufnahme: J. Weiss).

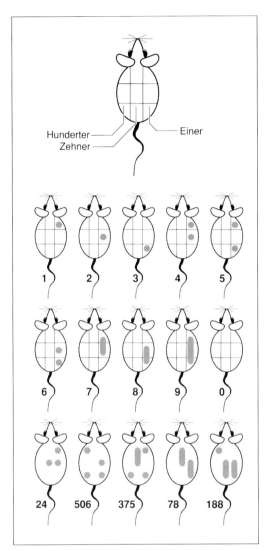

Abb. 8.7: Beispiele für die Kennzeichnung von Ratten und Mäusen durch Farbmarkierungen auf dem Rückenfell (nach: J. Maeß).

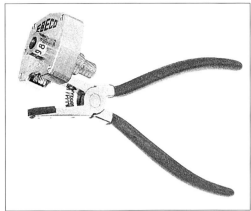

Abb. 8.8: Tätowierung von Versuchstieren: Tätowierzange für Ratten und Mäuse (Aufnahme: Ebeco, Castrop-Rauxel).

rekte Nachfärbung in etwa 14-tägigen Abständen notwendig.

Noch einfacher ist das Aufmalen verschiedenfarbiger Ringe mit geeigneten, d.h. ungiftigen, wasserfesten Filzstiften auf den Schwanz. Auch hier muss im Abstand von wenigen Tagen kontrolliert und ggf. nachgezeichnet werden.

Die Tätowierung ist eine sichere Kennzeichnungsmethode. Sie verlangt aber bei Ratten und Mäusen wegen der kleinen zur Verfügung stehenden Flächen, besondere Sorgfalt und Geschick. Zur Tätowierung von Zahlen in die Ohren stehen kleine Tätowierzangen (**Abb. 8.8**) zur Verfügung, mit denen sich allerdings bei Mäusen nur eine und bei Ratten nur zwei Ziffern in die Öhrchen prägen lassen.

Einfache Zeichen oder Ziffern können auch bei entsprechendem Geschick und Erfahrung mit Tätowiernadeln bzw. Tätowiergeräten an schwach behaarten Stellen, d.h. an den Ohren oder am Schwanz „eingezeichnet" werden.

Neugeborene und saugende Mäuse bzw. Ratten lassen sich durch subkutane Tuscheinjektionen an verschiedenen Stellen des Rückens oder der Pfoten unterscheidbar kennzeichnen. Die früher geübte Praxis der Amputation einzelner Zehen zur Kennzeichnung ist gemäß § 6 des deutschen Tierschutzgesetzes verboten.

Die Kennzeichnung mit Transpondern stellt auch bei Kleintieren eine zuverlässige Methode zur lebenslangen, einwandfreien Identifikation der Tiere dar. Nach sorgfältiger subkutaner Applikation des Transponders in der Regel auf dem Rücken oder im Schulterbereich muss sichergestellt werden, dass die winzige Glaskapsel nicht aus der Injektionsstelle herausgleitet. Insbesondere bei Mäusen und jungen Ratten ist ein Verschluss der Einstichöffnung durch eine Wundklammer empfehlenswert, da sich die Hautöffnung häufig nur sehr langsam schließt, und somit die Transponder wieder herausrutschen können. Im Allgemeinen kann man bei Ratten und Mäusen mit dem Absetzen den Transponder implantieren. Eine Betäubung

Abb. 8.9: Tätowierung von Versuchstieren: **a** Ohrtätowierung bei der Albinomaus. **b** Ohrtätowierung beim Kaninchen (Aufnahme: W. Rossbach).

der Tiere ist nicht unbedingt erforderlich, jedoch ist im Interesse einer sorgfältigen Durchführung der Implantation ggf. eine kurze Narkose von Vorteil.

Mit Hilfe des Transponders, durch den jedes so markierte Tier stets eindeutig zu identifizieren ist, können tierbezogene Daten, wie sie z.B. bei Tierwiegungen usw. anfallen, direkt (online) aufgezeichnet werden. Dadurch können Fehlermöglichkeiten, wie sie z.B. bei der handschriftlichen Protokollierung von Körpergewichtsdaten vorkommen können, weitestgehend vermieden werden.

Meerschweinchen

Bunte Meerschweinchen lassen sich häufig leicht anhand der unterschiedlichen Farbmuster unterscheiden. Am besten wird eine Skizze darüber angefertigt oder eine Fotografie zur Dokumentation benutzt.

Runde, druckknopfähnliche Ohrmarken mit Nummerierungen haben sich bewährt, obwohl auch bei Meerschweinchen mit dem Verlust der Ohrmarke gerechnet werden muss. Hinsichtlich der Tätowierung gilt ebenfalls, dass die dafür zur Verfügung stehenden Hautpartien eigentlich zu klein sind.

Eine eindeutige Identifizierung – mit allen im vorhergehenden genannten Vorteilen – ist durch die Implantation eines Transponders möglich.

Kaninchen

Die Tätowierung von Kaninchen in die großen Ohrlöffel hat eine lange Tradition und ist sehr zuverlässig (**Abb. 8.9b**). In der organisierten Rassekaninchenzucht gibt es seit langem Zuchtwarte zum Tätowieren der Kaninchen. Nachdem die Ohren vorsichtig gesäubert wurden, wird die Tätowierzange an einer knorpelfreien Stelle zwischen den großen Blutgefäßen angesetzt. Es empfiehlt sich, den Abdruck der Zange zuvor an einem Stück Papier auszuprobieren, um sicherzustellen, dass die Zahlen oder Buchstaben nicht seitenverkehrt eingesetzt werden. Nach der „Nadelung" mit der Zange muss die Tätowierfarbe gründlich in die Stichkanäle einmassiert werden. Eine Betäubung ist für die Prozedur nicht notwendig. Die Tätowierung lässt sich besonders gut ablesen, wenn das Ohr z.B. mit einer Taschenlampe durchleuchtet wird. Da die Ohrtätowierung bei Kaninchen eine sichere Kennzeichnungsmethode darstellt, spielen andere Verfahren eher eine untergeordnete Rolle. In bestimmten Fällen ist jedoch auch hier der Transponder eine geeignete Alternative.

Hunde und Katzen

Hunde und Katzen sollten auch in privaten Händen grundsätzlich ausreichend gekennzeichnet sein, nur so können Eigentumsauseinandersetzungen vermieden werden. Neben einer genauen Beschreibung (Farbe, Abzeichen, besondere Merkmale, Rasse, Geschlecht usw.) oder Fotografien sind Tätowierungen und zunehmend elektronische Registrierungen (Transponder) geeignete Kennzeichnungsmethoden. Verschiedene Institutionen bieten zusätzlich eine computergesteuerte Datenspeicherung an, um bei Diebstahl, Verlust u.a. recherchieren zu können.
Kennzeichnungen mit Halsbändern bzw. Halsketten, versehen mit Steuermarke und eventueller Besitzeradresse, sind weiterhin notwendig, da z.B. die Transponder nur mit entsprechenden Geräten abgelesen werden können und diese nicht überall und jederzeit verfügbar sind. Nach der Vorschrift des deutschen Tierschutzgesetzes (§ 11a Abs. 2) müssen Katzen und Hunde, die zur Verwendung als Versuchstiere gezüchtet werden, vor dem Absetzen dauerhaft gekennzeichnet werden. Als Kennzeichnungsmethode ist die Tätowierung vorgeschrieben, die laut § 2 der „Kennzeichnungsverordung" wie folgt ausgeführt werden muss:
„*Die Kennzeichnung von Hunden und Katzen nach § 11a Abs. 2 des Tierschutzgesetzes ist durch Tätowierung vorzunehmen. Das Kennzeichen besteht, von links nach rechts gelesen, aus den **Buchstaben des amtlichen Kraftfahrzeugkennzeichens des Kreises**, in dem oder der kreisfreien Stadt, in der die Kennzeichnung vorgenommen werden muss, sowie einer Nummernkombination, die sich aus der **Betriebsnummer**, dem Kennzeichnungsjahr und der **laufenden Tiernummer** zusammensetzt. Die Betriebsnummer wird von der zuständigen Behörde zugeteilt. Die Buchstaben sind im linken, die Nummernkombination im rechten Ohr anzubringen. Ist eine Ohrtätowierung nicht möglich, muss die Tätowierung auf der linken Innenschenkelseite erfolgen. Die zuständige Behörde kann in bestimmten Fällen gestatten, dass eine andere geeignete Kennzeichnung verwendet wird. Werden bereits ausreichend gekennzeichnete Tiere in den Geltungsbereich dieser Verordnung verbracht, so genügt diese Kennzeichnung. Die zuständige Behörde kann verlangen, dass die Tiere unter ihrer Aufsicht gekennzeichnet werden.*"
Die Tätowierung bei Hund und Katze sollte grundsätzlich in Narkose erfolgen.

Schweine

Zur kurzzeitigen Identifizierung (Tierhandel, Schlachthof) lassen sich Schweine mit farbigen Viehzeichenstiften oder Farbstempeln kennzeichnen. Traditionsgemäß werden langohrige Schweinerassen durch verschiedene „Kerbungsschlüssel" markiert. Sehr bewährt haben sich farbige Plastikohrmarken mit zusätzlicher gut lesbarer Nummerierung, die durch Lochstanzungen des Ohres druckknopffertig mit Gegenstücken befestigt werden. Solche Ohrmarken lassen sich auch aus einiger Entfernung ablesen.

Schafe

Für die Dauer von 2–3 Monaten können Schafe durch Stempelnummern auf dem Wollvlies gekennzeichnet werden. Danach sind die Zeichen infolge des Wollwuchses nicht mehr zu lesen. Ohrkerbungen mit einer Kerbzange sind möglich, wirken aber unschön. Weißköpfigen Schafrassen können dauerhaft Ohrnummern eintätowiert werden. Bei den schwarzköpfigen Schafen sind Metall- oder Plastikohrmarken als Kennzeichen notwendig. Auch hier haben sich die farbigen druckknopfartigen Ohrmarken (**Abb. 8.10**) bewährt, deren Zahlen oder Zeichen auch aus einiger Entfernung abzulesen sind.

Primaten

Primaten sind heute allgemein durch implantierte Transponder sicher identifizierbar. Es ist hier häufig von besonderer Wichtigkeit, dass die Ablesegeräte (Scanner) eine ausreichende Entfernung überbrücken können, damit die Tiere zur Identifizierung nicht immer gefangen werden müssen. Nicht sehr schön, aber praktisch – wenn auch nur bei großen Tieren (z.B. Rhesusaffen oder Makaken) anwendbar – sind große, gut lesbare, Tätowierungen auf der Brust. Diese Tiere können auch aus einem gewissen Abstand erkannt werden. Den gleichen Zweck erfüllen auch Hals- oder Armbänder mit farbigen Kennzeichen oder Marken. Derartige Bänder oder Ketten können aber mitunter zu Verletzungen oder Strangulierungen führen; auch können sie von besonders geschickten Tieren auseinandergenommen werden. Eventuell lassen sich freilaufende Primaten aus der Distanz mit Farblösungen („Wasserpistole") kennzeichnen.

Abb. 8.10: Ohrmarken und Einziehzange für die Markierung von Schafen und Schweinen. Zum Größenvergleich siehe Markstück am vorderen Griffende der Zange (Aufnahme: J. Maeß).

Vögel

Selbstverständlich können alle größeren Vogelarten mittels Transponder sicher gekennzeichnet werden. Traditionsgemäß werden jedoch meist verschiedenfarbige Plastikfußringe oder ringförmige Metallmarken verwendet. Letztere haben sich seit Jahrzehnten (Ornithologie – Vogelzugforschung, Reisetaubensport) bewährt und werden auch als amtliche Marken an die Sittichzuchten vergeben. Zuverlässige Kontrollen müssen besonders bei wachsenden Tieren sicherstellen, dass diese Fußringe oder Fußmarken nicht „einwachsen" und die Gliedmaßen strangulieren. Demgegenüber sind so genannte Flügelmarken nicht ganz so sicher, bei Hühnern jedoch durchaus verwendbar.

Wiederholungsfragen

1. Anhand welcher Merkmale kann man das Aussehen eines Tieres beschreiben?
2. Welche Probleme sind bei der farbigen Markierung des Felles zu beachten?
3. Welche Vorschriften bestehen über die Kennzeichnung von Hunden und Katzen, die für Versuchszwecke gezüchtet werden?
4. Nennen Sie sichere Methoden der Kennzeichnung von Ratten und Mäusen.
5. Wie kennzeichnet man am besten ein schwarzköpfiges Fleischschaf.

8.7 Verabreichung (Applikation) von Substanzen und Probenentnahme

8.7.1 Allgemeines

Wie bei allen anderen tierexperimentellen Maßnahmen gilt auch bei der Verabreichung (Applikation) von Substanzen und der Entnahme von Proben bei Versuchstieren, dass dies nur von Personen durchgeführt werden darf, die über die entsprechenden Voraussetzungen, d.h. Erfahrung mit der Durchführung der jeweiligen Maßnahme verfügen. Soweit dies für einen Tierpfleger gilt und er über die ggf. notwendige Ausnahmegenehmigung verfügt, können ihm auch solche Aufgaben übertragen werden.

Grundsätzlich gilt, dass die Behandlung von Tieren nach Möglichkeit in einer ihnen vertrauten Umgebung, d.h. im günstigsten Fall im Tierraum selbst erfolgen sollte. Geschieht dies dagegen in fremder Umgebung und wird der Eingriff von Personen durchgeführt, die für die Tiere neu sind, muss mit Auswirkungen auf Pulsfrequenz, Blutdruck sowie bestimmten Hormonbefunden gerechnet werden, wodurch u.U. auch Versuchsergebnisse beeinflusst werden können.

Alles für die durchzuführende Maßnahme benötigte Instrumentarium sollte vor Beginn in Griffnähe bereitgelegt und auf Vollständigkeit überprüft werden; auch eventuell benötigtes Hilfspersonal sollte bereits zu Beginn der Arbeiten bereitstehen.

8.7.2 Verabreichung über den Magen-Darm-Kanal (enterale Applikation)

Die Vorteile einer Substanzapplikation über den Magen-Darm-Trakt liegen vor allem darin, dass eine Verabreichung beispielsweise mit dem Futter oder Tränkwasser stressfrei erfolgen kann; auf diese Weise können größere und nicht sterile Substanzmengen verabreicht werden. Allerdings muss bedacht werden, dass die Resorptionsrate und -geschwindigkeit stark von Menge und Art des Mageninhalts abhängt, dass die verabreichte Substanz bei der Darmpassage abgebaut werden kann und dass schließlich eine verhältnismäßig lange Zeit zwischen der Verabreichung und dem Wirkungseintritt verstreicht. Es werden grundsätzlich drei verschiedene Verfahren unterschieden.

8.7.3 Verabreichung über das Futter oder Tränkwasser

Die Verabreichung von Substanzen über den Magen-Darm-Trakt (enterale Applikation) kann über das Maul (peroral) in fester oder flüssiger Form erfolgen, wobei sie in bestimmten Konzentrationen dem Futter oder Tränkwasser beigemischt sind. Futterbeimischungen sind sinnvollerweise vom Futtermittelhersteller durchführen zu lassen, da dieser über die notwendigen technischen Voraussetzungen zur Sicherstellung eines gleichmäßigen Mischungsverhältnisses verfügt. Für die Verabreichung über das Tränkwasser ist die ausreichende Wasserlöslichkeit der Substanz wichtige Voraussetzung. Zudem muss sichergestellt werden, dass die zu verabreichende Substanz gegenüber Lichteinwirkung stabil ist. Andernfalls müssen dunkel getönte Flaschen verwendet werden oder aber normale Flaschen z.B. mit Alufolie sorgfältig umwickelt werden. Bei beiden Verabreichungsverfahren muss unbedingt die tatsächlich aufgenommene Substanzmenge kontrolliert werden. Dies lässt sich zuverlässig pro Tier nur bei Einzelhaltung bewerkstelligen und zwar durch genaue Futter- bzw. Wasserwägung vor Beginn und durch die entsprechende Rückwägung nach Ende der Verabreichungszeit.

8.7.4 Verabreichung mit der Schlundsonde

Eine weitere Möglichkeit bietet die Schlundsondierung, bei der eine bestimmte Substanzmenge direkt in den Magen verabreicht wird (**Tab. 8.2**). Dies erfolgt in der Regel vor der täglichen Fütterung, bei ad libitum gefütterten und getränkten Tieren erst nach mehreren (meist 4) Stunden Futter- und Wasserentzug. Es werden zwei grundsätzlich verschiedene Sondentypen verwendet, nämlich starre oder flexible Sonden. **Starre Edelstahlsonden** weisen am Vorderende (sog. Knopfkanüle) eine olivenförmige Verdickung auf, die das Einführen erleichtern und Verletzungen verhindern soll. Je nach Tierart, bei der sie angewendet werden sollen, sind die Sonden in unterschiedlicher Länge und Dicke verfügbar. Eingesetzt wird dieser Typ bevorzugt bei Mäusen, Ratten (**Abb. 8.11a u. b**), u.U. aber auch bei Meerschweinchen und Kaninchen.

Bei Hunden, Katzen, Kaninchen und Meerschweinchen werden in der Regel **flexible Sonden**, d.h. Gummi- oder Kunststoffschläuche mit abgerundetem Vorderende, verwendet. Wird die Sondierung am nicht narkotisierten Tier durchgeführt, so sollte ein Beißholz oder Maulsperrer eingesetzt werden, damit die spontanen Abwehrversuche des Tieres nicht zum Zerbeißen der Sonde oder zu Zungen- bzw. Lippenverletzungen des Tieres führen.

Vor Beginn der Sondierung wird durch Abmessen außen am Tier die ungefähre Einfuhrtiefe der Sonde bis zum Magen ermittelt. Zum

Einführen der Sonde ist der Kopf des Tieres in gestreckter Haltung zu fixieren, die Sonde wird dann den Gaumen entlang bis in den Rachenbereich vorgeschoben. Durch eine leichte Drehung der Sonde lässt sich hier der Schluckreflex auslösen, woraufhin die Sonde leicht und ohne weiteren Widerstand bis zum Magen vorgeschoben werden kann. Vor dem Entleeren des Spritzeninhaltes über die Sonde ist, z.B. durch das probeweise Verabreichen einer geringen Menge physiologischer (0,9 %) Kochsalzlösung, unbedingt ihr korrekter Sitz zu überprüfen. Ein versehentliches Entleeren in die Lunge kann zu Atemnot bis hin zum qualvollen Tod des Tieres führen! Bei der Verabreichung aggressiver Substanzen muss die Kanüle vor dem Zurückziehen gespült werden.

8.7.5 Verabreichung über den Enddarm (anale oder rektale Applikation)

Als dritte Möglichkeit kann eine Substanzverabreichung durch Einführen z.B. von Klistieren oder Zäpfchen in den Enddarm (anale oder rektale Applikation) vorgenommen werden. Dieses Verfahren ist in der Regel auf die Anwendung bei größeren Versuchstieren beschränkt, dort nämlich, wo eine Fragestellung die Applikation einer Substanz in den Dickdarm

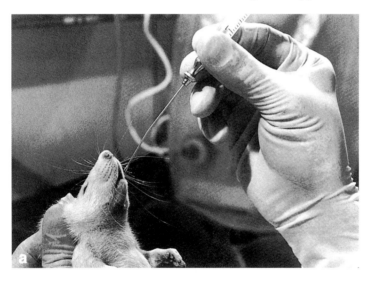

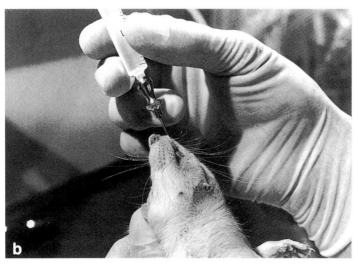

Abb. 8.11: Schlundsondierung bei der Ratte. **a** „Maßnehmen" mit der Knopfkanüle; **b** die Kanüle ist bis zum Magen vorgeschoben (Aufnahmen: J. Weiss).

Tab. 8.2: Maximale Flüssigkeitsmengen, die per Schlundsonde (mit Durchmesserangabe in mm) je Tier verabreicht werden können

max. Menge	Maus KGW*	Maus Sonde	Ratte KGW*	Ratte Sonde	Meerschweinchen KGW*	Meerschweinchen Sonde	Katze, Kaninchen, Hund KGW*	Katze, Kaninchen, Hund Sonde
0,5 ml	10 g	0,8 mm	–		–		–	
1,0 ml	20 g	1,0 mm	30 g	1,0 mm	–		–	
2,0 ml		–	50 g	1,5 mm	–		–	
3,0 ml		–	100 g	1,5 mm	100 g	1,5 mm	–	
4,0 ml		–	200 g	2,0 mm	300 g	2,0 mm	–	
5,0 ml		–	300 g	2,0 mm	500 g	2,0 mm	500 g	3,0 mm
10,0 ml		–		–		–	1 kg	3,0 mm
20,0 ml		–		–		–	1,5 kg	4,0 mm
30,0 ml		–		–		–	2000 g	5,0–7,0 mm

* KGW = Körpergewicht

erfordert. Insgesamt ist die anale oder rektale Applikation ein Verfahren, das bei kleinen Versuchstieren wie z.B. Nagetieren normalerweise nicht gebräuchlich ist und auch bei größeren Versuchstierarten nur höchst selten angewendet wird.

8.7.6 Parenterale Applikation

Parenterale Applikation (Verabreichung unter Umgehung des Magen-Darm-Kanals) von Substanzen wird bei geringen Substanzmengen als Injektion, bei größeren Mengen als Infusion durchgeführt, sie kann aber auch durch Einpflanzen (Implantation) einer Pumpe unter die Haut erfolgen. Dafür eignen sich z.B. kleine osmotische Pumpen, die es ermöglichen, über längere Zeiträume hinweg gleichmäßig geringe Mengen an Wirkstoff (z.B. ein Hormon) an einen Organismus zu verabreichen (**Abb. 8.12**). Ohne mechanische Verletzung der Haut lassen sich Substanzen verabreichen, indem sie gasförmig oder als Aerosol (feste oder flüssige Schwebstoffe der Luft) in die Atemluft der Tiere eingebracht werden (Inhalationsverfahren), oder aber, indem eine Substanz auf die Haut oder Schleimhaut aufgebracht (perkutane Applikation) und durch diese hindurch in den Organismus aufgenommen wird.

Injektionsverfahren

Grundsätzliches
Im Gegensatz zur enteralen Applikation müssen die zu injizierenden Substanzen keimfrei (steril), körperwarm, isoton (von gleichem osmotischen Druck) zur Körperflüssigkeit und von neutralem pH-Wert (7,0–7,5) sein. Andernfalls können u.a. Hämolyse (Austritt von Blutfarbstoff aus den roten Blutkörperchen) sowie schmerzhafte Nekrosen (Gewebstod) die Folge sein. Partikuläre (aus Teilchen bestehende, also nicht gelöste) Substanzen und Emulsionen (z.B. Öl in Wasser) können normalerweise nicht in die Vene injiziert werden, sie müssen in die Bauchhöhle (intraperitoneal), unter die Haut (subkutan) oder in die Haut (intrakutan) verabreicht werden (**Tab. 8.3**).

Bei der Durchführung der Injektion ist darauf zu achten, dass sterile, scharfe Kanülen verwendet werden und der Bereich der Einstichstelle – soweit erforderlich – zuvor rasiert oder depiliert (Beseitigung von Haaren auf chemischem Wege) und mit 70 %-igem Alkohol desinfiziert wird. Der Injektionsort entscheidet über die Verteilungsgeschwindigkeit: So liegt diese am höchsten bei der intrakardialen Injektion, gefolgt von intravenöser, intraperitonealer, intramuskulärer, subkutaner und schließlich intrakutaner Injektion.

Bei der Auswahl der bei der Injektion verwendeten Kanüle ist zu bedenken, dass zu große Kanülendurchmesser bei der Durchstechung der Haut unnötige Schmerzreaktionen hervorrufen, die bei der Verwendung von Kanülen mit kleinerem Durchmesser fast völlig vermieden werden können. So haben sich für den Einsatz bei Maus, Ratte, Meerschweinchen, Hamster und Kaninchen Kanülen mit dem Durchmesser von 27G/28G oder 30G (v.a. Maus) bestens bewährt. Auch bei Hund und Katze sind Kanülengrößen von 25G und 27G ausreichend. Die

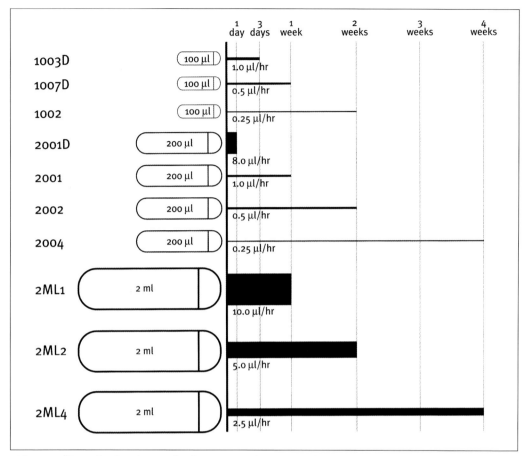

Abb. 8.12: Übersicht über die verschiedenen Typen der osmotischen Pumpe. Diese unterscheiden sich nach Füllvolumina und Substanzagabezeiten. Je nach Pumpentyp kann eine Substanzabgabe von 1–10 µl/h gewählt werden. Abhängig von Pumpengröße und Abgabemenge ist eine Applikationsdauer von bis zu 4 Wochen möglich (nach: Fa. Charles River, Sulzfeld).

kleinen Kanülentypen können bei den erwähnten Tierarten für alle Applikationsarten (i.d., i.m., s.c. und i.p.) verwendet werden, wenn die Viskosität der Injektionslösung dies zulässt. Lediglich bei i.v. Injektionen kann es notwendig sein, größere Kanülendurchmesser vorzuziehen, um eine sichere Applikation zu gewährleisten.

Intravenöse (i.v.) Injektion
In die Vene injiziert werden Substanzen, deren Wirkung sehr rasch eintreten soll (z.B. Narkosemittel) oder solche, die im Körper schnell verdünnt werden sollen. Zur Injektion wird die gewünschte Vene z.B. durch Stauen möglichst gut gefüllt und dann mit der Kanüle angestochen (**Abb. 8.13a u. d**). Auf Luftfreiheit von Spritze und Kanüle ist unbedingt zu achten. Sicherheitshalber führt man die Kanüle weit in das Gefäß ein und prüft den korrekten Sitz durch leichtes Zurückziehen des Spritzenkolbens (Aspiration); dabei muss in das Vorderende der Spritze sichtbar Blut einströmen. Vor dem Entleeren des Spritzeninhaltes wird die Gefäßstauung gelöst. Die Geschwindigkeit der anschließenden Injektion richtet sich nach der

Tab. 8.3: Empfohlene maximale Injektionsvolumina für gut resorbierbare, wässrige Lösungen in ml (modifiziert nach den Empfehlungen der GV-SOLAS und TVT, Stand: 5/99). Die Klammerwerte in den beiden rechten Spalten stellen Absolutmengen dar, die bei einem Tier mit einem bestimmten Körpergewicht (linke Spalte) appliziert werden können. Die in den Tabellen angegebenen Werte stellen Empfehlungen dar, von denen bei entsprechender experimenteller Erfordernis abgewichen werden kann. Dieses Vorgehen sowie die möglicherweise daraus resultierende höhere Belastung für die Tiere muss wissenschaftlich begründet sein. Bei Einhaltung der in der Tabelle angegebenen Volumina wird die Durchführung der Injektionsmaßnahmen in der Regel eine geringe Belastung der Tiere nicht übersteigen.
Für Neugeborene und Jungtiere muss die Zahl der Injektionsstellen bzw. das eingesetzte Volumen entsprechend angepasst werden. Die angegebenen Volumina gelten nicht für Immunisierungen, wo, insbesondere bei Verwendung von Freundschem Adjuvans, mit deutlich geringeren Volumina gearbeitet werden muss (siehe auch Tab. 8.4); auch für Infusionen gelten andere Bedingungen!

Tierart (Gewicht)	ml pro Injektionsstelle			ml pro Tier		ml/kg KGW	
	intra-dermal (i. d.)	subkutan (s. c.)	intra-muskulär (i. m.)	intrazere-broventri-kulär[1]	per Schlund-sonde	intra-peritoneal (i. p.)	intra-venös (i.v.)
Maus (ca. 30 g)	--	0,5	0,03	0,01	0,5	50 (1,5)	5 (0,15)
Ratte (ca. 250 g)	0,05	2	0,25	0,1	1,0	20 (5,0)	5 (1,25)
Syr. Gold-hamster (ca. 140 g)	0,02	1	0,05	0,02	1,0	20 (2,8)	5 (0,7)
Meerschwein (ca. 350 g)	0,1	2	0,25	0,05	2,0	10 (3,5)	5 (1,75)
Mongol. Gerbil (ca. 80 g)	0,02	0,5	0,03	0,02	0,7	50 (4,0)	5 (0,4)
Kaninchen (ca.2,5 kg)	0,1	5	1	0,1			1,25 (3)
Marmoset (ca. 400 g)	0,05	1	0,25			4 (1,6)	2,5 (1,0)
Katze (ca. 3,5 kg)	0,1	5	1	0,1	20		1,5 (5,3)
Hund (ca.10 kg)	0,2	10	3		60		1,5 (15)
Minischwein (ca. 25-40 kg)	0,2	10	6				1 (25-40)
Schaf (ca. 60 kg)	0,1	5	4				1 (60)
Huhn (ca. 2,5 kg)	0,05	5	1				0,5 (1,25)

[1] Auf besonders niedrige Injektionsgeschwindigkeit achten!
[2] Injektionszeit für das Maximalvolumen i. v. pro Tier beträgt mindestens 1 und kann bis zu 2,5 Minuten betragen

Dicke der punktierten Vene und muss sicherstellen, dass eine zu hohe Konzentration der verabreichten Substanz in dem Blutgefäß vermieden wird.
Bei Ratte, Maus, Gerbil, Mastomys etc. kommen für intravenöse Injektionen v.a. die Schwanzvenen in Betracht, die man zuvor durch kurzes Erwärmen des Schwanzes, z.B. in 40 °C heißem Wasser, besser hervortreten lässt. Bei nicht ausreichend an die Prozedur gewöhnten Tieren kann eine kurze Inhalationsnarkose von Vorteil sein. Bei den kurzschwänzigen Hamstern und Meerschweinchen kommen für Injektionen die Zungengrundvene oder – bei Männchen – die Penisvene in Frage; nur wenn keine andere Möglichkeit besteht, kann eine Halsvene präparativ freigelegt werden (Venae sectio ist ein operativer Eingriff!). Bei Kaninchen lassen sich intravenöse Injektionen problemlos in die Ohrrandvene durchführen. Bei Bedarf kann

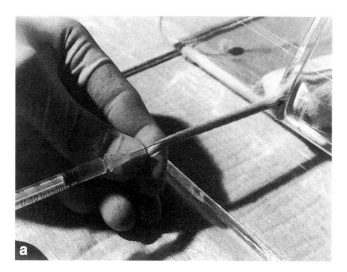

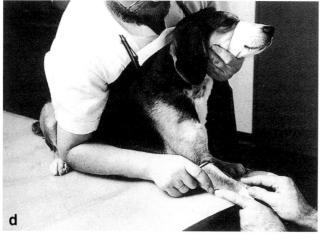

Abb. 8.13: Intravenöse (i.v.) Injektion. **a** in die Schwanzvene bei der Maus; **b** in die Ohrrandvene beim Kaninchen; **c** in die Oberschenkelvene beim Weißbüscheläffchen (Callithrix jacchus); **d** in die Vorderfußvene beim Hund (Aufnahmen: **a** u. **b** J. Weiss, **c** W. Rossbach, **d** K. Schwarz).

Abb. 8.14: Intraperitoneale (i.p.) Injektion bei der Ratte. **a** Desinfektion der Injektionsstelle mit 70%-igem Alkohol; **b** Injektion im rechten unteren Quadranten (Aufnahmen: J. Weiss).

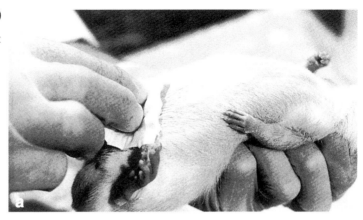

diese Vene durch kurzes Abwaschen mit einem nassen, heißen Tuch unter der Rotlichtlampe besser hervorgehoben werden. Auch durch Aufbringen z.B. von Wintergrünöl kann eine Hyperämie des Gefäßes erreicht werden. Bei Hunden und Katzen werden i.v. Injektionen meist in die Vena saphena oder in die Vena cephalica antebrachii gegeben, bei größeren Injektionsmengen wie auch grundsätzlich bei den größeren Versuchstierarten wie Schaf und Ziege in die Jugularvene.

Intraperitoneale (i.p.) Injektion
Die Injektion in die Bauchhöhle ist vor allem bei kleinen Versuchstierarten von Bedeutung, bei denen die i.v. Applikation Schwierigkeiten bereitet. Das gut mit Blutgefäßen ausgestattete Bauchfell gewährleistet zusammen mit seiner großen Oberfläche eine verhältnismäßig schnelle Aufnahme von Substanzen in den Organismus.

Zur Durchführung muss das Tier mit der einen Hand gut fixiert werden, Einstich und Injektion erfolgen im hinteren Drittel der Bauchhöhle, etwa 2–4 cm von der Mittellinie des Tieres entfernt (**Abb. 8.14**). Die i.p. Injektion ist mit einem verhältnismäßig hohen Risiko an Fehlinjektionen (5–10 %) behaftet, z.B. durch versehentliches Anstechen von Blase, Darm, Milz etc. Eine gewisse Kontrolle ermöglicht auch hier die so genannte Aspiration, d.h. das leichte Zurückziehen des Spritzenkolbens, wobei das Eintreten von Urin, Darminhalt oder Blut in die Spritze auf eine Fehlinjektion schließen lässt.

Intramuskuläre (i.m.) Injektion
In den Muskel injiziert werden bevorzugt solche Substanzen, die zwar eine starke Wirkung auf den örtlichen Stoffwechsel haben, deren eigentliche Wirkung aber nicht unmittelbar einsetzen soll. Die Injektionsstelle, meist im

Bereich der Oberschenkelmuskulatur, ist sorgfältig zu lokalisieren, durch Aspiration (leichtes Zurückziehen des Spritzenkolbens) ist das Anstechen eines Blutgefäßes auszuschließen. Trotzdem führt die i.m. Injektion stets zu einer Zerstörung von Muskelgewebe und ist zudem mit dem Risiko behaftet, versehentlich einen Nerv zu treffen. Bei den kleinen Labornagern ist diese Injektionsart daher nur in Ausnahmefällen anzuwenden und dann von in dieser Methode erfahrenen Personen durchzuführen.

Subkutane (s.c.) Injektion (Abb. 8.15)
Die Injektion unter die Haut erfolgt in den Körperregionen, wo sich diese gut abheben lässt, insbesondere im Rücken- und Brustbereich; sie erfordert auch bei kleinen Versuchstierarten keine Narkose. Zur Injektion wird die Haut zwischen zwei oder drei Fingern vom darunterliegenden Gewebe abgehoben und die Kanüle parallel zur Körperoberfläche in die Hautfalte eingestochen. Vor dem Entleeren der Spritze ist durch vorsichtiges Bewegen der Kanüle unter der Haut ihr korrekter Sitz zu prüfen, bei Aspiration (leichtes Zurückziehen des Spritzenkolbens) darf kein Blut in die Spritze eintreten. Bei kleinen Versuchstierarten wird die s.c. Injektion vorzugsweise unter das Nacken- und Rückenfell gegeben, bei größeren Tieren wie z.B. Katze und Hund erfolgt sie in die seitliche Brustwand über den Rippen.

Die s.c. Injektion ist eine vergleichsweise einfach durchzuführende Verabreichungsart und wird u.a. häufig beim Immunisieren von Versuchstieren angewendet. Die injizierten Substanzen werden aus dem Unterhautbereich nur langsam aufgenommen, so dass das Risiko des sog. anaphylaktischen Schocks (massive und oft tödlich endende Reaktion auf hohe Antigenkonzentrationen) nur sehr gering ist.

Intrakutane oder intradermale (i.d.) Injektion
Für die Injektion in die Haut sind möglichst feine Kanülen zu verwenden, der richtige Sitz ist leicht an den infolge der Injektion entstehenden Quaddeln zu überprüfen. Bei kleineren Versuchstierarten wie Maus und Ratte ist diese Verabreichungsart schwierig und in der Regel nicht empfehlenswert. Die i.d. Injektion wird bevorzugt für Immunisierungen z.B. von Kaninchen angewendet und eignet sich besonders, wenn nur geringe Substanzmengen zur Verfügung stehen.

8.7.7 Immunisierung von Versuchstieren

Das Immunisieren von Versuchstieren ist eine häufig und in vielen Bereichen der biomedizinischen Forschung verwendete Technik zur Gewinnung spezifischer Antikörper. Antikörper sind Eiweißstoffe im Blutserum. Sie werden

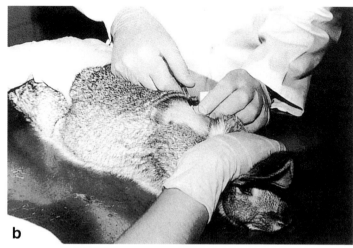

Abb. 8.15: Subcutane (s.c.) Injektion. **a** bei der Maus in die desinfizierte Nackenfalte; **b** beim Kaninchen in den desinfizierten Rückenbereich; für Immunisierungen empfiehlt es sich, den Injektionsbereich zu enthaaren (Schermaschine), um mögliche lokale Reaktionen auf Antigen oder Adjuvans besser kontrollieren zu können (Aufnahmen: J. Weiss).

von Zellen des weißen Blutbildes als Reaktion auf eingedrungene oder injizierte Fremdstoffe, meist sind es Eiweißverbindungen, gebildet. Diese Fremdstoffe, die Antigene genannt werden, regen die weißen Blutzellen zur Bildung von Antikörpern an, die sehr spezifisch gegen das betreffende Antigen gerichtet sind. Man spricht davon, dass sie „wie der Schlüssel zum Schloss passen". Antikörper finden sich hauptsächlich im Blut als Serumantikörper; aber Antikörper kommen auch auf den Schleimhäuten, in der Milch oder im Dotter von Vogeleiern vor.

Antikörper werden natürlicherweise im Verlauf von Infektionen als Abwehrreaktion des Körpers gebildet. Aber auch durch Injektion von abgeschwächten Erregern oder bestimmten Teilstücken der Krankheitserreger wird der Körper zur Antikörperbildung angeregt. Dies ist das Prinzip der aktiven Schutzimpfung.

Zur Erzeugung von Antikörpern (exakt: polyklonale Antikörper[105]) wird den Versuchstieren das Antigen zusammen mit Adjuvans[106] injiziert. Das Adjuvans unterstützt die Wirkung des Antigens und führt dadurch verstärkt zur Antikörperbildung. Das besonders für schwach immunogene Antigene geeignete Freunds Adjuvans[107], weist im Hinblick auf seine immunstimulierende Wirkung eine sehr gute Wirkungscharakteristik auf und ist verhältnismäßig universell einsetzbar. Es führt allerdings vielfach zu relativ starken Entzündungsreaktionen, wenn bestimmte Maximalvolumina[108] je Injektionsstelle (Depot) überschritten werden. Wegen seiner starken Wirkung ist Freunds Adjuvans für den Einsatz beim Menschen nicht zugelassen. Neben dem Freunds Adjuvans gibt es eine Vielzahl von kommerziell erhältlichen Adjuvanzien, die zum größten Teil für die Tiere weniger belastend sind. Sie sollten – je nach den Eigenschaften des eingesetzten Antigens – sehr sorgfältig ausgewählt werden.

Vor der Erstimmunisierung wird den Tieren eine Blutprobe entnommen. Das daraus gewonnene Serum gibt den Ausgangswert für die Antikörpermessung an (Ø-Serum). Antigen und Adjuvans werden vermischt und in möglichst geringem Einzelvolumen den Tieren injiziert. Beim Kaninchen, der wohl am häufigsten zur Antikörpergewinnung verwendeten Tierart, werden an einer vom Fell befreiten Stelle auf dem Rücken, zwischen den Schulterblättern an maximal 5 auseinanderliegenden Stellen je max. 0,15 ml subkutan injiziert. Bei Schafen und Ziegen kann das Injektionsvolumen größer sein. Früher wurden auch Pferde als Serumspender nach Immunisierung in großer Anzahl verwendet (= „Serumpferde").

Etwa 3 Wochen nach der Erstimmunisierung erfolgt meist die zweite Immunisierung (= 1. Boost) und 7 Tage später wird die erste kleine Blutprobe zur Bestimmung des Antikörpertiters gezogen. Ist dieser ausreichend hoch, kann das Tier zur Gewinnung der Antikörper unter Narkose entblutet werden. Vielfach wird der Prozess jedoch nicht so frühzeitig beendet, sondern bis zu 12 Monate und darüber fortgeführt, wobei im monatlichen Abstand jeweils erneut geboostet und ca. 10 Tage später Blut genommen wird (siehe auch nachfolgendes Kapitel; maximale Blutentnahmemengen siehe **Tab. 8.4**). Auf diese Weise kann das insgesamt erhaltene Blutvolumen und damit die Gesamtmenge an Antikörpern auf das 2–3fache der Menge dessen gesteigert werden, was bei der zuvor geschilderten kurzen Vorgehensweise möglich ist. Da viele Stoffe schlecht immunogen sind, d.h. es werden schwach bindende oder keine gewünschten Antikörper gebildet, kann das Vorgehen bei der Immunisierung (Injektionsmenge, Injektionsart, Adjuvans, Zahl der Wiederholungsinjektionen) sehr unterschiedlich sein.

Die Immunisierung ist ein sehr spezifischer Vorgang. Verwechslungen von Tieren oder die Injektion eines „falschen" Antigens haben nicht zu überblickende Auswirkungen und können jahrelange Forschungsergebnisse verfälschen oder wertlos machen. Darum ist auf peinlich genaue Identifizierung der Tiere zu achten.

---
105 Polyklonal = von zahlreichen Zellstämmen gebildet. (hier: von weißen Blutzellen)
106 Adjuvans = eine Substanz, die die Antikörperbildung zusätzlich anregt
107 benannt nach J.Th. Freund, einem amerikanischen Pathologen (*1892). Freunds Adjuvans (FA) besteht in der inkompletten Form aus klarem Mineralöl und dem Emulgator. Komplettes FA enthält zusätzlich hitzeabgetötete Tuberkelbakterien. Für die Erstimmunisierung wird FA komplett verwendet, für die Boosts ausschließlich inkomplettes FA.
108 In der Regel wird eine Immunisierung mit 3 Depots à 150 ml (Antigen + Freunds Adjuvans) vom Kaninchen ohne erkennbare Entzündungsreaktion vertragen.

Tab. 8.4: Empfohlene maximale Injektionsvolumina bei der Immunisierung mit Antigen plus Freunds Adjuvans

Tierart	max. Injektionsvolumen u. Injektionsweg
Maus	0,1 ml s.c.
Ratte	0,1 ml s.c.
Meerschweinchen	0,1 ml s.c. bzw. 0,05 ml i.d.
Kaninchen	0,1 ml s.c. bzw. 0,05 ml i.d.
Schaf	0,25 ml s.c. bzw. i.m.
Ziege	0,25 ml s.c. bzw. i.m.
Esel	0,25 ml s.c. bzw. i.m.
Huhn	0,5 ml i.m.

Diese müssen eindeutig gekennzeichnet sein (Tätowierung oder elektronische Registrierung). Tierpfleger und Experimentator überprüfen am besten gemeinsam die Nummerierung. Das Versuchsprotokoll muss sehr genau und gewissenhaft geführt werden. Nur so kann bei eventuellen Verwechslungen der Schaden begrenzt werden.

Es ist ersichtlich, dass die „Serumtiere" durch die zwingend notwendigen Blutentnahmen in gewissem Umfang belastet werden. Für bestimmte Fragestellungen kommt daher die Gewinnung von Dotter-Antikörpern (sog. IgY) von immunisierten Hühnern als Alternative in Betracht. Zwar kann auch hier nicht auf die Injektion des Antigens verzichtet werden; es entfällt jedoch die Blutentnahme, da die Antikörper nach einem bestimmten Präparationsschema aus dem Eidotter gewonnen werden. Eine wichtige Voraussetzung für die Verwendung von Hühnern ist, dass die Tiere legefähig sind und auch tatsächlich legen (Lichtprogramm!). Zudem müssen die gelegten Eier den entsprechenden Hühnern zugeordnet werden können. Dies gelingt am sichersten bei Einzelhaltung in ausreichend dimensionierten Käfigen. Eine andere Möglichkeit ist die Verwendung von sog. Fallennestern, wobei die Tiere nach der Eiablage im Nest eingesperrt bleiben. In diesem Fall sind mehrfach täglich Nestkontrollen durchzuführen, dabei können die Eier einwandfrei den Tieren zugeordnet werden. Dies muss mit großer Sorgfalt geschehen, denn Verwechslungen können auch hier die Ergebnisse jahrelanger Forschungsarbeit gefährden oder zunichte machen.

8.7.8 Gewinnung von Probenmaterial

Blutproben

Bei der Blutentnahme ist zu bedenken, dass nur eine sachkundige Vorbereitung und Durchführung gewährleistet, dass die Prozedur für die Tiere mit einem Minimum an Belastung verbunden ist. Dies ist grundsätzlich zwar bei jeder tierexperimentellen Maßnahme zu fordern, bei der Blutentnahme kann jedoch eine unsachgemäße Durchführung die Versuchsergebnisse unmittelbar beeinflussen, da Stress oder Angst innerhalb von Sekunden wichtige Blutparameter verändern können.

Zur sachgemäßen Durchführung gehört auch, dass den Tieren innerhalb eines bestimmten Zeitraumes nicht ein zu großes Blutvolumen entzogen wird. In einem solchen schweren Fall kann noch während oder kurz nach dem Blutentnahmevorgang ein Blutvolumenmangelschock eintreten; dieser äußert sich in einem immer schneller und kleiner werdenden Puls und Atemnot und kann letztlich in Bewusstlosigkeit und Herzstillstand enden.

Für die Maus kann gelten, dass bei der Entnahme einer einzelnen Blutprobe das entzogene Volumen max. 0,7 % des Körpergewichtes[109], nicht übersteigen sollte, bei der Ratte beträgt dieser Wert 0,6 % (andere Tierarten siehe auch **Tab. 8.5a u. b**). Bei Ausschöpfung dieses Volumens sollte sich eine Erholungsphase von 2 Wochen anschließen. Bei einem wöchentlichen Entnahmerhythmus sollten jeweils nicht mehr als 0,35 % (Maus) bzw. 0,3 % (Ratte) des Körpergewichtes entzogen werden. Geringfügig höhere Werte ergeben sich, wenn als maximales Volumen für die einmalige Entnahme 10 % des Gesamtblutvolumens eines Tieres zugrunde gelegt werden.

Bei der Festlegung von Entnahmevolumina ist darauf zu achten, dass die früher vielfach angewandte sog. 10 %-Regel[110] zu große Entnahmevolumina ergibt, da sie von der falschen Voraussetzung ausgeht, das Gesamtblutvolu-

---

109 Dies entspricht bei einer 25 g schweren Maus etwa 180 µl
110 Sie besagt, dass Gesamtblutvolumen eines Tieres 10 % seines Körpergewichtes entspricht; von dieser Menge könnten dann 10 % einmalig entnommen werden.

Tab. 8.5 a: Durchschnittliches Blutvolumen verschiedener Tierarten, Abfolge gemäß Körpergewicht. Die prozentualen Angaben zum Anteil der Gesamtblutmenge am Körpergewicht (Spalte 3) sind Mittelwerte; de facto muss auch hier von einer Streubreite im üblichen biologischen Rahmen ausgegangen werden (modifiziert nach Nicklas, 1994)

Tierart	Gesamtvolumen (ml/kg)	Anteil der Gesamtblutmenge am KGW (%)	gepacktes Zellvolumen in %	Plasmavolumen (ml/kg)
Maus	74 (70–80)	7,5	42 (33–50)	38
Gerbil	67 (60–85)	6,7	48 (40–52)	39
Goldhamster	78 (65–80)	7,8	51 (39–59)	38 (29–54)
Ratte	64 (50–70)	6,0	46 (40–61)	40 (36–45)
Kaninchen	56 (45–70)	5,8	41 (31–50)	33 (27–51)
Meerschweinch.	75 (65–90)	7,5	44 (37–50)	42 (35–48)
Frettchen	75	7,5	55 (42–61)	42
Huhn	65 (60–90)	6,5	34 (25–45)	43
Katze	56 (47–66)	5,6	41 (35–52)	40 (35–52)
Rhesusaffe	54 (44–67)	5,4	41 (33–50)	36 (30–48)
Hund	86 (79–90)	8,6	53 (47–60)	50 (43–58)
Schwein	65 (61–68)	6,5	39 (30–50)	40
Ziege	70 (57–90)	7,0	33 (26–37)	56 (43–75)
Schaf	66 (55–80)	6,6	32 (26–37)	45
Pferd	75 (56–118)	7,5	33 (26–42)	50 (36–77)
Rind	57 (52–61)	5,7	40 (33–50)	39 (36–41)

men eines Tieres entspräche 10 % seines Körpergewichtes. Wie aus **Tabelle 8.5** zu ersehen ist, liegt der tatsächliche Wert – speziesabhängig – z.T. deutlich niedriger.

Die Durchführung der Blutentnahmen erfolgt bei den meisten Versuchstierarten mit Ausnahme der kleinen Nagetiere an denselben Stellen, an denen auch intravenöse Injektionen verabreicht werden. Das zur Blutentnahme vorgesehene Gebiet ist vor dem Einstich – soweit nötig und möglich – von Haaren zu befreien und zu desinfizieren. Dann wird das Gefäß durch Stauen oder andere Maßnahmen möglichst stark gefüllt und anschließend angestochen (punktiert).

Kleine Labornager
Bei Mäusen, Ratten, Hamstern, Meerschweinchen etc. erfolgt die Blutentnahme in den meisten Fällen aus dem retrobulbären Venenplexus (Inhalationsnarkose!). Die Punktion der Schwanzvene bei Ratte und Maus ergibt nur wenige Tropfen und spielt daher in der Praxis nur eine geringe Rolle. Bei der Maus kommt auch die Entnahme aus der **Vena saphena** (Oberschenkel) in Betracht; hierfür ist zwar keine Narkose, jedoch eine gute Fixierung der Tiere erforderlich. Das Abschneiden der Schwanzspitze zu Blutentnahmezwecken ist keinesfalls statthaft; es handelt sich dabei um eine Amputation, die nach dem Tierschutzgesetz verboten ist. Die Herzpunktion eignet sich wegen der damit verbundenen Gefahr der Herztamponade[111] nur sehr bedingt für wiederholte Entnahmen und sollte daher dem Entbluten von Tieren vorbehalten bleiben.

Retrobulbärpunktion
Eine Retrobulbärpunktion (**Abb. 8.16**) wird unter einer kurzen Inhalationsnarkose (z.B. z.B. CO_2/O_2-Gemisch [80:20]) durchgeführt. Zur Punktion werden heparinisierte (mit einem Blutgerinnungshemmstoff imprägnierte) Hämatokritkapillaren oder (silikonisierte) Pasteur-Kapillaren verwendet.
Unter vorsichtiger Stauung der Halsgefäße

---

[111] Bei mehrfachem Einstechen oder Verwendung einer zu großen Kanüle kann durch die Stichöffnungen der Herzwand Blut in den Herzbeutel eintreten. Mit zunehmender Füllung des Herzbeutels kommt es dann zur Druckerhöhung und Abquetschung der Venae cavae und ggf. zum Herzstillstand.

Tab. 8.5 b: Maximale relative und absolute Blutentnahmemengen bei verschiedenen Versuchstierarten, jeweils bezogen auf ein vorgegebenes Körpergewicht (Spalte 2). Die Reihenfolge der Spezies orientiert sich am Körpergewicht. Bei Einhaltung der genannten Werte ist davon auszugehen, daß die Belastung der Tiere in der Regel einen geringen Grad nicht übersteigt (modifiziert nach GV-SOLAS/TVT, 1999)

Tierart	Körpergewicht	Anteil der Gesamtblutmenge am KGW (%)	Gesamtblutmenge	Relative Entnahmemengen in % der Gesamtblutmenge		Absolute Entnahmemengen in ml		
				einmalig	täglich	einmalig[1]	täglich	terminal (ca.)
Maus	25 g	7,5	1,9 ml	0,7	0,07	0,18	0,02	0,9
Gerbil	75 g	6,7	3,3 ml	0,7	0,07	0,35	0,04	1,7
Goldhamster	100 g	7,8	7,8 ml	0,8	0,08	0,8	0,08	3,5
Ratte	300 g	6,0	18 ml	0,6	0,06	1,8	0,18	10
Meerschweinchen	400 g	7,5	30 ml	0,8	0,08	3,2	0,32	15
Frettchen	800 g	7,5	60 ml	0,8	0,08	6,4	0,64	30
Huhn	1,1 kg	6,5	72 ml	0,7	0,07	7,7	0,77	36
Katze	3 kg	5,6	168 ml	0,6	0,06	18	1,8	84
Kaninchen	3 kg	5,8	174 ml	0,6	0,06	21	2,1	90
Rhesusaffe	9 kg	5,4	486 ml	0,5	0,05	45	4,5	240
Hund	15 kg	8,6	1,3 l	0,9	0,09	135	13,5	645
Schwein	20 kg	6,5	1,3 l	0,7	0,07	140	14	650
Ziege	40 kg	7,0	2,8 l	0,7	0,07	280	28	1.300
Schaf	50 kg	6,6	3,3 l	0,7	0,07	350	35	1.650
Pferd	300 kg	7,5	22,5 l	0,8	0,08	2.400	240	11.000
Rind	400 kg	5,7	22,8 l	0,6	0,06	2.400	240	11.000

[1] Einmalige Entnahme besagt, dass danach mindestens 2 Wochen lang kein weiteres Blut entnommen werden darf.

(linker Daumen und Zeigefinger), wobei die Augen deutlich hervortreten, wird die Kapillare am nasalen Augenwinkel drehend in Richtung auf das gegenüberliegende Kiefergelenk eingeführt, bis nach Überwindung der Tenon-Kapsel (elastischer Widerstand) die knöcherne Orbita erreicht wird. Nun wird die Kapillare leicht zurückgezogen, das Blut steigt in ihr auf. Vorteil dieser Methode ist die Wiederholbarkeit der Blutentnahme in verhältnismäßig kurzen Abständen. Die retrobulbäre Entnahme sollte nur von sehr erfahrenen Personen durchgeführt werden, dennoch kann dieses Verfahren kleinere Verletzungen (z.B. der Harderschen Drüse) und anschließende Vernarbungen im Retrobulbärbereich zur Folge haben.

Herzpunktion
Von erfahrenem Personal kann die Herzpunktion sogar an Mäusen durchgeführt werden. Jedoch muss stets die Gefahr einer Herztamponade einkalkuliert werden. Im Normalfall eignet sich die Herzpunktion daher vor allem für terminale Entnahmen, d.h. wenn Tiere entblutet werden sollen. In jedem Fall aber erfordert die Herzpunktion eine Narkose. Zur Durchführung werden die Tiere in Rückenlage gebracht, durch Ertasten des Herzspitzenstoßes wird die genaue Lage des Herzens ermittelt. Es erfolgt der Einstich von lateral zwischen die Rippen bzw. von ventral zwischen Schwertfortsatz des Brustbeines und Rippenbogen. Anschließend wird durch vorsichtiges Herausziehen des Spritzenkolbens Blut angesaugt.

Kaninchen
Beim Kaninchen kann die Blutentnahme aus der Ohrrandvene, der zentralen Ohrarterie (**Abb. 8.17**) oder aber per Herzpunktion erfolgen. Punktion der **Vena jugularis** ist möglich, setzt aber gerade bei fetten Tieren das Freiprä-

Verabreichung (Applikation) von Substanzen und Probenentnahme **359**

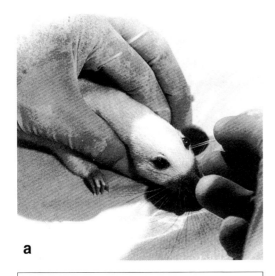

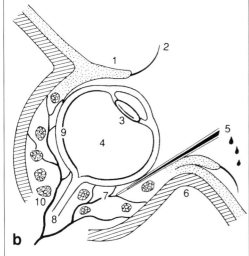

Abb. 8.16: Blutentnahme aus dem retrobulbären Venenplexus bei der narkotisierten Maus.
a Zur Blutentnahme werden mit Daumen und Zeigefinger die Halsgefäße gestaut, wobei die Augen deutlich hervortreten; die (heparinisierte) Hämatokritkapillare wird am nasalen Augenwinkel drehend in Richtung auf das gegenüberliegende Kiefergelenk eingeführt, wobei zunächst ein elastischer Widerstand überwunden werden muss. Nach Erreichen der knöchernen Orbita muss die Kapillare geringfügig zurückgenommen und die Stauung der Halsgefäße gelockert werden, damit das Blut austreten kann; **b** Schematischer Schnitt durch den Säugetier-Augapfel; die Kapillare ist bis zum Venenplexus vorgeschoben. (1) Lid, (2) Wimper, (3) Linse, (4) Glaskörper, (5) Glaskapillare zur Blutentnahme, (6) Schädelknochen (knöcherne Orbita), (7) Venenplexus, (8) Sehnerv, (9) Netzhaut, (10) Fettzellen (Aufnahmen: **a** J. Weiss, **b** J. Maeß).

parieren des Gefäßes voraus und stellt damit einen operativen Eingriff dar.

Entnahme aus den Ohrgefäßen
Die Blutentnahme aus einem Ohrgefäß erfordert keine Narkose: Zur Durchführung wird das Kaninchen auf eine geeignete Unterlage oder in eine Fixiervorrichtung gesetzt und von einer zweiten Person zuverlässig fixiert. Nach Enthaarung und Desinfektion der Haut lässt sich das zu punktierende Gefäß durch Klopfen, Massage oder Erwärmung (Rotlicht) erweitern. Eine Desinfektion mit 70 %igem Alkohol führt ebenfalls zur Erweiterung des Gefäßes. Die Verwendung von Xylol oder Toluol löst nicht nur eine extreme Durchblutungssteigerung aus, das Ohr erhitzt sich dabei auch stark. Dieses Verfahren sollte daher nicht mehr angewendet werden. Ein weitestgehend ungefährliches Mittel zur Darstellung der Ohrgefäße stellt das sog. Wintergrünöl[112] dar, das z.B. über Klinikapotheken erhältlich ist. Einige wenige Tropfen Wintergrünöl werden auf einen Tupfer gegeben und durch Wischen auf das fragliche Ohrgefäß aufgebracht.

Die eigentliche Punktion erfolgt mit einer großvolumigen gelben Kanüle[113] (20G1½ 0,9 x 40, deutsche Nr. 1) und möglichst weit an der Spitze des Kaninchenohres, wobei man das Blut am besten aus der Kanüle in ein Probenröhrchen abtropfen lässt. Die Entnahme aus der Ohrrandvene eignet sich nur für kleine Mengen (bis max. 5 ml), da das Blut wegen des geringen venösen Druckes meist frühzeitig gerinnt. Aus der zentralen Ohrarterie lassen sich wesentlich größere Mengen gewinnen, je nach Tiergröße und -gewicht bis über 30 ml. Nach dem Herausziehen der Kanüle wird die Einstichstelle mit einem sauberen Tupfer abgedrückt, bis zuverlässig kein Blut mehr austritt; besonders

---

112 wird aus den Blättern einer Pflanze namens „Niederliegende Rebhuhnbeere" (*Gaultheria procumbens*) gewonnen, und ist als Duft- und Aromastoff in Medikamenten, Putzmitteln, aber auch z.B. in Kaugummis enthalten.

113 Häufig unterbricht eine vorzeitige Blutgerinnung den gewünschten Blutfluss, so dass das Gefäß ggf. erneut punktiert werden muss. Entfernt man vor der Blutentnahme die gelbe Kunststoffhülse, mit der die Kanüle normalerweise auf die Spritze aufgesetzt wird, kann die vorzeitige Gerinnung weitgehend verhindert werden.

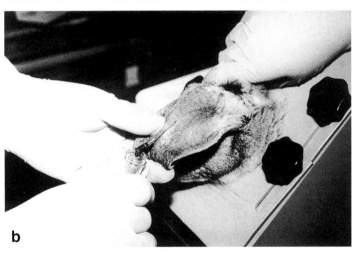

Abb. 8.17: Blutentnahme aus der zentralen Ohrarterie beim Kaninchen.
a Mit der gelben Kanüle (0,9 x 40 mm) wird die Ohrarterie punktiert, die Spritze kann durch Zurückziehen des Kolbens gefüllt werden.
b bei der Entnahme größerer Blutmengen ist es meist zweckmäßig, nur die Kanüle in die Arterie zu stechen und das Blut in ein darunter gehaltenes Zentrifugengefäß strömen bzw. tropfen zu lassen (Aufnahmen: J. Weiss).

sorgfältig muss dies bei Entnahme aus der Ohrarterie kontrolliert werden. Sollte es während der Entnahme zur Hämatombildung[114] kommen, muss unverzüglich abgebrochen werden und die Einstichstelle mit einem Tupfer sofort und gründlich abgedrückt werden. An diesem Ohr sollte bis zum völligen Abheilen keine weitere Blutentnahme durchgeführt werden.

---

114 Hämatom = Bluterguß. Bei schweren Hämatomen kann nach Blutstillung und Reinigung eine entsprechende Heilsalbe dünn aufgebracht werden, die sich bei der Behandlung von Infusionsfolgen beim Menschen bewährt hat.

Herzpunktion
Die Herzpunktion ermöglicht bei Kaninchen die Entnahme maximaler Blutmengen und eignet sich insbesondere zum Entbluten von Tieren. Sie erfolgt im Regelfall unter Narkose. Das Ertasten des Herzspitzenstoßes zeigt die Lage des Herzens, das beim Kaninchen vorzugsweise in medialer Position zu finden ist. Bei erfolgreichem Einstich sollte die Kanüle in der betreffenden Position bleiben (Mehrfacheinstich birgt Gefahr der Herztamponade, siehe dazu Erläuterung bei Nagetieren), man tauscht lediglich durch vorsichtiges Auswechseln die vollen Spritzen gegen leere aus. Nach Abschluss des Entblutungsvorganges kann durch die noch

sitzende Kanüle eine Überdosis Narkosemittel zur sicheren Tötung intrakardial verabreicht werden.

Hund, Katze
Bei Hund und Katze erfolgt die Blutentnahme meist aus der V. cephalica antebrachii oder der Vena saphena an den Vorder- bzw. Hintergliedmaßen. Für größere Blutmengen empfiehlt sich die Jugularvene beim Hund oder die Herzpunktion bei der Katze.

Schwein und kleine Wiederkäuer
Beim kleinen Wiederkäuern wie Schaf und Ziege wird Blut aus der Jugularvene entnommen. Beim Schwein werden kleine Blutmengen aus der Ohrrandvene entnommen, größere Volumina aus der Vena jugularis.

Harnproben

Bei größeren Versuchstierarten wie z.B. Hund, Schaf und Ziege kann unter bestimmten Umständen das Auffangen einer Harnprobe beim normalen Harnabsatz durchgeführt werden. Wird die Harnprobe jedoch zu einer bestimmten Zeit benötigt oder ist eine Verunreinigung des Harns bei der Passage der Harnröhre aus Versuchsgründen nicht akzeptabel, so ist die Katheterisierung der Harnblase die Methode der Wahl. Bei größeren Versuchstierarten können als Katheter die für den Menschen gebräuchlichen Modelle Anwendung finden, wobei unbedingt auf die passende Größe zu achten ist. Quantitative Harnuntersuchungen (24-Stunden-Harn) werden in der Regel in geeigneten Stoffwechselkäfigen (**Abb. 8.18**) durchgeführt. Bei kleineren Versuchstierarten (z.B. Nagetieren) ist die Verwendung von Stoffwechselkäfigen grundsätzlich zu empfehlen. Zur Vermeidung stressbedingter Veränderungen der Harnbeschaffenheit durch die meist wenig tiergerechte Ausgestaltung und Umgebung eines Stoffwechselkäfigs ist den Tieren ausreichend lange Eingewöhnungszeit zu gewähren.

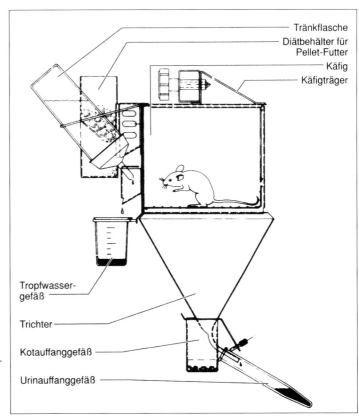

Abb. 8.18: Stoffwechselkäfig für Mäuse (schematische Darstellung).
Käfigmaße: Länge 85 mm, Breite 110 mm, Höhe 90 mm.

Kotproben

Das Sammeln von Kotproben ist bei allen Versuchstierarten weitgehend unproblematisch. Bei der Sammlung für bestimmte Untersuchungen ist jedoch darauf zu achten, dass die Kotpartikel „sauber" sind. Besonders bei Nagetieren, die einen sehr trockenen Kot absetzen, können Ergebnisse z.B. durch aufgesogenen Harn verfälscht werden. Für quantitative (mengenbezogene) Untersuchungen sind auch hier Stoffwechselkäfige zu verwenden.

Vaginalabstrich

Der Vaginalabstrich, die Entnahme von Scheidensekreten, wird durchgeführt, um festzustellen, in welchem Stadium des Östruszyklus sich z.B. ein Rattenweibchen befindet (sog. Zytodiagnostik). Dazu wird das Tier fixiert und auf den Rücken gedreht, damit die Vagina leicht zugänglich ist. Eine andere Möglichkeit besteht darin, das Tier im Käfig zu lassen, es am Schwanz leicht anzuheben und so die Vagina zum Abstrich zugänglich zu machen. Allerdings muss hier – besonders bei Ratten, die nicht an die Prozedur gewöhnt sind – mit Fluchtreaktionen gerechnet werden, die wiederum eine Verletzungsgefahr für die Tiere mit sich bringen.

Zum Anfertigen des Abstriches werden in der Regel Platin-Ösen verwendet, wie sie in der Bakteriologie üblich sind. Die Öse wird in einer Gasflamme ausgeglüht, damit sterilisiert und von den Zellresten vorheriger Untersuchungen befreit. Nach dem Abkühlen in physiologischer Kochsalzlösung wird sie vorsichtig durch die Öffnung der Vulva in die Vagina eingeführt. Unter leichtem Druck gegen die dem Rücken zugekehrte Vaginalwand wird die Öse in einer Bewegung wieder herausgezogen. Die Öse darf keinesfalls zu tief eingeführt werden, da durch die Berührung des Gebärmuttermundes (Zervix) bei Weibchen im Pröstrus-/Östrus-Stadium eine Scheinträchtigkeit ausgelöst werden kann.

Das an der Öse befindliche Zellmaterial wird auf einem zuvor mit einem Diamantschreiber beschrifteten Objektträger ausgestrichen. Nach Abschluss der Probennahmen werden die Objektträger in einem Färbegestell für die jeweils empfohlene Zeit in ein geeignetes Färbebad[115] gegeben. Anschließend werden sie in destilliertem Wasser gespült und dann in staubfreier Umgebung zum Trocknen aufbewahrt. Die Abstriche sind dann fertig zur mikroskopischen Befunderhebung.

Der Brunst- oder Östruszyklus bei Nagetieren gliedert sich in vier Abschnitte, die jeweils durch das Vorhandensein bestimmter Zelltypen im Vaginalabstrich (**Abb. 8.19**) gekennzeichnet sind:

Während des etwa 12 Stunden dauernden **Proöstrus** (**Abb. 8.19 a**) überwiegen im Abstrich kernhaltige Epithelzellen; einige wenige verhornte Epithelzellen sowie Leukozyten können vorkommen.

Der **Östrus** (**Abb. 8.19 b**) hält etwa ca. 12 Stunden lang an und ist durch das fast ausschließliche Vorhandensein verhornter Epithelzellen (sog. Schollen) charakterisiert.

Während des ebenfalls etwa 12 Std. währenden **Metöstrus** (**Abb. 8.19 c**) sind im Abstrich Leukozyten und verhornte sowie einige kernhaltige Epithelzellen zu finden.

Die 2–3 Tage lange Phase des **Diöstrus** (**Abb. 8.19 d**) ist im Abstrich vor allem erkennbar an der Vielzahl der Leukozyten, außerdem sind kernhaltige Eptithelzellen sowie Schleim zu beobachten.

---

115 Z.B. nach May-Grünwald-Giemsa. Besser bewährt haben sich andere kommerziell erhältlich Färbesets für die Hämatologie, z.B. das „Diff Quick" einer schweizerischen Firma, das aus den Färbelösungen I und II besteht, in die die Vaginalabstriche je 30 s. lang eingetaucht und anschließend gewaschen und abgestuft werden; dann werden sie im Fixierer (III) für 30 s haltbar gemacht, danach wieder gewaschen und zum Trocknen gestellt.

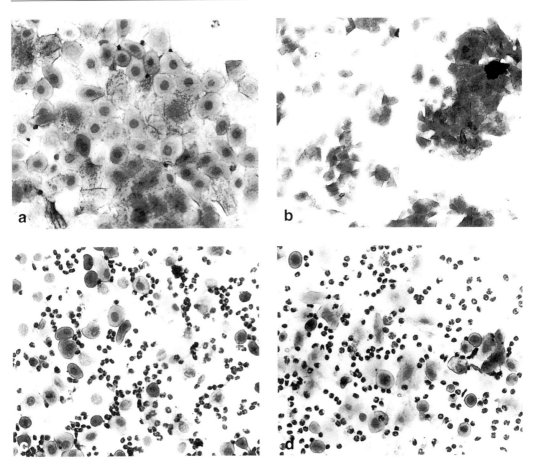

Abb. 8.19: Zytodiagnostik bei der Ratte: die Phasen des Östruszyklus, dargestellt an den verschiedenen Zelltypen im Vaginalabstrich. **a** Proöstrus (12 Std.): hauptsächlich kernhaltige Epithelzellen, einige wenige verhornte Epithelzellen sowie Leukozyten. **b** Östrus (12 Std.): fast ausschließlich verhornte Epithelzellen (sog. Schollen). **c** Metöstrus (12 Std.): Leukozyten und verhornte sowie einige kernhaltige Epithelzellen. **d** Diöstrus (2-3 Tage): vorwiegend Leukozyten, außerdem kernhaltige Epithelzellen und Schleim (a–d: 250fache Vergrößerung) (Aufnahmen: J. Weiss).

Wiederholungsfragen

Behandlungen und Probennahmen (allg.):
1. Beschreiben Sie die Verabreichung einer Flüssigkeit mit der Schlundsonde bei Maus, Ratte, Kaninchen und Hund.
2. Was sind „parenterale Applikationen"?
3. Nennen Sie Stellen für die intravenöse Injektion bei der Maus, dem Kaninchen und dem Beagle-Hund.
4. Wie viel ml Blut hat eine Ratte von 250 g Gewicht? Wie viel ml Blut darf bei einmaliger Blutentnahme entnommen werden?
5. Beschreiben Sie Methoden der Blutentnahme beim Kaninchen.
6. Wie gewinnt man Harnproben bei der Maus?

Immunisierung:
1. Was sind „polyklonale" Antikörper?
2. Welche Tierarten werden bevorzugt zur Antikörpererzeugung eingesetzt?
3. Warum muss bei der Immunisierung von Versuchstieren besonders genau auf die Tieridentifizierung geachtet werden?
4. Auf welche Weise kann man von Hühnern Antikörper gewinnen?

8.8 Anästhesie und postoperative Betreuung

8.8.1 Einführung

Die Tierschutzgesetze fordern bei schmerzhaften Eingriffen an Wirbeltieren grundsätzlich eine ausreichende Betäubung (§ 5, Absatz 1 und speziell für Versuchstiere § 9, Absatz 2 Tierschutzgesetz). Im Tierversuch darf eine Betäubung im Regelfall nur von Tierärzten, Medizinern oder Biologen (Fachrichtung Zoologie) vorgenommen werden. Tierpfleger dürfen also nur im Rahmen einer Mitwirkung bei der Versuchsdurchführung (Ausnahmegenehmigung nach § 9, Absatz 1, Tierschutzgesetz erforderlich!) unter Anleitung oder Aufsicht tätig werden. Voraussetzungen hierfür sind Fachkenntnisse und eine gründliche Einarbeitung in das jeweilige Verfahren.

Die Verminderung, möglichst sogar die Vermeidung von Angst, Schmerzen und Abwehrbewegungen ist jedoch nicht nur eine Frage des Tierschutzes; die Minimierung von Stressreaktionen ist meist auch die Voraussetzung für die Reproduzierbarkeit der Ergebnisse.

8.8.2 Vorbereitung zur Anästhesie

Auch wenn es sich bei Versuchstieren in der Regel um gesunde Tiere handelt, ist vor einer Anästhesie der Gesundheitszustand zu überprüfen. Bei größeren Versuchstieren wie Hunden, Katzen, Schweinen und Schafen schließt dies eine Auskultation (Abhören) von Herz und Lunge ein. Das Gewicht des Tieres muss schon wegen der Dosierung der Medikamente festgestellt werden. Zur Entlastung des Kreislaufes und zur Vermeidung von Erbrechen sollten größere Tierarten ca. 12 Stunden vor einer Anästhesie nicht mehr gefüttert werden. Wasser muss selbstverständlich zur Verfügung stehen (sofern nicht durch die Art der Operation andere Bedingungen vorgegeben sind!). Kleinere Versuchstiere wie Maus, Ratte, Meerschweinchen und Kaninchen vertragen längeren Futterentzug schlecht. Kurz vor der Einleitung der eigentlichen Anästhesie erfolgt gelegentlich die Injektion eines Beruhigungsmittels (Sedativum) und von Atropin. Atropin vermindert die Schleimhautsekretion, was das Einführen eines Luftröhrentubus wesentlich erleichtert und dämpft die durch das Intubieren hervorgerufenen vegetativen Reize, die zum Kreislaufkollaps führen könnten. In der Phase vor der Anästhesieeinleitung ist das Tier so ruhig wie möglich zu halten. Auch muss man so vorsichtig wie irgend möglich mit dem Tier umgehen. Aufgeregte Tiere lassen sich wesentlich schlechter anästhesieren. Die Injektion eines Beruhigungsmittels bei größeren Versuchstieren sollte deshalb sinnvollerweise noch in der Box des Tieres und durch das vertraute Personal erfolgen.

8.8.3 Anästhesieformen

Je nach Art und Dauer des Eingriffes/Versuches und der Tierart kommen ganz verschiedene Verfahren infrage. Bei der allgemeinen Anästhesie unterscheidet man entsprechend der Applikationsform zwischen der Einatmung (Inhalation) und der Injektion der Narkosemittel.

8.8.4 Allgemeinanästhesie (Narkose)

Die Allgemeinanästhesie ist gekennzeichnet durch Bewusstlosigkeit, Schmerzfreiheit und die Erschlaffung der quergestreiften Muskulatur. Die Ausschaltung der Funktionen des zentralen Nervensystems läuft in einer bestimmten Reihenfolge ab: Zuerst erlischt das in der Großhirnrinde lokalisierte Bewusstsein, danach die Schmerzreflexe aus dem Mittelhirn und die motorischen Reflexe aus dem Rückenmark. Wenn schließlich auch das Atem- und das Kreislaufzentrum im Übergang vom Gehirn zum Rückenmark (Medulla oblongata) gelähmt werden, besteht Lebensgefahr. Dementsprechend lässt sich die Narkose in die folgenden Stadien einteilen:

Stadium I: Einschlafstadium
Die Schmerzempfindung ist gedämpft, die Tiere sind wach bis schläfrig, Herz- und Atemfrequenz steigen an, die Pupillenweite entspricht dem Lichteinfall.

Stadium II: Exzitationsstadium (Erregungsstadium)
Das Bewusstsein ist ausgeschaltet. Die Erregung äußert sich in Krämpfen, bei Hund und

Katze gelegentlich in Lautäußerungen, bei Kaninchen nicht selten in Kaubewegungen. Die Pupillen sind weit. Die Atemfrequenz kann wechseln.

Stadium III: Toleranzstadium
(Stadium für den chirurgischen Eingriff)
Die Schmerzausschaltung ist so weit fortgeschritten, dass mit der Operation begonnen werden kann. Das muss nicht unbedingt einzelne Reaktionen bei besonders empfindlichen Geweben wie dem Bauchfell oder Samenstrang ausschließen. Die überprüfbaren Reflexe (Lidreflex, Zwischenzehenreflex, Analreflex, Schlundreflex) sind stark gedämpft oder nicht auslösbar. Die Pupille ist eng, die Atmung ist vertieft, langsam und regelmäßig.

Stadium IV: Stadium der Atemlähmung
(Asphyxie)
Die Atmung steht still, die Pupillen sind weitgestellt und starr. Wenn nicht sofort Gegenmaßnahmen wie manuelles Beatmen eingeleitet werden, stirbt das Tier an Herzstillstand und Kreislaufkollaps.

Oft sind die Stadien I und II bei rascher, intravenöser Injektion schnell wirkender Narkotika nicht eindeutig unterscheidbar. Sie treten auch bei den Tierarten und verschiedenen Anästhesiemethoden unterschiedlich deutlich auf. Beim Erwachen werden die Stadien in umgekehrter Reihenfolge durchlaufen.

Inhalationsanästhesie

Verfahren
Das einfachste Verfahren stellt die Inhalation von Narkosegasen in einer Kammer dar (**Abb. 8.20**). Dazu wird das Tier – insbesondere Maus, Hamster oder Ratte – in einen einsehbaren Behälter gesetzt, der das Luft-Anästhetikum-Gemisch enthält. Nach einer kurzen Exzitation sinkt das Tier in sich zusammen und kann nun betäubt aus der Kammer genommen werden. Die Narkose lässt sich aufrechterhalten, indem man einen Wattebausch mit dem Anästhetikum in eine abgeschnittene Plastikflasche oder auch Plastikspritze verbringt und diese über die Schnauze des Tieres stülpt. Das Tier atmet dann immer einen Anteil des Anästhetikums ein, wobei die Tiefe der Anästhesie durch Heranrücken oder Abrücken des Behäl-

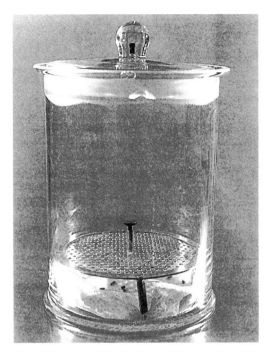

Abb. 8.20: Glasgefäß für die Inhalationsnarkose bei kleinen Labornagern. Das Narkosemittel (z.B. Äther) wird direkt auf die frische Zellstoffeinlage gegeben; der Lochrost wird darüber gestellt und der Deckel für einige Minuten verschlossen, damit sich das Narkosemittel in der Luft anreichern kann. Das Tier wird dann auf den Rost gesetzt und der Deckel unverzüglich wieder verschlossen. Die Narkose ist in der Regel tief genug, wenn nach der anfänglichen Erregung die Atmung des Tieres wieder langsamer und gleichmäßiger verläuft und die Vibrissen zur Ruhe gekommen sind (Aufnahme: J. Weiss).

ters gesteuert werden kann. Eine ständige Beobachtung der Atmung des Tieres ist dabei unbedingt notwendig.

Meist wird zur Inhalation Äther[116] (Diäthyläther pro narcosi) verwendet. Äther verdampft leicht, ist dann explosiv und reizt die Schleimhäute stark. Die Tiere sollten nicht direkt mit dem flüssigen Äther in Berührung kommen (Verdunstungskälte, verstärktes Einatmen durch das Personal!). Es sollte nicht zu viel Äther eingesetzt werden – z.B. 10 ml Äther für ein 5-Liter-Gefäß, da das Ziel, ein narkosefähiges

---

116 Die Verwendung von Äther ist aus verschiedenen Gründen strittig; die Notwendigkeit und Vertretbarkeit sollte daher vor jedem Einsatz sorgfältig geprüft werden.

Äther-Luftgemisch zu erhalten, in diesem Fall überschritten wird und das Tier nicht mehr genug Sauerstoff erhält. Äther muss im Dunkeln aufbewahrt werden, da er sich unter längerer Lichteinwirkung chemisch zersetzt.

Eine weitere Methode zur kurzen Inhalationsnarkose stellt ein Gasgemisch aus CO_2 und O_2 im Mischungsverhältnis 80:20 dar. Das Gasgemisch sollte möglichst geräuscharm in den Käfig oder ein spezielles Narkosebehältnis strömen. Speziell Mäuse zeigen bei Anwendung des Gasgemischs i.d.R. weniger Beunruhigung als bei der Behandlung mit reinem CO_2. Die Narkosedauer reicht für die zügige Durchführung z.B. einer Retrobulbärpunktion oder anderer kurzzeitiger Behandlungen, die unter Narkose durchgeführt werden müssen. Auch Kohlendioxid (CO_2) ist geeignet, in einer Narkosekammer eine kurze Bewusstlosigkeit zu erzeugen, die z.B. bei Ratten für eine i.p. Injektion genutzt werden kann. CO_2 ist jedoch kein eigentliches Anästhetikum. Deshalb sind auch nur kurz dauernde operative Eingriffe unter CO_2 nicht möglich.

Intubation

Zur Intubation wird Gummi-, Plastik- oder biegsames Metallrohr (Tubus) vom Mund aus in die Luftröhre eingeführt. Durch diesen Endotrachealtubus wird das Narkosegas zusammen mit dem Atemgas dem Patienten zugeführt. Wenn die Intubationsanästhesie auch prinzipiell bei allen Tieren beschrieben ist, so ist die Anwendung doch üblicherweise auf größere Tierarten wie Hund, Schwein, Schaf und größere Primaten beschränkt. Die Intubation wird in der Regel unter einer Kurzzeitnarkose (Gabe eines Injektionsnarkotikums) durchgeführt. Vorteile einer Intubationsanästhesie sind:

- Die Narkose lässt sich steuern, d.h. vertiefen oder auch flacher gestalten,
- die Narkose lässt sich beliebig verlängern,
- die Auswirkungen auf Kreislauf und Stoffwechsel sind geringer als bei Injektionsnarkosen,
- die Tiere erholen sich rasch nach Absetzen der Narkosegaszufuhr.

Benötigt wird neben einem Sortiment von passenden Luftröhrenkathetern (Tuben) für Tiere verschiedener Größe ein Narkosegerät, über das Sauerstoff und Lachgas (NO_2) sowie das eigentliche Narkosegas (Halothan, Enfluran, Isofluran, Metoxyfluran) über einen Verdampfer zugeführt werden. Lachgas ersetzt dem Narkosegemisch den Luftstickstoff. Es hat jedoch zusätzlich eine deutlich schmerzmindernde (analgetische) und gering anästhetische Wirkung, so dass wesentlich geringere Konzentrationen bei den eigentlichen Narkosegasen benötigt werden.

Lachgas und Sauerstoff werden meist im Verhältnis von 2:1 eingesetzt. Die benötigten Durchflussmengen an Narkosegasen hängen von der Körpergröße des beatmeten Tieres und dem gewählten Narkosesystem (z.B. geschlossenes oder halbgeschlossenes System) ab. Bei der Verwendung eines halbgeschlossenen Systems braucht ein 25-kg-Hund z.B. pro Minute ca. 2 Liter NO_2 und 1 Liter O_2, der Zusatz des eigentlichen Narkosegases macht dagegen nur zwischen 0,5 und 2 % des Gemisches aus, je nachdem, welches Anästhesiegas man verwendet und wie tief die Narkose gefahren werden soll. Die Sauerstoffkonzentration sollte bei der Intubationsnarkose den Wert von 33 % nicht längere Zeit übersteigen, da dies für das Tier toxisch wäre.

Neben dem Narkosegerät und in der Größe passenden Trachealtuben müssen zur Intubation bereit liegen:
- Binden, um das Maul aufzuhalten;
- 20-ml-Spritze, um die Manschette des Tubus aufzublasen, die den Zwischenraum zur Trachealwand abdichtet;
- kunststoffummantelter Führungsdraht, der beim Einführen in den Tubus geschoben wird, um ihm die gewünschte Biegung zu geben;
- Spray mit Lokalanästhetikum, mit dem die Stimmritze eingesprüht wird, um einen Krampf zu verhindern, der das Einführen des Tubus wesentlich erschweren kann;
- Kornzange und Tupfer, um Sekrete aus dem Kehlkopf zu entfernen.

Zur Intubation kann das Tier auf dem Rücken, auf der Seite oder auf dem Bauch liegen. Mit den Binden hält ein Helfer das Maul weit offen und den Hals des Tieres gestreckt. Das Laryngoskop (spatelförmiges Instrument zur Kehlkopfspiegelung) drückt den Zungengrund und den Kehldeckel nach unten. Für Schaf, Schwein und Ziege sind Laryngoskope mit verlängertem

Spatel erforderlich, wenn die Intubation unter Sicht erfolgen soll. Oft ist es nötig, den mit einem Gleitmittel versehenen Tubus unter behutsamem Drehen um die eigene Achse durch die Stimmritze zu schieben. Bei flacher Anästhesie zeigt das Tier beim Einführen des Tubus in die Luftröhre Hustenreiz. Der Tubus wird bei richtiger Lage durch Aufblasen der Manschette gegen die Luftröhre abgedichtet und anschließend im Maul mit einer Binde so angebunden, dass ein Verrutschen nicht möglich ist. Vor und nach dem Anschließen des Schlauches vom Narkosegerät ist mit größter Sorgfalt zu überprüfen, ob der Tubus tatsächlich in der Luftröhre und nicht doch fälschlicherweise in der Speiseröhre liegt.

Die Atmung des Tieres kann spontan erfolgen. Häufiger wird die Anästhesie jedoch so tief gefahren, dass die eigene Atmung des Tieres ausgeschaltet ist und der Wechsel zwischen Ein- und Ausatmung nur noch „aktiv" vom Narkosegerät vorgenommen wird. Bei Intubationsanästhesie ist es erforderlich, zumindest regelmäßig die Färbung der Schleimhäute zu kontrollieren. Besser ist es allerdings, die Sauerstoffsättigung der Haut und/oder der Schleimhaut mit Hilfe eines Pulsoxymeters zu überwachen. Alternativ könnte auch die Sauerstoffsättigung des Blutes durch Blutgasanalysen bestimmt werden. Zusätzlich sollte auch der Kreislauf des Patienten (Palpation des peripheren Pulses, unblutige Blutdruckmessungen, Auskultation der Herzaktionen, Registrierung der Herzfrequenz und des Herzrhythmus mittels eines EKGs usw.) laufend kontrolliert werden. Da die Gefahr besteht, dass der Patient auskühlt, sollte auch die Körpertemperatur kontinuierlich gemessen und erforderlichenfalls entsprechende Maßnahmen (Abdecken mit Tüchern, Heizdecken und Ähnlichem) eingeleitet werden.

Injektionsanästhesie

Hauptvorteil einer Injektionsanästhesie ist die einfache Durchführbarkeit, Hauptnachteil die fehlende Sperrbarkeit. Es werden keine teuren und regelmäßig technisch zu wartenden Apparate benötigt und die doch etwas schwierig durchzuführende Intubation ist nicht erforderlich. Da ein jedes injiziertes Narkosemittel so lange wirkt, bis es im Rahmen des Stoffwechsels inaktiviert wurde, ist eine Injektionsnarkose im Wesentlichen nur in Richtung Vertiefung oder Verlängerung der Anästhesie zu steuern. Dies geschieht durch Nachinjektion. Nur bei einzelnen Substanzen – z.B. Narkosemitteln auf Morphinbasis – gibt es Gegenmittel (Antidot), mit denen die Wirkung neutralisiert werden kann. Der Stoffwechsel wird in der Regel stärker beeinträchtigt als bei gasförmigen Narkotika. Damit kommt es zu längerem Nachschlaf und stärkerer Auskühlung.

Eine Vielzahl verschiedener Stoffe mit ganz unterschiedlichen pharmakologischen Eigenschaften wurden für Injektionsnarkosen entwickelt. Keine erfüllt bisher alle Wünsche hinsichtlich leichter Applizierbarkeit, hinreichender Sicherheit, guter Schmerzausschaltung, tiefer Bewusstlosigkeit sowie Muskelerschlaffung. Man verwendet deshalb überwiegend Kombinationen aus sich ergänzenden Substanzen z.B. indem man ein Neuroleptikum, das entspannt und beruhigt, mit einem Analgetikum mischt, das insbesondere die Schmerzempfindung unterdrückt. Sinnvolle Kombinationen verstärken sich in den gewünschten Narkoseeigenschaften und mindern die Nebenwirkungen.

Ein wichtiges Kriterium für die Wahl des Narkosemittels ist die Applikationsmöglichkeit. Bei Kaninchen, Katzen, Hunden, Schafen, Ziegen und Schweinen werden Narkotika vielfach intravenös injiziert; bei den Nagetieren meist intraperitoneal. Gut gewebeverträgliche Substanzen können auch intramuskulär verabreicht werden.

Bei intravenöser Injektion erfolgt der Wirkungseintritt innerhalb von Sekunden, da das Narkotikum nur noch über die Blutbahn ins Gehirn gelangen muss. Sicherheitshalber injiziert man intravenös nie die gesamte errechnete Dosis auf einmal. Meist wird die Hälfte bis zwei Drittel der veranschlagten Menge rasch injiziert, um über das Exzitationsstadium hinweg bis in den Beginn des Toleranzstadiums zu kommen. Der Rest wird dann langsam unter Kontrolle der Reflexe und der Atmung gegeben, bis die gewünschte Narkosetiefe erreicht ist.

Bei intramuskulärer und intraperitonealer Injektion muss das Präparat erst resorbiert werden, wodurch der Wirkungseintritt um 5–10 Minuten verzögert wird. Ist dann noch kein Effekt erkennbar, so liegt dies meist an einer fehlerhaften Injektion, die versehentlich z.B. statt intraperitonial in den Darm oder in die Harnblase erfolgt ist. Es ist dann besser, ein anderes Tier zu narkotisieren als das erste nachzudosieren. Bei der allmählichen Resorption des Narkotikums aus dem Darm könnte es im Nachhinein zu einer Überdosierung kommen. Tierarten, bei denen die intravenöse Injektion keine Schwierigkeiten macht, werden für die Dauer der Narkose vielfach mit einer Venenverweilkanüle versehen, weil auf diese Weise eine intravenöse Nachinjektion, der Ersatz von Flüssigkeit oder auch die Gabe von Weckmitteln möglich sind. Um Flüssigkeitsverluste bei der Operation zu ersetzen und um die Kanüle freizuhalten, wird meist eine Tropfinfusion angeschlossen. Die Tropfgeschwindigkeit muss nach dem Gewicht des Patienten berechnet werden. Wenn nicht besondere Flüssigkeitsverluste auszugleichen sind, gilt als Anhaltspunkt die Gabe von 10–20 ml pro kg Körpergewicht pro Stunde. Das bedeutet bei einem 4 kg schweren Kaninchen 40–80 ml (= 800–1600 Tropfen) pro Stunde, bzw. eine Tropfgeschwindigkeit von ca. 20 Tropfen pro Minute (größere Mengen, d.h. mehr als 20 Tropfen pro Minute, belasten den Kreislauf!).

8.8.5 Lokalanästhesie

Eine Lokalanästhesie ist die vorübergehende, örtlich begrenzte Schmerzausschaltung durch entsprechende Substanzen. Sie wird entweder durch Sprühen oder Tropfen aufgebracht, ins Gewebe oder gezielt an Nervenstränge injiziert. Kreislauf und Atmung und vor allem das Bewusstsein werden bei sachgerechter Durchführung nicht beeinträchtigt. Dies bedeutet jedoch auch, dass Angst und Fluchtversuche nicht ausgeschaltet werden. Die örtliche Betäubung wird deshalb vorwiegend für kurzfristige, kleinere Eingriffe wie Spalten eines Abszesses, Biopsie (Entnahme von Gewebeproben am lebenden Organismus, z.B. Leberbiopsie beim Menschen) oder die Naht kleiner Verletzungen eingesetzt, bei denen man das Risiko einer allgemeinen Anästhesie nicht eingehen will. Eine Sonderform ist die Rückenmarksanästhesie (Peridural- und Subduralanästhesie), bei der die Injektion in den Wirbelkanal zu einer Ausschaltung der Schmerzempfindung im gesamten kaudalen Bauch- und Beckenraum einschließlich der Hintergliedmaßen führt. Der Einstieg in den Wirbelkanal ist schmerzhaft, so dass die Tiere gut fixiert werden müssen. Er erfolgt bei Hund, Schwein und kleinen Wiederkäuern zwischen Lendenwirbeln und Kreuzbein. Da Tiere auch bei einer gut sitzenden, totalen Schmerzausschaltung durch eine Epiduralanästhesie mit den Vorderbeinen Aufstehversuche machen, müssen sie entweder gut fixiert werden oder zusätzlich eine leichte Anästhesie erhalten.

8.8.6 Postoperative Versorgung und Schmerzbehandlung

Tiere werden nach einer Operation zunächst einzeln gehalten, keinesfalls dürfen sie, solange sie nicht vollständig aus der Narkose erwacht sind, mit wachen Artgenossen zusammengebracht werden. Andererseits sollten gemeinschaftsgewöhnte Tiere auch nicht länger als unbedingt erforderlich allein bleiben. Hunde, die aus einer Gruppe kommen, reagieren auf das Alleinsein in einer noch so gut ausgestatteten Aufwachbox häufig mit langdauerndem Heulen, das bei Anwesenheit eines zweiten, bekannten Hundes in einer Nachbarbox unterbleibt.
Während der Aufwachzeit ist unbedingt auf die Warmhaltung zu achten. Vielfach werden zu diesem Zweck Heizlampen (Infrarotlampen) verwendet, die preiswert zu beschaffen und leicht zu installieren sind. Es muss jedoch darauf geachtet werden, dass der Patient sich auch dann, wenn er aufsteht, nicht verbrennen kann. Der Abstand von der Lampe bis zur Körperoberfläche des liegenden Tieres sollte mindestens 75 cm betragen. Außerdem ist eine gute Isolation der Liegefläche erforderlich. Grundsätzlich besser ist eine Erwärmung von unten (Heizplatte, Fußbodenheizung) und das Zudecken von oben. Es gibt in diesem Fall keinen „Kamineffekt", worunter das Aufsteigen der warmen Luft über den bestrahlten Patienten und das Heranziehen von kalter Luft von den Seiten zu verstehen ist.
Die Lagerung von Tieren im Nachschlaf erfolgt langgestreckt. Die Zunge wird etwas aus dem Maul herausgezogen, damit der Atemweg sicher frei ist. Während des Aufwachens wird häufig Kot und Harn abgesetzt. Es ist deshalb zweckmäßig, die Tiere etwas erhöht, z.B. auf eine Matte, zu lagern und genügend saug-

fähiges Material unter der Darm- bzw. Harnöffnung zu deponieren. Wenn Verbände erforderlich sind, kann es notwendig werden, diese und die Operationswunde durch einen Halskragen zu schützen. Belecken und Benagen eines Verbandes tritt jedoch meist erst nach einigen Tagen auf, wenn der Juckreiz bei der Wundheilung einsetzt. Wasser und Futter werden erst in den Käfig gestellt, wenn das Tier wach ist.

Je nach Art des Eingriffes und der daraus resultierenden Belastung der Tiere ist der Einsatz von Schmerzmitteln angezeigt. Allerdings hat der Wundschmerz eine Schutzfunktion, die zur Schonung und Ruhigstellung des verletzten Körperteiles führt. Die meisten Schmerzmittel haben eine Wirkung von nur wenigen Stunden. Ihre Verabreichung kann insbesondere bei ängstlichen Tieren zu Komplikationen durch Fluchtversuche und Abwehr führen. Viele Schmerzmittel haben mehr oder weniger ausgeprägte Nebenwirkungen. Es ist schwierig, die Notwendigkeit einer Schmerzbehandlung zu erkennen, da Schmerzen bei Menschen wie bei Tieren je nach Situation von Individuum zu Individuum recht unterschiedlich empfunden werden können und Tiere häufig nur wenig deutliche Schmerzsymptome zeigen. Als solche sind zu werten: hohe Atem- und Herzfrequenz, Lautäußerung bei Annäherung und Manipulation, Abwehr bei Berührung, Bewegungsunlust und verspannte Körperhaltung. Bei längerandauernden Schmerzen tritt bei kleinen Nagetieren regelmäßig Gewichtsverlust auf (**Kap. 3.3**).

Unter den Schmerzmitteln gibt es verschiedene, recht unterschiedlich wirkende Gruppen. Die zentral wirkenden, starken Schmerzmittel der Morphingruppe fallen unter die Bestimmungen des Betäubungsmittelgesetzes. Sie sind hervorragende Schmerzmittel, hemmen jedoch auch gleichzeitig die Atmung und die Darmperistaltik stark. Andererseits treten gleichzeitig auch anregende Wirkungen auf, die beim Hund zu Winseln, Speicheln und Erbrechen führen können. Bei Katzen, Schweinen und kleinen Wiederkäuern können so gefährliche Krämpfe auftreten, dass Morphinpräparate in hohen Dosierungen möglichst nicht eingesetzt werden sollten.

Die peripher wirkenden, schwachen Schmerzmittel wirken bei weitem nicht so stark schmerzmindernd. Sie sind häufig gleichzeitig entzündungshemmend und fiebersenkend. Damit ist ihre Wirkung dort besonders gut, wo entzündliche Prozesse die Ursache der Schmerzen darstellen. Andererseits sind Fieber und Entzündungen zweckmäßige Reaktionen des Körpers, die nur bei übermäßigem Grad bekämpft werden sollten. Zu dieser Gruppe von Wirkstoffen gehören so bekannte Substanzen wie Acetylsalicylsäure, Paracetamol, Phenybutazon und viele andere. Ein Vorteil dieser Gruppe ist es, dass die sedierende (beruhigende) Wirkung sehr gering ist. Sie können oral, als Zäpfchen oder per Injektion verabreicht werden. Die Wirkung hält jedoch immer nur wenige Stunden an. Bei längerfristiger Anwendung besteht die Gefahr von Leber- bzw. Nierenschäden.

Ein neues Verfahren der postoperativen Schmerzminderung ist das Einträufeln langwirkender Lokalanästhetika (Bupivacain) in die Operationswunde. Die Schmerzempfindung wird dadurch für ca. 12 Stunden stark vermindert. Noch länger wirkt die peridurale Applikation einer Morphiumlösung über einen Dauerkatheter. Die Wirkdauer einer solchen Injektion beträgt bis zu 24 Stunden.

Wiederholungsfragen

Anästhesie:
1. Wie wird ein Tier auf eine Anästhesie (Narkose) vorbereitet?
2. Nennen Sie die Stadien der Narkose (Allgemeinanästhesie)!
3. Welche Arten der Anästhesie kennen Sie?
4. Was ist eine Tropfinfusion?
5. Was ist eine Lokalanästhesie?

Postoperative Versorgung und postoperative Schmerzbehandlung:
1. Was muss bei der postoperativen Aufwachzeit beachtet werden?
2. Wie muss ein Tier nach der Narkose (Nachschlaf) gelagert werden?
3. Wann müssen postoperative Schmerzmittel gegeben werden?
4. Gibt es Gründe, warum keine Schmerzmittel verabreicht werden sollten?

8.9 Tierschutzgerechtes Töten von Versuchstieren

8.9.1 Grundsätze

Die Tötung von Versuchstieren erfordert im Sinne des Tierschutzes größtmögliche Sorgfalt und höchstes Verantwortungsbewusstsein seitens der Durchführenden. Wichtigste Voraussetzung ist, dass diese über die notwendigen Kenntnisse und Fähigkeiten verfügen (§ 4 TSchG), die man nur durch persönliche Praxis an der Seite von erfahrenen Fachleuten erwerben kann (siehe dazu auch **Kap. 2.1.3**). Den Durchführenden muss der Grund für die Tötung des Tieres bekannt sein – nicht zuletzt, um bei der Entscheidung für eine bestimmte Tötungsart berücksichtigen zu können, dass diese auch bei fachgerechter Ausführung spezifische Veränderungen z.B. von Hormonkonzentrationen und makroskopischen wie auch histologischen Organbefunden zur Folge haben und damit Versuchsergebnisse beeinflussen kann. Die Tötung selbst muss so erfolgen, dass das Tier dabei möglichst keine Angst und keine Schmerzen empfindet. Dies setzt voraus, dass das Tötungsverfahren einen schnellen Eintritt der Bewusstlosigkeit und des Todes gewährleistet. Töten soll einzeln oder in kleinen Gruppen und möglichst nicht im Tierraum erfolgen, da andere Tiere durch Lautäußerungen, Blutgerüche oder spezifisch wirkende Duftstoffe stark beunruhigt werden können.

Vor der weiteren Verwendung eines Tieres, z.B. für eine Organpräparation, muss in jedem Fall der sichere Eintritt des Todes abgewartet werden. Als wichtigste **Beurteilungskriterien** gelten dabei:

- es sind keine Atembewegungen mehr zu erkennen
- der Herzschlag ist nicht mehr fühlbar
- die Muskelspannung ist verschwunden

Sofern keine andere Kontrollmöglichkeit zur Verfügung steht, sollte im Zweifelsfalle der Eintritt der Totenstarre abgewartet werden.

In der Folge sind für die wichtigsten Versuchstierarten (beschränkt auf Wirbeltiere) diejenigen Methoden aufgeführt, die nach heutigem Kenntnisstand – sachkundige Ausführung vorausgesetzt – eine tierschutzgerechte Tötung ermöglichen. Die Reihenfolge ihrer Nennung entspricht lediglich ihrer systematischen Zugehörigkeit, d.h. zu 1. mechanischen, 2. chemischen oder 3. physikalischen Verfahren, und stellt keine Gewichtung hinsichtlich ihrer Eignung dar.

8.9.2 Geeignete Tötungsverfahren für die verschiedenen Tierarten

Maus[117]

- Luxation der Halswirbelsäule durch schnelles, kräftiges Strecken des Tieres
- Dekapitation mit Guillotine (siehe auch bei Ratte)
- Inhalation von CO_2
- i.p. Injektion von Barbituraten[118].

Ratte

- Ruckartige Dislokation der Halswirbelsäule; erfordert spezielle Erfahrung und ist nur bei sehr jungen Tieren bis 100 g KGW[119] zu empfehlen (vorherige Sedierung der Tiere empfehlenswert)
- Dekapitation mittels Guillotine. Zur leichteren Durchführung können die Tiere in eine leichte Narkose (z.B. mit CO_2) versetzt werden; nicht narkotisierte Tiere sollten nur von besonders geübten Personen dekapitiert werden.
- Bei Tieren über 250 g: Bolzenschuss (federgetrieben, ohne Patrone), auf korrekte Positionierung ist zu achten. Unmittelbar anschließend Tötung durch Thoraxeröffnung und Entbluten
- Inhalation von CO_2
- i.p. Injektion von Barbituraten

Gerbil

- Luxation der Halswirbelsäule durch schnelles, kräftiges Strecken des Tieres (bedarf spezieller Erfahrung)

---

117 Feten und Neugeborene kleiner Labornager werden zur Tötung in flüssigen Stickstoff gebracht oder (z.B. mit einer geeigneten Schere) dekapitiert. Inhalationsverfahren – auch mit CO_2 – sind in dieser Altersstufe unzuverlässig und somit ungeeignet.
118 Der Bezug von Barbituraten ist genehmigungs- und meldpflichtig (gem. § 18 BtMG), er erfolgt über eine tierärztliche Hausapotheke.
119 KGW = Körpergewicht.

Tierschutzgerechtes Töten von Versuchstieren

- Dekapitation mit der Guillotine nach vorheriger Narkotisierung
- i.p. Injektion von Barbituraten
- Inhalation von CO_2 nicht empfehlenswert!

Hamster

- Luxation der Halswirbelsäule durch schnelles und kräftiges Strecken des Tieres (nur bei Zwerghamstern anwendbar, größere Hamster werden dekapitiert)
- Dekapitation mit der Guillotine
- Inhalation von CO_2
- i.p. Injektion von Barbituraten

Meerschweinchen

- Dekapitation mit der Guillotine
- Inhalation von CO_2
- i.p. Injektion von Barbituraten

Kaninchen

- Tötung durch geeigneten Bolzenschussapparat und unmittelbar anschließendes Entbluten
- Genickschlag: Kurzer, kräftiger Schlag mit einem Stock hinter die Ohren auf der Genickseite des Halses. Nach der Betäubung sind die Tiere durch Eröffnung der großen Halsgefäße sofort zu entbluten. Das Verfahren ist nur geübten Personen zu gestatten bzw. muss zunächst an toten Tieren ausreichend geübt werden
- Wenn möglich i.v., ausnahmsweise auch i.p. Injektion von Barbituraten
- i.v. Injektion von T 61[120] (vorherige Sedierung empfehlenswert)

Frettchen, Nerz[121]

- Tötung durch geeigneten Bolzenschussapparat und unmittelbar anschließendes Entbluten (ggf. vorherige Sedierung empfehlenswert)
- Wenn möglich, i.v., ausnahmsweise auch i.p. Injektion von Barbituraten
- i.v. Injektion von T 61 (ggf. vorherige Sedierung empfehlenswert)

Katze[122]

- Tötung durch geeigneten Bolzenschussapparat und unmittelbar anschließendes Entbluten (ggf. vorherige Sedierung empfehlenswert)
- Wenn möglich, i.v., ausnahmsweise auch i.p. Injektion von Barbituraten. Bei sehr jungen oder im Koma liegenden Tieren kann eine intrathorakale bzw. intrakardiale Injektion vorgenommen werden.
- i.v. Injektion von T 61 (ggf. vorherige Sedierung empfehlenswert)

Hund[122]

- Tötung durch geeigneten Bolzenschussapparat und unmittelbar anschließendes Entbluten (nur in Ausnahmefällen und bei ruhigen Tieren)
- i.v., ausnahmsweise auch i.p. Injektion von Barbituraten; vor einer i.p. Injektion sollten die Tiere sediert werden.
- i.v. Injektion von T 61 (vorherige Sedierung empfehlenswert)

Schwein, Schaf, Ziege[122]

- Tötung durch geeigneten Bolzenschussapparat und unmittelbar anschließendes Entbluten
- i.v. Injektion von Barbituraten
- i.v. Injektion von T 61 (vorherige Sedierung empfehlenswert)

Tupaias u. Primaten[122]

- i.v. Injektion von Barbituraten (vorherige Sedierung empfehlenswert)
- i.v. Injektion von T 61 (vorherige Sedierung empfehlenswert)

---

[120] T61® ist nur über eine tierärztliche Hausapotheke zu beziehen
[121] Narkotisierte Feten werden dekapitiert, nicht narkotisierte Feten werden in Flüssigstickstoff getötet
[122] Feten werden nach den für erwachsene Tiere geeigneten Injektionsverfahren getötet.

Vögel/Geflügel[123]

- Genickbruch (kleine Vögel bis Taubengröße)
- Dekapitation mit einem scharfen Beil oder Hackmesser
- Inhalation von CO_2[123]
- Wenn möglich, i.v., ggf. auch intraabdominale Applikation von Barbituraten

Frösche und Molche

Sofern das Experiment es zulässt, ist, vor der Tötung z.B. durch Injektion, eine Tauchbadnarkose mit Äthyl-m-Aminobenzoat (MS-222®) empfehlenswert. Bei entsprechender Dosierung und ausreichender Verweildauer kann auch das Tauchbad allein zur Tötung verwendet werden. Vertreter landlebender Arten dürfen nur in einer flachen Schale mit niedrigem Flüssigkeitsstand behandelt werden, da sonst Erstickungsgefahr besteht. Kaulquappen werden in einer Schale mit MS-222® zunächst narkotisiert und anschließend in Chloroformwasser abgetötet

- i.p. Injektion von Barbituraten
- i.p. Injektion von T 61

Fische[124]

- Fische mit einem Körpergewicht bis zu ca. 200 g: Rasche Dekapitation mit einem scharfen Messer.
- Schwerere Tiere: Schlag auf die Schädeldecke. Der Schlag soll kurz und kräftig mit einem geeigneten Gegenstand geführt werden. Unmittelbar anschließend müssen die Tiere entblutet oder dekapitiert werden.
- Tauchbadverfahren mittels Äthyl-m-Aminobenzoat[125] (MS 222®). Auflösen des Präparates in einer Lösung von 150 mg pro Liter Wasser. Durch den geringen pH-Wert werden die Schleimhäute gereizt. Das kann man verhindern, indem man zusätzlich 300 mg Natriumkarbonat pro Liter auflöst (die Lösung ist nicht haltbar). Die Tiere müssen so lange in der Lösung bleiben, bis der Atemstillstand eingetreten ist, was daran zu erkennen ist, dass sich die Kiemendeckel nicht mehr bewegen. Anschließend dürfen die Tiere auf keinen Fall in sauberes Wasser gelegt werden, da dann die Möglichkeit besteht, dass sie wieder zu Bewusstsein kommen.

8.9.3 Abzulehnende Tötungsmethoden

Die nachstehend beschriebenen Methoden erfüllen die Anforderungen einer fachgerechten Tötung nicht und sind daher abzulehnen:

- Orale oder rektale Verabreichung von Narkosemitteln, da sich die Dosierung schwierig gestaltet, die Wirkung zu langsam eintritt und es zusätzlich zu erheblichen Schleimhautreizungen kommen kann
- Elektrische Tötung, da bei unsachgemäßer Anwendung die Gefahr von Krämpfen und Schmerzen besteht. Ausnahme: die fachgerechte elektrische Tötung von Fischen
- Intravenöse oder intrakardiale Luftapplikation, da der Tod nicht immer mit der erforderlichen Sicherheit eintritt
- Injektion von Magnesiumsulfat, da die nötige letale Dosis nicht in genügend kurzer Zeit verabreicht werden kann
- Sämtliche Tötungsmethoden, die auf dem Prinzip der Erstickung beruhen, wie z.B. Ertränken, Inhalation von Stickstoff oder Helium, Verabreichung von Curare oder curariformen Stoffen, von Strychnin oder Blausäure, intrapulmonale Applikation von T61 sowie Gasinhalation bei Vögeln. Diese Methoden können zu extremen Angstzuständen und auch Krämpfen führen, da der Tod durch Ersticken und damit erst nach einiger Zeit eintritt. Da die meisten dieser Methoden keine betäubende Wirkung auf das Gehirn ausüben, geschieht das allmähliche Ersticken bei vollem Bewusstsein!

---

123 Für Enten und andere Tauchvögel sind Inhalationsverfahren ungeeignet

124 Embryonen können grundsätzlich wie erwachsene Tiere getötet werden. Bei viviparen Fischen erfolgt die Tötung des Muttertieres vorzugsweise mit MS 222, unmittelbar anschließend ist das Muttertier zu eröffnen und in die Lösung zurückzulegen, damit die noch nicht geschlüpften Jungtiere ebenfalls erreicht werden können.

125 Bei Verwendung von Äthyl-m-Aminobenzoat muss die Lösung wegen schlechter Löslichkeit wenigstens 15 Minuten vor Gebrauch angesetzt und gründlichst gerührt werden, da sonst u.U. mit erheblicher Verzögerung des Wirkungseintritts gerechnet werden muss.

Tab. 8.6 a: Tierschutzgerechtes Töten von Versuchstieren. Es sind die jeweils tierschutzgerechten Verfahren für die verschiedenen Versuchstierarten mit x markiert; bei den Injektionsverfahren ist zusätzlich die Applikationsart angegeben

	Maus	Ratte	Gerbil	Hamster	Meerschweinchen	Kaninchen	Katze	Hund	Schwein	Schaf	Ziege	Tupaia	höhere Primaten
Physikalische Verfahren:													
Dekapitation[1]	x	x	x	x									
Strecken[2]	x		x	x									
Genickbruch[3]		x	x										
Genickschlag[4]					x	x							
Bolzenschuss[5]						x	x	x	x	x	x		
Inhalationsverfahren:													
Kohlendioxid[6]	x	x		x	x				x	x	x	x	
Injektionsverfahren:													
Barbiturate[7]	i.p.	i.p.	i.p.	i.p.	i.p.	i.v.	i.v.	i.v.	i.v.	i.v.	i.v.	i.v.	i.v.
T 61®[8]			i.v.			i.v.	i.v.	i.v.	i.v.	i.v.	i.v.	i.v.	i.v.

[1] in der Regel mit der Guillotine
[2] Luxation der Halswirbelsäule durch schnelles, kräftiges Strecken des Tieres
[3] Genickbruch durch Abknicken des Kopfes nach hinten mit plötzlichem Ruck; bei Ratten nur bei sehr jungen Tieren bis 100 g KGW empfehlenswert
[4] Kaninchen: kurzer, kräftiger Schlag mit einem Stock hinter die Ohren auf der Genickseite des Halses, sofort anschl. durch Kehlschnitt entbluten
[5] Hund: nur in Ausnahmefällen u. nur bei ruhigen Tieren
[6] Tötungskammern dürfen nicht überbelegt werden!
[7] unbedingt auf Herstellervorschriften achten (Injektionsgeschwindigkeit)
[8] vorherige Sedation der Tiere ist grundsätzlich empfehlenswert, bei Hunden u. Katzen Voraussetzung

Tab. 8.6 b: Tierschutzgerechtes Töten von Versuchstieren (Fortsetzung)

	Frettchen	Nerz	Vögel	Geflügel	Frösche	Molche	Fische
Physikal. Verfahren:							
Dekapitation[1]			x	x			x
Strecken							
Genickbruch[2]			x	x			
Genickschlag[3]							x
Bolzenschuss	x	x					
Inhalationsverfahren:							
Kohlendioxid			x	x			
Injektionsverfahren:							
Barbiturate[4]	i.v./i.p.	i.v./i.p.	i.v/intra-abdominal	i.v/intra-abdominal	i.v/intra-abdominal	i.v/intra-abdominal	
T 61®	i.v.	i.v.					
Tauchbad-Verfahren:							
MS 222®[5]					x	x	x

[1] Geflügel u. Vögel mit Beil od. Hackmesser.
[2] kleine Vögel bis Taubengröße
[3] kurzer, kräftiger Schlag mit geeignetem Gegenstand auf die Schädeldecke
[4] bei Schildkröten Einstich im Kniefaltenbereich, bei Schlangen paramedian am Übergang vom mittleren zum letzten Körperdrittel
[5] mit MS 222-Lösung: Tiere müssen in der Lösung bleiben, bis Atemstillstand eingetreten ist, bei Fischen an den Kiemendeckeln erkennbar, Vertreter landlebender Molcharten dürfen nur in flacher Schale mit niedrigem Flüssigkeitsstand narkotisiert werden, da sonst Erstickungsgefahr droht! Tragende vivipare Fische müssen nach Tötung eröffnet werden und mit den noch nicht geschlüpften Jungen erneut in MS 222-Lg gesetzt werden (Dauer: mindestens so lange wie das Muttertier bis zum Atemstillstand benötigte)

In **Tabelle 8.6** sind die oben beschriebenen Tötungsverfahren für die verschiedenen Versuchstierarten zur besseren Übersicht zusammengefasst.

Wiederholungsfragen

1. Was steht im Tierschutzgesetz über das Töten von Tieren?
2. Nennen Sie sichere Anzeichen für den Tod eines Tieres.
3. Nennen Sie geeignete Tötungsverfahren für Maus, Ratte, Kaninchen, Hund, Schwein, Huhn und Fische.
4. Was ist ein Bolzenschussgerät?
5. Was bedeutet „Dekapitation"?
6. Was muss bei dem Gebrauch von Barbituraten beachtet werden?
7. Welche Tötungsmethoden sind wegen ihrer unsicheren Wirkung, inbesondere weil sie nicht frei von unvermeidbaren Schmerzen und Leiden sind, abzulehnen?

9 Technische und organisatorische Aufgaben

9.1 Arbeitssicherheit

9.1.1 Risiken in der Tierhaltung

In Tierhaltungsbereichen ist eine Gefährdung der Beschäftigten möglich durch:
- von Tieren auf den Menschen übertragbare Krankheiten (Zooanthroponosen[126])
- Verletzungen durch Tiere (Beißen, Kratzen, Stoßen)
- allergische Erkrankungen
- Desinfektions- und Sterilisationsmittel
- Lärm

9.1.2 Arbeitssicherheitsmaßnahmen

Die berufliche Tätigkeit beim Umgang mit Versuchstieren macht daher die Kenntnis von Arbeitsschutzmaßnahmen und Unfallverhütungsvorschriften notwendig.
Die Vermittlung dieser Kenntnisse geschieht durch
- regelmäßige Belehrungen über allgemeine Verhaltensweisen und aktuelle Vorkommnisse (die Teilnahme an diesen Belehrungen ist zu dokumentieren)
- allgemeine und spezielle Arbeitsvorschriften
- allgemeine und betriebsspezifische Unfallverhütungsvorschriften

Diese Unterlagen müssen am Arbeitsplatz zur Kenntnisnahme ausgelegt werden.
Die Mitarbeiter sind verpflichtet, sich sicherheitsbewusst zu verhalten und Vorschriften und Anweisungen einzuhalten, da im Schadensfall der Versicherungsschutz durch die Berufsgenossenschaften entfallen bzw. eine Haftungsverpflichtung für die betroffenen Mitarbeiter entstehen kann.
Arbeitsschutz bezieht sich auf Schutzmaßnahmen am Arbeitsplatz; dazu gehören u.a. persönliche Schutzausrüstungen wie Mund- und Atemschutz, Schutzbrille, Gehörschutz, Schutzkleidung, Sicherheitsschuhe, Gummistiefel. Neben diesen Schutzmaßnahmen sind persönliche Hygiene und Arbeitsplatzhygiene höchstes Gebot (keine Einnahme von Speisen und Getränken am Arbeitsplatz, Rauchverbot, regelmäßige Händereinigung und -desinfektion, Wechsel der Arbeitskleidung).
Zu den persönlichen Schutzausrüstungen kommen noch technische und organisatorische Maßnahmen, die Vorrang vor persönlichen Schutzmaßnahmen haben.
Technische Maßnahmen sind z.B.:
- geeignete Bauweise und Ausrüstung der Tierlaboratorien einschließlich Be-, Entlüftung bzw. Klimatisierung
- geeignete Arbeitstechniken einschließlich praktischem Training
- Vermeidung von Kontakten mit Gefahrstoffen und biologischen Wirkstoffen mit Gefährdungspotenzial (z.B. durch das Arbeiten in Abzügen oder unter Atemschutzhauben, Anbringen von Staubfiltern am Käfig).

9.1.3 Sicherheitsbeauftragte

In Unternehmen und Betrieben mit mehr als 20 Beschäftigten sind Sicherheitsbeauftragte zu benennen; sie haben keine Aufsichts- und Weisungsfunktion. Der Sicherheitsbeauftragte soll insbesondere
- sich vom sicherheitsgerechten Zustand der betrieblichen Einrichtungen, dem Vorhandensein, sowie der ordungsgemäßen Benutzung der Schutzvorrichtungen und persönlichen Schutzausrüstungen überzeugen.

---
126 Griechischer Wortursprung: Zoon = Tier, Anthropos = Mensch, Nosos = Krankheit.

- festgestellte Gefahrenquellen den betrieblichen Vorgesetzten melden.
- Arbeitskollegen auf Gefahren und Arbeitssicherheitsvorschriften aufmerksam machen und sie zu sicherheitsgerechtem Verhalten auffordern.
- bei Auswahl und Einführung von Schutzvorrichtungen und persönlichen Schutzausrüstungen mitwirken.
- an behördlichen und betriebsinternen Sicherheitsbetriebsbegehungen und Unfalluntersuchungen beteiligt werden.

9.1.4 Medizinische Betreuung – Erste Hilfe

Im Rahmen einer betriebsärztlichen Betreuung sind arbeitsmedizinische Vorsorgeuntersuchungen durchzuführen; bei diesen Untersuchungen ist eine tätigkeitsbezogene und tierspezifische Gefährdung der Beschäftigten zu berücksichtigen. Besondere Bedeutung kommt hierbei der Gefahr einer Allergie gegen tierisches Eiweiß und andere Stoffe zu (z.B. Haare, Schuppen, Speichel, Einstreu, Futter, Desinfektions- und Reinigungsmittel), was sich in zunehmendem Maße in allergischen Erkrankungen von Mitarbeitern, die mit Versuchstieren arbeiten, zeigt. Aus diesen Gründen sollte bereits bei Planung, Errichtung und Ausrüstung von Versuchstiereinrichtungen dafür gesorgt werden, dass die Belastung der Mitarbeiter durch Allergene, die durch Versuchstiere und in der Tierhaltung entstehen können, möglichst vermieden bzw. gering gehalten wird.

Bei der ärztlichen Betreuung wird die Immunprophylaxe (z.B. Tetanus) überprüft und bei Bedarf aufgefrischt. Im Interesse der Rechtssicherheit kann es bei Arbeitsaufnahme neuer Mitarbeiter erforderlich sein, eine Serumprobe für eine spätere Diagnostik im Falle des Auftretens einer Infektionskrankheit durch Tieffrieren zu sichern.

Alle in Tierlaboratorien Beschäftigte müssen über Erste-Hilfe-Maßnahmen unterrichtet sein und über das Verhalten bei Arbeitsunfällen unterwiesen werden. Die von den Berufsgenossenschaften anerkannten „Anleitungen zur Ersten Hilfe" sind an geeigneten Stellen auszuhängen.

Bei Unfällen oder Verletzungen durch Tiere ist unverzüglich medizinische Hilfe in Anspruch zu nehmen; der Unfallhergang ist zu beschreiben, die beteiligte Tierart ist zu nennen, bereits durchgeführte Erste-Hilfe-Maßnahmen sind anzugeben. Im Bedarfsfall ist eine Unfallanzeige zu erstellen.

Für Arbeiten mit besonderen Gefährdungsmöglichkeiten können fallweise zusätzliche Sicherheitsanweisungen erforderlich sein (z.B. beim Umgang mit Isotopen, in Barrierebereichen, bei der Lagerung von Futter und Einstreu, beim Umgang mit Reinigungs- und Desinfektionsmitteln sowie -geräten).

Hinweise auf weitere Gesetze, Richtlinien, Unfallverhütungsvorschriften, Merkblätter und andere Bestimmungen finden sich im Anhang 4 des Merkblattes M007 6/90 der BG Chemie, 1. Ausgabe (Jedermann Verlag Dr. Otto Pfeffer, OHG, Postfach 103140, Heidelberg).

Wiederholungsfragen

1. Nennen Sie Gefahrenschwerpunkte in der Heim- bzw. Versuchstierhaltung.
2. Was sind allergische Erkrankungen?
3. Nennen und beschreiben Sie die Aufgaben des Sicherheitsbeauftragten.
4. Nennen Sie Beispiele und erläutern Sie den Gebrauch persönlicher Schutzausrüstungen.

9.2 Abfallentsorgung

Abfallentsorgung ist in jüngerer Zeit wegen der fehlenden Deponiekapazitäten sowie der nicht völlig auszuschließenden Risiken bei der Verbrennung, aber auch infolge des gestiegenen Umweltbewusstseins der Bevölkerung in zunehmendem Maße schwierig geworden. Dies hat dazu geführt, dass es in den meisten größeren privaten und öffentlichen Einrichtungen – unter Berücksichtigung der entsprechenden gesetzlichen Vorschriften – detaillierte Abfallkonzepte gibt. Spezielle Betriebsbauftragte für Abfall sollen die ordnungsgemäße Abwicklung, die Einhaltung der Berichtspflicht sowie die regelmäßige Information der Mitarbeiter sicherstellen; diese Abfallbeauftragten sind in jedem Fall auch Ansprechpartner, wenn Probleme mit der Entsorgung auftreten. Im

Klinikbereich sind darüber hinaus Hygienefachleute mit einbezogen, die Hygienepläne entwerfen sowie durch Beratung und Fortbildung den Informationsstand der Mitarbeiter verbessern. Die nachfolgenden Ausführungen sind weitgehend auf die spezielle Abfallsituation von Versuchstierhaltungen bezogen, lokale Besonderheiten können Verfahrensweisen bedingen die von den hier beschriebenen abweichen.

9.2.1 Abfallwirtschaftliche Grundsätze

Die Behandlung von Abfällen, die in Versuchstierhaltungen anfallen, muss, ähnlich wie im Klinikbereich, den Regeln der Hygiene genügen, darüber hinaus sind ökologische und ökonomische Gesichtspunkte zu berücksichtigen. Die Entsorgungsmethoden sollten einfach durchführbar sein, um von allen Mitarbeitern angenommen zu werden. Sie sollten mit möglichst geringem Risiko für das entsorgende Personal verbunden sein und dem jeweiligen Stand der Technik entsprechen. Das Abfallwesen ruht heute im Wesentlichen auf drei Säulen:
1. Vermeidung von Abfall,
2. Verwertung von Abfall (Recycling),
3. Abfallbeseitigung.

Vermeidung von Abfall

Hier sollte vor allem auf Produkte verzichtet werden, die aus ökologisch bedenklichen Materialien bestehen, wie z.B. Polyvinylchlorid (PVC). Auf die Verwendung von Einmalprodukten sollte zugunsten von mehrfach nutzbaren Artikeln verzichtet werden (Mehrwegsystem). Allerdings müssen solche Alternativen in vollem Umfang den geltenden Hygienevorschriften genügen.

Verwertung von Abfall

Die Verwertung von Abfall hat gegenüber der Abfallbeseitigung immer Vorrang, sofern sie technisch möglich und umweltverträglich ist. Voraussetzung für die Verwertung ist natürlich, dass für die dabei entstehenden Produkte ein Markt vorhanden ist, auch müssen die Kosten, die durch die Verwertung entstehen, verglichen mit anderen Verfahren konkurrenzfähig sein.

Im Betrieb setzt ein solches Entsorgungskonzept stets voraus, dass die verschiedenen Abfallarten sortiert und getrennt gesammelt werden. Dies ist zunächst eine Platzfrage, stellt aber auch beachtliche Anforderungen an Planung und Durchführung, sowie an das Verantwortungsbewusstsein des Personals.

Abfallbeseitigung

Abfall, der weder vermieden noch (wieder)verwertet werden kann, muss so beseitigt werden, dass das Wohl der Allgemeinheit nicht beeinträchtigt wird (Gesundheit, Wohlbefinden, Umwelt!).

Im einzelnen bestimmen Landesrecht und kommunale Vorschriften, welche Abfälle der öffentlichen Entsorgungpflicht unterliegen und welche Stoffe davon ausgeschlossen sind. Für solche Abfälle trägt der **Abfallverursacher bzw. -besitzer** die **Entsorgungspflicht**, zudem besteht **Nachweispflicht** über den Verbleib. Hiervon betroffen sind z.B. Krankenhäuser und sonstige Einrichtungen des medizinischen Bereiches wie auch Versuchstierhaltungen mit infizierten Tieren, tierärztliche Praxen, veterinärmedizinische Kliniken, human- und veterinärmedizinische Institute und Forschungseinrichtungen.

9.2.2 Entsorgungswege

In einer Versuchstierhaltung der heute üblichen Prägung fallen Abfallarten an, die – soweit sie nicht vermieden werden können – je nach ihrer Natur und den jeweils geltenden Entsorgungsvorschriften unterschiedlich behandelt werden müssen (siehe auch Merkblatt über die Vermeidung und Entsorgung von Abfällen aus öffentlichen und privaten Einrichtungen des Gesundheitsdienstes).

1. Deponie:
Die häufig hier entsorgten Gemische aus Einstreu und Exkrementen sind kompostier- und somit verwertungsfähig, sofern nicht infektiös oder umweltschädlich; infektiöse Materialien müssen vor der Entsorgung noch „vor Ort" thermisch dekontaminiert, d.h. autoklaviert werden; für den Hausmüll ist Volumenreduzierung durch Verwendung von Presscontainern empfehlenswert.

2. Abwasser:
Beim Anfall größerer Mengen an Exkrementen und Desinfektionsmitteln ist, soweit sie abbaubar sind, vor der Einleitung in das kommunale Abwassersystem eine Passage durch ein Absatz- oder Vorklärbecken erforderlich.

3. Verwertung:
Nach Stoffen getrennt zu sammeln; für Kunststoffe nur bei bestimmten Sorten möglich; umfasst auch die Tierkörperbeseitigung, soweit nicht infektiös oder umweltschädlich.

4. Mehrweg:
Nach Stoffen getrennt zu sammeln; einige kommerzielle Anbieter haben seit Einführung des „dualen Systems" die firmenseitige Rückführung und Wiederverwendung ihrer teilweise hochwertigen Warenverpackungen organisiert.

5. Sondermüll:
Differenziertes Entsorgungssystem, z.T. können Stoffe wiederverwertet werden.

6. Müllverbrennung:
Ist für manche Stoffe der Entsorgungsweg der Wahl, steht aber nicht überall zur Verfügung; der Transport von infektiösen oder umweltschädlichen Abfällen auf der Straße und zur Müllverbrennungsanlage muss in besonders zugelassenen Sicherheitsbehältern und -fahrzeugen zusammen mit ordnungsgemäß ausgefülltem Abfall-Begleitschein erfolgen.

9.2.3 Abfälle aus Versuchstierhaltungen

In der Folge sind diejenigen Abfalltypen aufgelistet, die üblicherweise in Versuchstierhaltungen anfallen. Die Kennzahlen von 1–6 entsprechen den oben aufgeführten Entsorgungswegen und geben die jeweiligen Möglichkeiten hierzu an[127]:

a) direkt aus der Tierhaltung:
Exkremente (1)
Einstreu (1)
sonstige Abwässer (z.T. mit Reinigungs- u. Desinfektionsmitteln versetzt) (2)
Futterreste (überlagert, verschmutzt etc.) (1)
Tierkörper (einschließlich Rückstände aus Pathologie, OP etc.) (6)
Tierhaare (Wolle) (1)

b) Verpackungsmaterial:
Säcke, Tüten (Einstreu, Futter) (3)
Kartonagen (3,4)
Folien (3)
Paletten (4)
Packpapier (3)

c) defektes Käfigmaterial, Gerätschaft etc.:
Makrolon-Käfige (3)
Makrolon-Flaschen (3)
Trinknippel (3)
Käfigdeckel (3)
Trennbleche (3)

d) Hygienematerial:
Einmal-Bekleidung (1,6)
Schutzhandschuhe (1,6)
Mundschutz (1,6)
Filterhauben f. Käfige (1,6)
Einmal-Tücher u.a. (1,6)

e) Behandlungs-/OP-Material:
Spritzen (6)
Kanülen, Skalpelle (in Sicherheitsbehältern sammeln!) (6)
Infusionsflaschen (3,6)
Medikamentenflaschen (3,6)
Katheter (6)
Röntgenbedarf (3,5)

f) andere Abfälle:
Arzneimittelrückstände, -überlagerungen (5,6)
Prüfsubstanzen (5,6)
Chemikalien (z.B. Desinfektionsmittelrückstände) (5)
Batterien (5)

g) radioaktive Abfälle:
Für radioaktive Abfälle gelten Sonderregelungen. Ihre Handhabung und Entsorgung ist mit dem zuständigen Strahlenschutzbeauftragten abzuklären

Wiederholungsfragen

1. Welches sind die drei wesentlichen Säulen des Abfallwesens?
2. Wer trägt die Entsorgungs- und Nachweispflicht für den Abfall?
3. Nennen Sie die verschiedenen Entsorgungswege.
4. Nennen Sie wenigstens 10 verschiedene Abfallarten, die in einer Versuchstierhaltung anfallen.

---
127 Hierbei kann es regionale Unterschiede geben, zudem können neue Vorschriften anderes verlangen.

9.3 Wartung der technischen Einrichtungen

In konventionellen Tierhaltungen werden technische Anlagen oder Laborgeräte im Regelfall von qualifiziertem Fachpersonal aus einem Elektro- oder Metallberuf bedient und gewartet. In einer SPF-Einheit ist dies aus verschiedenen Gründen häufig nicht möglich; dort sollten die Tierpfleger in der Lage sein, die wichtigsten Arbeiten selbst durchzuführen. Das hierfür benötigte Werkzeug sollte neuwertig sein und keinesfalls Handgriffe aus organischem Material wie z.B. Holz haben, auch Kunststoff sollte vermieden werden. Werkzeuge mit Elektroantrieb (z.B. Bohrmaschinen) werden in der Regel nicht benötigt, sie sind als bereits anderweitig gebrauchte Geräte auch nur bedingt in eine SPF-Einheit einschleusbar. Für die Wartungs- und Reparaturarbeiten wird entsprechend dem voraussichtlichen Bedarf, jedoch in überschaubarem Rahmen, ein Sortiment von temperaturunempfindlichen Werkzeugen zusammengestellt und über ein geeignetes Autoklavierprogramm in die SPF-Einheit eingeschleust, wo es bei Bedarf jederzeit zur Verfügung steht.

9.3.1 Raumlufttechnik (Abb. 9.1)

In den Abluftgittern der Tierräume sind in der Regel Filtermatten der Güteklasse EU 3–5 eingebaut, die die Verschmutzung des sich anschließenden Kanalsystems verhindern sollen. Da an diesen Stellen meist keine Messvorrichtungen für den Filterwiderstand vorhanden sind, kann eine Verschmutzung der Filter durch Futter- und Einstreustäube nur an der entsprechenden Verfärbung – vor allem zwischen den Gitterstäben – erkannt werden. In solchen Fällen sind die Filtermatten entweder zu reinigen oder zu wechseln. Zum Wechseln öffnet man die Verschlüsse der Gitterabdeckung, entnimmt vorsichtig die verstaubten Einsätze und ersetzt sie durch passend zugeschnittene, geeignete Ersatzfiltermatten. Eine eventuell mögliche Reinigung der verstaubten Filtereinsätze sollte unbedingt nur außerhalb der SPF-Einheit erfolgen.
In einer SPF-Einheit können Temperatur- und Luftfeuchtefühler für die Regelung der Klimatisierung angebracht sein, bei denen infolge starker Verschmutzung Fehlfunktionen auftreten können. Sollte eine solche bei einer der regelmäßig notwendigen Kontrollen festgestellt werden, so sind die Fühler durch Anblasen, Absaugen oder Abpinseln zu reinigen. Bei starken Verschmutzungen, die auf diesem Wege nicht zu beseitigen sind, sollte das technische Personal hinzugezogen werden.

9.3.2 Sanitäre Installationen

Wasserabläufe im Boden, an Laborbecken sowie an einigen Typen von Laborgeräten haben so genannte Geruchverschlüsse. Wenn deren Wasserstand nicht regelmäßig aufgefüllt wird, so z.B. beim turnusmäßigen Ausspritzen des Raumes, so verdunstet die Trennflüssigkeit allmählich, der Verschluss trocknet aus. Die Raumklimatisierung kann diesen Vorgang begünstigen. Bei unzureichender Dimensionierung des Verschlusses kann auch ein Überdruck im Tierraum die Trennflüssigkeit ablaufen lassen, dann ist die Barriere durchbrochen. Der Wasserstand im Geruchverschluss ist daher regelmäßig zu prüfen, bzw. durch Nachfüllen zu ergänzen. Nicht mehr benutzte Abläufe sollten keimdicht verschlossen werden. Wenig benutzte Geruchverschlüsse kann man durch Zugabe eines Tropfens „Knochenöl" vor allzu schneller Verdunstung schützen. Wasserabläufe im Boden, unmittelbar über dem Erdreich, müssen eine Nagersperre in Form eines engmaschigen Gitters haben.

9.3.3 Beleuchtung

Defekte Leuchtröhren im Tierraum können unter Umständen durch ihr ständiges Aufblitzen für die Tiere wie auch für das Personal eine erhebliche Belästigung darstellen. Sie sind daher in jedem Falle unverzüglich auszutauschen. Bei Leuchten mit Abdeckung ist darauf zu achten, dass sich hinter diesen unbemerkt Schmutz und Keimansammlungen bilden können. Empfehlenswert sind in jedem Fall offene Leuchten, deren Lampen mit einem temperaturgeschützten und desinfektionsmittelbeständigen Makrolonschutzrohr versehen sind.

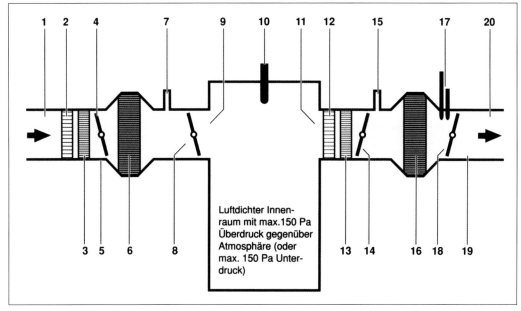

Abb. 9.1: Technische Einrichtungen in einer raumlufttechnischen Anlage zur hygienischen Sicherung eines Barrieren-Systems. (1) Zuluftkanal, in Normalausführung. (2) Grobstaubfilter, zum Schutz des Schwebstofffilters. (3) Feinfilter, zum Schutz des Schwebstofffilters. (4) Absperrklappe, handbetätigt. (5) Zuluftkanal, in luftdichter Ausführung. (6) Schwebstofffilter, handelsübliche Bauart mit höchstem Abscheidegrad. Zum Schutz des Innenraums und der darin befindlichen Arbeitsplätze, Menschen, Tiere etc. (7) Desinfektionsstutzen, verschraubt. Zur Desinfektion des Kanals zwischen Filter und Absperrklappe bzw. zwischen beiden Absperrklappen im Zuluftkanal. (8) Schnellschluss-Absperrklappe, schließt automatisch luftdicht bei Ausfall der lufttechnischen Anlagen. (9) Lufteinlässe, für große Mengen gefilterter (entkeimter) Zuluft hoher Temperaturdifferenz. Luftdichte Wanddurchführungen. (10) Messfühler, zur Messung des Überdruckes (oder Unterdruckes) im Inneren des Systems. (11) Abluftgitter, in Decken- und Fußbodennähe je 50% Gitteröffnung. Luftdichte Wanddurchführungen. (12) Grobstaubfilter, zur Reinerhaltung der Abluftkanäle und Messfühler, ggf. auch zum Schutz des Schwebstofffilters. (13) Feinfilter, zum Schutze des Schwebstofffilters. (14) Absperrklappe, handbetätigt. (15) Desinfektionsstutzen, wie (7). (16) Schwebstofffilter, wie (6), zur Abriegelung des Innenraumes zum Schutze der Umwelt. (17) Temperatur- und Feuchtefühler. (18) Schnellschluss-Absperrklappe, wie (8). (19) Abluftkanal in luftdichter Ausführung. (20) Fortluftkanal, wie (1). (13), (14) und (16) sind nicht erforderlich bei Überdruckbetrieb zum Schutze des Inneren.

9.3.4 Sonstige Bauteile

Türen in SPF-Einheiten sind in der Regel mit entsprechenden Dichtungen versehen. Diese schließen nur dicht, solange sie elastisch und ihre Auflageflächen sauber und glatt sind; dies ist regelmäßig zu überprüfen. Eine defekte Türdichtung kann im Notfall bis zum Austausch mit dauerelastischem, beständigem Material, z.B. Silikon aus einer Handpresse, repariert werden. Mit diesem Material können auch gelegentlich auftretende kleinere Risse bzw. Fugen in Wänden, Decken, Fußböden sowie an Randanschlüssen von Türen und Geräten usw. abgedichtet werden, um bis zur nächsten Renovierung durch Fachkräfte eine Verkeimung dieser Stellen zu verhindern. Besondere Aufmerksamkeit ist in diesem Zusammenhang Wanddurchführungen für Rohre, Kabel, Medien usw. zu widmen.

Autoklaven
Sterilisatoren oder Autoklaven sind meist zweitürige Geräte, die luftdicht zwischen den Vorräumen und der SPF-Einheit eingebaut sind. Eine Wartung erfolgt in regelmäßigen Abständen und meist durch den Hersteller oder eine Vertragsfirma. Der Tierpfleger sollte dabei auf eine Überprüfung der Abschottung zwischen Tierlabor und Aggregateraum bestehen und

diese überwachen. Ebenfalls ist eine Überprüfung des Sterilbelüftungsfilters für die Kammer sowie nötigenfalls sein Austausch zu fordern. Für den Fall der Desinfektion eines Tierraumes sollte die Demontage der Geräteverkleidung auf der Laborseite bekannt sein.

Sprechanlage
In SPF-Einheiten sind zur Kommunikation mit den unreinen Bereichen Telefone und Wechselsprechanlagen installiert. Während man Telefone bei einer Desinfektion nur austauschen kann, sollte die Sprechanlage bereits ab Inbetriebnahme mit einer Makrolon-Folie geschützt sein; Reinigung und Desinfektion sind dann leicht möglich, ohne dass das Gerät abgebaut werden muss.

Wasserfilter
Wasserfilter sind manchmal endständig, d.h. am Auslauf der Rohrleitung eingebaut, um bei Wasserentnahme eine weitere Entkeimung zu ermöglichen. Handelt es sich um einen UV-Filter, so ist die Funktion des Brenners am zugehörigen Messgerät zu kontrollieren und die maximal mögliche Menge je Zeiteinheit zu entnehmen. Über Einzelheiten gibt die Bedienungsanleitung Auskunft. Diese ist auch zu Rate zu ziehen, wenn die Brenner ausgewechselt werden müssen. Membranfilter haben nur eine beschränkte Leistungsfähigkeit und Lebensdauer. Wegen ihrer häufig schwierigen Überwachung ist ein regelmäßiger Austausch nach geschätzter Wassermenge empfehlenswert.

Tauchtank
Der Tauch- oder Durchreichetank ist eine mit Desinfektionsmittelflüssigkeit gefüllte Wanne in einer SPF-Einheit. Sie dient der Oberflächendesinfektion der einzuschleusenden Gegenstände. Es ist darauf zu achten, dass die Konzentration der darin befindlichen Desinfektionsflüssigkeit gemäß Anleitung der Hersteller ausreichend hoch ist. Andererseits ist bei der Entsorgung darauf zu achten, dass der Inhalt meist nicht unverdünnt in das Abwassersystem abgeleitet werden darf. Bei der Auffüllung sollten die Wandflächen über dem Flüssigkeitsspiegel auf der reinen Seite bei Öffnung des Deckels durch eine Wischdesinfektion zusätzlich behandelt werden.

Wiederholungsfragen

1. Worauf ist bei der Kontrolle von Bodenabflüssen zu achten?
2. Wie sollten Tierraumlampen beschaffen sein?
3. Was ist ein Tauchtank und worauf ist bei seiner Kontrolle zu achten?

9.4 Transport und Einfuhr von Versuchstieren

Versuchstiere werden in der Regel unter weitgehend standardisierten Umweltbedingungen und hinter hygienischen Barrieren herangezogen. Sie werden jedoch meist nicht in der Zuchteinheit, sondern andernorts im Tierversuch verwendet, sie müssen daher ihre gewohnte Umgebung verlassen. Jeder Wechsel, jeder Transport bedeutet für die Tiere eine Veränderung der Umweltbedingungen, ist ein erheblicher, umfassender Stressfaktor. Dieser Transportstress muss so klein wie möglich gehalten werden. Bei SPF-Tieren muss darüber hinaus eine Kontamination während des Transports[128] verhindert werden.

9.4.1 Transportbehälter

Transportbehälter müssen unabhängig von der zu transportierenden Tierart u.a. stabil, ausbruchsicher, widerstandsfähig gegen raues Wetter sowie gut belüftet sein, und zwar derart, dass die Lüftungsöffnungen nicht zugestellt werden können. Die Behälter können aus Holz, Hartpappe oder Wellpappe (mit einem Drahtkorbeinsatz als Ausbruchsicherung) sowie aus desinfizierbarem Kunststoff oder Metall sein. SPF-Tiere werden je nach den hygienischen Erfordernissen des Experiments in Filterbehältern oder in offenen, d.h. nicht mit infektionshindernden Filtern ausgerüsteten Transportbehältern transportiert.

---

128 Bei Transporten innerhalb der Bundesrepublik Deutschland ist die „Verordnung zum Schutz von Tieren bei der Beförderung in Behältnissen von 20.12.88" und die „Tierschutztransportverordnung vom 11. Juni 1999" zu beachten.

Filterversandbehälter haben an den Belüftungsöffnungen Luftfilter und sind darüber hinaus an Nähten, Stoßkanten etc. durch besondere Maßnahmen, z.B. Klebebänder, abgedichtet.

Offene Versandbehälter sind in unterschiedlicher Ausführung für den Versand von Versuchstieren in Gebrauch. Bei diesen Transportbehältern sind die Lüftungsöffnungen nicht durch Filter abgedichtet. Alle Transportbehälter, auch Filtertransportbehälter für SPF- und gnotobiotische Tiere, müssen von außen einsehbar sein, damit die Behälter insbesondere bei grenzüberschreitendem Verkehr nicht aus Inspektionsgründen geöffnet werden müssen. Bewährt haben sich luftdicht eingeklebte „Fenster" aus Hostaphon-Folie.

9.4.2 Kontaminationsgefahr

SPF-Tiere müssen in filtergeschützten, darüber hinaus abgedichteten Versandbehältern transportiert werden, wenn sie mit demselben Keimstatus in die Bestimmungseinheit übernommen werden sollen, den sie am Versandort hatten. Will man beim Versand von SPF-Tieren eine Kontamination während des Transports sicher ausschließen, so müssen die für den Versand gnotobiotischer Tiere üblichen Methoden angewandt werden. Die Versandbehälter und Filter müssen aus keimdichten, in der Gnotobiotechnik erprobten Materialien bestehen. Sie müssen so beschaffen sein, dass die Tiere unter Anwendung gnotobiotischer Verfahren aus den Tierräumen des Absenders ausgeschleust und in die Haltungseinheit des Empfängers eingeschleust werden können. Versandbehälter für gnotobiotische Tiere werden ganz auf ihre Funktionssicherheit hin konstruiert und sind relativ teuer. SPF-Tiere werden nur in Ausnahmefällen in solchen Behältern transportiert. Die gebräuchlichen handelsüblichen Filterversandbehälter für die kleinen, unter SPF-Bedingungen gehaltenen Versuchstierarten sind ein Kompromiss zwischen funktioneller Sicherheit und Herstellungskosten. Die Filterbehälter sind im Allgemeinen die Gleichen wie diejenigen ohne Filter. In die gebräuchlichen offenen Versandbehälter werden vor die Lüftungsöffnungen wenige Millimeter dünne, preiswerte Filtervliese (z.B. aus Glas- oder Zellulosefasern) geheftet, mit Klebebändern gegenüber der Versandbehälterwand abgedichtet und durch dünne Drahtgitter gegen mechanische Beschädigungen geschützt. Diese Filter bieten erfahrungsgemäß, sofern sie nicht beschädigt werden, für bis zu 48 Stunden eine ausreichende Sicherheit gegen das Eindringen von Keimen.

Neben der Ausrüstung mit diesen Filtern müssen die Versandbehälter an den Heftnähten mit Klebebändern abgedichtet werden. Auch der in der Regel mit Stahlklammern eingeheftete Deckel muss anschließend mit Klebebändern an den Nahtstellen verschlossen werden.

Die Transportbehälter müssen ausbruchsicher sein. Bewährt hat sich z.B. die Armierung von Versandbehältern aus Hartpappe oder Wellpappe innen mit einem Drahtgittereinsatz aus Fliegendraht.

Zusätzliche Sicherheitsmaßnahmen müssen beim Versand von Versuchstieren dann getroffen werden, wenn Gefahr besteht, dass – bedingt durch Besatzdichte oder lange Transportzeiten oder tierartbedingt – die Versandbehälter aus Pappe mit Urin durchnässen. An nassen Stellen werden die Behälter sehr leicht beschädigt. Die Böden müssen durch Einlagen aus Plastikfolie verstärkt werden oder es müssen von vornherein Plastikversandbehälter benutzt werden.

9.4.3 Verpackung und Desinfektion der Filtertransportbehälter

Die Verwendung von Filterversandbehältern ist nur sinnvoll, wenn die Tiere hinter der Barriere im reinen Bereich verpackt werden. Dazu ist es notwendig, die Filterbehälter sowie Geräte und Materialien zum Verschließen der Behälter in den „reinen Bereich" einzuschleusen und dabei zu desinfizieren oder zu sterilisieren. Werden offene Versandbehälter verwendet, müssen SPF-Tiere nicht notwendigerweise hinter einer Barriere im reinen Bereich verpackt werden. Sie können in einen Verpackungsraum ausgeschleust und dort für den Versand vorbereitet werden. Dabei sind die üblichen hygienischen Maßnahmen zu beachten: Zutrittsverbot für nicht berechtigtes Personal, Wildnager- und Insektenbarriere, Kittelwechsel, Händewaschen, Desinfektionsfußmatte etc. Werden für den Versand Einwegbehälter verwendet, müssen diese nicht desinfiziert werden, wenn sie in wildnagersicheren Räumen gelagert waren. Sollen offene Versandbehälter mehrfach benutzt, d.h. leer zum Absender zurückgeschickt werden, so sind sie vor jeder neuen Benutzung zu desinfizieren bzw. zu autoklavieren.

9.4.4 Besatzdichte

Die Besatzdichte im Versandbehälter wird bestimmt vom Gewicht der Einzeltiere und ist abhängig von der Jahreszeit und von der vorherrschenden bzw. der während des Transports zu erwartenden Witterung sowie von der Transportsdauer. In Versandbehältern ohne Filter können 25–50 % mehr Tiere untergebracht werden. Grundsätzlich ist kühle Witterung während des Transports günstiger als heiße oder feuchtheiße Witterung. Bei sehr ungünstiger Witterung sollte versucht werden, den Transport zu verschieben. Ist das nicht möglich, so muss an heißen Tagen die Besatzdichte um ein Drittel, bei langen Transportzeiten auf die Hälfte des normalen Besatzes verringert werden. Bei handelsüblichen Versandbehältern für kleine Laboratoriumstiere sind im Durchschnitt 2–7 % der Oberfläche des Versandbehälters als Ventilationsöffnungen vorhanden. Richtwerte für die Besatzdichte in Versandbehältern können **Tabelle 9.1** entnommen werden.

9.4.5 Einstreu, Futter, Wasser

Einstreu und Futter müssen bei Versand in Filterkartons autoklaviert werden. Die verwendete Einstreu soll Feuchtigkeit binden und isolierend wirken. Bewährt haben sich vor allem speziell als Einstreu hergestelltes, staubfreies Weichholzgranulat, aber auch Hobelspäne aus Weichhölzern, in Streifen geschnittenes Zeitungspapier und Stroh. Bei niedrigen Außentemperaturen kann zusätzlich zur Einstreu Holzwolle oder Baumwolle (Watte) in den Transportbehälter gegeben werden.

Bis kurz vor dem Versand müssen die Tiere mit Futter und Wasser versorgt sein. In den Versandbehältern wird als Futter das für die

Tab. 9.1: Belegdichte handelsüblicher Versandkäfige. Grundfläche x Höhe = Inhalt:
GR3: 450 cm² x 14 cm = 8848 cm³ (Filterfl./Oberfläche: 9,7%).
GR2: 1000 cm² x 20 cm = 23500 cm³ (Filterfl./Oberfläche: 5,1%).
GR1: 2.331 cm² x 24 cm = 6244 cm³ (Filterfl./Oberfläche: 6,9%).
OF: ohne Filter, MF: mit Filter.

Tierart KGW in g	GR 3 OF	GR 3 MF	GR 2 OF	GR 2 MF	GR 1 OF	GR 1 MF
Mäuse						
7–10	1–25	1–15	26–50	16–35	51–150	36–70
11–18	1–20	1–10	21–40	11–25	41–120	26–60
19–24	1–15	1–6	16–35	7–15	36–100	16–50
25–40	1–7	1–4	8–20	5–10	21–70	11–30
Ratten						
30–50	1–7	1–4	8–20	5–10	21–60	11–10
70–110	1–4	1–2	5–15	3–5	16–35	6–15
120–160	1–3	1–2	4–10	3–4	11–27	5–13
170–200	1–2	1	3–6	2–3	7–25	4–10
210–260	1	1	2–4	2	5–20	3–7
270–400	1	–	2–3	2	4–15	3–5
Kaninchen						
bis 2 kg	–	–	–	–	2–3	–
Meerschw.						
bis 500	–	–	–	–	10	–
über 500	–	–	–	–	6–8	–
Goldhamster						
bis 100	5	–	10	–	20	–

jeweilige Tierart übliche Fertigfutter (z.B. Pellets) gegeben. Auch steriles Dosen-Nassfutter wird verwendet.

In Versandbehältern, insbesondere wenn es sich um Kartons handelt, kann die Versorgung der Tiere mit Trinkwasser nicht durch Beigabe einer üblichen Tränkflasche erfolgen, da das Risiko des Auslaufens zu groß ist. Hierdurch würde der Karton aufweichen und die Tiere wären ohne Trinkwasser.

Hier hat sich eine sterile Zubereitung aus maximal 2 % Agar und Wasser, die vor dem Erstarren in einen Plastikbeutel gefüllt wird, bewährt. Der Beutel mit der gelierten Masse wird an einigen Stellen perforiert und in dem Versandbehälter an einer Seitenwand hängend befestigt. Inzwischen sind solche Plastikbeutel, Gelkissen genannt, auch kommerziell erhältlich.

In offenen Versandbehältern können für Maus, Ratte, Hamster, Meerschweinchen und Kaninchen notfalls sorgfältig geputzte, außen desinfizierte (abgeflammte!) und in dicke Scheiben geschnittene Kartoffeln als Wasservorrat verwendet werden. Primaten kann notfalls entsprechend vorbereitetes Obst (z.B. Äpfel, Apfelsinen) mit in den Versandbehälter gegeben werden.

9.4.6 Versandweg und Versandempfehlungen

Jeder Tiertransport muss sorgfältig geplant und vorbereitet sein. Der Weg vom Absender bis zum Abnehmer muss so kurz und für die Tiere so wenig belastend wie möglich sein. Wenn Absender oder Empfänger die Tiere nicht im eigenen Fahrzeug transportieren können, müssen dem Transportunternehmer genaue Anweisungen (ggf. schriftlich) gegeben werden. Die zeitlich kürzeste Strecke und, bei nicht vermeidbaren Umladungen, die kürzesten bzw. günstigsten Übergangszeiten (z.B. zwischen 2 Flügen) müssen mit dem oder den Versandunternehmen eingehend abgesprochen und in den Versandpapieren vermerkt werden. Der Empfänger muss vor dem Transport vom Absender rechtzeitig über die Ankunftszeit sowie den Umfang der Sendung informiert werden; er muss dann sicherstellen, dass die Tiere vom örtlichen Transportunternehmer ohne Verzögerung abgeholt und zum Zielort verbracht werden.

Soweit möglich, sollen Tiertransporte abends abgeschickt werden, um am Morgen einzutreffen. Zum einen ist die Nachtzeit, insbesondere in den Sommermonaten, klimatisch besser geeignet. Zum anderen ist es günstiger, wenn der Empfänger die Tiere am Morgen erhält und für ihre Versorgung ausreichend Zeit zur Verfügung hat. An Wochenenden und Feiertagen sollten Tiersendungen nur in Ausnahmefällen und nach besonderer Absprache eintreffen.

Die Begleitpapiere müssen neben den Adressen des Absenders und Empfängers auch deren Telefonnummern (ggf. auch Fax und E-mail) enthalten. An den Versandbehältern muss deutlich und unverlierbar vermerkt werden:

- Anschrift und Telefonnummer des Absenders,
- Anschrift und Telefonnummer des Empfängers,
- die Auftragsnummer,
- die Anzahl der zur Sendung gehörenden Versandbehälter,
- der Tag der Verpackung,
- Angaben über den Behälterinhalt: Anzahl, Geschlecht, Tierart, Tierstamm, Alter oder Gewicht,

und in **Fettdruck**, z.B. als Aufkleber in Signalfarben:

- Lebende Tiere!
- Eilig!
- Nur öffnen in Gegenwart des Absenders oder Empfängers!
- Belüftungsöffnungen nicht zustellen!
- Vor Hitze, Kälte, direkter Sonneneinstrahlung und Nässe schützen!
- Filter nicht beschädigen! (nicht bei offenen Versandbehältern)

Aufkleber, Beschriftung und Versandpapiere müssen in den Sprachen abgefasst sein, die auf dem Versandweg verstanden werden. Für Lufttransporte werden die von der IATA vorgeschriebenen Aufkleber empfohlen.

9.4.7 Anlieferung zum Transportunternehmer

Die Anlieferung von Tiersendungen zum Transportunternehmer sollte in geeigneten Fahrzeugen und durch Fachpersonal erfolgen. Die für den Versand vorbereiteten Tiere sollten erst

unmittelbar vor Transportbeginn verladen werden. Die Tiertransportfahrzeuge müssen leicht zu reinigen und sicher zu desinfizieren sein, d.h. der Laderaum muss glatte, nicht korrodierende Innenflächen haben. Tiertransportfahrzeuge sollten über eine ausreichend dimensionierte, unabhängig vom Fahrzeugmotor betriebene, Belüftungsanlage verfügen, die während der gesamten Transportdauer für eine zugfreie Belüftung des Laderaums sorgt.
Für längere Anlieferungswege zum Transportunternehmer sowie bei häufiger maximaler Ausnutzung der Ladekapazität des Fahrzeugs sind eine wirkungsvolle Isolierung und Klimatisierung des Laderaumes erforderlich. Durch Erwärmung oder Kühlung der angesaugten Außenluft – je nach Außentemperatur – wird ein stabiles Klima im Laderaum sichergestellt. Die Klimaanlage muss auch bei stehendem Fahrzeug arbeiten.

9.4.8 Transportarten

Transport per Kraftfahrzeug

Bei kurzen und mittleren Entfernungen bietet sich der Transport mit dem Kraftfahrzeug an. Diese Transportart ist besonders geeignet, da die Tiere bis zum Empfänger unter fachlicher Aufsicht des Absenders bleiben. Falls für den Transport auf der Straße Fremdunternehmen in Anspruch genommen werden müssen, sollte in jedem Fall eine Spedition gewählt werden, die über entsprechende Spezialfahrzeuge (klimatisierter Laderaum!) sowie über speziell ausgebildetes Personal verfügt.

Transport per Flugzeug

Über große Entfernungen ist der Versand per Flugzeug am wenigsten belastend für die Tiere. Jedoch muss insbesondere bei Lufttransporten von Tieren der Empfänger/Besteller seine Planung auf die günstigsten Tiertransportmöglichkeiten abstimmen. Ein solcher Tiertransport muss ggf. dann um Tage verschoben werden, wenn sich ein günstigerer Flug zu einem späteren Zeitpunkt anbietet. Auch kann ein nach Transportzeit und Flugkilometern längerer Flug mit mehreren Zwischenlandungen günstiger für die Tiere sein, wenn dabei ein Umladen vermieden wird.

9.4.9 Annahme und Überprüfung am Bestimmungsort

Der Empfänger muss dafür sorgen, dass die Tiere am Bestimmungsort sofort nach Eintreffen durch fachkundiges Personal abgeholt werden. Nach Möglichkeit sollten dafür Fahrzeuge, die entsprechend ausgerüstet sind, verwendet werden. Örtliche Speditionsfirmen sollten nur in Ausnahmefällen beauftragt werden. Die Versandbehälter sind bei Übernahme auf Vollzähligkeit und etwaige Beschädigungen zu prüfen. Verluste oder Beschädigungen sind umgehend dem Transportunternehmen zu melden.
Am Zielort ist der Inhalt der Sendung sofort zu überprüfen. Hat sich der Transport verzögert oder wurde ein abweichender Transportweg gewählt, müssen die Ankunftsuntersuchungen besonders sorgfältig durchgeführt werden. Sollte der Verdacht bestehen, dass die Sendung bzw. die Tiere unterwegs Schaden genommen haben, muss – um ggf. Schadenersatzansprüche geltend machen zu können – sofort und schriftlich das Transportunternehmen benachrichtigt werden.
Zum Auspacken der Tiere sollten die Versandbehälter (Infektionsrisiko!) nicht in den eigentlichen Tierhaltungsbereich gebracht werden. Die Tiere sollten in einem geeigneten Zwischenraum umgesetzt werden, in den von der Außenseite die Versandbehälter hineingestellt und von der Innenseite der Haltungskäfige eingebracht worden sind. Dieser „Zwischenraum" kann eine Personalschleuse (Dusche), eine Materialschleuse oder auch nur ein Flur sein, von dem die Tiere durch eine Tür in den Tierraum gereicht werden.
Das Risiko beim Einschleusen von SPF-Tieren wird verringert, wenn die Behälter von außen mit einem schnell wirksamen Desinfektionsmittel gründlich eingesprüht werden (auf Einwirkzeit achten!). Dazu sollten kurz vor dem Einschleusen bzw. ehe die Behälter in den „Zwischenraum" gestellt werden, die Filteröffnungen mit Plastikfolie und Klebebändern abgeklebt werden. Die Übernahme der Tiere muss jedoch dann innerhalb von max. 15–20 Minuten nach dem Abkleben der Luftöffnung erfolgen, um eine für die Tiere schädliche Sauerstoffverarmung bzw. Kohlendioxidanreicherung im Versandbehälter zu vermeiden.

9.4.10 Wiederverwendung von Versandbehältern

Versandbehälter für SPF-Tiere aus Kunststoff, Hartpappe oder Wellpappe bzw. aus Kombinationen dieser Materialien sollten aus hygienischen Gründen nur einmal für diesen Zweck verwendet werden. Dadurch kann das Verschleppen von unerwünschten Keimen unterbunden und das arbeitsaufwändige Desinfizieren zurückgeschickter Behälter eingespart werden, damit entfallen auch Rücktransportkosten für das Leergut.

9.4.11 Vorschriften

Einfuhr aus „Drittländern"

Für die Einfuhr von Versuchstieren aus so genannten „Drittländern", d.h. aus Ländern, die nicht der Europäischen Union angehören oder ihr anderweitig assoziiert sind, muss eine Einfuhrgenehmigung bei der örtlichen Veterinärbehörde beantragt werden, die am Einfuhrflughafen i.d.R. im Original vorzulegen ist. Dies gilt z.B. für die Lieferung von transgenen Mäusen aus den USA. Für die Einfuhr anderer Tiere, z.B. von Hunden, wird zusätzlich eine seuchenrechtliche Bescheinigung gefordert. Es empfiehlt sich, rechtzeitig genaue Erkundigungen einzuholen, welche Unterlagen für eine Tiereinfuhr erforderlich sind und diese rechtzeitig bereitzuhalten.

Versand von Tieren

Für den Versand von SPF-Tieren gibt es keine speziellen gesetzlichen Vorschriften und Bestimmungen.
Folgende Gesetze und Verordnungen sind jedoch zu beachten:
- Das Tierschutzgesetz in der Fassung der Bekanntmachung vom 25. 5. und 25. 6. 1998 (BGBl. I S. 1105 und 1818), zuletzt geändert am 25. Juni 2001 (BGBl. I S. 1215).
- Das Gesetz zur Verhütung und Bekämpfung übertragbarer Krankheiten bei Menschen (Bundes-Seuchengesetz) i.d.F. vom 19. 12. 1986 (2. Stat. Ber., BGBl. S. 2555).
- Das Tierseuchengesetz in der Fassung der Bekanntmachung vom 20.12.1995 (BGBl. I S.2038).
- Verordnung über meldepflichtige Tierkrankheiten vom 9. 8. 1983 (BGBl. I S.1095).
- Verordnung über das innergemeinschaftliche Verbringen sowie die Einfuhr von Tieren und Waren in der Fassung der Bekanntmachung vom 31. 3. 1995 (BGBl. I S. 431).
- Richtlinie 91/628 EWG des Rates vom 19. 11. 1991 über den Schutz von Tieren beim Transport sowie zur Änderung der Richtlinie 90/425 EWG und 91/496 EWG (ABl. EG Nr. L 340 S.17), zuletzt geändert durch die Richtlinie 95/29/EG vom 29. 6. 1995 (ABl. EG Nr. L 148 S.52).
- Verordnung zum Schutz von Tieren beim Transport (Tierschutztransportverordnung – TierSchTV) vom 11. Juni 1999 (BGBl. I S. 1337).

Als internationale Richtlinien sind zu nennen:
- „Bekanntmachung der deutschen Übersetzung der 26. Auflage der IATA-Richtlinien für den Transport von lebenden Tieren" vom 5. Juli 2001. Der Bundesminister der Justiz (Hrsg.). Übersetzung der IATA-Richtlinien für den Transport von lebenden Tieren aus dem Englischen. (IATA-Resolution 620, Anhang „A") 26. Auflage, gültig ab 1. 10. 1999 (erscheint etwa jährlich neu).
- Department of Agriculture, Animal and Plant Health Inspection Service, Part III. Animal Welfare, Proposed Standards Concerning Transportation, and Handling Care and Treatment. USA Federal Register, Vd. 42, No. 53, S. 15210–15221 (18.3.1977).

Wiederholungsfragen

1. Welches sind die Anforderungen an Transportbehälter für Hunde?
2. Welches sind die Anforderungen an Transportbehälter für SPF-Mäuse?
3. Wann und unter welchen Bedingungen sollten Tiere *nicht* versandt werden?
4. Wie werden größere Tiere (Kaninchen, Hunde, Schafe, Schweine) am sichersten transportiert?

10 Anhang

10.1 Biologische Daten der wichtigsten Versuchstierarten

Baumwollratte	(lat): *Sigmodon hispidus*, (e): cotton rat
	Heimat: Nord- und Mittelamerika sowie die tropischen Teile Südamerikas
Körpermasse:	110–200 g
Kopf-Rumpf-Länge:	13–20 cm
Schwanzlänge:	8–15 cm
Körpertemperatur:	36,5 °C
Geschlechtsreife:	ca. 40 Tage
Tragzeit:	ca. 27 Tage
Wurfgröße:	5–6 (2–12) Junge (in Freiheit bis 9 Würfe/Jahr). Die Jungen verlassen das Nest nach 4–7 Tagen
Geburtsgewicht:	6,5–8 g
Absetzalter:	10–15 Tage
Chromosomenzahl (2n):	52
Lebensdauer:	2–3 Jahre
vorwiegende Verwendung:	für parasitologische und bakteriologische Studien

Chinchilla	(lat): *Chinchilla laniger*, (e): chinchilla
	Nachtaktive Tiere; wegen ihrer Beliebtheit als Pelzlieferant in Freiheit fast ausgerottet. Heimat: chilenische und bolivianische Anden
Körpermasse:	ca. 500 g (vereinzelt deutlich darüber)
Kopf-Rumpf-Länge:	25–26 cm
Schwanzlänge:	mit Endhaaren bis 18 cm
Körpertemperatur:	36,1–37,8 °C
Geschlechtsreife:	4–18 Monate (abhängig von der jahreszeitlichen Lage des Geburtstermins)
Brunstzyklus:	(polyöstrisch) 41 Tage (30–50); Brunstdauer: 2 Tage
Tragzeit:	ø 111 (105–115) Tage
Wurfgröße:	2–3 x / Jahr mit 2 (max. 5) Jungen
Absetzalter:	6–8 Wochen
Futteraufnahme:	ca. 20 g Getreide, Grünfutter oder Pellets/24 Std
Lebensdauer:	16–18 Jahre (max. 20)
Empfohlenes Haltungsklima:	Temperatur: 16–21 °C relat. Luftfeuchte: 60–70 %
vorwiegende Verwendung:	in der Ernährungsphysiologie und Genetik, sowie für Verhaltensstudien und zur Entwicklung neuer Zuchtverfahren.

Frettchen	(lat): *Mustela putorius furo*, (e): ferret
	Domestizierte Albinoform des europäischen Iltis. Das durch Rückkreuzung mit dem wildlebenden Iltis entstandene Iltisfrettchen entspricht phänotypisch weitgehend seinem wildlebenden Elternteil und ist als Varietät oder Unterart von *Mustala putorius furo* aufzufassen.
Körpermasse:	Fähe (Weibchen): 450–900 g Rüde (Männchen): 1300–2700 g
Körperlänge:	Fähe: 20–40 cm; Rüde: 40–60 cm
Schwanzlänge:	10–15 cm
Körperhöhe:	12–16 cm
Körpertemperatur:	ø 38,8 (37,8–40 °C)
Atemfrequenz:	30–60 Respirationen/min (unter Belastung bis 160)
Herzschlagfrequenz:	200–255 Schläge/min
Blutdruck:	150/110 mm Hg
Geschlechtsreife:	7–11 Monate
Zuchtreife:	9–12 Monate
Brunstzyklus:	Frettchen sind polyöstrisch (März – August); Ranzzeiten u.a. von Lichtverhältnissen abhängig; 2x/Jahr. Ovulation wird durch Deckart ausgelöst und tritt nach ca. 30–40 Std. ein.
Tragzeit:	ø 42 (41–43) Tage
Wurfgröße:	2–12 Welpen
Absetzalter:	ca. 6–8 Wochen
Futteraufnahme:	60–90 g/24 Std. (alters- und geschlechtsabh.)
Wasseraufnahme:	Rüde: 40 ml/24Std., Fähe: 15 ml/24Std.
Lebensdauer:	5–8 Jahre (max. 13)
empfohlenes Haltungsklima:	Temperatur: 15–25 °C relat. Luftfeuchte: 40–60 %; trockene Kühle wird bevorzugt
vorwiegende Verwendung:	in der Virologie, zur Typisierung von Influenza-Viren sowie zur Gewinnung und Kontrolle der Staupe-Vakzine.

Frosch	(lat): *Rana sp.*, (e): frog
	Wechselwarme Tiere. Gattung *Rana* umfasst ca. 200 Arten; wichtigste einheimische Vertreter: Teich- oder Wasserfrosch (Rana esculenta), Gras- oder Taufrosch (*Rana temporaria*), Moorfrosch (*Rana arvalis*); amerikanische Arten: Leopardfrosch (*Rana pipiens*), Ochsenfrosch (*Rana catesbeiana*). Frösche vermehren sich durch Eiablage im Wasser (Laich). Aus den Eiern entwickeln sich nur im Wasser lebensfähige Larven (Kaulquappen); diese müssen einen Gestalten-wandel (Metamorphose) zum erwachsenen Frosch durchmachen.

Gerbil, mongolischer (eigentlich: Mongolische Wüstenrennmaus bzw. Laborrennmaus)	(lat): *Meriones unguiculatus;* (e): Mongolian gerbil
	Steppen-, Halbwüsten- und Wüstenbewohner mit minimalem Wasserbedarf. Heimat: südöstliches Russland, Mongolei, nordöstliches China. Die Laborrennmäuse (Tumblebrook Zucht) sind Nachkommen von 1935 in der Mandschurei gefangenen Tieren, der Göttinger Wildtyp (Ugoe:MU95) ist eine Auszucht von 1995 in der Mongolei gefangenen Mongolischen Wüstenrennmäusen.
Kopf-Rumpf-Länge:	11,5–14,5 cm
Schwanzlänge:	9–11 cm
Körpermasse:	50–90 g (in Laborhaltung auch über 100 g)
Körpertemperatur:	ø 38,2 (36–39 °C)
Atemfrequenz:	70–120 Respirationen/min
Herzschlagfrequenz:	260–430 Schläge/min
Geschlechtsreife:	75 Tage
Zuchtreife:	90–110 Tage
Brunstzyklus:	4–6 Tage (polyöstrisch)
Tragzeit:	25–28) Tage, Wurfabstand häufig 28–34 Tage
Wurfgröße:	1–11 Junge, ø 5,5 (Laborgerbil), ø 4,5 (Wildtyp)
Absetzalter:	28–31 Tage
Absetzgewicht:	21–28 g
Futteraufnahme:	8–12 g pelletiertes Futter/24 Std.
Wasseraufnahme:	4–8 ml/100g KGW pro Tag
Urinmenge:	2–3 Tropfen/24 Std.
Chromosomenzahl (2n):	44
Lebensdauer:	3–5 Jahre (im Labor)
empfohlenes Haltungsklima:	Temperatur: 18–22 °C relat. Luftfeuchte 40–60 %
vorwiegende Verwendung:	Für neurobiologische Untersuchungen (Hör-, Lern-, Schlaganfall- und Epilepsieforschung), für parasitologische, bakteriologische und virologische Untersuchungen, in der Domestikationsforschung

Goldhamster, Syrischer	(lat): *Mesocricetus auratus;* (e): golden hamster
	Dämmerungs- und nachtaktive Nagetiere
	Heimat: Syrien
Körpermasse:	100–120 g, in Einzelfällen bis 180 g
Kopf-Rumpf-Länge:	15–17 cm
Schwanzlänge:	1,2 cm
Körpertemperatur:	35,5–37,4 °C
Atemfrequenz:	ø 74 (35–120) Respirationen / min
Herzschlagfrequenz:	250–500 Schläge / min
Blutdruck:	170/120 mm Hg
Geschlechtsreife:	W 4–6 Wochen, M 6–7 Wochen
Zuchtreife:	56–70 Tage
Brunstzyklus:	alle 4 Tage für ca. 6 Std. (4–23)
Tragzeit:	15–16 Tage
Wurfgröße:	3–16 (nackt und blind geborene) Jungen
Absetzalter:	18–21 Tage; Absetzgewicht: 20–55 g
Chromosomenpaare:	22
Futteraufnahme:	8–18 g Trockenfutter/24 Std.
Wasseraufnahme:	7–15 ml
Urinmenge:	6–12 ml/24 Std.
Lebensdauer:	ca. 2–3 Jahre (max. 4)
empfohlenes Haltungsklima:	Temperatur: 19–23°C
	relat. Luftfeuchte: 55 (45–70) %
vorwiegende Verwendung:	Zahlreiche Inzuchtstämme mit unterschiedlichen Fellfarben vorhanden, auch albinotische Stämme verfügbar. Bislang gibt es noch keinen echten SPF-Stamm, jedoch sind Dekontaminationen durch Behandlung mit Antibiotika und Chemotherapeutika gelungen. Wegen ihrer Backentaschen werden Goldhamster in der Tumorforschung und für Transplantationsversuche verwendet, ferner für hämatologische Studien.

Hamster, Chinesischer	(lat): *Cricetulus griseus;* (e): Chinese hamster
Kopf-Rumpf-Länge:	8–13 cm
Schwanzlänge:	2 cm
Körpermasse:	43–50 g (mit 1 Jahr)
Geschlechtsreife:	W ab 6 Wochen, M frühestens mit 2–3 Monaten
Zuchtreife:	8–12 Wochen
Brunstzyklus:	4 Tage
Tragzeit:	20–21 Tage
Wurfgröße:	ø 5 (1–8)
Absetzalter:	21 Tage
Futteraufnahme:	ø 3,5 (3–5) g
Wasseraufnahme:	3–6 ml
Chromosomenpaare	22
Lebensdauer:	M 2,9 Jahre, W 2,6 Jahre

Hamster, Europäischer	(lat): *Cricetus cricetus*; (e): European hamster
Kopf-Rumpf-Länge:	20–27 cm
Schwanzlänge:	5–7 cm
Körpermasse:	M 450 g, W 350 g
Geschlechtsreife:	frühestens mit 2,5 Monaten
Brunstzyklus:	5–6 Tage
Tragzeit:	ø 17–20 Tage
Wurfgröße:	ø 8 (3–15) Junge
Geburtsgewicht:	4–6 g
Absetzalter:	3–4 Wochen
Chromosomenpaare:	11
Lebensdauer:	5 Jahre

Huhn	(lat): *Gallus domesticus;* (e): fowl
	Einteilung nach Körpermasse in: leichte (1,5–2,0 kg) mittelschwere (2,0–2,5) schwere (2,5–3,5 kg) Rassen sowie nach Nutzungszweck in: Legerassen Mastrassen (Broiler)
Körpermasse:	stark rasseabhängig 1,5–3,5 kg
Körpertemperatur:	40,5–43 °C
Atemfrequenz:	15–32 Respirationen / min
Herzschlagfrequenz:	180–440 Schläge / min
Blutdruck:	150/120 mm Hg
Geschlechtsreife:	Henne: 5–9 Monate (Legereife); Hahn: 4 Monate
Brutdauer:	20–21 Tage bei 37,5 °C Bruttemperatur
Futteraufnahme:	ca. 150 g/24 Std.
Wasseraufnahme:	300–450 ml/24 Std.
Chromosomenpaare:	78
Lebensdauer:	5–6 (max.15 Jahre)
empfohlenes Haltungsklima:	gute Belüftung der Haltungsräume wichtig, um Erkrankungen des Atmungstraktes vorzubeugen Temperatur: 18–21 °C relat. Luftfeuchte: 45–70 %
vorwiegende Verwendung:	Hühner oder ihre Eier sollten möglichst aus SPF-Hühnerhaltungen stammen, damit sie frei u.a. von Leukose und Newcastle-Virus sowie Mykoplasmen sind. Hühnerembryonen werden in der virologischen Forschung und zur Impfstoffherstellung verwendet, darüber hinaus auch in der genetischen Forschung, zur Untersuchung von Infektionskrankheiten sowie in der Krebsforschung.

Hund	(lat): *Canis familiaris;* (e): **dog**
	Von den ca. 400 verschiedenen Hunderassen haben sich im Laufe der letzten Jahrzehnte Beagles als die gebräuchlichste und in großem Umfang für Versuchszwecke gezüchtete Rasse erwiesen. Es sind besonders verträgliche, kurzhaarige Meutehunde. (Die folgenden Angaben beziehen sich auf Beagles)
Körpermasse:	10–25 kg
Körpertemperatur:	37,5–39 °C
Schulterhöhe:	30–40 cm
Atemfrequenz:	23 (11 –37) Respirationen / min
Herzschlagfrequenz:	113 (80–180) Schläge / min
Blutdruck:	148/100 mm Hg (Beagle)
Geschlechtsreife:	Rüde ab 5 Monate; Hündin ab 6 Monate
Zuchtreife:	ab 12 Monate
Brunstzyklus:	2x pro Jahr (diöstrisch); Läufigkeitsdauer: 3 Wochen, Höhepunkt bei 7 –13 Tage
Tragzeit:	ø 63 (60–67) Tage
Wurfgröße:	5–6 Welpen
Absetzalter:	6–8 Wochen
Futteraufnahme:	2–3 % des Körpergewichtes/24 Std.
Wasseraufnahme:	800 ml
Urinmenge:	ca. 200 ml/Tag
Chromosomenpaare:	78
Lebensdauer:	ø 12 (10–15) Jahre
empfohlenes Haltungsklima:	Temperatur: 15–21 °C relat. Luftfeuchte: 55 % (50–70)
vorwiegende Verwendung:	für pharmakologische und toxikologische Untersuchungen, für experimentell chirurgische Versuche werden meist größere Hunderassen benötigt.

Javaneraffe, Langschwanzmakak oder Cynomolgus	(lat): *Macaca fascicularis;* (e): **Crab-eating monkey, Long tailed macaque**
	Heimat: südostasiatische Inselwelt
Körpermasse:	M 4–9 kg, W 2–6 kg
Kopf-Rumpf-Länge:	M 40–55 cm, W 38–50 cm
Schwanz-Länge:	M 43–65 cm, W 40–55 cm
Körpertemperatur:	37–40 °C
Herzschlagfrequenz:	240 (in fixiertem Zustand)
Geschlechtsreife:	M 4,5 Jahre, W 3,5 Jahre
Brunstzyklus:	31,3 ± 1,5 Tage
Tragzeit:	ø 160 (155–193) Tage
Wurfgröße:	1 Junges
Geburtsgewicht:	M 350 g, W 330 g
Absetzalter:	3–6 Monate, in Freiheit bis 12 Monate
Lebensdauer:	15–25, in Menschenobhut bis 38 Jahre
vorwiegende Verwendung:	In der virologischen Diagnostik, der Toxikologie und Teratologie. Ebenso für Untersuchungen im Bereich der Reproduktionsbiologie und Endokrinologie, der Immunologie und für Gewebstransplantationen.

Kaninchen	(lat): *Oryctolagus cuniculus;* (e): **rabbit**
	ursprüngliche Heimat: Spanien
	alle heute bekannten Rassen stammen vom Wildkaninchen ab
Körpermasse:	1–7,5 kg (stark rasseabhängig)
Körpertemperatur:	ø 39,5° (38,5–40) °C
Atemfrequenz:	ø 53 (38–60) Respirationen/min (unter Belastung bis 150)
Herzschlagfrequenz:	120–350 Schläge/min. (rasse- und belastungsabhängig)
Blutdruck:	110/80 mm Hg
Geschlechtsreife:	ø 100 Tage
Zuchtreife:	ø 180 Tage
Brunstzyklus:	kein regelmäßiger Brunstzyklus, stets sprungbereite Eifollikel im Ovar vorhanden, Ovulation erfolgt ca. 10 Std. nach der Begattung, neurohormonal ausgelöst
Tragzeit:	ø 31 (23–34) Tage
Wurfgröße:	3–9 Junge
Absetzalter:	42–56 Tage
Futteraufnahme:	40 g Trockenfutter/kg Körpergewicht
Wasseraufnahme:	M: 104±38 ml/kg u. Tag, W: 99±39 ml/kg u. Tag
Urinmenge:	50–75 ml/kg u. Tag
Chromosomenpaare:	44
Lebensdauer:	meist 5–7 Jahre, in Einzelfällen bis 15 Jahre
empfohlenes Haltungsklima:	Temperatur: 15–19 °C
	relat. Luftfeuchte: 55 (50–70) %
vorwiegende Verwendung:	In der Vergangenheit v.a. für genetische Studien eingesetzt, heute u.a. in der experimentellen Physiologie und Pathologie (Tumorforschung), Immunbiologie, Arzneimittelprüfung, (Pyrogentest), Impfstoffproduktion und Serumgewinnung. Wegen der bei Kaninchen frühzeitig einsetzenden Inzuchtdepression (s.d.) existieren nur relativ wenige Inzuchtstämme (aufgeführt in „Animals for Research", Quellenangaben siehe: Institute of Laboratory Animal Resources).

Katze	(lat): *Felis catus*; (e): cat
Körpermasse:	Kater: 3–7 kg, Kätzin: 3–4 kg (rasseabhängig)
Körpertemperatur:	38–39 °C
Atemfrequenz:	30 (20–40) Respirationen/min
Herzschlagfrequenz:	110–240 Schläge/min. (unter Belastung bis 240)
Blutdruck:	155/100 mm Hg
Geschlechtsreife:	M 8–9 Monate, W 6–7 Monate
Zuchtreife:	12–15 Monate
Brunstzyklus:	rollig von Januar bis September alle 4–6 Wochen
Tragzeit:	63 (57–71) Tage
Wurfgröße:	4 Junge (1–8)
Geburtsgewicht:	90–140 g
Absetzalter:	6–8 Wochen; Absetzgewicht: ca. 600 g
Futteraufnahme:	80–100 g/24 Std. (standardisiertes Versuchstierfutter mit dem Wassergehalt von 10–15 Prozent)
Wasseraufnahme:	ca. 200 ml/24 Std.
Urinmenge:	50–120 ml/Tag
Chromosomenpaare:	38
Lebensdauer:	9–14 (in Einzelfällen bis 23 Jahre)
empfohlenes Haltungsklima:	in geschlossenen Räumen: Temperatur: 18–22 °C relat. Luftfeuchte: 55 (40–70) %
vorwiegende Verwendung:	Seit dem 19. Jahrhundert werden Katzen als Versuchstiere verwendet. Wichtige Entdeckungen auf dem Gebiet der Reflexbewegungen, der Erforschung der Herz- und Kreislauftätigkeit, des Atmungssystems und der Entwicklung natürlicher und synthetischer Pharmaka, der Sinnesorgane (Augen, Ohren) sowie der Drüsensekretion wurden an dieser Tierart gemacht. Katzen, von denen es zwischenzeitlich auch SPF-Zuchten gibt, werden auch eingesetzt im Bereich der Psychopharmakologie und (gelegentlich) der Toxikologie.

Krallenfrosch, afrikanischer	(lat): *Xenopus laevis;* (e): African clawed toad
Körperlänge:	Schnauzen-Steiß-Länge 10, max. 13 cm (Weibchen); 7, max 9 cm (Männchen)
Körpertemperatur:	wechselwarme (poikilotherme Tiere)
Eientwicklung:	Larven schlüpfen bei 20–24 °C nach 2–3 Tagen
Metamorphose:	nach 35–45 Tagen
Geschlechtsreife:	Weibchen beginnen im Alter von 10–18 Monaten mit der Ablage von 10–15.000 Eiern pro Jahr
Fütterung:	täglich alternierende Fütterung mit standardisiertem Lebendfutter (*Drosophila*- oder *Xenopus*-Larven), pelletiertes Xenopus-Futter, Rinderleber, zerkleinertes Rinderherz
Lebensdauer:	unter Laborbedingungen 15, max. 30 Jahre
empfohlene Haltung:	Wassertemperatur: 20–22 °C Wasserstand: 20–50 cm (ausgewachsene Frösche)
vorwiegende Verwendung:	Oozyten für die Bearbeitung zellbiologischer Fragestellungen

Kurzschwanz-Hamsterratte	(lat): *Saccostomus sp.*; (e): African pouched rat
Körpermasse:	40–100 g
Kopf-Rumpf-Länge:	10–18 cm
Schwanzlänge:	3–8 cm
Geschlechtsreife:	60 Tage
Zuchtreife:	90 Tage
Tragzeit:	42 Tage
Wurfgröße:	ø 3,5 (2–8) Junge
Geburtsgewicht:	2–2,8 g
Absetzalter:	5 Wochen
Absetzgewicht:	ø 24 g
Futterverbrauch:	ø 10 g/24 Std.
Wasseraufnahme:	ø 9 ml/24 Std.
Lebensdauer:	3 Jahre (in Menschenobhut)
empfohlenes Haltungsklima:	Temperatur: 22 °C relat. Luftfeuchte: 40–60 %

Maus	(lat): *Mus sp.*; (e): mouse
	Nachtaktives Nagetier, kommt in ca. 130 verschiedenen Formen vor. Die Labormaus stammt von der wilden Hausmaus (*Mus musculus*) ab; sie wird seit Ende des 19. Jahrhunderts systematisch für tierexperimentelle Zwecke gezüchtet.
Körpermasse:	20–35 g, max. bis 50 g
Körpertemperatur:	36–38 °C
Kopf-Rumpf-Länge:	5–10 cm
Schwanzlänge:	8–10 cm
Atemfrequenz:	ø 163 (84–230) Respirationen/min.
Herzschlagfrequenz:	300–800 Schläge/min
Blutdruck:	133–160/102–110 mm Hg
Geschlechtsreife:	M 28–35 Tage, W ø 35 (28–49) Tage
Zuchtreife:	56–70 Tage
Brunstzyklus:	alle 4–5 Tage für ca. 13 Stunden
Tragzeit:	18–21 Tage
Wurfgröße:	3–12, in Einzelfällen bis 20 Junge
Absetzalter:	18–21 Tage;
Absetzgewicht:	ø 10 (8–14) g
Futteraufnahme:	3–6 g/24 Std.
Wasseraufnahme:	4–7 ml/24 Std.
Urinmenge:	1–3 ml/24 Std.
Cromosomenpaare:	40
Lebensdauer:	1,5–2, max. 3 Jahre
empfohlenes Haltungsklima:	Temperatur: 20–24 °C relat. Luftfeuchte: 55 (50–70) %
vorwiegende Verwendung:	In vielen Bereichen der biomedizinischen Forschung. Neben verschiedenen Auszuchtstämmen gibt es mehrere hundert Inzuchtstämme sowie zwischenzeitlich viele tausend Linien genetisch veränderter Mäuse (Transgene u. Knock Outs). Zu den am häufigsten verwendeten Inzuchtstämmen gehören u.a. die albinotischen Formen AKR, BALB/c, die wildfarbige C3H, die schwarzen C57BL, sowie die graue DBA, die sich jeweils durch unterschiedliche Defekte (z.B. angeborene Hirn- oder Stoffwechselfehler) bzw. Dispositionen auszeichnen.

Meerschweinchen	(lat): *Cavia aperea porcellus;* (e): **guinea pig**
	Dämmerungsaktive Nagetiere
	Heimat: Südamerika
Körpermasse:	W 600–800 g; M 1000–1200 g (im Alter v. 12–15 Monaten
Körpertemperatur:	ø 38,5 °C (37,9–39,7) °C
Kopf-Rumpf-Länge:	23–34 cm (Schwanz rückgebildet)
Atemfrequenz:	69–104 Respirationen / min. (unter Belastung bis 150)
Herzschlagfrequenz:	260–400 Schläge/min
Blutdruck:	77/47 mm Hg
Geschlechtsreife:	W 28–35 Tage (1. Brunst mit Ovulation)
	M 56–70 Tage (Hodenabstieg mit 6 Wochen)
Zuchtreife:	3–5 Monate (Zuchtnutzung mögl. ab 5. Mo.)
Brunstzyklus:	ø 16 (13–20) Tage; Brunstdauer 6–15 Std. mit einer Ovulation 10 Std. nach Brunstbeginn
Tragzeit:	ø 68 (59–72) Tage
Wurfgröße:	3–4 (max. 7) Junge
Geburtsgewicht:	75–100 g
Absetzalter:	ca. 21 Tage (Nestflüchter!)
Absetzgewicht:	165–240 g
Futteraufnahme:	30–35 g
Wasseraufnahme:	50–100 ml/24 Std.
Urinmenge:	15–75 ml/Tag
Chromosomenpaare:	64
Lebensdauer:	6–8 Jahre
empfohlenes Haltungsklima:	Temperatur: 18–23 °C
	relat. Luftfeuchte: 55 % (50–70)
	ca. 15 Inzuchtstämme von Meerschweinchen bekannt, auch albinotische Formen, SPF-Zuchten.
vorwiegende Verwendung:	für Tuberkulosediagnostik, für pharmakologische und toxikologische Untersuchungen sowie in der Immun- und Allergieforschung.

Miniaturschwein	(e): minipig
	Durch Kombination und Selektion aus kleineren Schweinerassen gezüchtete Tiere, z.B. das Göttinger Miniaturschwein
Körpermasse:	20–30 kg (ausgewachsen)
Körpertemperatur:	38–40 °C
Atemfrequenz:	40 (bei Erregung bis 300) Respirationen/min
Herzschlagfrequenz:	80–90 Ruhepuls (bei Erregung bis 140 Schläge/min)
Geschlechtsreife:	4 Monate
Zuchtreife:	5 Monate
Brunstzyklus:	19,5 Tage (Brunstdauer: 2,9 Tage)
Tragzeit:	113–114 Tage
Geburtsgewicht:	0,4–0,6 kg
Wurfgröße:	5–8 Ferkel
Absetzalter:	50 (42–56) Tage
Futteraufnahme:	1–2 kg/24 Std.
Wasseraufnahme:	Frischwasser erforderlich, Menge von der Futterqualität abhängig
empfohlenes Haltungsklima:	Temperatur: Ferkel: 30 °C, Läufer: 25 °C, Adulte Tiere: 15–25 °C relat. Luftfeuchte: 50–70 %
vorwiegende Verwendung:	Im Zuchtziel für das Göttinger Miniaturschwein sollten Typ und Temperament der Minnesotas (minnesota miniature pig) mit der Wirtschaftlichkeit, d.h. Kleinwüchsigkeit und Fruchtbarkeit des Vietnamesischen Hängebauchschweines kombiniert und in der weißen Linie zudem das dominante Weiß des Hausschweines manifestiert werden. Heute wird das Göttinger Miniaturschwein in vielen Bereichen der biomedizinischen Forschung als Versuchstier verwendet.

Nacktmaus	(e): nude mouse
	Haarlose Mutante der Labormaus, durch angeborenes Fehlen der Thymusdrüse charakterisiert; daraus resultiert das Fehlen entsprechender Immunreaktionen auf eine Reihe von Antigenen. Von einigen Ausnahmen abgesehen, entsprechen die meisten physiologischen Daten der Nacktmaus denen der behaarten Labormaus.
Körpertemperatur:	von der Umgebungstemperatur beeinflusst, z.B. 37,3 °C bei 25 °C Raumtemperatur
Herzschlagfrequenz:	vgl. Labormaus, ggf. geringfügig erhöht
Geschlechtsreife:	8–10 Wochen
Wurfgröße:	6–12 Junge (davon je nach Zygotie der Elterntiere 25–50 % Nacktmäuse)
Absetzalter:	19–21 Tage
Futteraufnahme:	3–6 g/24Std. Sonderdiät
Wasseraufnahme:	3–6 ml/24Std.
Lebensdauer:	als SPF-Tiere ca. 9 Monate (bei konventioneller Haltung wesentlich kürzer)
empfohlenes Haltungsklima:	Temperatur: 24–28 °C relat. Luftfeuchte: 40–65 %
vorwiegende Verwendung:	Für Transplantations- und Tumoruntersuchungen, seltener in der Toxikologie (vgl. Rygaard und C.W. Friis: „The husbandy of mice with kongenital absence of the thymus nude mice". Z. Versuchstierkunde 16: 1 10, 1974).

Nerz, amerikanischer	(lat.) *Mustela vison;* (e): mink
	Dämmerungs- und nachtaktive marderartige, wegen ihres wertvollen Fells in zahlreichen Pelztierfarmen gezüchtete Tiere Heimat: Nordamerika.
Körpermasse:	Rüde: 1700–2200 g, Fähe: 800–1000 g
Körperlänge:	bis 40 cm
Körpertemperatur:	38,8 °C
Herzschlagfrequenz:	272–414 Schläge/min
Blutdruck:	200/140 mm Hg
Geschlechtsreife:	ca. 9–12 Monate
Brunstzyklus:	8–10 Tage
Brunstdauer:	2 Tage, Ovulation wird durch die Paarung ausgelöst und erfolgt 36–48 Stunden später
Tragzeit:	36–60 Tage, kann bei verzögerter Einnistung (Nidation) der Eier bis über 78 Tage verlängert sein
Wurfgröße:	2–6 Junge (max. 10)
Absetzalter:	6–10 Wochen
Futteraufnahme:	Fleischfresser
Lebensdauer:	bis 11 Jahre
vorwiegende Verwendung:	Für Toxizitätsprüfungen, für urologische Untersuchungen sowie in der dermatologischen Forschung.

Pferd	(lat): *Equus przewalski* forma *caballus;* (e): **horse**
	Die heutigen Rassen entstanden vermutlich aus dem eurasiatischen Wildpferd (Przewalski-Pferd)
Körpermasse:	500–700 kg (stark rasseabhängig)
Körpertemperatur:	37,5–38 °C
Atemfrequenz:	9–15 Respirationen/min
Herzschlagfrequenz:	30–120 Schläge/min
Blutdruck:	190/120 mm Hg
Geschlechtsreife:	1–3 Jahre (Stute)
Zuchtreife:	2,5–3 Jahre (Stute)
Brunstzyklus:	3 Wochen (meist von Dezember – Juni)
Tragzeit:	11 Monate
Wurfgröße:	1 Fohlen (Geburtsgew. rasseabh. 30–60 kg)
Absetzalter:	5 Monate
Futteraufnahme:	alters-, rasse- und futtertypabhängig
Wasseraufnahme:	20–30 l
Urinmenge:	3–5 l
Chromosomenpaare:	64
Lebensdauer:	bis 30 Jahre
vorwiegende Verwendung:	Zur Antiserumgewinnung sowie zur Erforschung von Infektionskrankheiten.

Ratte	(lat): *Rattus sp.;* (e): rat
	Die „eigentlichen" Ratten mit Ursprungsheimat Ost-Südostasien gibt es in ca. 570 beschriebenen Formen bei unbekannter Artenzahl. Die heute gebräuchliche albinotische Laborratte stammt von der Wanderratte (*Rattus norvegicus*) ab und wird seit ca. 100 Jahren in geschlossenen Kolonien in In- und Auszuchtstämmen gezüchtet.
Körpermasse:	250–600 g, bei Böcken u.U. deutlich darüber
Körpertemperatur:	37,5–38,5 °C
Kopf-Rumpf-Länge:	22–26 cm
Schwanzlänge:	18–22 cm
Atemfrequenz:	60–170 Respirationen/min
Herzschlagfrequenz:	300–500 Schläge/min
Blutdruck:	116/90 mm Hg
Geschlechtsreife:	50–72 Tage
Zuchtreife:	90–100 Tage
Brunstzyklus:	alle 4–6 Tage für 14 Stunden (9–20)
Tragzeit:	20–23 Tage
Wurfgröße:	6–12 (bis max. 20) Junge
Absetzalter:	18–21 Tage
Absetzgewicht:	35–50 g
Futteraufnahme:	12–20 g pelletiertes Trockenfutter/24 Std.
Wasseraufnahme:	15–35 ml/24 Std.
Urinmenge:	10–15 ml/24 Std.
Chromosomenpaare:	42
Lebensdauer:	2–4 Jahre (stamm-, geschlechts- u. ernährungsabhängig)
empfohlenes Haltungsklima:	Temperatur: 18–24 °C
	relat. Luftfeuchte: 55 (50–70) %
vorwiegende Verwendung:	Die älteren Rattenstämme werden nach dem Institut benannt, aus dem sie ursprünglich hervorgegangen sind, z.B. Sprague Dawley nach der gleichnamigen Tierfarm in Wisconsin (USA). Weitere bekannte Stämme sind u.a. Wistar, Holzmann, Long-Evans und Osborn-Mendel. Ratten werden heute in nahezu allen Bereichen der biomedizinischen Forschung verwendet.

Rhesusaffe	(lat): *Macaca mulatta;* (e): **rhesus macaques**
	Zu den Meerkatzenartigen gehörende Makakenart; Heimat: Indien bis Südchina
Körpermasse:	M 6,5–12 kg, W 5,5 kg
Kopf-Rumpf-Länge:	M 48–64 cm, W 45–55 cm
Schwanzlänge:	19–32 cm
Körpertemperatur:	36–40 °C
Atemfrequenz:	30–50 Respirationen/min
Herzschlagfrequenz:	98–100 Schläge/min (telemetrisch ermittelt)
	150–333 Schläge/min (fixiert)
Blutdruck:	125/75 mm Hg
Blutvolumen:	50–90 ml/kg Körpergewicht
Geschlechtsreife:	M 4,5 Jahre, W 3,5 Jahre
Zuchtreife:	4–6 Jahre
Menstruationszyklus:	28 Tage (23–33) Tage
Tragzeit:	ø 160 (135–194) Tage
Wurfgröße:	1 Junges (Zwillinge sehr selten)
Geburtsgewicht:	500 g
Absetzalter:	3–6 Monate
Futteraufnahme:	50–210 g/24 Std.
Wasseraufnahme:	250 ml/24 Std.
Lebensdauer:	bis über 30 Jahre
empfohlenes Haltungsklima:	Temperatur: 18–21 °C
	relat. Luftfeuchte: 55 (50–70) %
vorwiegende Verwendung:	Auf fast allen Gebieten der biomedizinischen und pharmakologischen Forschung. Nach dem Rhesusaffen wurde der an ihm entdeckte Rh-Faktor benannt.

Rind	(lat): *Bos primigenius* forma *taurus;* (e): cattle
	Wiederkäuender Paarhufer, vom Wildrind abstammend. Haustierwerdung in der Jungsteinzeit mit erheblicher Bedeutung für die Entwicklung des Ackerbaues und der menschlichen Kultur.
Körpermasse:	750–900 kg (Bulle); 500–600 kg (Kuh)
Körpertemperatur:	37,5–39,5 °C
Atemfrequenz:	30–50 Respirationen/min
Herzschlagfrequenz:	40–100 Schläge/min
Blutdruck:	134/88 mm Hg
Geschlechtsreife:	12–18 Monate
Zuchtreife:	15–20 Monate
Brunstzyklus:	alle 3 Wochen für 15–18 Std.
Tragzeit:	ca. 9 Monate
Wurfgröße:	1 Kalb (40–45 kg)
Absetzalter:	3–5 Monate; Absetzgewicht: 140–190 kg
Futteraufnahme:	abhängig vom Alter der Tiere und vom Futtertyp
Wasseraufnahme:	10–65 l/24 Std.
Urinmenge:	14–23 l/24 Std.
Chromosomenpaare:	60
Lebensdauer:	25–35 Jahre
vorwiegende Verwendung:	Als Versuchstiere u.a. zur Gewinnung von Heilseren für genetische und Stoffwechseluntersuchungen.

Schaf	(lat): *Ovis ammon* forma *aries;* (e): sheep
	Stammt vom Wildschaf (Ovis ammon) ab; es gibt zahlreiche, unterschiedlich große, hornlose und gehörnte Schafrassen, mit und ohne Wolle.
Körpermasse:	80–100 kg (rasseabhängig)
Körpertemperatur:	39,2 °C (38,5–40 °C)
Atemfrequenz:	9–25 Respirationen/min
Herzschlagfrequenz:	55–115 Schläge/min
Blutdruck:	103/85 mm Hg
Geschlechtsreife:	7–8 Monate
Zuchtreife:	ca. 8 Monate
Brunstzyklus:	(saisonal polyöstrisch) 17 Tage (14–20) für 24–48 Std.
Tragzeit:	21–22 Wochen
Wurfgröße:	1–2 Lämmer (ca. 3–5 kg Geburtsgewicht)
Absetzalter:	4–5 Monate, Absetzgewicht: 25–30 kg
Futteraufnahme:	alters- u. futtertypabhängig
Wasseraufnahme:	1–3 l/24 Std.
Urinmenge:	0,4–1,2 l/24 Std.
Chromosomenpaare:	38
Lebensdauer:	bis max. 20 Jahre
vorwiegende Verwendung:	In der experimentellen Chirurgie, zur Blutgewinnung für immunologische, bakteriologische und virologische Untersuchungen.

Schwein (Deutsche Landrasse)	(lat): *Sus scrofa* forma *domestica;* (e): **pig**
Körpermasse:	150–180 kg (ausgewachsen)
Körpertemperatur:	38–40 °C
Atemfrequenz:	8–18 Respirationen/min
Herzschlagfrequenz:	60–90 Schläge/min
Blutdruck:	130/90 mm Hg
Geschlechtsreife:	6 Monate
Zuchtreife:	7 Monate
Brunstzyklus:	21 Tage (Brunstdauer: 2,5 Tage)
Tragzeit:	114–115 Tage
Geburtsgewicht:	1,5 kg
Wurfgröße:	ø 10 Ferkel
Absetzalter:	5–8 Wochen
Absetzgewicht:	10–20 kg
Futteraufnahme:	2–3 kg
Wasseraufnahme:	5–10 l
Urinmenge:	2,5–4,5 l/24 Std.
Chromosomenpaare:	38
Lebensdauer:	8–10 Jahre
vorwiegende Verwendung:	Als Versuchstiere werden Schweine vor allem im Bereich der Herz-, Kreislauf- und Hautforschung, für Stressuntersuchungen wie auch in der experimentellen Chirurgie eingesetzt.

Spitzhörnchen oder Tupaia	(lat): *Tupaia sp.*; (e): **tree shrews**
	Etwa rattengroße Tiere, bilden systematisch eine eigene Ordnung der Spitzhörnchen (Scandantia). Heimat: Südostasien
Körpermasse:	speziesabhängig 50–210 g
Kopf- Rumpf-Länge:	12,5–18,5 cm
Schwanzlänge:	14,5–17,5 cm
Körpertemperatur:	37 °C
Geschlechtsreife:	2 Monate
Tragzeit:	45–55 Tage
Wurfgröße:	2–4 Junge (2–3 Würfe jährlich)
Geburtsgewicht:	6–10 g
Absetzalter:	30 Tage
Lebensdauer:	speziesabhängig 9–12 Jahre
empfohlenes Haltungsklima:	Temperatur: 22–26 °C relat. Luftfeuchte: 45–60 %
überwiegende Verwendung:	Wegen spezifischer physiologischer Eigenschaften eingesetzt in der Stressforschung sowie in der Virologie.

Stachelmaus	(lat): *Acomys sp.;* (e): spiny mouse
	Heimat: trockene Gebiete hauptsächlich Afrikas und Arabiens
Körpermasse:	15–80 g
Kopf- Rumpf-Länge:	7–15 cm
Schwanzlänge:	4–13 cm
Geschlechtsreife:	2–3 Monate
Tragzeit:	34–38 Tage
Wurfgröße:	1–5 Junge (Nestflüchter)
Absetzalter:	2–3 Wochen
Lebensdauer:	3–4 Jahre (in Menschenobhut)
vorwiegende Verwendung:	Als Versuchstiere werden einige Stämme verwendet, die zu Spontandiabetes neigen.

Taube	(lat): *Columba livia;* (e): pigeon
	Stammt von der Felsentaube ab, in mehreren hundert verschiedenen Zuchtlinien vertreten.
Gesamtkörperlänge:	ca. 33 cm
Körpermasse:	300–900 g (wie die Körpergröße v. a. rasseabhängig)
Körpertemperatur:	40,8 °C (40–41,6)
Atemfrequenz:	25–30 Respirationen/min
Herzschlagfrequenz:	140–250 Schläge/min
Blutdruck:	187/138 mm Hg
Geschlechtsreife:	4–5 Monate
Paarung:	2x/Jahr
Brutdauer:	18 Tage
Gelegegröße:	2 (max. 3) Eier
Absetzalter:	28 Tage
Futteraufnahme:	20–100 g/24 Std. Spezialfutter
Wasseraufnahme:	35–60 ml
Chromosomenpaare:	80
Lebensdauer:	max. 20 Jahre
vorwiegende Verwendung:	Tauben werden in der Verhaltensforschung, für Arteriosklerosestudien sowie für Untersuchungen zur räumlichen Orientierung von Tieren verwendet.

Totenkopfaffe	(lat.) *Saimiri sciureus;* (e): **Common squirrel monkey**
	Zu den Kapuzinerartigen gehörende Neuweltaffen. Heimat: Wälder und Sümpfe Mittel- und Südamerikas
Körpermasse:	M 550–1135 g, W 365–750 g
Kopf-Rumpf-Länge:	M 25–37 cm, W 23–37 cm
Schwanzlänge:	36–47 cm
Körpertemperatur:	39,4–39,8 °C
Herzschlagfrequenz:	M 240 ± 25, W 256 ± 7 Schläge/min
Atemfrequenz:	M 55 ± 2, W 58 ± 2 Respirationen/min
Geschlechtsreife:	ø 3 Jahre
Zuchtreife:	ø 4 Jahre
Brunstzyklus:	8–10 Tage
Tragzeit:	152–172 Tage
Wurfgröße:	1 Junges
Geburtsgewicht:	72–144 g
Absetzalter:	150 Tage
Absetzgewicht:	350–400 g
Lebensdauer:	21 Jahre
empfohlenes Haltungsklima:	Temperatur: 22 °C
	relat. Luftfeuchtigkeit: 40–60 %
vorwiegende Verwendung:	Zum Studium von Herz-Kreislauferkrankungen, zu Fragen der Thermoregulation, dem Gehörsinn und zur Arzneimittelprüfung. Totenkopfaffen wurden ebenfalls erfolgreich eingesetzt im Bereich der Reproduktionsbiologie (z.B. pharmokologische Auslösung der Ovulation, künstliche Befruchtung u. Erprobung v. Kontrazeptiva).

Vielzitzenratte oder Vielzitzenmaus	(lat.) *Mastomys natalensis;* (e): **multimammate rat**
	Heimat: fast ganz Afrika südlich der Sahara sowie Marokko
Körpermasse:	30–100 g
Körpertemperatur:	35,9–37,5 °C
Kopf-Rumpf-Länge:	9,5–16 cm
Schwanzlänge:	9,5–15 cm
Geschlechtsreife:	ca. 1–3 Monate
Zuchtreife:	3 Monate
Brunstzyklus:	8–9 Tage
Tragzeit:	ca. 23 Tage
Wurfgröße:	13–15 (max. 19) Junge (in günstigen Zeiten)
Geburtsgewicht:	2–3 g
Absetzalter:	3–4 Wochen
Futteraufnahme:	6–10 g
Lebensdauer:	2,5–3 Jahre
Chromosomenpaare:	36
vorwiegende Verwendung:	Für die Erforschung von Pest und Bilharziose, in der Krebsforschung sowie für parasitologische Untersuchungen.

Biologische Daten der wichtigsten Versuchstierarten

Wachtel, japanische	(lat): *Coturnix coturnix japonica;* (e): **japanese quail**
	Kleinste Gruppe der Feldhühner; Heimat: Japan
Körpermasse:	Hahn: 100–140 g, Henne: 110–160 g
Körpertemperatur:	42,2 °C
Körpergröße:	ca. 18–22 cm
Legereife:	6 Wochen; danach 8–12 Monate lang alle 16–24 Std. ein Ei (ca. 300 pro Jahr)
Geschlechtsreife:	6 Wochen
Brutdauer:	16–17 Tage
Herzfrequenz:	500 Schläge/min
Blutdruck:	155/150 mm Hg
Futteraufnahme:	14–18 g/24 Std. Spezialfutter
Wasseraufnahme:	20–30 ml
Lebensdauer:	ca. 6 Jahre
vorwiegende Verwendung:	Wegen ihrer geringen Körpergröße, der schnellen Ontogenese und kurzen Generationsfolge in vielen Bereichen der biomedizinischen Forschung verwendet.

Weißbüschelaffe	(lat): *Callithrix jacchus*; (e): **Marmoset** oder Marmoset
	In Südamerika beheimatete Krallenaffenart
Körpermasse:	300–400 g
Kopf- Rumpf-Länge:	19–22 cm
Schwanzlänge:	30–35 cm
Körpertemperatur:	35,4–39,7 °C (Rektaltemperatur)
Geschlechtsreife:	9–12 Monate (polyöstrisch)
Zuchtreife:	18–24 Monate
Brunstzyklus:	28 Tage
Tragzeit:	144 ± 2 Tage
Wurfgröße:	meist 2–3 Junge (1–4 möglich)
Geburtsgewicht:	25–35 g
Absetzalter:	6–12 Wochen
Futteraufnahme:	ø 70 g/24 Std.
Wasseraufnahme:	ø 40 ml/24 Std.
Lebensdauer:	10–16 Jahre
empfohlenes Haltungsklima:	Temperatur: ø 25 (20–30) °C relat. Luftfeuchte: 40–60 %
vorwiegende Verwendung:	In der Virologie, Immunologie, der allgemeinen Pathologie und Pharmakologie sowie in der Toxikologie.

Ziege	(lat): *Capra aegagrus* forma *hircus*; (e): goat
	Große Formen- und Farbenmannigfaltigkeit; Hörner verschiedengestaltig, groß und kräftig, bei Geißen schwächer oder fehlend.
Körpermasse:	45–80 kg
Körpergröße:	ca. 80–100 cm Schulterhöhe (rasseabhängig)
Körpertemperatur:	38,5–40,5 °C
Atemfrequenz:	9–20 Respirationen/min
Herzschlagfrequenz:	70–120 Schläge/min
Blutdruck (Systole/Diastole):	120/84 mm Hg
Geschlechtsreife:	6–8 Monate
Zuchtreife:	ca. 8 Monate
Brunstzyklus:	19 Tage
Brunstdauer:	24–36 Std., monöstrisch (Herbst)
Tragzeit:	ca. 5 Monate
Wurfgröße:	1–2 Kitze (ca. 2,5–4 kg Geburtsgewicht)
Absetzalter:	3–6 Monate; Absetzgewicht: 15–20 kg
Futteraufnahme:	vom Futtertyp und Alter der Tiere abhängig
Wasseraufnahme:	1–2 l/24 Std.
Urinmenge:	1–2 l/24 Std.
Lebensdauer:	12–18 Jahre
vorwiegende Verwendung:	Als Versuchstiere werden Ziegen – insbesondere Zwergziegen – zur Bearbeitung von Problemen des Kreislaufs bei der Schwangerschaft, aber auch im Bereich der experimentellen Herz- und Gefäßchirurgie sowie der Serologie eingesetzt.

Zwerghamster, dschungarischer	(lat): *Phodopus sungorus*; (e): dwarf hamster
	Heimat: Südostrussland, Mongolei
Körpermasse:	30–50 g (jahreszeitl. bedingt schwankend)
Kopf-Rumpf-Länge:	9–11 cm
Schwanzlänge:	1 cm
Herzschlagfrequenz:	36–37 Schläge/min
Geschlechtsreife:	45–60 Tage
Zuchtreife:	50 Tage
Brunstzyklus:	4 Tage
Tragzeit:	18 Tage
Wurfgröße:	ø 3,2 (1–9) Junge
Geburtsgewicht:	1,5–2,0 g
Absetzalter:	18 Tage
Chromosomenpaare:	28
Lebensdauer	1–2 Jahre
vorwiegende Verwendung:	Dschungarische Zwerghamster werden wegen ihrer niedrigen Chromosomenzahl (2 n = 28) für zytogenetische Untersuchungen sowie in der Krebsforschung verwendet.

10.2 Begriffsbestimmungen zu GLP und SOP

Auftraggeber = Sponsor (Sponsor): natürliche oder juristische Person, die eine Prüfung in Auftrag gibt und/oder unterstützt.

Charge (Batch): bestimmte Menge oder Partie einer Prüf- oder Referenzsubstanz, also auch einer Futterlieferung, mit einheitlichen Eigenschaften aus einem bestimmten Herstellungsvorgang.

Gute Laboratoriumspraxis (GLP): organisatorischer Ablauf und Bedingungen, unter denen Laborprüfungen geplant, durchgeführt, überwacht, aufgezeichnet und unter denen die Daten archiviert werden.

Leitung der Prüfeinrichtung (Management): natürliche oder juristische Person, die für den gesamten Betrieb der Prüfeinheit verantwortlich zeichnet.

Muster (Sample): bestimmte Menge der Prüf- oder Referenzsubstanz

Proben (Specimen): Materialien, die zur Untersuchung, Analyse oder Aufbewahrung dem Prüfsystem entnommen werden.

Prüfeinrichtung = Forschungseinrichtung: Personen, Räumlichkeiten und Arbeitseinheit(en), die zur Durchführung der Prüfung dienen.

Prüfgegenstand = Prüfsubstanz = Prüfpräparat: Substanz, Formulierung, Mischung oder Gegenstand, die/der geprüft wird.

Prüfsysteme = Versuchsobjekte: Tiere, Pflanzen, mikrobielle, sonstige zelluläre, subzelluläre, chemische, physikalische Systeme bzw. Kombinationen derselben, die bei einer Prüfung verwendet werden.

Prüfung = Versuch: experimentelle Untersuchung oder Reihe von Untersuchungen, die mit einer Prüfsubstanz durchgeführt wird, um Daten über deren Eigenschaften zur Risikobeurteilung für die Gesundheit von Mensch, Tier und/oder Umwelt zu gewinnen.

Qualitätssicherungsprogramm: internes Kontrollsystem zur Gewährleistung von GLP-konformen Prüfungen.

Referenzgegenstand, Referenzsubstanz, Vergleichssubstanz = Kontroll- oder Vergleichspräparat: charakterisierte chemische Substanz oder Mischung außer der Prüfsubstanz, die als Vergleichsbasis zur Prüfsubstanz verwendet wird; ausgenommen sind Futter und Trinkwasser.

Rohdaten: alle ursprünglichen Laboraufzeichnungen und Unterlagen oder überprüfte Kopien davon, die Ergebnis einer ursprünglichen Tätigkeit während einer Prüfung sind.

Standard-Arbeitsanweisungen = Arbeitsanweisungen = SOPs: Beschreibung für die standardisierte Durchführung bestimmter, immer wiederkehrender Laboruntersuchungen und Tätigkeiten, die in Prüfplänen oder Prüfrichtlinien nicht näher beschrieben sind.

Trägerstoff: Stoff, mit dem die Prüf- oder Referenzsubstanz gemischt, dispergiert oder aufgelöst wird, um die Anwendung am Prüfsystem zu erleichtern.

Sachregister

A
Abfallentsorgung 376
Abferkelbox 242
Abluft 217, 219
Absetzen 159, 162, 166, 168, 173, 177, 181, 183, 185, 187, 189
Absorptionsfilter 221
Abwasser 301, 378
Adaptation 302
Adjuvans 355
Ad-libitum-Fütterung 71, 277, 283
Adoption 149
Adspektion 307
Aflatoxin 268
Afterdrüse 56, 97
Akklimatisation 302
Albumin 256
Allantois 61
Alleinfuttermittel 274f, 277, 280, 281, 285f, 300
Allel 133
Altweltaffen 113, 117, 247
Alveole 48f, 62
Aminosäure 54, 255, 256f
Ammenaufzucht 61, 147ff, 169
Ammoniakkonzentration, Käfig 199ff, 219
Amnion 61
Amphibien 33
Amputationsverbot 340
Analdrüse 56, 97
Analgetikum 367
Anästhesie 364f, 368
Androgene 59, 63
Ano-Genital-Abstand 159, 161, 164
Anöstrus 159, 182
Anovulatorischer Zyklus 180
Antidot 367
Antigen 355
Antikörper 52, 122, 256, 355
Antioxidanzien 258
Antisepsis 301
Anzeigertiere (Sentinels) 220, 305

Aorta 51
Applikation, enterale 347
–, intradermale 351, 354
–, intrakutane 354
–, intramuskuläre 351, 353f
–, intraperitoneale 351, 353
–, intravenöse 350ff
–, intrazerebroventrikuläre 351
–, parenterale 349
–, rektale 348
–, subkutane 351, 354
Arbeitsschutzmaßnahmen 375
Arbeitsvorschriften 375
Archivierung 332
Artbastard 34
Arterien 48, 50
Asphyxie 365
Aspiration 350
Atmung, äußere 48
–, innere 48
Atmungsorgane 47, 49
Atropin 364
Aufzeichnungspflicht 14
Auge, Aufbau 45f
Aujeszkysche Krankheit 317
Aus-der-Hand-Verparung 168
Auskultation 307
Auslauf, Definition 224
Austreibungsstadium 61
Auszucht 138f, 184, 160
Auszuchtstamm 138f, 141, 163
Autoklaven 293, 298ff, 380
Automutilation (Selbstverstümmelung) 75, 106
Avitaminose 264

B
Backentasche 80
Bakterielle Infektionen 311f
Bakterien 33, 289, 310f
Bakterizid 290
BALB/c 35, 67, 160
Bandenmistung 209
Barbiturat 370f
Barrieren 207, 213f, 217, 380
Bastard 34, 133

Batterie 224
Bauchpresse 48, 61
Bauchspeicheldrüse (Pankreas) 54, 57
Baumwollratte (Sigmodon hispidus) 71, 387
Beckenfuge 41, 61
Befruchtung 131
Befundschlüssel 327
Begattungsbürsten 125
Begrüßungslecken 186
Beleuchtung 191, 203f, 247, 250
Beruhigungsmittel 364
Besatzdichte 199, 224, 246, 383
Beschäftigungsobjekte 224, 247
Bestandsbuch 303
Betäubungsgebot 13
Betriebsführung 2
Bewegungsfreiheit 9, 224
Biestmilch (Kolostrum) 61f, 147, 256
Bindegewebe 36
Biotransformation 333
Blastozyste 154f
Blinddarm (Zäkum) 54f, 57
Blinddarmkot (Zäkotrophe) 55
Blutdruckmessung 367
Blutentnahme 45, 52, 356ff
Blutgasanalyse 367
Blutgerinnung 52f
Blutkörperchen, rote 51f
Blutkörperchen, weiße 51
Blutkreislauf 48, 50
Blutplättchen 51f
Blutvolumen 356f
B-Lymphozyten 52
Bolzenschussapparat 371
Booster 355
Botulismus 282
Bowmannsche Kapsel 58
Boxen 212, 224, 233f, 237, 239f, 242f, 248
Brät 282
Breitnasenaffen 113f
Brillenauge 75
Broiler 121

Sachregister

Bronchien 48
Bruce-Effekt 151
Brunst 59f, 117, 158, 162, 164, 167f, 171, 173, 178, 180, 182, 184, 186, 188
Brunstsynchronisation 142, 151
Brustfell 47
Brutdauer 191, 391
Bruteier 190
Brüter 190
Bruttoenergie 271

C

Callithrix jacchus siehe Weißbüscheläffchen
cereal-based diet 274
Charge 409
Chimäre 154f
Chinchilla 35, 387
Chinesischer Zwerghamster siehe Hamster, Chinesischer
Choriongonadotropin 153
Chromatophoren 125
Chromosom 128, 131
Corpus luteum (Gelbkörper) 60, 63, 162
Crab-eating monkey siehe Javaneraffe
CRD (Chronic Respiratory Disease) 313
Cricetulus griseus siehe Hamster, Chinesischer
Cricetus cricetus siehe Hamster, Europäischer
Cynomolgus-Affe siehe Javaneraffe

D

Dämmerungssehen 203
Dampfautoklaven 218
Dampfsterilisation 293
Darmbein 41
Darmlänge 56
Dauerlicht 203
Dekapitation 370f
Denaturierung 256
Depotfett 258
Desinfektion, chemische 290, 296
Desinfektion, thermische 291, 298
Desinfektionskammer 218
Desinfektionsmaßnahmen 238
Desinfektionsmittel 290, 300
Desinfektionsrhythmus 303
Desinfektionsschleusen 218
Desoxyribonukleinsäure 153
Dickdarm 54

Diöstrus (Zwischenbrunst) 60, 362f
Diploid 128, 131
DLG-Kerbschlüssel 185
Dokumentation 327, 331
Dotter-Antikörper (IgY) 356
Dottersack 190
Drift, genetischer 138
Drüsenmagen 56f, 285
Drüsenschleimhaut 54
Duftmarkierung 84, 112, 186
Dunkin-Hartley 87, 172
Dünndarm 54
Duodenum (Zwölffingerdarm) 54, 57, 258
Durchfahrtautoklaven 213

E

Eibildung 190
Eierstock (Ovar) 59, 63, 130
Eigewicht 191
Eileiter (Ovidukt) 57, 59, 153
Eimerien 316
Einstellungsuntersuchung 303
Einstreu 209, 226, 234, 247, 383
–, Menge 200, 225
Eintagsküken 190
Eisprung siehe Ovulation
Eiweiß 255ff
Eizelle 59, 131
Ejakulation 59, 72, 174
Ektoparasiten 308, 315f
Embryo 61, 122, 153, 156
Embryotransfer 153, 156
Endoparasiten 308, 316
Energiebedarf 255, 272ff
Entleerungsreflex 61
Entwesung 294
Entwöhnung siehe Absetzen
environmental enrichment 210, 247
Epiduralanästhesie 368
Epiphysenfuge 42
Epithelgewebe 36
Erbanlagen 128
Erhaltungsbedarf 273
Ersatzmilch 147f
Ersatzmutter 61, 147ff
Erste-Hilfe-Maßnahmen 376
Erstimmunisierung 355
Erythrozyten 51f
ES-(Embryonale Stamm-) Zellen 154f
Euro-Paletten 304
Experiment 323
Explorationsverhalten 79
Exspiration 47

F

Fadenwurm 314
Fähigkeitsausweis 24
Fanghaken 123
Farbsehen 46
Fehlinjektion 353
Feldhamster siehe Hamster, Europäischer
Feline Infektiöse Peritonitis 309
Felines Immunschwäche-Virus 309
Femur 41
Ferkelstarterfutter 184, 284
Fesselbein 40
Fettsäuren 257f
Fetus 61
Feuchtfutter 282f
F_1-Hybriden 139
F_2-Hybriden 140
Fibrin 52
Fibula 41
Filialgeneration 133
Filterdeckelkäfige 218f
Filterversandbehälter 382
Fixierkasten 94
Flankendrüse 83
Flaschenfütterung 148
Flaschenwaschmaschine 215
Flehmen 46, 101
Flimmerepithel 48
Flöhe 315, 320
Fluchtreflex 228
Flüssigstickstoff 157
Follikel 59f
Formalin 296
Fortpflanzung, geschlechtliche 129
Fortpflanzung, ungeschlechtliche 128
Founder 154
Frettchen, Absetzen 388
–, Boxenhaltung 234f
–, Brunstzyklus 178, 388
–, Fellwechsel 96
–, Fixieren 98
–, Geburt 178
–, Geschlechtsreife 178
–, Handling 97
–, Körpergewicht 96, 178
–, Lautäußerungen 97
–, Lebenserwartung 97
–, Paarung 178f
–, Schlafkästen 235
–, Schmerzanzeichen 98
–, Sehvermögen 97
–, Tragzeit 178
–, Verhalten 97

–, Wurfgröße 388
–, Zuchtreife 388
Frosch siehe Krallenfrosch
Fungizid 268, 290, 313
Futteraufnahme 196, 278, 305, 387ff
Futterautomaten 229, 233
Futtermittel 274
–, Analyse 269ff
–, Lagerung 304
–, Schädlinge 304
Futtersuchvorrichtung 247
Fütterung, Frettchen 281
–, Hamster 280
–, Huhn 285
–, Hund 282
–, Kaninchen 281
–, Katze 282
–, Krallenfrosch 287, 394
–, Maus 277
–, Meerschweinchen 280
–, Ratte 277
–, restriktive 277
–, Schwein 284
–, Tupaia 285
Fütterungstechnik 279, 280, 283f
Futterverbrauch 196
Futtervergeudung 276, 280

G
Gallenblase 54
Gallensäure 258
Gameten 130
Gasfiltertypen 297
Gebärmutter (Uterus) 59
Gebärmutterhals (Zervix) 59, 162
Gebiss, Aufbau 38f
Geburtshilfe 61
Geburtskäfig 164
Geburtsvorgang 61
Geflügelpest 317
Gelbkörper 60, 63, 162
Gelenke, Aufbau 41
Gen 128
Generierung 153
Genetische Kontamination 143
Genetisches Profil 143
Genickschlag 371
Genitales Imponieren 115
Gen-Locus 133
Genom 128
Genotyp 128, 136
Genpool 137
Gentechnikgesetz 153
Gerbil, Absetzen 166, 389
–, Alterserscheinungen 166
–, Brunstzyklus 164, 389

–, Gehör 76, 78
–, Geschlechtsreife 164, 166, 389
–, Handling 79, 165
–, Hitzetoleranz 76
–, Körpergewicht 77, 165f
–, Krämpfe 76, 80
–, Lebenserwartung 389
–, Paarung 164
–, Rassen 35
–, Schmerzanzeichen 80
–, Sehvermögen 78
–, Tragzeit 164
–, Verhalten 78
–, Wasserbedarf 279, 389
–, Wurfgröße 165, 389
–, Zuchtreife 389
Geruchssinn 46, 66, 87, 100, 105
Geschlechtsbestimmung 135f, 159, 161, 164f, 168
Geschlechtshaut 117
Geschlechtshormone, männliche 63
–, weibliche 60, 63
Geschlechtsorgane, männliche 58, 171, 174
–, weibliche 59, 171, 174
Geschmackssinn 47
Gesundheitskontrolle, Tierbestand 305ff
Glandula umbilicalis 78
Glaskörper 46
Glomerulus 58
GLP (Gute Laboratoriumspraxis) 409
GLR (Good Laboratory Practice Regulations) 330
Glykogen 254, 255
Gnotobioten 150
Goldhamster siehe Hamster, Syrischer
Göttinger Miniaturschwein 107, 110, 184f, 398
Granulozyten 52
Grimmdarm (Kolon) 54f, 57
Grit 248, 286f
Grundumsatz 273
Grüne Meerkatze 35
Grünfutter 279
Gruppenhaltung 88, 92, 97, 173, 228, 233f, 236, 241f, 244f

H
Haarlinge 317
Halbaffen 113
Halbfeuchtfutter 283
Haltungsbedingungen, tiergerechte 224

Haltungseinheit 208, 237
Hämatombildung 360
Hämatoporphyrin 75
Hämoglobin 53
Hämolyse 53
Hamster, Absetzen 168, 408
Hamster, Chinesischer, Aggressivität 82
–, –, Brunstzyklus 168, 390
–, –, Futteraufnahme 82
–, –, Geschlechtsreife 168, 390
–, –, Körpergewicht 170, 390
–, –, Lebenserwartung 390
–, –, Paarung 168f
–, –, Tragzeit 169, 390
–, –, Verhalten 82f
–, –, Verwendung 81, 334
–, –, Wasseraufnahme 82, 169, 390
–, –, Wurfgröße 169, 390
–, –, Zuchtreife 390
Hamster, Dschungarischer, Brunstzyklus 408
–, –, Geschlechtsreife 84
–, –, Körpergewicht 84
–, –, Lebenserwartung 84, 408
–, –, Paarung 84
–, –, Tragzeit 84, 408
–, –, Unterarten 81
–, –, Verhalten 84
–, –, Wurfgröße 408
–, –, Zuchtreife 408
Hamster, Einzelhaltung 84
Hamster, Europäischer, Aggressivität 85
–, –, Brunstzyklus 391
–, –, Farbvarianten 83
–, –, Geschlechtsreife 83
–, –, Körpergewicht 83, 391
–, –, Lebenserwartung 391
–, –, Tragzeit 83, 391
–, –, Verhalten 83
–, –, Vorkommen 81
–, –, Wurfgröße 391
Hamster, Fixieren 85
Hamster, Grauer siehe Hamster, Chinesischer
Hamster, Handling 85
Hamster, Kannibalismus 169
Hamster, Schmerzanzeichen 86
Hamster, Syrischer, Aggressivität 228
–, –, Brunstzyklus 167
–, –, Geschlechtsreife 82, 167
–, –, Körpergewicht 81, 170, 390
–, –, Lebenserwartung 390

–, –, Tragzeit 82, 167, 390
–, –, Verwendung 81, 334
–, –, Wasserbedarf 390
–, –, Wurfgröße 167
–, –, Zuchtreife 82, 167, 390
Hamster, Virusinfektionen 310
Hamster, Vorratsbildung 279
Handaufzucht 147f
Händedesinfektion 301
Handling, Definition 194
Handreinigungsgeräte 304
Hängebauchschwein, vietnamesisches 107, 398
Haploid 128, 132
Hardersche Drüse 79, 358
Haremshaltung 173
Harnblase 56
Harnleiter 56f
Harnprobe 361
Harnröhre 56
Harnröhrenzwiebeldrüse 59
Hauptschlagader 51
Haut, Aufbau 42f
Hautpilz 313
HCG 153
Heißluftsterilisation 292f
Herbizid 268
Hermaphrodit 58
Herzklappe 51
Herzknochen 41
Herzpunktion 357f, 360
Herzspitzenstoß 358
Heterozygotie (Mischerbigkeit) 133, 138
Hinterfußwurzelgelenk 41
Hintergliedmaßen, Aufbau 40f
Hochdruckreiniger 215
Hochleistungsfilter (HEPA) 217
Hoden (Testis) 58, 63, 130
Homozygotie (Reinerbigkeit) 133, 139
Hormone 64f
Hufbein 40
Hüftdarm (Ileum) 54, 57
Huhn, Boxenhaltung 248
–, Eiablage 189
–, Fixieren 123
–, Gruppengröße 248
–, Handling 122
–, Kannibalismus 249
–, Körpergewicht 122
–, Lebenserwartung 391
–, Lichtprogramme 191
–, Paarung 189
–, Rassen 35, 391
–, Salmonellose 287
–, Schmerzanzeichen 122

–, Verhalten 122
–, Wasserbedarf 287
Hühnerei, Aufbau 190
Hühnerembryonen 122
Humerus 40
Hund, Absetzen 183
–, Auslauf 239f
–, Boxenhaltung 239f
–, Brunstzyklus 182
–, Fixieren 105
–, Geburt 183
–, Geruchssinn 105
–, Geschlechtsreife 103, 182, 392
–, Handling 105
–, Käfighaltung 239
–, Körpergewicht 183
–, Kontaktbedarf 105
–, Läufigkeit 104
–, Lautäußerungen 105
–, Lebenserwartung 104, 392
–, Paarung 104, 182
–, Rangordnung 239
–, Rassen 35, 103
–, Schmerzanzeichen 105
–, Tragzeit 104, 182
–, Verhalten 104, 106, 239
–, Verwendung 334
–, Virusinfektionen 309
–, Wasserbedarf 392
–, Wurfgröße 392
–, Zuchtreife 392
–, Zwingerhaltung 240f
Hybriden 133, 139ff
Hygiene 1, 289
Hygieneplan 377
Hygienerisiken 216
Hypervitaminose 267
Hypophyse 63f
Hypothalamus 64
Hypovitaminose 264
Hysterektomie 150ff
Hysterotomie 151

I
ICSI (Intracytoplasmatische Spermieninjektion) 156
IgY (Dotter-Antikörper) 356
Ileum (Hüftdarm) 54, 57
Immunglobulin (Ig) 52, 356
Immunisierung 354ff
Individualdistanz 236
Infektionserreger 217, 310f
Infektionskrankheit 302
Infektionsschutzgesetz 317
Inhalationsanästhesie 365ff
Injektion, intradermale 354
–, intrakutane 354

–, intramuskuläre 351, 353f
–, intraperitoneale 351, 353
–, intravenöse 350ff
–, intrazerebroventrikuläre 351
–, subkutane 351, 354
Injektionsanästhesie 367
Injektionspipette 155
Injektionsvolumen 351, 356
Inkubationszeit 302
Inkubator 190
Insektizid 268
Inspiration 47
Interzellulärsubstanz 36
Intoxikation 259, 268f
Intromission 72
Intubation 366
In-Vitro-Fertilisation (IVF) 156
Inzucht 138ff, 144f, 158, 160f, 166, 168
Inzuchtdepression 139, 144, 168
Inzuchtstamm 139ff, 158, 161
Inzuchtvermeidung 166
Isogen 140
Isolator 152, 220, 222
Isolierschrank 222

J
Jacobsonsches Organ 46
Javaneraffe 35, 117, 188, 392
Jejunum (Leerdarm) 54, 57
Jungtiersterblichkeit 165

K
Käfig, Definition 224
–, Reinigung 296
–, Sterilisation 298
Käfigarten 339
Käfigdeckel 209
Käfigeinrichtung, Frettchen 234
–, Hamster 228
–, Kaninchen 231
–, Maus 225
–, Meerschweinchen 229
–, Ratte 226
Käfigfläche, Hamster 228f
–, Huhn 249
–, Hund 239
–, Kaninchen 232
–, Maus 225
–, Meerschweinchen 230
–, Primaten 246
–, Ratte 227
–, Schwein 242
Käfigklima 194, 199ff, 219f
Käfigsysteme, belüftete 218ff
Käfigtypen 208f, 211, 218, 223, 226, 228

Käfigwaschanlage 215, 298, 304
Kaiserschnitt 150f, 167
Kala-Azar-Seuche 81
Kaninchen, Absetzen 177, 393
–, bakterielle Infektionen 311
–, Boxenhaltung 233f
–, Brunstzyklus 173, 393
–, Fixieren 93
–, Geburt 177
–, Geschlechtsreife 173, 393
–, Körpergewicht 92, 176, 393
–, Handling 93
–, Lautäußerungen 94
–, Lebenserwartung 92, 393
–, Lichtempfindlichkeit 94
–, Nachhandlähmung 94
–, Paarung 174, 177
–, Rassen 35, 91, 176
–, Schmerzanzeichen 94
–, Sohlengeschwür 231
–, Tragzeit 92, 175
–, Verwendung 334
–, Virusinfektionen 309f
–, Wurfgröße 92, 177
–, Zuchtreife 393
Kaninchenschnupfen 311
Kanüle 349
Kapillaren 48, 49, 51
Karpalgelenk 40
Kastration 60
Katzbuckellaufen 117
Katze, Absetzen 181, 394
–, Boxenhaltung 237
–, Brunstzyklus 180, 394
–, Fixieren 102
–, Geburt 181
–, Gehör 100
–, Geruchssinn 100
–, Geschlechtsreife 100, 180, 394
–, Handling 102
–, Kannibalismus 101
–, Körpergewicht 181
–, Lautäußerungen 101
–, Lebenserwartung 100, 394
–, Paarung 101, 180
–, Rassen 35
–, Schmerzanzeichen 102
–, Sehvermögen 100
–, Tragzeit 180, 394
–, Verhalten 101, 238
–, Verwendung 334
–, Virusinfektionen 309
–, Wasserbedarf 394
–, Wurfgröße 394
–, Zuchtreife 394
–, Zwingerhaltung 236
Katzenkratzkrankheit 318

Katzenleukose 309
Katzenräume 237
Katzenschnupfen 309
Katzenseuche 309
Keimfei-Isolatoren-Technik 297
Keimverschleppung 219
Kennzeichnung von Tieren 154, 338ff
Kennzeichnung von Käfigen 339
Kennzeichnungsverordnung 345
Kerbungsschlüssel 345
Kernzucht 143f
Kjeldahl-Bestimmung 270
Klauenbein 40
Klimaschränke 223
Klistier 348
Kloake 57f, 125
Knochel-Tiere 154
Knorpel 41f
Koagulationsdrüse 59
Kohlenhydratstoffwechsel 254
Kohlendioxid-Konzentration, Käfig 201, 219
Koisogen 140
Kokzidien 316
Kolon (Grimmdarm) 54f, 57
Kolostrum 61f, 147, 256
Kommensalismus 66
Kongen 140
Kontrollbuch 11
Koprophagie (Kotfressen) 55, 283
Kopulation 101, 171, 178
Körpertemperatur 51, 72, 92, 96, 122, 267, 387ff
Kotkasten 236
Kotprobe 362
Krallenäffchen 35, 115, 187, 242
Krallenbein 40
Krallenfrosch, Ablaichen 125, 191f
–, Eientwicklung 388, 394
–, Fixieren 126
–, Geschlechtsreife 125, 394
–, Haltungssysteme 250f
–, Handling 125
–, HCG-Behandlung 192
–, Lebenserwartung 125, 394
–, Paarung 192
–, Platzbedarf 250
–, Saugschnappen 124
–, Verhalten 125
–, Verwendung 124, 394
–, Wassertemperatur 192, 250
Krallenpflege 234
Krankenbericht 307, 308
Kronbein 40
Kronismus 149

Kropf 57, 285
Kropfmilch 63
Kryokonservierung 157
Kryo-Tierstammbanken 157
Kryptorchismus 58
Kunststoffkäfige 209, 224, 234
Kurzschwanzhamsterratte 71, 395

L
Lagerraum 207, 215, 304
Lagomorpha 90
Laminar-Flow-Schleusen 218
Laminar-Flow-Sicherheitswerkbänke 222
Landestierschutzgesetze, Österreich 26
Langschwanzmakak siehe Javaneraffe
Laparotomie 157
Laryngoskop 366
Läufigkeit 182
Laufrad 228
Läuse 315
LD-50-Test 28
Lebendfutter 288
Leber 51
Leerdarm (Jejunum) 54, 57
Legedarm 60, 189
Legehennen, Haltungssysteme 248
–, Tränksysteme 249
Legehennenverordnung 249
Legehühner 121
Legenester 248
Legeperiode 191
Legevorgang 60
Leiden 7, 110
Leistungsbedarf 273
Leporarien 90
Leptospirose 312
Leukozyten 51f
Leydig-Zellen 59, 63
Licht-Dunkel-Rhythmus 203
Lichtfalle 295
Linienkreuzung 184
Linienzucht 34, 138, 144f, 154
Lipasen 54, 258
Lochböden 231
Lokalanästhesie 368f
Lordosisverhalten 72
Luftfeuchtigkeit, absolute 197
Luftfeuchtigkeit, relative 194, 197, 243, 247
Luftfilter 301
Luftröhre (Trachea) 47, 49
Luftwechselrate 194, 219

Lungenkreislauf 51
Lymphgefäßsystem 50f, 53
Lymphknoten 53
Lymphokine 52
Lymphozyten 52

M
Macaca fascicularis siehe
 Javaneraffe
Macaca mulatta siehe Rhesusaffe
Magen 53f
Makrolon-Käfig 208f, 219, 226f,
 229, 250, 296, 298
Makrophagen 52
Makrosmaten 46
Mammalia 33
Markergene 143
Marmoset 35, 115, 187
Mastdarm (Rektum) 54, 57
Mastomys natalensis
 (Vielzitzenratte) 71, 406
Materialschleuse 212, 214, 222,
 301
Maul- und Klauenseuche 317
Maus, Absetzen 159
–, Ammen 149
–, bakterielle Infektionen 311
–, Brunstzyklus 158
–, Brutpflegeverhalten 159
–, Chimäre 155
–, Fixieren 68
–, Futteraufnahme 67, 396
–, Geburt 159
–, Gehör 67
–, Geschlechtsreife 158, 396
–, Gruppenhaltung 67
–, Handling 68
–, Kannibalismus 68
–, Körpergewicht 159f, 396
–, Lebenserwartung 67
–, Paarung 158
–, Schmerzanzeichen 68
–, Sehfähigkeit 67
–, Stämme 35, 66f, 160
–, Tragzeit 151, 159, 396
–, Umsetzen 226
–, Verhalten 67, 159
–, Verwendung 333f
–, Virusinfektionen 310
–, Wasserbedarf 226, 396
–, Wurfgröße 396
–, Zuchtreife 396
Mäusepocken 309
Mauser 286
May-Grünwald-Giemsa-Färbung
 362
meal fed 277

Mendelsche Gesetze 134
Medizinalfutter 310
Meerschweinchen, Absetzen 173,
 397
–, bakterielle Infektionen 311
–, Brunstzyklus 171, 397
–, Fixieren 88
–, Geburt 172
–, Gehör 87
–, Geruchssinn 87
–, Geschlechtsreife 171
–, Gruppenhaltung 173
–, Handling 88f
–, Körpergewicht 87, 172f
–, Lautäußerungen 89
–, Lebenserwartung 87, 397
–, Paarung 171
–, Schmerzanzeichen 89
–, Stämme 35, 87f, 172
–, Tragzeit 151, 171f, 397
–, Verhalten 88
–, Verwendung 334
–, Virusinfektionen 310
–, Wurfgröße 172, 397
–, Zuchtreife 171, 397
Mehlfutter 276, 284
Meiose 132
Meldepflicht 317
Mendelsche Gesetze 133ff
Mengenelemente 259ff
Meriones unguiculatus siehe
 Gerbil
Mesocricetus auratus siehe
 Hamster, Syrischer
Metöstrus (Nachbrunst) 60, 182,
 362f
Micellen 258
Mikroinjektion 153
Mikromanipulatoren 155
Mikrosmaten 46
Milben 315, 317
Milchaustauscher 147
Milchdrüse 62f
Milchzusammensetzung 63
Milzbrand 317
Mineralstoffe 259, 267
Minipig 107, 110, 184f, 334, 398
Mischerbigkeit (Heterozygotie)
 133, 138
Mitose 131
Mittelohrkapsel 78
Monogamzucht 159
Morphin 369
Morula 54, 156
Mus musculus siehe Maus
Muskelgewebe 36
Muskelmagen 56f, 285

Muskelzittern 196
Muskulatur, glatte 42
–, quergestreifte 42
Mustela putorius furo siehe
 Frettchen
Mutanten 140
Mutterkuchen (Plazenta) 59
Mykoplasmen 312
Mykotoxine 268, 276, 304, 313
Myxomatose 309

N
Nachbrunst (Metöstrus) 60, 182,
 362f
Nachgeburt 61
Nachtaktivität 78
Nacktmaus (nude mouse) 134,
 399
Nährkot 55
Nahrungskette 33, 271
Narkose siehe Anästhesie
Narkosegas 365f
Nebenhoden 58
Negativkontrolle 336
Nekrose 349
Nephron 57
Nervengewebe 36
Nerz 399
Nestbauverhalten 74, 159, 182
Nestflüchter 60, 88, 173
Nesthocker 60f
Nettoenergie 272
Netzhaut 46, 202
Netzhautschäden 203
Neukombinationsgesetz 135
Neurohormone 65
Neuroleptikum 367
Neutraltemperatur 273
Neuweltaffen 113f, 247
Niere 56f, 267
Nierenkörperchen 57f
Nippeltränke 248
NMRI 153, 160
Nomenklatur 140
non-purified diet 274
Nüchternumsatz 273

O
OECD-Richtlinien 31
Ohr, Aufbau 45
Ohrlochung 340, 342
Ohrmarken 341f, 344
Ohrräude 315
Oozyte 153
Orbita 358
Organproben 318
Ornithose 317

Ösophagus (Speiseröhre) 49, 53, 57
Östrogen 60, 63
Östrus 59f, 117, 158, 171, 182, 362f
Östrus, postpartaler 142, 159, 164, 171
Ovar (Eierstock) 59, 63, 130
Ovartransfer 157
Ovidukt (Eileiter) 57, 59, 153
Ovulation (Eisprung) 59f, 158, 161, 164, 174, 178f
Oxidation 48
Oxyuren 314

P
pair fed 277
Palpation 307
Panepinto-Schlinge 110
Pankreas (Bauchspeicheldrüse) 54, 57
Panmixie 138
Pansen 258
Papageienkrankheit (Psittakose) 317
Parasitismus 33, 308
Parentalgeneration 133
Parvovirose 309
Pedigreezucht 138
peer-groups 246
Pellets 276, 279, 284
Penis 58, 72, 171, 174
Penisknochen 41
Pepsin 54, 256
Peptidase 54
Peptide 256
Peressigsäure 297
Perkussion 307
Personalräume 216
Personalschleuse 212, 214, 217, 301
Pestizid 268
Pferd 355, 400
Phänotyp 133, 136
Pharmakokinetik 333
Pheromone 43, 58, 67
Phodopus sungorus siehe Hamster, Dschungarischer
Photorezeptorzellen 202
pH-Wert 200, 349
Pirbright White 35, 87f
Plasma 51ff
Plazenta 59
Pleura 47
plug siehe Vaginalpfropf
PMSG 153
Polkörper 132

Polysaccharid 254
Polyspermie 156
Positivkontrolle 336
Präpatenzzeit 302
Primärharn 57f
Primaten, Absetzen 189
–, Arten 187
–, Aufzuchtverluste 188
–, Brunstzyklus 188
–, Einteilung 113
–, Ernährungsgewohnheiten 119
–, Fixieren 120
–, Geschlechtsreife 117, 188f
–, Gruppenzusammensetzung 244f
–, Handling 120
–, Körpergewicht 115ff, 119, 188
–, Lebenserwartung 115f, 119
–, Markierverhalten 116
–, Paarung 188f
–, Schmerzanzeichen 121
–, Selbstaggression 244
–, Sozialverhalten 115f, 118, 244
–, Stereotypien 244
–, Tragzeit 117, 187f, 189
–, Verwendung 335
Produktionszucht 143f
Progesteron 60, 63, 162
Prolaktin 162
Proöstrus (Vorbrunst) 59f, 182, 362f
Prostata 59
Protein siehe Eiweiß
Protokoll 329, 331
Protozoen 313
Prüfsubstanz 409
Pseudowut 317
Psittakose 317
Pulsoxymeter 367
purified diet 274

Q
Qualitätssicherungsprogramm 409
Quarantäne 207, 214, 221, 302

R
Rabbit Haemorrhagic Disease 309
Rabenschnabelbein 40
Randomisierung 337
Rangordnung 88, 101, 104, 115f, 118, 233, 236, 245
Ranzzeit 97, 178
Rasse, Definition 34, 140
Ratte, Absetzen 162, 401
–, Ammen 149

–, Aufzuchtleistung 146
–, bakterielle Infektionen 311
–, Besatzdichte 199
–, Brunstzyklus 162, 401
–, Fixierung 74
–, Geburt 162
–, Gehör 72
–, Geschlechtsreife 161, 401
–, Handling 74
–, Körpergewicht 71, 162f, 227, 401
–, Lebenserwartung 71
–, Paarung 161, 164
–, Schmerzanzeichen 74
–, Sehvermögen 72
–, Stämme 35, 70, 161, 163
–, Tragzeit 162, 401
–, Verhalten 72, 228
–, Verwendung 70, 334
–, Virusinfektionen 310
–, Wasserbedarf 401
–, Wurfgröße 162, 401
–, Zuchtreife 401
Rattenbisskrankheit 318
Räude 315
Raufutter 275
Raumklima 194
Raumtemperatur 194ff, 234, 243, 247, 387ff
Rauschbrand 317
Rausche 184
Reduktionsteilung 132
Referenzgruppe 336
Referenzsubstanz 409
Reine Werkbank 152
Reinerbigkeit (Homozygotie) 133
Reinfektion 313
Reinigung 207, 215, 289, 296
Reinraum 222
Rekombinante 140
Rektum (Mastdarm) 54, 57
Releasing-Hormone 65
Resistenzentwicklung 300
Retrobulbärpunktion 357ff
Retroperitoneal 56
Revitalisierung 157
Rezeptoren 64
3-R-Grundsätze 15
Rhesusaffe 35, 117ff, 188, 402
Ribosom 256
Riesenchromosom 130
Rind 35, 317, 403
Rinderpest 317
Ringschwänzigkeit (ring tail) 198, 307
Rohasche 270
Rohfaser 271

Sachregister

Rohfett 271
Rohprotein 270
Röhrbein 40
Rotationskreuzung 138
Rote Vogelmilbe 249
Rotz 317
Rückenmarksanästhesie 368
Rückzugsmöglichkeiten 211, 228, 248
Ruhebereich 237
Rüsselknochen 41

S

Saccostomys campestris siehe Kurzschwanzhamsterratte
Saftfutter 275
Saimiri sciureus siehe Totenkopfäffchen
Salmonellen 287, 312, 317
Samenblasendrüse 59
Samenleiter 58
Samenzelle 130
Sandbadeverhalten 122
Sandwich-Anordnung 156
Schaden, Definition 8
Schadgase 198
Schädlingsbekämpfung 295
Schadstoffhöchstmengen, Futter 268
Schaf 35, 59, 403
Schambeinfuge 41, 151
Scharniergelenk 41
Scheidenmembran 171
Scheinträchtigkeit 162, 167, 169, 173f, 178, 181, 183, 362
Schieren 190
Schleimhaut 43, 46f, 54
Schleuse 207, 212ff, 217, 220, 222, 301
Schluckreflex 348
Schlundsondierung 347, 348, 349, 351
Schlupfbrut 190
Schlüsselbein 40
Schmalnasenaffen 113, 117
Schmerz 7, 68, 74, 80, 86, 89, 94, 98, 102, 105, 110, 113, 121f
Schmerzausschaltung 368f
Schnittentbindung siehe Kaiserschnitt
Schollen 362
Schutzimpfung 308f, 312
Schutzkleidung 296
Schwanzbiopsie 153
Schwefelwasserstoffbildung 201
Schwein, Abwehrschreien 109
–, Aggressivität 110

–, Beruhigungsmittel 241
–, Boxenhaltung 242f
–, Brunstzyklus 184, 398, 404
–, Einzelhaltung 108
–, Geburt 184
–, Geschlechtsreife 184, 398, 404
–, Gruppengröße 241
–, Handling 108
–, Körpergewicht 107, 110, 284, 398, 404
–, Lebenserwartung 108, 110
–, Paarung 184
–, Rangordnungskämpfe 108
–, Rassen 35, 106f
–, Reittest 184
–, Schmerzanzeichen 110
–, Sehvermögen 106
–, Stressbelastung 109
–, Tragzeit 184f, 398, 404
–, Verhalten 108
–, Wurfgröße 398, 404
–, Zuchtreife 398, 404
Schweinehaltungsverordnung 242
Schweinepest 317
Schwermetalle 269
Sedativum 364
Sehnerv 46
Seitenlinienorgan 124
Selbstverstümmelung (Automutilation) 75, 106
Sentinels (Anzeigertiere) 220, 305
Serum 53, 318
Serumpferde 355
Sesambeine 41
Sexen 191
Sexualzyklus 59f
Sicherheitsbeauftragter 375
Sigmodon hispidus (Baumwollratte) 71, 387
Sinneszellen 44
Skelett 37f
Skelettmuskulatur 42
Skrotum 58, 171, 174
Sonde 347
Spaltenboden 242
Spaltungsregel 133f
Speiseröhre (Ösophagus) 49, 53, 57
Spendertier 157
Spermien 59, 130, 156
Spermiendichte 59
Spermieninjektion, intracytoplasmatische 156
Spezialfutter 275
Spezies, Definition 34

SPF-Bedingungen 217, 382, 291
SPF-Einheit 291, 380f
SPF-Tiere 150, 302, 386
Spielkäfig 246
Spielverhalten 88
Spielzeug 237, 247
Spitzhörnchen siehe Tupaia
Sporen 291, 310, 313
Sporozid 290
Sporulation 313
Sprague Dawley 70, 161, 163
Sprühdesinfektion 296
Sprunggelenk 41
Spurenelemente 259, 262f
Squirrel siehe Totenkopfäffchen
Stachelmaus (Acomys sp.) 71, 405
Stamm, Definition 34, 140, 335
–, koisogener 140f
–, kongener 140f
Stammcharakteristik 143
Stammzellen, embryonale 154f
Standard-Arbeitsanweisungen (SOP) 332, 409
Standardfutter 277, 279
Staphylokokken 302, 312
Status, genetischer 335
–, gesundheitlicher 335
Staupe 309
Sterilfiltration 294
Sterilisation 60, 290, 292, 294, 296, 299
Sternaldrüse 116
Steroidhormon 65
Stickstofffreie Extraktstoffe 271
Stoffwechselkäfig 223, 361f
Strahlendesinfektion 291
Strahlensterilisation 294
Streptokokken 311
Stress 109, 205, 241f, 381
Stülptränke 248
Stützgewebe 36
Sucheber 184
Suchlaute 149
Superovulation 153
Surfactant 48
Symbiose 33, 308
Symphyse 41, 61
Syrischer Goldhamster siehe Hamster, Syrischer

T

T61 371f
Tapetum lucidum 100
Tarsalgelenk 41
Tasthaare 45
Tastrezeptoren 72
Tätowierung 340, 345f

418 Sachregister

Taube 405
Tauchtank 381
Technikbereich 207
Teratogen 334
Territorialverhalten 43, 211
Testis (Hoden) 58, 63, 130
Thermoregulation 72
Thigmotaxis 79
Thrombose 53
Thrombozyten 51f
Tibia 41
Tiereingang 303
Tierhalter, Anforderungen 8ff
Tierhaltung, Richtlinien 25
Tierheim 206
Tierkadaver 303, 378
Tierkörper, Flüssigkeitsverteilung 48
–, Lagebezeichnungen 34, 36
–, Wärmehaushalt 195f, 257, 267
–, Wasserhaushalt 48, 267
Tiermodell 326
Tierpflegemeister 3
Tierpfleger, Abschlussprüfung 3
–, Ausbildungsbetrieb 3f
–, Ausbildungsdauer 2
–, Ausbildungsverordnung 3
–, Berufsschule 3
–, Facharbeiter-Aufstiegsprüfung 6
–, Fähigkeitsausweis 4
–, Immunprophylaxe 376
–, Lehre 5
–, mögliche Fachrichtungen 2, 4
–, Prüfungsprogramm 5
–, Virusinfektionen 310
–, Vorsorgeuntersuchungen 376
–, Zwischenprüfung 3
Tierquälerei 26
Tierraum, Definition 224
–, Beleuchtungsstärke 204
–, Geräuschpegel 205, 247
Tierschutz, internationaler 31
Tierschutzbeauftragter 16
Tierschutzbericht 19f
Tierschutzgesetz (TierSchG), Deutschland 7
Tierschutzgesetz, Österreich 25
Tierschutzgesetz (TSchG), Schweiz 20ff, 24
Tierschutz-Hundeverordnung 9, 20, 239f
Tierschutzkommission 17
Tierschutzkommissions-Verordnung 19
Tierschutz-Nutztierhaltungs-verordnung 9, 20

Tierschutz-Schlachtverordnung 9, 20
Tierschutztransportverordnung 9, 20
Tierschutzverein 206
Tierschutzverordnung (TSchV), Schweiz 4, 21, 24
Tierseuchen, anzeigepflichtige 317
Tierseuchengesetz 317
Tiertransport, Begleitpapiere 384
Tiertransportbehälter 110, 213, 381ff
Tiertransportfahrzeuge 385
Tierversuch, Alternativmethoden 23
–, Anzeigepflicht 15
–, Belastungskategorien 25
–, Bewilligungspflicht 22
–, Bewilligungsverfahren 23
–, Definition 13, 21, 27, 323
–, Durchführung 30
–, erforderliche Fachkenntnisse 15
–, Genehmigung 14f, 17f, 29
–, Meldepflicht 22, 29
–, Protokoll 23
–, Statistik 30
–, Überwachung 30
–, verbotener 14
–, Zulässigkeit 13, 21, 27
Tierversuchseinrichtung 28
Tierversuchsgesetz (TVG), Österreich 27
Tierversuchskommission 23
T-Lymphozyten 52
Tollwut 291, 309, 317
Töten, Sachkundenachweis 13
Totenkopfäffchen (Saimiri sciureus) 35, 114, 148, 187f, 245, 406
Totenstarre 370
Tötungsverfahren 370ff
Toxine 68
Toxoplasma gondii 314
Trächtigkeit 60, 83f, 92, 159, 162, 164, 169, 171f, 178, 182, 184ff, 387ff
Tragstarre 102
Tränkanlage 225f, 229, 231f, 242, 248f, 304
Tränkflasche 304
Transgene Tiere 141, 153f
Transponder 341, 343
Transportbehälter 110, 213, 381ff
Transportzeiten 10
Treibgitter 123

Trockenfutter 276, 283
Trockenschleuse 212
Trockensubstanz (TS) 270
Trommeln 79
Tröpfcheninfektion 312
Trypsin 54, 256, 268
Trypsin-Inhibitoren 268
Tupaia, Absetzen 187, 404
–, Arten 111
–, Brunstzyklus 186
–, Geburt 186
–, Geschlechtsreife 185, 404
–, Halsdrüsensekret 112
–, Handling 112
–, Körpergewicht 111, 404
–, Lebenserwartung 404
–, Nistmaterial 186
–, Paarung 186
–, Schmerzanzeichen 113
–, Tragzeit 186, 404
–, Verhalten 112
–, Verwendung 111
–, Wurfgröße 404

U
Überdruckisolator 220f
Übernachtverpaarung 151
Umkleideräume 216
Umrauschkontrolle 184
Umsetzbare Energie 272
Umweltanreicherung 210, 247
Umweltreiz 44
Unfallanzeige 376
Unfallverhütungsvorschriften 375
Uniformitätsregel 133
Unterdruckisolator 221
Untersuchungsverfahren 307
Urinmarken 105
Urogenitalöffnung 174
Uterus (Gebärmutter) 59

V
Vagina 58
Vaginalausfluss, Hund 182
Vaginalausstrich 151, 162, 362
Vaginalpfropf 59, 142, 151, 158, 162, 164, 167, 171
Varietät 140
Vasektomie 60
Venen 48, 50, 351, 361
Venenplexus, retrobulbärer 357, 359
Ventilated Cage Racks (VCR) 218, 220
Ventraldrüse 78
Verabreichung siehe Applikation

Verdauliche Energie 272
Verdauung, mikrobielle 55
Verdauungsorgane 53ff
Vererbung, dominante 133
–, intermediäre 133
–, rezessive 133
Vererbungsgesetze 128, 132ff
Vergiftung 259, 268, 269
Vermehrungszucht 143f
Verpaarung aus der Hand 169
Verpaarungsmethoden 142, 169
Versandkäfige, Belegdichte 383
Versorgungsschleuse 220
Versuchsdatenerfassung 327
Versuchsgruppe 336f
Versuchsplan 328, 331
Versuchstierfarm 206
Versuchstierhaltung, Grundausstattung 207
Versuchstiermeldeverordnung 19f
Versuchstierräume 207
Verwaltungs- und Personalräume 207
Vibrissen 45
Vielzitzenratte (Mastomys natalensis) 71, 406
Virusinfektionen 310
Viruzid 290, 309
Vitamine, fettlösliche 264f
–, wasserlösliche 264, 266
Vitaminmangelkrankheit 264
Vivisektion 323
Volieren 212, 248
Vomeronasalorgan 46, 101
Vorbrunst (Proöstrus) 59f, 182, 362f
Vorbrut 190
Vorderfußwurzelgelenk 40
Vordergliedmaßen, Aufbau 40
Vordesinfektion 291, 296
Vorkern 155

Vormagen 54f
Vorratsschädlinge 304
Vulva 179

W
Wachtel, japanische 407
Wägung 328
Wanderratte 69
Wärme, latente 195
–, sensible 195
Wärmehaushalt 195f, 257, 267
Warntrommeln 79
Wasserausscheidung 267
Wasserbedarf 267
Wasserdampfreinigungsgeräte 291
Wasserhaushalt 48, 267
Weender-Futtermittelanalyse 270
Weichholzgranulat 226, 227
Weißbüscheläffchen 35, 115f, 120, 187, 245, 407
Whitten-Effekt 142, 151
WHO (World Health Organisation) 318
Wiederholungsversuch 15
Winterschlaf 81, 83
Wirbelsäule 39
Wirbeltiere 33
Wistar-Ratte 70, 74, 161, 163
Wohlbefinden 7, 211, 224
Wurfkiste 233
Wurminfestation 314
Wurmkur 308
Wüstenrennmaus siehe Gerbil

X
X-Chromosom 131
Xenopus laevis 123ff, 191f, 250f, 388, 394

Y
Y-Chromosom 131

Z
Zahn, Aufbau 38
Zahnformeln 39, 90, 114, 117
Zahnwechsel 172
Zäkotrophe 55
Zäkotrophie 55, 92, 168, 279
Zäkum (Blinddarm) 54f, 57
Zelle, Aufbau 34
–, pluripotente 129
Zellkern 128
Zellteilung 131
Zellulose 271
Zentralnervensystem 44
Zervix (Gebärmutterhals) 59, 162
Zibbe 174f, 233
Ziege 35, 408
Zona pellucida 156
Zoonose (Zooanthroponose) 291, 317f, 319f
Zuchtbuchführung 144
Zuchtgruppe 182f
Zuchtleistungsdaten 145
Zuchtlinie 34, 138, 144f, 154
Zuchttruhe 178
Züchtungsverfahren 137
Zufallsverpaarung 138
Zuluft 217
Zwerghamster siehe Hamster, Dschungarischer
Zwingerhaltung 236, 240f
Zwingerhusten 309
Zwischenbrunst (Diöstrus) 60, 362f
Zwischenhirn 64
Zwischenwurfzeit 142, 146
Zwitterbildung 58
Zwölffingerdarm (Duodenum) 54, 57, 258
Zygote 131, 135, 168
Zytodiagnostik 362f
Zytokine 64

EHRET Bio.A.S.

Bio.A.S. (Biological Air System)

- Ventilatoreinheit für bis zu 4 Käfiggestelle

- Einrohrsystem (Überdruck) nur zu Schutz der Tiere

- Doppelrohrsystem (Über- oder Unterdruck - umschaltbar) zum Schutz der Tiere und / oder der Umgebung

- Zusätzliche Filterfläche für Zu- und Abluft im Käfig, in einem Zwischenboden

- Effektive Dichtungsverbindung zwischen Käfig und Filterhaube

- Mikroprozessorgeregelte Steuerung der Luftwechselrate im Über- und Unterdruck

- HEPA-gefilterte Zu- und Abluft

- Autoklavierbare Abluft-filterkassette mit sicherem, kontaktfreiem Schnellwechselsystem

- Dokumentierter Luftwechsel-ratennachweis durch eine unabhängige Institution (LTG)

- Ein- oder doppelseitige Käfig-gestellmodelle

- Passend zu Käfigen der Type II, Type II lang oder Type III

- Komplett wasch- und autoklavierbar ohne die Notwendigkeit der Demontage, einschließlich Verbindungsschläuche (Hypalon)

*
- Unter- / Überdruck
- Luftwechselrate
- Luftgeschwindigkeit
- Lärmpegel

Fragen Sie nach unserem Protokoll

EHRET GmbH & Co. KG
Labor- und Pharmatechnik
ISO 9001 Zertifikat Nr. 117688
E-mail: info@ehretlab.com
Internet: www.ehretlab.com

D - 79312 Emmendingen
Fabrikstrasse 2

Tel.: +49 7641 / 9265-0
Fax: +49 7641 / 47972